HISTOIRE ILLUSTRÉE

DU

SECOND EMPIRE

COULOMMIERS. — TYPOGRAPHIE PAUL BRODARD.

HISTOIRE ILLUSTRÉE

DU

SECOND EMPIRE

PAR

TAXILE DELORD

Membre de l'Assemblée nationale

TOME PREMIER

AVEC 121 GRAVURES DANS LE TEXTE

NOUVELLE ÉDITION

PARIS

LIBRAIRIE GERMER BAILLIÈRE ET Cie

108, BOULEVARD SAINT-GERMAIN, 108

Au coin de la rue Hautefeuille

Tous droits réservés

HISTOIRE DU SECOND EMPIRE

INTRODUCTION

CHAPITRE PREMIER
LE BONAPARTISME ET LA RESTAURATION

La famille Bonaparte ne croit pas à la durée du règne de l'Empereur. — Traité de Fontainebleau du 11 avril 1814. — Dispersion des frères de Napoléon. — La famille de l'empereur pendant les Cent-Jours. — Nouvelle dispersion des frères de Napoléon après Waterloo. — Joseph en Amérique. — Lucien à Rome. — Jérôme en Allemagne. — Eugène de Beauharnais, duc de Leuchtenberg. — Le duc de Reichstadt. — Mme Létizia à Rome. — Les sœurs de l'Empereur. — Caroline. — Elisa. — Pauline. — La reine Hortense. — Ses démêlés avec son mari. — Sa conduite après Waterloo. — Début de l'alliance entre le bonapartisme et le parti républicain.

Mme Létizia Bonaparte répondit un jour à son frère le cardinal Fesch, qui lui reprochait ses habitudes de parcimonie peu dignes de la mère d'un empereur et de trois rois : « Qui sait si je ne serai pas un jour obligée de donner du pain à tous ces rois? » Les frères de l'Empereur, aussi peu confiants que leur mère dans la durée de l'Empire, avaient pris d'avance leurs précautions pour n'avoir besoin du pain de personne. Les alliés les traitèrent d'ailleurs fort généreusement dans le traité de Fontainebleau du 11 avril 1814, stipulant : « 1° que les princes et princesses de la famille de l'Empereur Napoléon conserveront tous les biens meubles et immeubles, de quelque nature que ce soit, qu'ils possèdent à titre particulier ; 2° qu'il serait réservé au roi Louis deux cent mille francs de rente, et quatre cent mille francs à la reine Hortense et à ses enfants. »

L'abdication signée, les frères de l'Empereur se dispersèrent. Joseph acheta le château de Prangins, en Suisse ; Jérôme se rendit également dans ce pays, d'où il alla établir sa résidence en Styrie et de là à Trieste ; Louis, après un court séjour à Lausanne, se fixa à Florence ; Lucien, qui habitait l'Angleterre, vint à Rome.

Louis ne quitta point Florence pendant les Cent-Jours. Joseph, Lucien et Jérôme se rendirent seuls à Paris, où ils ne suscitèrent que des embarras à leur frère. Lucien, installé au Palais-Royal, y tenait une espèce de cour, quoiqu'il ne fût qu'un prince romain. Joseph et Jérôme, redevenus princes français, traités en rois chez eux, exigèrent, à la séance d'inauguration de la Chambre des pairs en 1815, d'être placés au bureau sur un siège particulier, distinction qui blessa fort leurs collègues. Ces princes, non contents de se mettre au-dessus des autres pairs, élevaient des prétentions contre l'Empereur lui-même. Joseph, en voyant son nom sur la liste des pairs insérée au *Moniteur*, déclare qu'étant, d'après l'Acte additionnel, pair de France en sa qualité de premier prince du sang, il n'avait pas besoin de la nomination de l'Empereur, et qu'elle était une atteinte à ses droits, contre laquelle il protestait.

Napoléon Ier, après Waterloo, avait résolu de partir pour l'Amérique, où ses frères devaient le suivre. Son génie théâtral, bien plus que les intrigues de Fouché, dont on veut trop voir la main dans tous les événements de cette époque, poussa l'Empereur à changer de résolution et à écrire sa fameuse lettre au régent d'Angleterre : « En butte aux factions qui divisent mon pays et à l'inimitié des plus grandes puissances de l'Europe, j'ai couronné ma carrière politique, et je viens, comme Thémistocle, m'asseoir au foyer du peuple britannique ; je me mets sous la protection de ses lois... » Napoléon Ier, en attribuant sa chute aux factions, inaugurait ce système de hardi mensonge dont l'opinion publique devait malheureusement se faire plus tard la complice.

Joseph fut le seul des frères de Napoléon qui réalisa le projet arrêté par eux de se rendre en Amérique. Il s'embarqua secrètement le 15 juillet, quelques jours après Waterloo, à La Rochelle ; arrivé aux

États-Unis sous le nom de comte de Survilliers, il habita pendant seize ans ce pays, où il cultivait les immenses propriétés qu'il avait pu acquérir par un privilège spécial, sans perdre sa qualité de Français.

Lucien, caché à Neuilly dans le château de sa sœur Pauline, en sortit au lendemain du désastre militaire de l'Empire pour prendre la route de l'Italie, sous le nom de comte Casali. Arrêté par les Autrichiens à la frontière et interné à Turin, les sollicitations du pape lui firent bientôt rendre la liberté. Il s'établit dans les environs de Rome, sur une grande terre, où il se ruinait en fêtes et en fouilles archéologiques. Il vécut là à l'abri des orages politiques, mais non des coups de main des brigands qui, un jour, furent sur le point de l'enlever dans sa villa même. Lucien lorsqu'il mourut en 1840 à Linigaglia comptait si peu sur la restauration de l'empire qu'il avait fait naturaliser ses enfants citoyens romains.

Jérôme, légèrement blessé au bras à Waterloo, était rapidement revenu à Paris. Obligé d'en repartir avec non moins de promptitude, il attendait à Niort, chez des amis, le moment de s'embarquer à Rochefort, lorsque Fouché le fit avertir qu'on avait découvert sa retraite. Il se réfugia à Paris chez M. Abbatucci, ancien consul de Naples à Trieste, pendant que ses amis négociaient avec son beau-père le roi de Wurtemberg afin de lui obtenir l'autorisation d'habiter ses Etats ; le beau-père ne consentit qu'après beaucoup de peine à recevoir son gendre. Le prince Jérôme quitta Paris sous un déguisement, sans se douter qu'il était suivi par un officier de gendarmerie. « J'avais ordre d'arrêter « Votre Majesté, lui dit cet officier en se découvrant à la frontière ; je « rendrai compte au ministre que j'allais le faire au moment où elle a « mis le pied sur le territoire allemand [1]. » Fouché avait voulu mettre tout simplement sa responsabilité à couvert.

Le prince Eugène, fils adoptif de Napoléon Ier et gendre du roi de Bavière, résidait à Munich depuis 1814. Fort bien accueilli par Louis XVIII, auquel il s'était fait présenter sous le nom de général de Beauharnais, il prit plus tard le titre de duc de Leuchtenberg, au grand scandale de la famille Bonaparte, qui lui reprochait de s'être fait prince allemand, ce qui était vrai.

Le prince Eugène inspirait une si grande confiance aux familles régnantes en Europe, et particulièrement à celle des Bourbons de France, que le duc de Berry causant, dans une partie de chasse, avec le

---

1. *Mémoires et correspondance du roi Jérôme et de la reine Catherine.*

grand-duc Constantin de Russie, des embarras du gouvernement et du petit nombre d'hommes auxquels il pût se fier, le sonda sur l'intention qu'avait Louis XVIII d'associer le prince Eugène à la fortune des Bourbons en lui donnant le titre de connétable. L'empereur Alexandre, instruit de cet entretien à son retour du congrès de Laybach, en fit part au prince Eugène : « Que feriez-vous, lui dit-il, si Louis XVIII mettait son projet

Fig. 1. — Lucien retiré à Rome et se livrant aux études archéologiques, est sur le point d'être enlevé dans sa villa même par des brigands (p. 3).

« à exécution ? — Sire, répondit-il, je commencerais par vous demander
» conseil. »

Louis XVIII, en songeant à faire le prince Eugène connétable, se souvenait du général de Beauharnais et de la visite qu'il lui avait faite aux Tuileries en 1814 ; le dévouement qu'il professait pour l'empereur Alexandre n'avait rien qui pût effaroucher le gouvernement des Bourbons ; au contraire. Ce dévouement bien connu fut peut-être aussi une des causes qui poussèrent les fauteurs de la conspiration tramée, pour

Fig. 2. — Pie VII rencontre Mme Létizia dans la campagne de Rome et lui demande des nouvelles *del povero imperatore* (p. 7.)

remplacer les Bourbons par les Nassau sur le trône de France, à essayer d'en renouer les fils au profit de l'ex-vice-roi d'Italie.

Le colonel Gourgaud lui fit des ouvertures, dans une partie de chasse en Bavière, et lui expliqua quel concours ses amis attendaient de lui. Le prince Eugène répondit que, « si le *Sénat* l'appelait, il répondrait à son appel. » Le colonel Gourgaud réprima mal un sourire et repartit le lendemain.

Les nombreux conspirateurs de cette époque auraient bien voulu se servir, à la place du beau-fils de Napoléon, de son propre fils ; mais l'âge du roi de Rome ne permettait pas de compter pour le moment sur lui.

« Quid puer Ascanius, superatne et vescitur aurâ ? »

Le gouverneur du duc de Reichstadt ne manquait pas de répondre d'un ton demi-railleur aux serviteurs de Napoléon Ier qui se rendaient en pèlerinage à Vienne, pour voir le *fils de l'homme :* « Ascagne jouit « de la lumière des cieux, mais il est faible de santé, il faut le préserver « des émotions ; il en comprend lui-même la nécessité, il ne voit, il ne « lit, il n'entend que ce que nous voulons qu'il voie, lise et entende ; s'il « recevait par hasard une lettre qui eût trompé notre paternelle surveil-« lance, il nous la remettrait avant de l'ouvrir. »

Les hommes les mieux trempés ne retrouvent leur courage et leurs forces après une grande catastrophe qu'à l'aide du temps ; le malheur dont ils sont frappés leur semble d'abord irrémédiable, et ce n'est que peu à peu que le besoin de lutter renaît chez eux avec l'espérance de vaincre. Les frères de l'Empereur n'étaient pas, tant s'en faut, des héros ; il ne faut pas s'étonner si, dans les premières années qui suivirent le renversement de l'Empire, la foi dans sa restauration semblât évanouie chez les membres de sa famille. L'illusion, plus lente à quitter le cœur des femmes que celui des hommes, commençait à déserter le cœur de la mère et des sœurs de l'Empereur, comme elle avait abandonné celui de ses frères : « Mme Létizia passait ses journées avec son frère le cardinal Fesch. Elle ne franchissait jamais le seuil de son palais qu'en voiture fermée ; tous les jours, d'une heure à trois, elle se faisait conduire dans la campagne de Rome, et là, dans ces solitudes où tout semble mort, excepté les souvenirs du passé, elle se promenait seule et à pied. Elle rencontrait de temps en temps la voiture de Pie VII. Le pape s'arrêtait, saluait la mère de celui avec qui il avait agité les destinées du monde chrétien, et, avec cette bonhomie italienne qui s'allie souvent à des sentiments d'une vraie grandeur, il lui demandait des nouvelles *del povero imperatore* [1]. »

On a prétendu que Mme Létizia consultait parfois, assure-t-on, les cartes pour en obtenir des révélations sur les chances que pouvait avoir

Fig. 3. — J'avais ordre d'arrêter Votre Majesté, dit l'officier à Jérôme en se découvrant à la frontière, je rendrai compte au ministre que j'allais le faire au moment où elle a mis le pied sur le territoire allemand (p. 3).

Napoléon Ier de remonter sur le trône. Les sœurs de l'Empereur montraient moins de curiosité à ce sujet.

Caroline Bonaparte, veuve de Murat, vivait en Italie sous le nom de comtesse Lipona. Si elle espérait revoir l'Empire, elle n'eut pas l'art de communiquer cette espérance à ses deux fils. L'aîné, Achille, auteur d'un livre sur les Etats-Unis, où il s'était fait planteur, mourut dans ce pays sans laisser de postérité ; Lucien, le second, rejoignit son frère

---

[1]. *Mémoires et correspondance du roi Jérôme et de la reine Catherine.*

Fig. 4. — Alexandre Ier rend visite dans le château de la Malmaison à la reine Hortense et à sa mère mourante. (p. 13.)

en Amérique et s'y maria, en 1827, à une Anglaise. Ruiné par de fausses spéculations et par des faillites, il n'eut pendant quelque temps d'autres ressources pour vivre que le produit bien maigre et bien incertain d'un pensionnat de jeunes filles tenu par sa femme [1].

Elisa Bonaparte, surnommée à cause de ses traits, par Talleyrand, « la Sémiramis de Lucques », n'était plus que la comtesse Campignano [2].

Pauline, la plus jeune des sœurs de l'Empereur, celle qu'il a toujours préférée, avait épousé le prince Borghèse, après la mort de son premier mari, le général Leclerc. Le bruit de leurs querelles importuna souvent l'Empereur et, plus tard, le pape ; une séparation à l'amiable eut lieu, dont les cardinaux Consalvi, Spada et della Somaglia réglèrent les conditions. La confiance dans un retour de l'Empire ne survécut pas, chez la princesse Borghèse, à la seconde abdication de Napoléon Ier ; elle avait conservé quelques amis en France et leur écrivait même assez souvent, mais plutôt pour leur demander des objets de mode, des femmes de chambre et des cuisiniers que pour nouer avec eux des conspirations.

La seule bonapartiste, parmi les parentes de Napoléon Ier, était Hortense de Beauharnais, qui n'avait pas une goutte du sang des Bonaparte dans les veines. Elisa, Caroline, Pauline étaient restées Italiennes ; Hortense, Française de naissance, de physionomie et d'esprit [3], avait été élevée au milieu d'une société troublée, où tous les rangs étaient mêlés et confondus par suite de la Révolution. Cette femme, qui devait restaurer l'Empire en préparant un successeur à Napoléon, dut aux premières vicissitudes de son existence cette expérience précoce des hommes et des choses que le temps transforme peu à peu, chez les intelligences fines, en art d'en tirer parti. Elle débuta tristement dans la vie ; son père, le général de Beauharnais, périt sur l'échafaud ; sa mère, Joséphine, fut jetée en prison comme « femme d'intrigue » ; le 9 thermidor lui rendit la liberté. Joséphine de Beauharnais passa de la prison dans les salons de Barras ; elle fut une des reines des fêtes du Luxembourg. Un certain général Bonaparte, Corse de naissance, ex-jacobin, ci-devant protégé de Robespierre jeune, chargé par Barras, faute d'avoir un autre général sous la main, de réduire les sections de Paris soulevées contre la Convention,

---

1. Caroline Murat avait deux filles, mariées en Italie, l'aînée au comte Pepoli, la cadette au comte Rasponi.
2. Sa fille unique avait épousé le comte Camerata, riche propriétaire de la marche d'Ancône.
3. Née à la Martinique, le 10 avril 1783, morte le 5 octobre 1837.

venait de les canonner le 13 vendémiaire. Il crut que ses lauriers lui permettaient d'aspirer à la main de la citoyenne Joséphine Beauharnais, veuve aimable, encore assez jolie, très au courant des intrigues du Directoire et surtout en mesure de consolider auprès de Barras la faveur de l'homme qu'elle épouserait. Devenir « madame Vendémiaire », cela ne souriait guère à Joséphine ; ses amis, Barras en tête, la forcèrent en quelque sorte à accepter ; elle se résigna. On sait le reste.

Hortense, entrée en 1797 chez madame Campan, ancienne femme de chambre de la reine Marie-Antoinette, qui venait de fonder à Saint-Germain-en-Laye un pensionnat destiné à former les jeunes demoiselles aux belles manières de l'ancien régime, tint la première place dans les concerts, les bals, les représentations théâtrales qui constituaient l'instruction et l'éducation données aux futures grandes dames de l'Empire dans ce Saint-Cyr du Directoire. Elle jouait de la harpe et chantait la romance, elle dansait à ravir, elle dessinait, elle étudiait les secrets de la poésie et de la littérature dans les vers de la princesse de Salm et dans les romans de Mme Cottin. Musicienne, poète, peintre, Hortense chantera les paladins ; ses aquarelles retraceront les tours ruinées des beffrois, et les chapelles qui font résonner la cloche du soir au fond des bois. Un jour, une de ses romances servira même de chant national à la France[1]. Pour le moment, ennuyée d'être dans son pensionnat, elle se fait ramener chez sa mère. La société du Directoire aimait à s'amuser, et l'hypocrisie n'était pas son défaut ; on s'amusait donc chez Mme Bonaparte, et ce n'est pas d'elle, ni de Mme Tallien, que sa fille aurait pu recevoir des leçons de morale bien austère. Pendant qu'elle se livre à tous les plaisirs du moment, son beau-père, laissant Kléber s'en tirer comme il pourra en Égypte, arrive tout à coup à Paris et fait le 18 brumaire.

Hortense suit sa mère au Petit-Luxembourg et, deux mois après, aux Tuileries. Elle prend tout de suite sur le premier Consul une influence telle que c'est à sa fille que Joséphine s'adresse pour obtenir que son mari paye ses dettes : la médisance n'épargne ni le beau-père ni la belle-fille, et le refus si ferme et si net de Duroc d'épouser Hortense semble donner raison aux mauvais propos. Le premier Consul, comme pour la venger en quelque sorte de ce refus, la marie deux jours après à son frère Louis[2].

1. La romance du *jeune et beau Dunois*.
2. Le 2 janvier 1802.

L'Empire est proclamé le 28 floréal an XII. Hortense est devenue reine de Hollande ; elle se rend en toute hâte dans son royaume. La Hollande est un mauvais pays pour tenir une cour brillante ; les Hollandais sont économes, un peu tristes comme le climat de leur pays ; aussi la reine Hortense habite-t-elle bien plutôt Paris que La Haye. Son beau-père a toujours beaucoup d'affection pour elle, mais il lui impose parfois des missions bien difficiles. Il veut avoir des enfants ; il s'agit d'obtenir

Fig. 5. — La reine Hortense propose à Marie-Louise de la suivre à l'étranger ; « en qualité de dame d'honneur? » lui demande la fille de Habsbourg. (page 14.)

le consentement de Joséphine au divorce. Hortense se charge de l'arracher à sa mère, pendant que son mari demande de son côté à divorcer avec elle.

Nous n'avons pas pour le moment à entrer dans le détail des reproches que les deux époux s'adressent. Un conseil de famille, devant lequel Louis et Hortense doivent s'expliquer, est formé par ordre de l'Empereur ; Hortense ne comparait pas. L'Empereur n'en condamne pas moins — c'est bien le mot — les deux époux à vivre ensemble. Hortense part donc pour la Hollande, mais bientôt elle revient se fixer tout à fait à Paris ; elle est complètement brouillée avec son mari [1].

La reine Hortense, en 1814, rejoignit à Rambouillet l'impératrice Marie-Louise ; elle lui offrit même, dit-on, de la suivre à l'étranger : « en qualité de dame d'honneur? » aurait demandé la fille des Habsbourg. Hortense revint à la Malmaison rejoindre sa mère et son frère. Alexandre Ier vint les voir dans cette résidence, où la reine Hortense présida plusieurs banquets en l'honneur des souverains étrangers ; sa mère, presque mourante, voulut assister au dernier ; un mois après, elle n'était plus.

Alexandre Ier lui avait promis de protéger ses enfants ; il tint sa promesse : il voulut remettre, de sa main, à la reine Hortense deux brevets signés de Louis XVIII l'instituant, l'un duchesse de Saint-Leu, l'autre bénéficiaire d'une pension de quatre cent mille francs par an. La nouvelle duchesse de Saint-Leu s'empressa de porter ses remerciements à Louis XVIII, qui, poète lui-même à ses moments perdus, ne pouvait manquer de faire le meilleur accueil à une muse ; la reconnaissance n'empêcha pas cette muse de se livrer à de malins propos sur son bienfaiteur, auquel on s'empressa de les répéter. Lous XVIII lui fit donner le conseil de voyager ; c'était prudent, à tous les points de vue, car la duchesse de Saint-Leu comptait parmi les agents les plus actifs de la conspiration organisée pour ramener l'Empereur de l'île d'Elbe.

Hortense régna pour ainsi dire aux Tuileries pendant les Cent-Jours, en l'absence de l'impératrice. Napoléon Ier lui pardonna ses faiblesses envers les Bourbons et les souverains étrangers, en échange des services qu'elle lui avait rendus en réunissant dans ses mains les fils de la conspiration à laquelle il allait devoir son second règne de trois mois. La main d'Hortense fut la dernière qu'il serra dans la nuit où, triste et sombre et s'efforçant de sourire, il partit pour la Belgique : Hortense l'attendait à

---

[1]. Louis Bonaparte avait entamé une instance auprès de la Cour impériale de Paris pour plaider en séparation avec sa femme et pour lui enlever la garde de son fils aîné. L'instance traîna en longueur tant que dura l'Empire. Louis Bonaparte la reprit à la rentrée des Bourbons, et Hortense choisit pour défenseurs MM. Bellard, Chauveau-Lagarde, Roux-Laborée et Bonnet, les quatre avocats les plus royalistes de Paris. Les Cent-Jours interrompirent le procès. Il ne fut jugé que le 19 janvier 1816. L'avocat de la reine Hortense plaida en son nom qu'aucun tribunal ne pourrait admettre une réclamation qui tendait à enlever le jeune duc de Saint-Leu à sa mère « et à son roi. » Le tribunal de première instance de Paris décida néanmoins que le prince Charles-Louis serait remis à son père.

l'Elysée à son retour ; c'est elle encore qui l'entraîna à la Malmaison, après la signature de sa seconde abdication ; elle espérait bien parvenir à la lui faire retirer. Il était trop tard. Napoléon Ier partit pour Rochefort. Hortense, après avoir caché ses enfants chez un bonnetier, sans qu'on se rende bien compte du danger qu'ils pouvaient courir, se réfugia dans une maison où un asile lui avait été ménagé d'avance ; elle sortit néanmoins sous un déguisement et parcourut les quartiers de Paris pour juger de l'état de l'opinion publique. Se borna-t-elle à une simple inspection ? On a dit que non ; ce qu'il y a de certain, c'est que des groupes composés de gens portant un œillet rouge à la boutonnière se formaient tous les jours devant son hôtel, situé rue Cerutti [1] ; la police ne tarda pas à découvrir la retraite d'Hortense, et le baron Muffling, gouverneur de Paris, lui intima l'ordre, au nom des puissances étrangères, de quitter dans deux heures la capitale.

Il fallut obéir. Elle partit le 18 juillet, sous la protection d'un commissaire autrichien. Nous ne la suivrons pas dans ses pérégrinations en Suisse, en Italie, en Allemagne ; nous la retrouverons bientôt fixée à Arenenberg, résidence d'un accès facile, voisine de la France, touchant à l'Allemagne, à la Suisse et à l'Italie, permettant d'entretenir, sans trop attirer l'attention, des relations avec trois pays, très propre à devenir ce qu'était déjà, s'il faut en croire un de ses beaux-frères, son salon de Rome, « le centre du bonapartisme, non de celui qui pleurait des larmes « de sang sur les malheurs de la cause commune et rêvait la vengeance, « mais d'un bonapartisme plus confiant dans l'avenir qu'assombri par les « regrets du passé [2]. »

Cette confiance dans l'avenir du bonapartisme était-elle justifiée ? L'aristocratie de l'Empire, au lendemain de la chute de Napoléon Ier, rechercha les bonnes grâces des Bourbons avec un empressement peu honorable ; la bourgeoisie, appelée par la Charte à prendre part aux affaires du pays, vécut tout de suite en bonne intelligence avec la Restauration ; le peuple, c'est-à-dire les soldats et les paysans, car il y avait bien peu d'ouvriers à cette époque, fatigué, épuisé, à bout de force, regrettait médiocrement le régime impérial. Un besoin ardent de calme et de repos remplaçait presque tous les autres sentiments. Cela durerait-il toujours? Il eût été téméraire de l'affirmer. L'intérêt ne triomphe pas toujours des sentiments ; l'Empire avait laissé ses traces dans le cœur et dans l'imagination de la

1. Aujourd'hui rue Laffitte.
2. *Mémoires et correspondance du roi Jérôme et de la reine Catherine.*

génération associée à ses grandeurs et à ses revers; la Restauration n'eût-elle commis aucune faute de nature à rendre la vie aux souvenirs de l'Empire, ils se seraient ranimés d'eux-mêmes rien que par le contraste entre le gouvernement guerrier de la veille et le pacifique gouvernement du lendemain. La Restauration, par sa politique imprudente et agressive, hâta elle-même cette résurrection. Les complices du despotisme impérial, déguisés en libéraux, attirèrent à eux la bourgeoisie, alarmée par les

Fig. 6. — La reine Hortense vient remercier Louis XVIII de lui avoir accordé une pension de 400 000 francs, avec le titre de duchesse de Saint-Leu. (Page 14.)

mesures contre-révolutionnaires du gouvernement, en feignant de reconnaître bien haut les torts de Napoléon Ier envers la liberté, et en se posant en défenseurs de la Charte.

C'était l'Empereur repentant et converti aux idées libérales, disait-on, qui revenait de l'île d'Elbe. Une victoire en Belgique aurait fait tomber le masque. L'Empereur fut vaincu à Waterloo; Louis XVIII remonta sur le trône. Il avait été trahi, cela est vrai; il avait le droit de punir les traî-

Fig. 7. — Le colonel de Briqueville dépose au nom du parti bonapartiste un projet de loi de bannissement contre Charles X et les membres de sa famille (page 23).

tres ; mais leur nom, leurs services passés conseillaient la clémence à la Restauration : elle se montra impitoyable : Labédoyère et Ney fusillés, Lavalette sauvé la veille du jour où il devait monter sur l'échafaud, la révolution et le bonapartisme confondus par les Bourbons dans cette persécution qui s'appelle la « Terreur blanche », rapprochèrent ces deux forces hostiles. Didier ouvre l'ère des conspirations dès 1815, en même temps que Plaignier, Carbonneau et Folleron. Quelque incertitude qu'on veuille laisser planer sur le but secret de sa tentative, il est certain que Didier invoquait le nom de Napoléon II. Les révolutionnaires exilés, joints aux bonapartistes restés en France, organisent le mouvement d'où devait sortir le remplacement des Bourbons par les Nassau sur le trône de France ; Lafayette, Manuel, Merilhou, de Corcelles, d'Argenson figurèrent dans la conspiration du *Bazar français*, à côté d'officiers dévoués au bonapartisme.

Les *Carbonari* et les *Chevaliers de la liberté* (nom choisi par les sociétés secrètes bonapartistes) avaient des visées bien différentes ; les premiers voulaient rétablir la République ; les seconds, le trône impérial ; mais ils étaient d'accord pour chasser les Bourbons ; la France élirait ensuite une Constituante chargée de choisir le gouvernement. C'est sur la foi de cet arrangement que Lafayette et ses amis prêtèrent leur concours aux conspirations militaires dirigées contre la Restauration. Si elle parvint à les déjouer, il n'en fut pas de même de l'involontaire conspiration formée par la poésie, par l'histoire et par l'art, pour relever l'Empire. C'est elle qui a vraiment renversé la Restauration. Le désir de défendre la liberté et le régime parlementaire, menacés par les ordonnances, jeta sans doute un certain nombre de citoyens dans les rangs de l'insurrection ; mais la majorité des combattants obéissait, sans s'en douter peut-être, au besoin de calmer les blessures, faites à l'orgueil national, de venger sur les Bourbons la honte des deux invasions, dont ils n'étaient pas responsables, mais dont ils avaient profité, et de prendre ce qu'ils appelaient une revanche de Waterloo.

CHAPITRE II

LE BONAPARTISME ET LA MONARCHIE DE JUILLET
LA TENTATIVE DE STRASBOURG

Le bonapartisme en 1830. — Les Bonaparte et les Orléans. — Danger pour le parti républicain d'une alliance avec le parti bonapartiste. — La Chambre des députés vote le maintien de la législation de 1816 contre les Bonaparte. — La reine Hortense et ses fils. — Les fils de la reine Hortense se mêlent à l'insurrection des Romagnes. — Mort de l'aîné des fils de la reine Hortense. — La reine Hortense est bien reçue par Louis-Philippe. — Manifestations bonapartistes devant la colonne Vendôme. — Louis-Napoléon proteste contre l'intention qui lui est prêtée de convoiter le trône de Belgique. — Son départ pour Arenenberg. — Publications diverses du prince Louis-Napoléon. — Fialin dit de Persigny. — Tentative de Strasbourg. — Louis-Napoléon est envoyé en Amérique.

Le bonapartisme accourut à l'Hôtel-de-Ville le lendemain même du 29 juillet. Le colonel Dumoulin [1] tenta d'y proclamer Napoléon II, pendant que le général Dubourg essayait d'y fonder la République. Lafayette les fit mettre à la porte.

Le cri de *Vive Napoléon II* n'avait pas trouvé d'écho sur les barricades de Juillet. Mais, dit un homme qui a joué un rôle important dans

---

1. Dumoulin, fabricant de gants à Grenoble, mit cent mille francs à la disposition de l'Empereur lorsqu'il traversa cette ville à son retour de l'île d'Elbe. C'était une offre généreuse en un pareil moment. Dumoulin n'y mettait qu'une seule condition, celle d'être attaché à la personne de l'Empereur, qui l'accepta. Le fabricant de gants, officier d'ordonnance de Napoléon Ier, quitta l'épée après Waterloo et se jeta dans les spéculations de bourse et dans les conspirations. Joueur heureux d'abord, et bientôt ruiné, il fut impliqué dans la conspiration dite du *Bazar français*; traduit devant la Cour des pairs, il eut la chance rare à cette époque d'être acquitté. Il ne se livra qu'avec plus d'ardeur à la propagande bonapartiste; il était de toutes les manifestations antibourboniennes, et c'est à lui que revient l'honneur d'avoir fait, en 1831, la première tentative en faveur de l'Empire.

ces trois journées, « si le roi de Rome eût été à Paris ou libre d'y
« venir, il eût été sans aucun doute un concurrent redoutable pour la
« branche des Orléans. Car, si ceux-ci répondaient mieux au senti-
« ment libéral et constitutionnel qui venait de se produire, le nom de

Fig. 8. — Mort du duc de Reichstadt (page 23).

« l'autre était plus sympathique au sentiment révolutionnaire, qui était
« alors et qui est encore peut-être aujourd'hui très vivace dans les
« masses [1]. »

Les frères de l'Empereur ne tardèrent pas à entrer en scène à la place
de son fils. Quinze ans écoulés depuis la chute de l'Empire leur avaient
permis de sortir du découragement où ils étaient tombés. Joseph se hâta

1. *Mémoires posthumes d'Odilon Barrot.*

de lancer une protestation contre la monarchie de Juillet, au nom des droits de son neveu captif, disait-il, à Vienne. L'ex-roi d'Espagne, dans cette protestation, sous forme de lettre, adressée à la Chambre des députés, contestait à cette assemblée, qui selon lui ne représentait qu'incomplètement la nation, le droit, exclusivement réservé à celle-ci, de disposer d'une couronne conférée par la Chambre de 1815 à Napoléon II, conformément au pacte constitutionnel. La protestation se terminait par des allusions à de prétendues sympathies de l'Autriche, de la Prusse et de l'Angleterre pour la cause de Napoléon II, qui prouvaient combien l'éloignement nuisait dans l'esprit du comte de Survilliers à une saine appréciation de l'état de l'Europe [1].

Les frères survivants de l'Empereur n'étaient guère d'accord sur la possibilité de relever le trône impérial. Jérôme et Joseph se rendirent en Angleterre pour conférer sur la situation. Le parti républicain avait trouvé des représentants plus dignes de lui, que ceux que le prétendu général Dubourg avait réunis autour de sa personne. Joseph Bonaparte se mit en communication directe avec les chefs du jeune républicanisme, MM. Guinard, Godefroy Cavaignac et Bastide; Jérôme Bonaparte, « étranger par caractère et par principe à tout ce qui ressemblait à une conspiration [2], » refusa d'assister à ces conférences, mais il en connut les résultats par son frère. « ... Le roi Joseph parlait un langage tout différent de celui de ses jeunes et ardents interlocuteurs; on ne put se comprendre. Le comte de Survilliers reconnut, ce que lui avait dit son frère Jérôme, que l'idée bonapartiste telle qu'elle pouvait s'adapter aux besoins de la société moderne n'était pas encore dégagée du travail de fermentation qui agitait les esprits, et qu'il fallait de la patience et attendre [3]. »

Ce qu'on voudrait s'expliquer, c'est l'aveuglement des jeunes et intelligents chefs du parti républicain, qui ne voyaient pas le danger qui existait pour lui dans la continuation de l'alliance entre la Révolution et le bonapartisme, contre les Bourbons de la branche aînée; le roi de Rome ne pouvait manquer d'être pour la République un concurrent aussi redoutable qu'il l'était pour les Orléans.

En voyant la monarchie de Juillet si faible et si vacillante, plus d'un regard se tournait du côté de Vienne. L'heure avait sonné depuis assez

---

1. *Mémoires et correspondance du roi Jérôme et de la reine Catherine.*
2. *Mémoires et correspondance du roi Jérôme et de la reine Catherine.*
3. *Mémoires et correspondance du roi Jérôme et de la reine Catherine.*

longtemps, de la fin de la séquestration morale dans laquelle le prince de Metternich prétendait emprisonner le fils de Napoléon Ier. Pouvait-il empêcher ce dernier de se trouver, en entrant dans le monde et dans l'armée, en rapport avec une foule de personnages ayant connu et servi son père? Le maréchal Marmont, exilé après la Révolution de 1830, était arrivé à Vienne précisément au moment où le prince de Metternich renonçait enfin à maintenir un cordon sanitaire autour du duc de Reichstadt. Il se fit, avec l'autorisation du premier ministre autrichien, le précepteur du fils de son ancien maître; il lui apprit l'histoire d'une époque dans laquelle il avait tenu lui-même une place importante. Le duc de Raguse a légué au musée de Châtillon-sur-Seine un portrait du duc de Reichstadt au bas duquel le prince a tracé de sa main ces vers de Racine :

> Arrivé près de moi, par un zèle sincère,
> Tu me contais alors l'histoire de mon père.
> Tu sais combien mon âme, attentive à ta voix,
> S'échauffait au récit de ses nobles exploits.

Quels sentiments, quelles idées la voix de Marmont évoquait-elle dans le cœur et dans l'esprit du duc de Reichstadt? La mort a emporté ce secret. La fin prématurée de l'héritier de l'Empereur excita de nombreux regrets, mais elle servit peut-être mieux la cause de l'Empire qu'une vie plus longue; la captivité du fils devint, pour les esprits romanesques, le complément obligé de la captivité du père; elle forma la suite d'une légende dans laquelle ils se confondent tous les deux.

Les membres de la famille Bonaparte s'apprêtaient à rentrer en France, après l'expulsion des Bourbons de la branche aînée; mais, si Louis-Philippe prenait volontiers pour aides de camp et même pour ministres, d'anciens serviteurs de Napoléon Ier, rien n'indiquait qu'il voulût abroger la loi du 12 janvier 1816, qui bannissait les Bonaparte et leur interdisait sous peine de mort de remettre les pieds sur le territoire français. La Chambre des députés vota même le maintien de cette loi à une majorité considérable. Les Bourbons, plus heureux, étaient exilés seulement de fait. Le colonel de Bricqueville, ancien officier de l'Empire et député de la Manche, voulut mettre fin à ce contraste en déposant, sur le bureau de la Chambre des députés, un projet de loi de bannissement, contre Charles X et les membres de sa famille, calqué sur la loi qui atteignait les Bonaparte. Les récentes tentatives des carlistes pour ramener la guerre civile en Vendée expliquaient, sans la justifier, cette proposition, inutile représaille de la loi de 1816.

La reine Hortense, qui faisait déjà ses préparatifs pour se rendre à Paris, fut forcée de renoncer à ce voyage ; elle reporta son activité sur l'Italie, où ses deux fils allaient trouver une scène pour se produire.

L'aîné, Charles-Napoléon-Louis, revendiqué, comme on l'a vu, par son père, devant les tribunaux, qui le lui avaient rendu, vivait habituellement à Florence, auprès de Louis Bonaparte, qui lui permettait de séjourner assez souvent et assez longtemps chez sa mère. Il avait pour précepteur M. Narcisse Viellard, ancien officier d'artillerie [1] ; le second, Charles-Louis-Napoléon, était placé sous la direction de M. Philippe Lebas, fils de ce jeune conventionnel ami de Robespierre et de Saint-Just, qui se brûla la cervelle pour ne pas leur survivre. M. Philippe Lebas, rentré en France après la Révolution de 1830, fut remplacé auprès de Louis-Napoléon par M. Narcisse Viellard qui venait de terminer l'éducation de son frère.

Louis-Napoléon eut donc pour maîtres, d'abord un lettré très versé dans la connaissance de l'histoire et de la littérature de l'antiquité, puis un mathématicien, qui à eux deux marquèrent son esprit d'une double empreinte à demi littéraire et à demi scientifique, mais qui ne parvinrent ni l'un ni l'autre à l'initier à la clarté, à la grâce et au charme de l'esprit français ; il eut toujours en effet quelque chose d'étranger dans l'accent, dans les manières et dans l'intelligence.

Si sa mère, quoiqu'il fût celui de ses deux fils dont l'éducation l'occupait le plus particulièrement, ne parvint pas à lui communiquer ces qualités de grâce facile et légère qu'elle possédait à un si haut degré, elle réussit en revanche, par l'effet d'une volonté habile et persévérante, à lui inspirer dans l'avenir du bonapartisme une foi qu'elle n'éprouvait pas toujours, mais qui lui dictait cependant toute sa conduite. Les natures lymphatiques comme celles du prince Louis-Napoléon subissent difficilement les impressions qu'on veut leur donner ; mais elles oublient avec une égale difficulté celles qu'elles ont acceptées. Sa mère chercha à faire pénétrer dans son esprit, par une sorte d'infiltration lente et continue, l'idée qu'il était appelé à restaurer l'Empire et

---

[1]. Député sous Louis-Philippe, commissaire de la République en 1848, représentant du peuple à la Constituante et à la Législative, sénateur sous l'Empire.

Fig. 9. — Hortense s'enfuit d'Ancône avec son fils Louis-Napoléon et le marquis Zappi, costumés en domestiques (page 31).

à le fermer à toute autre pensée ; elle y réussit, du moins en partie, car sa carrière politique prouve que sa foi en l'avenir du parti bonapartiste ne fut jamais assez grande, pour trouver en elle-même uniquement l'élan et les forces nécessaires pour remplir la mission qu'on lui imposait.

L'action maternelle exercée sur lui dès l'enfance n'aurait certainement pas suffi à lui faire accepter son rôle d'héritier de l'Empereur, comme une espèce de condition naturelle de son existence, si les circonstances politiques n'en avaient ravivé en lui le sentiment. L'intérêt que la Russie lui témoignait, ainsi qu'à son frère, indiquait clairement qu'elle les considérait comme destinés, à un moment donné, à servir les combinaisons de la politique tzarienne à l'égard de la France. L'empressement des patriotes polonais, italiens, allemands, à former autour d'eux une espèce de cour, la foi mystique des uns dans une résurrection de la Pologne due à la vertu magique du nom de Napoléon, l'espoir chez les autres de lui devoir la libération de leur patrie, chez tous l'ardeur du culte napoléonien créaient autour des deux fils d'Hortense une atmosphère dont le cadet ressentait plus l'influence que l'aîné, car il ne quittait jamais sa mère, qui était le lien, l'interprète et l'appui de ces aspirations et de ces espérances.

Charles-Napoléon, marié récemment avec sa cousine, fille de Joseph Bonaparte, avait à un assez haut degré le goût qu'on a remarqué plus tard chez son frère de se livrer à des tentatives industrielles, d'appliquer des procédés nouveaux de fabrication. Il dirigeait de Florence, où il vivait avec son père, une papeterie et une marbrerie fondées par lui à Saravezza : Louis-Napoléon suivait pendant ce temps-là les cours d'artillerie et de génie à l'école militaire de Thoun, dans le canton de Berne, lorsqu'éclata la Révolution de 1830. Si la joie des deux princes et de leur mère fut grande en apprenant cette nouvelle, qui semblait devoir leur ouvrir les portes de la France, non moins grand, comme on l'a vu, fut leur désappointement.

Louis-Philippe avait-il, ainsi que l'affirme la reine Hortense [1], donné, dès 1829, l'assurance que, s'il régnait un jour, il rappellerait la famille Bonaparte? S'il avait fait cette promesse, il ne se montrait nullement pressé de la tenir. La Chambre des députés, non contente de maintenir l'article 4 de la loi du 12 janvier 1816 à une majorité considérable, avait, malgré l'éloquente opposition du général Lamarque, adopté

---

1. *La reine Hortense en Italie, en Angleterre, pendant l'année* 1830.

l'ordre du jour sur une pétition demandant que les cendres de Napoléon fussent réclamées à l'Angleterre et déposées sous la colonne de la place Vendôme. Le général Lamarque eut beau affirmer qu'il ne s'agissait que d'honorer le capitaine et non « le monarque qui a oublié que la liberté est le plus saint, le plus sacré des devoirs et le plus indispensable de tous les biens ; » la Chambre, avec raison, ne voulut pas faire la différence.

Le bonapartisme se recrutait cependant en dehors du Parlement. La reine Hortense recevait de nombreuses lettres qui l'adjuraient de consentir à mettre un de ses fils à la tête des « braves qui s'apprêtaient à défendre les droits de Napoléon II ». Mais Hortense se souciait peu des droits de Napoléon II. Ses fils restèrent chez eux, jusqu'au jour où éclata le mouvement des sociétés secrètes italiennes contre l'Autriche et contre ses alliés, le pape et les petits princes italiens.

Les chefs de l'insurrection étaient divisés sur le but final qu'il convenait de donner à leurs efforts ; si les uns visaient à rétablir les Républiques, filles de la République française, les autres, en plus grand nombre, cherchaient à fonder, au centre de la péninsule, une principauté nouvelle à la tête de laquelle ils auraient placé l'un des fils de l'ancien vice-roi d'Italie, Eugène de Beauharnais, duc de Leuchtenberg. D'autres songèrent-ils aux enfants d'Hortense, ou celle-ci se chargea-t-elle de poser leur candidature ? Ce qu'il y a de certain, c'est que, fort au courant des trames qui se formaient alors, elle jugea que le moment était venu pour elle de se rendre en Italie.

Partie vers la fin d'octobre 1830 pour la capitale de la Toscane, elle quitta bientôt Florence pour prendre la route de Rome. Une rencontre inopinée la mit en présence de son mari entre Bolsena et Viterbe. Les entrevues n'étaient jamais très tendres entre les deux époux. Celle-ci se passa de la part du mari en amères récriminations sur les dangers auxquels son ambition l'exposait, ainsi que son fils aîné. Louis avait toujours aimé le calme et le repos ; le séjour de l'Italie lui convenait mieux que celui de tout autre pays ; il redoutait d'être obligé de le quitter et de subir le contre-coup des événements et des machinations auxquels ceux qui portaient son nom pouvaient se trouver mêlés. Hortense, peu sensible à ces plaintes, poursuivit son chemin vers Rome.

A peine arrivée dans cette ville avec le prince Louis-Napoléon, ce dernier se montre au Corso avec un uniforme de fantaisie et des plumes tricolores à son chapeau. Le moment était mal choisi pour se livrer à ces démonstrations ; Pie VIII touchait à ses derniers moments. Les cardi-

LES FILS D'HORTENSE ET L'INSURRECTION DES ROMAGNES

naux chargés de maintenir la tranquillité publique se plaignaient déjà de certaines incartades auxquelles se livrait le fils de Jérôme Bonaparte, quoiqu'il fût encore en puissance de gouverneur. Ils prirent la décision d'expulser à la fois le fils de Jérôme et le fils de Louis. Le premier obtint à grand'peine l'autorisation de rester à Rome, sous la caution de l'ambassadeur de Russie; le second dut partir sur-le-champ.

Louis-Napoléon rejoignit son frère à Florence, à la veille du jour où

Fig. 10. — La reine Hortense, se rendant auprès de ses fils à Ancône, apprend que l'aîné est mort de la fièvre typhoïde et que le second est malade (page 30).

le carbonarisme allait soulever les Romagnes. Les deux fils de Louis étaient affiliés à cette société secrète; et ils prirent avec elle des engagements qui furent, assure-t-on, rappelés longtemps après, au carbonaro Louis-Bonaparte, devenu empereur des Français. Un mouvement insurrectionnel devait éclater à Modène, un autre à Bologne. Les deux jeunes Bonaparte, sommés de se rendre dans cette ville et de tenir leur serment, obéirent au chef de leur vente et accoururent à Bologne, où le gouvernement provisoire les chargea d'organiser la défense sur certains points du territoire.

Hortense, pendant ce temps-là, était à Florence, surveillant les événements et s'apprêtant à en profiter, lorsqu'elle apprit la nouvelle de la prochaine intervention de l'Autriche dans les Romagnes, avec le consentement de la France ; elle comprit que ses deux fils, en prenant part aux préliminaires de la révolution italienne, avaient suffisamment attiré sur eux les regards du libéralisme européen et qu'il ne leur restait plus qu'à quitter la scène. Il ne fallait pas cependant que leur retraite ressemblât à une fuite, à une désertion devant l'ennemi. Père, mère, oncles, se mirent donc à les exhorter au nom de l'Italie, dans des lettres rendues publiques, à quitter un pays sur lequel leur présence ne pouvait qu'attirer les calamités les plus grandes. Le cardinal Fesch lui-même se mit de la partie. Le général Armandi, ministre de la guerre du gouvernement provisoire, avait été autrefois gouverneur du prince Napoléon-Louis ; c'est à lui qu'Hortense s'adressa pour dérober ses enfants au péril en sauvant les apparences. Il intima tout simplement l'ordre aux deux frères de quitter les Romagnes. Ils obéirent et se dirigèrent vers la Toscane, où le grand-duc refusa de les recevoir. Rejetés sur Bologne, d'où les Autrichiens s'approchaient, ils coururent à Ancône dans l'espoir de s'y embarquer. Leur mère, munie d'un passeport toscan en son nom et d'un autre passeport au nom d'une dame anglaise voyageant avec ses deux fils, s'avançait de son côté sur cette ville, où elle espérait trouver ses deux enfants ; après avoir quitté Foligno, une voiture s'arrêta près de la sienne et un étranger lui dit que son fils aîné était mort de la fièvre typhoïde à Pesaro, et que le cadet, atteint de la même maladie, avait été transporté précipitamment à Ancône. Hortense s'empresse de gagner cette ville, malgré l'approche des Autrichiens. La mer était gardée. Il ne lui restait plus qu'à soigner son fils et à attendre l'ennemi.

Pendant que son fils est couché dans sa propre chambre, elle fait répandre le bruit qu'il s'est réfugié en Grèce. Le général en chef autrichien, logé dans le même palais, sollicite l'honneur de lui être présenté ; elle travaille à le confirmer dans la croyance de la fuite de son fils. Il y croit, ou feint d'y croire. L'Autriche n'avait nul intérêt à faire la capture du prince ; au contraire. Aussi le général en chef n'hésite-t-il pas à accorder à la reine Hortense un laisser-passer signé de sa main avec le nom en blanc qui lui servira, dit-elle, à se rendre à Livourne, où elle s'embarquera pour l'Angleterre. Dès que son fils est en état de supporter la fatigue du voyage, elle fait ses préparatifs. Le jour du départ est fixé. Le prince Louis-Napoléon et le jeune marquis Zappi, compromis pour avoir porté à Paris les dépêches du gouvernement insurrectionnel de Bologne, endossent un habit de livrée et marchent derrière la reine. Il faut pour sortir du palais passer devant le poste d'honneur placé à l'entrée ; il est quatre heures du matin ; les soldats dorment, les factionnaires somnolents jettent à peine un regard sur les fugitifs. Une berline les attend dans la rue ; les deux faux domestiques montent sur le siège, le postillon fouette ses chevaux et prend, au lieu de la route de Livourne, celle qui doit conduire les voyageurs à Paris.

La loi défendait bien le séjour de Paris aux Bonaparte, mais le gouvernement pouvait-il tenir la main à son observation rigoureuse au moment même où il commençait la réhabilitation officielle de l'impérialisme, en replaçant la statue de Napoléon Ier sur la colonne de la place Vendôme ? Hortense ne se trompa point en pensant le contraire.

Ce n'est pas que Louis-Philippe fût très charmé de son escapade. Il avait plus d'une raison de se méfier d'elle ; un mois auparavant, son nom et celui de son fils avaient été prononcés dans un procès de complot jugé par la cour d'assises de Paris, le 26 avril 1832, contre le réfugié polonais Zaba et le réfugié italien Mirandoli, accusés de tentative d'embauchage dans les garnisons de l'Est. Louis-Philippe reçut cependant les deux voyageurs avec bonté. La reine Hortense vit la reine Amélie et la princesse Adélaïde. Elle eut plusieurs fois la visite de M. Casimir Périer, président du conseil, qui lui fit espérer la prompte suppression de la loi de bannissement des Bonaparte, la restitution du duché de Saint-Leu et l'entrée de son fils dans les rangs de l'armée française, à condition qu'il quitterait son nom.

Louis-Napoléon était, disait-elle, indisposé, ce qui l'empêchait de présenter ses respects au roi. On convint qu'après son rétablissement Hortense partirait pour Londres, où l'ambassadeur de France lui remettrait un passeport sous le nom de comtesse d'Arenenberg ; elle devait revenir ensuite à Paris, y séjourner le temps nécessaire pour voir quelques amis et de là se rendre à Vichy.

Louis-Philippe ne tint, il est vrai, aucune de ces promesses ; mais peut-on s'en étonner s'il est vrai, comme l'assure un écrivain en position d'être bien informé [1], que l'indisposition du prince Louis ne fut qu'un

---

[1]. Duc d'Aumale, *Lettre sur l'histoire de France*.

prétexte pour ne pas faire de visite au roi et que, à l'heure où celui-ci recevait la mère, le fils assistait à une conférence où se trouvaient les principaux chefs du parti républicain?

Casimir Périer avait mis, comme on l'a vu, pour conditions à l'admission de Louis-Bonaparte dans les rangs de l'armée française qu'il quitterait son nom. Cette condition, qui fut rejetée, n'était pas cependant sans précédent. On pourrait citer plus d'un prince se résignant, pour servir son pays, à cacher, sous un nom et sous un titre d'emprunt, son nom véritable, qui aurait fait de lui un prétendant malgré lui-même. La conduite du prince Louis prouvait déjà que, loin de se dérober à ce rôle, il recherchait toutes les occasions de le jouer. Il se montra ouvertement partout, malgré sa promesse de garder l'incognito, et le 5 mai, anniversaire de la mort de l'Empereur, on put s'apercevoir de l'effet produit par sa présence, au nombre et à l'exaltation des pèlerins accourus pour déposer les couronnes au pied de la colonne de la place Vendôme. La reine Hortense et son fils, logés à l'hôtel de Hollande, situé sur cette place même, purent de leur fenêtre voir les pèlerins et entendre leurs cris de : Vive l'Empereur ! La manifestation se renouvela chaque jour jusqu'au 9 ; des rassemblements menaçants se formèrent le 10 sur la place Vendôme, et les journaux de l'opposition trouvèrent fort mauvais que, pour les dissiper, le maréchal Lobau, commandant supérieur de la garde nationale, eût eu recours à une pompe à incendie, qui dissipa l'émeute en l'arrosant.

Le ministère crut devoir alors se souvenir que la loi de 1816 existait et en faire souvenir les deux voyageurs. Ils partirent pour Londres, au moment où la diplomatie s'opposait à l'élection du duc de Leuchtenberg au trône de Belgique, et le gouvernement français à celle du duc de Nemours. Hortense allait-elle chercher à Londres une couronne pour son fils? On le crut. « On suppose, dit un journal, que l'ex-reine de Hollande est allée y guetter une occasion de présenter son fils aux Belges pour le cas où ils éprouveraient quelque difficulté dans le choix d'un souverain. » Le prince Louis protesta contre cette assertion : « Ma mère « est allée à Londres pour ne pas se séparer de l'unique de ses fils qui « survit encore. Ayant embrassé la cause sacrée de l'indépendance ita- « lienne, je suis obligé de chercher un refuge en Angleterre, la France, « hélas ! m'étant toujours fermée. Ma mère n'aspire qu'au repos et à la « tranquillité. Quant à moi, loin de nourrir des idées d'ambition, mon seul « désir serait de servir mon pays ou la liberté dans les pays étrangers, et

« on m'aurait vu dès longtemps, en qualité de simple volontaire, dans les
« rangs glorieux des Belges ou dans ceux des immortels Polonais, si je
« n'avais craint qu'on n'attribuât mes actions à des vues d'intérêt per-
« sonnel, ou que mon nom n'alarmât une diplomatie timide et incapable

Fig. 11. — Portrait du prince Louis-Napoléon en officier d'artillerie suisse (page 38).

« de croire à un dévouement désintéressé ou à une sympathie sincère
« pour les peuples malheureux. »

Le jeune homme commençait à jouer son rôlet [1], qui n'était pas
exempt d'ennuis et d'inconvénients. Les assurances contenues dans la
lettre précédente lui valaient l'envoi d'une foule de députations de la part

---

[1]. Charles IX, après avoir contribué à rassurer Coligny et les huguenots par ses feintes
caresses, demandait à sa mère, la veille de la Saint-Barthélemy : « Ai-je pas bien joué
mon rôlet? »

des peuples malheureux. « Si je vois sabrer le peuple de Paris, avait-il dit un jour, je ne résisterai pas à me mettre de son côté. » Bonapartistes et républicains affluaient dans sa résidence de Londres et le sommaient de tenir cet engagement. Ces émissaires devenaient gênants ; la reine Hortense partit avec son fils pour Calais, et, renonçant au voyage de Vichy, elle se dirigea sur Paris, où elle n'entra pas. Les deux voyageurs se contentèrent d'en visiter les environs, surtout ceux qui rappelaient les souvenirs de l'Empire. Ils gagnèrent la Bourgogne le 15 août, et bientôt ils rentraient à Arenenberg.

Les impressions du prince pendant son voyage en France ne pouvaient que corroborer celles qu'il recevait depuis longtemps de sa mère. Ces républicains empressés de traiter en quelque sorte avec lui de l'avenir de la France, ces cris de : Vive l'Empereur ! poussés au milieu même de Paris, ces traits de Napoléon Ier reproduits sous toutes les formes, ornant presque toutes les habitations dans les villes et dans les campagnes, tout ce qu'il avait entendu et vu, le raffermissait dans sa foi napoléonienne.

Les politiques du temps, dans leur imprudent optimisme, se félicitaient du culte dont Napoléon Ier était l'objet ; ils voyaient, dans son apothéose, comme une sorte d'assurance que, l'homme étant passé Dieu, son empire ne renaîtrait pas sur la terre, comme si les Juifs, après la mort du Christ, n'avaient pas attendu son retour. Le souvenir de l'Empire, sans cesse ravivé, rendait sa résurrection toujours possible.

La France, en 1832, avait un accès de fièvre intellectuelle ; toutes les formes de gouvernement et de société, tous les systèmes politiques et sociaux, toutes les rêveries, toutes les utopies, saint-simonisme, fouriérisme, communisme, étaient discutés avec une ardeur et une bonne foi merveilleuses par la plus sincère et la plus généreuse des générations que la France ait eues depuis la fin du xviiie siècle. Le jeune Louis Bonaparte, excité par ce spectacle, publia un opuscule intitulé *Rêveries politiques*, dans lequel il se déclarait républicain et ensuite monarchiste. « D'après les opinions que j'avance, disait-il, on voit que « mes principes sont républicains. Eh, quoi de plus beau, en effet, que « de rêver à l'empire de la vertu, au développement de nos facultés, au « progrès de la civilisation ?... Les patriotes d'aujourd'hui sont en grande « partie républicains. » Pourquoi l'auteur ne partage-t-il pas l'opinion des patriotes ? Il va nous en donner les raisons : « Si le Rhin était mer, si « la vertu était le seul mobile, si le mérite parvenait seul au pouvoir,

« alors je voudrais une république pure et simple. Mais entourés, comme
« nous le sommes, d'ennemis redoutables, qui ont à leurs ordres des
« milliers de soldats, qui peuvent renouveler chez nous l'invasion des
« barbares (il devait, trente-huit ans plus tard, l'attirer sur la France), je
« crois que la République ne pourrait repousser l'invasion et comprimer
« les troubles civils sans recourir à des moyens qui nuisent à la liberté.
« Quant à la vertu et au mérite, on voit souvent, dans une République,
« qu'ils ne peuvent atteindre qu'un certain degré : ou l'ambition les cor-
« rompt, ou la jalousie les perd. C'est ainsi que tous les génies transcen-
« dants sont souvent écartés par la défiance qu'ils inspirent, et l'intrigue
« alors triomphe du mérite qui pouvait illustrer la patrie. »

Ce sont là de médiocres arguments contre la République. Cet opuscule, d'une faiblesse enfantine, se termine par un projet de Constitution dont le premier article restaure l'Empire et le dernier rétablit la garde impériale. Les trois pouvoirs de l'Etat sont le peuple, le Corps législatif et l'Empereur : le peuple a le pouvoir électif et de sanction, le Corps législatif a le pouvoir délibératif, l'Empereur le pouvoir exécutif. L'harmonie de ces trois pouvoirs assure le bonheur du pays; « l'opposition qui doit exister dans les Etats libres ne sera que comme les dissonances qui concourent à l'accord total. » Mais à quoi bon parler d'opposition? « Le pouvoir sera toujours obligé de régner d'après les désirs du peuple. Il n'y aura plus ni aristocratie de naissance, ni aristocratie d'argent. » La France, enfin, possédera « un gouvernement qui aura les avantages de la République sans ses inconvénients; en un mot, un gouvernement fort sans despotisme, libre sans anarchie, indépendant sans conquêtes. »

Ces amplifications de rhétorique durent faire sourire Chateaubriand, auquel l'auteur les communiqua à son dernier voyage en Suisse. On ne se doutait guère alors que les *Rêveries politiques* se transformeraient en réalités et que ces déclamations seraient un jour la base de la Constitution et des lois de la France.

L'empereur Napoléon III, en effet, pour ses lois et pour ses discours, n'a jamais fait que puiser à la source de l'auteur des *Rêveries politiques*. La publication de cette brochure passa inaperçue, du moins dans les hautes régions de la politique. Le monde bourgeois était malheureusement plus accessible à ces généralités vagues dont s'étaient si bien contentés les hommes de l'an VIII et dans lesquelles les contemporains avaient été élevés. N'eût-on pas cru, en effet, en voyant l'empressement que la bourgeoisie mit à accepter les institutions de l'an VIII, en 1851, qu'elle venait d'être préparée, par une initiation récente, à les accueillir?

Le prince Louis publia l'année suivante des *Considérations politiques et militaires sur la Suisse*, ce qui ne l'empêcha pas d'entamer des pourparlers avec quelques-uns des républicains échappés des barricades de Saint-Merry et d'entretenir des relations avec les mécontents de la France et d'autres pays.

L'indolence, qui était le fond du tempérament du prince Louis, menaçait cependant de le ressaisir dans le calme de la vie de château qu'il était obligé de mener. La reine Hortense, rompue à toutes les ruses de l'ambition, à tous les manèges de la coquetterie, n'en était pas moins une femme de plus de cinquante ans, dont tous les goûts dataient du commencement du siècle et qui, de plus en plus étrangère à la littérature, à la musique, à l'art de son époque, ne pouvait manquer, malgré son amabilité naturelle, de créer autour d'elle une certaine atmosphère de monotonie et d'ennui. Superstitieuse comme sa mère Joséphine, crédule aux influences magiques, elle avait recours aux faiseurs d'horoscopes, aux tireuses de cartes. Le jeune prétendant, soumis constamment à l'influence mystique d'Hortense, crut entendre plus d'une fois au fond des bosquets d'Arenenberg des voix qui lui criaient : « Tu régneras! »

Malgré ces prédictions, l'imagination paresseuse du futur César avait besoin d'un aliment nouveau pour l'enflammer.

Un inconnu le lui fournit. Jean-Gilbert-Victor Fialin, connu plus tard sous le nom de Persigny, naquit le 11 janvier 1808 à Saint-Germain-Lespinasse (Loire). Orphelin dès sa plus tendre enfance, recueilli par un de ses oncles, il entra comme boursier au collège de Limoges. Engagé volontaire à dix-sept ans, il était en 1826 élève à l'École de cavalerie de Saumur, et, en 1828, maréchal des logis au 4ᵉ régiment de hussards. Très légitimiste alors, l'influence de son capitaine [1] le fit passer dans le camp opposé. Un mouvement militaire eut lieu à Pontivy au moment de la révolution de Juillet; le maréchal des logis Victor Fialin y prit une part très active ; accusé d'insubordination par ses chefs, il reçut un congé temporaire de réforme, rendu définitif en 1833. Ce traitement sévère ne le rendit pas très chaud partisan de la monarchie de Juillet. Il avait lu et relu le *Mémorial de Sainte-Hélène* dans les loisirs de la salle de police. Qu'avait-il vu dans ses changements de garnison, dans

---

1. M. de Kersausie, qui joua un rôle dans le parti républicain.

les auberges, dans les cabarets, dans la demeure de ceux où le conduisaient les hasards de l'étape? Le portrait de l'Empereur. Qu'entendait-il dans les cafés et dans les lieux publics fréquentés par les sous-officiers? Des injures contre la Restauration et contre la monarchie de Juillet ; on reprochait à l'une de n'avoir été que le gouvernement des nobles et des prêtres, à l'autre de n'être que celui des journalistes et des avocats. Victor Fialin en conclut que le moment était venu de fonder une nou-

Fig. 12. — Louis-Napoléon entend dans les jardins d'Arenenberg des voix qui lui disent : Tu régneras page 36).

velle légitimité démocratique, et qu'il ne trouverait que dans la famille Bonaparte l'homme capable de la personnifier.

L'ex-maréchal des logis Fialin, l'esprit plein de cette idée, accourt à Paris, essaye de collaborer au journal Le Temps ; il fournit quelques articles à une correspondance à l'usage des journaux légitimistes ; un jour, il finit par trouver un peu d'argent pour fonder l'*Occident français*, revue destinée à démontrer « que le régime impérial contient la formule et la synthèse de la politique au XIXe siècle ».

Le directeur de l'*Occident français* ajoute :

« Il n'est pas en Europe un seul homme instruit des affaires de son temps qui n'attende une complète rénovation de ce continent. Il semble que la voix, partie autrefois des régions orientales pour annoncer un Messie, proclame à cette heure la vaste synthèse politique vers laquelle nous avançons chaque jour davantage. A nous donc l'idée napoléonienne suppliciée au rocher de Sainte-Hélène dans la personne de son glorieux représentant! En cette impériale idée résident la tradition tant cherchée du xviii° siècle, la vraie loi du monde moderne, et tout le symbole des nationalités occidentales... Le temps est venu d'annoncer par toute la terre cet Evangile impérial qui n'a point encore eu d'apostolat. Le temps est venu de relever le vieux drapeau de l'Empereur, non seulement l'étendard de Marengo et d'Austerlitz, mais celui de Burgos et de la Moskowa. L'Empereur, tout l'Empereur! »

L'*Occident français* n'eut qu'un numéro.

M. Fialin comprit que le prince Louis Bonaparte était le membre de la famille de l'Empereur le mieux fait pour accueillir ses idées. Un beau matin, il tombe à Arenenberg, muni d'une lettre de recommandation du poète Belmontet. L'accueil des maîtres de ce château fut tel que le méritait le fondateur de l'*Occident français* ; ce sous-officier frotté de journalisme et de littérature, cet aventurier, le mot de bohème n'existait pas encore, initié à tous les mystères et à toutes les pratiques de la vie parisienne, ne pouvait manquer de plaire au prince et de lui imposer en même temps par sa précoce rouerie. Il devint bientôt son confident et son secrétaire des commandements sans en avoir le titre. A partir de ce moment, l'ère des complots commence. Fialin, arrivé à Arenenberg en 1834, accompagnait l'année suivante la reine Hortense et son fils à Baden, où se nouèrent les premières trames qui devaient aboutir à l'échauffourée de Strasbourg. C'est là, autour du tapis vert du grand salon de jeu, que le prince recruta ses premiers complices, presque tous légitimistes [1].

Le prince, au début de l'année 1836, publia un *Manuel d'artillerie* à l'usage des officiers d'artillerie de la République helvétique, signé Louis-Napoléon Bonaparte, *capitaine au régiment d'artillerie du canton de Berne*. La remise de ce livre, au nom de l'auteur, à des officiers généraux et supérieurs de l'armée française, à des personnages politiques importants et aux principaux journalistes, fournissait un excellent moyen de s'assurer des sentiments et des dispositions de l'armée et de la société françaises à l'égard du bonapartisme. M. Fialin, en s'offrant pour porter chaque exemplaire du *Manuel d'artillerie* au destinataire, crut convenable d'emprunter le nom de Persigny à une ancienne

---

[1]. MM. de Gricourt, de Querelles, de Bruc.

propriété de la famille de sa mère, située dans la commune de Crémeaux, en Forez, et d'y joindre le titre de vicomte. Il se dirigea ensuite vers la frontière de France, désireux de justifier la devise qu'il venait d'inscrire au bas de son écusson : *Je sers !*

Le missionnaire bonapartiste, de retour à Arenenberg, apportait à Louis-Napoléon Bonaparte des complicités morales, préférables peut-être à toutes les complicités matérielles ; quel plus grand encouragement pour le prétendant que ces paroles de Carrel à M. de Persigny : « Le « nom que porte le prince est le seul qui puisse exciter fortement les « sympathies populaires ; s'il sait oublier ses droits de légitimité impériale, « pour ne se rappeler que la souveraineté du peuple, il peut être appelé à « jouer un grand rôle. »

Louis-Napoléon ne devait pas tarder à essayer de réaliser cette prédiction. Un second voyage à Baden entrepris cette année lui valut la complicité du colonel Vaudrey et du lieutenant de pontonniers Laity. Tenter le renversement de Louis-Philippe à peine échappé aux balles de la machine Fieschi et fort de la popularité que le danger couru par lui et par ses fils lui avait rendue, c'était plus que hardi. La conspiration de Strasbourg devait échouer ; elle échoua ; mais le concours ouvert donné au chef des conspirateurs par tant d'officiers, sans compter le concours secret de ceux qui n'attendaient que le succès pour se déclarer, prouva que, si la monarchie de Juillet était encore assez forte en ce moment, l'Empire pouvait devenir pour elle un rival redoutable dans le cas d'une mort subite du roi et du duc d'Orléans, ou de tout autre événement imprévu.

Le gouvernement dissimula ses alarmes[1]. Il ne put mettre la main sur les papiers de la conspiration. Une femme les sauva[2]. La presse ministé-

---

1. Louis-Philippe en sut assez pour juger prudent de paraître ne rien savoir. « Excelmans se mouche bien vite, » dit-il après l'audience sollicitée par ce général pour se justifier des charges indirectes qui pesaient sur lui. D'autres se mouchèrent plus tard.

2. Éléonore Archer allait de ville en ville, donnant des concerts publics et chantant dans les salons ; M. Gordon, colonel de la légion étrangère au service d'Isabelle II, l'épousa et mourut peu de temps après son mariage, laissant sa femme sans fortune. Éléonore Gordon, recommençant ses pérégrinations lyriques, rencontra Louis-Napoléon Bonaparte en Suisse ; sa vocation bonapartiste se révéla. Elle se montra le plus habile et le plus dévoué des aides de camp du prétendant dans les préparatifs du complot de Strasbourg. Elle en attendait le résultat dans sa chambre de la rue de la Nuée-Bleue, lorsque M. de Persigny accourut sans se douter que les agents de police le serraient de près ; le fugitif allait entamer le récit du désastre, lorsqu'une voix se fit entendre : « Ouvrez au nom de la loi ! » Madame Gordon pousse le verrou et se barricade avec ses meubles. Le commissaire de police est suivi de la force armée et d'un serrurier ; la porte cède bientôt à leurs efforts. Au moment où l'air extérieur pénètre dans la chambre, lettres, décrets,

rielle, obéissant au mot d'ordre, affecta de se moquer de l'auteur de l'*échauffourée* et de la *misérable équipée* de Strasbourg ; le gouvernement n'osa pas cependant le traduire devant un jury ; il aima mieux violer, une seconde fois [1], le grand principe de l'égalité devant la loi. Soustraire le principal coupable à la justice, c'était assurer l'acquittement de ses complices. « Les auteurs de cette rébellion, dit un historien du

Fig. 13. — Attentat de Strasbourg (page 39).

« règne de Louis-Philippe, appartenaient à la justice du pays ; mais que
« devait-il faire du prince ?... A ceux qui, sous un Bourbon, auraient
« prétendu couvrir le nom de l'Empereur d'un privilège de naissance, il

proclamations, nominations, listes de noms disparaissaient dans un dernier jet de flamme qui s'élance de la cheminée. — Madame Gordon est morte à Paris, dans un état voisin de la misère, après le succès du coup d'État.
1. Il avait renvoyé la duchesse de Berry sans la mettre en jugement.

Fig. 14. — Persigny et Mme Gordon font brûler les papiers concernant la tentative de Strasbourg, pendant que le commissaire de police et des gendarmes forcent la porte de la chambre (page 39).

« aurait suffi de montrer le fossé où tomba le cadavre sanglant du duc
« d'Enghien. Mais les procédés du Consulat n'étaient pas ceux du règne
« de Louis-Philippe, et le prisonnier de Strasbourg n'avait pas à redouter
« le sort du prisonnier d'Ettenheim. Aussi la reine Hortense étant accou-
« rue à Paris pour prier le roi d'être indulgent pour son fils, coupable
« seulement, disait-elle, d'une étourderie de jeunesse, reçut-elle immé-
« diatement l'assurance que la vie de ce fils ne courait aucun danger.....
« Le 9 novembre, le préfet du Bas-Rhin et le général Voirol vinrent
« ouvrir au prince les portes de sa prison et le firent monter dans une
« chaise de poste... A Paris, le prince apprit la faveur dont il était l'objet.
« Il en exprima aussitôt sa reconnaissance par une lettre au roi, dont il
« appelait avec instance la bonté sur ses amis. A Lorient, comme il allait
« monter sur la frégate l'*Andromède*, le sous-préfet, M. Villemain, lui
« demanda par ordre du gouvernement s'il avait assez d'argent pour faire
« face à ses premiers besoins au lieu de débarquement, et, sur sa réponse
« négative, lui remit de la part du roi une somme de 16 000 francs en or.
« Le 21 novembre, l'*Andromède* l'emportait loin de la France [1]. »

Le conspirateur gracié de Strasbourg s'était engagé, du moins un historien l'affirme [2], à ne rien entreprendre contre la monarchie de Louis-Philippe. Nous verrons bientôt comment il a tenu son engagement [3].

1. Victor de Nouvion, *Histoire du règne de Louis-Philippe*.
2. Capefigue, *Histoire de l'Europe depuis l'avènement du roi Louis-Philippe*.
3. Une lettre du prince, en date de Londres, 10 novembre 1846, dément cette assertion :
« La grave accusation formulée contre moi, dit-il, dans le deuxième volume de votre histoire, me force à m'adresser à vous pour réfuter une calomnie déjà vieille, que je ne m'attendais pas à voir remettre en lumière par l'historien de Charlemagne, à qui je devais le souvenir de quelques mots flatteurs.
« Vous croyez que, en 1836, expulsé de France malgré mes protestations, j'ai donné ma parole de rester perpétuellement exilé en Amérique, et que cette parole a été violée par mon retour en Europe. Je donne ici le démenti formel que j'ai si souvent donné à cette fausse allégation. . . . .
« En 1840, veuillez vous en souvenir, M. Frank-Carré, remplissant les fonctions de procureur général près la Cour des pairs, fut forcé de déclarer lui-même que j'avais été mis en liberté *sans conditions*. Vous trouverez ces paroles dans le *Moniteur* du mois de septembre..... »
Voici le passage du réquisitoire de M. Frank-Carré invoqué par M. Louis Bonaparte. Le procureur général, après avoir résumé les faits principaux qui se rattachent à la conspiration de Boulogne, ajoute : « Quelle avait été l'issue? Combien de temps avait-il fallu pour que celui qui rêvait un trône se réveillât dans les murs d'une prison dont une clémence aussi libre que généreuse lui a ouvert les portes? Comment se fait-il qu'il n'ait pas été alors désabusé? Vaincu sans combats, pardonné sans conditions, ne devait-il pas comprendre qu'on ne redoutait ses entreprises ni comme un péril, ni comme une menace? »
Louis-Philippe s'est donc, dans cette circonstance, montré généreux jusqu'au bout. M. Louis Bonaparte avait déjà, dans une lettre lue devant le jury de Strasbourg par M. Parquin, reconnu la générosité du roi. « J'étais coupable contre le gouvernement ; or le gouvernement a été généreux envers moi. » Cela rend l'ingratitude dont il fera preuve dans quelques années encore plus condamnable.

CHAPITRE III

LE BONAPARTISME ET LA MONARCHIE DE JUILLET
TENTATIVE DE BOULOGNE

Opinion sévère de la famille Bonaparte sur la tentative de Strasbourg. — Le prince Jérôme sollicite sa rentrée en France. — M. Thiers lui transmet le refus de Louis-Philippe. — Le prince Louis-Napoléon Bonaparte en Suisse. — Le gouvernement français demande son expulsion. — Son arrivée en Angleterre. — Publication des *Idées napoléoniennes*. — La presse bonapartiste en 1839. — Le prince Louis-Napoléon Bonaparte obligé de vendre le château d'Arenenberg. — La propagande bonapartiste du prince de Crouy-Chanel. — Le club des culottes de peau et le club des cotillons. — Formation de la maison militaire de Louis-Napoléon Bonaparte. — M. de Rémusat annonce à la Chambre le retour des cendres de Napoléon Ier. — Tentative de Boulogne. — Jugement de la Cour des pairs. — Tentative de Barbès. — M. de Persigny se vante d'avoir tiré sur un officier. — La captivité de Ham. — Louis-Napoléon Bonaparte collaborateur de journaux républicains. — Les célébrités littéraires de l'époque entrent en relation avec le prisonnier. — Il écrit à Louis-Philippe pour lui demander l'autorisation d'aller voir son père malade. — Louis-Napoléon Bonaparte s'évade du château de Ham. — Le prince Jérôme écrit de nouveau à M. Thiers et est autorisé à séjourner en France pendant trois mois. — Mort de l'ex-roi de Hollande.

La tentative de Strasbourg fut jugée très sévèrement par les oncles de Louis-Napoléon. Joseph Bonaparte [1] la considéra comme un coup mortel porté à l'Empire. Jérôme Bonaparte rompit le mariage projeté de sa fille avec l'auteur de cette équipée. Jérôme Bonaparte s'exprimait sur le compte de son neveu en termes d'autant plus vifs qu'il nourrissait l'espoir d'être autorisé à rentrer en France. M. Thiers lui avait promis, dans son voyage à Florence en 1837, d'user de son influence non pour amener le rappel de la loi de 1832, ce qu'il jugeait impossible, mais pour obtenir une exception personnelle en faveur de l'ex-roi de Westphalie.

1. Il mourut en 1844.

M. Thiers ne lui avait pas dissimulé qu'il hâterait cette mesure en s'adressant directement à Louis-Philippe ; mais cette démarche répugnait, assure-t-il, à Jérôme Bonaparte, non pas qu'il refusât de reconnaître la royauté de Louis-Philippe : « Il n'admettait pas, dans sa loyauté, qu'on « le crût capable de rentrer en France avec une sorte de restriction men-

Fig. 15. — Le Sous-Préfet de Lorient remet, par ordre du gouvernement, au prince Louis-Napoléon, une somme de 16 000 fr., au moment où ce dernier est embarqué pour l'Amérique (page 43).

« tale, et en protestant secrètement contre les lois sous la protection « desquelles il demandait à vivre. Mais sa fierté de Bonaparte, le vieil « esprit révolutionnaire qui vivait en lui, tradition mystérieuse dont le fil « s'est perdu de nos jours, lui rendaient fort pénible un rapprochement, « sous forme de soumission, avec un Bourbon, fût-il de la branche « cadette [1]. »

Jérôme finit par triompher de la mystérieuse tradition du vieil esprit révolutionnaire, car il écrivit au roi et même au duc d'Orléans ; M. Thiers lui répondit en leur nom :

1. *Mémoires et correspondance du roi Jérôme et de la reine Catherine.*

« J'ai reçu du roi et de M. le duc d'Orléans la mission de vous répondre
« et de vous témoigner combien ils étaient sensibles aux sentiments que
« vous leur exprimiez. Le roi a vu dans vos lettres la preuve du sens
« élevé qui a dirigé votre conduite, et il saisira volontiers les occasions
« qui s'offriront de vous témoigner sa haute estime. Il me charge de vous
« féliciter du mariage de la princesse Malthide avec M. le comte Demi-
« doff. Elle sera reçue en France, après son mariage, avec tout l'intérêt
« qu'elle mérite. Le roi sera heureux de diminuer le nombre des exilés :
« il n'y en aurait plus un seul s'il dépendait de lui, et si tous les mem-
« bres de votre famille imitaient la sagesse dont vous leur donnez
« l'exemple. »

Cette allusion s'adressait à Louis Bonaparte, qui avait quitté l'Amérique pour assister aux derniers moments de sa mère et qui, depuis la mort de celle-ci [1], avait fixé sa résidence en Suisse. La présence du conspirateur de Strasbourg sur la frontière ne pouvait pas être du goût du gouvernement français, qui demanda son expulsion. Louis Bonaparte s'intitulait capitaine d'artillerie de la Confédération helvétique ; en prenant du service à l'étranger sans l'autorisation de son gouvernement, n'avait-il pas perdu sa qualité de Français? Mais son gouvernement, quel était-il? Il se disait tantôt Français, tantôt Suisse, selon qu'il s'agissait pour lui de faire acte de prétendant ou de se soustraire à la responsabilité de ses tentatives, et l'on restait toujours dans le doute sur sa nationalité. Le ministère français menaçait de prendre des mesures rigoureuses si la Suisse ne mettait fin à cette comédie ; il fit même avancer des troupes, et la Suisse arma son contingent. Louis-Napoléon, ne voulant, dit-il, ni réclamer ni renier son droit de citoyen suisse, partit pour l'Angleterre [2].

Le gouvernement français, tantôt indulgent, tantôt sévère à l'excès pour le bonapartisme, eut à ce moment la maladresse de traduire devant la Cour des pairs M. Armand Laity, auteur d'une brochure intitulée *Le prince Napoléon à Strasbourg, relation historique des événements du* 30 *octobre* 1836, dans lesquels il avait joué lui-même un rôle. La brochure avait paru avec l'autorisation expresse du prince. La condamnation de M. Laity à cinq ans de prison ranima un peu l'intérêt,

---

1. Hortense mourut le 5 octobre 1837. Le 23 avril de l'année suivante, l'ex-roi de Hollande, tellement paralysé qu'il ne pouvait manger seul, épousa la jeune marquise Stozzi à Florence.
2. Louis-Napoléon devait quelques années plus tard oublier cet épisode de sa vie d'aventure et, maître des forces d'une grande puissance, réclamer impérieusement de la faible Belgique l'expulsion des républicains, chassés de France par lui-même.

qui s'éloignait de jour en jour, du parti bonapartiste, fort peu en veine depuis la retraite de son représentant en Angleterre.

Un manifeste du prince en forme de brochure, daté de « Carlton-Terrace, 13 juillet 1839 », et intitulé *Idées napoléoniennes*, n'avait produit qu'un médiocre effet. Les *Idées napoléoniennes* ne différaient pas sensiblement des *Rêveries politiques*. Ces dissertations n'étaient que de l'histoire à rebours, cette adoration béate de la politique napoléonienne trouvait peu d'admirateurs. Le tournoi d'Eglington, dont tous les journaux s'amusèrent et dans lequel l'auteur des *Idées napoléoniennes*, sous un costume [1] qui rappelait celui des paladins chantés par sa mère, joue un rôle, ne le releva guère dans l'opinion. La guerre civile par-dessus le marché venait de se mettre dans la presse et dans le parti bonapartistes. Le temps n'était plus où la *Révolution de 1830* [2] du colonel Lennox, journaliste et aéronaute, suffisait aux besoins du bonapartisme. Le prince s'était donné le luxe de deux journaux : le *Capitole*, dirigé par M. de Crouy-Chanel, et le *Commerce*, par MM. Mocquart et Mauguin. Le *Capitole* et le *Commerce* préconisaient l'alliance russe, c'est-à-dire un échange amical par lequel la France recevrait les provinces du Rhin des mains de la Russie, et la Russie Constantinople des mains de la France. La communauté de vues politiques n'empêchait pas les deux rédactions de s'accuser mutuellement non seulement d'incurie et de désordre administratif, d'ignorance politique, mais encore de duplicité et de trahison. L'écho de ces querelles passait les murs de Carlton-Terrace et retentissait jusqu'à Paris.

Les journaux coûtent cher. Le *Capitole* et le *Commerce* obligèrent le propriétaire d'Arenenberg à vendre ce château à réméré ; mais n'était-il pas sûr de le racheter bientôt en recevant la couronne de France des mains du rédacteur en chef du *Capitole*. M. de Crouy-Chanel, descendant d'Arpad, prétendant à la couronne de Hongrie et entrepreneur de restaurations pour le compte d'autrui en attendant la sienne, venait

---

1. Costume du matin : une grande cuirasse en acier poli sur une jaquette de cuir, ornée de satin cramoisi; un casque à visière en acier, avec un grand panache de plumes blanches; bas blancs et bottes russes. — Costume du soir : une courte soutane velours vert foncé avec chemise et manches en satin cramoisi; une épée-ceinturon ou une ceinture d'or autour de la taille; bonnet de velours violet avec une plume jaune retenue par une aigrette ornée de pierres précieuses et tombant gracieusement du côté gauche; bas de soie et grandes bottes presque couleur rouge et nouées avec de la dentelle d'or. (*Récit véritable des chevaliers et dames qui gagnèrent l'admiration au grand tournoi tenu en son château par le comte de Eglington*, Londres, 1840, par James Bulkeley.)

2. Fondé en 1830, ce journal n'eut qu'un an d'existence.

d'échouer dans la tentative de relever le trône d'Iturbide au profit de l'infant don François; il espérait se dédommager de cet échec en relevant celui de Napoléon Ier au profit de son neveu, avec l'aide de ses collaborateurs du *Capitole*, M. Charles Durand, ex-rédacteur du *Journal de Francfort*, organe de la Russie, M. Saint-Edme, auteur d'une foule de compilations, et M. Barginet (de Grenoble), grand maître des Templiers et romancier [1].

M. de Crouy-Chanel, doué d'une prodigieuse activité, non content de diriger le *Capitole*, se livrait à la propagande personnelle la plus ardente : armée, magistrature, administration, parlement, journalisme, il cherchait de tous les côtés à créer des partisans à l'Empire. M. de Crouy-Chanel ne s'adressait qu'aux sommités, et de préférence aux plus hautes, à M. Thiers, à M. Berryer par exemple. Il transmettait ensuite, à Carlton-Terrace, le résultat de ses conversations avec les personnages divers qu'il avait pu voir dans la matinée. Que M. Thiers lui ait dit un jour que, si Louis-Philippe mourait sans héritier, il n'était pas impossible qu'un Bonaparte le remplaçât; que Berryer se soit montré disposé, dans le cas où la chute de Louis-Philippe n'amènerait pas le retour de Henri V, à occuper un siège dans la Chambre des députés de l'Empire, cela est fort possible. Ces deux hommes n'en étaient pas moins pour le prince Louis des adhérents bien douteux; mais il en fallait à tout prix à Crouy-Chanel, qui, après en avoir demandé à l'orléanisme et à la légitimité, en chercha dans les restes des sociétés secrètes dispersées après la défaite de l'insurrection du 12 mai. Un projet d'*association nationale* entre les républicains et les bonapartistes fut même rédigé. Les vieux bonapartistes tels que MM. de Montholon, de Vaudancourt, de Mésonan, de Laborde, Voisin, Piat, Dumoulin, Bouffet de Montauban, etc., formant ce que les plus jeunes amis du prince appelaient le *Club des culottes de peau*, hommes d'action avant tout, et sans grands scrupules, ne répugnaient nullement à cette alliance. M. Mocquart et ses collaborateurs du *Commerce* la trouvaient compromettante au dernier point. Homme élégant, instruit, aimant les lettres et les arts, avocat distingué, M. Mocquart avait été obligé sous la Restauration de faire un voyage en Suisse à la suite de fausses spéculations; présenté à la reine Hortense, devenu bientôt son confident et son homme d'affaires, il jouissait dans le parti bonapartiste d'une influence augmentée encore de celle du *Club des*

---

[1]. Auteur de la *Chemise sanglante*, de la *Cotte rouge*, etc., et surnommé, par lui-même, « le Walter Scott dauphinois ».

Fig. 16. — Rentrée des cendres de Napoléon 1er (p. 36).

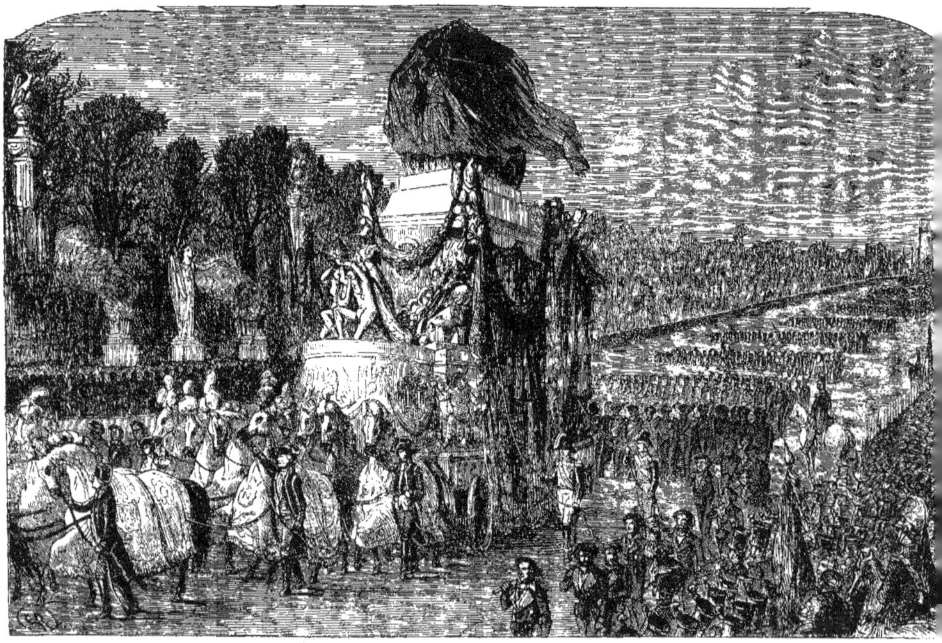

cotillons. La reine Hortense avait laissé en France un certain nombre d'amies et de dames familières, qui ne cessèrent de s'intéresser à son sort et à celui de son fils, telles que Mmes la duchesse d'Abrantès, la comtesse Regnault de Saint-Jean-d'Angély, de Faverolles, Hamelin, Salvage, Sophie Gay [1], etc. Ces dames se mêlaient beaucoup aux affaires du parti. Elles joignirent leurs protestations à celles de M. Mocquart contre l'*Association nationale*. Attaqué à la fois par le *Commerce* et par les *Cotillons*, faiblement défendu par les *Culottes de peau*, l'infortuné Crouy-Chanel se vit disgracié; la rédaction du *Capitole* fut changée [2]; M. de Persigny vint à Paris présider à tous ces changements. Les personnes les plus au courant de la position pécuniaire de Louis Bonaparte pensaient qu'il ne lui restait pas plus de deux cent mille francs de rente, à peine assez pour vivre conformément à son rang en Angleterre; cependant on vit tout à coup le prince se former une maison militaire et prendre deux aides de camp. On ne voyait pas trop de quel côté pouvaient lui venir des subsides; son père remarié ne lui donnait pas signe de vie; son oncle Joseph avait de grosses affaires d'intérêt à régler avec le gouvernement français et tenait son neveu à distance [3]; son oncle Jérôme fuyait en Amérique de graves embarras d'argent et ne voulait pas d'ailleurs se brouiller avec le roi des Français; ses cousins Canino n'étaient pas riches. Louis-Philippe ne redoutait rien de Louis-Napoléon,

---

1. Delphine Gay, sa fille (Mme Émile de Girardin), avait dédié à la reine Hortense, en 1828, une romance intitulée *la Pèlerine* :

> Soldats, gardiens du sol français,
> Vous qui veillez sur la colline,
> De vos remparts livrez l'acier;
> Laissez passer la pèlerine.
> . . . .
> Elle ne vient pas sur ces bords
> Réclamer un riche partage;
> Des souvenirs sont ses trésors,
> Et la gloire est son héritage.
>
> Soldats, gardiens, etc.

2. Les nouveaux rédacteurs étaient MM. Lepoitevin Saint-Alme, fondateur du *Figaro* et plus tard rédacteur en chef du *Corsaire*; Alexandre Weil et Placide Justin, ex-propriétaire d'une correspondance à laquelle avait collaboré Persigny, et plus tard créateur des dîners à cinq francs du passage Verdeau.

3. Un écrivain, ami de la famille Bonaparte, et chez qui le prince Louis trouva un asile dans une escapade qu'il fit à Paris, feu Sarrans, racontait que, s'étant trouvé plus d'une fois, à Londres chez Joseph Bonaparte, au moment où l'on annonçait le prince Louis, il avait toujours été forcé de se rasseoir au moment où il se levait pour céder la place au visiteur, d'après l'injonction formelle de Joseph Bonaparte, qui ne voulait pas, disait-il, se trouver en tête à tête avec son neveu.

juste au moment où ce dernier était à la veille d'un nouvel acte d'agression. Il se flattait d'ailleurs de lui porter bientôt un coup terrible.

Le ministère, qu'on pouvait croire occupé à débattre des questions plus graves avec l'Angleterre, négociait avec elle la restitution des cendres de Napoléon Ier. M. de Rémusat, ministre de l'intérieur, monta le 12 mai à la tribune de la Chambre des députés pour lui annoncer que le prince de Joinville allait partir pour Sainte-Hélène, et qu'il en ramènerait le cercueil du « grand homme ». Le discours de M. de Rémusat étonne de la part d'un homme qui, par la nature de son esprit philosophique, aurait dû être averti de la durée et du danger des légendes dans les masses populaires. Il l'a regretté depuis [1]. Vainement M. Glais-Bizoin représenta-t-il que « les idées bonapartistes étaient une des plaies vives de notre temps, qu'elles représentaient ce qu'il y a de plus funeste pour l'émancipation des peuples, de plus contraire à l'indépendance de l'esprit humain; » la Chambre vota d'enthousiasme tous les crédits demandés.

Que pouvait craindre désormais la monarchie de Juillet du prétendant bonapartiste? Oserait-il troubler les augustes funérailles qui se préparaient par une équipée encore plus folle que la première? Le gouvernement, pleinement rassuré, ne se doutait pas que Louis-Napoléon s'apprêtait déjà à exploiter l'émotion causée par l'annonce du retour des cendres de Napoléon Ier en France. Le général Bertrand avait remis à Louis-Philippe l'épée de Napoléon Ier. Le prince Louis profita de l'occasion pour publier une lettre des plus vives [2] contre cette offrande. Le projet d'un nouveau mouvement bonapartiste surgit dans l'esprit du prince Louis au moment même où M. Thiers fut appelé à la présidence du conseil. Le prince n'avait d'autre raison d'en espérer la réussite, que les assurances

---

[1]. « J'ai souvent interrogé M. de Rémusat sur les actes de son ministère. Il n'en regrettait aucun à l'exception peut-être du discours qu'il prononça le 12 mai, pour annoncer à la Chambre le retour en France des cendres de Napoléon. » (*Charles de Rémusat*, par M. P. Duvergier de Hauranne : *Revue des Deux-Mondes*, 15 novembre 1875.)

[2]. « Londres, 9 juin. — Je m'associe du fond de mon âme à la protestation de mon oncle Joseph. Le général Bertrand, en remettant au roi Louis-Philippe les armes du chef de ma famille, a été le jouet d'une déplorable illusion. L'épée d'Austerlitz ne doit pas être dans des mains ennemies; il faut qu'elle puisse être encore brandie, au jour du danger, pour la gloire de la France. Qu'on nous prive de notre patrie, qu'on retienne nos biens, qu'on ne soit généreux qu'envers les morts; nous savons souffrir sans nous plaindre lorsque notre honneur n'est pas attaqué. Mais priver les héritiers de l'Empereur du seul héritage que le sort leur ait laissé, mais donner à un heureux de Waterloo les armes du vaincu, c'est trahir les devoirs les plus sacrés, c'est forcer les opprimés d'aller dire un jour aux oppresseurs : « Rendez-nous ce que vous avez usurpé. »

« Napoléon-Louis B. »

de Crouy-Chanel, et il affectait de n'en pas douter; mais, pour tenter un mouvement bonapartiste, il fallait de l'argent; le prince en eut, soit, comme il l'a affirmé, qu'il y eût consacré quatre cent mille francs qui lui restaient de l'héritage maternel, soit, comme on l'a imprimé dans certaines publications, qu'il eût reçu des fonds à la fois de l'Angleterre et de

Fig. 17. — Joseph Bonaparte prie M. Sarrans de se rasseoir, afin de n'être pas en tête à tête avec son neveu Louis-Napoléon (p. 51).

la Russie. Quoi qu'il en soit, le 6 août 1840, le télégraphe apprit au gouvernement français le débarquement de Louis Bonaparte et de sa bande à Vimeux, près de Boulogne-sur-Mer. Ce débarquement avait eu lieu à six heures du matin; le soir, à huit heures, Louis-Napoléon et ses complices étaient arrêtés.

Qu'allait-on faire du prince récidiviste? On pouvait le traduire devant un conseil de guerre, ou devant le jury, ou devant la Cour des pairs. Louis-Philippe prit ce dernier parti; c'était avouer qu'il se méfiait de l'opinion publique. La Cour des pairs fut convoquée pour le 18 septembre.

L'accusé principal, sûr dès lors de garder sa tête sur ses épaules, se montra très hautain dans les premiers interrogatoires auxquels M. Pasquier le soumit. Le chancelier lui ayant demandé : « Quels étaient vos complices? — Les pairs eux-mêmes si j'avais réussi, aurait-il répondu en copiant la phrase de Mallet. — De quel droit portez-vous cette plaque de la Légion d'honneur? — Je l'ai trouvée dans mon berceau. » A la question habituelle sur sa profession, il répondit : « Prince français en exil, » il nia la compétence de ses juges :

« Un dernier mot, messieurs. Je représente devant vous un principe, « une cause, une défaite. Le principe, c'est la souveraineté du peuple; la « cause, celle de l'Empire; la défaite, Waterloo. Le principe, vous l'avez « reconnu ; la cause, vous l'avez servie; la défaite, vous voulez la venger. « Non, il n'y a pas de désaccord entre vous et moi, et je ne veux pas « croire que je puisse être condamné à porter la peine des défections « d'autrui.

« Représentant d'une cause politique, je ne puis accepter comme juge « de mes volontés et de mes actes une juridiction politique. Vos formes « n'abusent personne. Dans la lutte qui s'ouvre, il n'y a qu'un vain« queur et un vaincu. Si vous êtes les hommes du vainqueur, je n'ai pas « de justice à attendre de vous, et je ne veux pas de votre générosité. »

C'était le prendre de bien haut avec des juges qui venaient de lui permettre de se poser, tant qu'il avait voulu, en prétendant. Tout le monde lui venait en aide, jusqu'au ministère public, qui glissa sur certaines scènes où le prince avait joué un rôle burlesque, tantôt en nommant des caporaux capitaines sur le champ de bataille, tantôt en plaçant sa croix sur la poitrine d'un sergent, tantôt en contrefaisant l'Empereur, dont il avait endossé la redingote grise et coiffé le petit chapeau, tantôt enfin en se faisant suivre d'un volatile apprivoisé qui jouait dans la conspiration le rôle de l'aigle, chargé de voler de clocher en clocher jusque sur les tours de Notre-Dame.

L'année précédente, le 12 mai 1839, Barbès, appelant le peuple aux armes, s'était jeté sur le poste de la Conciergerie : la tentative républicaine et la tentative bonapartiste tendaient au même but, le renversement du gouvernement. Le prince avait tiré, sur le capitaine Col-Puygelier, un coup de pistolet qui atteignit un pauvre soldat; à Boulogne comme à Paris, le sang des défenseurs de l'autorité avait été versé. La déclaration de M. de Persigny au magistrat chargé de l'instruction préalable, à Douai, démontre qu'à Boulogne ce ne fut pas la faute des conspirateurs s'il ne coula pas avec plus d'abondance qu'à Paris.

« Au moment où les troupes proclamaient le prince et reconnaissaient
« le drapeau, dit M. de Persigny, un officier du 42ᵉ, qui m'a paru animé
« d'intentions hostiles, est entré au quartier. J'étais alors habillé en
« sous-officier d'infanterie, et j'avais un fusil à la main; je me suis élancé
« sur lui, et, au moment où j'allais le tuer, le lieutenant Aladenize a
« détourné le coup que j'allais porter. Telle a été l'énergie de son action
« que ma baïonnette a été ployée en deux. Un moment plus tard, le capi-
« taine des grenadiers du 42ᵉ est arrivé, et un nouveau conflit est sur-
« venu. Dans ce conflit, déterminé par les mêmes considérations, j'aurais
« infailliblement tué le capitaine, si M. Aladenize ne s'était jeté de nou-
« veau entre le capitaine et moi et ne m'avait retenu de la manière la
« plus énergique [1]. »

La duchesse d'Orléans, après d'actives démarches faites à l'insu de Barbès, était parvenue à l'arracher au dernier supplice, malgré l'oppoposition des ministres, très vivement encouragée par un grand nombre de personnages politiques; mais personne n'eut besoin de solliciter la grâce du prince Louis-Napoléon. Sa vie ne courait aucun danger; la Cour des pairs créa pour lui une peine spéciale, l'emprisonnement perpétuel, qui n'emporte aucune flétrissure [2], et pendant que Barbès, soumis au dur régime des prisonniers ordinaires, subissait sa peine dans la maison centrale de Doullens, Louis-Napoléon recevait ses amis dans son appartement particulier de la forteresse de Ham, écrivait librement dans les journaux et publiait des livres.

Le 7 octobre 1840, jour où le prince Louis entrait dans le château de Ham, la *Belle-Poule* jetait l'ancre devant Sainte-Hélène. L'éclat du retour des cendres de l'Empereur ne pouvait manquer de rejaillir sur son neveu. La prison grandit les hommes politiques même les plus vulgaires. Bien des mains qui se seraient éloignées des mains du prince Louis libre, se tendirent vers celles du prince captif. La prison lui fit des amis que la prospérité aurait éloignés de lui. Le public ne le vit plus

---

1. M. de Persigny chercha devant le chancelier à atténuer la violence odieuse de cette déposition. Il eut non moins soin de faire valoir ses prétentions à la noblesse : « Vous ne vous appelez pas Persigny ; vous vous appelez Fialin. — Mon grand-père s'appelait Persigny. — Votre grand-père joignait-il à son nom le titre de vicomte? — Non; mais mon bisaïeul était comte. » Ces raisons ne parurent pas suffisantes au chancelier pour accepter le changement de nom et le titre de noblesse de Fialin, et le futur duc figure au nombre des condamnés de Boulogne sous le nom de *Fialin*, dit *Persigny*.
M. de Persigny, d'abord enfermé à Doullens, obtint presque tout de suite sa translation à l'hôpital de Versailles, et, bientôt après, il eut l'enceinte de cette ville pour prison. Il y occupait ses loisirs en écrivant des brochures sur l'utilité des pyramides d'Egypte.
2. M. d'Alton-Shée seul vota la peine de mort.

qu'à la lumière du contraste offert par les hommages rendus à la mémoire de Napoléon Ier et le châtiment infligé à son neveu pour avoir voulu défendre ses droits.

La littérature remplit les loisirs de celui qui s'intitulait un peu sentimentalement « le captif de Ham ». Des journaux de la Somme et

Fig. 18. — Louis-Napoléon débarque à Boulogne (p. 53).

d'autres départements tinrent à honneur d'insérer ses articles. Il publia en outre des brochures sur des sujets d'histoire et de science. Il adresse des communications puériles à l'Académie des sciences, que François Arago s'empresse de mentionner dans les comptes rendus; il étudie la question des sucres, et il aborde enfin la question sociale dans une brochure connue sous ce titre : *Extinction du paupérisme*. « Quand on est malheureux, dit-il dans une sorte de préface, rapprochement habile et fait pour lui valoir la sympathie du peuple, qu'il essaye de séduire par un projet de loi agraire, il est naturel de s'intéresser à ceux qui souffrent. » Du reste, si l'on en juge par la lettre suivante, qui est une autobiographie et presque une confession, jamais conspirateur n'a mieux connu toutes les rubriques de son art :

« Ham, le 10 juin 1842.

« Mon cher monsieur Viellard, je commencerai par vous dire combien la fin tragique de votre pauvre Finette m'a fait de peine. Personne plus que moi ne comprend combien

Fig. 19. — Persigny, costumé en sous-officier, s'élance la baïonnette en avant contre un capitaine qui ne veut pas adhérer au coup d'État de Boulogne. Le lieutenant Aladenize détourne le coup avec son épée (p. 55).

la perte d'un chien qu'on aime peut attrister, car j'ai été bien longtemps à me consoler d'avoir perdu un chien que j'avais à Rome. Mais enfin il faut en prendre son parti..... Votre lettre m'a fait de la peine. Elle m'a prouvé ce que, hélas! je ne sais que trop : c'est que dans toutes les démarches que je croirai utiles ou nécessaires, je ne puis compter que sur moi seul, et que même les amitiés aussi solides que la vôtre me feront défaut alors qu'il s'agira d'exécuter un projet qui vient de moi. On m'a déjà donné le nom d'*entêté*; mais je vous déclare que cela est complètement faux. J'écoute tous les avis, et, après les avoir pesés dans mes balances (chacun a ses propres mesures), je me décide. Et, s'il n'en était pas ainsi, que serais-je donc devenu, moi qui n'avais devant moi aucun chemin tracé? Mes amis, au lieu de recevoir l'impulsion de moi, qui eût été *unique*, voulaient tous me la donner, et, si j'y avais consenti, j'aurais été tous les jours tiré par deux cents forces contraires; il ne me serait pas resté un seul lambeau de moi-même.

C'est cette nécessité de choisir et de m'arrêter à un choix qui m'a formé le caractère. Maintenant vous me dites que je veux faire avancer ma cause par des efforts puérils, et, mon Dieu ! le succès dépend d'un nombre immense d'infiniment petits, qui, à la fin seulement, parviennent à faire corps et à compter pour quelque chose. Si vous voyiez un homme abandonné, seul, dans une île déserte, vous lui diriez : Ne tâchez pas de former avec des troncs d'arbre un esquif que la tempête fera sombrer ; attendez que le hasard amène près de vous un navire libérateur. Moi, je lui dirais : Employez tous vos efforts à vous créer des instruments avec lesquels vous parviendrez à construire un navire. Cette occupation soutiendra votre moral, car vous aurez toujours un but devant les yeux. Elle développera vos facultés par les objets que vous aurez à vaincre. Elle vous prouvera, si vous réussissez, que vous êtes au-dessus de la destinée. Lorsque votre navire sera terminé, jetez-vous-y hardiment. Si vous parvenez à toucher le continent, vous ne devrez votre succès qu'à vous-même. Si vous succombez, eh bien, vous aurez trouvé une fin meilleure que si vous vous étiez laissé dévorer par les animaux sauvages ou par l'ennui. Non, il n'y a rien de puéril dans des efforts, quelque faibles qu'ils soient, quand ils partent toujours du même mobile et qu'ils vont tous au même but. J'ai écrit en 1832 une brochure sur la Suisse, pour gagner d'abord dans l'opinion de ceux avec lesquels j'étais obligé de vivre. Ensuite je me suis appliqué pendant près de trois ans à un ouvrage d'artillerie que je sentais être au-dessus de mes forces, afin d'acquérir par là quelques cœurs dans l'armée et de prouver que, si je ne commandais pas, j'avais au moins les connaissances requises pour commander. J'arrivai par ce moyen à Strasbourg. Depuis, je fis publier la brochure Laity, non seulement pour me défendre, mais pour donner au gouvernement un prétexte pour me renvoyer de Suisse. Cela ne manqua pas, et l'hostilité du gouvernement me rendit mon indépendance morale, que j'avais, pour ainsi dire, perdue par une mise en liberté forcée. A Londres, je publiai, contre l'avis de tous, les *Idées napoléoniennes*, afin de formuler les idées politiques du parti et de prouver que je n'étais pas seulement un hussard aventureux. Par les journaux, je tentai de préparer les esprits à l'événement de Boulogne. Mais ce n'était pas l'affaire des rédacteurs : ils voulaient vivre de la polémique, et voilà tout ! Moi, je voulais m'en servir. Ici, j'échouai déjà ; mais je n'y pouvais. Mais Boulogne fut une catastrophe épouvantable pour moi ; mais enfin je m'en relève, par cet intérêt qui s'attache toujours au malheur et par cette élasticité inhérente à toutes les causes nationales, qui, bien que comprimées souvent par les événements, reprennent avec le temps leur première position. Mais enfin que reste-t-il de tout cet enchaînement de petits faits et de cruelles peines? Une chose immense pour moi. En 1833, l'Empereur et son fils étaient morts ; il n'y avait plus d'héritiers de la cause impériale. La France n'en connaissait plus aucun. Quelques Bonaparte paraissaient, il est vrai, çà et là sur l'arrière-scène du monde, comme des corps sans vie, momies pétrifiées ou fantômes impondérables ; mais, pour le peuple, la lignée était rompue ; *tous les Bonaparte étaient morts*. Eh bien ! j'ai rattaché le fil ; je me suis ressuscité de moi-même et avec mes propres forces, et je suis aujourd'hui, à vingt lieues de Paris, une épée de Damoclès pour le gouvernement. Enfin, j'ai fait mon canot avec de véritables écorces d'arbre, j'ai construit mes voiles, j'ai élevé ma rame, et je ne demande plus aux dieux qu'un vent qui me conduit.

« Pour en revenir à ma publication [1], je m'y suis décidé, parce que je n'y vois aucun inconvénient. L'auteur n'étant pas connu, je ne descends pas dans l'arène de la polémique ; je fais ce que tout le monde peut faire à ma place : j'émets mes idées. J'avais commencé une revue semblable à Londres, et cela n'a pas pris. D'un autre côté, je

---

1. Il s'agit probablement de la *Revue de l'Empire*, fondée en 1842 par M. Ch.-Ed. Tremblaire pour être « l'interprète de cette grande époque du Consulat et de l'Empire si riche de faits patriotiques et de grandeur nationale. » Louis-Philippe figurait en tête de la liste des souscripteurs.

puis réussir, quoi que vous en disiez. Au résumé, savez-vous la différence qu'il y a entre vous et moi dans l'appréciation de certaines choses? C'est que vous procédez avec méthode et calcul. Moi, j'ai la foi, cette foi qui vous fait tout supporter avec résignation, qui vous fait fouler aux pieds ces joies domestiques, l'envie de tant de monde, cette foi enfin qui seule est capable de remuer les montagnes. Certes, ils paraissaient bien aveugles, ces hommes qui, enfermés dans les prisons de Rome, croyaient avec quelques préceptes humanitaires renverser le pouvoir des Césars, et cependant ils l'ont renversé...

« J'admets sans peine qu'il y a à Paris cent écrivains plus habiles que moi. Mais demandez à Bastide, à Louis Blanc, à George Sand, à tous enfin, s'ils ont jamais, en développant leurs idées politiques, touché assez leurs lecteurs pour leur arracher des larmes ; eh bien, je suis sûr que cela n'a jamais eu lieu, tandis que j'ai vu et su mille exemples où mes écrits ont produit ce résultat, et pourquoi ? C'est que la cause napoléonienne va à l'âme ; elle émeut, elle réveille des souvenirs palpitants, et c'est toujours par le cœur qu'on remue les masses, jamais par la froide raison. En résumé, je vais commencer ma revue, et je vous compte comme mon premier abonné ; je me passerai des noms que je voulais mettre en tête ; le drapeau sera facile à reconnaître. Quant au nom de l'auteur, on peut l'avouer, mais il ne faut pas le proclamer.

« Voilà une bien longue lettre. Je tiens trop à vos conseils, j'éprouve trop de peine à être en désaccord avec vous, même sur des choses secondaires, pour ne pas m'efforcer de vous convaincre. Ai-je réussi ? Je l'ignore. Mais ce dont je suis sûr, c'est que vous rendrez justice aux sentiments qui m'ont dicté cette lettre. »

Louis Bonaparte, en devenant collaborateur de journaux républicains, évitait pourtant de s'engager avec les représentants de cette opinion. « La République, disait-il, serait mon idéal ; mais j'ignore si la France « est républicaine. Je vois dans son histoire les deux éléments monar- « chique et républicain exister, se développer simultanément. Si le pays « m'appelle un jour, je lui obéirai ; je réunirai autour de mon nom « plébéien tous ceux qui veulent la liberté et la gloire ; j'aiderai le « peuple à rentrer dans ses droits, à trouver la formule gouvernemen- « tale des principes de la révolution. » Liberté, gloire, droits du peuple, formule du principe de la Révolution, ces mots vagues pouvaient charmer la foule par leur vague même : comment des hommes intelligents étaient-ils assez aveugles pour les prendre au sérieux et pour les considérer comme des engagements envers la République ? Avec quel étonnement ne relit-on pas par exemple, dans le *Progrès du Pas-de-Calais*, rédigé pourtant par des hommes intelligents, sous la date du 28 octobre 1843 : « Ce n'est plus un secret, et nous n'en avons fait « non plus à personne un mystère en annonçant que, depuis plus d'un « an et trois mois, le prince Napoléon-Louis Bonaparte nous envoie des « articles de sa prison de Ham. Notre numéro du 26 en renfermait un « concernant le vœu émis par le conseil général de la Corse en vue « d'obtenir que la famille Napoléon fût rappelée de l'exil, et que le pri- « sonnier de Ham, après avoir été mis en liberté, pût jouir de ses droits

« de citoyen français. La famille Bonaparte, étant issue de la Révolution,
« ne peut et ne doit reconnaître qu'un principe, celui de la souveraineté
« du peuple; elle ne peut revendiquer que les droits du citoyen français,
« mais il y aurait injustice et petitesse à ne pas les lui concéder doré-
« navant. » Le *Journal du Loiret* crut devoir demander au prince
quelles seraient ses prétentions en rentrant dans la grande famille française. Voici la réponse de Louis Bonaparte :

A MONSIEUR LE RÉDACTEUR DU *JOURNAL DU LOIRET*

« Fort de Ham, 21 octobre 1843.

« Monsieur,

« Je réponds sans hésiter à la bienveillante interpellation que vous m'adressez dans votre numéro du 8.

« Je n'ai jamais cru, je ne croirai jamais que la France soit l'apanage d'un homme ou d'une famille; je n'ai jamais revendiqué d'autres droits que ceux de citoyen français, et je n'aurais jamais d'autre désir que celui de voir le peuple entier, réuni dans ses comices, choisir, en toute liberté, la forme de gouvernement qui lui convient.

« Issu d'une famille qui doit son élévation à la volonté nationale, je mentirais à mon origine, à ma nature et jusqu'au bon sens, si je ne reconnaissais la souveraineté du peuple comme la base de tout organisme politique.

« Jusqu'ici, mes actions et mes prétentions s'accordent avec cette manière de voir. Si l'on ne m'a pas compris, c'est qu'on ne cherche pas à expliquer les défaites, mais plutôt à les condamner.

« C'est vrai, j'ai recherché une haute position, mais publiquement. J'avais une haute ambition, mais je la pouvais avouer, l'ambition de réunir autour de mon nom populaire tous les partisans de la souveraineté du peuple, tous ceux qui voulaient la gloire et la liberté. Si je me suis trompé, l'opinion publique doit-elle m'en vouloir? La France peut-elle m'en punir? Croyez bien, monsieur, que, quel que soit le sort que me réserve la destinée, on ne pourra jamais dire de moi que dans l'exil ou dans ma prison je n'ai rien appris et rien oublié.

« Agréez l'assurance de ma considération.

« NAPOLÉON-LOUIS BONAPARTE. »

Le *Journal du Loiret* déclare qu'il n'hésite pas à y voir un éclatant témoignage de la toute-puissance du principe démocratique, un exemple de la plus haute signification; « il félicite le prince des sentiments généreux exprimés dans sa lettre. Ils annoncent un homme de cœur et d'esprit. » L'article se termine ainsi : « Nous ne sommes
« qu'un faible écho de l'opposition nationale; mais, au nom des idées
« dont nous sommes les organes, nous annonçons publiquement que
« notre sympathie est acquise au prince Louis-Napoléon. Il n'est plus
« à nos yeux un prétendant, mais un membre de notre parti, un soldat
« de notre drapeau. »

Le *Progrès du Pas-de-Calais* recevait aussi les communications du prisonnier de Ham. Le rédacteur, en rendant compte de sa brochure sur la question des sucres, lui adresse ces encouragements : « Que le « prince continue dans sa prison à donner l'exemple du courage et de la « résignation ; qu'il continue à s'occuper de questions matérielles qui

Fig. 20. — M. Louis Blanc rend visite à Louis-Napoléon dans sa prison de Ham (p. 61).

« peuvent augmenter le bien-être du peuple ; qu'il continue à étudier les « publicistes qui reconnaissent aux peuples le droit de choisir eux-« mêmes leurs gouvernements ; qu'il soit toujours l'homme du peuple, « et sa popularité s'étendra bien au delà des limites de son cachot. »

De pareils articles, mieux encore que toutes ses brochures, rendaient le prétendant populaire ; les visites de plusieurs écrivains républicains, MM. Louis Blanc, Frédéric Degeorges, Peauger, etc., une correspondance soigneusement entretenue avec des célébrités de l'époque, Béranger, Chateaubriand, Thiers, George Sand, etc., laissaient sans cesse ouvertes au prisonnier des perspectives sur le monde extérieur et faisaient de la forteresse de Ham plutôt une retraite qu'une prison. Le prince Louis a protesté contre les traitements indignes auxquels il était, disait-il, soumis, et il s'est plaint de n'être pas traité en prince : « Le gouvernement qui a reconnu la légitimité du droit de ma famille « est forcé de me reconnaître comme prince et de me traiter comme tel. « La politique a des droits que je ne prétends pas contester. Que le gou- « vernement agisse à mon égard comme un ennemi; qu'il me prive des « moyens de lui nuire, je n'aurai pas à me plaindre; mais en même « temps sa conduite sera inconséquente, s'il me traite comme un pri- « sonnier ordinaire, moi, fils d'un roi, neveu d'un empereur et allié à « tous les souverains de l'Europe [1]. » M. de Montholon déclare que non seulement Louis-Bonaparte n'a pas été traité en prince, mais encore qu'il a trouvé à Ham une captivité plus dure que celle de Sainte-Hélène. « Ce qui m'afflige le plus pour mon pays, s'écrie-t-il, c'est de « penser que l'Empereur n'était pas si mal traité par les Anglais que « ne l'est son neveu par des Français, dans une prison française [2]. »

Ces plaintes n'empêchaient pas M. Louis Bonaparte d'avoir un manège pour monter à cheval dans l'intérieur de la citadelle, de recevoir des visites, de joindre les exercices du corps à ceux de l'esprit et de former le plan de nouveaux ouvrages. Il songeait à écrire la vie de Charlemagne, et il venait de s'adresser à M. Sismondi pour le prier de l'aider dans ses recherches, lorsque son père, malade et désirant avoir son fils auprès de lui, fit des démarches pour obtenir sa liberté. M. Louis Bonaparte écrivit de son côté au roi Louis-Philippe :

« Sire,

« Ce n'est pas sans une vive émotion que je viens m'adresser à Votre Majesté pour lui demander comme une faveur la permission de quitter la France, même pour un temps très-court. Depuis cinq ans, le bonheur de respirer l'air de la patrie a compensé pour moi les tourments de la captivité; mais l'âge et les infirmités de mon père réclament impérieusement mes soins. Il a fait appel au concours de personnes bien connues par leur attachement à Votre Majesté, et il est de mon devoir de joindre mes efforts aux siens.

« Le Conseil des ministres n'a pas pensé que la question fût de sa compétence. Je m'adresse donc à Votre Majesté, plein de confiance dans l'humanité de ses sentiments, et je soumets ma requête à sa haute et généreuse appréciation.

« Votre Majesté, j'en suis convaincu, comprendra une demande qui, d'avance, engage ma gratitude, et, touchée de l'isolement d'un proscrit qui a su gagner sur le trône l'estime de toute l'Europe, elle exaucera les vœux de mon père et les miens.

« Je prie Votre Majesté d'agréer l'expression de mon profond respect. »

LOUIS-NAPOLÉON BONAPARTE.

1. *Le prisonnier de Ham.*
2. *Ibidem.*

Louis-Philippe aurait sans peine accordé la grâce demandée : le Conseil des ministres exigea, de la part du prisonnier, des garanties plus positives que sa parole, et il ne fut pas possible de s'entendre à ce sujet.

« Je remercie tous les jours le Ciel, écrivait, en 1842, M. Louis Bona-
« parte, de me laisser sur ce sol français, objet de mon amour et que je
« ne veux quitter à aucun prix, même pour la liberté. »

Il avait changé d'avis en 1846, car à cette époque il préparait tout pour sa fuite. Le gouverneur de Ham, convaincu qu'une évasion ne pouvait s'effectuer que par un secours extérieur, surveillait seulement l'approche de la forteresse ; la sortie en était à peu près libre. Le valet de chambre de M. Louis Bonaparte demanda la permission de se rendre à Saint-Quentin. Au moment où il sortirait, le prince devait sortir avec lui sous un déguisement d'ouvrier. On choisit le matin pour l'exécution de ce projet, parce que les précautions du commandant se concentraient sur la soirée, et parce que l'évadé se donnait la possibilité de gagner Valenciennes assez à temps pour prendre le convoi de quatre heures, au chemin de fer de Belgique. Le château était en ce moment l'objet de diverses réparations ; le 25 mai, les ouvriers arrivent et subissent l'inspection accoutumée. Le prisonnier coupe ses moustaches, prend un poignard, passe une blouse et un gros pantalon sur ses vêtements ordinaires ; un vieux tablier de toile bleue, une perruque noire à cheveux longs, une casquette, complètent son déguisement ; il chausse des sabots, met une pipe de terre à sa bouche, et, l'épaule chargée d'une planche, il se dirige vers la porte. Il la franchit heureusement, et bientôt le voilà sur la grande route, où son valet de chambre l'attend avec un cabriolet ; deux jours après, il était en Angleterre.

Six mois avant la révolution de février, le 29 septembre 1847, les cercueils du père de Louis Bonaparte et de son frère, mort dans l'insurrection des Romagnes, ramenés d'Italie, reposaient sur un catafalque au milieu de l'église de Saint-Leu-Taverny, ornée des armoiries, des attributs, des symboles de la monarchie impériale, et remplie d'anciens fonctionnaires, de vieux soldats, de serviteurs de l'Empire et de la famille de Bonaparte. Un service funèbre était célébré en l'honneur de l'ex-roi de Hollande, qui venait de mourir, et de son fils aîné, qui avait succombé dans la révolte des Marches en 1831. Le gouvernement croyait prouver sa force en laissant toute liberté aux manifestations bonapartistes ; les hommes d'Etat déclaraient que l'Empire n'était plus qu'un souvenir à demi effacé : cependant la monarchie constitutionnelle, victorieuse en apparence de l'impérialisme, avait été obligée de transiger en quelque sorte avec lui, d'abord en ne livrant pas le conspirateur de Strasbourg et de Boulogne à la justice ordinaire, ensuite en faisant un *casus belli* de sa présence sur le territoire suisse. Louis-Philippe, cet homme si fin, dit-on, ne vit pas combien l'attitude de la Cour des pairs pendant le procès de Boulogne avait été fâcheuse pour sa dynastie. En voyant la liste des juges de Louis-Napoléon, composée presque entièrement de serviteurs, de fils et de parents de serviteurs de Napoléon Ier, il considéra leur arrêt comme un abandon et comme un reniement du bonapartisme. Le plus grand nombre de ces juges, s'ils avaient vécu douze ans après, auraient figuré sur les bancs du Sénat du second Empire !

La politique de Louis-Philippe pouvait se comprendre à la rigueur, tant que le gouvernement restait entre les mains du « pays légal ». Mais qu'adviendrait-il le jour où les masses, saturées d'impérialisme, seraient rendues maîtresses du pouvoir par le suffrage universel ? Ce jour, il est vrai, ne devait jamais arriver, au dire de M. Guizot. Louis-Philippe se réjouit donc de l'évasion du prince Louis. Il gracia, bientôt après, les complices de sa fuite, MM. Montholon et Connau.

Louis-Philippe, en traitant les bonapartistes avec indulgence, avait soin de maintenir les lois portées contre la famille Bonaparte elle-même. Jérôme Bonaparte, aux premiers bruits de guerre, en 1840, avait écrit à M. Thiers qu'il mettait son épée au service de la France, qui, fort heureusement, n'en eut pas besoin. S'il espéra que cette offre magnanime lui vaudrait son rappel, il se trompa complètement. La loi de bannissement résistait à tous les assauts ; la Chambre des députés, plus méfiante du bonapartisme, repoussa, le 22 mars 1844, diverses pétitions demandant le rétablissement de l'effigie de l'Empereur sur la croix de la Légion d'honneur, l'élargissement du prince Louis, et le rappel de la loi de 1832. Plus favorable l'année suivante aux exilés, elle prononça presque à l'unanimité, après un discours de M. Crémieux, le renvoi au président du Conseil de plusieurs pétitions signées par des membres des conseils généraux, des conseils d'arrondissement et par un grand nombre de citoyens de la Corse, sollicitant le rappel de la loi de bannissement des Bonaparte. Jérôme Bonaparte crut, deux ans plus tard, le moment favorable pour joindre ses efforts à ceux de ses compatriotes et pour provoquer, par une pétition personnelle, le rappel de la loi qui l'exilait lui et sa famille. Il nous apprend dans ses *Mémoires*

Fig. 21. — Louis-Napoléon, costumé en maçon, s'échappe de la prison de Ham (p. 63).

qu'il « avait choisi, pour être son représentant et son agent dans les négociations difficiles qui allaient s'entamer, un jeune Corse de beaucoup d'intelligence, d'une rare activité et d'un dévouement à toute épreuve, M. Pietri [1]. Mais il ne croit pas devoir raconter les infatigables démarches auxquelles cet homme, né pour les entreprises, compliquées, se livra pendant deux mois. » La mission de M. Pietri n'avait rien de bien compliqué ; il s'agissait tout simplement de recueillir des voix en faveur d'une pétition intéressante par elle-même, puisqu'elle concluait à l'annulation d'une loi de proscription. M. Marie, M. Odilon-Barrot, M. Crémieux, M. de Lamartine lui-même lui avaient promis leur appui. M. Thiers déclara qu'il ne donnerait le sien que sous certaines réserves ; le concours des généraux Thiard et Oudinot, de MM. Larabit, Léon de Maleville, Dupont (de l'Eure), Suchet d'Albuféra, Boulay (de la Meurthe), Emile de Girardin, Daru, Beugnot, etc., lui était acquis. Le maréchal Sebastiani montra si peu d'empressement à se joindre à eux, que les bonapartistes furent obligés de lui rappeler l'engagement pris par lui en 1831, devant les électeurs de la Corse, de travailler à la rentrée de la famille Bonaparte. Le jeune Pietri, non content de frapper à la porte des ministres, qui ne s'ouvrait pas toujours devant lui, faisait visites sur visites aux députés, aux pairs, aux journalistes ; il se multipliait en quelque sorte pour suffire aux démarches que Jérôme Bonaparte demandait à son zèle. « Tâchez de voir M. Molé et M. Billault ; « comme ils sont en position de devenir ministres, leur avis est très « important à connaître..... Le conseil municipal d'Ajaccio va prendre « une décision pour appuyer une pétition ; faites connaître cette démarche « surtout à Sebastiani.... Allez encore, avant la discussion, chez M. de « Girardin pour le remercier personnellement de son appui : c'est un « homme qui bientôt, s'il y a un changement de ministère, pourra vous « être utile. Menacez-le et flattez-le ; demandez à voir madame de Girar- « din, et rappelez-moi à son souvenir [2]. »

M. Jérôme Bonaparte demandait-il seulement pour lui, non par voie d'abrogation législative, mais à titre de tolérance personnelle, la faculté de résider en France lorsque le gouvernement jugerait convenable de l'y autoriser, ou bien sollicitait-il un acte légal qui le remît sous l'empire de la loi commune ? Le ministère, dans le premier cas, aurait accepté le renvoi de la pétition ; mais M. Odilon-Barrot soutint à la

1. Préfet de police sous l'Empire.
2. *Mémoires et correspondance du roi Jérôme et de la reine Catherine.*

tribune que Jérôme Bonaparte exigeait formellement sa rentrée dans le droit commun de tous les Français, et que c'était avec ce caractère et ses conséquences que la pétition devait être renvoyée aux conseils de la couronne; il semble cependant que l'orateur n'eût pas grand espoir de voir la question résolue dans le sens qu'il venait d'indiquer, car, en quittant la séance, il écrivit au pétitionnaire : « Il m'a semblé que « l'opinion de tous était que vous prissiez le ministère au *mot*, et que « vous le pressiez de réaliser l'engagement qu'il vient de prendre, avant « qu'il soit refroidi ou rassuré, avant surtout que la Chambre se sépare. »

Jérôme Bonaparte, suivant ces conseils, remit à M. Odilon-Barrot, par l'intermédiaire de M. Pietri, une demande adressée au conseil des ministres, sous forme de lettre, qui fut encore jugée insuffisante. Il chargea alors M. Pietri de rédiger une pétition formelle, et M. Odilon-Barrot de l'approuver. Le gouvernement se déclara enfin satisfait, et, deux mois après l'envoi de cette pétition, Jérôme Bonaparte reçut à Bruxelles, le 22 décembre 1847, l'autorisation de résider en France pendant trois mois.

Trente ans d'exil, les ennuis et les embarras de la vie à l'étranger, avaient singulièrement refroidi la foi de Jérôme Bonaparte dans le rétablissement de l'Empire, si jamais il l'avait eue ; il éprouvait le besoin de rentrer dans sa patrie et de s'y ménager une retraite agréable et assurée : l'exilé s'adressa à Louis-Philippe, à un ancien exilé comme lui, pour l'aider à réaliser ce vœu ; il obtint des audiences du roi, et il engagea avec lui une négociation délicate et qui finit par aboutir à un heureux dénouement, car le lendemain de la révolution de Février, on trouva, sur le bureau de Louis-Philippe, parmi les papiers qui attendaient la signature royale, deux ordonnances, l'une portant allocation d'une pension de 100,000 francs accordée au prince Jérôme et réversible par moitié sur la tête de son fils, l'autre élevant le dernier frère de l'Empereur à la dignité de pair de France.

Jérôme Bonaparte, à l'époque de la petite agitation bonapartiste suscitée par la discussion des deux pétitions demandant l'abrogation de la loi de bannissement, avait demandé pour son second fils [1], se rendant en Angleterre, l'autorisation de traverser la France. Le gouvernement, après tant d'autres refus, ne voulut pas repousser sa demande. Le prince Napoléon partit donc pour Paris, où il arriva en 1846. Les jour-

---

1. L'autre était mort en bas âge.

naux s'empressèrent de le faire connaître au public. Confié d'abord, dirent-ils, à sa grand'mère paternelle, il dut quitter Rome pour se rendre à Genève, où il était en pension, lorsque sa mère mourut en 1835. Son père l'envoya à Arenenberg. Il y resta un an, « n'ayant d'autre précepteur que son cousin Louis-Napoléon [1]. » Quittant Arenenberg pour

Fig. 22. — Les cendres du père de Louis-Napoléon et de son frère sont ramenées d'Italie et déposées à l'église de Saint-Leu-Taverny (p. 63).

entrer à l'école militaire de Louisbourg, le prince Napoléon en sortit avec le numéro 1 et servit deux ans avec le grade de lieutenant. Le général Négrier, avec plusieurs officiers, avait été envoyé en Allemagne pour étudier la situation militaire de la Confédération. La vue de la cocarde tricolore excita de patriotiques scrupules chez le lieutenant Jérôme-Napoléon Bonaparte, qui envoya sa démission au ministre de la guerre et se mit à voyager. Il avait parcouru presque toute l'Europe lorsqu'il arriva à Paris, sous le nom de comte de Montfort; après avoir fait à

1. *Mémoires et correspondance du roi Jérôme et de la reine Catherine.*

Louis-Philippe une visite de remerciement, il s'empressa de « renouer la chaîne des souvenirs impériaux, brisée depuis tant d'années. Ce fut, il faut le dire, dans les rangs de l'opposition, plutôt que dans les rangs du parti ministériel, qu'il trouva des marques de sympathie [1]. » Le peu de prudence qu'il mit dans ses relations politiques lui fit intimer brusquement l'ordre de quitter la France [2]. Il alla rejoindre son cousin à Londres.

Ce dernier, en débarquant à Londres après sa fuite, avait cru devoir écrire à M. de Saint-Aulaire, ambassadeur de France en Angleterre, pour lui déclarer que, s'il avait imité la conduite des ducs de Guise et de Nemours sous Henri IV, ce n'était point pour troubler la paix de son pays, mais pour se rendre auprès d'un père mourant. Il ne parut pas chercher les meilleurs et les plus prompts moyens de se rapprocher de lui, car l'ex-roi de Hollande, malade depuis fort longtemps, acheva de mourir le 25 juillet, sans avoir d'autre fils à son chevet que son fils naturel [3].

Certains industriels, pendant que le prince Louis était encore en prison, songeaient à la construction d'un canal de communication entre l'océan Atlantique et le Pacifique, formé par les eaux des lacs de Léon et de Nicaragua. Le nom du prince Louis-Napoléon avait paru fort bon pour figurer en tête du prospectus de cette colossale affaire. Un agent des Etats intéressés obtint l'autorisation d'en conférer à Ham avec le prince. Celui-ci accepta la direction des travaux. On comptait beaucoup sur une prochaine amnistie pour rendre cette direction effective. Un traité définitif fut signé entre le prince et la Société. Il s'empressa, dès qu'il fut en liberté, d'en hâter l'exécution par un appel au public, dans lequel il l'engageait à prendre part à une affaire « glorieuse » et pouvant produire « de grands avantages pécuniaires »; aussi n'hésitait-il pas à demander l'appui de « tous les hommes intelligents ». L'appel resta sans écho, et la révolution de Février éclata fort à propos pour tirer d'embarras le directeur de la Compagnie du Nicaragua.

---

1. *Mémoires et correspondance du roi Jérôme et de la reine Catherine*.
2. Il y rentra en 1847.
3. M. Castelvecchio.

CHAPITRE IV

LOUIS-NAPOLÉON BONAPARTE EST-IL FILS DU ROI LOUIS?

Louis-Napoléon est-il le fils du roi Louis? — Louis épouse malgré lui Hortense de Beauharnais, que Duroc avait refusée malgré les instances du premier consul. — Senatus-consulte sur l'hérédité de la couronne impériale. — Louis devient roi de Hollande. — Incompatibilité d'humeur persistante entre le roi Louis et sa femme. — La reine Hortense quitte la Hollande. — Le roi Louis plaide contre sa femme devant le tribunal de la Seine, après la chute de l'empire, et obtient que l'aîné de ses fils lui soit confié. — Lettre de Louis au pape dans laquelle il témoigne ses regrets de la participation de son fils aîné à l'insurrection des Romagues, et il désavoue la paternité du second. — Caractère timide et irrésolu de Louis-Napoléon. — Ressemblance frappante entre Morny et Louis Napoléon. — Lettres de Louis dans lesquelles il témoigne une affection paternelle intermittente pour Louis-Napoléon. — Testament du roi Louis dans lequel celui-ci déclare que Louis-Napoléon est son fils.

Charles-Louis Bonaparte, connu sous le nom de Napoléon III, est-il bien réellement fils de Louis Bonaparte? Ou bien l'homme qui a cru le plus à l'étoile des Bonaparte et qui s'est considéré dès sa jeunesse comme voué à la mission de relever l'Empire fondé par Napoléon, n'avait-il pas une goutte du sang des Bonaparte dans les veines? Cette question que se sont posée pendant si longtemps et que se posent encore aujourd'hui la curiosité et la malignité du public, pourquoi l'histoire n'essayerait-elle pas de la traiter sérieusement? Napoléon III, de quelque façon qu'on le juge, a joué un rôle considérable. L'étude de son caractère est donc d'une grande importance aux yeux de celui qui veut remonter à la cause exacte des événements de ce temps. Le caractère d'un homme emprunte beaucoup à ceux de son père, de sa mère et des gens qui l'ont élevé. Cela oblige l'historien à se rendre compte de l'origine de l'homme dont il retrace la vie.

Les éléments d'une pareille enquête deviennent malheureusement de plus en plus rares à mesure que les années s'écoulent et nous privent du témoignage des contemporains. On peut encore consulter la tradition orale, mais son autorité s'use en se transmettant. Quant aux mémoires, aux lettres, aux pamphlets du temps, les renseignements qu'on en tire

Fig. 23. — Le prince Napoléon vient faire à Louis-Philippe une visite de remerciments (p. 70).

ont besoin d'être contrôlés avec le plus grand soin. On n'en peut user qu'avec des précautions infinies. L'observation attentive et impartiale du caractère et des mœurs de Louis Bonaparte et d'Hortense de Beauharnais, comparés aux mœurs de la société dans laquelle ils ont vécu, l'exacte connaissance des conditions morales et matérielles dans lesquelles leur union s'est contractée, fourniraient à l'histoire ses meilleurs documents; mais même dans tout cela que de causes d'incertitude et d'erreur !

Recherchons d'abord dans quelles conditions matérielles et morales le mariage entre Louis Bonaparte et Hortense de Beaucharnais s'est accompli.

RÉPUGNANCE DE LOUIS POUR UN MARIAGE AVEC HORTENSE

La répugnance avec laquelle le troisième frère du premier Consul épousa sa belle-fille est connue de tout le monde. Louis Bonaparte l'a du reste affichée de tout temps; nous la trouvons manifestée tout au long dans une lettre écrite par lui de Rome le 14 septembre 1816 :

Fig. 24. — Napoléon propose à Duroc de lui donner pour femme Hortense, avec une dot et un commandement militaire ; celui-ci refuse (p. 74).

« Madame,

« Toute la France sait que notre mariage a été contracté malgré nous par des raisons politiques, par la ferme et irrésistible volonté de mon frère et par le peu d'espérance que votre mère avait d'avoir des enfants... »

Suit le récit des tentatives inutiles qu'il a faites pour éviter ce mariage. Il aimait la cousine d'Hortense, Emilie, qui devint, depuis, Mme de La Valette. Ses voyages en Prusse, en Espagne, son séjour à Barèges avaient pour mobile le désir d'éviter de s'unir à Hortense de Beauharnais. Sur la foi de l'union de cette princesse avec l'un des deux généraux Moreau ou Macdonald, il revint à Paris.

« .... Cependant, peu de mois après, je fus marié avec vous : c'était le 2 janvier 1802 !

« Le contrat, le mariage civil, le mariage religieux se suivirent immédiatement dans la même soirée. Je me souviens que, pendant la bénédiction, je vous donnai et vous reçûtes la bague d'alliance longuement, avec effort et en tremblant... Tous ceux qui vous approchèrent et l'on peut même dire la majeure partie du public de Paris savent que nous fûmes conduits à cet acte par force... Depuis lors, plus de quatorze ans se sont écoulés, et nous n'avons jamais été une seule fois d'accord !

« Dans une période de temps si considérable, nous avons à peine vécu trois mois et demi en époux et toujours avec des marques irrécusables d'aversion ou du moins d'éloignement. Les trois mois furent partagés en trois époques non seulement fort courtes, mais encore séparées par plusieurs années entières. La première dura à peu près un mois, c'est-à-dire jusqu'à ce que vous ayez eu des signes de grossesse. Je vous quittai pour me rendre à ma petite terre de Baillon, près de Chantilly, et ensuite à Barèges. Je fus rappelé plusieurs mois après, à l'époque de la naissance de notre premier enfant. Nous habitâmes tout l'hiver sous le même toit, mais à des étages différents et constamment séparés de corps.

« La deuxième fois où nous vécûmes conjugalement fut, après deux ans, à Compiègne, où nous restâmes environ deux mois, et *enfin à Toulouse en* 1807, *depuis le 12 du mois d'août que vous vintes me trouver de Cautrets (sic) jusqu'à notre arrivée à Saint-Cloud vers la fin dudit mois*.

« Pendant ces trois périodes, quoiqu'elles aient donné naissance à trois enfants, cependant tout Paris et on peut dire toute la France ont pu être témoins de notre éloignement réciproque, même en présence de votre maman et de mon frère.

« Jamais nous n'avons vécu conjugalement ensemble en Hollande, parce que nous étions plus libres.

« Voilà plus de neuf ans passés depuis notre dernière réunion de quinze jours. Nous n'avons cessé, avant comme après cette dernière époque, de réclamer, moi ma liberté entière mais légitime, c'est-à-dire par l'autorité de l'Église, vous la séparation.

« Voilà, madame, les faits sur lesquels j'ai basé ma demande de nullité de mariage. Je vous prie de ne point vous y opposer et d'éviter le grand scandale qui résulterait d'une contestation entre nous. Je vous instruis de mes principaux motifs, afin que vous sachiez que je n'allègue rien qui puisse vous blesser.....

« J'attends avec impatience votre réponse. »

Il y a dans cette lettre des détails bien inutiles, comme cette bague d'alliance reçue longuement, avec effort et en tremblant, et dont on s'étonnerait, si l'on ne savait que Louis Bonaparte est poète et romancier. On a dit pour expliquer son mariage forcé que le premier Consul y avait vu un moyen de mettre un terme aux bruits calomnieux qui circulaient sur ses rapports avec sa belle-fille, et que ceux qui l'approchaient étaient loin de contester.

Bonaparte, avant de songer à son frère, avait voulu donner Duroc pour mari à Hortense, en donnant à la femme 100,000 francs de dot et au mari le commandement d'une division militaire. Duroc aurait refusé de prendre à ce prix une femme accusée d'une sorte d'inceste avec son beau-père. C'est alors que le premier Consul, voulant donner un éclatant démenti à cette calomnie, aurait, deux jours après le refus de Duroc, fiancé Hortense à Louis Bonaparte, son troisième frère, jeune homme frêle, souffrant, mélancolique et épris, comme on l'a vu dans la lettre précédente, d'un amour assez vif pour une autre femme. Telle est l'explication reçue au sujet du brusque mariage entre Louis Bonaparte et Hortense de Beauharnais. Elle est empruntée aux *Mémoires* de Bourienne, et elle repose sur le refus brutal de Duroc, qui ne cadre guère, il faut bien le dire, avec l'intimité qui existait et qui a toujours subsisté jusqu'à sa mort, entre lui et Eugène de Beauharnais. Quelles que soient ses causes, il est certain que ce mariage a été imposé à Louis Bonaparte. Sa répugnance pour cette union se manifesta, dit-on, par des scènes violentes de colère, mais qui s'adressaient probablement plus au despotisme de son frère qu'à la personne de sa femme. Car le mariage eut lieu dans les premiers jours de janvier 1802, et son premier fils, Napoléon-Charles, vint au monde le 10 octobre suivant, sans que le mari parût s'en étonner. Louis Bonaparte refusa obstinément de se rendre dans la chambre de l'accouchée après la délivrance. Etait-ce caprice, bizarrerie, indifférence de sa part? Ce n'est point, en tout cas, protestation ou mépris, car jamais il n'éleva le moindre doute sur la légitimité de cet enfant.

Faut-il maintenant, comme quelques personnes, voir la confirmation des calomnies répandues sur le premier Consul et sur Hortense, dans la préférence qu'il donna au fils de celle-ci sur ses frères dans la question de l'hérédité de la succession au trône ? Evidemment non ; la conduite du premier Consul lui était imposée par les circonstances. Bonaparte hésitait entre le titre de roi et celui d'empereur. Le premier suppose un pouvoir tempéré, à défaut d'institutions, par certaines traditions, et auquel prennent part indirectement certaines classes privilégiées de la société. Le second ne représente que la volonté d'un homme, maître de se donner un associé de son vivant et d'en changer, de désigner son successeur ; d'un homme au-dessus duquel et après lequel il n'y a rien. Le choix de Bonaparte entre la royauté et l'empire devait être d'autant moins douteux que sa femme ne pouvait pas lui donner d'héritier. Quant à ses frères, leur intérêt les poussait vers la royauté, qui les associait à la grandeur de leur frère. Joseph était l'aîné de Napoléon, et il n'avait pas de fils. Lucien, en épousant la femme divorcée d'un agent de change sans l'autorisation du chef de sa famille, avait perdu pour lui et les siens tous ses droits de succession. Il en était de même de Jérôme, devenu le mari de la fille d'un des plus riches citoyens de Baltimore. Louis seul, c'est-à-dire ses fils et sa postérité, pouvait bénéficier du sénatus-consulte sur l'hérédité de la dignité impériale, mais il craignait que l'adoption de son fils ne réveillât les bruits injurieux répandus sur sa femme.

Un second fils, Napoléon-Louis, naquit le 11 octobre. Mais les liens entre les deux époux ne paraissent pas plus étroits. La royauté et le décorum qu'elle impose ne parviendront même pas à établir entre Louis et Hortense une entente apparente. Le roi et la reine de Hollande ne sont presque jamais ensemble. La perte de l'aîné de leurs enfants, Napoléon-Charles, ne les rapproche pas. Napoléon-Louis devient prince royal de Hollande. L'année suivante (20 avril 1808), celui qui devait être Napoléon III vient au monde à Paris. C'est contre la légitimité de la naissance de cet enfant, qui ne vint jamais en Hollande, et que son père ne vit pas pendant toute la durée de son enfance, que le roi Louis s'est, dit-on, toujours élevé sous l'Empire et même plus tard : on verra qu'il a varié à ce sujet. Ce qui n'a jamais changé chez lui, c'est l'incompatibilité d'humeur avec sa femme; elle est telle que, la famille impériale étant réunie au mois de novembre 1809 à Paris pour traiter la question du divorce entre l'Empereur et l'Impératrice, il profite de l'occasion pour introduire une demande en séparation de corps avec sa femme, auprès de Napoléon, chef de la famille impériale. Louis comparaît seul devant le conseil de famille. L'Empereur, redoutant un éclat, lui ordonne une dernière tentative pour vivre avec sa femme. Vain essai. Hortense quitte la Hollande. C'est à ce moment, s'il faut en croire quelques écrivains, que le roi aurait déposé aux archives de la Haye une déclaration excluant avec injure toute idée de réconciliation. Que cette déclaration existe ou qu'elle n'existe pas, qu'elle contienne une protestation contre la légitimité de la naissance de son troisième fils, il n'en est pas moins certain que Louis et Hortense ont cohabité à une époque concordant parfaitement avec les délais nécessaires pour justifier la naissance du prince.

Le roi Louis et la reine Hortense étaient séparés de fait avant la chute de l'Empire [1]. L'idée fixe de la séparation s'empare de Louis au fond de la Styrie, où il s'est retiré; à peine l'Empereur a-t-il quitté la France, que Louis accourt à Lausanne, d'où il intente une action contre Hortense devant le tribunal civil de Paris pour obtenir que le jeune Napoléon-Louis, l'aîné des deux fils qui lui restaient, lui fût remis. Il

---

1. Ce n'est que dans son testament qu'Hortense se souvient qu'elle a été mariée. « Que mon mari donne, dit-elle, un souvenir à ma mémoire, et qu'il sache que mon plus grand regret a été de ne pouvoir le rendre heureux. »

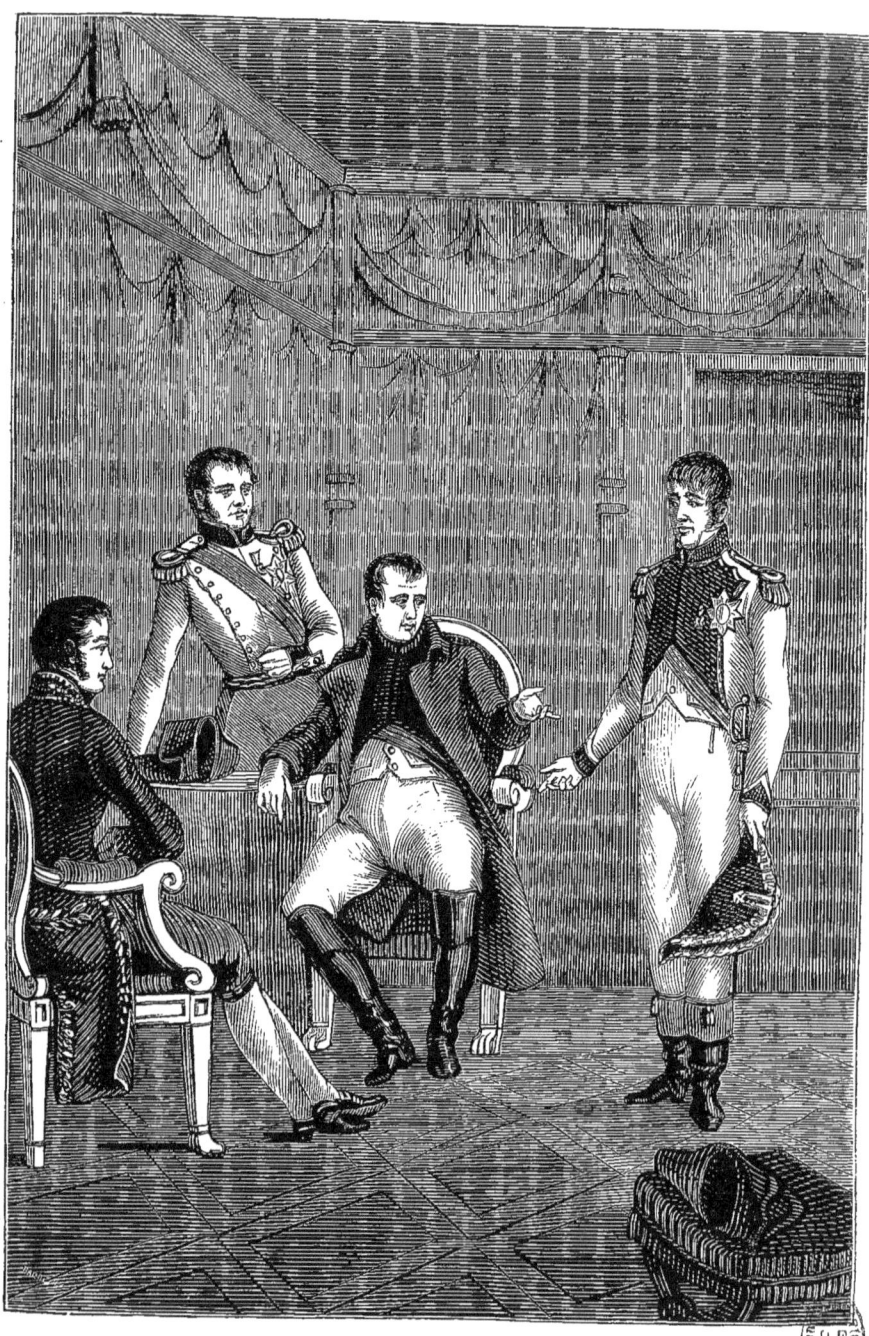

Fig. 25. — Le roi Louis introduit une demande en séparation de corps avec Hortense, dans une réunion de famille en novembre 1809 (p. 76).

eut gain de cause, et, en vertu de ses droits, il envoya de Rome, où il était resté pendant les Cent-Jours, demander son fils aîné à Hortense, alors à Aix en Savoie, en ne réclamant pas le second. Obéissait-il à un sentiment de justice en ne cherchant pas à priver la mère de tous ses enfants? ou bien cédait-il au désir de montrer qu'il ne reconnaissait pas le plus jeune des deux princes pour son fils? Il est très difficile de le savoir, car le roi Louis, même depuis la chute de l'Empire, s'est donné plusieurs démentis à lui-même sur ce sujet. Nous mettons sous les yeux des lecteurs une lettre adressée par lui au pape en 1831, après l'échauffourée d'Ancône, dans laquelle il déclare que non seulement il blâmait aussi sévèrement que possible l'insurrection des Romagnes, mais encore la part qu'y avaient prise deux jeunes gens, disait-il, portant son nom, et dans laquelle il déclinait toute responsabilité dans la conduite du plus jeune

« Saint-Père, écrivait le roi Louis, mon âme est accablée de tristesse, et j'ai frémi d'indignation quand j'ai appris la tentative criminelle de mon fils contre l'autorité de Votre Sainteté. Ma vie déjà si douloureuse devait donc encore être éprouvée par le plus cruel des chagrins, celui d'apprendre qu'un des miens ait pu oublier toutes les bontés dont vous avez comblé notre malheureuse famille.

« Le malheureux enfant est mort; que Dieu lui fasse miséricorde!

« Quant à l'autre, qui usurpe mon nom, vous le savez, Saint-Père, celui-là, grâce à Dieu, ne m'est rien. »

Il semble qu'il n'y ait pas à se méprendre sur le sens de cette lettre, et qu'elle contienne un désaveu formel de paternité; mais nous aurons occasion d'en signaler d'autres en opposition flagrante avec celle-ci. Nous pensons, en attendant, que, si Hortense a pu par sa conduite exciter les soupçons de son mari, ce n'est pas une raison de croire qu'elle les ait justifiés tous. Ce qui peut faire supposer qu'il en est ainsi en ce qui concerne la naissance de Louis-Napoléon, c'est que, si l'on consulte les lois de la ressemblance morale et de la ressemblance physique, elles sont d'accord pour établir la filiation entre Louis Bonaparte et Louis-Napoléon.

Louis Bonaparte était d'un naturel triste et mélancolique, empreint de mysticisme et d'une vague religiosité. Le prince Louis cède lui aussi à l'influence religieuse, le succès de son évasion de Ham le rend croyant [1].

1. Quand je me rappelle que j'étais toisé des pieds à la tête par le gardien, les soldats et les ouvriers, je frémis à la pensée d'un échec. Aussi, voyez-vous, mon cher monsieur Viellard, on devient superstitieux quand on a éprouvé de si fortes émotions, et quand, à une demi-lieue de Ham, je me trouvai sur la route en attendant Charles en face de la croix du cimetière, je tombai à genoux devant la croix et je remerciai Dieu de ma délivrance. Ah! n'en riez pas; il y a des instincts plus forts que tous les raisonnements philosophiques, mais Dieu vous garde de jamais les ressentir dans des circonstances semblables!

Le roi Louis aimait la vie d'étude et de cabinet, la lecture et la méditation ; timide, irrésolu, contemplatif, rêveur taciturne, et en même temps attaché à ses idées, il se piquait de littérature et composait des romans et des vers ; c'était un contemplatif et un rêveur : cela suffisait à son frère pour le traiter d'idéologue. Ne trouve-t-on pas dans le caractère de Napoléon III les principaux traits de celui de son père, si différent du caractère des Bonaparte ?

Cette différence, qui a frappé les courtisans contemporains, ils en ont recherché la cause [1], et nous avons entendu dire qu'ils l'attribuaient à la présence dans les veines de Louis Bonaparte d'un sang qui ne serait pas le sang de Charles Bonaparte, mais celui du gouverneur qu'avait eu la Corse avant M. de Marbeuf.

Le portrait du roi Louis que nous avons sous les yeux le montre sous des traits bien différents en effet de ceux des Bonaparte : la chevelure est abondante, le visage long et ovale, les yeux doux, quoique d'une teinte de noir foncé ; rien de tout cela ne rappelle les Bonaparte. Louis Bonaparte a plutôt l'air d'un Anglais que d'un Italien. Ce portrait n'est nullement en contradiction avec l'esquisse de la tête de son fils tracée en 1839 par le comte d'Orsay. L'énorme moustache que le prince Louis porte déjà empêche, en cachant la bouche, la physionomie de se dégager entièrement ; mais entre la figure de ce dessin et celle du portrait du roi de Hollande, on démêle aisément un air de parenté. Le prince Louis ne ressemble nullement à la reine Hortense ; le dernier portrait qu'on ait fait d'elle n'est pas daté, mais le costume nous reporte à 1825 ou 1826, en pleine ère de Walter Scott. Une espèce de coiffe à la Marie Stuart surmontée d'une forme de chapeau qu'ombrage une plume blanche, trois boucles de cheveux en tire-bouchons de chaque côté composent sa coiffure. Une sorte de pèlerine en soie couvre ses épaules et vient se fixer sur la poitrine au moyen de deux fragments de chaîne en or. Assise devant son clavecin, sur lequel elle se prépare à jouer sans doute un air de la *Dame Blanche*, elle rêve en souriant ; mais rien dans la forme régulière de son nez, dans ses yeux tendres et bien dessinés ne fait souvenir du nez proéminent, du regard à demi voilé du dernier de ses fils.

Le prince Louis, à en juger par les portraits du roi de Hollande et de la reine Hortense, ressemblerait plutôt à son père qu'à sa mère. Cependant, au moment de tirer de cette ressemblance toutes les conséquences qu'elle

---

1. Les *Mémoires* de madame de Rémusat, qui viennent de paraître et dont l'autorité est irrécusable, l'attestent surabondamment.

Fig. 26. — La reine Hortense d'après son dernier portrait (page 80).

comporte, une chose nous arrête : c'est la *prodigieuse* et frappante ressemblance que chacun remarquait entre M. de Morny, dans les dernières années de sa vie, et Napoléon III. Morny se plaisait à porter les cheveux, les moustaches et la barbe à la façon de l'Empereur, et cela rendait cette ressemblance plus parfaite. Enfants de la même mère, ils n'avaient pas le même père ; Morny aurait-il si fort ressemblé à son frère si celui-ci eût tellement ressemblé au roi de Hollande ? Il y a là quelque chose qui nous fait douter de la force de l'argument que nous tirions de la ressemblance pour établir que Napoléon III était bien le fils du roi de Hollande. Laissons ces questions de ressemblance, qui ont toujours quelque chose de douteux, et étudions le père et le fils dans leurs rapports entre eux. Le résultat de cette étude ne sera pas sans importance. La correspondance entre Louis Bonaparte et le roi de Hollande pourra nous fournir quelques éclaircissements sur les sentiments mutuels du père et du fils l'un pour l'autre ?

La première lettre du roi Louis de Hollande relative à Louis-Napoléon est datée du 20 janvier 1837 :

« J'ai pris le parti de n'y plus songer. Toutes les fois que je reçois des lettres ou quelque écrit relatif à mon malheureux fils, je les brûle sans les lire. C'est ce que je viens de faire pour deux imprimés relatifs à cet objet. C'est sans doute sa malheureuse mère qui fait faire ces brochures. Je voudrais savoir seulement ce qu'il est devenu. Si vous en savez quelque chose, informez-m'en. »

Le langage et les sentiments de l'auteur de cette lettre sont ceux d'un père mécontent, mais qui gémit des erreurs de son fils en les lui pardonnant. A la date où le roi Louis s'inquiète de savoir ce qu'il est devenu, Louis-Napoléon était sur le point de toucher aux côtes d'Amérique. Le roi Louis, à peine informé de sa destination, lui écrit pour lui envoyer sa bénédiction, et dix jours après son arrivée aux Etats-Unis, le 10 avril 1837, celui-ci l'en remercie :

« Mon cher père, après avoir passé quatre mois et demi en mer, j'ai enfin débarqué à Norfolk le 30 mars. Arrivé ici, j'y ai trouvé une lettre qui me transmettait votre bénédiction. C'était tout ce que je pouvais trouver qui fût le plus doux à mon cœur. J'ai reçu ici bien des lettres, et dans mon malheur je m'estime heureux de rencontrer tant de personnes qui me montrent un attachement si réel. Toutes mes cousines m'ont écrit des lettres charmantes, excepté Mathilde.

« J'ai été malheureux ; mais croyez que je n'ai rien fait de contraire à l'honneur ni à la dignité du nom que je porte.

« Recevez, mon cher père, l'expression de mon sincère attachement.

« Votre tendre et respectueux fils,
« NAPOLÉON-LOUIS. »

Ce mot théâtral de bénédiction étonne, mais on le retrouve assez souvent sous la plume du prince. Jamais son style n'a cet abandon affectueux, cette chaleur d'un fils écrivant à son père. Cela ne se sent nulle part mieux que dans la lettre qu'il lui adresse à son débarquement à Londres, le 11 juillet suivant :

« Mon cher père, je suis arrivé hier à Londres, et mon premier soin est de vous écrire. Quoique je sois encore bien loin de vous, cependant, comme l'Océan ne nous sépare plus, il m'est doux de penser que je puis recevoir de vos nouvelles en peu de jours. Le jour de mon départ de New-York, j'ai reçu une lettre de vous qui m'a fait grand plaisir, car la tendresse d'un père et d'une mère vous consolent de bien des choses. J'ai fait la dernière traversée en vingt-trois jours. Depuis sept mois que je suis parti d'Europe, j'en ai passé cinq sur mer. J'espérais ici voir mon oncle Joseph ; mais, à peine a-t-il appris mon arrivée, qu'il est parti de Londres et m'a envoyé la lettre suivante, qui m'a autant surpris que peiné. Je vous envoie ma réponse. J'espère que vous me rendrez justice. Je crois que c'est mon oncle Lucien qui l'indispose ainsi contre moi. On dit que ma mère va un peu mieux ; mais, malgré cela, sa maladie est bien grave. Vous me dites aussi que votre santé décline. Faut-il donc que j'aie de tous les côtés des sujets de douleur et de regrets ? J'attends ici des passeports avec impatience ; si on me les refuse, je ne saurai que faire. Cependant le but de mon voyage est si légitime qu'il me paraît impossible qu'on y mette obstacle........ Si vous saviez, mon cher père, combien je suis triste, seul au milieu de ce tumulte de Londres et au milieu de parents qui me fuient ou d'ennemis qui me redoutent ! Ma mère est mourante, et je ne puis aller lui porter les consolations d'un fils ; mon père est malade, et je ne puis espérer d'aller le trouver. Qu'ai-je donc fait pour être ainsi le paria de l'Europe et de ma famille ? J'ai promené un moment dans une ville française le drapeau d'Austerlitz, et je me suis offert en holocauste au souvenir du captif de Sainte-Hélène.

« Ah oui ! que vous blâmiez ma conduite, cela peut être, mais ne me refusez jamais votre tendresse. C'est, hélas ! la seule chose qui me reste.

« Adieu, mon cher père ! Dès que je saurai quelque chose de nouveau sur mon voyage, je vous l'écrirai. »

Que de rhétorique dans tout cela, surtout dans les derniers mots du *post-scriptum*, contenant la nouvelle du refus des passeports sollicités par lui.

La lettre se termine ainsi :

« Adieu, cher père ! Que le Ciel protège vos jours ! »

Nous n'avons pas toutes les réponses du roi Louis à son fils ; mais, par les lettres de celui-ci, il est aisé de voir que la tendresse paternelle chez l'ex-roi de Hollande avait comme des intermittences et qu'elle s'éteignait de temps en temps pour renaître bientôt après. La mort de la reine Hortense, quelque étonnant que cela puisse paraître, aurait puissamment réveillé le sentiment paternel chez le roi Louis, s'il faut en juger par cette lettre de son fils :

« Mon cher père, votre lettre a été pour moi une douce et véritable consolation. Après le malheur que j'avais éprouvé, il n'y a que vous qui puissiez adoucir ma douleur en me rappelant que je n'avais pas tout perdu, puisqu'il me restait un père qui me rendait sa tendresse. Oh! je vous assure que l'idée de vous revoir fait bien battre mon cœur; mais, hélas! cela ne peut être immédiatement. Il faut que je passe au moins tout l'hiver ici à mettre en ordre les affaires de ma mère, qui en ont besoin. Ma mère m'a laissé bien des charges, bien des obligations, et un vieux château à moitié restauré, qu'il faut achever pour pouvoir en retirer quelque chose. Ce sera d'ailleurs ma seule distraction de cet hiver.

Fig. 27. — Le roi Louis écrit au pape pour lui témoigner ses regrets pour la participation de son fils à l'insurrection des Romagnes (page 79).

« Le gouvernement français a permis que les restes mortels de ma mère soient conduits en France.

« Il a fallu que ce nouveau malheur vienne me frapper pour que ma famille me donne quelques marques de tendresse! Mes oncles Joseph et Lucien m'ont écrit; mon oncle Jérôme est le seul qui n'ait pas daigné le faire.

« Adieu, mon cher père; recevez l'assurance de mon sincère et inaltérable attachement.

« Votre tendre et respectueux fils,

« NAPOLÉON-LOUIS. »

Peu de temps après la mort de la reine Hortense, le roi Louis eut un nouvel accès d'indifférence pour son fils. Quel sujet de brouille avait surgi ? Nous l'ignorons. Mais la lettre suivante ne laisse aucun doute sur l'existence de la brouille elle-même :

« Gottlieben [1], le 10 mai 1838.

« Mon cher père, comment vous exprimer toute la joie que j'ai ressentie en recevant votre lettre après un si long silence ? Il faut avoir éprouvé toute la douleur que j'ai eue, perdant à la fois ma mère et l'amitié de mon père, pour comprendre combien un mot tendre de votre part a dû me faire du bien.... »

La descente à Boulogne semblait devoir être, comme l'échauffourée des Etats romains pour le roi Louis, une occasion d'adresser des excuses à Louis-Philippe, comme il en avait adressé à Pie VIII, en invoquant les mêmes motifs pour séparer sa cause de celle de l'incorrigible conspirateur. Loin de là : les journaux du 21 août, c'est-à-dire quatorze jours après l'échec de la tentative de Boulogne, publiaient cette lettre, adressée par l'ex-roi Louis à un de ses amis :

« Permettez, Monsieur, que je vous prie de recevoir la déclaration suivante.

« Je sais que c'est un singulier moyen et peu convenable que celui de recourir à la publicité ; mais quand un père affligé, vieux, malade, légalement expatrié, ne peut venir autrement au secours de son fils malheureux, un semblable moyen ne peut qu'être approuvé par tous ceux qui portent un cœur de père.

« Convaincu que mon fils, le seul qui me reste, est victime d'une infâme intrigue et séduit par de vils flatteurs, de faux amis et peut-être par des conseils insidieux, je ne saurais garder le silence sans manquer à mon devoir et m'exposer aux plus amers reproches.

« Je déclare donc que mon fils Napoléon-Louis est tombé pour la troisième fois dans un piège épouvantable, dans un effroyable guet-apens, puisqu'il est impossible qu'un homme qui n'est pas dépourvu de moyens et de bon sens se soit jeté de gaieté de cœur dans un tel précipice. S'il est coupable, les plus coupables et les véritables sont ceux qui l'ont séduit et égaré.

« Je déclare surtout avec une sainte horreur que l'injure que l'on a faite à mon fils en l'enfermant dans la chambre d'un infâme assassin est une cruauté monstrueuse, antifrançaise [2].

« Comme profondément affligé, comme bon Français éprouvé par trente années d'exil, comme frère et, si j'ose le dire, élève de celui dont on redresse les statues, je recommande mon fils égaré et séduit, à ses juges et à tous ceux qui portent un cœur français et de père [3].

« Louis de Saint-Leu. »

1. Vieux château que sa mère avait fait arranger non loin d'Arenenberg.
2. Le gouvernement crut devoir répondre à ce reproche :
« Deux journaux contiennent dans leur numéro de ce jour une lettre du comte de Saint-Leu, l'ex-roi de Hollande, père de Louis Bonaparte, qui déclare regarder comme une injure d'avoir donné à son fils, pour prison, la chambre qui a été occupée par Fieschi.
« La pièce où est détenu, à la maison de justice, Louis Bonaparte, a, en effet, servi à Fieschi ; mais on doit faire remarquer que c'est à tort qu'on cherche dans ce rapprochement un reproche à adresser à l'autorité. La chambre dont il s'agit a subi, il y a quelques mois, une transformation complète, ayant été donnée comme logement particulier à l'inspectrice du quartier des femmes, qui a été obligée de la quitter à l'arrivée de Louis Bonaparte. » (*Moniteur universel* du 2 septembre 1840.)
3. Un homme dont les lettres regrettent la fin prématurée, M. Auguste Morel, l'honnête

Louis Bonaparte n'avait pas écrit à son père depuis sa capture à Boulogne. Après avoir lu sa lettre dans les journaux, il lui en adressa une, datée de la Conciergerie, le 6 septembre 1840 :

« Mon cher père, je ne vous ai pas encore écrit, parce que je craignais de vous affliger ; mais aujourd'hui, que j'ai appris l'intérêt que vous m'avez témoigné, je viens vous en remercier et vous demander votre bénédiction comme la seule chose à laquelle j'attache du prix maintenant. Dans mon malheur, ma plus douce consolation est d'espérer que vos pensées se tournent quelquefois vers moi. Je supporterai jusqu'au bout avec courage le sort qui m'attend. Fier de la mission que je me suis imposée, je me montrerai toujours digne du nom que je porte et digne de votre affection.

La correspondance entre le père et le fils cesse à partir de ce moment ; du moins nous n'en trouvons de traces nulle part. La seule lettre que nous avons de Louis-Napoléon à son père est celle de Londres, 27 mai 1846, dans laquelle il lui annonce son évasion :

« Mon cher père, le désir de pouvoir vous revoir m'a fait tenter ce que je n'aurais jamais fait sans cela. J'ai trompé la surveillance de 400 hommes, et je suis arrivé sain et sauf à Londres. Ici, j'ai des amis puissants. Je vais les employer pour tâcher d'aller près de vous. Faites, je vous prie, mon cher père, tout ce que vous pourrez pour que je puisse bientôt vous rejoindre.
« Recevez, mon cher père, l'assurance de mon sincère attachement »

Le début de cette lettre manque de franchise. Est-ce bien pour revoir son père qu'il s'est échappé de Ham ? Ses démarches pour obtenir un passeport pour se rendre à Florence sont-elles bien sérieuses ? Il est permis d'en douter. Avait-il besoin réellement d'un passeport pour se rendre auprès de son père ? Ne pouvait-il recourir à un déguisement, lui qui venait de montrer une si singulière aptitude à porter un costume qui n'était pas le sien et à changer de physionomie ? La police autrichienne l'eût-elle découvert, que le gouvernement n'au-

---

et consciencieux auteur de *Napoléon III*, incline à voir dans cette lettre le fruit de l'inspiration et des manœuvres de Jérôme Bonaparte. Comme celui-ci avait en tout temps témoigné une médiocre tendresse à son neveu, M. Auguste Morel explique ce changement en disant que Jérôme Bonaparte, sollicitant alors une pension du roi Louis-Philippe, pouvait craindre que la tentative de Boulogne ne fît rompre la négociation, et qu'il avait intérêt à représenter son neveu comme un fou poussé par des coquins. M. Auguste Morel va plus loin : il semble admettre un moment que cette lettre est supposée ; les arguments auxquels il a recours pour le prouver ne nous paraissent pas d'une bien grande solidité. Reprocher sans preuve à certains documents favorables au prince Louis de manquer d'authenticité, c'est faciliter la même accusation contre les documents qui lui seraient défavorables. Le plus sûr, dans l'impossibilité où l'on est de les vérifier, est de les accepter tous et de les exposer dans une enquête, en laissant au public le soin d'en déclarer le résultat Agir ainsi, c'est rester dans les conditions d'impartialité imposées à l'histoire.
(*Note de l'auteur.*)

rait jamais consenti à l'arracher du chevet d'un père moribond ? D'ailleurs, s'il lui fallait à tout prix un passeport, pourquoi le demander à l'ambassadeur de France et à l'ambassadeur d'Autriche, au lieu de s'adresser au ministre des Etats-Unis ?

Le prince Louis Bonaparte, ex-roi de Hollande, comte de Saint-Leu, mourut d'apoplexie à Livourne, le 25 juillet 1846, à l'âge de soixante-huit ans. Il n'y eut que son fils naturel à son lit de mort. Son testament, ouvert le lendemain de sa mort, contenait les dispositions suivantes :

« Je demande à être enterré à Saint-Leu, près de Paris, pour être réuni aux cendres de mon père Charles Bonaparte et de mon fils aîné, mort en 1807.

« Je désire que le corps de mon deuxième fils, mort en Italie, en 1831, y soit également transporté..... »

Après plusieurs dispositions testamentaires en faveur d'un certain nombre de membres de sa famille ou d'amis, le testament se termine ainsi :

« Je laisse tous mes autres biens, le palais de Florence, la grande
« terre de Civita-Nova, etc., etc. ; mes biens meubles et immeubles,
« actions et créances, enfin tout ce qui, à l'époque de ma mort, consti-
« tuera mon héritage, sans en rien exclure, sauf les dispositions ci-dessus,
« à mon héritier universel, Napoléon-Louis, seul fils qui me reste, auquel
« fils et héritier je laisse, comme témoignage tout particulier de ma ten-
« dresse, mon *Dunkerque*, situé dans ma bibliothèque, avec toutes mes
« décorations et souvenirs qu'il contient, et, comme témoignage encore
« plus particulier d'affection, je lui laisse tous les objets qui m'ont été
« envoyés de Sainte-Hélène et qui ont appartenu à mon frère l'empereur
« Napoléon, lesquels sont enfermés dans un meuble construit à cet effet.
« — Fait à Florence, le 1er décembre 1845. »

Les dernières paroles d'un homme en présence de la mort terminent le débat. Hortense a pu avoir des torts envers son mari; mais celui-ci ne sortira pas de l'enquête à laquelle nous venons de nous livrer sans avoir mérité le reproche d'inconséquence, de légèreté et d'injustice envers sa femme. Son testament est en quelque sorte l'absolution de cette dernière. Rien dans l'ordre humain ou divin n'obligeait Louis Bonaparte de déclarer en face du monde, au moment de le quitter, que Louis-Napoléon est son fils. L'histoire n'a donc plus qu'à recueillir cet aveu sans y rien ajouter.

CHAPITRE V

LE BONAPARTISME ET LA RÉVOLUTION DE FÉVRIER

Le parti républicain, au commencement de 1848, hésite à s'allier avec le parti bonapartiste. — Arrivée de Louis Bonaparte à Paris. — Lettre de Louis Bonaparte au gouvernement provisoire. — Louis Bonaparte repart pour l'Angleterre. — Propagande bonapartiste. — Les bonapartistes de la première heure. — Manifestation des bonnets à poils. — Candidature de Louis-Napoléon. — Il est nommé dans quatre départements. — Agitation et troubles à propos de cette nomination. — Discussion à la Chambre sur la validation de l'élection de Louis-Napoléon. — Discours de Cavaignac, de Jules Favre, de Lamartine, de Buchez, de Viellard, de Ledru-Rollin. — Louis-Napoléon est validé. — Démission du représentant Louis-Napoléon. — Le bonapartisme sort fortifié de cet incident.

L'année 1848 trouva le parti républicain prêt à engager la lutte contre la monarchie. Depuis plusieurs semaines, le parti du *National*, réuni tantôt chez M. Marie, tantôt chez M. Goudchaux, sous le nom de comité démocratique de la gauche, songeait à la formation d'un gouvernement provisoire, que des événements prochains pouvaient rendre nécessaire. Aux yeux de ce comité, il s'agissait, avant tout, de savoir, dans le cas d'un conflit entre la nation et le gouvernement, quelle serait la conduite de l'armée. L'armée était mécontente du rôle qu'on lui faisait jouer, mais était-elle républicaine ou bonapartiste ?

De vives discussions eurent lieu à ce sujet; personne ne voulait du rétablissement de l'Empire. Mais puisqu'il s'agissait avant tout de renverser la dynastie régnante, tout le monde convenait qu'il n'était pas sans utilité, pour le parti républicain, de s'assurer le concours d'un membre de la famille Bonaparte, qui pourrait l'aider à surmonter les obstacles qu'on pouvait redouter du côté de l'armée. Auquel des membres de cette famille fallait-il recourir ? M. Napoléon Bonaparte, fils de l'ancien roi de Westphalie, avait protesté plus d'une fois de ses sentiments républicains. Il n'avait figuré ni à Strasbourg ni à Boulogne, et il ne s'était fait connaître par aucun acte de prétendant; mais le prince Louis était plus connu, en raison même de ses tentatives de prétendant; son titre de fils adoptif de l'Empereur augmentait son prestige auprès de l'armée; le prince Louis Bonaparte, averti d'avoir à se tenir prêt à quitter Londres, reçut, le 22, l'invitation de passer en France et de s'y soustraire aux regards de la police.

Le prince Louis-Napoléon n'arriva que le 25 février à Paris et descendit rue du Sentier, chez son ancien précepteur, M. Viellard. Armand Marrast, secrètement prévenu de sa présence à Paris, reprocha à son émissaire de ne pas l'avoir amené. « J'aurais été bien aise, ajouta-t-il, de le voir avant d'entretenir le conseil de cet incident. Il faut qu'il nous offre ses services [1]. »

Le prince Louis l'entendait bien ainsi; mais devait-il se rendre à l'Hôtel-de-Ville ou se borner à écrire au gouvernement provisoire ? Les conseillers du prince, jugeant que, dans ces premiers moments de trouble et d'émotion, il courait grand risque d'être reçu avec indifférence, ou même de n'être pas reçu du tout, se prononcèrent pour l'envoi de la lettre suivante, portée à l'Hôtel-de-Ville par M. de Persigny :

« Messieurs,

« Le peuple de Paris ayant détruit par son héroïsme les derniers vestiges de l'invasion étrangère, j'accours, pour me ranger sous le drapeau de la République, qu'on vient de proclamer.

« Sans autre ambition que celle de servir mon pays, je viens annoncer mon arrivée aux membres du gouvernement provisoire, et les assurer de mon dévouement à la cause qu'ils représentent, comme de ma sympathie pour leurs personnes.

« Recevez, messieurs, l'assurance de ces sentiments.

« Napoléon-Louis Bonaparte. »

Cette lettre, qui n'était pas inattendue pour tous les membres du gouvernement, fut lue dans un conseil tenu entre minuit et une heure du matin. On y décida que le prétendant serait prié de rentrer immédiatement en Angleterre. Un convoi spécial le ramenait à quatre heures du matin à Boulogne; le gouvernement provisoire, en renvoyant le prétendant en Angleterre, avait pris le meilleur moyen pour lui donner de l'importance, l'empêcher de commettre des fautes et de s'user dans

---

[1]. Sarrans jeune, *Histoire de la révolution de Février*.

ces premiers moments, où rien encore ne présageait le réveil du bonapartisme.

Napoléon-Jérôme Bonaparte, espérant tirer parti de sa ressemblance avec l'empereur Napoléon, s'était montré le 23 et le 24 février, sans produire sur les masses d'autre impression que celle de la curiosité. Les notabilités du parti républicain le tinrent à l'écart : il eut de la peine à trouver un homme de quelque importance qui voulût bien lui servir d'introducteur auprès des membres du gouvernement provisoire.

Le suffrage universel, aux élections d'avril, envoya siéger deux Bonaparte à la Constituante; mais le prince Louis ne fut pas du nombre. Il essaya de pallier cet échec dans une lettre habile, adressée à M. Viellard :

« Je n'ai pas voulu me présenter comme candidat aux élections, parce que je suis convaincu que ma position à l'Assemblée eût été extrêmement embarrassante. Mon nom, mes antécédents, ont fait de moi, bon gré mal gré, non seulement un chef de parti, mais encore un homme sur lequel s'attachent les regards de tous les mécontents. Tant que la société française ne sera pas rassise, tant que la constitution ne sera pas fixée, je sens que ma position en France sera très difficile pour moi.

« J'ai donc la ferme résolution de me tenir à l'écart et de résister à toutes les séductions que peut avoir pour moi le séjour de mon pays.

« Si la France avait besoin de moi, si mon rôle était tout tracé, si enfin je croyais pouvoir être utile à mon pays, je n'hésiterais pas à passer sur toutes ces questions secondaires pour remplir un devoir; mais, dans les circonstances actuelles, je ne puis être bon à rien, je ne serais qu'un embarras.....

« Je ne veux me mêler de rien ; je désire voir la République se fortifier en sagesse et en droits, et, en attendant, l'exil volontaire m'est très doux, parce que je sais qu'il est volontaire. »

La vérité est que l'unanimité d'adhésion à la République, et l'empressement des chefs militaires à s'y rallier, avaient jeté le découragement dans l'âme de Louis Bonaparte. L'unique force, capable à ses yeux de l'aider à rétablir l'Empire, l'armée, lui manquant, il croyait ses espérances à jamais détruites. Il n'était pas seul à partager cette opinion. Ses complices de Strasbourg et de Boulogne, rendus à la liberté par la révolution de Février et devenus de chauds républicains, se moquaient fort de leurs anciens projets de restauration impériale. Persigny lui-même reniait l'idée napoléonienne dans sa circulaire aux électeurs de la Loire :
« Hier, leur disait-il, je croyais qu'entre les habitudes monarchiques et
« la forme républicaine, but naturel de tous les perfectionnements poli-
« tiques, il fallait encore une phase intermédiaire ; et je pensais que le
« sang de Napoléon, inoculé aux veines de la France, pouvait mieux
« que tout autre la préparer au régime des libertés publiques; mais,

« après les grands événements qui viennent de s'accomplir, je déclare
« que la République, régulièrement constituée, pourra compter sur mon
« dévouement le plus absolu. Je serai donc loyalement et franchement
« républicain. » M. de Persigny se déclarait en outre socialiste, à la fin
de sa circulaire : « Délivré par le peuple, je dois ma vie au service du
« peuple. Tout ce que Dieu voudra m'accorder de courage, d'intelli-
« gence et de résolution sera désormais consacré à l'affranchissement de
« la seule servitude qui pèse encore sur lui, la servitude de la misère. »

Quelques amis du prince, plutôt par habitude que par conviction, essayaient cependant d'organiser un semblant de propagande, à laquelle ils ne croyaient pas. Des conférences avaient lieu de temps en temps entre eux ; elles se traînaient ordinairement dans des généralités : les affiliés déclaraient pour la centième fois que le nom de Napoléon Ier était toujours au fond du cœur du peuple, qu'on pouvait faire tourner ce souvenir au profit de son neveu, et qu'il convenait de dire et d'écrire en toute occasion que le prince Louis-Napoléon aimait et voulait la paix, qu'il serait le conciliateur entre les partis, la main ferme et puissante qui mettrait fin à l'anarchie. La conclusion ordinaire de ces conférences était l'envoi d'une lettre à Louis Bonaparte pour lui soumettre quelque plan nouveau de société ou de journal bonapartiste, et pour lui demander l'argent nécessaire à leur exécution. L'approbation arrivait tout de suite, mais l'argent se faisait plus longtemps attendre.

La propagande manquait du nerf indispensable, l'argent. Louis Bonaparte, engagé, disait-il, dans une opération financière qui promettait les plus heureux résultats, priait ses amis d'en attendre l'issue. Les nombreux hommes de finances que le bonapartisme comptait déjà dans ses rangs ne restaient pas de leur côté à court de projets. Il était surtout question de la création d'une grande banque d'escompte, au capital de 9 millions dont 6 millions versés par le prince Louis Bonaparte et 3 millions par le gouvernement. La somme de 6 millions, formant l'apport de Louis Bonaparte, serait avancée par le gouvernement russe et acceptée par la banque nouvelle, en rentes 5 pour cent français, au cours de cent quatorze francs. Un des hommes d'affaires bonapartistes dont nous parlions tout à l'heure, nommé Aristide Ferrer, donna une impulsion plus pratique à la propagande bonapartiste. Les familles riches quittaient Paris ou diminuaient leurs dépenses, au grand mécontentement de leurs fournisseurs. Aristide Ferrer eut l'idée d'exploiter la mauvaise humeur de cette classe nombreuse et influente de la population, s'adres-

Fig. 28. — M. Dupont de l'Eure donne lecture aux membres du gouvernement provisoire de la lettre par laquelle Louis-Napoléon Bonaparte prévient le gouvernement de son arrivée à Paris (page 90).

sant d'abord à ses propres fournisseurs de corps et de bouche, tailleur, chemisier, chapelier, cordonnier, boulanger, boucher, fruitier, marchand de volailles, sans oublier charbonnier et porteur d'eau. « Voulez-vous, « leur dit-il, en finir avec une situation qui nous ruine tous ? Rien de « plus facile. Il ne s'agit pas de prendre le fusil, ni de faire des « émeutes; des élections partielles vont avoir lieu, nommez Louis Napo-« léon, fils de la reine Hortense et petit-fils de l'impératrice Joséphine, « qu'on a tant aimée en France. Le prince possède une fortune de plus « de cinquante millions; l'armée est pour lui : son élection sera le « signal d'un mouvement militaire; nommez-le-moi; demain, on pro-« clame l'Empire, et je vous fais nommer fournisseurs de la maison « de l'Empereur [1]. »

Aristide Ferrer avait pour complices, dans cette propagande habile : un ancien valet de chambre auquel les domestiques, en très grand nombre, confiaient leurs fonds de bourse, un courtier en fonds publics connu dans la coulisse depuis vingt ans, un capitaine et un lieutenant de la garde nationale, deux ex-agents de change, un propriétaire, M. Aguado, marquis de Las Marismas, et M. Ligier, de la Comédie française ; en tout, huit bonapartistes militants, sans compter les fournisseurs.

Persigny avait communiqué de son côté à Ferrer la liste des personnes sur lesquelles le parti bonapartiste pouvait compter à Paris. Cette curiosité historique mérite d'être reproduite : « M. *Besuchet de Saunois*, 14, rue Grange-Batelière ; M. le général *Sourd*, 14, rue d'Alger ; le colonel *Laborde*, 4, rue Vintimille ; madame *Gordon*, 57, rue de Provence ; M. le général *Montholon*, 12, rue Castellane ; M. *Piétri*, 319, rue Saint-Honoré ; M. *Pierre Bonaparte*, 9, rue de Verneuil ; M. *Napoléon Bonaparte*, rue d'Alger ; M. *Chabot*, 76, rue Saint-Antoine ; M. *Dupont*, marchand de tabac, rue du Faubourg-Saint-Honoré ; M. *Thelin*, débit de tabac, rue Geoffroy-Marie ; M. *Clapier*, tapissier, 59, rue Hauteville ; M. *Forestier*, 52, rue Louis-le-Grand ; M. *Ornano*, 57, rue Truffaud-Batignolles ; M. *Labrugal*, charbonnier, 4, rue Braque ; M. *Archambaud*, 12, rue du Rond-Point de l'Ecole ; M. *Broulle*, tailleur de pierres, 96, avenue des Champs-Elysées ; M. *Holtier*, marchand de bois à Montmartre, près du cimetière ; M. *Devaux*, bottier, passage des Panoramas ; M. *Coffier*, fabricant de

---

1. Aristide Ferrer, *Révélations sur la propagande napoléonienne faite en 1848 et 1849*, Turin, 1863.

pianos, rue Saint-Antoine ; M. *Lecomte*, commandant des vieux de la vieille, rue de la Michodière ; X..., marchand de bois à Belleville [1]. »

La liste des bonapartistes de la première heure n'était ni brillante ni nombreuse. Persigny répondait cependant avec dédain, à ceux qui lui proposaient de chercher à rallier à la cause du prince des hommes

Fig. 29. — Le 25 février 1848, Armand Marrast est prévenu secrètement de la présence du prince Louis-Napoléon à Paris (page 90).

importants, comme le prince de la Moskowa et le comte de Morny, que « le prince n'apprendrait pas sans déplaisir qu'on eût fait des ouvertures à ces messieurs ». Les deux cousins de Louis Bonaparte eux-mêmes devaient ignorer, pour le moment, des tentatives auxquelles on verrait dans quelle mesure il serait possible de les associer plus tard. En attendant, la froideur la plus complète régnait entre Louis Bonaparte et les personnages qui portaient les plus grands noms de l'Empire.

Le 16 avril 1848, le parti conservateur eut l'idée de faire ce qu'on

[1]. Aristide Ferrer, *Révélations sur la propagande napoléonienne faite en 1848 et 1849.* Turin, 1863.

Fig. 30. — Manifestation des bonnets à poils et manifestation des soldats de la vieille garde sur la place de l'Hôtel-de-Ville (p. 99).

appelait alors une manifestation. Il s'agissait d'obtenir du gouvernement provisoire le maintien des compagnies d'élite de la garde nationale. Grenadiers et voltigeurs, formés en légion, revêtus de l'uniforme civique et coiffés du bonnet à poils, s'étaient dirigés vers l'Hôtel-de-Ville, dont ils trouvèrent les approches barrées par la garde républicaine. Les débris de la garde impériale avaient précisément choisi ce jour-là pour assurer le gouvernement provisoire de leur dévouement. Des cris de : *Vive la garde !* mêlés de quelques cris de : *Vive l'Empereur !* retentissaient sur leur passage. C'était la première fois qu'on les entendait ; cependant les abords de la place restaient interdits aux anciens grenadiers et voltigeurs de l'Empire, comme aux grenadiers et aux voltigeurs de la garde nationale. Les grognards, mécontents, se demandent pourquoi on leur interdit le passage. Le tambour de la vieille garde bat la charge. Passeront-ils ou ne passeront-ils pas ? Le peuple semble craindre qu'un conflit ne s'engage entre les débris de la garde impériale et les montagnards de la garde républicaine ; les rangs de ceux-ci finissent par s'ouvrir : les vieux de la vieille pénètrent enfin sur la place de l'Hôtel-de-Ville, au milieu des applaudissements de la foule. Ce jour-là, on entendit à Paris, pour la première fois depuis le 24 février, un autre cri que celui de *Vive la République !*

Des agents bonapartistes s'étaient glissés dans les rangs populaires ; ils allaient de groupe en groupe, se mêlant aux conversations, prenant parti pour la garde nationale, répétant que la République ne pouvait durer, que les Bourbons étaient impossibles, qu'un Napoléon seul était capable de rétablir l'ordre, de ramener la paix et le travail. « Jusque-là, « dit l'un de ces agents, on écoutait mes discours, et l'on répondait par ces « mots : Oui, c'est vrai, mais il n'y a plus de Napoléon ! — Mais son « neveu, répondais-je. — Lequel ? — Le prince Louis qui est à Londres ? « — Je confesse qu'arrivé à ce point la conversation finissait souvent « brusquement ; d'autres fois, elle se poursuivait avec avantage, et il me « suffisait d'avoir quelques auditeurs attentionnés pour exprimer haute-« ment mon opinion sur les facultés et le cœur du prince qu'on déni-« grait, parce qu'on ne le connaissait pas. — On m'écoutait en silence, « je m'éloignais, mais la semence était jetée dans un fonds excellent et « qui ne pouvait produire que de bons résultats [1]. »

Le 15 mai eut lieu. Les bonapartistes prirent une part des plus

---

1. Aristide Ferrer, *Révélations sur la propagande napoléonienne faite en 1848 et 1849*. Turin, 1863.

actives à ce mouvement[1], qui effraya fort la population. L'émigration des riches redoubla, ainsi que la haine des commerçants contre la République. Les élections complémentaires approchaient; les orléanistes parlaient de la candidature du prince de Joinville. Les amis du prince Louis Bonaparte le pressaient de tenter à son tour les hasards du scrutin; mais, soit apathie naturelle, soit crainte d'éprouver un échec, il répondit par des refus à leurs instances; il gardait ses doutes sur la sympathie du suffrage universel et persistait à croire que le bonapartisme ne pouvait triompher que par le concours de l'armée.

Ses amis, désespérant de le convaincre, résolurent, comme cela leur est arrivé plus d'une fois, de le jeter, malgré lui, dans la bagarre. Les murs de Paris se trouvèrent, un beau matin, couverts d'une affiche posant la candidature de Louis-Napoléon Bonaparte et signée : « UN VIEUX RÉPUBLICAIN DE 92, *soldat de Zurich et de Waterloo;* UN OUVRIER, *combattant des barricades de Février.* »

Sous cette double désignation se cachait M. Armand Laity, qui, bravant la défense formelle de M. Louis Bonaparte, lui ouvrait le chemin de l'Empire.

Les gens du peuple, ou soi-disant tels, avaient seuls parlé jusqu'ici en faveur de Louis-Napoléon. M. de Montholon prit la parole à son tour : « Le prince, dit-il aux électeurs, est un bon patriote, un républicain « sincère, qui fera tout ce qui dépendra de lui pour que la France soit « et reste républicaine. » Un ami non moins ardent du candidat rappelle que « le citoyen Louis-Napoléon Bonaparte a donné depuis longtemps « des preuves incontestables de la vérité de ses opinions républicaines, « en déclarant qu'il n'a jamais cru et qu'il ne croira jamais que la « France soit l'apanage d'un homme ou d'une famille. — Le peuple a « parlé, il a proclamé la République démocratique; Louis-Napoléon « la défendra avec nous. » Un troisième parrain de Louis Bonaparte affirme que « la République grande, fraternelle, est dans le cœur, « dans la pensée de Louis-Napoléon Bonaparte; comme nous, il veut le « développement le plus complet du principe démocratique. » Enfin, un quatrième s'écrie : « Cet enfant de Paris, notre frère à tous, une fois « assis au sein de l'Assemblée où nous l'aurons envoyé, sa voix se « réunira à celles qui demanderont l'application franche et loyale de « notre immortelle devise : « Liberté, Egalité, Fraternité. »

Le bonapartisme, ne se croyant pas encore assez fort pour attaquer

---

1. Une quarantaine de bonapartistes furent arrêtés ce jour-là.

la République, se donnait comme son défenseur et présentait la candidature du prince sous les couleurs les plus républicaines. Ses agents se réunissaient dans la soupente de la boutique du bottier Devaux, inscrit sur la liste de Persigny. C'est dans cette boutique que les agents de Persigny et de Laity venaient chercher leurs instructions; c'est de là que partaient les hommes chargés de la pose des affiches, mission de dévouement quelquefois, car l'accueil fait aux afficheurs dépendait beaucoup du quartier où ils travaillaient. A la place Maubert et à la place de l'Hôtel-de-Ville, les colleurs bonapartistes, menacés par les ouvriers, sont obligés de se réfugier dans des maisons voisines; sur la route d'Allemagne, ils sont reçus aux cris de : Vive l'Empereur! A Belleville, une femme demande un placard à l'afficheur, qui vient de poser le dernier; elle l'arrache en disant : « Mon mari est malade, et de savoir qu'on vote pour Napoléon, ça le guérira. »

On parvint enfin à décider le prince Louis Bonaparte, qui jusque-là s'était tenu dans une complète abstention, à entrer personnellement en scène. Il adresse des petits billets autographes aux personnes que M. de Persigny lui désigne. Le charbonnier Labrugal, le cordonnier Devaux et presque tous les fidèles inscrits sur la liste insérée plus haut, en reçoivent; les subsides indispensables arrivent en même temps de Londres.

La propagande prend dès lors toutes les formes; elle est à la fois plastique, littéraire et musicale; une lithographie représentant l'Empereur montrant du doigt Louis-Napoléon à la France, des portraits, des médailles, des biographies, sont répandus à foison ; la musique se met de la partie, et la candidature du prince est chantée sur les places publiques et dans les carrefours, par des centaines de ténors nomades, avec accompagnement d'orgues de Barbarie :

> Napoléon, rentre dans ta patrie !
> Napoléon, sois bon républicain !

M. Emile Thomas, directeur des ateliers nationaux [1], propose aux prolétaires la candidature du citoyen Louis Bonaparte; la presse vient en aide à la lithographie, à la musique et à la poésie. L'*Aigle républicain*, le *Petit Caporal*, la *Redingote grise*, la *Constitution*,

---

1. Plus tard rédacteur en chef du *Dix-Décembre* et régisseur des biens du prince Louis-Napoléon dans la Sologne.

journal de la République napoléonienne, le *Napoléonien*, le *Bonapartiste*, etc., célèbrent les louanges du candidat.

Les journalistes bonapartistes, s'ils n'ont pas toujours du talent, ne manquent pas d'habileté, si l'on en juge par cet article du *Napoléon républicain*, intitulé *Mes proclamations* :

« Dans le silence du sépulcre où m'a cloué la mort, le bruit de voix qui jasent m'a réveillé. J'ai levé la tête, et j'ai regardé la France.

« Elle attendait encore cent jours après l'écroulement d'un trône, les bras croisés, qu'un signal énergique organisât ses travaux.

« Je me suis laissé dire qu'à cet effet le pays avait convoqué son élite.

« Ses chantiers étaient froids et déserts; l'enclume semblait morte; les bobines des filatures sommeillaient à leurs tiges rouillées.

« L'artiste pleurait sur ses pinceaux.

« On se demandait à la Bourse des nouvelles du crédit.

« Et je compris à ce dernier symptôme que ce repos universel n'était pas d'un jour de fête.

« Les voix jasaient toujours.

« Est-il vraiment possible qu'après quelques mille années d'histoire, l'organisation du travail n'est pas l'alphabet de la civilisation ?

« Est-ce que nos aïeux n'ont pas lancé des flottes, colonisé des landes, défriché des déserts, bâti des villes, construit des ponts, élevé des palais, des citadelles et des cathédrales ?

« J'ai vu, moi, le Simplon s'abaissant devant mes regards, des rivières se répandre à travers d'immenses campagnes, d'impraticables marais s'assainir, des arcs de triomphe s'élever comme par enchantement !

« Ai-je épuisé notre pays par ma gloire ? La tête n'a-t-elle plus d'idées, le cœur plus de dévouement, le bras plus de muscles ? La République aurait-elle oublié l'Empire ?

« Dans l'intervalle des défis sanglants que m'adressait coup sur coup l'Europe, je me suis bien gardé de jeter ma parole au vent. Concevoir des plans en silence, mettre en un clin d'œil des masses en mouvement pour les exécuter, tout cela n'était qu'un éclair de ma pensée. Je ne parlais que par proclamation, et la série de mes proclamations atteste celle de mes initiatives.

« Plus d'une fois, la nuit, le panorama du pays s'est développé dans ma tête. Comme le père de famille, je ne songeais qu'à vous, sachant que je pouvais compter sur vous. Mon cœur était fécond de votre bon vouloir. Mon vocabulaire était riche, parce qu'il était l'expression de mes actes. Le plus ridicule de tous les métiers, c'est de mâcher la phrase à vide.

« Fermez votre oreille à tous ces propagateurs de plans gigantesques, tout disposés à bâtir l'édifice de votre bonheur quand vous aurez eu la complaisance de leur donner des milliards. Vous devriez bien être las de leurs flagorneries et de leurs romans :

« La France est un pays qui s'ennuie ! » disait, il n'y a pas longtemps, un de vos splendides orateurs.

« Dites-lui de ma part de faire son *meâ culpâ*.

« NAPOLÉON. »

Le *Petit Caporal* explique ainsi son titre :

« Le petit caporal n'est pas cet empereur de théâtre habillé sur les dessins de David, mais le général avec sa redingote grise; c'est le bourgeois de Paris qui se mêle aux groupes populaires les jours de fête et qui apprend, par les conversations particulières, les abus à réformer, les injustices à réparer ; c'est le chef d'armée qui n'oublie ni le nom ni la figure d'aucun de ses soldats, et qui, à défaut d'un grade quand l'instruction élémentaire manquait, savait récompenser le grognard ou le conscrit,

« En lui faisant jaillir une étoile du cœur.

« Non ! le petit caporal n'est pas mort, c'est le Christ de la gloire, et quand il reposait là-bas dans l'Atlantique, sous les mimosas brûlés de Sainte-Hélène, il n'eût fallu qu'un Pierre l'Ermite pour entraîner des millions de croisés à la conquête de son tombeau.

« Qu'avez-vous à lui reprocher au petit caporal? D'avoir égorgé la République, sa mère ? Mais elle-même lui avait dit : Frappe le ventre (*feri ventrem*)! tant elle rougissait de sa dégradation. Ce n'était plus la femme forte et courageuse, mais une Messaline dans le boudoir du directeur Barras. Et puis il chassait les avocats, ce choléra du monde politique, et le peuple aujourd'hui ne désire-t-il pas mélanger la tribune parlementaire encombrée de rhéteurs !

« Mais le petit caporal ne mourra pas ; comme le Christ présent dans l'hostie, il est présent, lui, dans toute idée de gloire et de grandeur, et le peuple communie avec lui, car le peuple, qui lui doit le rétablissement du culte, n'oublie pas ses principes religieux ; il comprend trop qu'un État périt quand il s'étaye sur des mœurs provisoires. Encore une fois, non, le petit caporal ne mourra pas ! »

La Société des débris de l'armée impériale, formée à l'occasion du retour des cendres de l'Empereur, n'avait pas cessé d'exister, quoique non autorisée, et prenait part à cette propagande ; la fameuse Société qui devait plus tard s'appeler *Société du dix décembre* venait de se fonder ; elle comptait dans son comité MM. Abbatucci, Louis-Lucien Bonaparte, Antoine Bonaparte, général de Bar, Ferdinand Barrot, Bataille, Belmontet, Bonjean, Briffaut, Caulaincourt, Clary, Conneau, l'abbé Coquereau, Benjamin Delessert, le maréchal Excelmans, le général Husson, Hyrvoix jeune, le général Hulot d'Osery, Kœnigswarter, le colonel Laborde, le comte Lepic, le prince de La Moscowa, de Montour, Nogent-Saint-Laurens, d'Ornano, l'abbé Orsini, Peauger, le général Piat, le colonel de Tocqueville, Villemain, intendant militaire, Wolowski, etc.

Les *Cotillons* et les *Culottes de peau* rivalisaient d'efforts ; soldats, journalistes, s'étaient mis en campagne ; réussiraient-ils ? Cela semblait fort douteux. La presse ayant des abonnés, la magistrature, le commerce, l'industrie, le clergé refusaient de prendre au sérieux la candidature de Louis Bonaparte. M. Armand Bertin, directeur du *Journal des Débats*, donnait d'avance 40,000 voix au prince Louis ; M. de Girardin lui en accordait tout au plus 10,000.

Le 2 juin, jour de l'ouverture du scrutin, il devint facile de s'apercevoir que le calcul de M. Armand Bertin resterait infiniment au-dessous de la vérité : les ouvriers arboraient à leur casquette le bulletin portant le nom de Louis Bonaparte; la foule, à Saint-Denis, portait les afficheurs bonapartistes en triomphe jusque dans la salle du vote, renversant l'urne, dans laquelle on avait déjà déposé des bulletins, et forçait le bureau de recommencer l'opération aux cris de : *Vive Napoléon!*

Fig. 31. — Le fanatisme avait été tellement surexcité, qu'à Belleville une femme arrache une affiche en disant « Mon mari est malade, et de savoir que l'on vote pour Napoléon, cela le guérira » (p. 101).

Le lendemain, la liste des représentants élus par le département de la Seine était ainsi composée :

```
Caussidière . . . . . . . . . . . . . . . . . . . . . 157,000 voix
Changarnier . . . . . . . . . . . . . . . . . . . . . 105,539   »
Thiers . . . . . . . . . . . . . . . . . . . . . . . .  97,394   »
Victor Hugo . . . . . . . . . . . . . . . . . . . . .  86,960   »
Louis-Napoléon . . . . . . . . . . . . . . . . . . .  84,420   »
P. Leroux . . . . . . . . . . . . . . . . . . . . . .  67,000   »
```

Louis Bonaparte était également nommé dans trois autres départements : l'Yonne, la Charente-Inférieure et la Corse. Persigny et Laity partirent immédiatement pour lui porter la nouvelle de son succès.

LE NAPOLÉONIEN POSE SA CANDITATURE A LA PRÉSIDENCE

Le *Napoléonien*, sans attendre même la proclamation officielle de l'élection de Louis Bonaparte, posa nettement sa candidature à la présidence de la République :

« Disons-le bien haut, nous avons vu dans ce fait (l'élection de M. Louis Bonaparte), « rapproché des circonstances où nous sommes, autre chose que l'élection d'un simple

Fig. 32. — A Saint-Denis, la foule porte en triomphe les afficheurs bonapartistes jusque dans la salle de vote et renversent l'urne (p. 104).

« représentant. Nous y avons vu le vœu qu'une autre candidature fût devant le pays. — « C'est ce vœu qui nous semble général, qui est le nôtre, que nous venons proclamer. »

« Le peuple, disait le journal de Proudhon [1], a voulu se passer cette fantaisie prin- « cière, qui n'est pas la première du genre, et Dieu veuille que ce soit la dernière ! « Il y a huit jours, le citoyen Bonaparte n'était qu'un point noir dans un ciel en feu ; « avant-hier, ce n'était qu'un ballon gonflé de fumée ; aujourd'hui, c'est un nuage qui « porte dans ses flancs la foudre et la tempête. »

Les délégués du Luxembourg s'étaient contentés d'inscrire le nom de M. Louis Bonaparte sur leurs bulletins ; les ouvriers de la Villette deman-

1. *Le représentant du peuple.*

dent déjà que l'Assemblée nationale attende son retour pour le proclamer consul : une pétition dans ce sens circule et se couvre de signatures. Le rappel de la loi sur les attroupements n'intimide pas les masses réunies autour du palais Bourbon, où siège l'Assemblée nationale. Elles viennent y attendre Louis Bonaparte. S'il est vrai, disent les orateurs de ces rassemblements, que l'Assemblée nationale ferme à l'élu de Paris les portes de la Patrie, le peuple saura bien les lui ouvrir.

Le gouvernement sentait la nécessité d'agir; mais la Commission exécutive, avec ses éléments opposés, ses divergences, ses antipathies, ses luttes intestines, n'était que le Gouvernement provisoire, moins l'élan de février; Lamartine crut trouver des auxiliaires dans le peuple : mais il prodigua vainement, dans de nombreuses conférences avec les délégués du Luxembourg et avec les meneurs des clubs, l'éloquence, le raisonnement, les promesses de subvention pour fonder des sociétés ; rien ne put décider les ouvriers à organiser une manifestation populaire contre la rentrée du prétendant.

Des rassemblements se formaient chaque soir à la porte Saint-Denis et à la porte Saint-Martin ; les orateurs bonapartistes répandaient dans les groupes le bruit que la Commission exécutive voulait faire annuler l'élection de Louis Bonaparte, sur ce motif que, ayant accepté le titre de citoyen suisse, il avait perdu sa qualité de Français. Un coup aussi hardi était peu dans les allures du faible gouvernement qui siégeait au Luxembourg ; tout au plus aurait-il eu la force de demander à l'Assemblée le maintien de la loi de 1832.

L'agitation cependant croissait sans cesse ; les rassemblements, plus nombreux et plus animés, se formaient en plein jour, et, la garde nationale ne suffisant plus pour les dissiper, on fut obligé de recourir à la garde mobile.

Ces troubles nuisaient en définitive à la cause bonapartiste en mécontentant le commerce ; les affidés savaient, par Persigny, que l'intention du prince était de repousser le mandat, et ils appelaient de tous leurs vœux l'arrivée de la lettre de démission qui devait mettre un terme au désordre. Cette lettre n'était point parvenue à Paris le 10 juin, veille du jour fixé pour la discussion sur la validité de son élection.

Le citoyen Louis Bonaparte est-il éligible ? la loi de 1832, qui prononce le bannissement de tous les membres de la famille Bonaparte, est-elle abrogée ? Telle est la double question que devait résoudre l'Assemblée. Un fils de Lucien Bonaparte, un fils de Jérôme Bonaparte et un fils de

Joachim Murat avaient été élus représentants. L'élection de Murat, soumise la première à la validation, devait soulever le moins d'opposition, car il ne portait pas le nom de Bonaparte. Il n'en était pas de même de celle de ses cousins. Leurs bruyantes assurances de dévouement à la République les firent cependant admettre à la Constituante. La question s'était d'ailleurs déjà posée, à l'occasion de la loi de bannissement contre les membres de la famille d'Orléans, et le représentant Vignerte l'avait tranchée par ces paroles : « Les deux branches de la maison de Bourbon « sont venues toutes les deux dans les fourgons des Cosaques, qu'elles « s'en aillent ensemble ! Quant à la famille Bonaparte, nous l'adoptons « provisoirement, *parce qu'elle n'est pas dangereuse.* » Le représentant Ducoux s'était empressé d'ajouter : « La famille Bonaparte n'a « plus qu'une valeur historique, elle n'est plus que la tradition glorieuse « d'une époque que personne ne peut avoir la folie de recommencer. » M. Piétri crut le moment favorable pour proposer, conjointement avec M. Louis Blanc, l'abrogation formelle de l'article 6 de la loi du 10 avril 1832, relatif au bannissement des Bonaparte. M. Crémieux, ministre de la justice, déclara que ce décret était virtuellement aboli par la révolution de Février. Ainsi les républicains, qui s'étaient armés, contre les prétentions du comte de Chambord, du prince de Joinville et du duc d'Aumale, des lois les plus contraires à l'esprit d'une révolution généreuse, ne craignaient pas de les laisser tomber devant le prince Louis Bonaparte, non par sympathie, mais par un dédain qu'ils croyaient habile ; ils s'imaginaient que, pour supprimer un danger, il suffit de déclarer que ce danger n'existe pas.

L'Assemblée, émue par l'attitude d'une partie du peuple, semblait cependant assez disposée à sanctionner les mesures les plus rigoureuses contre les bonapartistes. Le représentant de Heeckeren vint lui fournir une occasion de donner cours aux sentiments républicains, vivement surexcités en elle. Un régiment, entrant à Amiens, avait, disait-on, répondu par le cri de vive l'Empereur! aux cris de : Vive la république ! poussés par la garde nationale. M. de Heeckeren, sans doute pour sonder le terrain, avait interpellé, dans la séance du 11, le gouvernement sur ce fait; le général Cavaignac, ministre de la guerre, non content de le démentir, de protester contre les sentiments bonapartistes qu'on prêtait à l'armée et d'attester l'inutilité de toutes les tentatives pour la détourner de ses devoirs, ajouta d'une voix vibrante : « Loin de ma pensée de « porter une accusation aussi terrible contre un de mes concitoyens!

« Oui, je veux croire, je dois croire innocent l'homme dont le nom est
« si malheureusement mis en avant; mais, je le déclare aussi, je voue à
« l'exécration publique quiconque osera porter une main sacrilège sur la
« liberté du pays. » L'Assemblée se leva tout entière en criant : Vive la
République! Beau mouvement sans doute, mais qui aurait dû être suivi
de quelque mesure énergique de la part du pouvoir. Il ne fit rien, et
le lendemain, 12 juin, Napoléon Bonaparte vint, avec une assurance
imperturbable, se porter fort des sentiments républicains de son cousin,
et rejeter sur ceux qui voulaient le compromettre, la responsabilité des
cris séditieux poussés dans les rassemblements qui se rapprochaient de
plus en plus du palais Bourbon, pendant que l'Assemblée, à propos des
fonds secrets, posait la question de confiance au gouvernement. Lamartine avait interrompu son discours, assez froidement accueilli de
l'Assemblée, pour se reposer. On profite de ce moment pour lui
apporter de tous côtés des nouvelles de ce qui se passe en dehors de la
Chambre. Tout à coup, s'élançant à la tribune, il s'écrie d'une voix
indignée : « Plusieurs coups de fusil viennent d'être tirés, l'un sur un
« commandant de la garde nationale, l'autre sur des officiers de
« l'armée, un troisième enfin sur la poitrine d'un officier de la garde
« nationale. Ces coups partaient aux cris de : Vive l'Empereur!
« (Sensation.) C'est le premier sang versé depuis la révolution éternelle-
« ment pure et glorieuse de Février, et la révolution n'en est pas
« coupable. Gloire à la population, gloire aux différents partis de la
« République! Du moins ce sang n'a pas été versé par leurs mains; il a
« coulé, non pas au nom de la liberté, mais du fanatisme des souvenirs
« militaires et d'une opinion naturellement, quoique involontairement
« peut-être, ennemie invétérée de toute République. »

Lamartine se faisait, en parlant ainsi, l'écho trop crédule de ces bruits
exagérés, qui circulent si facilement pendant les troubles publics; l'attitude de l'Assemblée aurait dû l'avertir de son erreur; il poursuit :
« Citoyens, en déplorant avec vous le malheur qui vient d'arriver, le
« gouvernement s'est armé contre les éventualités. Ce matin, avant la
« séance, nous avons signé d'une main unanime, une déclaration que nous
« nous proposions de lire à la fin de la séance et que la circonstance
« force à lire à l'instant même. Lorsque l'audace des factieux est prise en
« flagrant délit, la main dans le sang français, la loi doit être votée d'ac-
« clamation. »

Il lut en même temps un décret dont voici la conclusion :

« La Commission du pouvoir exécutif, vu l'article 3 de la loi du
« 13 janvier 1816, déclare qu'elle fera exécuter, en ce qui concerne
« Louis Bonaparte, la loi de 1832, jusqu'au jour où l'Assemblée natio-
« nale en aura décidé autrement. »

Loin d'être voté d'acclamation, ce décret suscita des interruptions et des protestations incessantes. La droite poursuit Lamartine de ses allu-

Fig. 33. — Des rassemblements se formaient chaque soir à la porte Saint-Denis, des orateurs bonapartistes montaient sur les bornes et haranguaient la foule (p. 106).

sions à des troubles passés, dont elle affecte de le rendre complice. L'orateur, au lieu de s'occuper des faits actuels, se perd dans des digressions rétrospectives ; les murmures de l'Assemblée augmentent son embarras ; il s'étend longuement et inutilement sur les événements du 15 mai, et croit se tirer d'affaire auprès de la réaction par cette phrase : « J'ai conspiré « avec Blanqui, Cabet, Sobrier, Barbès, Raspail ; oui, j'ai conspiré, mais « comme le paratonnerre conspire avec le nuage qui porte la foudre. » Cette métaphore tue le décret, et, par contre-coup, la Commission exécutive.

Lamartine n'avait pas, en somme, exagéré ces troubles de la journée. Persigny y prit part d'une façon si active que, pour échapper aux sergents de ville, il fut obligé de se réfugier dans une maison de la place de la Madeleine. La police l'arrêta dans la nuit, à son domicile, rue Saint-Georges.

L'aspect de Paris et celui de l'Assemblée, le matin du 13, n'étaient pas très rassurants. Le gouvernement avait fait la faute de ne pas mettre la veille l'Assemblée en demeure de prendre une résolution. L'instant décisif pour frapper le bonapartisme était passé. L'Assemblée se trouvait en présence de la proposition Piétri, amendée par M. Degousée, et de la vérification des quatre élections du prince Louis Bonaparte. M. Degousée proposait d'excepter Louis-Napoléon, pour un temps déterminé, du bénéfice de la proposition Piétri.

Sur les quatre bureaux vérificateurs de la quadruple élection du prince Louis, deux étaient pour la validation et deux contre. M. Jules Favre prit le premier la parole, comme rapporteur d'un bureau favorable à la validation; défenseur du lieutenant Aladenise, il avait conservé des relations avec certains bonapartistes; de récentes mésintelligences avec M. Ledru-Rollin, son hostilité contre la Commission exécutive, expliquent encore mieux le sens de son rapport, vrai mémoire en faveur de l'admission. « Le nouvel élu, dit-il, n'a justifié ici ni son âge, ni sa nationalité, « cela est vrai; mais s'arrêter à de telles chicanes, serait indigne d'une « grande Assemblée. Le gouvernement d'ailleurs n'a pas jugé sans doute « que Louis-Napoléon Bonaparte ne fût pas éligible, puisqu'il n'a averti « personne avant l'élection, ni les électeurs, ni le citoyen Bonaparte. Loin « de là, il a ici, par la bouche de son ministre de la justice, déclaré que la « loi de 1832 est virtuellement abolie par la révolution de Février, et que « son maintien serait une honte pour la France. » M. Jules Favre fit, en outre, remarquer que l'admission de trois Bonaparte avait, comme nous l'avons dit, déjà tranché la question politique, et qu'il fallait prendre garde de grandir le représentant dont on contestait l'élection; après ces mots, qui étaient dans la bouche d'une foule de républicains, il déclara impossible le retour d'entreprises *folles* et *misérables*, comme celles de Strasbourg et de Boulogne. « Si le citoyen Bonaparte, ajouta-t-il, tentait une « misérable parodie du manteau impérial qui ne va pas à sa taille, il « serait à l'instant mis hors la loi et traîné sur la claie. »

M. Louis Blanc parle dans le même sens. M. Buchez, rapporteur du dixième bureau, loin de partager l'opinion de M. Jules Favre, refusait de valider l'élection d'un prétendant venu deux fois sur le sol français réclamer à main armée ses droits héréditaires, et salué maintenant des cris de : Vive l'Empereur ! Il fait remarquer que le silence du prince Louis Bonaparte, depuis le commencement des troubles, permet de douter de la sincérité de ses intentions. M. Viellard, à ces mots, court à la tribune. Il y vient, dit-il, défendre un ami, « un homme dont on veut « faire un prétendant malgré lui, après l'avoir nommé représentant sans « son consentement; son élection n'est point une conspiration, mais « une protestation contre les traités de 1815. » L'orateur invoque, comme un argument en faveur du désintéressement patriotique de son élève, la lettre dans laquelle il s'est condamné à un exil volontaire.

Le citoyen Napoléon Bonaparte prend également la parole pour défendre son cousin. « Je veux parler, dit-il, du citoyen Napoléon-Louis. « Je ne suis nullement l'apologiste de son passé politique ; je suis « étranger totalement à ses actes. Mais je crois qu'il est de toute justice, « de toute loyauté, d'exercer vis-à-vis de lui, comme vis-à-vis des autres « (*quels autres ?*), certaines lois de justice et de loyauté. Il y a des « partis opposés à la République ; je crois et j'espère qu'ils sont en bien « petite minorité, et que cette minorité est composée de ce qu'il y a de « moins bon et de moins généreux dans la nation. Si le citoyen Louis « Bonaparte était coupable, je serais le premier à le blâmer ; mais il « n'est pas coupable, je le jure ! » L'orateur, parlant ensuite au nom de sa famille, ajoute : « L'Empire est un souvenir que personne de nous « n'entend invoquer ni pour le présent ni pour l'avenir ! »

Les passages de la lettre lus par M. Viellard et l'allocution du citoyen Napoléon Bonaparte n'étaient pas de nature à produire un grand effet sur l'Assemblée ; mais les membres de la droite avaient reporté sur la Commission exécutive leur vieille haine contre le gouvernement provisoire : valider l'élection, c'était rejeter le décret déposé par Lamartine et frapper le pouvoir existant ; les royalistes n'hésitèrent donc pas à traiter la conspiration bonapartiste de chimère, et à voter la validation. Plusieurs républicains, parmi lesquels M. Louis Blanc, parlèrent de confiance, de magnanimité ; il y avait d'ailleurs, selon M. Louis Blanc, un moyen bien simple d'empêcher M. Louis Bonaparte de devenir président de la République : c'était de supprimer la présidence.

Il était temps qu'un orateur fît entendre le langage de la politique. M. Ledru-Rollin monta à la tribune.

C'était certainement, de tous les membres du gouvernement, le moins agréable à la droite. Avocat comme MM. Odilon-Barrot et Crémieux, nommé député par le département de la Sarthe, en remplacement de Garnier-Pagès, que la mort venait d'enlever aux espérances du parti démocratique, deux mémoires, l'un sur *l'état de siège* en 1832, l'autre sur *les évènements de la rue Transnonain*, l'avaient désigné à l'attention des électeurs. La mort du duc d'Orléans fournit au jeune député

Fig. 34. — Le 12 juin, Persigny, qui avait pris une part active aux troubles de la journée, est poursuivi par un agent de police et trouve un refuge dans une maison de la place de la Madeleine (page 110).

l'occasion d'affirmer son républicanisme. M. Ledru-Rollin soutint alors qu'à la mort du roi, la souveraineté passe non point au pouvoir législatif, incapable de faire acte de pouvoir constituant, mais à la nation tout entière. Le radicalisme du député de la Sarthe ébranlait quelquefois l'atmosphère paisible de la Chambre des députés, comme un orage qui ne laisse pas de traces ; sa voix trouva plus d'écho dans les banquets de 1847. L'éloge de la Convention au banquet de Châlons ; le toast : « Aux classes laborieuses ! » par lequel il fit remplacer au banquet de Lille le toast proposé par M. Odilon-Barrot : « A la sincérité des insti-

Fig. 35. — Le docteur Conneau et M. Briffaut font signer à Louis-Napoléon sa démission de représentant du peuple (page 119).

tutions conquises en Juillet ! » ; la revendication du suffrage universel au banquet de Dijon, plusieurs autres discours pleins d'un sentiment démocratique peu commun alors, contribuèrent puissamment à l'agitation de cette époque ; sa parole, nourrie de la science du jurisconsulte et animée de l'ardeur du tribun, promettait un grand orateur aux futures assemblées du suffrage universel.

La République serait depuis longtemps le gouvernement de la société française sans les divisions intestines qui ont rendu jusqu'ici la démocratie incapable de discipline et qui n'ont fait trop souvent de son gouvernement que des luttes d'homme à homme et de coterie à coterie. Jamais ces luttes ne furent plus vives qu'à la veille de la révolution de Février : les hommes du *National* et les hommes de la *Réforme* se faisaient une guerre acharnée. Ledru-Rollin y prit une part très active ; un duel était même décidé entre lui et Armand Marrast ; la chute de Louis-Philippe l'arrêta. Certains actes de Ledru-Rollin, ministre de l'intérieur, avaient fortement déplu à la réaction ; elle fit à M. Ledru-Rollin une réputation d'intraitable révolutionnaire, qui, en le grandissant peut-être pour l'avenir, lui ôtait quelque chose de son influence dans le présent ; la droite abandonnait Lamartine par dépit, elle repoussait Ledru-Rollin par crainte ; la gauche modérée restait soupçonneuse et méfiante devant lui. Obtenir, d'une minorité hostile et d'une majorité prévenue, ce qu'elles avaient déjà refusé à Lamartine, voilà le tour de force que M. Ledru-Rollin devait accomplir. Il prit la parole avec une fermeté calme, qui ne se démentit pas pendant tout son discours ; il signala les menées du parti bonapartiste, les distributions de vin et d'argent, les embauchages pour une nouvelle garde impériale ; il supplia l'Assemblée de consentir à l'exécution temporaire d'une loi nécessaire pour prévenir l'effusion du sang.

Les membres de la droite comprirent, en écoutant ce langage élevé, sobre, politique, qu'ils étaient en présence non seulement d'un homme, mais, si l'on peut s'exprimer ainsi, d'une force démocratique ; ils ne voulurent pas l'augmenter en lui cédant. L'Assemblée, cependant, parut hésitante un moment ; M. Bonjean, voyant le danger, fit tous ses efforts pour lire une lettre que lui avait écrite, auparavant, le prince Louis Bonaparte ; il y parvint, quoique l'Assemblée, à qui elle était directement adressée, eût déjà refusé d'en entendre la lecture :

« Londres, 23 mai.

« J'apprends par les journaux du 22 qu'on a proposé, dans les bureaux de l'Assemblée, de maintenir contre moi seul la loi d'exil qui frappe ma famille depuis 1816. Je viens demander aux représentants du peuple pourquoi je mériterais une semblable peine. Serait-ce pour avoir toujours publiquement déclaré que dans mes opinions la France n'était l'apanage ni d'un homme, ni d'une famille, ni d'un parti? Serait-ce parce que, désirant faire triompher, sans anarchie ni licence, le principe de la souveraineté nationale, qui seule pouvait mettre un terme à nos dissentiments, j'ai deux fois été victime de mon hostilité contre le gouvernement que vous venez de renverser? Serait-ce pour avoir consenti, par déférence pour le Gouvernement provisoire, à retourner à l'étranger après être accouru à Paris au premier bruit de l'insurrection? Serait-ce pour avoir refusé par désintéressement les candidatures à l'Assemblée qui m'étaient proposées, résolu de ne retourner en France que lorsque la nouvelle Constitution serait établie et la République affermie?

« Les mêmes raisons qui m'ont fait prendre les armes contre le gouvernement de Louis-Philippe me porteraient, si l'on réclamait mes services, à me dévouer à la défense de l'Assemblée, résultat du suffrage universel. En présence d'un roi élu par deux cents députés, je pouvais me rappeler que j'étais l'héritier d'un empire fondé par l'assentiment de quatre millions de Français. En présence de la souveraineté nationale, je ne peux et ne veux que revendiquer mes droits de citoyen français; mais ceux-là, je les réclamerai sans cesse, avec l'énergie que donne à mon cœur honnête le sentiment de n'avoir jamais démérité de la patrie.

« Votre concitoyen,

« NAPOLÉON-LOUIS BONAPARTE. »

Le prétendant trouvait moyen, dans cette lettre pleine à la fois d'habileté et de duplicité, de proclamer qu'il était *l'héritier d'un empire fondé sur quatre millions de suffrages*. Le gouvernement n'avait à lui reprocher qu'une chose : c'est que le nom de la République n'y était pas prononcé.

La quadruple élection de Louis Bonaparte fut donc validée. Enhardi par ce succès, il fit parvenir cette nouvelle lettre à l'Assemblée :

« Monsieur le Président,

« Je partais pour me rendre à mon poste, quand j'apprends que mon nom sert de prétexte à des troubles déplorables, à des erreurs funestes. Je n'ai pas cherché l'honneur d'être représentant du peuple, parce que je savais les soupçons injurieux dont j'étais l'objet. Je rechercherais encore moins le pouvoir.

« Si le peuple m'imposait des devoirs, je saurais les remplir (mouvement; vive agitation : — Oh! oh!); mais je désavoue tous ceux qui me prêtent des intentions que je n'ai pas.

« Mon nom est un symbole d'ordre, de nationalité, de gloire, et ce serait avec la plus vive douleur que je le verrais servir à augmenter les troubles et les déchirements de la patrie.

« Pour éviter un tel malheur, je resterais plutôt en exil. *Je suis prêt à tout sacrifier pour le bonheur de la France.* (Bruit.) Ayez la bonté, monsieur le Président, de donner communication de ma lettre à l'Assemblée. Je vous envoie une copie de mes remerciements aux électeurs.

« Recevez l'expression de mes sentiments distingués.

« Signé : Louis-Napoléon Bonaparte. »

« Si le peuple m'imposait des devoirs, je saurais les remplir, » cette phrase, qui se retrouve, sous une forme ou sous une autre, dans toutes

Fig. 36. — Création des ateliers nationaux de terrassement au Champ-de-Mars (page 120).

les lettres du prince Louis Bonaparte communiquées jusqu'ici à l'Assemblée, avait excité surtout sa colère. Le silence est à peine rétabli que le général Cavaignac, ministre de la guerre, s'écrie d'une voix indignée : « L'émotion qui m'agite ne me permet pas d'exprimer, comme « je le voudrais, toute ma pensée. Mais je remarque dans cette pièce, « qui devient un document historique, que le mot de République n'est « pas une seule fois prononcé. Je me borne à signaler cette pièce à « l'attention de l'Assemblée et à l'attention et au souvenir de la nation. » (Très bien ! Très bien !) Plusieurs représentants, debout, demandent qu'on déclare à l'instant le citoyen Louis Bonaparte déchu de ses droits. Le général Cavaignac propose le renvoi de la discussion au lendemain.

M. Jules Favre, faisant en quelque sorte amende honorable de son discours de la veille, prend à son tour la parole :

« Dans cette Assemblée, il n'y a qu'un seul sentiment : c'est le sentiment de l'indi-
« gnation, si bien exprimé par le général Cavaignac. (Oui ! oui ! de toutes parts.)
« Lorsque le septième bureau a proposé de valider l'élection du citoyen Louis Bona-
« parte... (Une voix : Il n'est plus citoyen.) J'entends dire « qu'il n'est plus citoyen. »
« J'engage l'Assemblée à ne pas substituer la passion à la raison dans ce débat. — Le
« citoyen Louis Bonaparte a été admis, dans des conditions qui ne nous semblent pas
« laisser de doute ; mais quand il arrive que le lendemain du jour où nous avons pro-
« noncé son admission, non pour lui, mais par respect pour le principe de la souverai-
« neté nationale, quand il arrive qu'il porte atteinte à cette souveraineté, nous devons
« lui répondre, et c'est dans notre cœur que nous trouverons l'expression de notre
« indignation. L'Assemblée est unanime contre les tentatives insensées d'un citoyen qui
« voudrait la braver. J'ai dit qu'il devait être poursuivi, si l'on a trouvé la trace de sa
« main dans les troubles qui ont éclaté ; quant à nous, nous devons être unanimes pour
« renvoyer la lettre et le document qui l'accompagne au ministre de la justice. »

Un procès ! Quand autour du palais Bourbon des milliers de voix crient : Vive l'Empereur ! Quand M. Clément Thomas, commandant en chef de la garde nationale, répond à M. Duclerc, ministre des finances, qui veut envoyer au lendemain les mesures à prendre contre les menées bonapartistes : « Demain ! Mais la bataille commence ! » En effet, déjà des compagnies de la garde nationale menacent de désobéir à leurs chefs ; les meneurs, dans les groupes populaires, renouvellent la proposition de nommer Louis Bonaparte consul ; les représentants, M. Thiers surtout, sont accueillis par des huées à leur sortie de l'Assemblée ; l'émeute gronde, elle est sur le point d'éclater.

L'Assemblée nationale, hésitante la veille, non dans ses sentiments contre Louis Bonaparte, mais dans les moyens de les traduire en fait, pouvait le lendemain prononcer sa déchéance civique. Les bonapartistes, sentant le danger, envoyèrent immédiatement à Londres un représentant du peuple nommé Briffaut, mêlé depuis un certain temps aux intrigues du prétendant. Briffaut est reçu par le prince, en présence de son médecin le docteur Conneau ; il leur apprend l'arrestation de Persigny, l'irritation causée par la lettre et les suites qu'elle peut avoir. Ces nouvelles produisent sur le prince Louis Bonaparte une impression d'autant plus vive qu'elles sont inattendues. Il demande ce que ses amis de Paris lui conseillent de faire. — Signer ceci, répond Briffaut, en lui remettant la lettre dont il est porteur. Le prince la lit et la communique au docteur Conneau, qui l'engage gaiement à la transcrire « de sa belle main ». Voici cette pièce :

> « Monsieur le Président,
>
> « J'étais fier d'avoir été élu représentant du peuple à Paris et dans trois autres départements; c'était à mes yeux une ample réparation pour trente ans d'exil et six ans de captivité : mais les soupçons injurieux qu'a fait naître mon élection, mais les troubles dont elle a été le prétexte, mais l'hostilité du pouvoir exécutif, m'imposent le devoir de refuser un honneur qu'on croit avoir été obtenu par l'intrigue.
>
> « Je désire l'ordre et le maintien d'une politique sage, grande, intelligente, et puisque, involontairement, je favorise le désordre, je dépose, non sans de vifs regrets, ma démission entre vos mains.
>
> « Bientôt, je l'espère, le calme renaîtra et me permettra de retourner en France comme le plus simple des citoyens, mais aussi comme un des plus dévoués au repos et à la prospérité de mon pays.
>
> « Louis-Napoléon Bonaparte. »

Cette lettre, grâce à la diligence du porteur, était le lendemain à midi entre les mains du président de l'Assemblée, qui, après l'avoir lue en séance, la transmit au ministre de l'intérieur.

Le débat était clos : le bonapartisme et son représentant, tantôt avançant, tantôt reculant, en sortaient néanmoins fortifiés et grandis.

Le parti républicain, dans l'Assemblée, était malheureusement divisé en petites coteries; la chimère d'une alliance entre l'Empire et la Révolution, la vision d'un empereur converti à la liberté, hantaient encore l'esprit de beaucoup de représentants, sur les bancs de la gauche; d'autres, par un singulier amour-propre, s'efforçaient avant tout d'éviter que la République eût l'air d'avoir peur de l'Empire. Quant à la droite, éclairée sur son isolement par l'insuccès éclatant de la candidature du prince de Joinville, elle repoussa l'invalidation, par haine instinctive contre la République. Les chefs des partis royalistes commencèrent même dès lors à se demander s'il n'y avait pas dans le bonapartisme une force qu'ils pouvaient détourner de sa source et utiliser à leur profit. L'idée bonapartiste, incarnée désormais dans un homme, ne pouvait que gagner chaque jour des prosélytes ; le gouvernement s'était borné à de stériles menaces contre les distributions d'argent et de vin, contre les cris séditieux, contre l'embauchage, en un mot contre toutes les menées bonapartistes signalées à la tribune par Ledru-Rollin. M. de Persigny et M. Laity, arrêtés un moment, avaient été promptement remis en liberté ; la propagande bonapartiste, laissée libre, redoublait d'activité et d'audace. Paris était à la veille des journées de juin.

CHAPITRE VI

L'ÉLECTION DU PRÉSIDENT DE LA RÉPUBLIQUE

Les ateliers nationaux. — Les bonapartistes y fomentent la révolte. — Attitude de M. Trélat, ministre des travaux publics. — Le gouvernement essaye de forcer les ouvriers à quitter Paris. — Tumulte sur la place du Panthéon. — M. de Falloux rapporteur. — La dissolution des ateliers nationaux est prononcée. — Insurrection de juin. — Caractère particulier de la guerre des rues. — La lutte traîne en longueur. — Le général Cavaignac est nommé chef du pouvoir exécutif. — L'Assemblée nationale commet la faute de ne pas se réserver le droit d'élire son président. — M. Grévy demande la suppression de la présidence de la République. — Discours de Lamartine. — Discours de M. Thiers. — Il se tourne décidément contre la République. — Le maréchal Bugeaud. — Le général Changarnier. — M. Dufaure. — Le prince Louis-Napoléon est élu président de la République. — Le président Louis-Napoléon jure fidélité à la République. — Le général Cavaignac et son gouvernement.

Le gouvernement provisoire, pour donner du travail aux ouvriers, créa le 27 février des ateliers de terrassement au Champ-de-Mars. La fraction modérée de ce gouvernement les transforma en ateliers nationaux, organisés militairement par le ministre des travaux publics, et formant une sorte d'armée, destinée à neutraliser les forces populaires placées sous la direction des délégués du Luxembourg, obéissant au mot d'ordre de M. Louis Blanc. Les graves dangers de cette création sautaient aux yeux.

C'était, comme l'a dit un historien, M. Babaud Laribière, « une école « de doctrines funestes en attendant de devenir un foyer d'insurrection. « L'État ne recevait aucun travail, pour les sommes immenses qu'il jetait « dans ce gouffre, et, si les organisateurs des ateliers nationaux avaient « eu la pensée de créer une armée à l'émeute, ils n'auraient pas mieux

« réussi. » Le gouvernement, l'Assemblée nationale, l'opinion publique se trouvèrent bientôt d'accord pour supprimer les ateliers nationaux sans secousse violente, ce qui n'était pas une tâche facile.

Le 2 mars, d'après un état approximatif, dressé à l'Hôtel-de-Ville, on ne comptait pas plus de 17,000 ouvriers sans travail à Paris; ce chiffre, le 15 mars, s'élève à 49,000; le 20 juin, il dépasse 107,000. Dans ce

Fig. 37. — Le gouvernement fait afficher les décrets relatifs à l'établissement d'ateliers sur les routes, et à l'exécution de grands travaux de chemins de fer, afin d'occuper les ouvriers des ateliers nationaux (p. 124).

nombre sont compris 15,000 individus entrés par fraude dans les ateliers nationaux et 2,000 forçats ou réclusionnaires libérés. Plus de cent mille hommes passaient donc leur journée à gratter la terre et à la transporter d'un point à un autre. Une espèce d'esprit de corps s'était formé dans ce camp prétorien de la brouette; ils formaient une armée qui, sous un chef intelligent, pouvait mettre en péril le gouvernement. La propagande bonapartiste porta tout de suite ses efforts de ce côté; les journaux bonapartistes fomentèrent avec audace l'esprit de révolte dans les ateliers nationaux. Les représentants du peuple n'étaient, à les entendre, que « des commis oisifs à raison de 25 francs par jour, qui, « lorsque le peuple demande du pain, lui donnent une pierre ; » les membres de la commission exécutive n'étaient que des « Sardanapales se roulant dans l'or et les festins [1] ». Ces attaques ne suffirent bientôt plus aux feuilles bonapartistes : elles en vinrent, pour exciter les pauvres contre les riches, jusqu'à publier des listes de banquiers, de capitalistes, de notaires, de propriétaires, avec le chiffre de leur fortune en regard de leur nom.

M. Dupin signala le premier à l'Assemblée nationale l'urgente nécessité de supprimer les ateliers nationaux. Le gouvernement comprenait cette nécessité mieux que personne. « Il faut, disait M. Trélat, ministre des « travaux publics, dans la séance du 18 mai, rendre à chaque ouvrier « ses vrais instruments de travail. L'ouvrier ne reçoit en ce moment « qu'une aumône déguisée ; il ne fait qu'un travail stérile. Les ateliers « nationaux ne sont qu'une organisation provisoire ; il faut qu'ils cessent « au plus vite..... Une énorme population se jette sur les ateliers natio- « naux ; le nombre en était l'autre jour de 80,000, quelques jours après « de 100,000, il est de 115,000 aujourd'hui. »

Le Comité des travailleurs, chargé de l'examen des innombrables propositions affluant à l'Assemblée pour opérer la dissolution des ateliers nationaux, comptait sur l'énergie du gouvernement. Celui-ci demandait du temps pour frapper ce grand coup. Le Comité des travailleurs, par l'organe de M. Léon Faucher, pour préparer le terrain à une solution, proposa de voter dix millions à répartir entre les divers services de l'État, qui les emploierait en travaux immédiats. On calculait que 50,000 ouvriers à 2 fr. 50 par jour seraient occupés pendant trois mois et diminueraient d'un quart environ la redoutable agglomération

---

1. On lit, par exemple, dans le numéro du 11 juin du *Napoléon républicain* : « Peuple, « lorsque tes commis violent leur mandat, souviens-toi du drapeau rouge du Champ-de- « Mars et du courage de tes frères en 93. »

Le 16 juin, la même feuille s'adresse aux gardes mobiles, afin qu'ils éclairent les soldats de la ligne, que la *terreur bourgeoise* voudrait transformer en bourreaux de leurs frères.

Cherchant à dépopulariser, l'un après l'autre, tous les républicains connus du peuple, le *Napoléon* appelle les membres du pouvoir exécutif les *cinq invalides à 20,000 francs par mois*. En parlant de M de Lamartine, il dit : « L'aigle de la République en est devenu la chouette ; » à propos des rassemblements dissipés par M. Clément Thomas : « Pour n'être « général que de la veille, on n'est pas tenu de faire sabrer le peuple de Paris. Ce sont de « mauvais états de service que ceux que l'on écrit sur le pavé d'une capitale avec le sang « de ses concitoyens (18 juin). » A l'occasion des troubles réprimés à Guéret, la feuille bonapartiste parle avec horreur des Français tués par des fusils français, et s'écrie : « Quand vos frères malheureux se trompent, vous ne savez que les tuer ou les empri- « sonner. »

des ateliers nationaux. Cette mesure fut adoptée en même temps que la substitution du travail à la tâche au travail à la journée, dans les ateliers nationaux, et le renvoi dans leurs foyers des ouvriers habitant le département de la Seine depuis moins de trois mois et ne pouvant y justifier de leurs moyens d'existence.

Le nouveau directeur des ateliers nationaux, M. Lalanne avait décrété l'expulsion des ouvriers pris dans les rassemblements, et dissous les brigades les plus indisciplinées ; les tailleurs et les cordonniers travaillaient à la tâche; le recensement continuait sans trop de résistance ; tout cela aurait dû peut-être encourager la droite à la patience ; mais lorsque, le 15 juin, M. Trélat vint demander un nouveau crédit de trois millions pour les ateliers nationaux, M. de Falloux, reprochant son mauvais vouloir et son inaction coupable au gouvernement, demanda la création immédiate d'une commission spéciale chargée de prendre toutes les mesures relatives à la suppression des ateliers nationaux. Cette proposition fut votée.

La droite affectait de croire à une sorte de complicité entre la gauche républicaine et les ateliers nationaux; le langage des républicains les plus sincères démentait énergiquement cette supposition ; M. Goudchaux n'avait-il pas dit dans la séance du 16, à propos des ateliers nationaux : « Il ne faut pas qu'ils s'amoindrissent, entendez-vous bien, il faut qu'ils disparaissent? » M. Turk, trois jours après, ne demandait-il pas l'expulsion des forçats des ateliers nationaux, et le renvoi dans leurs communes, avec des feuilles de route, des ouvriers non domiciliés à Paris depuis un an. On jugerait et condamnerait comme *voleurs* ceux qui ne seraient point partis dans le délai de cinq jours. La même disposition serait applicable aux ouvriers qui, pouvant trouver du travail dans les ateliers ordinaires, en demanderaient aux ateliers nationaux.

Une très grande partie des ouvriers qui les composaient, ne méritaient pas d'être traités de mendiants, de malhonnêtes gens et de voleurs. Victimes d'une crise qu'ils n'avaient point provoquée, leur crime était de manquer de travail. Fallait-il pour cela les mettre en quelque sorte au ban de la société, au risque d'exciter chez les plus honnêtes et les plus modérés, une colère qui devait les rendre bien plus accessibles aux suggestions de leurs camarades décidés à porter la question dans la rue?

Le gouvernement avait une double responsabilité dont il comprenait la gravité, et le ministre des travaux publics, décidé à obéir aux mesures prises par l'Assemblée sans violer les lois de l'humanité, refusait d'obéir aux sommations brutales de la droite.

La discussion de plusieurs projets pour remplacer les ateliers nationaux remplit la séance du 21. Rien de pratique ne pouvait en sortir. La question se résume ainsi : maintenir les ateliers nationaux comme un mal nécessaire qu'on atténue en attendant de le supprimer, ou les dissoudre par un coup de force. Il n'y avait que ces deux solutions. La droite se crut fondée, au moment où les barricades commençaient à s'élever dans Paris, à choisir la seconde et à fournir soixante mille recrues à l'armée de la guerre civile.

Le gouvernement avait fait afficher les décrets de l'Assemblée relatifs à l'établissement d'ateliers sur les routes départementales de la Seine, à l'exécution de travaux dans ce même département, à la construction de plusieurs ponts, à la continuation des travaux du chemin de fer de Tours à Nantes, à l'amélioration de la Marne, au canal de la Sologne, à celui de la haute Seine, etc. Les ouvriers consentiraient-ils à se rendre sur ces chantiers départementaux? On les y aurait peut-être amenés par la persuasion. Le gouvernement força les plus jeunes à opter entre leur départ et leur incorporation dans l'armée, mesure qui fournissait de dangereux arguments à ceux qui cherchaient à exciter les passions populaires. De quel droit, disaient-ils, le gouvernement chasse-t-il de Paris des milliers de citoyens et les force-t-il à opter entre l'exil et le régiment?

Une mesure aussi grave ne pouvait d'ailleurs s'exécuter sans recourir à la force, et le gouvernement n'en avait pas suffisamment pour venir à bout d'une résistance inévitable et immédiate. Le lendemain même, en effet, de la publication du décret de la Commission exécutive, c'est-à-dire le 22 juin, les ouvriers, parcourant les rues par bandes nombreuses au chant de la *Marseillaise*, entremêlé du cri de : « Vive Napoléon! » se rendent sur la place du Panthéon pour protester contre la loi d'expulsion; ces bandes, entraînées par un des lieutenants du directeur des ateliers nationaux, pénètrent dans le Luxembourg, au siège de la Commission exécutive.

M. Marie, chargé de recevoir les délégués, engage avec eux une longue conversation. Les ouvriers déclarent qu'ils ne partiront pas. M. Marie répond : « Si les ouvriers ne veulent pas partir pour la province, nous les y contraindrons par la force, entendez-vous? — Par la force, c'est bien; nous savons maintenant ce que nous voulions savoir?

— Et que vouliez-vous savoir ? — Que la Commission exécutive n'a jamais voulu sincèrement l'organisation du travail[1]. »

Les ouvriers entremêlaient la conversation de sorties contre l'Assemblée et mêlaient le nom de Napoléon à leurs plaintes. Les mots : *Il*

Fig. 38. — Manifestation sur la place du Panthéon contre le décret d'expulsion des ouvriers des ateliers nationaux non parisiens (page 124).

faut en finir ! sortaient à chaque instant de ces lèvres frémissantes de colère.

Pendant que la bataille de juin s'engageait, l'Assemblée mettait en discussion la dissolution immédiate des ateliers nationaux.

Le rapporteur de la Commission de l'Assemblée nationale chargée d'examiner la question des ateliers nationaux, M. de Falloux, représentant de Maine-et-Loire, légitimiste, catholique, agriculteur distingué, avait fait ses débuts en 1846 à la Chambre des députés par un discours sur le mandat impératif, auquel M. Guizot s'était cru obligé de répondre.

[1]. Daniel Stern, *Histoire de la révolution de 1848*.

Rallié à la République dès le lendemain de la révolution de Février, il rendit dans sa profession de foi un éclatant hommage aux vainqueurs : « Les instincts du peuple de Paris sont d'une générosité, d'une délica-« tesse qui surpassent celles de beaucoup de corps politiques qui ont « dominé la France depuis soixante ans. On peut dire que les combat-« tants, les armes à la main, dans la double ivresse du danger et du « triomphe, ont donné tous les exemples sur lesquels n'ont plus qu'à se « régler aujourd'hui les hommes de sang-froid ; ils ont donné à leur « victoire un caractère sacré. » M. de Falloux ajoutait : « Désormais, « c'est le gouvernement de tous par tous qu'il s'agit d'organiser. C'est « la société dans sa plus haute acception qu'il importe de défendre... « Travaillez à faire comprendre au clergé des campagnes toute l'impor-« tance de son attitude dans le mouvement actuel. La religion fleurit « dans les républiques américaines ; elle a fait, au moyen âge, la splen-« deur des républiques italiennes... Il n'y a plus, à cette heure, qu'un « mot de l'unité française qui soit debout : la Patrie. Rallions-nous tous « à ce glorieux et saint nom... » Les électeurs de Maine-et-Loire envoyèrent M. de Falloux à l'Assemblée nationale, le dernier, il est vrai, sur la liste de leurs représentants.

S'il y eut dans ces premières heures d'entraînement et d'enthousiasme quelque sincérité dans l'adhésion de M. de Falloux à la République, elle fit bientôt place à ses vrais sentiments sur la démocratie. Les royalistes de la Constituante ne s'y étaient du reste pas trompés. Ils avaient lu ses ouvrages [1]. Le parti catholique avait eu son agitateur dans Montalembert ; il comprit qu'il pouvait avoir un chef dans M. de Falloux. Celui-ci accepta en effet cette tâche.

Le parti légitimiste, qui défendait ouvertement l'ancien régime et qui en réclamait les privilèges, étant mort en 1830, un nouveau parti légitimiste s'était formé, qui, plus habile que l'ancien, transformait hardiment ces privilèges en garanties pour la liberté : le droit d'aînesse devient la liberté de tester, la propriété de mainmorte représente la grande culture, et la sanctification forcée du dimanche, la liberté des âmes. M. le vicomte [2]

---

1. *Histoire de saint Pie V*. — *Histoire de Louis XVI*.
2. Les ennemis de M. de Falloux ont contesté à tort sa noblesse. M. de Falloux père a réellement reçu le titre de comte de Charles X : le brevet allait être signé la veille du départ des Bourbons pour l'exil ; une main amie le glissa au milieu des papiers qui encombraient la table du premier garde des sceaux du roi Louis-Philippe ; M. Dupont (de l'Eure) y mit son nom sans se douter qu'un de ses premiers actes, comme ministre de la Révolution, était de faire un noble.

de Falloux, un des chefs de cette école, avait en outre déjà empêché les légitimistes de commettre une grande faute. Beaucoup d'entre eux s'imaginent toujours qu'il suffit de pousser le cri de : Vive le roi! pour que la Vendée se lève ; les partisans d'une tentative d'insurrection royaliste ne manquaient donc pas en 1848; M. de Falloux parvint à faire comprendre aux successeurs de Bonchamp et de Charette que la guerre civile, au nom du droit divin, ne servirait qu'à donner des forces à la République ; et que le meilleur système à employer contre elle, était d'attendre ses fautes, de la pousser à en commettre et d'en profiter.

Les représentants républicains, trop occupés dans les clubs et dans les ministères, ou trop indifférents pour suivre assidûment les opérations souvent si importantes des bureaux, avaient laissé nommer à une grande majorité M. de Falloux rapporteur de la loi sur les ateliers nationaux. Un républicain pouvait seul remplir cette mission délicate, où la conciliation était aussi nécessaire que la fermeté ; M. de Falloux, décidé à se servir de son rapport comme d'une arme de guerre, lui donna pour conclusion un décret ordonnant sous trois jours la suppression des ateliers nationaux.

M. Corbon avait essayé vainement de faire adopter un décret plus conforme aux garanties que les ouvriers étaient en droit de demander ; l'Assemblée lui répondit par le vote de la question préalable.

Les représentants Considérant et Caussidière proposent d'adresser aux ouvriers une proclamation qui les rassure et qui prépare les voies à la conciliation ; MM. Baze, Bérard et Duclerc repoussent cette motion, comme contraire à la dignité de la représentation nationale : la droite ne songe qu'à exciter le zèle de la garde nationale ; elle l'exhorte à faire son devoir, à protéger la cité contre l'*incendie qui déjà la désole*, contre les *excitations au pillage* qui se produisent sur les barricades, contre les *formules de communisme* invoquées par les insurgés. M. Degousée demande l'arrestation de tous les rédacteurs de journaux socialistes. L'Assemblée, qui s'est déclarée en permanence, conserve encore assez de sang-froid pour repousser ces mesures extra-légales ; elle écoute dans un morne silence le général Cavaignac, ministre de la guerre, qui monte à la tribune à dix heures du soir pour donner des détails sur les résultats de la journée : les barricades sont debout ; des renforts de troupes arrivent, ainsi que les gardes nationales des départements ; pendant la nuit, des régiments resteront massés autour de l'Assemblée.

Qu'y avait-il derrière les barricades? Les gens égarés par les meneurs des rassemblements de la porte Saint-Denis et du palais Bourbon, les lecteurs naïfs des feuilles bonapartistes [1], les partisans, les propagateurs niais de la proposition de proclamer Louis Bonaparte consul, les orateurs et les auditeurs de ces clubs où se débattaient les questions d'égalité des salaires, de communauté des biens, de suppression de l'intérêt du capital, enfin des socialistes de toutes les écoles. Il y avait aussi des républicains sincères, d'anciens combattants de la rue Transnonain, du cloître Saint-Merry et de la place du Châtelet, des membres des sociétés secrètes, des combattants de Février, qui, ne comprenant pas les ménagements de la République pour ses ennemis, déchiraient la cartouche de prairial ; le parti légitimiste avait des représentants sur ces barricades [2], où tous les combattants appelaient un dictateur. Si les insurgés l'invoquaient pendant le combat, les royalistes comptaient bien le choisir après la bataille ; les uns se battaient pour détruire ce qu'ils auraient voulu sauver, les autres pour défendre ce qu'ils voudraient détruire : de là quelque chose de faux et de théâtral dans cette guerre civile, qui troubla si étrangement les imaginations. Chaque genre de guerre exerce une influence particulière sur le moral des combattants et des spectateurs du combat. Dans la guerres de rues, les soldats, surexcités par la crainte des embûches, sont plus timides et plus cruels à la fois : il semble

---

[1]. Le bonapartisme a laissé des preuves de sa présence sur le champ de bataille. Au faubourg Saint-Marcel, au faubourg Saint-Jacques, à Montmartre, à Belleville, il y eut des bonapartistes parmi les combattants. On en compta surtout à Gentilly, aux Deux-Moulins, à la barrière de Fontainebleau, et dans la zone enfin qui fut le théâtre de la mort du général Bréa.

Un des principaux inculpés, un des plus sévèrement punis dans cette affaire de Bréa, fut un conducteur des ponts et chaussées nommé Luc. Or le témoin Renaud, caporal de la garde nationale, déclare dans sa déposition que, étant allé dans le domicile de Luc, il y trouva une lettre adressée par lui à Louis Bonaparte.

Longtemps avant les événements de juin, Larh, qui fut exécuté comme principal auteur du meurtre du général Bréa, proclamait hautement son dévouement à Napoléon III, et il racontait que soldat d'artillerie, et montant la garde au fort de Ham, Louis-Napoléon lui avait donné vingt francs.

[2]. Quelques positions furent occupées par les légitimistes. Au Marais, on les trouve dans la rue Saint-Louis, la rue d'Angoulême et les rues adjacentes. M. de Fouchécourt y fut pris. Voici la déposition du témoin Isambert, lieutenant d'artillerie : « M. de Fouchécourt a répondu qu'il avait commandé aux barricades, et qu'il se battait pour la République démocratique et sociale. Pendant ce temps, M. Bérard, représentant du peuple, interrogeait M. de Fouchécourt fils, qui disait, lui, qu'il se battait pour la même cause que son père ; que c'était en apparence pour la république rouge, mais qu'en réalité c'était pour la légitimité. M. de Fouchécourt, malgré les efforts des hommes influents de son parti, fut condamné à vingt ans de travaux forcés. Dans le quartier Saint-Jacques, près de Saint-Séverin, les légitimistes avaient établi une sorte d'état-major, d'où partaient leurs opérations. Ils distribuaient des médailles à l'effigie de Henri V. »

toujours que l'ennemi leur fasse une guerre déloyale. Le nombre des officiers généraux et supérieurs morts dans les journées de juin, si hors de proportion avec celui des soldats, atteste que les officiers des grades les plus élevés furent obligés de se mettre comme de simples sous-lieutenants à la tête de leurs hommes et de les enlever. Cependant une armée bien commandée, maîtresse de ses communications et de ses approvisionne-

Fig. 39. — Les représentants du peuple faisant partie du 7ᵉ bureau, décident qu'il y a lieu de proposer le pouvoir exécutif au général Cavaignac (page 130).

ments, doit toujours triompher aisément d'une insurrection ; il faut, pour que les chances entre la population et l'armée deviennent égales, que les chefs de l'armée sentent fléchir en eux le sentiment de la responsabilité, en se voyant isolés du reste de la nation. Il n'en était pas ainsi dans les journées de juin. La garde nationale, l'Assemblée constituante, marchaient à côté de l'armée, et pourtant la lutte traînait en longueur ; les mesures militaires manquaient d'ensemble ; les chefs, en gardant le courage qui fait risquer la vie, semblaient avoir perdu le coup d'œil qui permet de juger la force réelle des obstacles et aide à en triompher ; le gouvernement, non moins menacé par le triomphe des insurgés que par celui des royalistes, hésitait et communiquait ses hésitations à tous ceux qui attendaient de lui l'impulsion. La bataille continuait au hasard dans les rues de Paris, pendant que la Commission exécutive cherchait une épée autant pour réduire l'insurrection que pour se défendre elle-même ; les épées ne manquaient pas, mais l'Assemblée constituante et le gouvernement voulaient une épée de pure trempe républicaine : celle-là n'était pas facile à trouver.

M. Martin (de Strasbourg) présidait dans l'après-midi du 24 juin une réunion de seize représentants influents rassemblés dans le 7ᵉ bureau. Le président ajoute, après leur avoir exposé les périls du moment, que la situation de la République exigerait la concentration du pouvoir dans une seule main. On cherchait donc un homme à qui confier le pouvoir exécutif. Plusieurs représentants croyaient l'avoir trouvé dans la Commission exécutive, qui, formée des membres du gouvernement provisoire, en continuait la tradition ; M. Martin (de Strasbourg) proposa de choisir François Arago. L'un des représentants présents à la réunion où cette grave question était agitée demande si l'on ne craint pas d'imposer un trop lourd fardeau à un homme déjà vieux et récemment atteint d'une grave maladie ; un de ses collègues, M. Dupont (de Bussac), lui répond d'un ton de mauvaise humeur : « Avez-vous une autre personne à nous proposer ? — Non, répliqua son interlocuteur. — En ce cas, vous auriez mieux fait de ne rien dire. »

L'intimité de la réunion, l'amitié et la familiarité existant depuis longtemps entre ses membres, le besoin de prendre une décision prompte, expliquent suffisamment cette observation un peu brusque. Celui à qui elle s'adressait en ressentit une légère piqûre. « Messieurs, dit-il, je crois,
« après y avoir réfléchi pendant quelques instants, et puisqu'on me re-
« proche de ne pas citer de nom, qu'on pourrait proposer à votre choix
« un homme lié à la République par les services qu'il lui rend en ce
« moment, par le nom qu'il porte, et par les engagements qu'il a pris :
« c'est le général Eugène Cavaignac, ministre de la guerre. »

Ce nom frappa les membres de la réunion ; il était visible qu'il serait désigné. Trois membres de la réunion furent chargés de se rendre auprès de lui pour lui demander si, dans le cas où la Commission exécutive se dissoudrait, il accepterait le pouvoir exécutif.

Le général Cavaignac ayant accepté, un scrutin eut lieu au retour des ambassadeurs ; il fut choisi par le bureau comme candidat au pouvoir exécutif par une majorité de 2 voix sur 16 votants. François Arago obtint 7 voix.

La Commission exécutive, impuissante à dompter la guerre civile, donna sa démission le 24 juin ; l'Assemblée, en permanence depuis la veille, mit Paris en état de siège et décerna la dictature au général Cavaignac. Le lendemain, l'insurrection était vaincue.

Le vainqueur ne tarda pas à remettre ses pouvoirs à l'Assemblée nationale, qui les lui rendit tout de suite, après avoir déclaré qu'il avait « bien mérité de la patrie. »

L'Assemblée nationale pouvait faire durer la République : il lui suffisait de déclarer qu'à la place du suffrage universel encore sans expérience, et agité par toutes les passions du moment, elle se réservait le droit de nommer le président de la République; la commission de constitution repoussa malheureusement cette idée, par des raisons de sentiment plutôt que par des raisons politiques; l'Assemblée parut hésiter un moment; quelques représentants, pour trancher la difficulté, trouvaient plus simple de ne pas nommer de président afin d'éviter le danger pour la liberté de créer un pouvoir égal par son origine au pouvoir de l'Assemblée, et d'établir une lutte qui ne pouvait se terminer qu'à l'avantage du pouvoir représenté par un homme. M. Jules Grévy résuma les idées dans l'amendement suivant : « L'Assemblée nationale délègue le pouvoir exécutif à un citoyen qui prend le titre de président du conseil des ministres, élu pour un temps limité et qui est toujours révocable. »

Cet amendement ne faisait que consacrer la forme du gouvernement que l'Assemblée venait de mettre à l'épreuve et qui avait surmonté les plus terribles obstacles; il était prématuré peut-être, et on pouvait le combattre à ce point de vue, mais ce ne fut pas sans surprise qu'on entendit un homme comme M. de Tocqueville adjurer l'Assemblée de ne pas l'adopter, de ne pas se méfier du peuple et de s'en rapporter pleinement à lui pour le choix d'un président de la République.

« Êtes-vous bien sûrs, répondait M. Grévy aux adversaires de son
« amendement, que, dans cette série de personnages qui se succéderont
« tous les quatre ans au trône de la présidence, il n'y aura que de purs
« républicains, empressés d'en descendre? Êtes-vous sûrs qu'il ne se
« trouvera jamais un ambitieux tenté de s'y perpétuer? Et si cet ambi-
« tieux est le rejeton d'une de ces familles qui ont régné en France, s'il
« n'a jamais expressément renoncé à ce qu'il appelle ses droits; si le
« commerce languit, si le peuple souffre, s'il est dans un de ces moments

« de crise où la misère et la déception le livrent à ceux qui masquent
« sous leurs promesses leurs projets contre sa liberté, répondez-vous que
« cet ambitieux ne parviendra pas à renverser la République ? »

Il est certain que l'homme en qui s'incarne le suffrage universel devient bientôt plus puissant qu'une assemblée, alors même qu'elle a la même origine que lui. Les élections de l'an X firent Bonaparte empereur. Le système de M. Grévy n'en présentait pas moins des inconvénients sérieux dans certaines circonstances, mais il était excellent comme expédient; il venait d'être mis à l'épreuve, et de surmonter les plus terribles difficultés.

L'amendement de M. Grévy fut rejeté. Celui de M. Leblond, moins radical, aurait dû avoir un meilleur sort. M. Leblond proposait de confier à l'Assemblée le soin de choisir pour la première fois le président de la République. Le suffrage universel reprendrait ses droits aux élections suivantes.

Malheureusement, Lamartine nourrissait alors une illusion singulière. Boissy d'Anglas, deux mois avant la chute de Robespierre, appelait celui-ci *l'Orphée de la France*. Lamartine méritait mieux que ce surnom; exposé pendant deux mois à la violence des passions populaires, il les avait charmées par son éloquence. L'Orphée de février, accueilli par l'Assemblée nationale comme un demi-dieu, s'était brouillé avec elle pour avoir fait vibrer sa lyre généreuse en faveur de Ledru-Rollin. Lamartine, nommé le quatrième sur les cinq membres appelés à former la Commission exécutive, n'avait rien à espérer de l'Assemblée dans le cas où elle serait investie, par la Constitution, du droit d'élire le chef du pouvoir exécutif; le choix de l'Assemblée ne pouvait se porter que sur le vainqueur de l'insurrection de juin, sur l'heureux soldat à qui elle avait décerné la récompense des grands citoyens. Mais, par l'effet du plus étrange mirage, M. de Lamartine comptait sur le suffrage universel pour le venger de l'ingratitude des représentants du peuple. Le clergé pouvait-il oublier l'auteur des *Méditations;* la jeunesse, le chantre d'Elvire; la bourgeoisie, le vainqueur du drapeau rouge; le peuple, l'historien des Girondins ? Lamartine, confiant dans sa popularité, César de l'illusion, fit passer le Rubicon à sa chimère, et comptant bien être son élu, il fit remettre au suffrage universel le choix du président en prononçant à la fin de son discours ces mots fameux, qu'il rattachait à la destinée de la République et à sa propre destinée : *Alea jacta est !*

L'auteur de *Jocelyn* n'était peut-être pas le seul à attendre du suffrage universel la magistrature suprême de la République : M. Thiers, à qui la destinée réservait de gouverner la France dans une des crises les plus terribles de son histoire, en mettant l'amendement Grévy en pratique, vota contre cet amendement. Espérait-il lui aussi se faire du suffrage universel un marche-pied pour monter à la présidence de la République? Ce qu'il y a de sûr, c'est que les avances dont il se vit l'objet le lendemain de la révolution, de la part des membres du gouvernement

Fig. 40. — Départ du pape Pie IX pour Gaëte (page 140).

provisoire, n'étaient point faites pour diminuer chez M. Thiers le sentiment légitime de son importance. Sans doute, après la chute de la monarchie, il s'était vu tout à coup l'objet des préoccupations du gouvernement provisoire ; Lamartine et Armand Marrast, fort attentifs au parti qu'il prendrait dans les événements prochains, lui firent demander au nom du pouvoir nouveau une adhésion morale et même un concours direct, qui pouvaient très bien se concilier, d'après eux, avec son attachement pour la dernière monarchie. Ils s'abusaient tous les deux sur l'effet que pouvait produire l'adhésion de M. Thiers, au milieu du déluge d'adhésions qui pleuvaient alors sur l'Hôtel-de-Ville. Son *Histoire de la*

Révolution l'avait mis en bonne odeur auprès des Jacobins ; sa grande admiration pour le Consulat lui assurait d'avance la sympathie des bonapartistes ; les républicains modérés n'avaient oublié ni cet article du *National* de la Restauration où il menaçait la monarchie constitutionnelle, si elle se montrait infidèle à ses engagements, de franchir l'Atlantique et d'aller chercher sur ses bords un modèle de gouvernement, ni ce passage d'un de ses discours dans la discussion de la dernière adresse : « Entendez « mon sentiment, je suis du parti de la Révolution, tant en France qu'en « Europe ; je souhaite que le gouvernement de la révolution reste dans « les mains des hommes modérés. Je ferai tout ce que je pourrai pour « qu'il continue d'y être. Mais quand le gouvernement passera dans les « mains des hommes qui sont moins modérés que moi et que mes amis, « fût-ce les *radicaux*, je n'abandonnerai jamais ma cause pour cela ; « je serai toujours du parti de la révolution. » L'avénement de la République offrait à M. Thiers une belle occasion de tenir cet engagement. Si la présidence de la République avait pu échoir à un homme d'Etat du dernier règne, l'auteur de l'*Histoire de la Révolution* était seul en mesure d'y prétendre. M. Molé, se promenant sans cesse dans les couloirs de l'Assemblée, son chapeau sous le bras, comme dans un salon, semblait faire de la politique en homme du monde et en simple amateur plutôt qu'en homme d'Etat ; le pays le connaissait peu, bien qu'il eût été président du conseil des ministres. M. de Broglie était encore moins connu que M. Molé ; ce dernier avait eu du moins sa campagne de la coalition, et une répartie heureuse. M. Berryer, personnification éclatante du passé, jouissait d'une de ces gloires incontestées qui donnent la popularité à un homme sans le rapprocher du pouvoir. La candidature du prince de Joinville, présentée comme une conquête du droit républicain, n'avait rien de sérieux. Quelques personnes mirent en avant celle de M. Thiers et essayèrent de renouer l'alliance électorale de 1845 et de 1848, entre les amis de M. Thiers et ceux qu'on appelait les hommes du *National*. M. Thiers élu président de la République, la vice-présidence était réservée à Armand Marrast. Il était difficile de savoir jusqu'à quel point M. Thiers prenait au sérieux ces négociations, car précisément dans ce temps-là il resserrait ses liens avec le parti clérical et légitimiste, et, s'il ne se prononçait pas personnellement contre le général Cavaignac, il le laissait attaquer par son journal *le Constitutionnel*. Les journées de juin firent rompre cette combinaison. M. Thiers cessa de croire à la République et se tourna d'un autre côté.

Les partis monarchiques, après s'être dissimulés sous leur ferveur républicaine, éprouvaient le besoin d'agir et de se rapprocher. Il leur fallait des chefs. M. Thiers, qui possédait à un haut degré l'instinct du gouvernement, devint un de ces chefs. Il apprit aux soldats de la réaction, vétérans et conscrits, à marcher ensemble, à suivre le même plan d'opérations, qui consistait à prêter en général l'appui du parti conservateur à la République, en démolissant peu à peu, dans les détails, tout ce que le gouvernement républicain avait fait depuis 1848.

Les illustres épées de la monarchie de Louis-Philippe n'avaient pas tardé à se mettre au service du gouvernement provisoire. Le maréchal Bugeaud, le lendemain même du triomphe de la révolution, écrivait au ministre de la guerre :

« Les événements qui viennent de s'accomplir, le besoin d'union générale pour assurer l'ordre à l'intérieur et l'indépendance à l'extérieur, me font un devoir de mettre mon épée au service du gouvernement qui vient d'être institué.

« J'ai toujours considéré comme le plus saint des devoirs la défense du territoire de la patrie.

« Je vous prie de m'accuser réception de cette déclaration et de recevoir l'assurance de ma haute considération.
« Signé : Duc d'Isly. »

Le maréchal Bugeaud, quelques jours plus tard, offrit de nouveau son épée à M. de Lamartine et écrivit à François Arago pour demander une enquête sur les événements de juin 1832. « Le moment, disait-il, est « venu de confondre la calomnie et de désabuser le peuple, car, pour « le servir utilement, la première condition est d'avoir sa confiance et « son estime. »

Des qualités de soldat, exagérées par le besoin qu'éprouvent souvent les partis, en France, de grandir les hommes de guerre afin de s'en servir pendant la paix, avaient fait la réputation de Bugeaud ; sa mission de geôlier de la duchesse de Berry, une affaire de boudjous en Algérie, dans laquelle, il en convient lui-même, il avait manqué à la dignité du commandement, ne le dépopularisèrent ni dans l'armée ni dans le parti conservateur. *Ense et aratro :* telle était la devise de ce soldat-laboureur, dont la presse officieuse se plut à faire un sage des camps, un Catinat sans la disgrâce. Le maréchal Bugeaud aimait à parler, sur l'agriculture, sur la politique, sur la philosophie même, et surtout à faire parler de lui ; il cherchait les occasions de se présenter au public, avec un empressement qui le poussa un beau jour à accepter la présidence du banquet donné pour célébrer l'anniversaire de la naissance du socialiste Fourier. Il y porta un toast à l'abolition de la guerre. Le prestige du maréchal Bugeaud ne fascinait plus que lui; il se croyait cependant porté par tous les partis à la présidence de la République. « On me fait, écrit-il, de tous côtés des ouvertures de toutes les nuances « politiques; des journalistes de l'Ouest et du Midi offrent leur concours « à ma candidature; les légitimistes s'y rallient en même temps que les « orléanistes; les uns écrivent à Rome pour obtenir du pape des instruc- « tions propres à me donner l'appui du clergé; les autres, à Londres, « pour engager de hauts personnages à joindre leurs efforts à ceux du « parti conservateur en faveur de ma candidature[1]. » Les illusions du maréchal Bugeaud, en se dissipant, firent place à une violente rancune contre celui des candidats qui, dans la lutte pour la présidence, représentait la République avec le plus de chances d'être élu. Le maire de Saint-Brieuc, la veille de l'ouverture du scrutin, lui demanda dans une lettre : « Pour qui devons-nous voter, pour le général Cavaignac, ou pour le prince Louis? » Le sage Bugeaud répondit : « Le général Cavaignac, c'est la république; Louis Bonaparte, c'est l'inconnu; je vote pour l'inconnu. »

Le général Changarnier, autre candidat, avait porté la parole au nom des officiers généraux chargés d'offrir au prince de Joinville et au duc d'Aumale de les ramener d'Alger à Paris à la tête de l'armée. Les deux princes eurent la sagesse et le patriotisme de refuser cette offre. Ils étaient encore dans le port d'Alger le 3 mars. Ce jour-là même, à midi, le ministre de la guerre du gouvernement provisoire reçut cette lettre :

« Je prie le gouvernement républicain d'utiliser mon dévouement à la France.
« Je sollicite le commandement de la frontière la plus menacée; l'habitude de manier les troupes, la confiance qu'elles m'accordent, une expérience éclairée par des études sérieuses, l'amour passionné de la gloire, la volonté et l'habitude de vaincre, me permettront sans doute de remplir avec succès tous les devoirs qui pourront m'être imposés.
« Dans ce que j'ose dire de moi, ne cherchez pas l'expression d'une vanité puérile, mais le désir ardent de vouer toutes mes forces au salut de la République.

« CHANGARNIER. »

Le général Changarnier, placé à la tête de la garde nationale de Paris, ne trouvait pas ce commandement à la hauteur de son mérite; le parti légitimiste se fit l'écho de ses plaintes, avec un zèle et une unanimité qui ne permettaient guère de douter de l'existence d'une entente entre lui et les partisans de la branche aînée. Le général Changarnier

---

[1]. Lettre du maréchal Bugeaud à M. Léonce de Lavergne, reproduite en partie dans le *Journal des Débats*.

Fig. 41. — M. Armand Marrast, président, lit la formule du serment : « En présence de Dieu et devant le peuple français, je jure de rester fidèle à la République démocratique et de défendre la Constitution. » — M. Louis Bonaparte étend le bras et répond : « Je le jure ! » (page 144).

comptait sur les légitimistes pour assurer son élection à la présidence ; les légitimistes, en revanche, espéraient que sur son influence l'armée ne tarderait pas à leur rendre Henri V. M. de La Rochejaquelein s'offrait aussi aux suffrages des amis de la monarchie légitime, mais son nom ne faisait que grossir la liste des candidats excentriques dont se moquaient les petits journaux.

Le général Cavaignac et le prince Louis Bonaparte étaient les seuls candidats sérieux. Entre l'aventurier de Strasbourg et de Boulogne et le vainqueur de juin, le parti conservateur pouvait-il hésiter? Jamais occasion plus belle ne s'était offerte de fonder enfin un gouvernement libre en France. L'homme honnête et désintéressé chargé par l'Assemblée, du pouvoir exécutif, n'avait d'autre ambition que celle de s'associer à cette généreuse entreprise. Joindrait-il au courage et au dévouement l'habileté nécessaire pour la mener à bonne fin ?

Les membres républicains du ministère, les amis de Cavaignac l'engageaient à faire, pour le salut de la liberté, ce que d'autres gouvernements ont fait si souvent pour leur salut personnel ; ils lui conseillaient d'arracher la France aux troubles civils, par la guerre. La République française pouvait alors faire une grande chose : elle pouvait faire l'Italie. Manin appelait la France au secours de Venise, menacée par l'Autriche. La France se rendra-t-elle à son appel? Cavaignac inclinait à cet avis ; mais les républicains de la veille n'avaient plus la majorité dans le cabinet où dominait l'influence de M. Dufaure.

Le général Cavaignac avait longtemps hésité à confier un ministère à M. Dufaure ; mais le général Lamoricière, convaincu que la présence de ce dernier au gouvernement assurait l'adhésion de la bourgeoisie française à la candidature présidentielle du général Cavaignac, parvint à faire partager son opinion, et celui-ci se décida enfin à confier, au moment de l'élection pour la présidence, le plus important de tous les portefeuilles à M. Dufaure, c'est-à-dire à remettre en quelque sorte sa destinée et celle de la République entre ses mains.

Le protégé du général Lamoricière, sûr dès lors de ne pas essuyer de refus, montra de nouvelles exigences; il ne consentait à entrer dans le cabinet qu'à la condition que M. Vivien en ferait partie ; un portefeuille fut donné à M. Vivien ; le ministère se trouva dès lors partagé en deux fractions, l'une soutenant que la République ne peut être sauvée que par la guerre, l'autre que sans la paix la République était perdue. Le parti républicain, disait M. Dufaure, maître du gouvernement par un heureux coup de main, n'est pas le plus nombreux dans le pays; le suffrage universel, fils ingrat, peut très bien se tourner contre son père; il faut rallier à la République les classes moyennes. La paix y contribuera puissamment. Une guerre en faveur de Venise serait une guerre révolutionnaire, qui effrayerait les intérêts conservateurs. La situation de la papauté menacée par la révolution romaine, alarme les gens religieux, plus nombreux en France qu'on ne se l'imagine généralement. Que de suffrages hostiles ou indécis se reporteraient sur la candidature du général Cavaignac si l'on voyait son gouvernement prendre en main la protection de la papauté au lieu de se lancer dans une expédition qui paraissait déplaire fort à l'Angleterre ? Lord Normamby, ambassadeur d'Angleterre, consulté sur la pensée de son gouvernement au sujet d'une expédition française en Italie, répondit, en effet, qu'elle ne serait pas vue par lui d'un bon œil ; M. de Beaumont, ambassadeur de la République française à Londres, convaincu que lord Normamby exagérait les objections du gouvernement anglais contre l'expédition, ne cessait d'en presser le départ dans toutes ses dépêches. Quatre bâtiments étaient prêts à Marseille pour porter dans l'Adriatique une brigade commandée par le général Mollière. Manin avait reçu l'avis de tenir bon jusqu'à l'arrivée des Français, lorsque M. de Beaumont, en revenant de la campagne à Londres, apprit que la brigade Mollière avait reçu contre-ordre et qu'elle se rendait à Rome pour protéger la fuite du pape et le ramener en France.

Lord Normamby avait fait briller aux yeux du général Cavaignac la prochaine réunion, à Bruxelles, d'un congrès européen; M. de Tocqueville et M. Vivien étaient déjà désignés comme plénipotentiaires de la France à ce congrès fantastique. M. Freslon, ministre de l'instruction publique, attendait Pie IX à Marseille ; Pie IX n'avait pas attendu la défaite de Novare pour se séparer du Piémont : il venait de déclarer dans son encyclique du 29 avril 1848 que, père commun des fidèles, ministre de paix, il ne pouvait prendre part à la guerre entre le Piémont et l'Autriche. En même temps, le pape, qu'on attendait à Marseille, quittait Rome pour se rendre à Gaëte dans le royaume de Naples, d'où il s'empressa d'annuler tous les actes de son gouvernement à partir du 16 novembre.

La candidature du général Cavaignac perdait tous les jours du terrain ; la majorité républicaine de l'Assemblée se fractionnait en coteries, dont l'hostilité allait jusqu'à reprocher au général Cavaignac d'avoir trahi la Commission exécutive et favorisé l'insurrection de juin dans un but d'ambition personnelle. Le général Cavaignac, obligé de répondre à de pareilles accusations? Dans quel désarroi l'Assemblée était-elle tombée?

Le prince Louis, après sa nouvelle élection en qualité de représentant du peuple, ne s'était pas hâté de quitter Londres. Les souvenirs de la première République lui faisaient craindre de ne pas trouver dans la seconde un gouvernement aussi facile à tromper que celui de Louis-Philippe; il ne se serait pas cru en sûreté à Paris. Il fallut que Persigny l'y amenât

Fig. 42. — Louis-Napoléon gravit les marches de la gauche, il s'approche du général Cavaignac et lui tend la main que celui-ci refuse d'accepter (page 145).

presque de force. « Vous me perdez, » lui répétait-il à chaque instant pendant la traversée. Il s'attendait à être arrêté en débarquant. Quelques jours après son arrivée, ses inquiétudes étaient dissipées. « Me voilà! sont-ils bêtes ! » Ce furent ses premiers mots à une amie d'enfance qu'il était allé voir. Dirigé par des agents habiles, il vivait à Auteuil, dans la retraite, pour éviter, disaient ses amis, les ovations populaires. Il avait vu Cabet, Proudhon et M. Louis Blanc avant son départ pour Londres ; Proudhon avait rompu avec lui ; mais le bonapartisme, sûr de la majorité des votes socialistes, cherchait des appuis dans les classes élevées de la société. Quiconque avait un nom, une influence petite ou grande était

sûr d'en être bien accueilli et de trouver en lui « un interlocuteur poli,
« modeste, interrogeant peu, écoutant beaucoup. A l'Assemblée natio-
« nale, il affectait, dans ses rares conversations avec ses collègues, l'atti-
« tude d'un homme décidé à laisser faire la destinée sans la contraindre,
« et à obéir au vœu national sans le provoquer [1]. »

Les anciens amis du prince, moins retenus et moins circonspects, recommandaient ouvertement son élection à la présidence de la République.

« Cette candidature posée, des hommes politiques, en assez grand
« nombre, voulurent, avant de se prononcer pour ou contre elle, entrer
« en relation avec le prince. La plupart le firent isolément, chacun à son
« heure, selon sa préférence ou son hésitation. M. Molé, M. Thiers,
« n'entrèrent en pourparlers que dans des rencontres rares et concertées.
« Des dissidences très vives se firent jour entre le prince et eux, à l'oc-
« casion du manifeste électoral sur lequel il avait voulu appeler leurs con-
« seils, et l'accord politique sembla plus d'une fois des deux parts près
« de se rompre. M. Berryer, dont les rapports avec le prince Louis
« dataient de la Conciergerie du Luxembourg, garda la réserve que lui
« imposait une vie tout entière vouée à la défense d'un seul principe
« qu'il revendiquait pour le salut des libertés du pays et qu'il sentait me-
« nacé. Le prince n'eut qu'un entretien avec lui avant son élection. Cet
« entretien eut lieu dans une des salles intérieures de l'Assemblée, où tous
« deux marchèrent côte à côte, sous les yeux de leurs collègues attentifs
« à cet incident. M. de Montalembert eut plusieurs entretiens avec le
« prince. Il stipulait là, comme ailleurs, pour la liberté religieuse [2]. »

M. Louis Bonaparte ayant pris les engagements que M. de Montalembert était chargé de lui demander, les trois grandes fractions du parti
conservateur, légitimistes, orléanistes, cléricaux, s'écrièrent à leur tour :
Alea jacta est! et votèrent pour l'homme de Strasbourg et de Boulogne [3].

---

[1]. *Le parti catholique, ce qu'il a été, ce qu'il est devenu*, par le comte de Falloux.
[2]. Idem.
[3]. Voici le résultat du scrutin ouvert le 10 décembre 1848 pour la nomination du président de la République :

Louis-Napoléon	5,434,226 voix.
Cavaignac	1,448,107 »
Ledru-Rollin	370,719 »
Raspail	36,329 »
Lamartine	7,910 »
Changarnier	4,678 »

Les départements les plus socialistes : Saône-et-Loire, la Creuse, la Haute-Vienne,
l'Isère et la Drôme, donnèrent le plus grand nombre de voix à M. Louis Bonaparte. Le
général Cavaignac eut la majorité des suffrages dans quatre départements : le Var, les
Bouches-du-Rhône, le Morbihan, le Finistère.

Les Parisiens forcés de se rendre, le 20 décembre, d'une rive de la Seine à l'autre, trouvèrent le jardin des Tuileries fermé; des piquets d'infanterie et de cavalerie gardaient les environs de l'Assemblée; une forte colonne de cavalerie et un bataillon d'infanterie légère occupaient les Champs-Elysées; les troupes étaient consignées. Les représentants, en entrant dans l'Assemblée, trouvent la salle des Pas-Perdus pleine de militaires en grand uniforme; les huissiers courent dans les couloirs; les conversations bruyantes empêchent d'entendre l'orateur qui parle à la tribune de la réimpression des œuvres de Laplace et de l'impression du *Moniteur*. Il est quatre heures, la nuit arrive; pendant que les garçons de salle allument les lampes et les lustres, le général Lebreton, questeur de l'Assemblée, en grande tenue militaire, s'avance à la tête d'un cortège composé des membres de la Commission, chargée de vérifier les procès-verbaux des départements, pour l'élection du président de la République. L'Assemblée prête à peine l'oreille au rapport de M. Waldeck-Rousseau; elle est impatiente de voir l'élu du suffrage universel. M. Louis Bonaparte entre enfin; il est en habit noir, cravate blanche et gants blancs; la rosette de représentant et la plaque de grand'croix de la Légion d'honneur brillent sur son habit. M. Waldeck-Rousseau termine son rapport par des remerciements au chef du pouvoir exécutif. Le général Cavaignac monte à la tribune et prononce ces quelques mots au milieu d'un profond silence :

« Citoyens représentants, les ministres m'ont tous envoyé ce matin leur
« démission; je viens, à mon tour, remettre entre vos mains les pouvoirs
« que vous m'avez confiés. Je n'ai pas besoin d'exprimer la reconnais-
« sance que j'éprouve pour les bontés que l'Assemblée a toujours eues
« pour moi. »

L'Assemblée accueille ces paroles, prononcées d'une voix ferme, par des applaudissements qui durent encore au moment où le général Cavaignac se rassoit.

Le président Armand Marrast se lève pour proclamer le résultat du scrutin :

« Au nom du peuple français,

« Attendu que le citoyen Louis Bonaparte, né à Paris, remplit les conditions d'éligibilité voulues par l'article 44 de la Constitution;

« Attendu que, dans le scrutin ouvert sur toute l'étendue du territoire
« de la République, il a réuni la majorité absolue, en vertu des arti-
« cles 47 et 48 de la Constitution, l'Assemblée nationale le proclame

« président de la République française depuis ce jour jusqu'au deuxième
« dimanche de mai 1852.

« Aux termes du décret, j'invite le président à monter à la tribune
« pour prêter le serment. »

Le silence et l'émotion redoublent pendant que M. Louis Bonaparte
monte lentement à la tribune. Le président lit la formule du serment. La
lueur des lampes à abat-jour redouble la gravité mélancolique répandue
sur la physionomie d'Armand Marrast :

« En présence de Dieu et devant le peuple français, je jure de rester
« fidèle à la République démocratique et de défendre la Constitution. »

Un silence profond règne dans la salle. M. Louis Bonaparte, pâle, l'œil
baissé, étend le bras et répond d'une voix légèrement voilée :

« Je le jure ! »

Le président de l'Assemblée nationale, au milieu d'une émotion profonde et générale, prononce ces mots d'une voix solennelle :

« Je prends Dieu à témoin du serment qui vient d'être prêté..... Il
« sera inséré au procès-verbal, au *Moniteur*, et publié dans les formes
« prescrites pour les actes publics. »

M. Louis Bonaparte est désormais président de la République.
L'Assemblée attend ses premières paroles; il tire un papier de sa poche,
et lit cette déclaration :

« Citoyens représentants, le suffrage de la nation, le serment que je viens de prêter,
« commandent ma conduite future et me tracent mes devoirs.

« Je regarderais comme ennemis de la patrie tous ceux qui tenteraient par des voies
« illégales de changer la forme du gouvernement que vous avez établi.

« Entre vous et moi il ne peut y avoir de dissentiments : je veux, comme vous,
« asseoir la société sur ses véritables bases, je veux le bien-être de ce peuple intelli-
« gent et généreux qui m'a donné une si grande marque de confiance.

« La politique de la France doit être la paix à l'extérieur, et l'esprit de conciliation à
« l'intérieur.

« J'ai appelé près de moi des hommes honnêtes qui, partis d'origines diverses, sont
« une garantie de conciliation.

« Je dois remercier le pouvoir qui se retire des efforts qu'il a faits pour maintenir
« l'ordre. La conduite du général Cavaignac a été digne de son caractère et du mandat
« que l'Assemblée lui avait confié.

« Notre gouvernement ne sera ni utopiste ni réactionnaire ; nous ferons le bonheur
« du pays, et nous espérons que, Dieu aidant, si nous ne faisons pas de grandes choses,
« nous tâcherons d'en faire de bonnes. »

La voix du président de la République parut s'animer en lisant le
second paragraphe de son allocution; les applaudissements n'éclatèrent
pas; un sentiment de doute indéfinissable semblait retenir les repré-

Fig. 43. — Louis-Napoléon, aussitôt après avoir pris possession du pouvoir, passe en revue l'armée de Paris, en grand uniforme, avec le chapeau à plumes et le grand cordon de la Légion d'honneur (page 155).

sentants. La lecture se termina comme elle avait commencé, dans un profond silence. Le président de la République, en descendant de la tribune, prit place à côté de M. Odilon-Barrot, au banc inférieur de l'extrême droite ; il y resta quelques minutes seulement : avant de sortir, il gravit les marches du centre gauche; les représentants debout le suivaient du regard; il s'approcha du général Cavaignac et lui tendit une main que le général étonné ne voulut pas accepter.

L'homme qui ce jour-là quittait le pouvoir avec tant de simplicité et de noblesse méritait de le conserver; son intelligence n'était au-dessous d'aucune situation, mais son caractère ne se prêtait pas à toutes les situations : celle dans laquelle il se trouvait demandait d'autres qualités et d'autres défauts que les siens. Il accepta le pouvoir avec fermeté dans une heure de crise, il le défendit avec courage; il ne voulut ni le solliciter ni le prendre. Le général Cavaignac demandant, le lendemain des journées de juin, à l'Assemblée nationale, de l'élever pour cinq ans à la présidence de la République, ou se proclamant lui-même président, n'avait à craindre ni refus ni résistance. Les excitations dans ce sens ne lui avaient pas manqué; mais, dans ce soldat, il y avait un citoyen et un homme d'honneur qui croyait à la religion du serment et de la parole donnée. Il ne voulait rien demander au pays, ni surtout rien obtenir par surprise; il laissa l'Assemblé maîtresse de faire ce qu'elle voudrait à son égard. Mais si le chef d'un pouvoir sorti de la guerre civile ne se fait pas lui-même sa part au lendemain de sa victoire, les partis au nom desquels il a vaincu ne la lui font jamais. Les royalistes, au moment même où ils confirmaient ses pouvoirs, lui cherchaient un remplaçant. Devant le parti républicain, il portait la responsabilité de son origine, qui était la guerre civile avec toutes les conséquences de sa répression : transportation sans jugement, arrestations arbitraires, suspension des libertés publiques. Malgré tous les efforts de Cavaignac pour qu'il n'en fût pas ainsi, ce n'était pas la République qui avait triomphé dans les journées de juin, c'était la réaction.

Le général Cavaignac, par suite de sa vie passée en grande partie dans l'isolement de la carrière militaire en Afrique, manquait plutôt d'expérience que d'instinct politique. Fier, susceptible et même un peu ombrageux, il apporta dans le gouvernement non seulement les défauts de son caractère, mais encore ceux de son éducation : homme de hiérarchie, habitué dans l'armée au respect des hautes positions, il ne pouvait s'empêcher de concevoir des doutes sur la force de son parti, en voyant les grandes situations politiques, académiques, financières, industrielles, occupées par les royalistes. Il se sentait isolé au milieu de la foule de ses partisans ; il lui fallait l'approbation d'une société qui ne pouvait que lui être hostile. Le général Cavaignac, quoiqu'il lui soit arrivé plus d'une fois à la tribune de présenter la République comme un dogme soustrait d'avance à toute discussion, éprouvait, par une contradiction singulière, une médiocre confiance dans la force du parti républicain en général, et il n'aurait jamais consenti cependant à se séparer entièrement de lui.

Ce ne fut pas sans hésitation qu'il consentit à faire une place à M. Dufaure et à ses amis dans le gouvernement ; si la France est centre gauche, comme on l'affirme, elle ne l'est pas toujours ; il y a chez elle des intermittences ; elle entrait dans une période de ce genre au moment de l'élection présidentielle. Les opinions intermédiaires n'avaient pas grande prise sur elle. La parole était aux partis extrêmes, socialistes, montagnards, bonapartistes, légitimistes, orléanistes. Le général Cavaignac n'était l'homme d'aucun de ces partis. Les légitimistes et les orléanistes, en nommant Louis Bonaparte, croyaient faire la contre-révolution à leur profit ; mais, lorsqu'un principe succombe dans la lutte politique, la tendance éternelle des esprits est d'aller directement à l'extrémité du principe opposé. On ne s'arrête pas dans la réaction. Si la société était aussi menacée en 1848 par l'anarchie qu'à la fin du siècle dernier, comme on l'affirmait dans tous les journaux conservateurs, rien ne pouvait l'empêcher de recourir au système qui l'avait, croyait-elle, sauvée une première fois. La véritable contre-révolution, c'était le retour à l'Empire. Lorsque M. Thiers fit entendre deux ans et demi plus tard ces mots fameux : *L'Empire est fait*, on aurait pu sans trop d'exagération lui répondre : Oui, il a été fait par vous et par vos amis le 10 décembre 1848.

Le parti conservateur se lavera difficilement du reproche d'avoir préféré à l'homme qui, pour parler son langage, venait de sauver la société, l'homme qui deux fois l'avait attaquée à main armée. Le général Cavaignac n'eut qu'un million et demi de voix, et son concurrent plus de cinq millions. C'était quelque chose pour l'honneur de la France, ces quinze cent mille voix de républicains et d'honnêtes gens rendant hommage au désintéressement, à la probité politique, dans la personne du général Cavaignac.

CHAPITRE VII

LE BONAPARTISME ET L'ASSEMBLÉE CONSTITUANTE

Formation du cabinet du 20 décembre. — Odilon-Barrot chef du cabinet. — M. Léon de Malleville. — M. Léon Faucher. — M. de Tracy. — M. Passy. — M. Drouyn de Lhuys. — M. de Falloux. — M. Bixio. — M. Boulay de la Meurthe, vice-président de la République. — Démission de MM. de Malleville et Bixio. — Journée du 29 janvier. — Attitude du général Changarnier. — Suicide de l'Assemblée constituante. — La question romaine. — Situation politique, militaire et économique de la République romaine. — Opposition de l'Assemblée à l'expédition de Rome. — Ledru-Rollin demande la mise en accusation du président de la République. — Le représentant Napoléon-Jérôme Bonaparte attaque la politique du président de la République. — Dernière séance de l'Assemblée constituante.

Les chefs de la coalition qui venaient de porter Louis Bonaparte au pouvoir, ne croyant pas de leur dignité de faire partie du cabinet, s'y étaient fait représenter par leurs lieutenants. Le ministère se trouva donc ainsi composé : M. Odilon-Barrot[1], ministre de la justice et

---

1. M. Odilon-Barrot, dans ses *Mémoires*, se pose nettement comme l'homme de la situation. « L'événement a prouvé, dit-il, que ceux qui voyaient en moi l'homme de la situation ne s'étaient pas trompés. » Outre la répugnance des chefs véritables de la coalition à devenir les ministres de Louis Bonaparte, une autre cause poussa M. Odilon-Barrot au pouvoir, le souvenir de ses relations anciennes avec le prince Louis. Il les raconte lui-même dans ses *Mémoires* : « Lorsqu'à la suite de l'attentat de Strasbourg, il (le prince) « s'attendait à être traduit en justice, il me fit prier de le défendre, et j'avais accepté ; mais « Louis-Philippe ayant jugé à propos de le soustraire à la justice ordinaire et de ne livrer « aux tribunaux que ses complices, ma mission se trouva sans objet. Louis-Napoléon « m'écrivit une longue lettre d'Amérique en faveur de ceux qu'il avait, dit-il, entraînés, « assumant sur lui toute la responsabilité de l'attentat. Plus tard, me trouvant à Londres, « je rencontrai Louis-Napoléon dans une maison tierce ; j'avais correspondu avec lui, mais « ne l'avais pas encore vu : il se nomma, me pressa beaucoup de lui accorder une confé- « rence, me disant qu'il avait des choses importantes à me communiquer. Pressentant de

président du conseil en l'absence du président de la République; M. Léon de Malleville, ministre de l'intérieur; M. Léon Faucher, ministre des travaux publics; M. de Tracy, ministre de la marine; M. Passy, ministre des finances; M. Drouyn de Lhuys, ministre des affaires étrangères: M. de Falloux, ministre de l'instruction publique; M. Bixio, ministre du commerce et de l'agriculture; le général Rulhières, ministre de la guerre.

Le général Changarnier reçut le commandement des troupes de la première division militaire et des gardes nationales de la Seine; le maréchal Bugeaud, celui de l'armée des Alpes; le colonel de gendarmerie Rebillot devint préfet de police, et M. Carlier chef de la police municipale. M. Baroche fut appelé au poste de procureur général près la Cour d'appel de Paris.

M. Odilon-Barrot, chef pendant dix-huit ans de la gauche dynastique, inspirait à la France, et à l'opposition elle-même, plus d'admiration pour son talent oratoire que de confiance dans sa capacité politique; ministre le 23 février, entre l'abdication du matin et la fuite de l'aprèsmidi, la révolution de 1848 l'avait brusquement réveillé comme au milieu d'un rêve : sa présence au pouvoir ne suffisant pas à faire cesser les coups de fusil, le peuple persistant à « remettre en discussion les questions résolues par la révolution de 1830 », quelle stupéfaction

« quelle nature étaient ces communications, je rompis la conversation, m'excusai de ne
« pouvoir répondre à son invitation et lui adressai entre deux portes ces quelques paroles :
« Mon prince, nous aurions une conférence de vingt-quatre heures que je ne vous dirais
« pas autre chose que ce que je vais vous dire en quelques secondes. Vous êtes un préten-
« dant et, comme tel, entouré d'ambitieux et d'intrigants qui ne manqueront pas de vous
« pousser à de mauvaises et folles entreprises. Défiez-vous-en. Je ne sais quelle destinée
« vous est réservée ; mais ce que je sais, c'est qu'elle s'accomplira en dehors de vous, et
« que tous les efforts que vous feriez pour la réaliser par des actes de violence agiraient
« en sens contraire de votre ambition. Et je le quittai. Je n'étais pas revenu en France
« depuis quinze jours que j'apprenais la criminelle et ridicule tentative de Boulogne. »
Cela n'empêcha pas d'ailleurs Odilon-Barrot de s'employer très activement en faveur de l'aventurier, enfermé dans la prison de Ham après l'attentat de Boulogne. Il se chargea même de porter à Louis-Philippe une lettre du prétendant, dont il implorait la mise en liberté, sous cet admirable prétexte qu'en prolongeant l'emprisonnement de Louis-Napoléon « on finirait par attirer l'attention et l'intérêt sur lui », et qu'il était préférable, sous tous les rapports, « d'écraser une seconde fois le jeune ambitieux sous le poids de la générosité royale ». Odilon-Barrot dit à ce sujet dans ses *Mémoires* :
« Je trouvai le roi inflexible : je fus même péniblement surpris d'entendre sortir de sa
« bouche des paroles telles que celles-ci : « Vous prenez bien chaudement la défense de
« ce Bonaparte, monsieur Barrot. Ne savez-vous donc pas que mon cousin, le duc d'En-
« ghien, était bien moins coupable que lui, et cependant comment l'ont-ils traité ? » Je
« me contentai de répondre que je ne croyais pas que le gouvernement généreux et libéral
« du roi eût à se régler sur de tels exemples ; je me retirai. Quinze jours plus tard, le
« prisonnier de Ham, sous un déguisement, parvenait à s'évader. »

pour Odilon-Barrot! Il n'en était pas encore revenu lorsque Louis Bonaparte se présenta comme candidat à la présidence de la République. L'adhésion de l'ancien chef de la gauche dynastique à cette candidature ne fut ni molle ni tardive ; elle lui valut les sceaux et la présidence du conseil. Le public ne s'étonna point trop du choix du président de la République ; il se demanda seulement comment Odilon-Barrot allait s'y prendre pour appliquer à la situation actuelle la théorie de toute sa vie et pour faire accepter à Louis Bonaparte l'axiome : « Le président de la République règne et ne gouverne pas. »

M. Léon de Malleville, ministre de l'intérieur, homme d'esprit, d'élocution facile et piquante, grand ennemi des doctrinaires, sous-secrétaire d'Etat de l'intérieur dans le cabinet du 1ᵉʳ mars présidé par M. Thiers, n'avait rien, à part la particule, qui pût le brouiller avec la République ; il s'enrôla pourtant dans les rangs de la droite : M. Louis Bonaparte vint l'y chercher pour le nommer ministre de l'intérieur. M. de Malleville ne devait pas garder longtemps ce portefeuille.

M. Léon Faucher, journaliste, député de l'opposition sous le dernier règne, était avant tout l'ennemi acharné de la République et des Républicains. La réaction comptait sur lui pour « épurer » l'administration. Il s'acquitta de cette tâche avec l'ardeur d'un néophyte et la dureté d'un sectaire ; l'ivraie républicaine arrachée, il ne resta plus que le bon grain qui devait produire les préfets du coup d'Etat. Mais M. Léon Faucher n'était pas de ceux qui s'aperçoivent du ridicule qu'ils se donnent.

M. de Tracy, ministre de la marine, fils du célèbre philosophe, ex-officier du génie, agronome distingué, ancien membre de l'extrême gauche sous la Restauration, signataire du compte rendu en 1832, adversaire de l'hérédité de la pairie, quoique fils de pair de France, défenseur des réfugiés polonais, promoteur de l'abolition de l'esclavage et de l'abolition de la peine de mort, s'était, comme plusieurs de ses collègues, endormi républicain la veille de Février et réveillé réactionnaire le lendemain.

Le ministre des finances, M. Passy, entré comme officier dans un régiment de hussards, en était sorti économiste, ce qui est rare ; il fit partie jeune encore de la Chambre des députés et joua bientôt dans le tiers parti le rôle que M. Duchâtel remplissait dans le parti conservateur. Ministre des finances dans le cabinet provisoire formé par M. de Bassano, plus tard ministre du commerce dans le cabinet du 22 février, il joua un moment les premiers rôles politiques. Le public lut un matin, non sans un certain étonnement, dans le *Moniteur*, ces mots : « Le roi a fait appeler M. Passy, » ce qui signifiait : « M. Passy est chargé de former un cabinet ; » le ministère du 13 avril, présidé par lui, n'eut que la durée des premières fleurs ; il tomba en entraînant la dotation du duc de Nemours. M. Passy, enseveli depuis plusieurs années à la Chambre des pairs, n'était plus qu'un revenant en 1848.

M. Drouyn de Lhuys, ancien secrétaire d'ambassade, placé par

Fig. 44. — Odilon-Barrot essaie en vain d'obtenir du roi Louis-Philippe la mise en liberté du prince Louis-Napoléon (p. 130).

M. Thiers en 1840 à la tête de la direction commerciale aux affaires étrangères, destitué pour son vote contre l'indemnité Pritchard, collaborateur du *Siècle*, avait fait la campagne des banquets et signé la mise en accusation de M. Guizot. Le public ne lui connaissait pas d'autre titre à ses nouvelles fonctions.

Le parti clérical, après avoir contribué si puissamment à l'élection du 10 décembre, réclamait sa part de pouvoir ; le président de la République lui donna le ministère qu'il convoitait, celui de l'instruction publique. Les cléricaux, libres d'en désigner le titulaire, hésitèrent entre

M. de Montalembert et M. de Falloux [1]. Le parti clérical avait doublement besoin d'être représenté dans les conseils du gouvernement par un homme prudent et habile ; la révolution triomphait à Rome ; Pie IX s'était réfugié à Gaëte. Le pape hors de Rome, il n'y avait plus de papauté ;

Fig. 45. — Arrestation du colonel Forestier dans la soirée du 28 janvier (page 157).

le parti clérical voulait ramener à tout prix le saint-père dans sa capitale ; la fougue de Montalembert pouvait dans ces premiers moments de prise de possession lui créer des dangers que la prudence cauteleuse de M. de Falloux pourrait éviter. Il le crut plus propre que M. de Montalembert à décider le président à intervenir dans les affaires romaines.

M. Bixio était homme intelligent et courageux. Dangereusement blessé

[1]. Ce dernier avait songé d'abord à prendre l'ambassade de Vienne ; mais le prince de Schwartzenberg, consulté sur ce choix, selon l'usage, refusa de l'agréer.

devant les barricades de juin, la révolution de Février l'avait trouvé à [la] tête d'une grande librairie agricole et de divers recueils agronomiqu[es] fondés par lui. Il l'avait quittée pour remplir une mission diplomatiq[ue] importante auprès de Charles-Albert, roi de Sardaigne et de Piémon[t.] Nommé représentant et vice-président de l'Assemblée, cette fonction, n[on] moins que l'impulsion donnée par ses publications à l'étude des que[s-] tions rurales, le désigna sans doute au choix de Louis Bonaparte, c[ar] c'était un républicain sincère.

Le général Rulhières, ministre de la guerre, commandait un régime[nt] à Toulouse, à l'époque des émeutes occasionnées par le recenseme[nt] dans cette ville ; il s'y fit remarquer par l'énergie (mot qui cache souve[nt] l'abus de la force) avec laquelle il avait contribué à la répression d[es] troubles. Envoyé en Afrique, il y avait conquis ses épaulettes de génér[al] de division. Nommé représentant du peuple après le lendemain de Févrie[r,] le souvenir de sa conduite à Toulouse et les recommandations des orlé[a-] nistes le poussèrent au ministère.

La Constitution donnait au président le droit de présenter au choix [de] l'Assemblée une liste de trois candidats à la vice-présidence de la Répu[-] blique. Le prince Louis Bonaparte désigna MM. Boulay (de la Meurthe[),] le général Baraguey-d'Hilliers et Vivien.

M. Boulay père, un des fauteurs de la proscription de fructidor, un d[es] agents les plus actifs du 18 brumaire, ministre d'Etat sous l'Empire, pro[s-] crit à son tour par les Bourbons, inspira à son fils une profonde hai[ne] contre eux. M. Boulay fils avait été membre de la conférence du Prado[1] où il profitait de toutes les occasions de montrer son ardent jacobinism[e.] « O sainte Convention ! » s'écriait-il un jour qu'il rappelait une loi de cet[te] Assemblée. M. Boulay (de la Meurthe), calmé par l'âge, désabusé d[es] grandes émotions politiques, partageait son temps entre la fondation [de] salles d'asile et la présidence de la Société d'encouragement de l'instru[c-] tion primaire, lorsque le Président de la République le mit sur la lis[te] des trois candidats à sa suppléance.

Le général Baraguey-d'Hilliers, amputé d'un bras à la bataille [de] Leipsick ; très dévoué à la Restauration qui le nomma colonel en 183[0,] après l'expédition d'Alger, non moins dévoué à la monarchie de Juille[t,] réprima rigoureusement un mouvement républicain à l'école de Sai[nt-] Cyr ; qu'il commandait en second, ce qui lui valut le grade de maréch[al]

---

1. Plus familièrement *Parlotte*. C'était le nom donné à ces réunions, dans lesquelles jeunes gens s'exerçaient à l'éloquence politique.

de camp, puis de lieutenant général. Le public, qui ne connaissait guère le général Baraguey-d'Hilliers que par son refus d'accepter le commandement que le ministre de la guerre lui offrait dans les journées de juin, et par son vote contre l'ordre du jour déclarant que le général Cavaignac avait bien mérité de la patrie, se demandait si ces deux actes étaient des titres bien suffisants pour occuper la seconde place de la République.

M. Vivien, ministre du général Cavaignac, pur de toute alliance avec le bonapartisme, se recommandait de lui-même au choix de l'Assemblée nationale.

L'Assemblée aima mieux, pour prouver sa déférence au président, désigner M. Boulay (de la Meurthe), entièrement dévoué à sa personne. Le gouvernement venait à peine d'être complété par ce choix qu'une modification ministérielle devint nécessaire.

Louis-Napoléon avait pris possession du pouvoir avec éclat : revues de l'armée de Paris, passées en grand uniforme, avec le chapeau à plumes et le grand cordon de la Légion d'honneur, réceptions dans tout l'appareil monarchique du monde officiel à l'Elysée, visites dans les ateliers des faubourgs, il n'avait rien négligé des traditions et des usages des rois de France à leur avènement. Dans ces premiers moments de règne, poussé par un instinct de conspirateur ou par la curiosité, il voulut savoir si par hasard aucun de ses complices de Strasbourg et de Boulogne n'avait entretenu de correspondance particulière avec la police de Louis-Philippe. Il n'en pouvait guère douter, et il n'en doutait pas ; mais désirant le constater *de visu*, enivré de l'accueil que lui faisait la population, et n'imaginant pas qu'un ministre pût seulement avoir la pensée de se mettre en contradiction avec lui, il demanda au ministre de l'intérieur, dans la lettre suivante qui ressemblait à un ordre, de lui envoyer les dossiers de Strasbourg et de Boulogne.

« Elysée, le 27 décembre 1848.

« Monsieur le Ministre,

« J'ai demandé à M. le Préfet de police s'il ne recevait pas quelquefois des rapports sur la diplomatie ; il m'a répondu affirmativement, et il a ajouté qu'il vous a remis hier les copies d'une dépêche sur l'Italie. Ces dépêches, vous le comprendrez, doivent m'être remises directement, et je dois vous exprimer tout mon mécontentement du retard que vous mettez à me les communiquer.

« Je vous prie également de m'envoyer les seize cartons que je vous ai demandés ; je veux les avoir jeudi. Je n'entends pas non plus que le Ministre de l'intérieur veuille rédiger les articles qui me sont personnels. Cela ne se faisait pas sous Louis-Philippe, et cela ne doit pas être.

« Depuis quelques jours aussi, je n'ai pas de dépêches télégraphiques. En résumé, je m'aperçois que les ministres que j'ai nommés veulent me traiter comme si la fameuse constitution de Sieyès était en vigueur, mais je ne le souffrirai pas.

« Recevez, monsieur le Ministre, l'assurance de mes sentiments de haute distinction.

« LOUIS-NAPOLÉON BONAPARTE. »

M. de Malleville répondit par un refus très ferme et très digne, et envoya par la lettre suivante sa démission au ministre de la justice :

« Paris, le 27 décembre 1848.

« Mon cher Barrot,

« En rentrant chez moi, je trouve l'insolente lettre dont je vous envoie copie : je ne me dessaisirai pas de l'original... On cherche un prétexte, on le trouvera, car je vous prie de présenter ma démission immédiate au Président de la République. Il a besoin d'une leçon, et je me charge de la lui donner. Je ne consentirai jamais à violer un dépôt public confié à ma garde pour satisfaire à ses caprices, et les cartons demandés ne sortiront pas du Ministère tant que j'y serai. Je le crois *fou* après avoir lu sa lettre, et aucune puissance humaine ne me contraindra à le servir après l'impertinence qu'il s'est permise envers moi. N'essayez donc pas de me faire revenir sur ma détermination... ou je monte à la tribune pour tout dire à la face de mon pays. Remplacez-moi au plus vite, et je consens à me taire... c'est presque toujours un excès de dévouement auquel ma conscience me condamne. Croyez que je ne cède à aucun mouvement désordonné de colère ; il y a une heure que cette lettre est sous mes yeux, et chaque minute ajoute à l'énergie de ma résolution. Votre devoir et celui de nos collègues est de rester, car aucun de vous n'a subi l'humiliation que j'étais si loin d'attendre, et que toute ma vie passée semblait devoir écarter loin de moi.

« Adieu, mon ami ; je souffre déjà de la douleur que vous allez éprouver ; je vous aime depuis que je vous connais ; ma démission vous place dans une situation déplorable... mais il est un bien qui m'a toujours soutenu dans toutes les épreuves que j'ai traversées : c'est le sentiment profond de ma dignité personnelle. Je ne le sacrifierai pas, car je ne serais plus bon à rien.

« LÉON DE MALLEVILLE. »

Le président des ministres essaya de le faire revenir sur cette détermination. Mais il fut impossible de vaincre la résistance de M. de Malleville.

« Paris, le 27 décembre 1848.

« Mon cher ami,

« Votre lettre me navre, et j'espérais n'avoir plus de luttes cruelles à soutenir. Je ne peux plus reparaître devant cet homme, et croyez que la leçon que je lui donne vous servira plus que ma rentrée. Mais je n'entends pas me réfugier derrière cet abri. Je suis désormais impropre à la tâche que vous voulez m'imposer, accusez-moi de faiblesse, d'irritation ridicule, d'entêtement stupide... il m'est impossible de me vaincre moi-même sur ce point, puisque vous ne m'avez pas vaincu. C'est par honneur que je n'ai pas voulu déserter mon poste cette nuit... et, que Dieu me le pardonne ! je l'aimerais mieux que de rentrer au ministère à contre-cœur. Délivrez-moi aujourd'hui s'il vous reste quelque affection pour moi.

« Suppliez Bixio, qui n'a pas les mêmes raisons que moi ; je viens de le lui demander comme un service personnel.

« Tout à vous.

« LÉON DE MALLEVILLE. »

M. Bixio refusa de le remplacer à l'intérieur et donna même sa démission de ministre du commerce et de l'agriculture.

M. Léon Faucher devint ministre de l'intérieur. M. Lacrosse le remplaça aux travaux publics, mais fut bientôt lui-même remplacé par M. Buffet, jeune avocat de Mirecourt qui, inscrit au barreau de Paris et n'y réussissant guère, s'était tourné du côté de la politique. Nommé représentant du peuple par les électeurs des Vosges, après une adhésion des plus chaleureuses à la République, il s'était mis sous l'aile de M. Thiers, qui l'avait désigné au choix du président.

Le nouveau ministère à peine installé, M. Rateau, député de la Charente, avait, sous l'inspiration de M. Dufaure, déposé le 8 janvier sa fameuse proposition de dissolution de l'Assemblée. La réaction, maîtresse du gouvernement, était impatiente de faire les élections. La proposition ne fut renvoyée à l'examen des bureaux qu'à la majorité de trois voix. D'un autre côté, les bruits de coups d'Etat ne cessaient pas de circuler depuis l'avènement de Louis Bonaparte. L'arrestation de M. Forestier, colonel de la 6e légion de la garde nationale, dans la soirée du 28 janvier, le rappel battu le 29 janvier à sept heures du matin, les Champs-Elysées et la place de la Concorde remplis de soldats, le palais de l'Assemblée nationale lui-même investi par un véritable corps d'armée, prêtèrent subitement à ces bruits un air de réalité. Le représentant Hamard, témoin de ces préparatifs, accourt au palais Bourbon; il réveille M. Degousée, questeur; M. Degousée et M. Hamard, en se rendant chez M. Marrast, rencontrent M. Goudchaux, qui allait aussi prévenir le président de l'Assemblée de ce qui se passait. Les trois représentants sont introduits dans la chambre du président de l'Assemblée. M. Marrast refusait de croire à ce déploiement de forces. Il fallut, pour le convaincre, lui montrer les troupes massées sous ses fenêtres.

Le bureau de l'Assemblée, réuni d'urgence, mande le général Changarnier, lequel répond deux heures après que, retenu auprès du président de la République, il lui est impossible de se rendre à l'appel du président de l'Assemblée. Les troupes, ajoute-t-il, n'ont d'ailleurs été réunies que pour combattre une insurrection; le ministre de l'intérieur est averti.

De quelle insurrection le général Changarnier veut-il parler? Nulle part on n'en voit le moindre symptôme. Ne serait-ce pas plutôt à un coup d'Etat que ces troupes inopinément rassemblées viendraient prêter main forte? M. Emile Péan, l'un des secrétaires de l'Assemblée, propose d'investir le général Lamoricière du commandement d'une armée de 50,000 hommes chargée de défendre le pouvoir législatif et de mander à la barre les ministres et le général Changarnier. MM. Corbon, Goudchaux et Laussedat appuient cette proposition ; les généraux Lamoricière et Bedeau la trouvent trop radicale. Le bureau s'arrête à un terme moyen : le général Lebreton sera chargé de la défense du palais législatif, et le président informera l'Assemblée de cette décision.

La décision du bureau de l'Assemblée fut bientôt connue à l'Élysée. M. Boulay (de la Meurthe), vice-président de la République, et M. Odilon-Barrot, président du conseil des ministres, accoururent chez M. Marrast. Que se passa-t-il dans cette entrevue ? avaient-ils eux-mêmes quelque alarme au sujet de projets conçus à l'Elysée ? On l'a affirmé. M. Marrast a été accusé de faiblesse et presque de connivence avec le gouvernement pour avoir accepté les explications relatives à une conspiration formidable, prête à éclater dans la garde mobile [1], et à un malentendu qui aurait empêché le président de l'Assemblée d'être averti du rassemblement des troupes ; mais le vrai coupable, c'est l'Assemblée, qui, au lieu de faire comparaître elle-même, directement, à sa barre, les ministres et le général Changarnier, de leur demander compte de l'occupation du palais législatif par la force armée, des mesures prises pour consigner les troupes dans Paris et pour diriger sur cette ville toutes les forces comprises dans un rayon de quarante lieues, accepta purement et simplement ces mêmes explications.

Que signifiait ce déploiement de troupes autour de l'enceinte législative ? Les chefs de l'armée voulaient-ils supprimer l'Assemblée par une révolution militaire ? Le Président, dit-on, s'attendait ce jour-là à être proclamé empereur par les troupes, rassemblées sous le prétexte de la conspiration des gardes mobiles. Le général Changarnier aurait eu, dit-on, d'un autre côté, l'intention de profiter de la circonstance pour mettre la main sur le président. Ce qui est certain, c'est que M. Louis Bonaparte, en parlant quelques années plus tard, dans un discours public, des trois occasions dont il aurait pu profiter pour changer la forme du gouvernement, cite la journée du 29 janvier 1849.

Quoi qu'il en soit, l'opinion publique, dans ce conflit avorté entre le pouvoir législatif et le pouvoir exécutif, s'était prononcée énergiquement en faveur du premier. Le président de la République, sorti à midi de

---

[1]. Un assez vif mécontentement régnait dans ses rangs par suite des conditions pécuniaires dans lesquelles son licenciement devait avoir lieu.

l'Élysée pour passer les troupes en revue, et salué sur son passage par les cris de : « Vive la République ! » se hâta de reprendre le chemin de l'Élysée, où il arriva, disent des témoins oculaires, défait et décontenancé. L'Assemblée, à ce moment, pouvait reprendre son ascendant. Les hostilités au dedans et au dehors avaient été entamées contre elle au lendemain de l'élection présidentielle ; la réaction victorieuse voulait pousser sa victoire jusqu'au bout et faire un 15 mai parlementaire en obligeant l'Assemblée à se dissoudre immédiatement ; elle se proposait d'atteindre ce but par l'adoption de la proposition Rateau, portant que l'Assemblée se dissoudrait sans attendre d'avoir voté les lois organiques. Cette proposition fut adoptée, malgré l'éloquent discours de M. Billault, adjurant la Constituante, au nom de sa dignité et du salut de la République, de ne point abandonner son poste devant les intrigues monarchiques. Ce vote avait singulièrement diminué la force de l'Assemblée. L'occasion s'offrait à elle de la reconquérir, au lendemain même du 29 janvier. M. Lanjuinais avait proposé de fixer le nombre des lois qu'elle voterait avant de déposer son mandat. Ce nombre était borné à la loi électorale, à la loi du Conseil d'Etat et de la responsabilité ministérielle, et au budget des recettes. L'Assemblée aurait pu recouvrer une partie de son prestige en repoussant cette proposition et en déclarant qu'elle ne se séparerait pas avant d'avoir voté toutes les lois organiques ; elle n'eut pas le courage de le faire, et, se vouant en quelque sorte au suicide, elle semble désormais morte aux yeux de la France.

C'était le moment où la question romaine venait de se poser.

Le président de la République, s'entretenant à cette époque avec un ancien ministre de la République, lui demanda de lui dire quelles étaient, selon lui, les principales fautes commises par son gouvernement. « La « plus grosse faute que vous pourriez commettre, lui répondit son inter-« locuteur, ce serait l'expédition de Rome ; vous y entrerez aisément, je « vous défie d'en sortir. » M. Louis Bonaparte reprit, en montrant la porte de son cabinet : « Cette porte ne s'est pas ouverte une seule fois depuis que je suis ici sans livrer passage à quelqu'un qui ne m'ait crié : « A Rome ! » M. de Montalembert, M. Thiers, M. Berryer, m'ont répété et me répètent sans cesse ces deux mots ; le flot des partisans de l'expédition grossit de jour en jour ; cela devient comme une marée. » Le président leva en même temps ses bras au-dessus de sa tête, comme pour dire : Je suis submergé.

Les institutions nouvelles du peuple romain, expression libre et spontanée du vœu des populations légalement et librement interrogées, ne faisaient courir aucun danger à la France républicaine et semblaient n'avoir rien à redouter d'elle. Le gouvernement romain, d'ailleurs, ne refusait point au gouvernement français le droit de se préoccuper, au point de vue du maintien de la paix en Europe, de la situation de Rome. La République romaine, pour se défendre contre les agitations inséparables d'une révolution, contre les menées des partis vaincus, contre leurs intérêts, contre leurs passions, n'avait pas d'armée ; la question religieuse servait de levier à la réaction pour soulever des populations ignorantes. Cependant l'ordre régnait à Rome ; pas une seule émeute depuis l'établissement de la République : l'assassinat de Rossi n'était qu'un crime isolé commis par un homme dont le mobile restait inconnu. Une crise financière des plus intenses avait signalé le début de la Révolution : le papier romain ne s'escompta bientôt plus qu'à 42 pour 100 ; l'hostilité prévue des gouvernements étrangers augmenta la crise : le peuple supporta tout. Au milieu de la crise, en présence de l'invasion autrichienne, les finances et le crédit s'améliorèrent ; en face même de l'intervention française, le papier put s'escompter à 12 pour 100. Lors de la réunion de l'Assemblée constituante à Rome, quelques membres avaient pensé qu'il était peut-être prématuré de proclamer la République ; mais l'Assemblée s'était prononcée à l'unanimité pour la suppression du pouvoir temporel. La République romaine résistait heureusement à Naples et à l'Autriche, lorsque la présence du corps expéditionnaire français vint paralyser ses forces, en l'obligeant à concentrer ses troupes dans Rome et à laisser sa frontière ouverte à l'invasion. Bientôt Rome elle-même fut attaquée. Rien ne justifiait l'intervention française, si ce n'est les engagements du président de la République avec le parti clérical. La République romaine ne pouvait y croire, et, lorsque les hostilités s'ouvrirent, un poteau dressé dans chaque rue barricadée, devant chaque porte de la ville, portait l'article 5 de la Constitution : « La République française n'attentera jamais à la nationalité d'un peuple. »

C'est dans l'après-midi du 7 mai qu'on apprit la nouvelle de l'attaque dirigée contre Rome. A Paris, les représentants du peuple républicains, indignés à la pensée que les régiments français font la besogne des troupes de Radetzky, et que le drapeau tricolore flotte à côté de celui de Ferdinand de Naples, demandent des explications au gouvernement. L'Assemblée nomme, séance tenante, une commission pour entendre les

Fig. 46. — Proclamation de la République à Rome (page 160).

ministres ; elle tiendra une séance de nuit dans laquelle sera lu son rapport.

M. Senard, rapporteur, soutenu presque à chaque phrase du geste et de la voix par le général Lamoricière, lit à dix heures du soir, à la tribune, une note très courte, mais très ferme, suivie d'une longue discussion terminée par l'adoption de cette résolution : « L'Assemblée nationale « invite le gouvernement à prendre sans délai les mesures nécessaires « pour que l'expédition d'Italie ne soit pas plus longtemps détournée du « but qui lui était assigné. »

L'Assemblée nationale disait à M. Louis Bonaparte de s'arrêter; la réaction le poussait en avant. Le président de la République ne s'appartenait plus ; M. de Montalembert lui dicta ces lignes, adressées au général Oudinot :

« Élysée national, 8 mai 1849.

« Mon cher général,

« La nouvelle télégraphique qui annonce la résistance imprévue que vous avez rencontrée sous les murs de Rome m'a vivement peiné ; j'espérais, vous le savez, que les habitants de Rome, ouvrant les yeux à l'évidence, recevraient avec empressement une armée qui venait accomplir chez eux une mission bienveillante et désintéressée. Il en est autrement; nos soldats ont été reçus en ennemis. Votre honneur militaire est engagé ; je ne souffrirai pas qu'il reçoive aucune atteinte. Les renforts ne vous manqueront pas. Dites à vos soldats que j'apprécie leur bravoure, que je partage leurs peines, et qu'ils pourront toujours compter sur mon appui et sur ma reconnaissance.

« Recevez, mon cher général, l'assurance de mes sentiments de haute estime.

« LOUIS-NAPOLÉON BONAPARTE. »

M. Ledru-Rollin monte le lendemain à la tribune, et, cette lettre à la main, il demande la reconnaissance de la République romaine par l'Assemblée et la mise en accusation du président et de ses ministres, attendu que le pouvoir exécutif viole l'article 5 de la Constitution, qui défend à la République française de s'armer contre la liberté des peuples. M. Jules Favre, au lieu de la mise en accusation du président de la République, se contenterait d'une déclaration de non-confiance à l'égard du ministère. L'Assemblée nationale repousse ces deux propositions et passe à l'ordre du jour. M. Léon Faucher, ministre de l'intérieur, s'empresse d'annoncer ce résultat aux départements :

« 12 mai, onze heures du matin.

« Après une discussion très animée sur les affaires d'Italie, l'Assemblée nationale a repoussé par l'ordre du jour pur et simple, à la majorité de 329 voix sur 621 votants, la proposition de M. Jules Favre de déclarer que le ministère avait perdu la confiance du pays.

« Ce vote consolide la paix publique. Les agitateurs n'attendaient qu'un vote hostile pour courir aux barricades et pour renouveler les affaires de juin.

« Paris est tranquille.

« Parmi les représentants du département ont voté pour l'ordre du jour et pour le gouvernement MM...... Se sont abstenus ou étaient absents MM...... »

Les élections générales allaient commencer ; l'Assemblée, à la lecture de cette dénonciation aux électeurs, frappa son auteur d'un ordre du jour de blâme que M. Odilon-Barrot n'osa pas combattre. M. Léon Faucher, deux heures après ce vote, envoyait sa démission au président de la République.

L'expédition de Rome coïncidait avec la publication d'un manifeste lancé par le czar Nicolas, au moment où son armée allait franchir la frontière pour étouffer l'insurrection hongroise. Ce manifeste, plein d'injures et de menaces contre les révolutions, redoublait l'irritation des républicains et faisait naître celle des bonapartistes, qui jugeaient encore utile de confondre les intérêts du bonapartisme avec ceux de la révolution. M. Napoléon Bonaparte se fit l'organe de ces derniers ; il déclara, d'un ton plein de véhémence, du haut de la tribune de l'Assemblée, qu'il ne reconnaissait qu'un seul souverain, le peuple, qu'il détestait la réaction, et que s'il avait cru jusqu'ici « Louis Bonaparte plus capable qu'aucun autre, par son nom, par ses écrits, par sa captivité, d'asseoir d'une façon stable la République, il ne pouvait plus conserver cette opinion en le voyant livré à une politique déplorable, conduite par des hommes inhabiles. »

M. Napoléon Bonaparte était dans l'erreur. L'expédition romaine, gage de l'alliance conclue entre la catholicité et l'impérialisme, pouvait causer quelques embarras au gouvernement de M. Louis Bonaparte ; mais elle devait rendre au gouvernement de Napoléon III le service de détourner pendant longtemps les esprits de la politique intérieure, de désunir les partis, de les empêcher de mettre en commun leurs efforts pour reconquérir la liberté. La question romaine a donné lieu à des équivoques, à des malentendus, à des animosités dont l'Empire a profité ; elle ne lui a pas créé des adversaires nouveaux, et elle lui a donné des auxiliaires inattendus ; elle lui a servi comme de bascule pour se maintenir en équilibre entre les partis.

L'Assemblée discutait encore ; mais elle touchait à ses derniers moments. Les réclamations bruyantes des royalistes et des bonapartistes alarmant son honnêteté, elle avait pris l'engagement de se dissoudre. Sa dernière séance eut lieu le 26 mai 1849.

MM. Buchez, Marie, Senard, avaient tour à tour occupé le fauteuil présidentiel; elle n'a eu cependant qu'un véritable président, Armand Marrast. S'il avait quelques-unes des faiblesses de l'homme d'esprit, il en possédait aussi toutes les grâces; il faisait avec beaucoup d'agrément

Fig. 47. — Un poteau est dressé sur les barricades, dans les rues de Rome, portant l'article 5 de la Constitution française : « La République française n'attentera jamais à la nationalité d'un peuple » (page 160).

et de dignité aimable les honneurs des fêtes brillantes auxquelles tout le monde souhaitait d'être invité et dont les invités affectaient de se moquer ensuite. Les républicains l'accusaient d'être un marquis; les marquis ne lui pardonnaient pas de rester républicain. Il n'en est pas moins vrai que ce journaliste poussé par une révolution à la présidence d'une assemblée de neuf cents membres, dans laquelle figuraient les plus grands noms politiques de France, se trouva tout de suite au niveau de ses hautes fonctions. Les émotions et les fatigues de cette terrible année avaient blanchi les cheveux d'Armand Marrast; découragé du présent, incertain de l'avenir, il prononça en quelques mots simples et émus l'oraison funèbre de l'Assemblée nationale, de cette Assemblée qui compta certainement plus d'hommes désintéressés dans ses rangs qu'aucune autre Assemblée de notre histoire. La guerre civile trouva ses membres à la tête des soldats, et plusieurs d'entre eux reçurent des blessures devant les barricades. Associée à la terrible répression de juin, et n'osant pas voter l'amnistie, elle crut la remplacer par des largesses fiscales, et elle supprima l'impôt sur les boissons. Rien ne pouvait plus rendre sa popularité à cette Assemblée, la plus républicaine et la plus honnête qu'ait eue la France et qui cependant perdit la République par son culte superstitieux du suffrage universel, auquel elle n'osa pas refuser le privilège de choisir le président de la République. Elle ouvrit par cette faute la porte à deux battants au bonapartisme. Etrange destinée que celle de cette Assemblée, qui meure tuée par les conservateurs qui l'ont appelée de tous leurs vœux, et regrettée au fond, de ceux qui ont voulu la disperser par la force. La guerre civile avait porté un grand coup à son autorité; l'élection du 10 décembre lui en porta un autre non moins terrible. Le bonapartisme se servit des royalistes pour la dissoudre.

CHAPITRE VIII

LE TREIZE JUIN

L'Assemblée législative. — Propagande du comité de la rue du Poitiers. — Pamphlets légitimistes, bonapartistes, orléanistes. — Composition du nouveau ministère sous la présidence d'Odilon-Barrot. — Emotion produite par les nouvelles de Rome. — Protestations nombreuses. — Discours de M. Ledru-Rollin. — Il déclare qu'il défendra la Constitution même par les armes. — Journée du 13 juin. — Elle n'est qu'une simple échauffourée. — Paris est mis en état de siège. — Fautes de M. Ledru-Rollin et de ses amis.

La nouvelle Assemblée dite législative, produit de la coalition des partis légitimiste, orléaniste et bonapartiste [1], représentait ce qu'on appelait le grand parti de l'ordre, ayant son comité rue de Poitiers. M. Thiers y siégeait à côté de M. de Persigny, M. d'Haussonville à côté du général Piat, M. de Broglie à côté de M. Lucien Murat. Une souscription ouverte le 28 mars parmi les membres du Comité central de la rue de Poitiers produisit 50,000 francs en quelques heures. Le Comité lançait un mois après dans la circulation 577,000 exemplaires de divers écrits pour la défense de la famille, de la propriété et de la religion.

On démoralise un peuple en lui prêchant des doctrines mauvaises ; on ne le démoralise pas moins en lui prêchant la peur, qui est l'aveugle négation de toutes les doctrines. Le parti conservateur, non content de

---

1. Quelques comités bonapartistes, protestant contre une pareille alliance, repoussèrent ses candidats. Un de ces comités, formé à Paris, combattit la candidature de M. de Morny dans le Puy-de-Dôme ; une lettre du président de la République lui-même eut de la peine à mettre fin à ses scrupules et à sa résistance. Les bonapartistes dissidents songèrent même un moment à présenter la candidature de M. Napoléon Bonaparte dans une vingtaine de départements.

combattre théoriquement le socialisme, prit à tâche d'effrayer les esprits et de rendre les socialistes odieux. La France, au moment des élections, fut inondée de petits livres pleins des plus odieuses calomnies contre les partisans de la démocratie ; l'histoire doit tirer de l'oubli quelques-uns de ces misérables pamphlets pour le châtiment des partis qui les payèrent.

Dieu le voudra porte cette épigraphe : « Les républicains de bonne foi sont des idiots. » Ce que Dieu voudra, c'est le retour de Henri V. L'auteur parle ainsi au lecteur : « Pour te donner une idée des vertus
« et des bontés de ce noble prince que tu as si misérablement proscrit
« en 1830, écoute les paroles sublimes que j'ai eu le bonheur d'entendre
« sortir de la bouche de ce noble enfant de la France au mois de décem-
« bre 1843, lors de son voyage à Londres ; il venait de répondre à un
« nombre considérable de Français qui y étaient allés pour le visiter, et la
« main posée sur son cœur : « Fait pour la France et par la France ! » »

Grandeurs et gloires de la maison de Bourbon ; — A bas la folie révolutionnaire et sociale ! sont aussi des pamphlets légitimistes. Le premier exhale un parfum clérical très prononcé : l'auteur approuve fort l'expulsion des juifs de l'Espagne par Philippe II ; le second est spécialement dirigé contre la révolution de Juillet, qu'il traite de « folle et sanglante orgie révolutionnaire ». L'auteur de ce pamphlet, grand partisan de la légalité des ordonnances, nous apprend que Jacques Laffitte avait pour complices trois forçats libérés dans sa conspiration contre la Restauration, et que les républicains sont « des croûtes, des crétins politiques, des bastringueurs, des culotteurs de pipes, des spadassins, des ruineurs de famille, des tapageurs, des barricadeurs, » et enfin « les bouchers du peuple ».

Un autre pamphlétaire, après avoir exposé les titres de diverses maisons royales, s'écrie : « Eh bien ! peuple, tu as entendu ? quelle famille
« plus que celle des Bourbons a mérité de la France, de la patrie et de
« toi ?..... C'est peut-être celle de Ledru-Rollin ?... tu rougis. Alors, c'est
« celle de Proudhon.... tu fais le signe de la croix..... J'entends, c'est
« celle de Flocon..... Flocon !..... nom d'une pipe ! je ne t'en demande
« pas davantage. Cependant, peuple, cette famille à laquelle tu dois tant
« est proscrite, etc. »

La corde bonapartiste vibre surtout dans *Ce qui arriverait si..... la vérité aux ouvriers, aux paysans, aux soldats*. D'après l'auteur, si la République était maintenue, « on supprimerait le traitement des

légionnaires, on renverserait l'hôtel des Invalides, on jetterait au vent les cendres de l'Empereur, on vendrait ses vieux trophées. » Les républicains sont les alliés de l'étranger, ils empêchent qu'on ne fasse du bien aux ouvriers. Comment ont-ils traité la garde municipale en février ? L'auteur répond : « La plume se refuse à l'écrire. Cette garde a été lâche-
« ment assassinée et chassée par les démagogues et leurs amis les repris

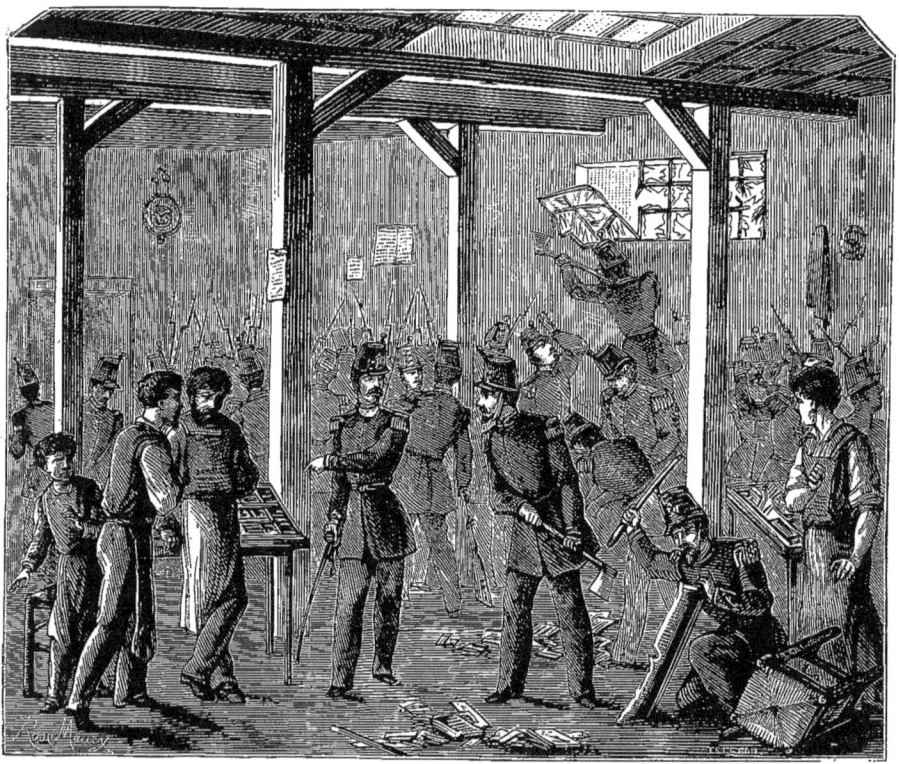

Fig. 48. — Des officiers de la garde nationale reçoivent la mission de se porter sur les imprimeries des journaux supprimés et de les mettre dans un état qui ne leur permette pas de fonctionner pendant longtemps (page 175).

« de justice ; ses casernes ont été pillées et en partie incendiées. Leurs
« chevaux leur ont été volés par une horde de véritables brigands sortis
« on ne sait d'où. »

Le *Petit manuel du paysan électeur*, la *Lettre d'un maire de village à ses administrés*, et les *Partageux*, sont de curieux échantillons de la haine qui animait les orléanistes contre la République. Le premier forme un recueil de dialogues dans le goût du suivant :
« M. Hardy. Les montagnards sont des républicains farouches, ou plutôt
« des espèces de tyrans ; ils sont pires que les sauvages de l'Amérique.

« Les socialistes et les communistes sont des montagnards renforcés ;
« c'est un ramassis d'aventuriers, d'hommes ruinés, criblés de dettes,
« échappés des prisons et des galères. — Jean. Mais où veulent-ils donc
« en venir? — Augustin. Parbleu, c'est bien clair, à mettre la main
« dans nos poches. — M. Hardy. Rien de plus vrai. — Augustin. Ils
« prendront encore ta femme à ton nez, et tu n'auras rien à dire. »

Le second contient une physiologie complète du républicain : « Les
« républicains sont d'un rouge tendre ou d'un rouge sang ; mais le
« meilleur des rouges ne vaut pas grand'chose. Vous savez, on dit :
« Tout bon ou tout mauvais. Les républicains, c'est tout mauvais. Et
« puis un rouge n'est pas un homme, c'est un rouge ; il ne raisonne
« pas, il ne pense plus, il n'a ni le sens du vrai, ni le sens du juste, ni
« celui du beau et du bien. Sans dignité, sans moralité, sans intelli-
« gence, il fait le sacrifice de sa liberté, de ses instincts, de ses idées, au
« triomphe des passions les plus brutales et les plus grossières ; c'est
« un être déchu et dégradé. Il porte bien, du reste, sur sa figure, le
« signe de cette déchéance : une physionomie abattue, abrutie, sans
« expression, les yeux ternes, mobiles, n'osant jamais regarder en face,
« et fuyant comme ceux du cochon. » Il suffit maintenant de donner
les titres des chapitres du dernier de ces pamphlets : Orgies révolutionnaires, — Les étrangleurs, — Les ravageurs, — Les chauffeurs,
— Les démolisseurs, — Les terroristes.

Ces ignobles petits livres étaient non seulement répandus de la main à
la main, mais encore les curés les lisaient à leurs paroissiens, les maires
à leurs administrés, les notaires à leurs clients.

Les athlètes royalistes du temps de la Restauration et de Louis-
Philippe parurent sur la scène. M. Guizot lui-même sollicita les
suffrages. « Le Consulat, l'Empire, la Restauration, et 1830, disait-il
« dans sa circulaire aux électeurs du Calvados, ont été des gouverne-
« ments sérieux ; les partisans de ces trois gouvernements, les hommes
« formés dans leurs cours et sous leur influence, sont des hommes
« d'ordre. Quand l'ordre en est péril, leur alliance est nécessaire. »

M. Guizot ne fut pas nommé malgré ces avances au bonapartisme [1].

La coalition l'avait emporté ; les pertes du parti républicain étaient considérables, surtout dans les rangs modérés ; la fraction extrême avait, au
contraire, reçu des renforts importants. Le ministère, en présence d'une

---

[1]. Les électeurs de la Charente repoussèrent également M. Duchâtel, ministre de l'intérieur dans le dernier cabinet présidé par M. Guizot.

majorité nouvelle, crut devoir donner sa démission, qui fut tout de suite acceptée. Le maréchal Bugeaud, alors au plus haut point de sa faveur auprès du parti conservateur, était un de ses candidats au pouvoir dans la forme que pourraient indiquer les circonstances; il ne se trouvait pas en moins bons termes, à ce qu'il paraît, avec le président Louis Bonaparte, car ce dernier le chargea de former le cabinet. Le maréchal Bugeaud n'eut pas de peine à trouver des hommes politiques décidés à recevoir un portefeuille de sa main; mais, au moment d'en envoyer la liste au *Moniteur*, il eut l'idée de consulter les commandants des divers corps d'armée concentrés à Paris sur l'attitude probable de l'armée dans le cas où un nouveau conflit s'engagerait entre elle et le peuple. La réponse à peu près unanime fut que la conduite de l'armée dépendrait des garanties que le ministère offrirait au maintien des institutions républicaines. Le maréchal Bugeaud, après cette consultation, comprit que la prudence lui conseillait de remettre ses pouvoirs au président de la République; c'est ce qu'il fit. Il fallut revenir à M. Odilon-Barrot, qui, ne gardant pas rancune à Louis Bonaparte, se mit tout de suite en quête de collègues. Le maréchal Bugeaud accepta aussitôt la guerre, M. de Rémusat les affaires étrangères, M. de Tocqueville l'instruction publique, M. Dufaure l'intérieur; mais, pour ce dernier, il fallut vaincre la résistance opiniâtre du président [1], qui finit pourtant par consentir; à peine a-t-il cédé que M. de Rémusat reprend sa parole; le maréchal Bugeaud est obligé de se retirer, parce que le général Changarnier donne sa démission, de peur de ne paraître sous un ministre comme le maréchal Bugeaud qu'un agent

---

1. « Je crois que la première nécessité du gouvernement, écrivait le président de la
« République à M. Odilon-Barrot à la date du 30 mai, est d'imprimer aux affaires une
« direction précise, énergique. Je crois qu'à l'intérieur il faut aussi réorganiser et tout
« préparer pour soutenir avec avantage une lutte, si elle se présente; il faut choisir des
« hommes dévoués à *ma personne même*, depuis les préfets jusqu'aux commissaires de
« police; il faut surveiller les actions de chacun, afin de les empêcher de nuire en cas
« d'insurrection; il faut surveiller tous ceux avec lesquels M. Dufaure a été au pouvoir,
« depuis Cavaignac jusqu'à Ducoux, depuis Marrast jusqu'à Gervais (de Caen); il faut des-
« tituer la plupart des agents que M. Dufaure a nommés; il faut réorganiser partout la
« garde nationale dans un but militaire : *il faut enfin réveiller partout, non le souvenir de
« l'Empire, mais de l'Empereur*, car c'est le seul sentiment au moyen duquel on peut lutter
« contre les idées subversives. Pour remplir ce but, je ne crois donc pas que M. Dufaure
« soit l'homme approprié à la situation : cependant, je reconnais son ascendant sur l'As-
« semblée et son mérite; je serais heureux de le voir entrer au ministère, mais non à
« l'intérieur. A l'intérieur, je veux un homme énergique et *dévoué*, qui voie les dangers
« réels de la situation et non les dangers *chimériques*, un homme qui voie un danger réel
« dans la conspiration des ennemis de la société, et non dans le plus ou moins de pou-
« voir qu'on donne à ceux qui commandent la force armée (allusion à l'opinion de Du-
« faure sur le double commandement du général Changarnier). Ainsi donc, si M. Dufaure
« consent à entrer à un ministère quelconque, j'en serai très reconnaissant; *mais sinon*,

secondaire et subordonné. M. de Falloux, qui parle aussi de se retirer, finit par se décider à rester « comme emprisonné dans un ministère de gauche ». Le ministère, après toutes ces péripéties, se trouve ainsi composé : Dufaure à l'intérieur, de Tocqueville aux affaires étrangères, Lanjuinais au commerce et à l'agriculture. Les autres départements gardent leurs anciens titulaires.

L'Assemblée législative s'était réunie le 28 mai 1849, pour la première fois. Douze jours après, la nouvelle de la reprise des hostilités sous les murs de Rome répandait la plus vive émotion sur ses bancs.

M. Bac monte à la tribune pour demander au ministre des affaires étrangères des renseignements. M. Drouyn de Lhuys est absent; ses collègues n'ont pas entre leurs mains les dépêches reçues; la demande d'une séance nocturne est repoussée. La nuit s'écoule dans une fiévreuse inquiétude. Le lendemain, le Comité démocratique socialiste formé pour les élections et qui n'était pas encore dissous adresse à l'Assemblée une proclamation qui se termine ainsi :

« Membres de l'Assemblée nationale, souvenez-vous que vous êtes les mandataires du peuple souverain.

« L'Assemblée nationale confie le dépôt de la Constitution et des droits qu'elle confère à la garde et au patriotisme de tous les Français.

« Elus du département de la Seine, entre le peuple et vous, il a été dit le 13 mai :

« Si la Constitution est violée, les représentants du peuple doivent donner au peuple l'exemple de la résistance. »

La Montagne, obéissant à la tradition, se met également en communication directe avec le peuple par cette déclaration :

« En face de la dépêche qui prouve jusqu'à l'évidence la violation audacieuse de la Constitution par Louis Bonaparte et ses ministres, et leur désobéissance à la délibération de l'Assemblée constituante en date du 7 mai dernier, la Montagne ne peut que protester énergiquement.

« Que le peuple reste calme. Il peut compter que la Montagne se montrera digne de la confiance dont il l'honore; elle fera son devoir. »

« non! J'étais opposé à l'adjonction de M. Dufaure, vos raisons m'ont convaincu ; mais je
« n'ai consenti à son entrée dans le ministère qu'autant qu'il ne serait pas à l'intérieur.
« J'ai exprimé cette idée bien arrêtée devant MM. Thiers et Molé, il y a cinq jours, et
« c'est dans ce but que nous avons imaginé de vous prier d'accepter un ministère sans
« portefeuille (avec la présidence du conseil). Je n'ai fait aucune objection à cette combi-
« naison, quoiqu'elle amoindrisse un peu ma position; mais cela m'est complètement
« égal. Aussi, vous vous souvenez que M. Thiers et M. Molé me disaient devant vous que
« c'était moi qui faisais tous les sacrifices... Je vous ai bien franchement expliqué mes
« idées. J'espère que cette confession n'altérera en rien les sentiments de haute estime et
« d'amitié que j'ai pour vous.
                    « Signé : NAPOLÉON. »

L'*Association démocratique des amis de la Constitution* proteste devant les nations contre toute solidarité qu'on voudrait infliger à la France dans un crime que le premier pouvoir de l'État, l'Assemblée constituante, avait voulu prévenir. « Que la responsabilité de ce « grand attentat retombe donc tout entière sur ceux qui l'ont encou- « rue ! »

Des protestations circulent dans les rangs de la garde nationale et se couvrent de signatures. L'aspect de Paris est triste ; le choléra sévit en ce moment ; de longues files de convois conduisent ses nombreuses victimes au cimetière ; un air chaud et lourd communique aux esprits une lassitude mêlée d'irritation. Les mauvaises nouvelles se succèdent : la Russie masse ses baïonnettes sur les frontières de la Gallicie ; la Prusse dirige une armée contre les insurgés de Baden-Baden.

Le 11 juin, une attente pleine d'anxiété pesait sur l'Assemblée ; M. Ledru-Rollin monte à la tribune ; sa contenance est assurée, son geste calme, sa voix lente et mesurée. Après avoir soutenu en peu de mots que l'article 5 de la Constitution a été violé et le vote de la Constituante du 7 mars foulé aux pieds, il ajoute qu'il ne vient pas adresser des interpellations au gouvernement, mais déposer un acte d'accusation contre le président de la République et contre ses ministres ; il termine ainsi, en parlant de l'échec de la villa Panfili :

« Et maintenant, un seul mot, et c'est le dernier. Il ne faut pas égarer « l'opinion publique ; il ne faut pas faire croire que nous voulions aller « contre notre drapeau. Nous sommes plus que personne intéressés à « la sauvegarde de notre honneur ; mais, lors même que nous aurions « subi un échec, il ne faut pas que nous aggravions notre position en « cherchant à le réparer dans le sang, en rentrant dans Rome de vive « force : car ce ne serait pas une victoire, ce serait une honte. Il ne « peut y avoir de victoire contre le droit. Il y a quelque chose de supé- « rieur à la question d'honneur : c'est la question de droit, c'est la ques- « tion de justice immortelle. »

Le vice-président du conseil avait fort attaqué, vingt ans auparavant, l'expédition d'Ancône. M. Odilon-Barrot était obligé aujourd'hui de défendre une expédition qui ne pouvait se comparer qu'à la campagne d'Espagne en 1823. M. Odilon-Barrot se traîne dans de longues explications sur les origines de l'expédition, sur la part que l'Assemblée constituante y a prise, et sur le but que lui assigne le gouvernement français. Il croit qu'il lui suffit pour rassurer l'opinion de déclarer que le président de la République, en restaurant le pape, n'entend nullement restaurer les abus de la papauté.

M. Ledru-Rollin descend lentement des bancs élevés de la gauche, pour répondre au ministre; sous son calme apparent, on devine une émotion qu'il a de la peine à contenir et qui augmente à mesure qu'il parle, sans rien faire perdre à son discours de son caractère calme et élevé. L'orateur, en finissant, promène fièrement ses regards autour de lui et jette cette menace au gouvernement : « Les faits « sont là; les textes de nos décisions sont explicites. Vous avez man- « qué à votre devoir, vous avez manqué à votre mission. La Constitu- « tion a été violée; nous la défendrons par tous les moyens, même par les « armes! »

Les membres de la droite, debout, frémissants de colère, rappellent M. Ledru-Rollin à l'ordre; il répond d'une voix qui domine les clameurs : « La Constitution est confiée au patriotisme de tous les Français. « J'ai dit, et je le répète : la Constitution violée sera défendue par nous, « même les armes à la main. »

Quelques centaines de gardes nationaux appartenant aux diverses légions répondirent seuls le 13 juin à la voix de M. Ledru-Rollin. Cette troupe, grossie d'une bande d'ouvriers, partit du Château-d'Eau, à onze heures du matin, et se dirigea vers la Madeleine en criant : Vive la Constitution! Vive la République! Vive l'Italie! Le général Changarnier avait pris ses dispositions. La colonne, parvenue à la hauteur de la rue de la Paix, se trouva en présence de trois régiments de cavalerie et de deux bataillons de gendarmerie, qui débouchaient de la place Vendôme au pas de course, après avoir chargé le peuple sur toute la longueur des boulevards. Aucune résistance ne leur est opposée; les gens qui composent la manifestation se dispersent en criant : Aux armes! Quelques fuyards sont foulés aux pieds des chevaux ou blessés par les baïonnettes des gendarmes; cinq ou six coups de feu partent des rangs des soldats près de la rue Laffitte, nulle part d'engagement sérieux. Quelques tentatives de barricades dans le quartier Saint-Martin sont bientôt réprimées.

A trois heures, Paris était tranquille et occupé militairement.

L'ordre du jour à l'Assemblée n'annonçait ce jour-là qu'une réunion dans les bureaux. Les représentants, convoqués à domicile vers une heure, accourent au Palais législatif. M. Odilon-Barrot annonce de sa voix la plus solennelle que des rassemblements considérables se sont formés, et qu'au besoin le gouvernement n'hésitera pas à demander les pouvoirs nécessaires pour réprimer l'insurrection. Il propose en attendant à l'Assemblée de se déclarer en permanence et de nommer une commission chargée de présenter d'urgence un rapport sur la mise en état de siège de Paris. Le rapporteur de la commission, M. Gustave de Beaumont, a terminé son travail à cinq heures. Les conclusions de ce rapport sont adoptées, et pour la seconde fois, depuis le mois de février 1848, la capitale de la France se trouve placée sous le régime de la loi militaire.

Les journaux *la Réforme, le Peuple, la Démocratie pacifique, la Révolution démocratique et sociale, la Tribune des peuples, la Vraie République* sont supprimés par décret. Cette mesure ne suffit pas à la réaction, deux officiers de la garde nationale, les sieurs Vieyra et de Korcy, reçoivent la mission de se porter sur les imprimerie des journaux supprimés et de les mettre « dans un état qui ne leur permette pas de fonctionner pendant longtemps [1] ».

La majorité royaliste s'empresse de profiter de sa victoire : les demandes en autorisation de poursuites se succèdent ; trente-trois représentants sont décrétés d'accusation ; le règlement s'enrichit d'une nouvelle peine disciplinaire, l'exclusion temporaire du lieu des séances ; le général Changarnier est rétabli dans le double commandement des gardes nationales de la Seine et de la 1re division militaire ; une loi provisoire suspend les clubs pendant une année ; la dissolution de trois légions de la garde nationale est prononcée. M. Dufaure présente un projet de loi contre la presse, qui punit les *offenses* envers la personne du Président de la République, privilège royal ! La loi sur l'état de siège confère aux tribunaux militaires le droit de connaître des crimes et des délits contre la sûreté de la République, la Constitution, l'ordre et la paix publics, quelle que soit la qualité des auteurs principaux et des complices. M. Grévy s'écrie : « C'est la dictature militaire. » M. Dufaure répond : « C'est la dictature parlementaire, l'application de l'antique maxime : « *Salus populi suprema lex esto.* »

Les vainqueurs ne se contentaient pas de proscrire les vaincus, ils les

---

1. MM. Boulé et Proust, propriétaires de ces imprimeries, prêtaient leurs presses à des journaux d'opinions les plus disparates. M. Proust, blessé en juin 1848, dans les rangs de la garde nationale, se trouvait encore dans les mêmes rangs au moment où des gardes nationaux saccageaient son établissement. M. Proust et M. Boulé déposèrent une plainte en justice contre les auteurs de ces attentats ; la chambre des mises en accusation déclara qu'il n'y avait pas lieu à poursuivre.

calomniaient dans leurs journaux. M. Ledru-Rollin, du fond de sa retraite à Londres, prit la plume pour leur répondre [1].

Il avait plus beau jeu avec eux qu'avec les républicains prévoyants, qui étaient en droit de lui dire : « La France commence à se rassurer, « les idées démocratiques gagnent du terrain dans le peuple et dans la « bourgeoisie, la politique du parti républicain se résume dans un mot : « attendre. En appeler aux armes dans une telle situation, un an après « les journées de juin, c'est convier le peuple non à une révolution, « mais à un suicide. » C'est ce qui arriva en effet.

M. Ledru-Rollin, candidat à la présidence de la République, élu représentant par cinq départements, eut le tort d'oublier, le 13 juin, que sa place n'était pas dans la rue; ses amis auraient dû l'en faire souvenir. Un chef comme M. Ledru-Rollin ne se remplace pas aisément, non plus que des soldats comme ceux que la prison et l'exil allaient rendre inutiles à leur parti. Le mot de République est resté sur les monnaies jusqu'en 1853; la seconde République française est morte le 13 juin 1849.

---

[1]. « Mes loyaux ennemis se sont jetés sur mon honneur, et, pendant quatre mois, tous « ces *braves* m'ont accusé de lâcheté, de désertion à l'heure de la bataille....
« Dans la journée du 13 juin, au Conservatoire, nous avons vu la mort d'assez près, « quelques-uns de mes amis et moi, le long du mur alignés, sans armes et sans défense, « sous le feu d'un peloton qui nous tenait ajustés et qui n'attendait plus que le dernier « commandement. L'officier, ivre de fureur et de vin (disent plusieurs témoins), levait son « épée pour donner cet ordre de mort, quand un chef supérieur, accourant à toute bride, « n'eut que le temps de relever les fusils. Ils sont prisonniers, dit-il ; s'ils bougent, on « les fusillera tout à l'heure. Oui, un instant de plus, et nous tombions assassinés, sans « provocation, sans combat, sans explication, sans jugement, comme un troupeau qu'on « mène à l'abattoir ! Eh bien, à ce moment suprême, un seul des hommes rangés le long « de ce mur a-t-il baissé la tête, a-t-il, en suppliant, marchandé sa vie et fait prix pour « son corps aux dépens de son honneur? Quels sont les lâches, de ceux qui se tiennent « ainsi sous la mort, sans pâlir, ou de ceux qui insultent le lendemain, prudemment « abrités derrière les canons de l'état de siège ? Non, non, pendant cette journée de « sacrifice, je n'ai point oublié un instant que, de tous ses représentants, j'étais celui que « la France venait d'honorer du plus grand de ses suffrages !
« Et plus tard, en effet, lorsque j'ai quitté le Conservatoire, y avait-il lutte ? Avais-je « des amis engagés dans un combat? Il n'y avait ni combat ni lutte. Sans avoir rendu ni « le droit, ni les armes, car je n'avais pas d'armes et mon droit restait entier sous la « force, j'étais prisonnier de guerre dans une place mal gardée. Je me suis retiré libre-« ment, sans laisser derrière moi, ni ma parole que je n'avais pas donnée, ni mes amis ; « car, depuis plus d'un quart d'heure, il ne restait que quatre d'entre eux aux Arts-et-« Métiers : Martin-Bernard, Considérant, Guinard et moi, ni par conséquent mon honneur. « Depuis quand le prisonnier de guerre est-il lui-même justiciable de ses fers tombés ? »
(*Le 13 juin*, par Ledru-Rollin. Paris, au bureau du *Nouveau-Monde*.)

CHAPITRE IX

LA RÉVISION DE LA CONSTITUTION

Conséquences de la journée du 13 juin. — Le discours de Ham. — Le message du 31 octobre. — Lettre à Edgar Ney. — Renvoi du ministère Odilon-Barrot. — M. Rouher, ministre de la justice. — M. Fould, ministre des finances. — Loi sur la liberté de l'enseignement. — Alliance singulière entre M. Thiers et M. de Montalembert. — Proposition de M. Le Verrier pour transporter l'Ecole polytechnique à Meudon. — Elections partielles à Paris. — Effroi qu'elles causent. — Candidature d'Eugène Sue. — Loi du 31 mai. — Le Président de la République voyage dans les départements. — Message du 12 novembre.

L'Assemblée législative avait commencé ses séances depuis dix-sept jours seulement, et déjà une insurrection, à laquelle s'étaient associés plusieurs de ses membres et qu'ils avaient même provoquée, arrachait à ses bancs Ledru-Rollin et un certain nombre de ses amis; la droite se réjouissait d'une défaite qui n'atteignait pas cependant que l'opposition. Le pouvoir législatif s'en trouvait affaibli et le pouvoir exécutif fortifié. Le Président de la République avait modifié son ministère le 2 juin, et il avait choisi les ministres dans l'intention évidente de ne pas paraître s'éloigner de la fraction modérée; aucun nouveau changement de cabinet n'eut donc lieu, mais les conséquences de la journée du 13 juin ne tardèrent pas à paraître. Des élections nouvelles étant devenues nécessaires, par suite d'options et de décès, le parti conservateur l'emporta dans les départements et à Paris. L'Assemblée, après ces élections, voulait se proroger; mais le pouvait-elle sans péril? M. Dufaure, entré comme ministre de l'intérieur le 2 juin dans le cabinet, avec MM. de Tocqueville et

Lanjuinais pour collègues, répond de la tranquillité publique. Qui se permettrait, dit-il, d'accuser le Président de la République de projets hostiles au pouvoir législatif, au moment même où il vient de se livrer à Ham à un acte de contrition si honorable pour lui et si rassurant pour l'Assemblée? M. Louis Bonaparte avait voulu revoir sa prison, « non par orgueil, mais par reconnaissance. » Invité à un banquet et accueilli par un discours pompeux, il avait répondu par un habile désaveu de ses tentatives passées : « Aujourd'hui que, élu par la « France entière, je suis devenu le chef légitime de cette grande nation, « je ne saurais me glorifier d'une captivité qui avait pour cause l'attaque « contre un gouvernement régulier. Quand on a vu combien les révolu- « tions les plus justes entraînent de maux après elles, on comprend à « peine l'audace d'avoir voulu assumer sur soi la terrible responsabilité « d'un changement. » Ce discours, destiné évidemment à rassurer la bourgeoisie, se terminait par un toast en l'honneur « des hommes déterminés, malgré leurs convictions, à respecter les institutions de leur pays. »

L'Assemblée, rassurée par ce repentir platonique, se prorogea du 13 août au 30 septembre.

Les représentants étaient rentrés des vacances depuis un mois. Le bonapartisme et le parti conservateur vivaient, en apparence du moins, dans une cordiale intimité. M. Odilon-Barrot, comptant sur une longue durée de son pouvoir, polissait l'allocution qu'il devait prononcer comme ministre de la justice à la cérémonie de rentrée de la magistrature, lorsque M. Edgar Ney se présenta chez lui porteur d'une lettre dans laquelle le président lui demandait sa démission. Le lendemain, le message du 31 octobre éclata comme la foudre dans un ciel serein.

« J'ai laissé arriver aux affaires, disait le Président de la République, les hommes d'opinions les plus diverses, mais sans obtenir les résultats que j'attendais de ce rapprochement. Au lieu d'une fusion de nuances, je n'ai obtenu qu'une neutralisation de forces.

« Au milieu de cette confusion, la France inquiète, parce qu'elle ne voit pas de direction, cherche la main, la volonté de l'élu du 10 décembre. Or cette volonté ne peut être sentie que s'il y a communauté entière de vues, d'idées, de convictions, entre le Président et ses ministres, et si l'Assemblée s'associe elle-même à la pensée nationale dont l'élection du pouvoir exécutif a été l'expression.

« Tout un système a triomphé par mon élection, car le nom de Napoléon est à lui seul un programme; il veut dire : A l'intérieur, ordre, autorité, religion et bien-être du peuple; à l'extérieur, dignité nationale. C'est cette politique que je veux faire triompher avec l'appui du pays, de l'Assemblée et celui du peuple. Je veux être digne de la confiance de la nation en maintenant la Constitution que j'ai jurée. »

Tous les ministres donnèrent leur démission.

Jamais ministère n'eut une existence plus agitée que celle de ce malheureux cabinet (expédition romaine, élections, transition d'une assemblée à l'autre, double commandement du général Changarnier, troubles du 29 janvier, insurrection du 13 juin, conflit avec l'Assemblée, conflits avec le Président). Le cabinet n'eut pas un seul jour de repos, il débuta par un conflit avec le Président au sujet des dossiers de l'affaire de Strasbourg, et les conflits avec l'Assemblée n'auraient pas tardé à s'engager, s'il avait suivi la pente où le Président voulait l'entraîner. M. le président du conseil avait la naïveté de s'étonner que, pendant qu'il cherchait à faire marcher d'accord les grands pouvoirs de l'État et à corriger les vices de la Constitution, le Président cherchât les conflits et au besoin les fît naître. M. Odilon-Barrot avait affaire à un personnage difficile à mener, malgré sa douceur et sa docilité apparentes; la persistance dans ses rêves de restauration, son impatience de les réaliser, ne lui échappait pas [1]; mais il se flattait d'en triompher. Personne, du reste, n'était plus ombrageux et plus jaloux de son autorité que le Président. Si M. Odilon-Barrot réunissait par hasard à la Chancellerie les membres du cabinet pour se consulter sur les résolutions à prendre, le Président s'en alarmait. Il n'était pas jusqu'aux affaires privées du Président qui ne fussent pour M. Odilon-Barrot la cause de bien des embarras et de bien des ennuis [2]. Les chefs de la majorité ne craignaient pas de venir

---

1. Toutes les fois qu'il venait au conseil avec ses pantalons à bandes rouges, nous échangions mes collègues et moi un sourire d'intelligence, et nous nous attendions à quelques-unes de ces propositions qui sentaient l'Empire et dont nous faisions justice à l'instant même. (*Mémoires* d'Odilon-Barrot, 3e volume.)

2. Louis-Napoléon, lorsqu'il était exilé en Angleterre, y avait rencontré une de ces femmes qui tirent parti de leurs charmes : cette femme s'était attachée à lui et en avait même eu plusieurs enfants. Elle était logée non loin de l'Élysée et vivait dans les rapports les plus intimes avec le Président, qui l'emmenait assez ordinairement dans les tournées qu'il faisait à travers la France. Elle était du voyage de Tours : il s'agissait de trouver à cette femme un logement; la personne chargée de distribuer les logements s'avisa de la placer dans la maison du receveur général, M. André, qui était alors avec sa femme aux eaux des Pyrénées. Or M. et Mme André appartenaient à cette secte de protestants puritains, qui portent très loin la sévérité des mœurs; ils se sentirent profondément blessés de ce que leur foyer, espèce de sanctuaire qui n'avait jusqu'alors été témoin que des pratiques religieuses et des actes de charité les plus ardents, fût devenu le séjour de ce qu'ils appelaient une prostituée !... M. André s'en plaignit à moi, très amèrement. Sa lettre, écrite sous la première impression de son indignation, était même excessive.

« Serions-nous donc revenus, y disait-il, à cette époque où les maîtresses des rois promenaient leurs scandales à travers les villes de France !... »

Je me trouvai assez embarrassé. M. André me paraissait attacher beaucoup trop d'importance à un fait qui pouvait bien n'être et qui n'était, en effet, que le résultat d'une indiscrétion ou d'une méprise de la part d'un subordonné. Je ne voulais donc pas en faire une affaire d'État, et, d'un autre côté, je n'étais pas fâché que le Président sentît que,

à leur tour troubler la situation du président du conseil. Le cabinet promet-il à la Turquie son appui contre l'Autriche et la Russie dans l'affaire des officiers hongrois et polonais, dont ces deux puissances exigent l'extradition, aussitôt les conservateurs de prendre l'alarme et M. Thiers, ému, consterné, accourant à l'Elysée pour dire que tout est perdu si l'on ne renonce pas à cette résolution. La famille du Pré-

---

dans la position à laquelle il avait été élevé, il ne lui était plus permis de vivre de cette vie libre dont il avait vécu à Londres. Je chargeai donc mon frère, secrétaire général de la présidence, de faire en sorte que la lettre de M. André tombât, comme par accident, sous les yeux de Louis-Napoléon, ce qui fut fait ; et voici la réponse que je reçus : j'avoue que j'en attendais une toute différente.

« Votre frère m'a montré une lettre d'un M. André, à laquelle j'aurais dédaigné de
« répondre, si elle ne contenait des faits faux qu'il est bon de réfuter. Une dame à laquelle
« je porte le plus vif intérêt, accompagnée d'une de ses amies et de deux personnes de ma
« maison, désira voir le carrousel de Saumur : de là, elle vint à Tours ; mais, craignant de
« ne pas y trouver de logement, elle me fit prier de faire en sorte de lui en procurer un.
« Lorsque j'arrivai à Tours, je dis à un conseiller de préfecture qu'il me ferait plaisir
« de chercher un appartement pour le comte Bacciocchi et pour des dames de sa connais-
« sance. Le hasard et leur mauvaise étoile les conduisirent, à ce qu'il paraît, chez M. André,
« où, je ne sais pourquoi, on s'imagina que l'une d'elles s'appelait Bacciocchi. Jamais
« elle n'a pris ce nom ; si l'erreur a été commise, c'est par des étrangers, indépendam-
« ment de ma volonté et de celle de la dame en question. Maintenant, je voudrais savoir
« pourquoi M. André, sans prendre la peine de rechercher la vérité, veut me rendre
« responsable et de la désignation faite de sa maison et du faux nom attribué à une
« personne. Le propriétaire dont le premier soin est de scruter la vie passée de celui
« qu'il reçoit, pour la décrier, fait-il un noble usage de l'hospitalité ?... Combien de
« femmes cent fois moins pures, cent fois moins dévouées, cent fois moins excusables
« que celle qui a logé chez M. André eussent été accueillies avec tous les honneurs possi-
« bles par ce M. André, parce qu'elles auraient eu le nom de leur mari pour cacher leurs
« liaisons coupables. Je déteste ce rigorisme pédant qui déguise toujours mal une âme
« sèche, indulgente pour soi, inexorable pour les autres. La vraie religion n'est pas into-
« lérante ; elle ne cherche pas à soulever des tempêtes dans un verre d'eau, à faire du
« scandale pour rien, et à changer en crime un simple accident ou une méprise excu-
« sable.
« M. André, qu'on me dit puritain, n'a pas encore assez médité sur ce passage de
« l'Évangile où Jésus-Christ, s'adressant à des âmes aussi peu charitables que celle de
« M. André, dit, au sujet d'une femme qu'on voulait lapider : *Que celui, etc.* Qu'il pratique
« cette morale ; quant à moi, je n'accuse personne, et je m'avoue coupable de chercher
« dans des liens illégitimes une affection dont mon cœur a besoin. Cependant, comme
« jusqu'à présent ma position m'a empêché de me marier ; comme, au milieu des soucis
« du gouvernement, je n'ai, hélas ! dans mon pays, dont j'ai été si longtemps absent, ni
« amis intimes, ni liaison d'enfance, ni parents qui me donnent la douceur de la famille,
« on peut bien me pardonner, je crois, une affection qui ne fait de mal à personne et que
« je ne cherche pas à afficher. Pour en revenir à M. André, s'il croit, comme il le déclare,
« sa maison souillée par la présence d'une femme qui n'est pas mariée, je vous prie de
« lui faire savoir que, de mon côté, je regrette vivement qu'une personne d'un dévoue-
« ment si pur et d'un caractère si élevé soit tombée, par hasard, dans une maison où,
« sous le masque de la religion, ne règne que l'ostentation d'une vertu guindée, sans
« charité chrétienne. Faites de ma lettre l'usage que vous voudrez. »

Louis-Napoléon m'a donné l'ordre d'envoyer copie de cette lettre à M. André. Je me garderai bien de le faire, et je lui dirai demain que je ne l'ai pas fait. (*Mémoires* d'Odilon-Barrot.)

sident de la République lui suscite par-dessus le marché toutes sortes de tracasseries, M. Pierre Bonaparte par ses violences brutales contre ses collègues, M. Napoléon Bonaparte par son rôle de représentant montagnard; celui-ci, en effet, sans se soucier des rapports qu'il a pu avoir autrefois avec M. Odilon-Barrot [1], signe la demande de mise en accusation des ministres de son cousin. Il fallut, pour s'en débarrasser, le nommer ambassadeur à Madrid, singulier ambassadeur qui,

Fig. 49. — Ledru-Rollin et quelques-uns de ses amis sont arrêtés à la suite de l'affaire du 13 Juin; ils allaient être fusillés, quand un officier supérieur accourt à toute bride et n'a que le temps de faire relever les fusils (page 176).

tout le long de sa route, réunit les démocrates les plus exaltés autour de lui et déblatéra contre la politique du président de la République et du ministère. On finit par le rappeler pour rendre compte de sa con-

---

1. J'avais eu avec lui et son père des rapports assez intimes avant la révolution de 1848, et ils me faisaient l'honneur de venir passer assez habituellement la journée du dimanche à ma campagne de Bougival. Je ne me sentais cependant pas attiré vers lui : son esprit me paraissait faux et son cœur naturellement porté au mal; ses manques d'égard, pour ne pas dire plus, vis-à-vis de son père, m'avaient même souvent révolté et avaient beaucoup contribué à refroidir nos relations. (*Mémoires* d'Odilon-Barrot.)

duite [1]. Un autre cousin du Président, le prince de Canino, membre de la Constituante romaine, avait montré la plus grande hostilité contre les Français, en disant : « L'absolution des jésuites est d'avance promise aux Louis-Napoléon, aux Falloux, aux Oudinot, aux Corcelles ; nous les combattrons jusqu'à la dernière extrémité. » Le prince de Canino, après une si fière déclaration, trouva tout simple, après la prise de Rome, de venir chercher en France une position sociale auprès de son cousin [2]. M. Odilon-Barrot donna des ordres pour empêcher son débarquement ; mais il ne pouvait se débarrasser de la question romaine comme on se débarrasse d'un Bonaparte. Impossible d'obtenir du pape qu'il dise dans quelles conditions il veut opérer son retour à Rome, impossible d'en tirer un mot de reconnaissance pour ce que la France a fait pour lui ; la France n'est pas nommée dans la lettre de remerciement que Pie IX adresse à l'Europe. Mais les événements se succèdent : entrée d'une commission de cardinaux à Rome pour y exercer le gouvernement que le général Oudinot remet entre leurs mains ; regrets du général d'avoir commis cette faute ; faiblesse de M. de Corcelles devant le pape ; délibération sur son rappel qui est à peu près résolu. Que de sujets d'émotion pour un ministre qui, dans tous les événements de la politique extérieure, ne cherche que des occasions de rabaisser son cabinet et d'entrer en conflit avec l'Assemblée ! La lettre écrite par le Président à Edgar Ney [3] en est un exemple.

1. « Il revint, en effet, et, connaissant sa violence de caractère, je n'étais pas sans inquiétude sur la manière dont se passerait la première entrevue des deux cousins. Mon étonnement fut grand lorsque j'appris que cette entrevue avait été non seulement très pacifique, mais même presque amicale. Ce n'est pas la seule fois que le public s'est étonné de trouver tant de violence d'un côté et tant d'indulgente patience de l'autre ; on en a cherché l'explication dans des secrets de famille qu'il ne nous est point donné d'apprécier. » (*Mémoires* d'Odilon-Barrot.)

2. On le nomma, sous l'Empire, directeur du Jardin des plantes.

3. Mon cher Ney, la République française n'a pas envoyé une armée à Rome *pour y étouffer la liberté italienne*, mais, au contraire, pour la régler en la préservant de ses propres excès, et pour lui donner une base solide en remettant sur le trône pontifical le prince qui, le premier, s'était placé hardiment à la tête de toutes les réformes utiles. J'apprends avec peine que l'intention bienveillante du Saint-Père, comme notre propre action, reste stérile en présence de passions et d'influences hostiles qui voudraient donner pour base à la rentrée du pape la proscription et la tyrannie. Dites bien de ma part au général que, dans aucun cas, il ne doit permettre qu'à l'ombre du drapeau tricolore se commette aucun acte qui puisse dénaturer le caractère de notre intervention. Je résume ainsi le pouvoir temporel du pape : amnistie générale, sécularisation de l'administration et gouvernement libéral. J'ai été personnellement blessé en lisant la proclamation des trois cardinaux, où il n'était pas fait mention du nom de la France et des souffrances de ses braves soldats. Toute insulte à notre drapeau ou à notre uniforme me va droit au cœur. Recommandez au général de bien faire savoir que, si la France ne vend pas ses services, elle exige au moins qu'on lui sache gré de ses sacrifices et de son intervention. Lorsque nos armées firent le tour de l'Europe, elles laissèrent partout, comme trace de leur passage, la destruction des abus de la féodalité et les germes de la liberté. Il ne

M. de Falloux donne sa démission, sous prétexte qu'il ne saurait consentir à exercer une pression sur le pape Pie IX, celui-ci publie son *motu proprio*, qui peut être considéré comme une réponse à la lettre à Edgar Ney et qui ne promet que des réformes et une amnistie illusoires. Louis Bonaparte était pris au piège; après avoir livré Rome aux cardinaux, il ne pouvait plus rien que donner des conseils; ainsi tout ce bruit avait été fait en pure perte par le Président de la République. Il y avait là de quoi exciter sa mauvaise humeur; un incident vint encore l'augmenter. M. Thiers, rapporteur de la loi portant demande du crédit relatif à l'occupation de Rome, se rangerait-il du côté de la lettre ou du *motu proprio* ? Il approuva ce dernier, et il passa dédaigneusement sous silence la lettre à Edgar Ney, au risque de renverser le cabinet, qu'il s'était solennellement engagé à soutenir. La droite, il est vrai, depuis la retraite de M. de Falloux, montrait une mauvaise volonté visible contre M. Odilon-Barrot. Le Président, de son côté, est furieux contre la majorité qui se déclare hostile à la politique préconisée dans la lettre à Edgar Ney; il prépare un manifeste qui n'est autre chose qu'un défi jeté à la droite et qu'il entend faire lire à la tribune par le président du conseil [1]. Prêter la main à un conflit, jamais M. Odilon-Barrot n'y

---

sera pas dit qu'en 1849 une armée française ait pu agir dans un autre sens et amener d'autres résultats. Priez le général de remercier en mon nom l'armée de sa noble conduite. J'ai appris avec peine que, physiquement même, elle n'était pas traitée comme elle méritait de l'être. J'espère qu'il fera sur-le-champ cesser cet état de choses; rien ne doit être ménagé pour établir convenablement nos troupes.

Recevez, etc.

Signé : Louis-Napoléon.

[1]. Monsieur le Ministre, la question romaine allant être de nouveau discutée à l'Assemblée nationale, je vous écris pour expliquer le plus nettement possible mon opinion et connaître si, en définitive, elle est conforme à la vôtre et à celle de vos collègues. Jamais, vous le savez, il n'est entré dans ma pensée de profiter de la présence de nos troupes à Rome *pour imposer violemment nos volontés au Saint-Père*. Ma lettre au lieutenant-colonel Edgar Ney n'était que le résumé des intentions généreuses manifestées par Pie IX lui-même à nos ambassadeurs. Elle avait pour but de contrebalancer des influences opposées et de rappeler à nos agents la direction de notre politique : nous avons donc le droit de demander la réalisation des espérances qu'on nous a données. Deux grands intérêts, d'ailleurs, sont à sauvegarder à Rome : l'un, c'est d'affermir par notre appui, et d'attacher à la France par les liens de la reconnaissance, le chef vénérable de notre religion; l'autre, c'est de ne pas laisser affaiblir la puissance de notre drapeau et de lui conserver ce prestige dont il a toujours été entouré, en représentant en Italie la cause de la liberté.

Pour obtenir ce double avantage, il est nécessaire que nos troupes restent à Rome aussi longtemps que nos intérêts l'exigeront. Vous n'avez pas oublié, monsieur le Ministre, avec quelle persévérance j'ai secondé l'expédition romaine, alors qu'un premier échec sous les murs de Rome et une opposition formidable à l'intérieur menaçaient de compromettre notre honneur militaire : *je mettrai la même constance à soutenir contre des résistances* D'UNE AUTRE NATURE *ce que je considère comme l'honneur politique de l'expédition.*

Recevez, etc.

Signé : Louis-Napoléon.

consentira. Il ne lira le manifeste que s'il le juge nécessaire au succès de la discussion; elle se termine à la plus grande gloire du cabinet; toute crainte de conflit a disparu; M. Odilon-Barrot triomphe et s'imagine que le ministère est raffermi; mais cela ne ferait le compte ni de la droite de l'Assemblée ni du Président de la République; l'une reproche à M. Dufaure de n'avoir pas assez destitué de préfets républicains, l'autre voit en lui un

Fig. 50. — Louis-Napoléon se rend à Ham et prononce dans un banquet un discours par lequel il désavoue ses tentatives passées de coup d'Etat (page 178).

obstacle à ses projets contre le pouvoir législatif; il se croit d'ailleurs assez fort pour se passer de lui. M. Odilon-Barrot a la bonhomie d'appeler MM. Thiers et Molé à une conférence à l'Elysée où il les somme inutilement de prendre le pouvoir. Ils veulent bien renverser le cabinet, mais non le remplacer. Odilon-Barrot tombe malade; on profite de sa maladie pour lui chercher des successeurs, et le piquant, c'est que son propre frère se charge de les découvrir dans les rangs obscurs de l'Assemblée et sert d'intermédiaire entre eux et le Président. M. Barrot n'en continue pas moins à se croire ministre; la veille même de sa chute, il donne

Fig. 51. — M. Odilon-Barrot refuse d'accepter le grand cordon de la Légion d'honneur que M. Edgar Ney lui apporte de la part du Président de la République avec prière de donner sa démission (page 187).

des instructions à M. de Rayneval, notre ambassadeur à Londres, qui fait partie du nouveau cabinet. Il ne comprend son sort qu'en voyant M. Edgar Ney entrer dans sa chambre et déposer sur son lit une grande boîte dont il retirait les insignes du grand cordon de la Légion d'honneur, que M. Odilon-Barrot eut le courage rare en France de refuser. Le secret de la décision prise contre lui fut bien gardé. M. d'Hautpoul, qui devait être ministre de la guerre, vint à Bougival, la veille du jour où son nom devait paraître au *Moniteur*, prendre ses dernières instructions avant de partir pour Rome, où le gouvernement l'envoyait remplacer à la fois le général Rostolan et M. de Corcelles. Il joua fort bien son rôle, et, dans la longue conférence qu'il eut avec M. Odilon-Barrot, il ne lui dit pas un mot qui lui révélât l'intrigue à laquelle il avait une si grande part.

M. Odilon-Barrot s'était trompé en croyant entendre « la clameur publique » qui lui ordonnait d'entrer au ministère. L'opinion s'étonna au contraire qu'il l'eût accepté; elle ne l'y appelait point, non plus que le gouvernement, puisqu'il s'adressa avant lui au maréchal Bugeaud; mais il tombait en définitive honorablement, et le parti conservateur à l'Assemblée, en contribuant à sa chute, commettait une faute. Le Président, à dater de ce jour, n'eut plus de ministres, mais des complices. Si, comme le croit le vice-président du conseil, l'Empire ne s'est pas fait à la suite de son renvoi le 28 octobre, il est certain qu'on a franchi une étape vers l'Empire le jour où un ministre parlementaire et en pleine possession de la majorité a été remplacé par des commis de la présidence.

Les nouveaux ministres étaient-ils plus capables que les autres de faire sentir la pensée du 10 décembre? M. de Rayneval, ministre des affaires étrangères, représentait avant tout la pensée du parti clérical. M. d'Hautpoul, ministre de la guerre, tour à tour légitimiste, orléaniste, républicain, ne représentait que son intérêt personnel. M. Ferdinand Barrot, ministre de l'intérieur, devait son portefeuille à l'affection personnelle de M. Louis Bonaparte. M. de Parieu, ministre de l'instruction publique, n'était connu que par ses professions de foi républicaines et par le discours qu'il avait prononcé, dans la discussion de la Constitution, sur l'article concernant le pouvoir exécutif.

M. Rouher devint ministre de la justice; avocat du barreau de Riom, présenté par M. de Morny à M. Guizot, repoussé par les électeurs censitaires en 1846, nommé représentant du peuple par le suffrage universel, il avait affiché dans les clubs de 1848 les opinions les plus socialistes. Agé de trente-cinq ans environ, de belle prestance, ambitieux, laborieux, toujours le premier à l'ouverture de la séance, toujours le dernier à quitter son banc. Constamment en habit noir, en cravate blanche, parleur facile, mais sans grâce, sans littérature, il avait sollicité du gouvernement républicain une présidence de Cour d'appel, se promettant bien, s'il ne l'obtenait pas, de traiter la révolution de février de catastrophe. Le nouveau ministre de la justice, sans préjugé, sans opinion, oublieux de la veille, insoucieux du lendemain, ne voyant que le moment, représentait la pensée du 10 décembre comme il aurait pu représenter la pensée de M. Guizot ou celle du général Cavaignac.

M. Achille Fould brillait au ministère des finances comme l'arc-en-ciel destiné à rassurer la bourse. Qu'est devenu le temps où M. Fould donnait ce conseil commode à M. Goudchaux, ministre des finances de la République : « Vous ne pouvez faire honneur aux bons du trésor ni « aux livrets de la caisse d'épargne ; supprimez tout bonnement le paye-« ment de la rente [1] ? » Ce radicalisme financier, loin de nuire à M. Fould, l'avait mis en grande estime auprès des spéculateurs qui fondaient leur fortune sur celle du bonapartisme ; ils n'étaient pas fâchés de voir à la tête des finances un ministre capable de prendre une mesure hardie, si les circonstances l'exigeaient. M. Fould avait joui d'une certaine notoriété comme éleveur de chevaux ; membre du Jockey-Club, il était souvent question de ses succès dans les comptes rendus de courses du temps de Louis-Philippe ; mêlé aux grandes affaires de banque, d'industrie, de bourse, administrateur de plusieurs chemins de fer, député conservateur, mais conservateur intermittent, on vient de voir un échantillon de son radicalisme en 1848. Paris l'envoya à l'Assemblée constituante à l'élection partielle de 1848, sur la recommandation du docteur Véron, directeur du *Constitutionnel*. Comment l'ancien collègue du duc d'Orléans au Jockey-Club, l'invité aux soirées particulières du duc de Nemours, était-il devenu un des visiteurs les plus assidus de l'Elysée? La peur, paraît-il, chez lui comme chez bien d'autres, avait fait ce changement. On parlait beaucoup du service rendu par lui à M. Louis Bonaparte : les billets à ordre portant la signature du prétendant circulaient en grand nombre sur la place de Londres; un spéculateur hardi ou un gouvernement pouvait, en rachetant ces titres à bas prix, tenir le scandale d'une incarcération suspendu sur la tête du débiteur. M. Fould fit un voyage à Londres, et à son retour il remit une liasse de papiers à M. Louis Bonaparte, en lui disant : « Vous n'avez plus désormais qu'un seul créancier. »

1. Voyez le discours de M. Goudchaux dans la séance du 21 avril 1849.

Le portefeuille des finances était la juste récompense de ce beau trait.

M. Bineau, ministre des travaux publics, ancien élève de l'École polytechnique, ancien député du centre gauche, ancien commissaire extraordinaire de la République près les chemins de fer du Centre et d'Orléans, n'était qu'une créature de M. Fould, qui le désigna au choix du Président. M. Dumas, ministre de l'agriculture et du commerce, ancien pharmacien, chimiste distingué, commençait à jouer avec moins de science que Cuvier, et moins d'esprit que Thénard, le rôle savant d'homme d'État, rempli par ces deux personnages.

Le message, en attendant que le ministère révélât par ses actes la pensée du 10 décembre, la laissait entrevoir par l'affectation de son auteur à ne pas prononcer une seule fois le mot de République. La majorité lui pardonnait cet oubli, mais non l'intention évidente de lancer sous forme de message une sorte de manifeste de gouvernement personnel; aussi n'attendait-elle qu'une occasion pour faire éclater son mécontentement. La cérémonie de l'institution de la magistrature la lui fournit bientôt. Les magistrats devaient prêter serment au Président de la République; les grands corps de l'État figuraient à cette solennité. Le fauteuil du président de l'Assemblée législative s'étant trouvé placé un peu plus bas que celui du Président de la République, M. Desmousseaux de Givré protesta contre cet abaissement et fit décider qu'à l'avenir l'Assemblée législative n'assisterait à aucune cérémonie publique : telle fut la réponse de la majorité au message.

Cet orage passé, la bonne intelligence semble renaître, dans les premiers jours de 1850, entre le pouvoir exécutif et la droite. Cette dernière, toujours un peu taquine, trouve mauvais que le Président de la République nomme son oncle maréchal de France [1]; elle suppute que le traitement de maréchal, ajouté à celui de général en activité et de gouverneur des Invalides, forme un total considérable : cet acte de népotisme à rebours blesse la conscience sévère des puritains de la droite. Les vieilles susceptibilités se réveillent des deux côtés, envenimées par la presse napoléonienne. Au milieu de ces escarmouches, un projet de loi est présenté à l'Assemblée pour augmenter la solde des sous-officiers. L'armée manque de bons sous-officiers, dit le ministre de la guerre, attendu que ceux-ci, dès qu'ils ont perdu l'espoir de passer officiers, s'empressent de quitter le service. Napoléon, ajoutait-il, l'a dit : « Il « faut encourager par tous les moyens les soldats à rester sous les dra-

---

1. Le 2 janvier 1850.

« peaux, ce que l'on obtiendra facilement en témoignant une grande
« estime aux vieux soldats. Il faudrait augmenter la solde en raison des
« années de service; car il y a une réelle injustice à ne pas mieux payer
« un vétéran qu'un soldat. » Ce projet, appuyé de tels arguments, excitait
les méfiances de l'Assemblée; le pouvoir exécutif cherchant évidemment à gagner l'armée, le pouvoir législatif ne devait-il pas de son côté tâcher de pourvoir à sa sûreté? Ces préoccupations donnèrent lieu à la présentation d'une proposition de M. Pradié sur la responsabilité des agents du pouvoir et sur la résistance légale. En attendant que cette loi fût discutée, l'Assemblée aborda la grande question de l'instruction publique.

Le parti conservateur cherchait depuis longtemps à se rendre maître de la direction de l'enseignement; il réclamait à grands cris la présentation du projet de loi sur la liberté de l'enseignement secondaire.

M. de Montalembert et M. Thiers s'étaient constitués les parrains de la loi, quoique représentant les principes les plus opposés. M. de Montalembert déclarait que l'Église catholique ne connaît pas de transaction avec ceux qui l'ont vaincue ou reniée ici-bas. « On peut confisquer ses
« biens, la dépouiller de ses droits, lui interdire au nom de la loi la
« liberté qu'on laisse à l'erreur et au mal; mais nul ne saurait confisquer
« la sainte indépendance de sa doctrine, ni lui faire abdiquer un atome
« de sa toute-puissance spirituelle. Dépositaire de la seule vraie liberté,
« de la seule vraie égalité, elle n'acceptera jamais le partage des intelli-
« gences dont on lui attribue la plèbe en se réservant l'élite. Elle ne dit
« pas : Choisissez dans moi ce qui vous convient. Elle dit : Croyez,
« obéissez ou passez-vous de moi. Elle n'est ni l'esclave, ni la cliente, ni
« l'auxiliaire de personne; elle est reine ou elle n'est rien [1]. » Hautaines assertions, qui devaient plaire médiocrement à M. Thiers, grand partisan des concordats et d'une espèce de tutelle de l'État sur l'Église. Il dissimulait sa véritable opinion sous de vaines formules de rhétorique. « La religion et la philosophie sont, disait-il, deux sœurs immor-
« telles placées près de Dieu dès l'origine du monde, la religion dans
« le cœur de l'homme et la philosophie dans son esprit; ces deux
« sœurs se séparent quelquefois, elles se combattent; elles finissent par
« rentrer dans la paix après avoir tiré de leurs luttes cet avantage que
« la religion y a gagné quelque chose du savoir humain, et la philo-
« sophie plus de respect pour les choses saintes. » A quoi le journal

---

[1]. Montalembert, *Du devoir des catholiques*, 1846.

qui représente réellement la doctrine catholique, l'*Univers*, répondait :
« Cela est faux : il est faux que la religion et la philosophie sont deux
« sœurs immortelles; l'origine et le partage qu'on leur assigne sont faux.
« Non, il n'est pas vrai que Dieu ait placé la religion dans le cœur de
« l'homme et la philosophie dans sa tête; il n'est pas vrai que la religion
« et la philosophie aient jamais contracté des alliances; il faut que cette
« philosophie se révolte contre la religion ou qu'elle consente à être la
« servante, l'humble servante, *ancilla*, de cette reine. »

Ce langage a toujours été celui de l'Église, et si M. de Montalembert acceptait une transaction, c'était afin d'immoler plus sûrement l'Université à la vieille et constante haine des catholiques ultramontains. La loi défendue par M. Thiers et par M. de Montalembert consistait en résumé à confier la tutelle de l'enseignement à l'Église et à l'État. Ce n'était pas une loi de principes, mais une loi de salut public. M. de Montalembert disait à ses collègues : « La majorité a été envoyée pour com-
« battre le socialisme; c'est là son mandat... Il faut choisir entre le catho-
« licisme et le socialisme... le vaisseau de la monarchie constitutionnelle
« a sombré; nous périssions, si la Providence ne leur avait pas permis
« de trouver un radeau... J'appelle le gouvernement actuel un radeau...
« Nous serons engloutis si nous n'abordons pas au rivage et si nous
« ne remontons pas d'un bras vigoureux le courant du socialisme et
« de la démagogie. Or vous ne le remonterez qu'avec le secours de
« l'Église. »

La droite, en affectant de voir dans l'enseignement universitaire la source du socialisme, servait admirablement les projets ultérieurs du Prince. Il devait mettre à profit ces attaques lorsque, à l'époque du coup d'État, il réforma l'Université qu'il n'osa pas détruire tout à fait : en attendant, les catholiques libéraux se résignaient à se liguer avec les philosophes convertis contre les affreux petits rhéteurs que l'Université formait et qui mettaient, selon M. de Montalembert, l'ordre social en péril; les prêtres résistaient : l'Église n'acceptait pas la part qu'on lui faisait dans la direction de l'enseignement; M. Parisis, évêque de Langres, et l'abbé Cazalès, montèrent à la tribune pour dégager sa responsabilité dans la rédaction de la loi. M. Thiers, qui, en ouvrant l'histoire du monde, y avait toujours vu, disait-il, « l'Église et la philosophie se combattre et se réconcilier, » n'assista pas cette fois au spectacle de cette réconciliation. M. Parisis « consentait par dévouement à prendre en considération une situation politique difficile », mais il protestait contre toute alliance de l'Église avec l'Université. L'Église, disait-il, n'a besoin de s'associer avec personne pour faire le bien.

La loi qui mettait l'enseignement primaire et secondaire sous la direction du clergé fut votée le 15 mars 1850. Il lui restait encore à prendre la haute main sur l'enseignement supérieur. Il devait mettre près de trente ans à faire cette conquête, et la loi qui l'a consacrée a été adoptée sous une république, comme celle qui lui avait assuré la domination sur l'instruction primaire.

L'Assemblée, remontant d'un bras de plus en plus vigoureux le courant de la démagogie, s'occupe entre deux délibérations de la loi de l'enseignement, de la réorganisation des Écoles militaires. Le décret du 19 juillet 1848, établissant la gratuité de l'admission dans les Écoles polytechnique et militaire, lui paraissait gros de dangers. Le général Baraguey-d'Hilliers demanda sa suppression, comme étant le premier jalon de la route qui, selon lui, ne pouvait manquer de mener à la gratuité de l'enseignement à tous les degrés. Le rapporteur du projet de loi, M. Le Verrier [1], conclut non seulement à la suppression de la gra-

---

1. M. Le Verrier avait été élevé à cette Ecole sur le produit de la souscription que les jeunes polytechniciens ouvrent entre eux chaque année au commencement des classes, et dont le produit est consacré à payer la pension d'un certain nombre de leurs condisciples pauvres. M. Le Verrier fut admis, à sa sortie de l'Ecole, à l'Observatoire, par la protection de M. Arago, et ses calculs servirent à démontrer l'existence d'une planète. La France, qui s'ennuyait alors, suivant l'expression de Lamartine, s'intéressa beaucoup à cette découverte. M. Le Verrier, créature de M. Arago, un des chefs de l'opposition, devint en quelque sorte l'astronome de la gauche ; les journaux radicaux célébrèrent sa découverte ; des sérénades, des banquets l'accueillirent dans tous les pays où il voyageait.

Le gouvernement ne crut pas devoir abandonner cette gloire à l'opposition sans lui en disputer quelques rayons. M. de Salvandy, ministre de l'instruction publique, nomma M. Le Verrier officier de la Légion d'honneur, commanda son buste et créa une chaire pour lui à la Faculté des sciences. Le jeune astronome parut très touché de cette faveur [*]. Il se laissait faire, ne sachant pas trop s'il devait rester républicain ou devenir royaliste ; il se décida trop tôt ou trop tard, car il ne se rallia à la monarchie qu'à la veille de la révolution de Février ; il en fut quitte pour redevenir républicain le lendemain, et quelques mois après bonapartiste.

L'Empire le fit directeur de l'Observatoire, sénateur, dictateur, si l'on peut s'exprimer ainsi, de la science astronomique. L'histoire de ses démêlés avec tous ses collègues de l'Observatoire formerait un chapitre à elle seule. Les plaintes devinrent si unanimes que le gouvernement crut enfin devoir se séparer de lui. Eloigné de l'Observatoire quelque temps avant le 4 septembre, il y a été réintégré par M. Thiers, qui se disait son élève.

[*] « J'ose faire au roi une demande au sujet de M. Le Verrier, l'admirable inventeur des planètes, dont le cœur fond de joie et de reconnaissance sur cette croix d'officier qui a produit, sire, le meilleur effet dans le public.

« Votre Majesté a appris l'ambition à ce jeune savant. Il a celle d'être admis à l'honneur de mettre aux pieds du roi la reconnaissance qu'il éprouve pour toutes vos bontés.

« Il y a si peu de mathématiciens et de géomètres pensant si bien, que je supplie le roi de consentir à le voir ou le matin ou le soir, ou à présent ou plus tard. Votre Majesté s'enchaînera une conquête vraiment digne d'elle. » (Lettre de M. Salvandy, ministre de l'instruction publique, à Louis-Philippe Ier ; *Revue rétrospective*, 2e livraison.)

Fig. 52. — Par ordre de M. Carlier, préfet de police, on abat les arbres de la liberté qui avaient été plantés au lendemain de la Révolution de Février (page 193).

tuité, mais encore il proposa de transférer l'École polytechnique à Meudon, sous prétexte d'en fermer l'accès aux passions politiques ; la majorité n'osa pas suivre le rapporteur si loin : elle se contenta de supprimer la gratuité.

L'expédition de Rome à l'intérieur, dirigée par M. de Montalembert et par ses amis, était dans toute son activité. La réaction s'attaquait non seulement aux lois de la République, mais encore à ses symboles. Le peuple de Paris, le lendemain de la révolution de Février, avait planté des arbres de la liberté bénits par le clergé. M. Carlier, préfet de police, donna tout à coup l'ordre de les abattre; l'exécution eut lieu pendant la nuit. La police peu à peu s'enhardit, et la destruction s'accomplit au grand jour. Les ouvriers s'opposèrent, sur plusieurs points, à la destruction du peuplier républicain; au parvis Notre-Dame, ils obligèrent même les agents à se retirer. Le peuple crut qu'il le préserverait de toute atteinte en y fixant un écriteau portant ces mots : « A Mgr Affre, « archevêque de Paris, pour son dévouement à l'humanité en 1848. » La police, dans la nuit, le scia sur pied. L'aîné de tous ces arbres avait été planté par le gouvernement provisoire sur la place de l'Hôtel-de-Ville, au lieu même où tombèrent les têtes des quatre sergents de La Rochelle; un arbre s'élevait aussi à l'endroit où le maréchal Ney avait été fusillé : la cognée réactionnaire ne les respecta pas plus que les autres.

L'ardeur avec laquelle la majorité applaudissait à ces mesures, dépopularisait l'Assemblée, bien plus que le gouvernement qui se cachait derrière elle et profitait de ses fautes. Un décret partage la France en cinq grands commandements militaires, à la grande satisfaction de la droite, enchantée de voir le pays remis aux mains des généraux bonapartistes.

Le parti républicain aurait dû répondre à cette politique de provocation par une politique de modération et de prudence. Une occasion se présentait à lui de donner au pays une preuve de sa sagesse, en choisissant des candidats modérés pour les élections qui allaient avoir lieu le 10 mars; mais Paris choisit MM. Carnot, de Flotte et Vidal. Ces noms étaient une protestation et nullement une menace. Les électeurs de la capitale, en choisissant M. Carnot, ministre de l'instruction publique sous le gouvernement provisoire, avaient voulu protester contre la loi sur l'enseignement. Le choix de M. de Flotte, officier de marine, transporté de juin, était une protestation contre la transportation sans jugement. « Ma candidature n'est pas un défi, disait-il, elle veut dire : pour

« des citoyens non jugés, la liberté ou un débat public et des juges.
« Protester contre les lois exceptionnelles, c'est repousser à jamais de
« semblables lois ; protester contre la rétroactivité de la loi, c'est jurer de
« ne consentir jamais une loi rétroactive; protester au nom des garanties
« de la liberté individuelle, c'est s'engager à ne jamais violer ces garan-
« ties. » M. Vidal, ancien secrétaire de la Commission du Luxembourg,
représentait la liberté de discussion pour le socialisme comme pour les
autres doctrines; mais les conservateurs ne virent dans les élections de
ces trois candidats qu'un danger immédiat pour l'ordre social. Ce fut
bien pire lorsque, pour remplacer M. Vidal, qui avait opté pour Strasbourg, Paris désigna Eugène Sue [1].

Le choix d'Eugène Sue était encore une protestation contre la recrudescence de répression qui avait suivi les élections du 10 mars. Le parti conservateur, obéissant en sens contraire aux mêmes passions que le parti révolutionnaire, affecta de voir dans la candidature d'Eugène Sue un sinistre avertissement de guerre civile, et, comme pour mieux lui donner cette signification, elle chercha en quelque sorte un candidat sur la liste des victimes de juin, et elle offrit la candidature à M. Leclère, dont le fils était mort noblement en se battant dans les rangs de la garde nationale. La candidature du père de cette jeune victime de nos troubles civils ne fut pas couronnée de succès, malgré les efforts du parti conservateur [2] : le nom d'Eugène Sue sortit victorieux de l'urne le 28 avril 1850.

Ce terrorisme du client laissa le marchand aussi indifférent cette fois que la première. La presse ultra-conservatrice en fut pour ses dénonciations.

Le Président de la République, dans sa lutte sourde contre l'Assemblée, cherchait d'une part à effrayer la société des projets du socialisme, et à le lui montrer comme devenant de jour en jour plus redoutable, et d'autre part à présenter l'Assemblée comme incapable de faire à ce même socialisme une résistance qu'il était seul en mesure de lui opposer. L'Assemblée

1. Les derniers romans de cet écrivain célèbre, ceux qui portaient le plus l'empreinte du socialisme, avaient cependant paru dans les journaux les plus conservateurs de son temps.

2. Le fait suivant en donnera une idée. Le journal *l'Assemblée nationale*, à l'époque de l'élection de MM. Carnot, de Flotte et Vidal, avait publié, en la faisant précéder des lignes suivantes, la liste d'un certain nombre de marchands soupçonnés d'avoir voté pour l'opposition : « On sait à quelle brillante clientèle s'adressent les magasins que nous venons de citer. Il y a dans le vote de ces négociants sages d'autant plus de patriotisme, que, en donnant ainsi une leçon au pouvoir et au parti modéré, ils savaient bien qu'ils perdaient leurs riches clientèles et qu'il y aurait peu d'électeurs du parti modéré assez faibles pour mettre désormais leurs pieds dans ces magasins peuplés de révolutionnaires. Nous poursuivrons notre revue socialiste sur les boulevards, dans la rue des Bourdonnais, dans la rue Richelieu, au Palais-Royal et jusque dans le faubourg Saint-Germain. »

se prêtait si bénévolement à cette tactique qu'elle n'hésita pas à s'en prendre à l'arche sainte, c'est-à-dire au suffrage universel. Ce mode d'élection donnait, il est vrai, prise à la critique, mais ses avantages étaient supérieurs à ses inconvénients ; l'attaquer, c'était fournir au Président une occasion de le défendre. Ses amis ont prétendu qu'il manifesta à ce moment même sa répugnance à le modifier ; mais rien dans ses discours, dans ses conversa-

Fig. 53. — Les membres de la *Société du 10 Décembre* frappent sur la place du Havre les passants qui refusent de crier : Vive l'Empereur ! (page 203).

tions, dans ses actes, ne confirme cette assertion. M. Baroche[1] y aurait au moins fait allusion dans les nombreux pourparlers qu'il eut avec les chefs du parti de l'ordre au sujet des changements à apporter dans la pratique du suffrage universel. La loi nouvelle faisait dépendre le droit d'élection de la constatation du domicile, et cette constatation de l'inscription des citoyens sur le rôle de la taxe personnelle ou de la prestation en nature ;

---

1. Nommé ministre de l'intérieur après les élections du 10 mars, en remplacement de M. Ferdinand Barrot.

elle exigeait deux ans de domicile. Près de trois millions de citoyens se trouvaient rayés des listes électorales ; la loi frappait donc non seulement cette vile multitude dont parlait M. Thiers, mais encore une foule de gens honnêtes, laborieux et peu riches, qui, dans les grandes villes et dans les communes où l'octroi remplace la taxe personnelle, ne sont inscrits ni sur le rôle de cette contribution, ni sur celui de la prestation en nature. La loi rétablissait ainsi indirectement le cens électoral.

L'Assemblée accorda l'urgence au projet de loi, dont M. Léon Faucher était le rapporteur. Il lut son rapport le 18 mai, et la loi fut votée le 31.

L'Assemblée était entrée en vacances le 8 août ; le Président entreprit une nouvelle tournée dans les départements. Jusqu'ici, dans ses communications avec le public, il s'était efforcé d'empêcher qu'on pût douter de son désintéressement et de la parfaite légalité de ses vues. « Je ne suis pas un « ambitieux, avait-il dit dans son manifeste de candidat à la présidence ; « élevé dans les pays libres et à l'étude du malheur, je resterai toujours « fidèle au devoir que m'imposeront vos suffrages et les volontés de l'As- « semblée. » L'affermissement de la République, l'union des partis, la grandeur du pays non par la *ruse* et par la *violence*, mais par la justice et la fermeté, voilà le fond de toutes ses paroles. Il s'était imposé le 22 juillet 1849 le pénible pèlerinage de Ham, pour effacer dans une volontaire et éclatante amende honorable, les souvenirs de Strasbourg et de Boulogne. Le 1er août suivant, il s'était hâté (un peu trop peut-être) de démentir à Tours les projets de coup d'Etat que lui prêtaient les journaux. La France n'est point dans l'état où elle se trouvait le 18 brumaire : « Les coups d'Etat n'ont aucun prétexte, les insurrections aucune chance. « Ayez confiance dans l'Assemblée nationale et dans nos premiers magis- « trats, qui sont les élus de la nation. » Ce langage devait réussir dans un pays comme la France, si ennemie de l'agitation, quoique si souvent agitée. Ce n'est qu'en la rassurant par son adresse hypocrite qu'il pouvait espérer de s'en emparer. Le message du 31 octobre avait été le premier indice de ses projets. La droite lui avait fourni une excellente occasion de commencer à les exprimer en cherchant à renverser un cabinet qu'elle accusait de prendre la République trop au sérieux, et qui se montrait un peu trop sensible à ce reproche. La pensée de faire proroger son pouvoir se montrera désormais de plus en plus à découvert dans tous ses discours. Quelques jours avant la prorogation du 8 août, étant allé à Saint-Quentin pour présider à l'inauguration du chemin de fer : « Voyez-vous, dit-il aux « ouvriers en leur remettant des livrets de caisse d'épargne, mes amis les

« plus sincères et les plus dévoués ne sont pas dans les palais : ils sont sous
« le chaume ; ils ne sont pas sous les lambris dorés : ils sont dans les ate-
« liers, sur les places publiques, dans les campagnes. Je sais, comme
« disait l'Empereur, que ma fibre répond à la vôtre, et que nous avons les
« mêmes intérêts ainsi que les mêmes instincts. »

Le Président de la République se rendit le 12 août à Lyon, en traversant la Bourgogne, pays de bonapartisme et de socialisme à la fois ; il traversa Joigny, Auxerre, Dijon, accueilli sur son passage, tantôt par le cri de : Vive Napoléon ! tantôt par celui de : Vive la République ! La même réception l'attendait dans le département de Saône-et-Loire ; la population, dans le Rhône, à Lyon surtout, devint plus bienveillante ; le maire de cette grande cité manufacturière et commerciale adressa un discours à M. Louis Bonaparte, qui lui répondit :

« Je ne suis pas le représentant d'un parti, mais le représentant des deux grandes manifestations nationales qui, en 1804 comme en 1848, ont voulu sauver par l'ordre les grands principes de la Révolution française. Fier de mon origine et de mon drapeau, je leur resterai fidèle ; je serai au pays tout entier, quelque chose qu'il exige de moi, abnégation ou persévérance.

« Des bruits de coup d'État sont peut-être venus jusqu'à vous, mais vous n'y aurez pas ajouté foi ; je vous en remercie. Les surprises et l'usurpation peuvent être le rêve des partis sans appui dans la nation ; mais l'élu de six millions de suffrages exécute les volontés du peuple, il ne les trahit pas. Le patriotisme, je le répète, peut consister dans l'abnégation comme dans la persévérance. »

M. Louis Bonaparte ne fit que développer ce thème devant les populations de la Franche-Comté et de l'Alsace. L'accueil qu'il reçut dans ces contrées varia selon les lieux ; mais la curiosité qu'il excita fut partout aussi vive. Le peuple, à Besançon, à Colmar, à Strasbourg, se montra froid et indifférent plutôt qu'hostile ; le conseil municipal de Strasbourg refusa de voter des fonds pour sa réception ; le discours républicain d'un conseiller municipal remplissant les fonctions de maire obligea M. Louis Bonaparte à se renfermer dans une courte réponse. Il put se dédommager au banquet que lui offrirent le commerce et l'industrie.

« Avant mon départ, on voulait me détourner de mon voyage en Alsace. On me répétait : Vous y serez mal venu ; cette contrée, pervertie par des émissaires étrangers, ne connait plus ces nobles mots d'honneur et de patrie que son nom rappelle et qui ont fait vibrer le cœur de ses habitants pendant quarante années. Esclaves, sans s'en douter, d'hommes qui abusent de leur crédulité, les Alsaciens se refuseront à voir dans l'élu de la nation le représentant légitime de tous les droits et de tous les intérêts. Et moi je me suis dit : Je dois aller partout où il y a des illusions dangereuses à dissiper et de bons citoyens à raffermir ; on a calomnié l'Alsace. Dans cette terre de souvenirs glorieux et des sentiments patriotes, je trouverai, j'en suis assuré, des cœurs qui comprendront ma mission et mon dévouement au pays. Je ne me suis pas trompé; quelques mois, en effet, ne font d'un peuple profondément imbu des vertus solides du soldat et du laboureur un peuple d'ennemis de la religion, de la famille et de la propriété.

« D'ailleurs, messieurs, pourquoi aurais-je été mal reçu? Placé par le vote presque unanime de la France à la tête d'un pouvoir légalement restreint, mais immense par l'influence morale de son origine, ai-je été séduit par la pensée, par les conseils d'attaquer une constitution faite pourtant, personne ne l'ignore, en grande partie contre moi? Non. J'ai respecté, je respecterai la souveraineté du peuple, même dans ce que son expression peut avoir de faux et d'hostile. Si j'en ai agi ainsi, c'est que le titre que j'ambitionne le plus est celui d'honnête homme. Je ne connais rien au-dessus du devoir. »

Le Président parcourt la Normandie pendant le mois de septembre. « Si des jours dangereux devaient reparaître, dit-il à Caen, et que le peuple voulût imposer un nouveau fardeau au chef du gouvernement, ce chef serait bien coupable de déserter cette haute mission. » A Cherbourg, l'appel à la prorogation n'en est pas moins direct sous une autre forme :

« Plus je parcours la France, plus je m'aperçois qu'on attend beaucoup du gouvernement. Je ne traverse pas un département, une ville, un hameau, sans que les maires, les conseils généraux et même les représentants me demandent, ici des voies de communication, telles que canaux, chemins de fer, là l'achèvement de travaux entrepris, partout, enfin, des mesures qui puissent remédier aux souffrances de l'agriculture, donner la vie à l'industrie et au commerce.

« Rien de plus naturel que la manifestation de ces vœux ; elle ne frappe pas, croyez-le bien, une oreille inattentive ; mais, à mon tour, je dois vous dire : ces résultats tant désirés ne s'obtiendront que si vous me donnez le moyen de les accomplir, et ce moyen est tout entier dans votre concours à fortifier le pouvoir et à écarter les dangers de l'avenir.

« Pourquoi l'Empereur, malgré la guerre, a-t-il couvert la France de ces travaux impérissables qu'on retrouve à chaque pas et nulle part plus remarquables qu'ici? C'est que, indépendamment de son génie, il vint à une époque où la nation, fatiguée des révolutions, lui donna le pouvoir nécessaire pour abattre l'anarchie, combattre les factions, et faire triompher à l'extérieur par la gloire, à l'intérieur par une impulsion vigoureuse, les intérêts généraux du pays.

« S'il y a donc une ville en France qui doive être napoléonienne et conservatrice, c'est Cherbourg : napoléonienne par reconnaissance, conservatrice par la sainte appréciation de ses véritables intérêts. Qu'est-ce en effet qu'un port comme le vôtre, créé par de si gigantesques efforts, sinon l'éclatant témoignage de cette unité française poursuivie à travers tant de siècles et de révolutions, unité qui fait de nous une grande nation? Mais une grande nation, ne l'oublions pas, ne se maintient à la hauteur de ses destinées que lorsque les institutions elles-mêmes sont d'accord avec les exigences de sa situation politique et de ses intérêts matériels. Les habitants de la Normandie savent apprécier de semblables intérêts et m'en ont donné la preuve, et c'est avec orgueil que je porte un toast à la ville de Cherbourg. »

Le Président de la République soumettait indirectement la question de la révision de la Constitution à l'examen de la France, et les conseils généraux, réunis le 26 août, en avaient fait l'objet de leurs délibérations ; M. Louis Bonaparte, en rentrant à Paris, voulut la poser à l'armée en la

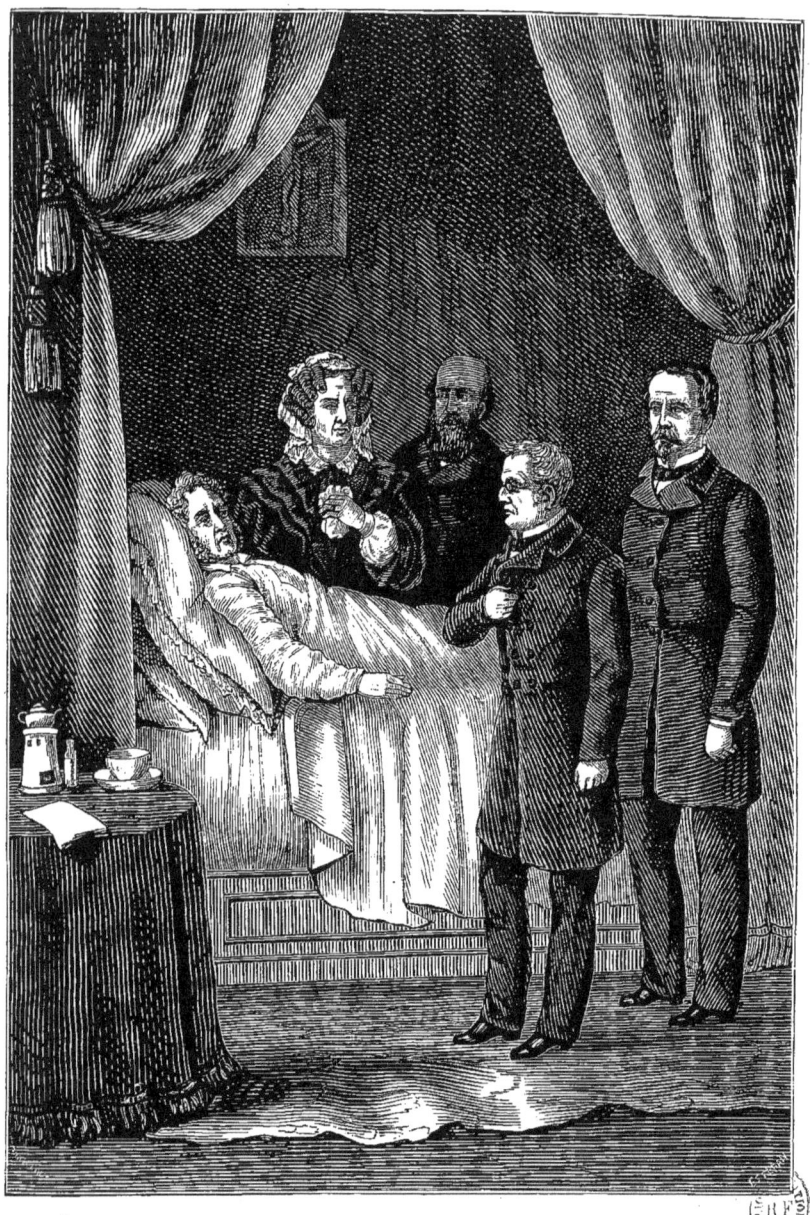

Fig. 54. — M. Thiers se rend à Claremont auprès de Louis-Philippe mourant (page 207).

passant en revue dans la plaine de Satory. Cette revue, la plus importante par le nombre des troupes, eut lieu le 10 octobre. Des régiments de cavalerie, excités par leurs chefs et par de copieuses libations, criaient en défilant devant le Président : Vive Napoléon ! Vive l'Empereur [1] ! L'infanterie resta muette. Le Président de la République s'informe des causes de ce silence : il apprend que le général Neumayer, commandant la première division, a rappelé le règlement militaire qui ordonne le silence le plus rigoureux sous les armes, à un colonel qui lui demandait s'il devait laisser crier ou faire crier aux soldats : Vive l'Empereur ! Le général Neumayer est privé de son commandement le 31 octobre ; le général Changarnier fait lire, le 2 novembre, aux corps de troupes placés sous son commandement l'ordre du jour suivant :

« Aux termes de la loi, l'armée ne délibère point. Aux termes des règlements militaires, elle doit s'abstenir de toute démonstration et ne proférer aucun cri sous les armes.
« Le général en chef rappelle ces dispositions aux troupes placées sous son commandement. »

Ce rappel d'une loi juste n'avait qu'un tort, celui de venir trop tard et de paraître par cela même ridicule. La droite, au lieu de seconder l'opinion publique, qui penchait du côté de l'Assemblée plutôt que du côté de M. Louis Bonaparte, la décourageait par des préoccupations puériles. Les membres de la *Société du 10 décembre* exprimaient leur sentiment sur la révision de la Constitution en rossant, sur la place du Havre, les passants qui refusaient de crier : Vive l'Empereur! M. de La Guéronnière, rédacteur de la *Presse*, publia dans ce journal un article vigoureux contre les *décembraillards*. Cet article, intitulé : *l'Empire au bâton*, produisit une sensation dont malheureusement la Commission de permanence de l'Assemblée législative atténua bientôt l'effet en envoyant chez le ministre de l'intérieur une députation composée de M. Baze et de M. Léon Faucher, chargés de lui révéler que vingt-six des membres les plus exaltés de la *Société du 10 décembre* venaient de tirer au sort à qui tuerait le général Changarnier et M. Dupin ; le commissaire de police attaché à l'Assemblée et son agent avaient découvert la conspiration. Assassiner M. Dupin ! Le public se moqua de cette invention burlesque et de la Commission de permanence ; sa crédulité enlevait beaucoup de leur sérieux aux craintes qu'elle manifestait sur l'imminence d'un coup d'État ;

1. Pas un homme ne fut puni. On prétendit qu'il était impossible de découvrir les coupables. On avait bien découvert, peu de temps auparavant et condamné à deux ans de prison, un invalide coupable d'avoir crié : *Vive la République démocratique et sociale!*

le public cependant ne les supposait pas entièrement dénuées de fondement. Le Président comprit qu'il ne fallait pas trop se hâter et chercher à devancer l'opinion, qui n'était pas encore mûre. Le message présidentiel du 12 novembre fut rédigé pour la rassurer :

« ...... La règle invariable de ma vie politique sera, dans toutes les circonstances, de faire mon devoir, rien que mon devoir.

« Il est aujourd'hui permis à tout le monde, excepté à moi, de vouloir hâter la révision de notre loi fondamentale. Si la Constitution renferme des vices et des dangers, vous êtes tous libres de les faire ressortir aux yeux du pays. *Moi seul lié par mon serment*, je me renferme dans les strictes limites qu'elle a tracées.

« Les conseils généraux ont, en grand nombre, émis le vœu de la révision de la Constitution. Ce vœu ne s'adresse qu'au pouvoir législatif. Quant à moi, élu du peuple, ne relevant que de lui, je me conformerai toujours à ses volontés légalement exprimées.

« L'incertitude de l'avenir fait naître, je le sais bien, des appréhensions en réveillant bien des espérances. Sachons tous faire à la patrie le sacrifice de ces espérances, et ne nous occupons que de ses intérêts. Si, dans cette session, vous votez la révision de la Constitution, une Constituante viendra refaire nos lois fondamentales et régler le sort du pouvoir exécutif. Si vous ne la votez pas, le peuple en 1852 manifestera solennellement l'expression de sa volonté nouvelle....

« Ce qui me préoccupe surtout, soyez-en persuadés, ce n'est pas de savoir qui gouvernera la France en 1852, c'est d'employer le temps dont je dispose de manière que la transition, quelle qu'elle soit, se fasse sans agitation et sans trouble.

« Le but le plus digne et le plus noble d'une âme élevée n'est point de rechercher, quand on est au pouvoir, par quels expédients on s'y perpétuera, mais de veiller sans cesse aux moyens de consolider, à l'avantage de tous, les principes d'autorité et de morale qui défient les passions des hommes et l'instabilité des lois.

« Je vous ai loyalement ouvert mon cœur ; vous répondrez à ma franchise par votre confiance, à mes bonnes intentions par votre concours, et Dieu fera le reste. »

Le Président de la République revenait à la pensée habile et prudente qui faisait le fond de ses premiers discours. La paix pour le moment semblait rétablie entre les deux pouvoirs rivaux. Le général d'Hautpoul, ministre de la guerre, nommé gouverneur de l'Algérie, et le général Neumayer promu, par une sorte de transaction, à un commandement plus important, les deux pouvoirs, rivaux après le *message*, n'avaient plus qu'à se tendre la main ; mais M. Baroche, s'étant avisé de destituer le commissaire de police qui avait sauvé les jours de M. Dupin et du général Changarnier, M. Baze, questeur, protesta contre cet empiétement sur les attributions du président de l'Assemblée. M. Maugin, arrêté pour dettes, ayant excipé vainement de son inviolabilité, comme représentant, pour obtenir sa mise en liberté, M. Baze, armé d'un vote de l'Assemblée, s'élança vers Clichy et ramena en triomphe le prisonnier sur son banc.

Le pouvoir législatif se trompait en croyant accroître sa force et son prestige par de tels actes ; il les compromettait au contraire dans des conflits où le vainqueur a plus à perdre que le vaincu.

CHAPITRE X

CONFLITS ENTRE L'ASSEMBLÉE ET LE PRÉSIDENT DE LA RÉPUBLIQUE

Publication des instructions données par le général Changarnier aux chefs de l'armée de Paris. — Changement de ministère. — Destitution du général Changarnier. — Discours de M. Thiers. — *L'Empire est fait*. — Les hommes d'action manquent. — Ordre du jour de défiance contre le ministère. — Lettre de Louis Bonaparte à M. Dupin. — Le cabinet transitoire. — La droite menace le Président du refus d'une augmentation de traitement. — Discours de M. de Montalembert. — Lettre du comte de Chambord. — Loi sur la garde nationale. — Suspension du cours de Michelet. — Discours de Dijon.

La *Patrie* publia le 2 janvier 1851 des extraits de diverses instructions données aux chefs de corps par le commandant de l'armée de Paris :

« Ne pas écouter les représentants.
« Tout ordre qui ne provient pas du général en chef est nul.
« Toute réquisition, sommation ou demande d'un fonctionnaire civil, judiciaire ou politique doit être rigoureusement écartée. »

Cette publication avait pour but de brouiller le général Changarnier avec l'Assemblée. Le citoyen Napoléon Bonaparte s'empressa de dénoncer les instructions du commandant en chef de l'armée de Paris et de proposer un vote de blâme contre lui; mais la majorité ne songeait guère à se mettre en conflit avec le général Changarnier. On sut d'ailleurs bientôt que ces extraits dataient du mois d'octobre 1848, au moment où il avait pris le commandement de l'armée de Paris, et que, dans aucune de ses instructions permanentes ou transitoires, le droit constitutionnel de l'Assemblée de requérir des troupes n'avait été mis en question par le général Changarnier, non plus que l'article du règlement qui défère à l'Assemblée l'exercice de ce pouvoir.

Le soin de donner ces explications revenait de droit au ministre de la guerre, supérieur hiérarchique du commandant en chef de l'armée de Paris; mais le général Schramm, interpellé, demandait trois jours avant de répondre à l'interpellation ; l'Assemblée refusant d'attendre, le ministre de la guerre donna sa démission; ses collègues l'imitèrent. Le Président de la République s'occupa de former un nouveau ministère : tâche d'autant plus laborieuse que la destitution du général Changarnier est déjà résolue et qu'elle fait partie du programme imposé aux futurs ministres. Une simple modification du cabinet mit fin à la crise ministérielle : MM. Baroche, Fould, Rouher, de Parieu gardaient leurs portefeuilles; M. Drouyn de Lhuys remplaçait M. La Hitte aux affaires étrangères; MM. Bonjean et Magne prirent, l'un le portefeuille de l'agriculture et du commerce, l'autre celui des travaux publics; le général Regnault de Saint-Jean-d'Angely eut le ministère de la guerre.

La destitution du général Changarnier et son remplacement par le général Baraguey-d'Hilliers comme commandant en chef de l'armée de Paris, et par le général Perrot comme commandant en chef des gardes nationales de la Seine, suivent de près ces arrangements ministériels : rude coup pour le parti conservateur! M. de Rémusat exprime l'émotion de la droite par de vives interpellations au ministère; il demande qu'une commission soit chargée, séance tenante, d'adopter les mesures que la situation peut commander. Il n'y en avait qu'une à prendre : la formation d'une force parlementaire placée sous le commandement du général Changarnier; mais la majorité, au lieu d'agir, perd son temps à discuter avec le ministère sur la question de savoir qui, de l'Assemblée ou du Président de la République, a sauvé la France, et à demander à M. Baroche quelle est la politique du cabinet. « Celle du message du 12 novembre 1850, répond M. Baroche; nous sommes dans la Constitution, nous voulons y rester; avant de juger le cabinet, il faut attendre au moins ses actes. — Attendre, répond M. Dufaure, après la mesure que vous venez de prendre, après les cris proférés à Satory! » Il semble donc qu'il n'y ait plus qu'à mettre le Président de la République en accusation : la majorité pour cela garde une trop respectueuse fidélité aux fictions constitutionnelles; elle continue, comme si le Président de la République était irresponsable, à diriger ses coups sur ses ministres. M. Baroche, un moment effrayé par l'attitude menaçante de la majorité, reprend courage; il riposte à l'accusation porté contre le pouvoir exécutif de vouloir renverser la Constitution par une accusation semblable contre le pouvoir législatif; il oppose les voyages des légitimistes à Wiesbaden et des orléanistes à Claremont, aux revues de Satory.

M. Berryer monte à la tribune pour repousser cette accusation : « Il est allé à Wiesbaden pour voir un exilé qui est étranger à tous les événements accomplis dans son pays, qui n'a jamais démérité de la patrie, qui est exilé parce qu'il porte en lui le principe qui, pendant une longue suite de siècles, a réglé en France la transmission de la souveraineté, qui est exilé parce que tout établissement d'un nouveau gouvernement en France est nécessairement contre lui une loi de proscription, qui est exilé parce qu'il ne peut pas poser le pied sur le sol de cette France que les rois ses aïeux ont conquise, agrandie, constituée, sans être le premier des Français, le roi. » M. Berryer ajoute qu'il n'a fait le voyage de Wiesbaden que pour accomplir l'union et la fusion qui seules peuvent sauver la société française. Ah ! que cette majorité ne se brise pas, car si elle se brise, s'écrie l'orateur, « je déplore l'avenir qui est réservé à « mon pays. Je ne sais pas quels seraient vos successeurs, je ne sais « pas si vous aurez des successeurs; ces murs resteront debout peut-être, « mais ils ne seront habités que par des législateurs muets... C'est là ce « que j'entrevois, et je dis que, si la majorité est brisée, nous aurons à « subir, en France, ou le mutisme d'une démagogie, ou le mutisme qu'un « absolutisme absurde tentera de placer sur le pays. » Prophétie menaçante ! mais la fusion suffisait-elle pour la conjurer?

M. Thiers prend à son tour la parole pour expliquer les causes de son voyage à Claremont. Il commence par exprimer d'amers regrets sur la conduite du gouvernement qui brise le faisceau d'une majorité formée par le sacrifice mutuel de ses préférences, d'une majorité qui a créé la présidence. Lui et ses amis ont longtemps hésité entre M. Louis Bonaparte et le général Cavaignac; ils auraient pu prendre un candidat dans la majorité, ils ne l'ont pas fait, pour ne pas se diviser. Ils se rangèrent autour du nom vers lequel couraient les masses. Le Président de la République ne connaissait pas la France : l'orateur se chargea de la lui révéler; il voulait assurer sa popularité par quelque grande entreprise au dehors, par quelque grande fondation au dedans : c'est encore l'orateur qui le ramena bien vite au sentiment du possible. Lorsque le message du 31 octobre est venu rompre l'accord qui durait depuis deux ans, la majorité a pourtant continué son appui au Président de la République, dont la politique a fini par amener ces élections du 11 mars qui ont terrifié la France. L'orateur crut devoir alors conseiller la loi du 31 mai, que le pouvoir trouve bonne, en en déclinant la responsabilité. L'annonce seule de ce projet de loi rendit à la France sa sérénité. Vint la question de la dotation présidentielle. M. Thiers et ses amis craignaient que la dotation ne dénaturât l'institution de la présidence; ils l'ont votée pourtant, pour ne pas rompre avec le pouvoir exécutif. La prorogation de l'Assemblée arrive, et avec elle des actes nouveaux que M. Thiers et ses amis ne pouvaient laisser passer. Le gouvernement répond à l'accusation d'avoir toléré des manifestations inconstitutionnelles en reprochant à la majorité le voyage de Wiesbaden et de Claremont. Pour lui, il n'a pas voulu laisser mourir, sans le voir, un roi dont il a combattu la politique en respectant sa personne; il en a du reste averti le Président. A son retour, il l'a fait prévenir aussi qu'il s'est assis entre une veuve et un enfant qu'il ne connaît que sous le nom de comte de Paris, attendu que la France ne lui en a pas donné d'autres. Que faisait pendant ce temps-là le Président? Il passait des revues où les troupes le saluaient aux cris de : Vive l'Empereur! comme au temps où les légions faisaient les Césars. On a destitué le général Changarnier parce que sa position, dit-on, est une anomalie. Il y a bien d'autres anomalies en France, sans compter celle à laquelle l'orateur a consenti en laissant créer dans la République quelque chose qui n'est pas la République; le pouvoir exécutif empiète sur le pouvoir législatif; il faut que le premier s'incline devant l'autre. « Maintenant, encore un mot, « ajoute M. Thiers. Il n'y a que deux pouvoirs : le pouvoir législatif et « le pouvoir exécutif. Si l'Assemblée cède, il n'y en aura plus qu'un; et, « quand il n'y aura plus qu'un pouvoir, la forme du gouvernement sera « changée. Et, soyez-en sûrs, les mots viendront plus tard; quand? je « ne sais, peu importe; le mot viendra quand il pourra! *l'Empire est* « *fait.* »

A quoi sert à l'homme d'État de prévoir un danger pour son pays, s'il ne fait rien pour l'y soustraire? La clairvoyance est un don inutile si elle n'est pas secondée par l'action. M. Thiers et ses amis jugeaient mieux les événements qu'ils ne les dirigeaient. Il semble, après le prodigieux développement d'activité auquel a donné lieu la Révolution française, que l'intelligence fatiguée des hommes politiques soit plus capable de réflexion et de critique que d'action; les hommes d'État sont spectateurs plutôt qu'acteurs dans les événements qu'ils ont l'air de conduire; poli-

Fig. 55. — M. Michelet, professeur d'histoire au Collège de France, attire à son cours une grande quantité d'auditeurs par la hardiesse de son enseignement et par la guerre acharnée qu'il fait aux jésuites; ce cours est bientôt supprimé (page 219).

tiques platoniques, ils voient admirablement ce qu'il faudrait faire, mais ils ne le font pas. M. Thiers avait prononcé le mot de la situation, et il laissait aux événements le soin de la dénouer.

Cette impuissance d'agir éclate aussi chez la plupart des hommes dont le métier est l'action. Le général Cavaignac est tombé parce qu'il a perdu son temps en paroles. Le général Changarnier, dont on n'attendait qu'un acte, laisse passer l'heure décisive et subit une destitution, que lui-même et ses amis qualifient pompeusement de chute. L'ancien général en chef de l'armée de Paris, appelé à donner des explications sur les motifs qui ont pu amener sa rupture avec le Président de la République, constate qu'au moment de son élévation à ce poste cinq partis divisaient la France : républicains modérés, monarchistes traditionnels ou constitutionnels, démagogues et partisans de la dictature impériale, « même sans la gloire, même sans le génie de l'homme immortel dont l'univers s'entretient encore ». Il ajoute en termes pompeux :

> « Je n'ai voulu être et je n'ai été l'instrument d'aucun de ces partis. J'ai voulu ce que voulaient tous les hommes honnêtes ; j'ai voulu l'exécution des lois, le maintien de l'ordre, la reprise des transactions commerciales, la sécurité de la France entière, et j'ai l'orgueilleuse satisfaction d'avoir un peu contribué à vous donner ces biens.
> « Malgré d'odieuses insinuations propagées par l'ingratitude, je n'ai favorisé aucune faction, aucun conspirateur, et, des partis que je vous signalais, les deux derniers m'ont voué des haines bien méritées et qui, pour mon honneur, survivent à ma chute.
> « J'aurais pu devancer cette chute par ma démission, qui eût été bien accueillie ; mais ceux qui ont cru que j'aurais dû la donner sont-ils bien sûrs que ma présence aux Tuileries ne leur ait pas été utile ?
> « Mon épée est condamnée au repos, au moins momentané, mais elle n'est pas brisée ; et, si un jour le pays en a besoin, il la trouvera bien dévouée en n'obéissant qu'aux inspirations d'un cœur patriotique et d'un esprit ferme, très dédaigneux des oripeaux d'une fausse grandeur.

Deux ordres du jour sont proposés à la suite de la discussion. Le premier constate que « l'Assemblée nationale, tout en reconnaissant « que le pouvoir exécutif a le droit incontestable de disposer des com- « mandements militaires, blâme l'usage que le ministère a fait de ce « droit, et déclare que l'ancien général en chef de l'armée de Paris con- « serve tous ses titres au témoignage de confiance que l'Assemblée lui « a donné dans sa séance du 3 janvier. »

Le second est ainsi conçu : « L'Assemblée déclare qu'elle n'a pas « confiance dans le ministère, et passe à l'ordre du jour. »

L'Assemblée adopta le second amendement, dans lequel le nom du général Changarnier n'était pas même prononcé.

Le général Changarnier manquait d'une condition essentielle pour jouer un rôle politique. Personne ne connaissait au juste son opinion ; orléaniste, légitimiste, ou fusionniste, il apparaissait comme le Monk indécis d'une restauration inconnue. Ce surnom de Monk, dans un temps où les mots prennent aisément la place des choses, flattait peut-être l'amour-propre du général Changarnier ; mais entre Monk et lui, entre 1660 et 1851, quelle différence ! Monk brillait surtout par la circonspection et par la clairvoyance, le général Changarnier avait les défauts contraires ; Monk cachait sa personne autant que le général Changarnier aimait à étaler la sienne ; Monk sentait toutes les difficultés de son rôle, le général Changarnier se berçait dans le sien ; Monk brisa l'armée pour opérer la restauration des Stuarts, le général Changarnier ne pouvait compter que sur l'armée pour réaliser les projets qu'on lui prêtait. L'armée régnait en Angleterre depuis le protectorat ; il fallait la détrôner : rude tâche que celle de se défaire des cinquante mille puritains de Cromwell ! Monk les désunit pour les dissoudre ; l'armée d'Écosse, qu'il commandait, était jalouse de celle d'Angleterre ; il mit la première du côté du Parlement, il isola la seconde pour la licencier plus aisément ; Monk fit, en un mot, un coup d'État contre l'armée ; le Parlement, héritier de la force militaire, rappela ensuite le prétendant. Le général Changarnier se croyait maître de l'armée ; celle-ci n'appartenait qu'à ses intérêts, et elle ne discernait pas bien encore de quel côté ils étaient ; il aurait fallu la convaincre qu'ils se trouvaient du côté de l'Assemblée, mais elle ne faisait rien pour cela, et le général Changarnier n'était pas en mesure de lui dicter seul sa détermination : satisfait de son importance, arbitre imaginaire, dictateur sans dictature, il n'était qu'un simulacre de chef à la tête d'un parti qui n'avait que des velléités de force et pas de force réelle. Le général Changarnier devait encore une fois monter à la tribune et y prononcer quelques phrases sonores, bientôt démenties par les événements ; mais son rôle finit dans cette séance.

Ainsi disparut pour longtemps de la scène politique le dernier de ces généraux d'Afrique auxquels la France avait témoigné tant de confiance et de sympathie : Cavaignac, Lamoricière, Changarnier, Duvivier, Bedeau. Un lien commun unissait ces soldats divisés d'opinion, l'honneur : tous avaient la fierté et l'orgueil de servir la France et non un maître ; ils étaient inaccessibles aux basses convoitises ; ils avaient le mépris de l'argent, et sur le champ de bataille, à la tribune, dans l'exil ou dans la retraite, ils ont honoré l'armée, leur opinion et leur pays.

Le ministère était battu ; il fallait le remplacer. M. Louis Bonaparte, profitant avec habileté des difficultés de cette entreprise pour rejeter sur l'Assemblée la responsabilité des inconvénients d'une crise ministérielle, écrivit la lettre suivante à M. Dupin :

« Monsieur le Président,

« L'opinion confiante dans la sagesse du Gouvernement et de l'Assemblée ne s'est point émue des derniers incidents. Néanmoins la France commence à souffrir d'un désaccord qu'elle déplore. Mon devoir est de faire ce qui dépend de moi pour en prévenir les résultats fâcheux.

« L'union des deux pouvoirs est indispensable au repos du pays; mais, comme la Constitution les a rendus indépendants, la seule condition de cette union est une confiance réciproque.

« Pénétré de ces sentiments, je respecterai toujours les droits de l'Assemblée en maintenant les prérogatives du pouvoir que je tiens du peuple.

« Pour ne point prolonger une dissidence pénible, j'ai accepté, après le vote récent de l'Assemblée, la démission d'un ministère qui avait donné au pays, à la cause de l'ordre des gages éclatants de son dévouement : voulant toutefois reformer un cabinet avec des chances de durée, je ne pouvais prendre ses éléments dans une majorité née de circonstances exceptionnelles, et je me suis vu à regret dans l'impossibilité de trouver une combinaison parmi les membres de la minorité, malgré son importance.

« Dans cette conjecture, et après de vaines tentatives, je me suis résolu à former un ministère de transition, composé d'hommes spéciaux, n'appartenant à aucune fraction de l'Assemblée, et décidés à se livrer aux affaires sans préoccupation de parti. Les hommes honorables qui acceptent cette tâche auront des droits à la reconnaissance du pays.

« L'administration continue donc comme par le passé. Les préventions se dissiperont au souvenir des déclarations solennelles du message du 12 novembre. La majorité réelle se reconstituera ; l'harmonie sera rétablie sans que les deux pouvoirs aient rien sacrifié de la dignité qui fait leur force.

« La France veut avant tout le repos, et elle attend de ceux qu'elle a investis de sa confiance une conciliation sans faiblesse, une fermeté calme, l'impassibilité dans le droit.

« Agréez, monsieur le Président, l'assurance de mes sentiments de haute estime.

« L.-N. BONAPARTE. »

Ce cabinet transitoire comprenait : MM. le général Randon, à la guerre; Waïsse à l'intérieur; de Germiny, aux finances; Magne, aux travaux publics; Brenier, aux affaires étrangères; de Royer, à la justice; Vaillant, contre-amiral, à la marine; Charles Giraud, à l'instruction publique et aux cultes; Schneider, à l'agriculture et au commerce [1].

1. Le général Randon, engagé volontaire en 1811, fut nommé chef d'escadron en 1830 ; il servait sous son oncle, le général Marchand, lorsque, en 1815, Napoléon, après avoir débarqué à Cannes, se mit en marche sur Grenoble ; le capitaine Randon eut le courage de rappeler au colonel du 5e de ligne, vers lequel s'avançait l'Empereur, qu'il avait reçu l'ordre de faire feu. La Restauration cependant ne rendit pas justice à cette conduite ; peut-être la religion de M. Randon en fut-elle cause ; il était protestant. M. Randon, devenu colo-

Un pareil ministère ne méritait pas l'honneur d'être interpellé sur sa formation ; mais la majorité, piquée dans son amour-propre parlementaire, indignée d'avoir de si minces personnages pour intermédiaires entre elle et le gouvernement, gardant d'ailleurs rancune au Président de la République de la leçon qu'il lui donnait dans sa lettre à M. Dupin, soumet le cabinet transitoire à un interrogatoire en règle : Etes-vous pour le message du 12 novembre ou pour le message du 31 décembre? Admettez-vous l'indépendance des deux pouvoirs dont parle la lettre? Consentez-vous ou ne consentez-vous pas à l'application de la loi du 31 mai, à l'élection du Président de la République? Le ministère a beau répondre avec douceur : Je ne suis ici que transitoirement, d'autres vous répondront plus tard, attendez! la majorité ne veut pas attendre ; elle est convaincue que ses efforts vont amener la formation d'un « grand ministère » dont M. Thiers et M. Molé feront partie. M. Thiers encourage chez ses amis, et partage lui-même, ces illusions ; la majorité s'acharne d'autant plus sur le ministère transitoire, qu'une occasion va s'offrir bientôt à elle d'imposer sa volonté au pouvoir exécutif.

L'Assemblée avait voté l'année précédente 2,160,000 fr. de supplé-

---

nel en 1838, fit la guerre en Afrique, à la tête du 2e chasseurs ; il quitta ce pays en 1847, avec le grade de lieutenant général. Nommé en 1848 directeur des affaires de l'Algérie, il commanda ensuite la division de Metz et fit des inspections de cavalerie jusqu'au jour où le vice-président de la République, M. Boulay (de la Meurthe), le proposa comme ministre transitoire de la guerre. — M. Vaïsse, avoué à Marseille, libéral fougueux sous la Restauration, vendit son étude pour prendre sa part de la curée de 1830 ; il obtint une place de sous-préfet et devint plus tard secrétaire général de la préfecture des Bouches-du-Rhône. Le général Damrémont, passant du commandement de la 8e division militaire au gouvernement de l'Algérie, le transforma en secrétaire général du gouvernement de cette colonie ; M. Guizot, après la mort du général Damrémont, tué au siège de Constantine, nomma M. Vaïsse préfet des Pyrénées Orientales. Il passa, grâce à la recommandation du général Baraguey-d'Hilliers, tout-puissant, après le 10 décembre, de la préfecture des Pyrénées-Orientales à celle du Nord, où il se fit remarquer par l'ardeur de sa chasse aux mauvais livres. Béranger lui-même ne put trouver grâce devant lui. — M. de Germiny était gendre de M. Humann, et receveur général. — M. Magne, devenu, d'expéditionnaire avocat à Périgueux, d'avocat conseiller de préfecture de la Dordogne, de conseiller de préfecture député, de député sous-secrétaire d'État des finances, et de sous-secrétaire d'État des finances ministre des travaux publics, devait son élévation au maréchal Bugeaud, dont il avait été le protégé et en quelque sorte l'homme d'affaires. — M. Brenier quittait son cabinet de chef de la division de comptabilité au ministère des affaires étrangères pour monter dans celui du ministre. — M. de Royer, ancien élève du collège de Marseille, devint substitut, puis avocat général, dans le procès de la haute Cour de Versailles ; il se distingua sous M. Baroche, qui le désigna comme son successeur à la Cour d'appel. — M. Charles Giraud enseignait le droit administratif à Aix, sa patrie, lorsque la protection de M. Thiers lui ouvrit les portes de l'administration de l'instruction publique ; le ministre se servit de lui pour présider des concours ; il lut quelques morceaux à l'Académie des sciences morales, si bien qu'il devint peu à peu académicien, vice-recteur à Paris, inspecteur général des Facultés, puis enfin ministre transitoire. — M. Schneider dirigeait le Creuzot.

ment de traitement au Président de la République; un supplément de 1,800,000 francs pour l'exercice 1851 était devenu nécessaire. Le ministre des finances présenta donc, le 3 février, un projet de loi à ce sujet. La majorité votera, dit-elle, le supplément, à la condition qu'un ministère parlementaire sera tout de suite formé; le Président de la République peut refuser ce marché; mais qu'il sache bien alors que la majorité n'entend pas dénaturer l'institution démocratique de la présidence, et qu'il n'aura pas un sou de plus. M. de Montalembert monte à la tribune et cherche à ramener ses collègues à de meilleurs sentiments; mais cet orateur, qui a plus d'une fois exprimé les passions et les rancunes de la majorité, n'est point cependant aimé d'elle. Sa tâche est d'ailleurs des plus difficiles. M. de Montalembert l'aborde franchement : « Je ne suis, s'écria-t-il, ni le conseiller, ni le confident, ni l'avocat du Président de la République, je suis son témoin. » A ce mot, les membres de la droite se regardent avec un étonnement qui ne fait que s'accroître à mesure que l'orateur trace le tableau des services rendus à la cause de l'ordre par M. Louis Bonaparte. Rien n'est à reprendre dans sa conduite, si ce n'est la lettre à M. Edgar Ney; la destitution du général Changarnier elle-même est presque justifiée par M. de Montalembert; il proteste d'avance contre l'intention que l'on prête à l'Assemblée de ne pas accorder les 1,800,000 fr. demandés; un tel refus serait « une des ingratitudes les plus aveugles et les moins justifiées de ce temps-ci ». M. de Montalembert, un des chefs de la coalition de la rue de Poitiers, après s'être élevé contre ces coalitions, « qui, en détruisant le respect de l'autorité, contribuent bien plus aux révolutions que les émeutes, » se sépare de ses anciens alliés les légitimistes. « Il n'y a, leur dit-il, de légitime que ce qui est possible. » N'était-ce pas se rallier d'avance aux faits accomplis?

Les discussions sur des questions d'argent répugnent à la France; les royalistes qui refusaient un supplément de traitement au Président de la République, n'avaient d'ailleurs jamais rien marchandé, les uns à la Restauration, les autres à la monarchie de Juillet. Le refus de la dotation, au lieu d'être une affirmation du principe républicain, se changeait en une manifestation légitimiste rendue plus bruyante par l'arrivée d'une lettre de remerciement du comte de Chambord à M. Berryer pour son discours; une circulaire signée en son nom par M. de Barthélemy avait récemment produit un fort mauvais effet. Le comte de Chambord avait trouvé bon de profiter de l'occasion pour l'atténuer en promettant l'égalité devant la loi, la liberté de conscience, le libre accès de tous aux fonctions publiques. « Après tant de vicissitudes et d'essais infructueux, disait-il en finissant, la France, éclairée par sa propre expérience, saura, j'en ai la ferme confiance, connaître elle-même où sont ses meilleures destinées. »

Cette lettre, datée de Venise, le 31 janvier 1851, précéda de quelques jours la discussion de la proposition Creton, demandant l'abrogation de la loi qui interdisait le sol français aux membres des deux dernières familles régnantes; un nouveau tournoi d'éloquence ne pouvait manquer de s'engager sur cette proposition, qui trouva dans Berryer son plus ardent adversaire. La légitimité, selon lui, n'a pas besoin que la loi constate ses droits; ce n'est pas la loi qui l'exile, c'est la force; elle subit la force, elle repousse la générosité. M. Marc Dufraisse opposa nettement à la théorie légitimiste le principe révolutionnaire de la prescription politique appliquée non seulement à l'individu, mais encore à la famille et à la lignée. Aux clameurs dont l'orateur fut poursuivi, qui se serait cru dans une assemblée composée en grande partie de légitimistes proscripteurs des Bonaparte, d'orléanistes proscripteurs des Bourbons, et de bonapartistes proscripteurs des Bourbons et des Orléans?

M. Berryer, en proie à la plus vive émotion, déclara qu'après le discours de M. Dufraisse, les opinions n'étant plus libres, il fallait ajourner la proposition à six mois. Les partis, excités par cette discussion, tombent dans leurs éternelles querelles et s'amusent à se faire des niches, s'il est permis d'employer une semblable expression, qui seule rend bien compte de la conduite des diverses fractions de l'Assemblée. M. Berryer propose le remboursement de l'impôt des 45 centimes; M. Lagrange demande le remboursement du milliard des émigrés; la droite et la gauche luttent de propositions absurdes.

L'expédition de Rome à l'intérieur est reprise avec une nouvelle vigueur : le suffrage universel, la presse, l'enseignement ont été frappés; il ne s'agit plus que d'atteindre la garde nationale. Un projet de loi est dirigé contre elle; le gouvernement cependant doit-il procéder au renouvellement des officiers de la garde nationale dont le mandat est expiré d'après les prescriptions de l'ancienne loi? La Commission de l'Assemblée s'était entendue avec le ministère pour remplacer l'ancienne loi par une loi nouvelle, afin de couvrir la responsabilité du Président de la République; le bruit se répand tout à coup que le gouvernement, changeant d'avis, va brusquement faire procéder aux élections, le 25 mars, conformément au décret du gouvernement provisoire. Les royalistes s'émeuvent; le gouvernement, disent-ils, veut avoir deux suf-

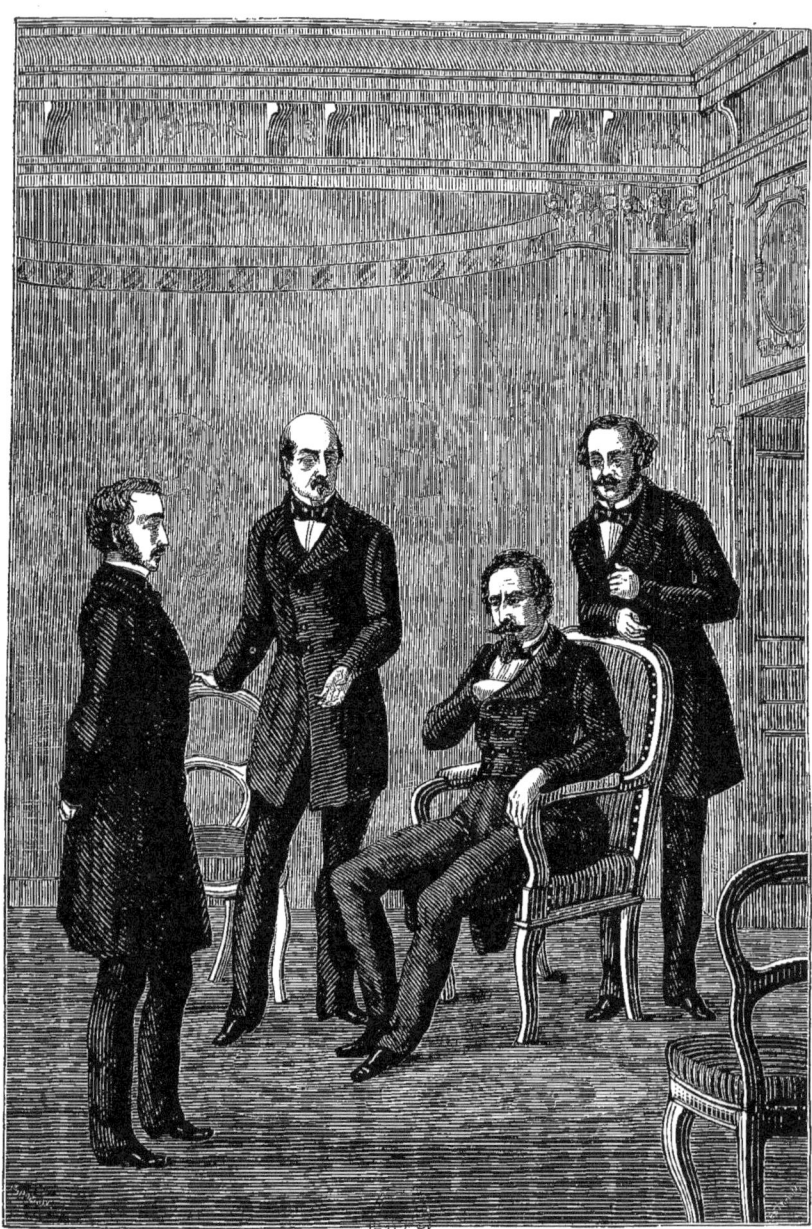

Fig. 56. — Le Président de la République convoque, au mois de septembre 1851, à l'Élysée MM. de Morny, Rouher, de Persigny, pour étudier le plan du coup d'État préparé par le préfet de police Carlier. Après délibération, l'exécution de ce plan est ajourné (page 227).

frages, l'un pour les représentants du peuple, l'autre pour le Président et pour la garde nationale, et, avant d'abroger la loi du 31 mai, il emploie tous les moyens pour diminuer son influence morale. « Prenez garde, s'écrie le général Lamoricière, à la prorogation des pouvoirs des officiers, on peut vous la demander pour d'autres pouvoirs. »

La loi nouvelle changeait le caractère démocratique de la garde nationale, car elle n'admettait pas que tout électeur fût garde national, et elle établissait le double degré pour l'élection des grades supérieurs. La majorité s'empressa de la voter, et, après avoir supprimé ce qu'elle appelle le droit au fusil, elle jeta les yeux sur l'enseignement supérieur.

M. de Falloux n'était plus ministre de l'instruction publique; mais M. de Parieu, animé de son esprit, continuait ses traditions : lycées, écoles, pensionnats, tous les établissements d'instruction publique avaient subi une sévère épuration. Le clergé réglait pour ainsi dire l'enseignement dans toutes les chaires! la Sorbonne elle-même n'ose plus parler à haute voix des écrivains du XVIIIe siècle ; l'enseignement historique gardait seul dans la bouche de M. Michelet son franc parler ; dangereux exemple! Qui ne s'humilie pas devant le jésuitisme le brave; il faut fermer tout de suite la chaire rebelle; le moyen âge est de retour, l'enseignement libre devient un crime. Le cours de M. Michelet est supprimé, sous prétexte que les leçons de l'illustre historien compromettent « la dignité, les plus chers intérêts du Collège de France. » Au dire d'un de ses administrateurs, ses plus chers intérêts ne sont-ils pas de défendre la liberté d'enseignement? « Au lieu d'un cours d'histoire et de morale, titre de sa chaire, M. Michelet, ajoute le même administrateur, ne fait que de la politique. »

Le moment de la discussion sur la révision de la Constitution approchait. Pendant que les royalistes fourbissaient leurs armes, le Président de la République inaugurait la section du chemin de fer de Dijon et posait aussi cette question devant le pays; l'accueil fait au prince-président par les populations et les autorités municipales de la Côte-d'Or s'éleva jusqu'à l'enthousiasme. Le maire de Dijon mit « aux pieds du prince, héritier du nom qui porta le plus haut la gloire de la France, le dévouement de la nation, qui sans doute saurait, dans l'exercice de sa souveraineté, trouver la meilleure expression de sa reconnaissance. »

Le président de la République lui répondit :

« Je voudrais que ceux qui doutent de l'avenir m'eussent accompagné à travers les populations de l'Yonne et de la Côte-d'Or. Ils se seraient rassurés, en jugeant par eux-mêmes de la véritable disposition des esprits. Ils eussent vu que ni les intrigues, ni les attaques, ni les discussions passionnées des partis, ne sont en harmonie avec les sentiments ni avec l'état général du pays.

« La France ne veut ni le retour à l'ancien régime, quelle que soit la forme qui le déguise, ni l'essai d'utopies funestes et impraticables. C'est parce que je suis l'adversaire le plus naturel de l'un et de l'autre, qu'elle a placé sa confiance en moi.

« S'il n'en était pas ainsi, comment expliquer cette touchante sympathie du peuple à mon égard, qui résiste à la polémique la plus dissolvante et qui m'absout de ses souffrances.

« En effet, si mon gouvernement n'a pas pu réaliser toutes les améliorations qu'il avait en vue, il faut s'en prendre aux manœuvres des factions... *Depuis trois ans, on a pu remarquer que j'ai toujours été secondé par l'Assemblée quand il s'est agi de combattre le désordre par des mesures de compression. Mais lorsque j'ai voulu faire le bien, améliorer le sort des populations, elle m'a refusé ce concours.*

« *Si la France reconnaît qu'on n'a pas eu le droit de disposer d'elle sans elle, la France n'a qu'à le dire : mon courage et mon énergie ne lui manqueront pas.*

« C'est parce que vous l'avez compris ainsi que j'ai trouvé dans la patriotique Bourgogne un accueil qui est pour moi une approbation et un encouragement.

« Je profite de ce banquet comme d'une tribune, pour ouvrir à mes concitoyens le fond de mon cœur. D'un bout de la France à l'autre, les pétitions se signent pour demander la révision de la Constitution. J'attends avec confiance les manifestations du pays et les décisions de l'Assemblée qui ne seront inspirées que par la seule pensée du bien public.

« Depuis que je suis au pouvoir, j'ai prouvé combien, en présence des grands intérêts de la société, je faisais abstraction de ce qui me touche. Les attaques les plus injustes et les plus violentes n'ont pu me faire sortir de mon calme.

« Quels que soient les devoirs que le pays m'impose, il me trouvera décidé à suivre sa volonté. Et, croyez-le bien, messieurs, la France ne périra pas entre mes mains. »

« Louis-Napoléon, qui avait affecté jusqu'ici dans tous ses discours un certain respect pour la légalité, tenait pour la première fois un autre langage, dénonçait en quelque sorte l'Assemblée au pays, et s'offrait à lui pour l'aider à la renverser. M. Léon Faucher, redevenu ministre de l'intérieur, disait à l'un de ses amis : « Je serai probablement le dernier ministre « parlementaire de ce gouvernement ; mais je tomberai avec le régime « constitutionnel, auquel je ne veux pas survivre, malgré ma vive affection « pour le Président. » Le discours de Dijon menaçait de donner raison au pressentiment du ministre de l'intérieur ; il fallait se hâter d'en atténuer l'effet ; M. Léon Faucher, qui accompagnait le Président, accourut à Paris pour expurger la harangue avant son insertion au *Moniteur*. Les mots soulignés ne figurent pas en effet dans la feuille officielle. Précaution bien puérile, car l'Assemblée en avait eu connaissance, et elle en témoignait sa colère d'une façon bruyante ; la Bourse baissait. Le coup d'État allait-il éclater ? L'armée est, disait-on, prête à marcher ; la plus vive agitation régnait parmi les représentants. Le général Changarnier crut devoir monter à la tribune pour les rassurer.

« L'armée, dit-il, profondément pénétrée du sentiment de ses devoirs, du sentiment de sa propre dignité, ne désire pas plus que vous de voir les hontes et les misères des gouvernements des Césars, alternativement proclamés ou changés par des prétoriens en débauche.

« Personne n'obligera les soldats à marcher contre le droit, à marcher contre cette Assemblée. L'armée n'obéira qu'aux chefs dont elle est habituée à suivre la voix. Mandataires de la France, délibérez en paix. »

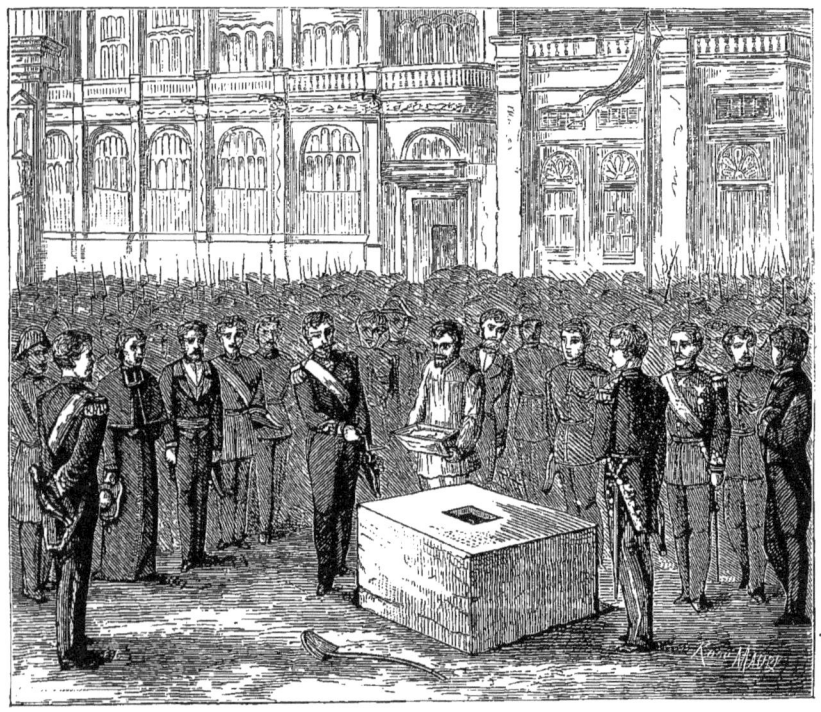

Fig. 57. — Le Président de la République pose la première pierre des Halles centrales (page 227).

Le général Changarnier regagna solennellement son banc au milieu des applaudissements de la majorité, qui fit semblant d'être tranquillisée, mais qui ne l'était pas du tout. De quoi pouvait-elle d'ailleurs se plaindre ? n'était-ce pas son obstination à se dépopulariser par les lois et par les mesures les plus antipathiques à l'opinion publique qui permettait au Président de la République de la braver pour ainsi dire et de se poser comme son adversaire devant le pays.

CHAPITRE XI

LA RÉVISION DE LA CONSTITUTION

Cinq propositions de révision sont en présence. — Ouverture de la discussion le 14 juillet 1851. — Discours de MM. Baroche, de Falloux, Cavaignac, Michel (de Bourges), Berryer, Dufaure, Odilon Barrot. — Rejet des propositions de révision. — Attitude imprudente et menaçante du parti révolutionnaire. — Discours de Louis-Napoléon à l'inauguration des halles. — Vacances de l'Assemblée. — Projet de coup d'Etat abandonné. — Rappel de la loi du 31 mai. — Formation d'un cabinet de dévouement. — Le général Leroy de Saint-Arnaud, ministre de la guerre. — Lecture d'un message présidentiel le 4 novembre 1851 à l'Assemblée. — Discours de Louis-Napoléon aux exposants français de l'exposition de Londres. — Dangereuses illusions du parti républicain.

L'Assemblée allait donc s'occuper de la révision de la Constitution sans savoir en faveur de quel parti et de quelle forme de gouvernement elle aurait lieu, sans s'être mise d'accord sur une transaction quelconque entre les fractions qui la composaient. Que pouvait-on attendre d'une discussion ainsi engagée, sinon qu'elle servît les intérêts du bonapartisme?

Cinq propositions déposées dans le courant de mai se trouvaient en présence :

1° La proposition de M. de Broglie. — « Les représentants soussignés, dans le but de remettre à la nation l'entier exercice de la souveraineté, ont l'honneur de proposer à l'Assemblée nationale que la Constitution soit révisée. »

2° La proposition de M. Payer, dont le but est de rectifier quelques points de détail de la Constitution et de développer les autres dans le sens républicain.

3° La proposition de M. Creton, qui demande la convocation d'une Assemblée munie de pouvoirs illimités pour choisir le gouvernement de la France.

4° Celle de M. Bouhier de L'Écluse, consistant à élire une assemblée constituante qui rendrait à la France ses lois fondamentales, ou plutôt qui se bornerait à les déclarer ; ces lois n'ayant pu périr, car elles sont éternelles.

5° Celle de M. Larabit, demandant l'abrogation de l'article 45 de la Constitution, relatif à la non-rééligibilité du Président, et la liberté pour le peuple de disposer de ses suffrages comme il l'entendrait au moment de l'élection présidentielle.

La proposition du duc de Broglie portait deux cent trente-trois signatures qui se seraient ralliées, pour éviter une crise, à l'idée de proroger de dix ans les pouvoirs du Président de la République. M. Payer parlait au nom d'un groupe de républicains modérés, M. Creton au nom des orléanistes, M. Bouhier de L'Ecluse au nom des légitimistes, M. Larabit au nom des bonapartistes.

La discussion s'ouvrit le 14 juillet 1851, anniversaire de la prise de la Bastille ; le président Dupin crut devoir l'inaugurer par une allocution recommandant le calme et la modération aux orateurs. Inutiles conseils.

M. Baroche ouvrit la discussion comme chargé d'apporter dans le débat l'opinion du gouvernement. Il s'attendait à recueillir les applaudissements de l'Assemblée en développant de nouveau cette thèse que l'élection du 10 décembre était une protestation contre la Constitution de 1848 ; mais la majorité accueillit froidement ses paroles.

M. de Falloux lui succéda ; son discours, panégyrique d'idées et de sentiments qui ont besoin d'être réchauffés et rajeunis par une grande éloquence, laissa l'Assemblée froide et inattentive jusqu'au moment où il parla de l'invasion étrangère prête à fondre sur la France et à mettre le comble aux maux causés par l'anarchie intérieure. C'était la conclusion de son discours. Il descendit de la tribune, poursuivi par les ardentes récriminations de la gauche contre une menace si imprudente, surtout dans la bouche d'un légitimiste.

Le général Cavaignac mit au service du principe républicain les mêmes arguments que M. de Falloux venait d'invoquer en faveur de la monarchie ; il fit de l'inviolabilité du gouvernement de la République une sorte de dogme.

Michel (de Bourges) remplaça ces raisonnements mystiques, exposés avec plus de conviction que de clarté, par les éclats passionnés de son éloquence méridionale ; son discours, âpre réquisitoire d'un tribun, remplit deux séances. M. Berryer lui répondit : les deux orateurs se valaient. Ils furent tous les deux à la hauteur de leur talent; mais leur éloquence, malgré tout, sonnait creux : elle paraissait vide et déclamatoire, comme il arrive toutes les fois que le résultat d'une délibération est prévu.

M. Dufaure, l'un des auteurs de la Constitution de 1848, défendit son œuvre, plutôt par acquit de conscience que par conviction : la France, indifférente, selon lui, à la République ou à la monarchie, tenait à la République uniquement pour ne pas se donner la peine de changer de gouvernement; quant à ceux que la crainte d'une candidature inconstitutionnelle poussait à demander la révision, la présence de l'Assemblée doit suffire à les rassurer.

M. Odilon Barrot traita la question en professeur de droit constitutionnel, qui expose à ses élèves les différentes formes de gouvernement et qui leur en montre les avantages et les inconvénients. Il était temps de mettre fin à une discussion qui transformait depuis six jours l'Assemblée en Académie des sciences morales et politiques.

Le 20 juillet, le scrutin, ouvert avec toute la solennité convenable sous la double forme du vote à la tribune et de l'appel nominal, donna les résultats suivants. Sept cent cinquante représentants avaient répondu à l'appel : quatre cent quarante-six demandaient la révision ; deux cent soixante dix-huit la repoussaient. La majorité n'atteignait pas le chiffre des deux tiers fixé par la Constitution pour que la révision fût prononcée. MM. Thiers, de Rémuzat, Creton, Baze, Bedeau, s'étaient séparés de la droite et avaient voté contre la révision avec le parti républicain.

L'Assemblée était entrée en vacances au mois d'août. Le pays éprouvait comme une sorte de soulagement de voir fermer momentanément les portes de cette arène bruyante. La plus vulgaire prudence conseillait au parti républicain de se conformer à cette disposition des esprits ; mais, si une fraction notable de ce parti se soumettait à cette nécessité, l'autre fraction était incapable de la comprendre.

Les complots, les associations secrètes, les émeutes, les manifestes menaçants, les vaines démonstrations d'une politique de parade se succédaient et augmentaient les craintes de la classe moyenne ; l'idée d'en finir avec une situation qui menaçait de la ruiner pénétrait chaque jour plus profondément dans son esprit : les commerçants, les industriels se

Fig. 53. — Par ordre du ministre de la guerre on affiche dans les casernes un ordre du jour protestant contre le droit de l'Assemblée de requérir la force publique (page 235).

demandaient avec effroi si la France était condamnée à une agitation perpétuelle.

Pendant que le parti de la révolution, au lieu de chercher à rassurer les intérêts et les esprits timides, redoublait au contraire de manifestes menaçants, le Président de la République tenait le langage le plus propre à toucher les bourgeois oppressés par un perpétuel cauchemar; ils respiraient en entendant le chef du pouvoir exécutif prononcer ces paroles à la pose de la première pierre des Halles centrales : « En « posant la première pierre d'un édifice dont la création est si émi« nemment populaire, je me livre avec confiance à l'espoir que, avec « l'appui des bons citoyens et avec l'appui du Ciel, il nous sera donné de « jeter dans le sol de la France quelques fondations sur lesquelles s'élè« vera un édifice social assez solide pour fournir un abri contre la vio« lence et la mobilité des passions humaines. »

Les chefs bonapartistes suivaient attentivement ce mouvement des esprits et se mettaient en mesure d'en profiter. Quelques-uns même parlaient de frapper le coup d'Etat pendant la prorogation de l'Assemblée. Le préfet de police Carlier en avait tracé le plan; les décrets qui devaient l'accompagner étaient tracés de la main de l'ex-préfet Romieu [1]. Par ces décrets, le ministère de l'instruction publique, l'Ecole polytechnique et les octrois étaient supprimés, et les Ecoles de droit et de médecine transférées hors Paris. Le préfet de police devait faire arrêter et déporter immédiatement quatre cents personnes.... Le Prince-président convoqua MM. de Morny, de Persigny, Rouher, pour examiner le plan Carlier [2]. Il fut convenu après mûr examen qu'il valait mieux laisser l'Assemblée

---

1. M. Romieu, avant d'entrer dans l'administration, avait figuré parmi les farceurs célèbres de son temps. On composerait un livre des anecdotes drôlatiques où il figure. La plus connue est celle du lampion. Un de ses amis, le voyant s'étendre de tout son long dans la rue à la suite de trop copieuses libations, met sur son corps un de ces lampions qui servent la nuit à désigner aux voitures les embarras du pavé de Paris. Romieu et le docteur Véron, qui de médecin s'était fait directeur de théâtre et de journaux, figuraient au nombre des conseillers intimes du prince Louis.

2. « On chassa dans la journée; on dîna. Pendant la chasse et pendant le dîner, il ne fut pas le moins du monde question du projet Carlier. On passa bientôt dans un des salons du palais. « Ce salon, dit en s'asseyant le prince Louis-Napoléon, est celui où le « duc de Raguse, après les journées de juillet, rendit son épée au duc d'Angoulême... « Maintenant, messieurs, parlons de notre affaire » On discuta le coup d'Etat Carlier. L'opinion qui prévalut fut celle-ci : la présence des députés dans les départements devait faire craindre que, par leur influence, ils ne parvinssent à organiser une résistance sérieuse. La guerre civile pouvait éclater sur plusieurs points. Les esprits les plus impatients, les cœurs les plus résolus reculèrent devant ce danger. L'avis de ceux-là était qu'il fallait attaquer la Chambre présente à Paris, vider la querelle face à face avec elle, et qu'il serait imprudent d'ouvrir la campagne contre des absents. (*Mémoires d'un bourgeois de Paris*, par le docteur L. Véron.)

s'user elle-même que de s'exposer à la fortifier par une attaque prématurée [1].

L'Assemblée venait de reprendre ses travaux, lorsque, vers le milieu du mois d'octobre 1851, le bruit se répandit que le président de la République était décidé à lui proposer le rappel de la loi du 31 mai, et que le ministère, ne voulant pas se prêter à l'abolition de cette loi qu'il avait rédigée et défendue, donnait sa démission. Ce bruit ne tarda pas à se vérifier. M. Billault, chargé de composer un cabinet parlementaire, n'ayant pas réussi dans sa mission, M. Louis Bonaparte se contenta de nommer un ministère de dévouement, dont quatre membres seulement, M. Fortoul [2], ministre de la marine, M. Casabianca, ministre du com-

---

[1]. Presque à la même date, M. Baroche, répondant à un membre de la Commission de permanence qui se plaint de la destitution du général Neumayer, jure, en mettant la main sur son cœur, que « le fait n'a rien de politique », qu'il ne se rattache à l'exécution d'aucun « dessein coupable », qu'il ne cache « aucune intention hostile à l'Assemblée ». Deux mois auparavant dans la discussion soulevée par la destitution du général Changarnier, il déclarait avec non moins de solennité que le gouvernement est innocent de tout dessein contraire à la sécurité de l'Assemblée : « Vous qui prétendez qu'il existe des gens qui veulent une tribune muette, soyez assurés qu'il n'y a personne dans le gouvernement, depuis son chef jusqu'au plus nouveau des ministres, qui ne désire la liberté de la lutte et de la discussion dans le Corps législatif. Nul ici, je dis nul, entendez-vous bien? n'est plus dévoué que nous au régime parlementaire et n'est plus disposé que nous à toute espèce de sacrifice pour le maintenir. » Et, comme si cela ne suffisait pas, il ajoute : « Si l'on vient dire qu'il y a depuis quelque temps dans le pouvoir une tendance à montrer peu de foi dans nos institutions, à préconiser les bienfaits du gouvernement absolu, à aspirer à une restauration impériale... je réponds que le Président qui a prêté serment à la Constitution à cette tribune, et qui l'a renouvelé par son message du 12 novembre 1850, repousse bien loin de son esprit et de son cœur toute pensée d'un retour à l'Empire. » (Compte rendu de la séance du 15 janvier.)

[2]. Certains écrivains de l'opposition, qui n'avaient ni assez de conscience ni assez de talent pour montrer de la persévérance, voulant, comme on dit vulgairement, faire une fin, s'étaient, vers la fin du règne de Louis-Philippe, rapprochés du gouvernement; M. Fortoul figurait dans le nombre. M. de Salvandy, ministre de l'instruction publique, venait de créer les chaires des Facultés départementales ; M. Fortoul, nommé à la chaire de littérature étrangère de la Faculté de Toulouse, ne tarda pas à l'échanger contre celle de la Faculté d'Aix. Il était censé travailler à une édition des papiers de Peiresc. Lorsque la Révolution de février vint l'interrompre au milieu de ses occupations littéraires, il jouissait déjà des honneurs du décanat de la Faculté d'Aix. M. Fortoul se souvenant alors qu'il avait été saint-simonien, démocrate, collaborateur de Louis Blanc et de Jean Reynaud, et sentant se réveiller en lui la fibre républicaine, sollicita les suffrages des électeurs des Basses-Alpes; articles nuageux, livres déclamatoires contre la monarchie, rajeunis, corroborés par une profession de foi dont ses anciens amis MM. Carnot, Jean Reynaud et Charton ne pouvaient que se montrer très édifiés, il étala tous ses titres devant eux. Le citoyen Fortoul avait pour concurrent un ancien commissaire de la République dans le département; la lutte fut vive ; le citoyen Fortoul l'emporta ; mais son élection, suspecte de manœuvres frauduleuses, courait grand risque de n'être pas validée par l'Assemblée. MM. Jean Reynaud, Charton, Carnot se mirent en campagne ; grâce à leurs efforts, il devint représentant du peuple. M. Fortoul, réélu à l'Assemblée législative, ne tarda pas à s'affilier au bonapartisme par la publication d'une brochure sur la révision de la Constitution. Louis Bonaparte, dans la recherche d'hommes d'État qu'il fit, pour remplacer le cabinet de transition, le prit et le mit au ministère de la marine. C'est sur son banc de quart que le dictateur du 2 décembre vint le chercher deux mois plus tard, pour lui confier la mission d'approprier l'Université à ses nouvelles destinées.

merce, M. Leuillon de Thorigny, ministre de l'intérieur, M. Turgot, vice-président du comité général pour la révision de la Constitution, ministre des affaires étrangères, appartenaient à l'Assemblée. M. Giraud, qui avait déjà fait partie du ministère transitoire, redevenait ministre de l'instruction publique; M. Corbin, procureur général près la Cour d'appel de Bourges, et M. Blondel, inspecteur des finances, persistant

Fig. 59. — Le Président de la République adresse aux industriels français ayant obtenu des récompenses à l'Exposition de Londres, un discours-manifeste (page 231).

à refuser, l'un le ministère de la justice, l'autre le ministère des finances, furent remplacés par M. Daviel, procureur général près la Cour d'appel de Rouen, et par M. Magne. La présence du général Leroy de Saint-Arnaud au ministère de la guerre donnait seule à ce cabinet une signification politique. Le ministre du coup d'État était à son poste.

Le cabinet étant constitué, M. Leuillon de Thorigny monta, le 4 novembre, à la tribune pour lire un message.

Il était habilement rédigé, pour faire ressortir le malaise du pays, le ralentissement du travail, la panique des intérêts, et, par conséquent, la nécessité de maintenir l'ordre, afin que les résolutions qui devaient, disait le Président de la République, décider du sort de la France, fussent conçues dans le calme et adoptées sans contestation. Ces résolutions ne pouvaient émaner que d'un acte décisif de la souveraineté nationale. L'auteur du message, après avoir ensuite examiné s'il était sage de restreindre la base du suffrage universel, c'est-à-dire du principe qui a relevé l'édifice social en substituant un droit à un fait révolutionnaire, se demandait si ce n'était pas d'avance compromettre la stabilité des pouvoirs nouveaux appelés à régir les destinées du pays, que de laisser aux partis un prétexte de discuter leur origine et de nier leur légitimité. La loi du 31 mai était bien plus un acte politique, une loi de salut public qu'une loi électorale; c'est à ce titre qu'il avait dû l'accepter des mains de la majorité comme un moyen énergique de sauver le pays; mais, ajoutait le Président de la République, les mesures de salut public n'ont qu'un temps limité. D'ailleurs, cette loi dépasse le but qu'on voulait atteindre; elle supprime trois millions d'électeurs dont les deux tiers sont des habitants honnêtes et paisibles des campagnes. Cette immense exclusion sert de prétexte au parti anarchique, qui couvre ses mauvais desseins de l'apparence d'un droit ravi à reconquérir. La loi du 31 mai, défectueuse lorsqu'elle est appliquée à l'élection d'une Assemblée, l'est bien davantage s'il s'agit de la nomination d'un président: car, poursuivait Louis Bonaparte, si une résidence de trois ans dans la commune peut paraître une garantie de discernement imposée aux électeurs pour connaître les hommes qui doivent les représenter, à quoi bon une résidence si prolongée pour connaître le candidat qui doit gouverner la France? Autre grave objection: la Constitution exige pour la validité de l'élection du président de la République par le peuple, deux millions au moins de suffrages; si le candidat ne réunit pas ce nombre, le droit d'élire revient à l'Assemblée. La Constituante a donc décidé que, sur dix millions de votants portés alors sur les listes, il suffira du cinquième pour valider l'élection. Aujourd'hui, le chiffre des électeurs se trouvant réduit à sept millions, en exiger deux, n'est-ce pas intervertir la proportion, demander presque le tiers au lieu du cinquième, et dans une certaine éventualité ôter l'élection au peuple pour la donner à l'Assemblée? Louis Bonaparte faisait remarquer, en finissant, que l'argument principal des ennemis de la révision de la Constitution consistait à soutenir que l'œuvre d'une Assemblée issue du suffrage universel ne pouvait pas être modifiée par une Assemblée issue du suffrage restreint.

Le dépôt d'un projet de loi pour le rétablissement du suffrage universel suivit immédiatement la lecture de ce message, accueilli par les murmures de la majorité. Le ministre de l'intérieur demanda que la discussion eût lieu d'urgence. La majorité se donna le plaisir de faire subir un échec au ministère. Était-ce une déclaration de guerre? l'Assemblée voulait-elle résolument entamer la lutte avec le pouvoir exécutif? On aurait pu le supposer, si, après cette première escarmouche, elle ne s'était empressée de parler de conciliation, de concessions : les membres de la droite ne pouvaient parvenir à se mettre d'accord; les uns, en maintenant la loi du 31 mai, consentaient à en modifier les conditions trop exclusives; les autres rédigeaient de nouveaux projets, en y introduisant tout ce qu'on pourrait conserver de la loi du 31 mai, notamment ses dispositions relatives au domicile. L'Assemblée perdait son temps dans les subtilités de la tactique parlementaire.

M. Louis Bonaparte agissait sur l'opinion publique et adressait le discours suivant aux industriels français réunis pour recevoir les récompenses obtenues par eux à l'Exposition de Londres :

« Comme elle pourrait être grande la République française, s'il lui était permis de vaquer à ses véritables affaires et de réformer ses institutions au lieu d'être sans cesse troublée, d'un côté par les idées démagogiques, et de l'autre par les hallucinations monarchiques!

« Les idées démagogiques proclament-elles une vérité? Non, elles répandent partout l'erreur et le mensonge; l'inquiétude les précède, l'inquiétude les suit, et les ressources employées à les réprimer sont autant de pertes pour les améliorations les plus pressantes, pour le soulagement de la misère.

« Quant aux illusions monarchiques, sans faire courir les mêmes dangers, elles entravent également tout progrès, tout travail sérieux : on lutte au lieu de marcher. On voit des hommes, jadis ardents, promoteurs des prérogatives de l'autorité royale, se faire conventionnels afin de désarmer le pouvoir issu du suffrage populaire. On voit ceux qui ont le plus souffert, le plus gémi des révolutions en provoquer une nouvelle, et cela dans l'unique but de se soustraire au vœu national et d'empêcher le mouvement qui transforme les sociétés de suivre son paisible cours.

« Ces efforts seront vains. Tout ce qui est dans la nécessité des temps doit s'accomplir. L'inutile seul ne saurait revivre.

« Avant de nous séparer, messieurs, permettez-moi de vous encourager à vous livrer à de nouveaux travaux; entreprenez-les sans crainte; ils empêcheront le chômage de cet hiver. Ne redoutez pas l'avenir; la tranquillité sera maintenue, quoi qu'il arrive. Un gouvernement qui s'appuie sur la masse entière de la nation, qui n'a d'autre mobile que le bien public et qu'anime cette foi ardente qui vous guide sûrement même à travers un espace où il n'y a pas de route tracée, ce gouvernement, dis-je, saura remplir sa mission, car il a en lui, et le droit qui vient du peuple, et la force qui vient de Dieu! »

Les royalistes, mis sur le même rang que les démagogues, et accusés de contribuer autant qu'eux aux maux de la France, étaient fort embarrassés pour se tirer de la position difficile où les plaçait le rétablissement du suffrage universel ; obligés de sacrifier cette loi du 31 mai, qu'ils considéraient comme une de leurs plus utiles conquêtes, ou de se mettre en hostilité ouverte avec le gouvernement en se refusant à son abrogation, ils cherchaient à concilier le besoin de sauvegarder leur dignité et le désagrément d'obéir à la nécessité. La majorité déclara donc qu'elle ne ferait point de loi spéciale pour les élections politiques, et qu'il lui suffirait d'introduire dans la loi communale un article tendant à diminuer la durée du domicile, en ajoutant que cette loi s'appliquerait aux élections politiques : subterfuge que Michel (de Bourges) n'eut pas de peine à dévoiler. Rien ne pouvait empêcher désormais le rétablissement du suffrage universel. Chose étrange ! divers membres de l'opposition républicaine voyaient dans cette mesure la preuve certaine du désir de Louis Bonaparte de se rapprocher d'eux.

Le Président avait pour lui les hautes classes de la société, seules capables de lui fournir le personnel d'une administration forte et respectable aux yeux des populations qui, dans leur ignorance, prennent souvent la richesse pour une vertu. L'élection du 10 décembre avait prouvé à Louis Bonaparte qu'il pouvait compter sur les campagnes; son alliance avec le clergé les rattachait encore plus fortement à sa cause; la gauche ne lui offrait que l'appui douteux des classes ouvrières, surexcitées par la révolution, rêvant une société chimérique, un ministère d'utopistes et de sectaires, une administration intérieure formée des orateurs des clubs et des écrivains de la presse radicale de Paris et des départements. Le choix de Louis Bonaparte, placé entre le parti conservateur et le parti révolutionnaire, ne pouvait être douteux un seul instant; plusieurs des représentants qui occupaient les bancs les plus élevés de la gauche n'en persistaient pas moins dans cette idée que le rétablissement du suffrage universel était une avance du prince Louis Bonaparte au parti démocratique. Illusion funeste qui n'a pas été étrangère au rejet de la proposition des questeurs dont l'adoption pouvait changer le cours des événements.

Fig. 60. — Dans la discussion de la proposition des questeurs, le général Saint-Arnaud, ministre de la guerre, prononce un discours violent accueilli par de nombreuses protestations, après lequel il quitte l'Assemblée en disant à ses voisins : « On fait trop de bruit dans cette maison, je vais chercher la garde » (page 243).

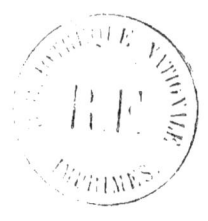

CHAPITRE XII

LA PROPOSITION DES QUESTEURS

La proposition des questeurs. — Le ministre de la guerre, interrogé, se range d'abord à l'avis de la Commission, puis se rétracte. — Incertitude d'une partie de l'Assemblée. — Discussion de la proposition. — Amendement de Broglie, Daru, etc. — Le colonel Charras appuie la proposition. — Michel de Bourges la combat. — Déclaration hypocrite du ministre de la guerre. — La proposition est rejetée. — Les montagnards. — Les socialistes. — La droite. — Le pouvoir exécutif profite des fautes de l'Assemblée.

Les choses en étaient venues à ce point qu'un conflit était imminent. La proposition des questeurs le fit éclater.

Le général Saint-Arnaud, en prenant possession du ministère de la guerre, avait adressé à l'armée, le 28 octobre, un ordre du jour dans lequel il était impossible de voir autre chose qu'une protestation virulente contre le droit de requérir la force publique attribué par la Constitution au pouvoir législatif. Les questeurs de l'Assemblée, pensant avec raison qu'il était temps de prendre des mesures pour la protéger, rédigèrent le 6 novembre une proposition inspirée par l'article 32 de la Constitution : « L'Assemblée nationale détermine le lieu de ses séances. Elle fixe l'im- « portance des forces militaires établies pour sa sûreté, et elle en dis- « pose. » La proposition des questeurs était ainsi conçue :

« Sera promulgué comme loi, mis à l'ordre du jour de l'armée, et affiché dans les casernes, l'article 6 du décret du 11 mai 1848 dans les termes ci-après :
« ARTICLE UNIQUE. - Le président de l'Assemblée nationale est chargé de veiller à la sûreté intérieure et extérieure de l'Assemblée.

« A cet effet, il a le droit de requérir la force armée et toutes les autorités dont il juge le concours nécessaire.

« Ses réquisitions peuvent être adressées directement à tous les officiers, commandants et fonctionnaires qui sont tenus d'y obtempérer immédiatement sous les peines portées par la loi. »

La Commission exécutive, lors de la réunion de l'Assemblée constituante, ayant réclamé l'honneur de veiller sur sa sûreté, l'Assemblée décida, après un long débat, que, si dans les circonstances normales on pouvait s'en rapporter à la vigilance des autorités ordinaires pour assurer l'indépendance matérielle du pouvoir législatif, le droit de réquisition directe était le seul qui lui permît de parer à des dangers immédiats. L'Assemblée, avant même le vote de la Constitution, jouissait de ce droit, qui depuis l'élection du pouvoir exécutif n'avait pas cessé de lui appartenir. Un général de brigade, campé aux Invalides, le 29 janvier 1849, n'ayant pas obéi à une réquisition directe du président de l'Assemblée, le président du conseil, M. Odilon-Barrot, et le ministre de la guerre, interpellés directement sur cet acte d'insubordination, s'empressèrent de répondre que le droit de réquisition directe appartenait incontestablement au président de l'Assemblée, et que ce droit était pour le pouvoir législatif la garantie de son indépendance. Le refus d'obéir n'était, selon M. Odilon-Barrot, qu'un malentendu qui ne se reproduirait plus à l'avenir.

La Commission chargée d'examiner la proposition des questeurs interrogea le ministre de la guerre sur un point important, lui donnant à entendre que de sa réponse dépendra l'opinion de la Commission sur l'opportunité de la mesure [1].

M. Saint-Arnaud, quatre fois interpellé sur ce point, répondit quatre fois par l'affirmation la plus formelle, et M. de Thorigny, ministre de

---

1. « L'article 32 de la Constitution, dit son président, M. Vitet, donne à l'Assemblée, comme garantie de son indépendance, le droit de veiller à sa sûreté. Mais l'exercice de ce droit est-il assez clairement réglé? Les auteurs de la proposition ne le pensent pas. Le président de l'Assemblée constituante avait le droit de requérir directement tous les officiers commandants et fonctionnaires en vertu des articles 6 et 7 du décret du 11 mai 1848, devenus les articles 83 et 84 du règlement. Ce décret a été confirmé par les déclarations les plus solennelles faites au nom du Président de la République. Mais, comme le règlement de l'Assemblée actuelle ne reproduit par les articles 83 et 84, les auteurs de la proposition craignent qu'on puisse les considérer comme abrogés et prétexter cause d'ignorance. La proposition est donc faite pour éviter toute équivoque et toute entrave à l'exercice du droit contenu dans l'article 32 de la Constitution; elle ne crée aucun droit nouveau, elle confirme seulement un droit incontestable. La Commission désire donc vivement connaître l'opinion du ministre de la guerre sur la question réduite à ces termes : Le décret du 11 mai 1848 est-il considéré par lui comme étant en vigueur? »

l'intérieur, exprima une opinion parfaitement semblable. La proposition des questeurs devenait donc inutile, et on s'apprêtait à la retirer, lorsque, le lendemain de cette discussion, une lettre de M. de Thorigny, contresignée par son collègue Saint-Arnaud, porta cette rétractation au président de la Commission : « Je déclare que, dans ma conviction, le décret « du 11 mai 1848 ne peut être considéré comme étant encore en vigueur,

Fig. 61. — Le ministre de la guerre fait arracher dans les casernes les affiches portant le décret du 11 mai 1848 (page 237).

« et je n'ai pas dit un mot qui puisse établir le contraire. » On avait fait comprendre aux deux imprudents que la déclaration contraire pouvait avoir des conséquences graves à la veille du jour où devait être frappé le grand coup. M. Saint-Arnaud corrobora son imprudente rétractation en donnant l'ordre d'arracher le décret du 11 mai 1848 affiché depuis 1849 dans toutes les casernes de Paris. Le gouvernement refusait à l'Assemblée le droit de se défendre; à elle maintenant de montrer qu'elle était capable de l'exercer malgré lui.

La Commission se décida donc à proposer à l'Assemblée la prise en considération de la proposition des questeurs. Cette Commission se composait de trente membres : vingt-trois membres votèrent pour; un membre s'abstint; six membres se prononcèrent contre, parce qu'il leur semblait inutile de faire une loi pour établir un droit consacré par la Constitution.

La Commission était donc unanime sur le principe; la même unanimité régnait dans l'Assemblée, mais l'application y soulevait de nombreuses divergences. Les anciens membres de l'Assemblée constituante se rappelaient le billet écrit le 29 janvier 1849 par le général Changarnier au général Forey : « Si cet affreux petit drôle (M. Armand Marast, prési-
« dent de la Constituante) vous renouvelle sa proposition (celle d'aug-
« menter de deux bataillons la garde de l'Assemblée), pirouettez sur les
« talons et tournez-lui le dos. » D'autres représentants républicains se méfiaient de la droite et craignaient que sa conversion à un principe pour lequel jusqu'ici elle avait témoigné plus que de la froideur ne cachât une conspiration dirigée à la fois contre le Président et contre la République. Crainte bien chimérique : la majorité avait eu la force en main au moment où le général Changarnier réunissait sous son commandement l'armée et la garde nationale; quel usage en avait-elle fait?

Comment supposer que cette majorité, usée, divisée, allait retrouver l'énergie nécessaire pour opérer la contre-révolution? Si quelques-uns de ses membres songeaient à placer le général Changarnier à la tête de la force armée rassemblée par le pouvoir législatif, ce n'était là qu'un rêve; la proposition des questeurs, adoptée grâce à l'adhésion de la gauche, le général Cavaignac ne devenait-il pas forcément l'homme de l'Assemblée? n'était-il pas, en effet, le seul général capable de rallier l'armée et la bourgeoisie, perspective qui ne contribuera pas peu à empêcher tout à l'heure ceux qu'on appelle les « montagnards » à repousser la proposition des questeurs?

Le 17 novembre, jour fixé pour la discussion de cette proposition, les tribunes du corps diplomatique, de la maison du Président de la République et des journalistes, sont surchargées de spectateurs bien avant l'ouverture de la séance. Le général Magnan, commandant l'armée de Paris, l'air grave et soucieux, occupe avec ses aides de camp la tribune de l'état-major; les rangs de l'Assemblée se garnissent rapidement; les ministres sont à leur banc avant l'arrivée du président Dupin. Le général

Saint-Arnaud, affectant une assurance railleuse, la tête un peu penchée sur l'épaule droite, la main gauche dans son habit bleu boutonné, traverse lentement l'espace qui sépare le banc des ministres de la place occupée par M. de Morny [1].

L'ancien protégé du duc d'Orléans passait pour un des conseillers et

[1]. Le nom de la mère de ce personnage, qui avait choisi pour armoiries une fleur d'hortensia barrée, était bien connu ; les événements que tout le monde croyait prochains et auxquels on le supposait destiné à prendre la part la plus directe attiraient au plus haut degré l'attention publique sur M. de Morny. Né à Paris dans un des plus beaux hôtels de la rue Ceruti, aujourd'hui rue Laffite, habité par la reine Hortense, il fut emmené le lendemain même de sa naissance à Versailles et confié à un ancien noble qui lui donna son nom et son titre en le reconnaissant pour son fils, mais il resta toujours l'objet des soins et de la surveillance de son véritable père M. de Flahaut. Mme de Souza, mère de M. de Flahaut, mariée au ministre de Portugal, était femme du monde et femme de lettres, joignant aux qualités de la femme du monde quelques-uns des défauts de la femme de lettres ; elle fut chargée cependant de veiller sur l'éducation du jeune de Morny. Elle aimait beaucoup le jeu ; elle y perdit une somme de 200,000 francs, que la reine Hortense avait donnée à son pupille. C'est ainsi que le jeune de Morny entra pauvre dans la vie. M. de Flahaut n'avait d'autre fortune que celle de sa femme, qui ne voulut jamais admettre le jeune Morny dans sa maison. La fréquentation du général Carbonnel, ancien aide de camp du général de Flahaut, auquel ce dernier aimait à le confier, aurait pu exercer une heureuse influence sur le caractère du jeune homme. Le général Carbonnel voyait beaucoup le monde honnête et libéral de la monarchie de Juillet ; devenu chef d'état-major de la garde nationale de Paris, fort lié avec Lafayette, il conduisait souvent le jeune de Morny au château de Lagrange, où le pupille de Mme de Souza recevait le plus affectueux accueil de l'hôte illustre dont il devait plus tard faire emprisonner les petits-fils et les gendres.

Le gouvernement de 1830 accorda un certain nombre de brevets d'officiers aux jeunes combattants des trois journées. M. de Morny, héros de Juillet sans le savoir, reçut cette récompense nationale, passa deux ans à l'École d'état-major, fit quelques campagnes en Afrique sous l'œil bienveillant du duc d'Orléans, et revint à Paris, où le bruit ne tarda pas à se répandre dans les salons qu'il succédait à son jeune général dans l'intimité d'une femme jolie et riche Mme la comtesse Léhon ; M. de Morny et la dame, réunissant leurs cœurs et leurs capitaux, avaient formé ce que dans le monde on appelle une liaison, et dans le commerce une raison sociale. Une fabrique de sucre de betteraves était le produit de cette union morganatique ; l'usine établie par l'amour ne réussit guère ; la société commerciale, sans se décourager, entreprit de nouvelles affaires. Les deux associés, pendant quinze ans fidèles à l'acte de société, ne se doutaient guère que les plus hauts personnages de l'État seraient un jour chargés d'opérer la liquidation difficile de leur association financière.

M. de Morny siégeait sur les bancs de la Chambre des députés parmi les membres de cette fraction de la majorité composée de vieux jeunes gens qui cherchaient à ramener le courant de l'opinion, de la politique aux affaires, et qui voulaient rajeunir le parti conservateur en le plongeant dans le Pactole ; il touchait à la politique, et il aimait les affaires ; il en avait, on peut dire, la passion et la vocation : il en a fait dans toutes les positions où il a été placé dans sa vie. Le coup d'État lui-même représentait une affaire à ses yeux ; il ne s'y était rallié que tardivement, après avoir fait argent de tout, vendu ses tableaux et ses objets précieux. Sa maison des Champs-Élysées, contiguë à l'hôtel Lehon et surnommée « la loge à Fidèle » par les plaisants de salon, était en vente en ce moment par autorité de justice. M. de Morny affectait avant 1848, à Londres, de se retirer lorsqu'on annonçait M. Louis Bonaparte dans un salon ; il figurait encore dans les rangs du parti orléaniste à l'époque des élections de 1849. Le comité bonapartiste combattit sa candidature dans le département du Puy-de-Dôme ; elle eut de la peine à réussir même avec l'appui du comité de la rue de Poitiers. M. Walewski rapprocha M. de Morny de M. Louis Bonaparte.

un des organisateurs les plus actifs du futur coup d'État : sa présence à l'Assemblée, où il se montrait rarement, et son entretien avec le général Saint-Arnaud ne pouvaient manquer d'être l'objet de nombreux commentaires; les deux interlocuteurs s'animent, rient, gesticulent, mais leur gaieté paraît forcée, et leur enjouement affecté.

Le président Dupin est sur son siège; la discussion est à peine commencée qu'on dépose cet amendement : « Attendu que les articles 32 et « 34 de la Constitution confèrent à l'Assemblée tous les droits et tous les « pouvoirs nécessaires à sa sûreté, l'Assemblée ne prend pas la propo- « sition en considération [1]. »

Une agitation prolongée succède à la lecture de cet amendement : c'est une équivoque, s'écrie-t-on de toutes parts. Le rapporteur, M. Vitet, repousse cet amendement, qui était une équivoque en effet. Le colonel Charras se lève après lui pour expliquer comment l'audacieuse négation par le gouvernement d'un droit accordé par la Constitution à l'Assemblée l'a transformé en défenseur d'une proposition qu'il combattait auparavant, et dont l'opportunité est justifiée par la déclaration du ministre de la guerre.

Ses amis lui crient en vain :

« L'ennemi est dans les rangs de la droite, » il répond :

— Non, je ne crois pas que la majorité soit un danger plus sérieux pour la Constitution et la République, dans les termes où est posée la question maintenant, que le Président qui siège à l'Elysée; non, je ne crois pas qu'il vienne de sa part un danger plus immédiat que celui qui peut venir de l'endroit que j'ai indiqué. Mais la majorité se trouve sur le terrain du principe constitutionnel, sur le terrain de l'indépendance des assemblées. La majorité, à mon sens, est dans le vrai; c'est pour cela que je voterai avec elle.

M. Charras avait déclaré qu'il ne parlait qu'en son nom. Aux rares : Très bien! partis des bancs de la gauche en entendant cette déclaration, il était facile de s'apercevoir que M. Charras n'entraînerait pas ses amis à voter avec lui. M. Michel (de Bourges), son successeur à la tribune, fut mieux accueilli.

Ce puissant orateur disait un jour, en montrant à un journaliste le sommet de la gauche, où il allait s'asseoir : « Qui sait ce qui va des-

---

1. Ont signé : MM. de Broglie, Daru, de Montalembert, d'Hautpoul, de Goulard, Beugnot, Flavigny, Chassaigne, H. Passy, Ath. Coquerel, de Ségur d'Aguesseau, de Mouchy, Oudinot, de Reggio, Suchet d'Albuféra, L. Walewski, Lacaze, de Bar, Cécille, de Grouchy, de Lagrené, Regnault de Saint-Jean-d'Angely.

cendre aujourd'hui de ce Sinaï de la démence? » Cette fois, c'est lui-même qui se charge de promulguer ses oracles :

« Il s'agit de périls théoriques. Savez-vous quand vous les avez découverts? Vous les avez découverts le 4 novembre, lorsqu'on a retiré la loi du 31 mai. Voilà le péril. Le péril, c'est que la monarchie est menacée, c'est que la République commence à être inaugurée : voilà le péril. (Bruyants applaudissements à gauche.) Vous avez peur de Napoléon Bonaparte, et vous voulez vous sauver par l'armée. L'armée est à nous, et je vous défie, quoi que vous fassiez, si le pouvoir militaire tombait dans vos mains, de faire un choix qui fasse qu'aucun soldat vienne ici pour vous contre le peuple. »

Fig. 62. — Le gouvernement du Prince Président de la République supprime le droit de réunion (page 248).

Les applaudissements qui accueillent cette vaine métaphore sur les bancs de l'extrême gauche présagent le sort qu'elle réserve à la proposition. M. Vitet, en accusant à son tour, sans ménagement, M. Michel (de Bourges) et ses amis, d'alliance intime avec le Président de la République, les blesse profondément. M. Thiers, que l'Assemblée consent à écouter, quoique la discussion soit fermée, essaye en vain de réparer cette maladresse. Les interruptions de la gauche ne lui permettent pas de se faire entendre.

Le ministre de la guerre monte à la tribune après lui et se plaint hypocritement des injustes reproches qu'on lui adresse. Il respecte la loi, et, s'il n'a pas prononcé son nom dans sa circulaire aux généraux, c'est qu'il n'eût jamais songé à la « faire descendre des hauteurs où elle réside, dans un ordre du jour, pour l'y placer dans une hypothèse de violation qui n'est pas acceptable [1]. »

M. Jules Favre reprend l'amendement de Broglie, Daru, Montalembert, etc. La proposition des questeurs est inutile ; une loi existe, il n'y a qu'à ordonner son exécution : « Requérez demain, et le pouvoir exécutif « cédera ; sinon, il sera mis en accusation. Au lieu de cela, vous voulez « nous faire commettre un acte d'hostilité contre le Président de la Ré- « publique en votant une proposition qui est la première ligne de l'acte « d'accusation que vous projetez. De deux choses l'une : ou vous croyez « que le pouvoir exécutif conspire : accusez-le ; ou vous feignez de croire « qu'il conspire, et c'est vous qui conspirez contre la République, et voilà « pourquoi je ne vote pas avec vous. » Toujours cette méfiance entre les deux fractions de l'Assemblée, qui devait être l'auxiliaire le plus sûr du coup d'Etat.

Le général Bedeau demande au ministre de la guerre si c'est lui qui a ordonné d'arracher des murs des casernes le décret du 11 juillet qui y était affiché. — Oui, répond Saint-Arnaud. Les plus vives protestations partent du sommet de la gauche. Les montagnards s'indignent et répondent à l'agent du pouvoir exécutif par d'énergiques menaces. Il est bien temps ! N'ont-ils pas entendu sans sourciller, tout à l'heure, ce soldat insolent prétendre que le pouvoir exécutif n'obéit pas plus au pouvoir législatif que la tête n'obéit au bras ? Le ministre de la guerre n'a-t-il pas déclaré que, en fait de réquisition militaire, il ne reconnaissait pas à l'Assemblée d'autre droit que celui de fixer le nombre de troupes pour sa garde et de leur donner le mot d'ordre par les questeurs ? Les cris de l'extrême gauche viennent trop tard. Le ministre de la guerre en paraît cependant troublé ; il sort en jetant un regard sur la tribune où se trouvent le général Magnan et M. de Maupas, qui se lèvent pour le suivre [2].

---

1. La proposition Baze avait été affichée dans les casernes ; mais le 11 novembre le général Magnan écrivit confidentiellement au général Carrelet, commandant la première division territoriale, de l'en faire disparaître immédiatement « sans éclat et avec discrétion ». L'ordre fut exécuté.

2. « On fait trop de bruit dans cette maison, aurait dit Saint-Arnaud à son voisin le ministre de l'intérieur ; je vais chercher la garde ! » Ce mot plaisant, reproduit dans le récit de tous les panégyristes du coup d'État, cadre peu avec la contenance de Saint-Arnaud pendant cette séance ; une secrète anxiété perçait à travers le calme apparent dont

Triste séance, dans laquelle une partie de la gauche avait donné la mesure de son manque d'esprit politique, de ses préjugés, de sa propension à vivre dans le passé plutôt que dans le présent.

Assis sur les bancs les plus élevés du côté gauche, une centaine de représentants donnaient, au lieu où ils siégeaient, le nom de *Montagne*. Les montagnards de 1848 avaient-ils du moins les qualités de leurs devanciers? le grand esprit de discipline des jacobins revivait-il en eux? Non : des soldats n'écoutant pas leurs généraux ; des généraux se soumettant aux caprices et aux préjugés de leurs soldats; des orateurs cherchant le plus souvent à cacher de grandes fautes sous de grands mots, voilà ce qu'on appelait la *Montagne*. « Les partis, malheureusement, vivent plus longtemps que les idées qu'ils représentent. Ils n'y avait pas seulement des montagnards sur les bancs de la gauche, mais encore des robespierristes, des dantonistes, des hébertistes, divisés entre eux et ayant le socialiste pour adversaire commun. Le socialiste trouvait le jacobin ridicule, ignorant, arriéré, manquant d'*idées ;* lui, au contraire, en était plein : religion, philosophie, économie politique, il connaissait à fond tous les problèmes, il en avait la solution ; chaque solution était représentée par un chef d'école : autant d'écoles, autant de partis ; les socialistes, non contents d'injurier les jacobins, s'injuriaient entre eux sans cesse ; rappelant les argumentateurs furieux de la vieille scolastique, ils noyaient dans des flots de colère et de prose le peu d'idées qu'ils pouvaient avoir. Si les jacobins de 1848 rappelaient fort peu les jacobins de 1793, les socialistes de février rappelaient encore moins ceux de la première République.

Pour comble d'anarchie intellectuelle, le Napoléon était considéré comme le messie de la Révolution, cette hallucination de l'histoire contemporaine hantait encore les imaginations [1].

---

il essayait de s'envelopper. Il était convenu, ajoutent les historiens officiels du 2 décembre, que, dans le cas où le résultat de la séance paraîtrait favorable à la proposition des questeurs, Saint-Arnaud et Magnan se réuniraient pour faire les derniers préparatifs du coup d'État. Magnan et Maupas auraient donc quitté l'Assemblée sur un signal de leur complice pour se rendre à cette réunion ; assertion peu probable. Le général Saint-Arnaud, en abandonnant son banc, paraissait peu disposé à en appeler si brusquement aux armes : rien, à moins que ce ne soit sa forfanterie habituelle, ne permet de supposer qu'en apprenant le rejet de la proposition des questeurs il se soit écrié : « Nous nous en serions bien passés. » Il dut plutôt partager l'avis de M. Louis Bonaparte, qui se contenta de dire : « Cela vaut peut-être mieux. »

1. Voici l'idée qu'un des jacobins les plus fameux de 1848 se faisait encore à ce moment du vote du 10 décembre :

« Il y avait un peu de tout dans son vote ; il y avait pour l'insurgé de Strasbourg, pour l'auteur socialiste, mais surtout pour le neveu de l'Empereur. Le peuple voulait surtout

Louis Bonaparte avait-il renoncé définitivement à ce rôle d'initiateur de la démocratie rempli par son oncle ? La plupart des montagnards ne pouvaient se résigner à le croire : étrange illusion, produite par des préjugés que l'instruction n'avait pu détruire chez les uns et que le manque d'instruction fortifiait chez les autres.

Ce que rien n'avait pu détruire non plus chez les ultra-démocrates, c'était l'habitude des procédés violents, des prétentions extravagantes, des recours à la force, pour détruire le régime fondé par eux, comme ils l'avaient fait le 15 mai, le 25 juin 1848, le 13 juin 1849, c'est-à-dire trois fois en treize mois. Ne se vantaient-ils pas d'être à la veille de prendre leur revanche de ces trois journées ? ne menaçaient-ils pas déjà de ne pas obéir, en 1852, à la loi du 31 mai, émanée pourtant du suffrage universel, et de faire l'élection présidentielle à coups de fusil, donnant ainsi

que le neveu continuât l'oncle, c'est-à-dire la Révolution. Ici, entendons-nous bien, je vous prie : l'Empire avait hérité de la République, mais sous bénéfice d'inventaire. Des trois grands principes de la Révolution française : Liberté, Égalité, Fraternité, il n'en avait gardé qu'un seul, l'égalité, qui lui suffit. Ces principes sont si forts, qu'un seul appliqué à peu près a fait l'Empire. Jugez de ce que feraient les trois. Donc l'Empire, c'était une partie de la Révolution ; c'était tant bien que mal l'égalité en pratique, la hiérarchie selon ses facultés ; oui, c'était le principe d'égalité contre le principe d'hérédité, l'idée de progression contre l'idée de conservation, le droit personnel, individuel, contre le privilège de race et de caste. L'Empereur lui-même était un parvenu ; chacun pouvait, à l'exemple du chef, s'affirmer suivant sa valeur, atteindre à son grade suivant son mérite, avoir son rang selon son droit. Il y avait, dit le proverbe, un bâton de maréchal dans la giberne de chaque soldat. L'Empire répondait plus ou moins au besoin de justice et d'élévation des masses.

« L'Empire exaltant le peuple, bouleversant le vieux monde, déplaçant nobles et rois, mettant la France sens dessus dessous pour introniser les plus braves, ce n'était donc pas tout à fait l'ordre, la conservation, la stabilité ; c'était tout le contraire ; c'était la Révolution, la Révolution personnifiée, couronnée, si vous voulez, mais enfin la Révolution.

« Le vieil idéal de la Révolution accomplie par un Bonaparte subsistait encore au fond des cœurs.

« Ce n'est pas sans raison que six millions de voix vous avaient appelé ! Six millions de voix ! Quel honneur ! mais aussi quel devoir et quelle force ! une force proportionnée à la tâche ! vous auriez pu faire ce que vous auriez voulu avec l'aide du peuple ! vous auriez pu même lui enlever son droit ! Oui, si vous aviez bien compris votre élection, avec un peu de logique et de volonté à défaut de génie, — il n'appartient pas à tous, — vous auriez dû faire des miracles plus grands que ceux de votre oncle. Vous pouviez combattre, abattre comme lui, papes et rois, et deux autres tyrannies plus difficiles, plus glorieuses à vaincre, l'ignorance et la misère. Vous pouviez ainsi servir la France et délivrer le monde. Oui, monsieur, si vous vous fussiez mis à la tête de la Révolution chez nous et chez les autres ; si vous eussiez par deux ou trois bonnes lois réduit l'impôt et constitué le crédit ; si vous eussiez pris en main la cause des peuples, si vous eussiez soutenu le droit contre le privilège et la force ; si vous eussiez réclamé la liberté de l'Italie, de la Hongrie et de la Pologne, de toutes nos sœurs opprimées, la France vous aurait encore suivi au bout du monde contre les rois oppresseurs, non sans doute pour distribuer leurs trônes, mais pour affranchir leurs peuples, et alors aucune sorte de gloire n'eût manqué à votre nom, et peut-être alors la France éblouie... J'ai eu peur un moment, je l'avoue : je sais mon pays si reconnaissant ; mais j'ai été bien vite rassuré. » (Lettre de Félix Pyat à M. Louis-Napoléon Bonaparte.)

Fig. 63. — Le Prince Président de la République fait afficher le message du 31 octobre 1849 qui a pour but d'effrayer le public et d'accuser l'assemblée d'être la cause principale des dangers qu'il court (page 252).

raison aux bonapartistes, qui déclaraient qu'ils renommeraient, malgré la Constitution, Louis Bonaparte, Président de la République.

La droite n'avait-elle de son côté aucun tort? C'est ce que l'impartialité et la vérité défendaient de soutenir. La droite, en reprochant à l'opposition son vote sur la proposition des questeurs, oubliait qu'en offrant une sorte d'entente à l'opposition elle n'avait rien négligé pour la rendre d'avance impossible à force d'irriter les républicains. Les membres de la droite, pour la plupart hommes de gouvernement, n'ignoraient pas que la politique n'est que la science de ce qui est possible; or il était bien possible de détruire la République, mais non de la remplacer par la monarchie. Il y avait sur les bancs de la droite des monarchies pour tous les goûts, monarchie de Saint-Louis, monarchie de Louis XIV, monarchie des États, monarchie des Assemblées provinciales, monarchie des deux Chambres, monarchie avec charte, monarchie sans charte, monarchie de la branche aînée, monarchie de la branche cadette, monarchie gallicane, monarchie ultramontaine. Laquelle était la bonne, celle qu'il s'agissait de restaurer ? La légitimité, dans certains moments qui ne sont pas encore bien éloignés de nous, avait communiqué une grande force à ses représentants, après les désastres militaires de la France, quand la couronne était aux mains des vainqueurs étrangers, incertains à qui leur intérêt commandait de la remettre; quand la voix du peuple, laissé pour mort sur le champ de bataille, semblait éteinte, le droit divin avait bien pu s'imposer aux souverains alliés comme un principe et à la France comme une transaction; mais quel motif avait-elle en 1851 pour se jeter dans les bras de la légitimité? une subite conversion aux idées du manifeste de Wiesbaden, ou la crainte de l'épée du général Changarnier? Le parti légitimiste, en engageant la lutte, devait nécessairement trouver en face de lui les républicains, les bonapartistes et les orléanistes.

La restauration des Bourbons de la branche cadette n'était pas moins impossible que celle des Bourbons de la branche aînée : le prince de Joinville ou le duc d'Aumale apportait à la France, quoi? La perspective d'une régence. Ce mot seul avait contribué pour une grande part au succès de la révolution de Février; l'exil des Orléans datait d'ailleurs de deux ans à peine : il faut laisser aux dynasties le temps de faire oublier leur chute. Napoléon, en 1815, était revenu trop tôt. Les partisans des deux dynasties bourboniennes pouvaient bien renverser la République, mais au profit du bonapartisme seulement; leurs chefs le sentaient : mais, entre le triomphe de M. Louis Bonaparte et la défaite de la République, ils choisirent le premier comme une vengeance, comme une représaille du 24 février, car il n'est pas permis de croire que des hommes comme ceux qui dirigeaient le parti conservateur fussent en proie réellement à la peur du communisme.

Un coup d'œil jeté sur les événements accomplis depuis l'avènement du prince Louis Bonaparte à la présidence démontrera du reste aisément que la droite de l'Assemblée, soit qu'elle eût confondu sa cause avec celle du bonapartisme, soit qu'elle eût voulu s'en séparer, avait merveilleusement servi les intérêts de son adversaire. Le parti conservateur, par la dissolution violente des ateliers nationaux, avait provoqué le 24 juin, d'où était sorti le 10 décembre ; il avait fait décréter sous un prétexte hypocrite l'expédition romaine, gage de l'alliance entre l'Église et l'Empire futur ; il avait chassé la Constituante par la proposition Rateau, et rendu les masses indifférentes ou hostiles au pouvoir législatif, en faisant de l'Assemblée un des foyers les plus ardents de la réaction, familiarisant les esprits avec les législations les plus rigoureuses en votant la loi de l'état de siège ; en envoyant des commissaires extraordinaires et des proconsuls militaires dans les départements, n'avait-il pas habitué les populations à fléchir sous l'arbitraire et sous l'épée ? Le droit d'association et le droit de réunion confisqués, et le dernier coup porté à la presse par l'interdiction de la vente des journaux dans les rues ; la loi de déportation à Nouka-Hiva édictée ! Après avoir demandé la translation du siège du gouvernement de Paris à Versailles, l'état de siège permanent, elle avait consacré son œuvre par la mutilation du suffrage universel. La besogne du coup d'État était à moitié faite ; toutes les forces qui pouvaient lui être opposées ont été détruites ou énervées par le parti conservateur.

Cette conduite servait admirablement les intérêts du coup d'État. L'armée en ce moment gardait encore des scrupules ; elle n'était pas complètement ralliée à la pensée de porter la main sur la Constitution ; des généraux qui devaient quelques jours plus tard exécuter les principaux actes de la conspiration, déclaraient au général Le Flô, l'un des questeurs de l'Assemblée, que, si elle rendait un décret d'accusation contre le Président de la République, ils lui obéiraient. Les chances entre les deux adversaires étaient égales, l'avantage semblait assuré à celui qui porterait le premier coup : l'Assemblée, qui avait le droit pour elle, n'eut pas le courage de s'en servir. Parmi tant de généraux, tant d'hommes politiques qui composaient la majorité, il n'y eut pas un homme d'action : après les prodigieux efforts du commencement du siècle, on eût dit que le monde, pour se reposer, passait de l'action à la critique. Dans la politique, comme dans l'histoire, dans la philosophie, la critique dominait tout. Les hommes d'État s'écoutaient parler et se regardaient agir, mais ils n'agissaient pas réellement. Les uns croyaient que faire

Fig. 64. — Au mois de novembre 1851, M. Rouher lit chez M. Daru un projet de décret ayant pour objet de réviser la constitution à la simple majorité, et d'imposer le vote à la minorité, si elle résistait (page 259).

un discours en faveur de la monarchie, c'était ressusciter la monarchie; les autres s'imaginaient que commenter sans cesse les formules républicaines, c'était fonder la République. Le vrai sens de la situation échappait à toutes les fractions de l'Assemblée, sauf à la fraction bonapartiste. Les conservateurs auraient dû comprendre que ce qui allait périr, ce n'était pas seulement la République, mais encore la liberté. Les révolutionnaires auraient dû se dire : Ce n'est pas la monarchie que nous allons détruire, mais la République. Les partisans du régime parlementaire, au lieu de s'unir au dernier moment, se divisèrent plus que jamais : indécis, hésitants, ne sachant ni ce qu'ils voulaient, ni ce qu'ils pouvaient, ils laissèrent le champ libre à quelques individus dont la grande force était d'avoir un but précis et les moyens de l'atteindre. Le 17 novembre, l'Assemblée législative tint en réalité sa dernière séance.

La Montagne crut que le rejet de la proposition des questeurs [1] ne frappait que la monarchie ; la République était atteinte. Quelques représentants cherchèrent bien à réparer la faute commise, en essayant d'introduire le droit de réquisition dans le projet de loi présenté quelques jours après sur la responsabilité des agents du pouvoir, mais il était trop tard. Le public, insensible aux distinctions subtiles entre la *réquisition directe* et la *réquisition hiérarchique*, entre le droit de *disposer* d'une force et celui d'en *régler l'emploi*, n'avait vu dans cette discussion que le début de la lutte entre le pouvoir législatif et le pouvoir exécutif. L'avantage dans cette première rencontre était resté au dernier ; c'était un grand encouragement pour le pouvoir exécutif dans un pays où tant de gens sont disposés à se ranger du côté du plus fort. Les complices du prince Napoléon le comprenaient.

Les affiches judiciaires annonçaient d'ailleurs la vente prochaine de l'hôtel de M. de Morny aux Champs-Élysées. Le coup d'État ne pouvait pas tarder.

---

1. Elle fut rejetée à une majorité de 408 voix contre 300 le 17 novembre.

CHAPITRE XIII

LA CONSPIRATION

La conspiration bonapartiste. — Le Président proteste à chaque instant de son respect pour la légalité. — Il fait amende honorable de Strasbourg et de Boulogne. — Le programme bonapartiste. — Les discours du Président deviennent de véritables appels à sa réélection. — Gradation de ses attaques détournées. — Message du 4 janvier 1851. — Message du 4 novembre 1851. — L'Assemblée a-t-elle voulu renverser le Président? — Louis Bonaparte calomnie l'Assemblée. — Persigny chez Changarnier. — Captation de l'armée. — Mission du commandant Fleury en Algérie. — L'expédition de Kabylie résolue pour faire une popularité à Saint-Arnaud. — Hésitations du général Canrobert. — Changement des troupes de Paris. — Espinasse fait dire à Saint-Arnaud qu'il est prêt.

La conspiration contre la République était à la veille d'éclater. Louis Bonaparte s'avançait vers son but sans commettre de fautes au milieu des obstacles semés sur sa route. Le pays même, en le nommant, avait gardé une grande méfiance contre son élu. Il fallait donc commencer par l'habituer en quelque sorte à lui, se faire humble et modeste. Louis Bonaparte l'avait fort bien compris. « Je ne suis pas un ambitieux, dit-il
« quelques jours avant le 10 décembre ; si j'étais nommé, je mettrais
« mon honneur à laisser à mon successeur le pouvoir affermi, la liberté
« intacte. » Son élection faite, il renouvelle les mêmes assurances. « Le
« serment que je viens de prêter commande ma conduite future. Mon
« devoir est tracé ; je le remplirai en homme d'honneur : je verrai des
« ennemis de la patrie dans tous ceux qui tenteraient de changer par des
« voies illégales ce que la France entière a établi. » Son premier message
à la Législative n'est pas moins explicite : « Vous voulez comme moi tra-
« vailler au bien-être, à la gloire, à la prospérité du peuple qui nous a

« élus, et comme moi vous pensez que les meilleurs moyens d'y parvenir
« ne sont pas la violence et la ruse, mais la fermeté et la justice. »

Strasbourg et Boulogne étaient deux terribles souvenirs bien propres
à détruire l'effet de ces belles promesses. Il importait de les faire oublier.
Le prince court à Ham pour y faire l'hypocrite amende honorable du
22 juillet 1849. Il y porta son toast « aux hommes déterminés, malgré
« leurs convictions, à respecter les lois de leur pays. »

Le pays commence à se laisser prendre peu à peu à ces démonstrations menteuses. Qu'a-t-il à craindre d'un homme si repentant ? Louis
Bonaparte sent qu'il peut faire un pas en avant. Huit jours après son
voyage à Ham, il est à Tours, où il se défend de l'accusation de méditer
un coup d'État. « Nous ne sommes pas dans des conditions qui exigent
« des remèdes si héroïques. Ne songez ni aux coups d'Etat ni aux insur-
« rections ; ayez confiance dans l'Assemblée nationale et dans vos premiers
« magistrats. » Le mot de coup d'Etat n'a pas encore figuré dans un document officiel. Louis Bonaparte, en le prononçant, pose indirectement la
question du coup d'Etat lui-même, et c'est le moment qu'il choisit pour
renvoyer le ministère Barrot et lancer le message du 31 octobre 1849,
première révélation officielle de sa tactique : effrayer le pays, accuser
l'Assemblée d'être la cause principale des dangers qu'il court. « La
« France inquiète cherche la main, la volonté de l'élu du 10 décembre.
« Cette volonté ne peut être sentie que s'il y a communauté entière de
« vue, de convictions et d'idée entre le Président et ses ministres, et si
« l'Assemblée elle-même s'associe à la pensée nationale dont l'élection
« du chef du pouvoir exécutif a été l'expression. » Quelle est cette pensée ? Celle que rappelle le nom de Napoléon. « Ce nom est à lui seul un
programme, » un système politique, et c'est ce système « inauguré par
son élection » que l'auteur du message « veut faire triompher avec l'appui
de l'Assemblée nationale et du peuple. »

Posé en prétendant devant l'Assemblée, il veut l'être également devant
le pays, et il recommence ses voyages et ses discours, sans prendre la
peine de dissimuler son désir de prorogation. « Je serai tout entier au
« pays, dit-il le 15 août 1850 au maire de Lyon, quelque chose qu'il
« exige de moi, abnégation ou persévérance. » Comme le pays, aux
termes de la Constitution, n'a nullement le droit de le réélire, il le pousse
par ces paroles à la violation de la loi. Le mois suivant, à Caen, il revient
sur cette idée de sa réélection, il cherche à l'implanter dans l'esprit du
peuple. « Si des jours dangereux devaient reparaître et que le peuple

Fig. 65. — M. de Heeckeren se présente au palais de l'Élysée le 1er décembre 1851 à six heures du soir, et propose au Président au nom du parti légitimiste de faire un coup d'État de concert avec lui (fig. 260).

« voulût imposer un nouveau fardeau au chef du gouvernement, ce chef
« serait bien coupable de déserter cette haute mission. » Peut-être va-t-il
un peu trop vite ; on lui en fait la remarque, il a l'air d'enrayer, mais
son message du 12 novembre 1850, en cherchant à atténuer son langage,
ne fait que le confirmer. « Élu du peuple, et ne relevant que de lui, je me
« conformerai toujours à ses volontés légalement exprimées. Si vous votez
« la révision, une Constituante viendra refaire nos lois fondamentales et
« régler le sort du pouvoir exécutif. » Rien de plus correct ; mais il prend
soin d'ajouter : « Si vous ne la votez pas, le peuple, en 1852, manifestera
« l'expression de sa volonté nouvelle. » Le Président oublie qu'il ne saurait être question de volonté légalement exprimée, puisque la Constitution interdit la réélection, et qu'à moins d'une révision, toute prorogation de ses pouvoirs était impossible. Le prince insinuait donc qu'à
défaut d'une prorogation légale, il en accepterait une illégale : c'est là, en
effet, sa pensée. Il y revient. Le 1ᵉʳ juin 1851, il dit au maire de Dijon :
« J'attends avec confiance les manifestations du pays... Quels que soient
« les devoirs qu'il m'impose, il me trouvera toujours décidé à suivre sa
« volonté. » Cette volonté dût-elle n'être pas conforme à la Constitution,
voilà ce qui est sous-entendu. Le pays peut d'ailleurs se rassurer. Malheur
à quiconque voudrait faire comme lui. N'a-t-il pas déclaré à Lyon : « Si
« des prétentions coupables se ranimaient, je saurais les réduire à l'im-
« puissance. »

On voit le progrès de ses agressions successives : l'audace s'y joint à
l'astuce, tempérant l'une par l'autre, cachant à la fois ses desseins et les
montrant, s'avançant à propos et ne reculant pas ; on peut mesurer de
jour en jour les pas qu'il fait vers son but. Il commence par faire valoir
son respect pour la légalité : « Avoir maintenu la légalité intacte et la
« tranquillité, c'est, dit-il, le 10 décembre 1849, au banquet de l'Hôtel-de-
« Ville, la seule chose dont je m'enorgueillisse. » L'année suivante, il
répond au président de la Chambre de commerce de Strasbourg : « Placé
« à la tête d'un pouvoir immense par l'influence morale de mon origine,
« ai-je été séduit par la pensée d'attaquer la Constitution ? N'ai-je pas
« souvent déclaré au contraire que je considérais comme de grands cou-
« pables ceux qui, par ambition personnelle, compromettaient le peu de
« stabilité que nous garantit la Constitution ? » C'est aussi à Strasbourg
qu'il s'écrie : « Le titre que j'ambitionne le plus est celui d'honnête
« homme. Je ne connais rien au-dessus du devoir. » Dans son message
« du 12 novembre 1850, il s'écrie : « La règle invariable de ma vie poli-

« tique sera de faire mon devoir, rien que mon devoir. Ce qui me préoc-
« cupe, ce n'est pas de savoir qui gouvernera la France en 1852, c'est
« d'employer le temps de manière à ce que la transition se fasse sans
« agitation et sans trouble. Le but le plus noble et le plus digne d'une
« âme élevée n'est point de rechercher, quand on est au pouvoir, par
« quels moyens on s'y perpétuera, mais de veiller sans cesse aux moyens
« de le consolider à l'avantage de tout le monde. »

Tout ceci entremêlé de flatteries au peuple : « Nos amis les plus sincères, » dit-il aux exposants de Saint-Quentin, « ne sont pas dans les
palais, ils sont sous le chaume. »

Jamais conspirateur ne fut plus habile, plus patient, plus perfide, et ne
sut mieux profiter des circonstances. Tantôt il effraye la société en exagé-
rant les progrès du socialisme, et en mettant en scène les révolutionnaires ;
tantôt il dénonce les conservateurs eux-mêmes, et il les accuse de redou-
bler le danger social par leur résistance à ses vues sur la consolidation du
pouvoir. Justifiant ses desseins d'usurpation par la nécessité de détruire
le socialisme, il place les conservateurs dans l'impossibilité de le combattre et de le démentir, lorsqu'il déclare que la prorogation de ses pouvoirs est nécessaire à la défense de la société contre la démagogie qui,
même après ses défaites en mai et en juin 1848 et en juin 1849, est loin
d'être vaincue. Désireux de déconsidérer l'Assemblée, afin de pouvoir la
détruire sans danger, il commence par la compromettre. « Quelles que
« soient les solutions de l'avenir, » dit-il dans son message du 24 janvier 1851, « entendons-nous afin que ce ne soit jamais la surprise, la
« passion, la violence qui disposent du sort d'une grande nation. » Dans
ce message, qui suit de dix jours la destitution du général Changarnier,
il ajoute que « les préventions se dissiperont au souvenir des solennelles
déclarations du 4 novembre, » Ce message, en effet, publié un mois avant
le coup d'état, contient encore cette déclaration : « En demandant le rappel
« de la loi du 31 mai, on m'objecte que de ma part cette proposition est
« inspirée par l'intérêt personnel. Ma conduite depuis trois ans doit
« repousser une allégation semblable. Le bien de mon pays sera toujours
« le seul mobile de ma conduite. »

Quelque temps après, quand on vit ce long enchaînement de perfidies
avoir pour résultat de placer la couronne sur la tête de Louis Bonaparte,
les gens qui se laissent éblouir par le succès admirèrent cet art de se
servir de motifs généraux pour tendre à des fins personnelles, de paraître
renoncer à toutes ses prétentions et de n'en abandonner aucune, d'atta-

quer en paraissant se défendre, de calomnier ses ennemis en les flattant. Ils célébrèrent comme un chef-d'œuvre d'habileté cette suite de mensonges, de tromperies, de protestations hypocrites, d'usurpations flagrantes couronnées par le grand massacre du 4 décembre. L'astuce du conspirateur passa pour le génie de l'homme d'état. « Enfin, j'ai vu un politique, » disait un écrivain célèbre [1] en parlant de Louis Bonaparte, après

Fig. 66. — Louis Bonaparte dès le lendemain de son élection endosse le costume de général et visite les casernes dans lesquelles il fait faire des distributions de vivres et d'argent (page 262).

son avènement au trône. Les bonapartistes ont essayé de disculper l'auteur du coup d'état, en prétendant que l'Assemblée voulait le renverser, et qu'en l'attaquant, il n'avait fait que porter le premier coup à l'ennemi. Les pouvoirs du Président de la République expiraient légalement le deuxième dimanche de mai. La droite avait-elle quelque velléité de devancer cette date et de substituer avant le terme légal un personnage quelconque au Président? la droite, en un mot, conspirait-elle contre le prince

1. M. Victor Cousin.

Louis-Napoléon? Les panégyristes du 2 décembre s'appuient pour l'affirmer sur des documents qui ne justifient nullement cette accusation. Des projets de décrets préparés dans le cas où l'Assemblée serait obligée de requérir la force publique ne sont pas des actes de conspiration. Un homme dont la parole ne peut être suspectée, M. de Tocqueville a écrit [1] :

« Les amis de M. Louis-Napoléon, pour excuser l'acte qu'il vient de commettre, répètent qu'il n'a fait que prendre les devants sur les mesures hostiles que l'Assemblée allait adopter contre lui. Cette accusation intentée à l'Assemblée ne peut avoir cours que parmi des étrangers peu au courant de nos affaires.

« On a sans doute plus d'un reproche à faire à l'Assemblée qui vient d'être violemment dissoute; les parties qui la composaient n'ayant pu s'entendre, elle est devenue incapable de défendre la liberté des autres, ni sa propre existence, mais l'histoire ne ratifiera certainement pas l'accusation portée par Louis Bonaparte.

« L'Assemblée, au mois d'août dernier, a voté à une immense majorité la discussion de diverses propositions relatives à la révision de la Constitution. Pourquoi désirait-elle cette révision? Uniquement pour légaliser la réélection du président. Est-ce là conspirer contre Louis-Napoléon? L'Assemblée a voté le 31 mai la loi électorale, loi impopulaire dont Louis-Napoléon, pour capter la faveur du peuple, demande le retrait dans un message injurieux à l'Assemblée, après l'avoir lui-même proposée. La proposition des questeurs dans le but de mettre le parlement en état de défense, ne peut être taxée de tendance inconstitutionnelle ; elle se bornait à réglementer le droit de réquisition directe qui appartient à toutes les assemblées. Cependant, pour éviter tout conflit avec le pouvoir exécutif, le pouvoir législatif n'a pas cru devoir insister sur ce droit incontestable. Est-ce là conspirer contre Louis-Napoléon?

« Enfin, le Conseil d'État était depuis longtemps saisi d'une loi sur la responsabilité du président et des agents du pouvoir exécutif. Cette proposition n'émanait pas de l'Assemblée; le comité, pour montrer ses sentiments de conciliation, modifie le projet de façon à lui enlever tout ce qui peut déplaire au pouvoir exécutif. Est-ce là conspirer contre Louis-Napoléon?

« La vérité, prouvée par les actes, est que l'Assemblée, loin de conspirer contre Louis-Napoléon et de lui chercher querelle, a poussé la modération et le désir de vivre avec lui en bonne intelligence presque à un degré voisin de la pusillanimité. »

Loin de conspirer contre le Président, l'Assemblée, ou du moins une fraction notable de l'Assemblée, aurait conspiré en sa faveur, s'il faut en croire un écrivain qui a partagé avec MM. Mayer et Belouino la tâche d'écrire l'histoire du coup d'état sur les documents de la préfecture de police [2] :

« Le 29 janvier 1849, le général Changarnier laissa voir au Président qu'il était disposé à profiter de l'émotion du moment pour rétablir militairement l'Empire.

« Pendant le ministère parlementaire, qui dura du 20 décembre 1848 au 30 octobre 1849, M. Thiers exprima l'avis de proroger jusqu'au terme de dix ans les pouvoirs du Président.

1. Lettre adressée par M. de Tocqueville à M. Reeve, et insérée dans le *Times* le 11 décembre 1852.
2. Granier de Cassagnac, *Récit des événements du 2 décembre*, nouvelle édition, introduction.

« Après les élections socialistes de Paris du 10 mars 1850, M. Molé déclara hautement, en s'appuyant de l'opinion de lord Lyndhurst, que le rétablissement de l'Empire pouvait seul sauver la société.

« Au mois de novembre 1851, dans une réunion qui eut lieu chez M. Daru et à laquelle assistaient M. de Montalembert, M. Buffet, M. Chassaigne-Goyon, M. Quentin-Bauchart, M. Baroche et M. Fould, M. Rouher lut et appuya un projet de décret ayant pour objet de reviser la Constitution, à la simple majorité, et d'imposer le vote à la minorité par la force si elle résistait. M. de Montalembert soutint le projet avec la plus grande énergie; il alla même jusqu'à requérir l'emploi de la force, et à proposer de faire un appel au pays quand bien même le décret n'obtiendrait pas la majorité.

« Le 30 novembre, MM. de Mouchy, de Mortemart et de Montalembert portèrent au Président, revêtue des signatures de cent soixante députés, la proposition d'un appel au peuple, qui devait être exécuté sur son adoption à une majorité simple. »

Un démenti formel a été donné, il est vrai [1], à l'auteur de ce récit, qui, d'un autre côté, déclare que M. de Heeckeren, représentant du

---

1. Dans l'*Histoire du second Empire*, par M. Taxile Delord, il se trouve un passage emprunté à M. Granier de Cassagnac, et complétement contraire à la vérité. M. de Montalembert, M. Daru et M. de Mortemart, désignés dans ce passage, n'ont pas cru devoir s'occuper des assertions d'un personnage tel que M. Granier de Cassagnac, mais ils ne sauraient laisser entrer dans le domaine de la publicité, sous la garantie du nom de M. Taxile Delord, des faits absolument faux. Voici la vérité :

En novembre 1851, dans le court intervalle de temps qui s'écoula entre le rejet de la proposition des questeurs (17 novembre) et le coup d'État, divers membres de l'Assemblée, appartenant à l'ancienne majorité et à la réunion que présidait M. le duc de Broglie, se réunirent chez M. Daru, vice-président de l'Assemblée nationale, pour rechercher les moyens de sortir de la crise formidable dont on était menacé. Ces réunions se tinrent à trois reprises différentes, le 21, le 25 et le 30 novembre. Il y fut proposé de renouveler la proposition tendant à la révision de la Constitution, conformément à l'article III de la Constitution. Cette proposition devait avoir pour but précis d'établir deux Chambres et la rééligibilité du Président. Dans le cas où, comme au mois de juillet, on n'obtiendrait pas la majorité exigée par la Constitution (celle des trois quarts des suffrages exprimés), les partisans de la révision agitèrent le projet d'un appel au peuple consulté dans ses comices sur la proposition qui serait acceptée par la majorité numérique des membres de l'Assemblée. Mais dans aucune des trois réunions tenues chez M. Daru, ni M. de Montalembert, ni personne, n'alla jusqu'à requérir *l'emploi de la force*, comme le prétend M. Granier de Cassagnac, *pour imposer ce vote à la minorité*. Le 22 novembre, MM. de Montalembert, de Mortemart et de Mouchy se rendirent à l'Élysée, non pas pour porter au Président de la République *une proposition revêtue des signatures de cent soixante députés*, comme le dit M. Granier de Cassagnac, mais uniquement pour lui communiquer le projet adopté dans la réunion tenue chez M. Daru. Le Président les reçut avec une réserve bienveillante, en témoignant avant tout le désir de savoir quel serait le nombre des représentants qui prendraient devant l'Assemblée et le public la responsabilité de cette proposition. On s'occupa sans délai de réunir des adhérents, le texte du projet fut déposé dans un bureau de l'Assemblée, et il était déjà revêtu de cent soixante signatures, le 29 novembre. Le lendemain 30, M. de Montalembert fut chargé de reprendre avec le Président de la République les négociations suspendues depuis le 22. Il écrivit dès le lendemain, 1er décembre, au prince, pour lui demander une nouvelle entrevue à cet effet; mais il ne reçut d'autre réponse que celle du coup d'État dans la nuit suivante.

Telle est l'exacte vérité sur tout ce qui se passa entre le Président et la réunion tenue chez M. Daru. Ce récit est emprunté aux notes écrites de MM. Daru, de Montalembert et de Mortemart. On voit à quel point il diffère du récit de M. Granier de Cassagnac, reproduit par M. Taxile Delord, et l'on comprend que les membres nommés dans l'*Histoire du second Empire* ne puissent pas accepter la responsabilité du rôle qu'on leur fait jouer. (*Note envoyée par MM. Daru, de Montalembert et de Mortemart.*)

peuple [1], se serait présenté au palais de l'Élysée, le 1ᵉʳ décembre 1851, à six heures du soir, demandant à entretenir le Président de la République d'une affaire de la plus haute importance; admis aussitôt en sa présence, M. de Heeckeren lui aurait déclaré qu'il venait, au nom de M. de Falloux et d'un grand nombre de membres du parti légitimiste, lui proposer de faire ensemble un coup d'État : M. de Falloux se serait offert pour demander à l'Assemblée de voter à la simple majorité la révision de la Constitution et la rééligibilité du Président de la République; le représentant légitimiste, dans le cas où ce vote réunirait la majorité absolue, mais non les trois quarts des voix exigés par la Constitution, aurait proposé de dissoudre l'Assemblée par la force.

M. Louis Bonaparte, se montrant d'ailleurs très touché de cette offre de concours, répondit que la communication méritait réflexion : « Restez à dîner, dit-il à M. de Heeckeren, nous reprendrons la conversation dans la soirée. » Après le dîner, M. de Heeckeren, s'approchant du Président, lui demanda : « Que répondrai-je à M. de Falloux ? — Venez me voir demain à dix heures, nous causerons de cela. » La réponse de M. Louis Bonaparte précédait de quelques heures seulement l'exécution des premières mesures du coup d'État.

M. Thiers et M. de Falloux [2] ont énergiquement protesté contre les projets qu'on leur prête; ils seraient loin en tout cas de justifier les accusations qu'il allait faire peser sur l'Assemblée d'avoir voulu attenter à son pouvoir légal. « L'Assemblée est devenue un foyer de complots, »

---

1. Plus tard sénateur.
2. Voici la protestation adressée par M. Falloux au rédacteur en chef du *Pays* :

« Monsieur,

« Le *Pays* juge à propos de réimprimer une fable qui avait déjà paru dans le *Constitutionnel*, quelques jours après le 2 décembre, et contre laquelle je me hâtai de protester.

« Je renouvelle aujourd'hui cette protestation, bien qu'elle soit superflue pour tout lecteur impartial. Me prêter, le 1ᵉʳ décembre 1851, la provocation à un coup d'État, appuyé *sur la tribune et sur un ministère pris parmi les chefs de la majorité*, c'est très gratuitement supposer l'absurde. Qui peut avoir oublié que, le 1ᵉʳ décembre 1851, les chefs de la majorité étaient MM. Molé, Thiers, Dufaure, Odilon Barrot, Tocqueville, et celui que tous nomment d'avance, celui qui, sur son lit de mort, vous a laissé pour suprême adieu sa lettre sur la souscription Baudin? Qui pouvait exprimer, au nom de tels hommes, les sentiments que vous m'attribuez, et qui pouvait parler en dehors d'eux, au nom des chefs de la majorité?

« Vous reprenez donc là, monsieur, une thèse que l'approche des élections explique, mais que le bon sens et l'histoire ne ratifieront jamais.

« Je vous demande, monsieur, de vouloir bien insérer cette persévérante rectification dans votre plus prochain numéro, et j'ai l'honneur d'être

« Votre très-humble serviteur.
« A. DE FALLOUX.

« 16 décembre 1868, Bourg-d'Iré. »

dira-t-il en la dispersant. « L'Assemblée, ajoutera-t-il en parlant à l'armée, a essayé d'attenter à l'autorité que j'ai reçue de la nation entière. »

M. de Morny, en annonçant à la belle-mère du général Cavaignac la mise en liberté de son gendre, traite les représentants de « conspirateurs qui méditaient la ruine du pouvoir présidentiel ». M. Granier de Cassagnac ira plus loin : « Bien joué, fera-t-il dire à un représentant conduit à Mazas, nous voulions le f..... dedans, et c'est lui qui nous y a mis. » M. Walewski n'y va pas par quatre chemins. Il déclare à lord Palmerston que « l'Assemblée nationale avait aussi préparé son coup d'État, et que le Président aurait été conduit à Vincennes s'il n'avait pris les devants. » C'est l'explication qu'on donne également aux autres cabinets.

La conspiration du Président de la République contre les représentants de la nation est évidente et n'a aucune excuse. M. de Persigny, dès les premiers jours d'avril 1851, avait eu une entrevue secrète avec le général Changarnier : « Quelle douleur pour moi, s'était écrié le confident du Président de la République, en entrant dans le modeste appartement du général, de voir dans un si petit réduit un homme qui tient une si grande place dans le pays ! » Le général avait modestement répondu, selon son habitude : « C'est que j'ai besoin d'un petit cadre pour paraître grand. » La conversation engagée, M. de Persigny, parlant du triomphe assuré de M. Louis Bonaparte, ajoutait que tout était prêt pour l'accélérer ; que déjà pendant la dernière crise ministérielle, en présence de la difficulté de former un ministère parlementaire, un cabinet extra-parlementaire dont lui, Persigny, faisait partie, se disposait à opérer immédiatement la *solution ;* un manifeste rédigé par le Président aurait rendu d'avance toute résistance impossible ; le Président, cependant, avait renoncé à son manifeste, préférant agir de concert avec l'Assemblée ; un mot du général Changarnier, lors de la discussion sur la révision de la Constitution, pouvait amener cet accord ; le général, en se prononçant, était sûr d'être récompensé dignement plus tard d'un acte si utile au pays.

Le général Changarnier, d'après le journal *l'Ordre*, cachant avec peine son indignation en présence d'avances si étranges, s'était contenté d'y opposer une froide et dédaigneuse politesse. Persigny répondit à ce journal : « Je déclare que la visite que j'ai eu l'honneur de faire
« au général Changarnier ne m'a été inspirée que par des communica-
« tions que j'ai dû croire émanées du général lui-même. J'ajoute que,
« loin d'avoir reçu une mission du Président de la République, je lui ai

« laissé ignorer cette démarche. » L'entrevue et les propositions faites au général Changarnier par Persigny n'en restent pas moins un fait acquis à l'histoire.

M. Louis Bonaparte était soigneusement et exactement informé de tout ce qui se disait dans la commission de permanence qui remplaçait l'Assemblée pendant les vacances ; celle-ci, de son côté, n'ignorait rien de ce qui se passait dans les conseils du Président de la République, dont les amis ne dissimulaient nullement leur projet de tenter une contre-révolution. Les membres de la commission de permanence et du bureau de l'Assemblée, plus d'une fois, se crurent à la veille d'engager la lutte ; mais, au moment d'agir, le pouvoir législatif reculait [1].

Louis Bonaparte, ne pouvant rien sans l'armée, avait dès son avènement porté ses vues sur elle. Le Président de la République, magistrat de l'ordre civil, n'avait eu rien de plus pressé au lendemain de son élection que d'usurper le droit de porter l'habit militaire et de se pavaner en costume de général de la garde nationale. La distinction était subtile, et l'Assemblée aurait pu la contester si le désir de ne pas créer des dissentiments précoces entre le pouvoir exécutif et le pouvoir législatif ne l'avait arrêtée. Louis Bonaparte avait donc pu visiter les casernes revêtu de l'uniforme et capter le soldat. Des distributions de vivres et d'argent faites par lui à la troupe avaient été signalées à la commission de permanence en 1850. Mais déjà il avait pris d'autres mesures plus directes pour associer l'armée à ses projets. Composé comme il l'était encore, l'état-major général — les généraux seuls étaient à craindre — n'offrait peut-être pas d'assez complètes garanties, car les plus âgés pouvaient manquer d'audace et la grande majorité des plus jeunes figurait dans le parlement. Une idée tout impériale triompha de cette alternative, et M. de Persigny, cet ardent et infatigable chevalier du napoléonisme, se voua avec enthousiasme à la réalisation de ce mot de génie jeté négligemment par le Président, et dont l'expédition de Kabylie peut expliquer aujourd'hui la profondeur et la portée : « Si nous faisions des généraux ? »

M. le commandant Fleury, officier de cavalerie, un des viveurs[2] les

---

1. « J'étais tranquillement chez moi à faire des cochons, disait dans son langage soldatesque le général Lamoricière à l'un de ses amis ; mes collègues de la commission m'écrivent qu'on n'attend plus que ma présence pour marcher. J'accours, et l'on ne veut plus rien faire ; je retourne à mes cochons ! »

2. Le mot de *viveur*, servant à désigner une certaine classe de jeunes gens qui ne vivaient que pour le plaisir, date du règne de Louis-Philippe. Il y a eu, sans doute, des

plus renommés de l'armée, fut envoyé en Algérie en remonte de généraux et d'officiers décidés à seconder les projets de Louis Bonaparte ; il s'agissait d'apprécier les individus, d'évoquer les dévouements et de faire entrevoir de brillantes espérances. Il voulait avant tout voir le général de brigade Bosquet, très-populaire dans l'armée, qui commandait la subdivision de Sétif. Le commandant Fleury arriva dans le courant de mai 1851 à Constantine. Le général Saint-Arnaud commandait la province, quoique simple général de brigade. Le commandant Fleury et lui se connaissaient de longue date. Soit que le premier eût confié le secret de sa mission au second, soit que celui-ci l'eût devinée, Saint-Arnaud parvint à convaincre Fleury qu'il était inutile pour lui d'aller à Sétif, et qu'il pouvait trouver son homme à Constantine. Fleury ne vit pas Bosquet et s'entendit avec Saint-Arnaud. Ce dernier, depuis trois ans à peine général de brigade, et le cinquante-troisième sur l'annuaire, ne pouvait être nommé sans raison général de division. Ce grade accordé, il fallut encore trouver des prétextes pour lui donner un emploi à Paris, et enfin pour le nommer ministre de la guerre à la place du général Randon. Fleury et Saint-Arnaud inventè-

viveurs avant et après la monarchie constitutionnelle ; il y en a encore aujourd'hui, il y en aura toujours ; mais la physionomie du viveur n'est pas la même à toutes les époques. Les jeunes gens de ce temps-ci ne peuvent être comparés à ceux qui atteignaient leur vingtième année au moment où le duc d'Orléans partait pour sa première campagne en Algérie. La jeunesse d'alors, même dans ses excès et dans ses oublis, laissait à la morale des regrets mêlés d'espoir ; il y avait en elle quelque chose qui résistait à la dissipation et qui pouvait la remplacer un jour. Le *viveur* de l'ère constitutionnelle était souvent un homme instruit, se piquant de ne rester étranger ni à la littérature, ni à la politique, demandant à l'une ou à l'autre de lui fournir une carrière, quand l'heure de se ranger sonnait. La grâce, l'amabilité, l'aisance, une certaine ouverture d'esprit, une certaine aptitude à tourner agréablement les difficultés dans toute entreprise, ces fruits de l'expérience et des vicissitudes mondaines, suivaient le viveur dans sa carrière d'homme sérieux.

L'école des viveurs avait ce que l'École polytechnique appelle ses *fruits secs*. Le viveur qui, par suite d'une éducation négligée, ne pouvait entrer dans la carrière politique ou littéraire, s'engageait dans l'armée. Les habitués du Gymnase et du Théâtre-Français connaissent bien ce sujet de pièce : Un jeune homme ruiné, sans carrière, sans profession, mais conservant un reste d'énergie, s'engage comme simple soldat ; son caractère facile, son habileté, lui font des amis de ses chefs et de ses égaux : c'est à qui s'intéressera à lui et à qui lui prêtera son aide pour franchir les échelons de la hiérarchie militaire. Les auteurs dramatiques, afin de jeter un intérêt plus vif sur leur héros, en font toujours un gentilhomme de haute lignée. M. Fleury, fils d'un marchand de Paris, sauf le titre de duc, de comte ou de baron, réunissait les traits principaux de ce personnage de vaudeville. Viveur de seconde classe, il s'était engagé, et après quelques années de séjour en Afrique, ruiné, il en était revenu avec l'épaulette de chef d'escadron, grâce à la protection des princes d'Orléans, et ensuite du général Cavaignac. Lorsqu'au mois de septembre 1848 le futur Président de la République vint s'installer à l'Hôtel du Rhin, sur la place Vendôme, le commandant Fleury fut un des premiers officiers qui lui offrirent leurs services et se mirent à sa disposition ; M. Louis Bonaparte, bon cavalier et savant amateur de chevaux, ayant reconnu de semblables qualités chez M. Fleury, le mit au nombre de ses officiers d'ordonnance.

rent un soulèvement en Kabylie. Une expédition fut résolue, malgré la répugnance de l'Assemblée législative, et le général Saint-Arnaud en eut le commandement; M. Fleury transmit aux journaux bonapartistes, de la part du Président de la République, le mot d'ordre, qui consistait à mettre « en grande et belle lumière les rares mérites et les « services de M. le général de Saint-Arnaud dans la Kabylie. »

Quels étaient les antécédents du complice que venait de se donner Louis Bonaparte? Il n'est pas facile de le savoir, et, pendant son passage au ministère de la guerre, il a dû prendre ses précautions pour que son dossier n'en pût rien révéler. Tout ce qu'on peut dire, c'est que M. Leroy, sous-lieutenant dans la garde royale en 1816, quitta l'armée à cette époque pour n'y rentrer qu'en 1830. Son régiment tenait garnison à Blaye; le général Bugeaud, qui gardait la duchesse de Berry dans la citadelle de cette ville, trouva dans le sous-lieutenant Leroy un auxiliaire intelligent et complaisant pour l'aider dans ses fonctions de geôlier. Pourquoi M. Leroy était-il resté pendant quinze ans éloigné de l'armée? pourquoi la quitta-t-il encore une fois à cette époque? La lecture de son dossier ne pourrait même pas fournir des renseignements certains à ce sujet: car M. Leroy l'a eu en sa possession comme ministre de la guerre, et il a pu en retirer les pièces qui lui ont paru compromettantes. Quoi qu'il en soit, nous retrouvons M. Leroy sous les drapeaux en 1836 et servant comme lieutenant dans la légion étrangère; pendant les huit années qui suivent le siège de Constantine, il franchit tous les grades qui le séparaient du grade de colonel, et il obtint en 1845, grâce à son protecteur, le maréchal Bugeaud, le commandement d'un corps surnommé la *colonne infernale*, qui opéra dans le Chélif.

Leroy Saint-Arnaud, devenu général, eut sa légende, qui le montre exerçant vingt métiers: commis voyageur en France, comédien à Paris et à Londres, prévôt d'armes à Brighton; lancé en plein dans les hasards et les expédients de la vie nomade, vrai héros de la bohème militaire; homme d'esprit, goguenard, faiseur de bons mots et de calembours, rimeur de couplets, brave devant l'ennemi; peu tendre pour les Arabes, grand approbateur et imitateur de l'enfumement des grottes du Dahra [1].

---

1. Une troupe d'Arabes s'étant, en effet, renfermée dans la caverne de Shelas, située sur le territoire de son commandement, le colonel Saint-Arnaud s'y rend et somme les réfugiés de faire leur soumission. Tous obéissent, sauf quelques centaines d'individus; instruit seul de ce détail, il fit boucher les ouvertures de la caverne avec des fascines, selon le procédé du général Pélissier, et il y mit le feu. « Personne n'entra dans les cavernes, personne ne sut que là-dessous se trouvaient cinq cents brigands qui ne tueront

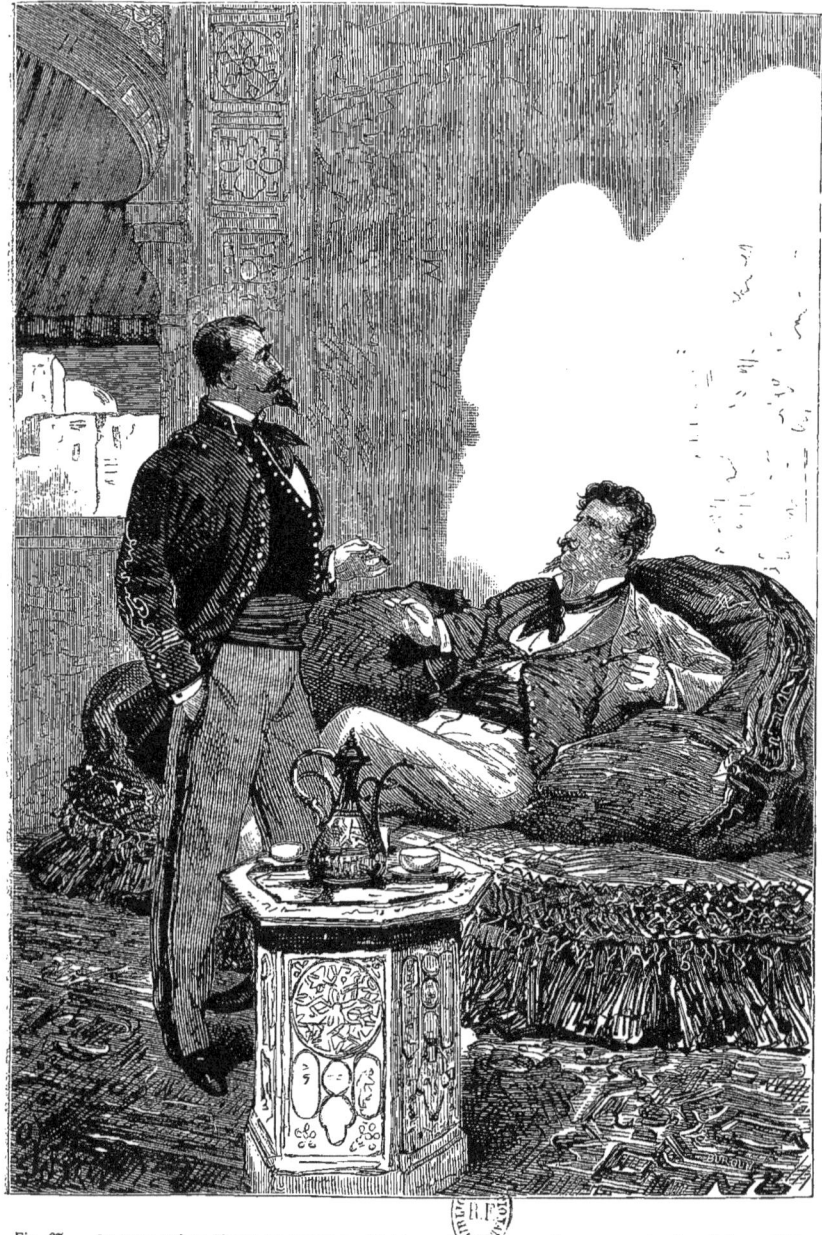

Fig. 67. — Le commandant Fleury est envoyé en Algérie par Louis-Bonaparte pour recruter des généraux pour le coup d'état ; il ne tarde pas à s'entendre avec le général Saint-Arnaud (page 263).

Le général Saint-Arnaud commandait le 24 février 1848 la colonne qui occupait la préfecture de police et qui comptait un corps de gardes municipaux dans ses rangs; obligé de capituler, il n'avait dû son salut qu'au courage et au dévouement des gardes nationaux qui le défendirent contre la colère du peuple; sa colonne put, grâce à eux, quitter sans danger la préfecture de police.

Le peuple, immobile, la regarde passer sans insulte ni de voix, ni de visage. Un seul cri retentit : « Respect aux vaincus ! » La rive gauche était libre, la prudence conseillait ce chemin. Mais le général, auquel les gardes municipaux ont reproché depuis d'avoir plus d'une fois manqué de présence d'esprit dans ce moment terrible, laissa la colonne s'engager vers la rive droite, qu'encombraient les barricades. Là n'était plus le même peuple qui a reçu la capitulation. Devant le quai aux Fleurs, des insurgés, voyant venir à eux cette longue file dont les premiers rangs sont armés, font feu. Cette démonstration hostile est à l'instant comprimée; le cri protecteur : « Respect aux vaincus ! » retentit de nouveau. La colonne continue son chemin par le pont au Change et le quai de Gèvres.

Un moment, le général Saint-Arnaud, précipité de son cheval, est assailli par une foule furieuse. Les gardes nationaux l'arrachent au péril. Il se jeta dans l'Hôtel de ville et y trouva près du maire de Paris un refuge assuré.

La campagne de Kabylie, entreprise pour grandir Saint-Arnaud, n'avait pas produit un grand effet au milieu des préoccupations politiques de l'époque ; il produisit la plus triste impression à sa première apparition à l'Assemblée ; sa figure maigre et pâle portait déjà les traces de la maladie qui devait l'emporter quatre ans plus tard ; son œil fatigué, son air insolent plutôt que fier, son attitude, qu'il s'efforçait de rendre hautaine et qui n'était que provocante, décelaient l'homme usé, blasé, qui va tenter la dernière aventure d'une vie d'aventures. Il vint à Paris au mois d'août 1851. Le général Guillebert, destitué un beau matin sans savoir pourquoi, lui laissa une place à prendre. Saint-Arnaud, à peine installé depuis deux mois à l'Ecole militaire, remplaçait au ministère de la guerre le général Randon, nommé gouverneur de l'Algérie.

Les troupes étaient depuis longtemps habituées dans les revues à

plus de Français. Un rapport confidentiel a tout raconté au maréchal sans étalage terrible, ni figure de rhétorique ; mon frère, personne n'est aussi bon que je le suis par goût et par nature. Du 8 au 12, j'ai été malade ; mais ma conscience ne me reproche rien, j'ai fait mon devoir et j'en agirais de même demain. » (Lettre adressée par le général Saint-Arnaud à son frère ; voir sa correspondance.)

donner au prince des marques de dévouement personnel et à provoquer en sa faveur la restauration de l'Empire en criant, *Vive l'Empereur!* Maintenir le règlement, faire interdire à leurs hommes de pousser ce cri, était pour les généraux, pour les officiers et pour les corps qu'ils commandaient une cause certaine de disgrâce, tandis que les faveurs pleuvaient sur les autres. Des mutations sans cesse renouvelées placent à tous les degrés de la hiérarchie dans l'armée de Paris des officiers sur lesquels le coup d'État peut compter. L'obéissance passive est prêchée aux troupes, et on leur laisse entrevoir des cas particuliers où l'on aura à leur demander des preuves d'une docilité aveugle, mais qui sera généreusement récompensée.

L'armée de Paris se composait : 1° de trois divisions d'infanterie, dont la moitié occupait les casernes, l'autre les forts détachés ; 2° d'une brigade mixte de troupes spéciales à la capitale ; 3° d'une division de cavalerie, ayant une brigade à l'Ecole militaire et deux à Versailles. On ne saurait évaluer cette armée à moins de quarante mille hommes, disposant de douze batteries, soit 72 bouches à feu.

La première division d'infanterie, aux ordres du général Carrelet, commandant en outre la première division militaire territoriale, était formée des brigades Martin de Bourgon, de Cotte et Canrobert. Ce dernier seul inspirait quelques doutes sur son dévouement. Élève de l'Ecole militaire de Saint-Cyr, il dut son premier avancement au général Marbot, son oncle, aide de camp du duc d'Orléans. Ce prince, chargé de la formation des bataillons des chasseurs à pied, y fit admettre les officiers qui passaient pour dévoués à sa dynastie. Le capitaine Canrobert y fut appelé vers la fin de 1840. Nommé, un an après, commandant du 5ᵉ bataillon, il rejoignit ce corps en Afrique.

Le commandant Canrobert ne s'y montra pas doué de cette intelligence vive et étendue dont firent preuve d'autres officiers supérieurs. L'organisation, l'administration de l'Algérie, les intérêts des colons et des indigènes, l'intéressaient peu ; la terre d'Afrique ne portait à ses yeux qu'une moisson de grades. Il recueillit celui de colonel en 1847, grâce à la finesse de Saint-Arnaud, sous le commandement duquel il se trouva placé et qui comprit que protéger un ami des princes c'était se protéger lui-même. La monarchie de Juillet n'eut pas d'ami plus dévoué que lui, tant que Louis-Philippe fut sur le trône ; la candidature du général Cavaignac le compta parmi les partisans les plus résolus tant qu'il crut qu'elle triompherait ; le grand parti de l'ordre avait

placé à sa tête, une foule de généraux sans intelligence et sans courage civiques, qui ne surent ni délibérer ni agir. Canrobert, nommé général de brigade après la prise de Zaatcha, où il commanda bravement plusieurs compagnies de son régiment de zouaves, formés en colonne d'assaut, n'aurait pas été fâché de jouer lui aussi un rôle politique; mais de quel côté se ranger, du côté de l'Assemblée ou du côté du pouvoir exécutif? à qui demander le mot d'ordre? au général Changarnier, commandant en chef de l'armée de Paris, ou au prince Louis-Napoléon, Président de la République et prétendant dictateur? Il étudiait de quel côté soufflait le vent, tantôt s'indignant contre les revues de Satory et les distributions de vin de Champagne aux troupes, tantôt assistant aux banquets de l'Élysée. M. Canrobert, avec la finesse sournoise du montagnard auvergnat (il est né sur les confins de la haute Auvergne et du Quercy), hésitait à se prononcer. Aimé de ses soldats, il pouvait les faire tourner contre le coup d'État. Qu'un seul régiment refusât de tirer, et Louis Bonaparte était perdu. Il fallut donc s'assurer à tout prix le concours du jeune général. Le Président eut recours au moyen si puissant de la flatterie. « Le général Canrobert, répétait-il à toutes les occasions, est un officier hors ligne et réservé aux plus hautes destinées. » Le général Canrobert, malgré les promesses et les engagements contenus dans ces paroles, hésitait toujours à se livrer entièrement au prince. Il n'en était pas de même des autres officiers. On le vit bien au mois d'octobre, époque à laquelle ont lieu ordinairement les changements de garnison; les quatre régiments les plus anciens de la garnison de Paris et les deux régiments de cavalerie furent remplacés par quatre régiments arrivés récemment d'Afrique et par deux régiments de lanciers, dont l'un, le 1er, commandé par le colonel de Rochefort, s'était fait remarquer à Satory par la vigueur de ses cris de : Vive l'Empereur! Le colonel du 1er régiment de lanciers sollicita l'autorisation, qui lui fut d'abord refusée, d'offrir un punch au corps d'officiers du 7e lanciers et de l'escadron des guides. M. de Rochefort revint à la charge et obtint de ses supérieurs, désireux sans doute de le dédommager de son attente, la permission de disposer, pour la réunion projetée, des appartements de l'École militaire. Quelques esprits timorés cherchèrent à détourner le colonel de Rochefort de prononcer « son toast d'ouverture, signal de la charge à
« fond contre les anarchistes, leurs adhérents et leurs meneurs; mais rien
« ne put l'arrêter; il fallait engager le combat et brûler ses vaisseaux.
« Voici donc la harangue qui précéda la charge qui devait couronner la

« victoire du 4 décembre et qui terrassa pour longtemps sans doute l'hydre « révolutionnaire [1]... »

« Rendons grâces, messieurs, aux vieilles traditions de l'armée ; nous leur devons la satisfaction de fêter aujourd'hui nos camarades du 7e de lanciers. Rendons grâces à ce véritable esprit de corps qui, sans distinction de numéro ou d'uniforme, sait faire une même famille de l'armée tout entière. Oui, messieurs, c'est à ce sentiment de fraternité militaire qui nous réunit ici, qui fait de tout soldat l'ami, le frère d'un autre soldat, que l'armée a dû de pouvoir traverser sans être entamée la période difficile dont le souvenir n'est pas encore effacé. Félicitons-nous donc, messieurs, de nous trouver tous réunis ici sous l'inspiration de cette généreuse pensée : si elle nous donne la joie et la sécurité dans le présent, c'est à elle que nous devons aussi demander confiance dans l'avenir.

« Je bois au 7e de lanciers et à son colonel ; mais avant ces santés, messieurs, je vous demanderai de porter celle de l'homme que son courage, sa loyauté, son inébranlable fermeté ont fait, en quelque sorte, la personnification de l'ordre dont nous sommes les défenseurs. Nous boirons *à celui qui nous facilite si bien la tâche que nous devons accomplir*, au prince Napoléon, au chef de l'État ! »

Le colonel Feray prit à son tour la parole :

« Interprète du 7e lanciers, messieurs, je remercie nos camarades du 1er et tous les corps de cavalerie de la garnison de Paris de l'accueil si cordial dont ils nous ont honorés. Le 7e de lanciers, messieurs, se félicite d'avoir à partager avec vous la tâche si patriotique, si glorieuse de défendre l'ordre et la société.

« L'armée a été l'ancre de salut de notre pays, dans les mauvais jours que nous avons traversés ; c'est à la discipline, c'est à l'union qui règne dans ses rangs et dont elle renouvelle chaque jour l'exemple si peu suivi, que l'armée a dû de rester à la hauteur de la tâche qui lui était imposée.

« Gardons, messieurs, ces nobles sentiments ; gardons ce précieux dépôt que nous ont légué nos aînés, et qu'il nous soit aussi sacré que notre tâche elle-même, car c'est en lui que nous puiserons non seulement les sentiments de notre véritable devoir, mais aussi celu de l'accomplir dignement.

« Je bois au 1er lanciers, à son colonel et à tous les corps de cavalerie de la garnison de Paris. »

Ces toasts tranchant si profondément avec le ton ordinaire des allocutions échangées dans ces réunions de joyeuse confraternité, montraient de la part des chefs, l'intention bien arrêtée de stimuler l'ardeur des officiers pour un combat prochain. Les soldats eux-mêmes y étaient préparés. Une augmentation considérable dans l'effectif de la garnison de Paris et de la banlieue venait d'avoir lieu, augmentation si considérable que, les logements militaires devenant insuffisants, on caserna des com-

---

[1]. Le capitaine Mauduit, *Révolution militaire du 2 décembre* 1851.

pagnies dans les casemates des forts. Les garnisons de ces forts étaient consignées chaque jour jusqu'à midi, sous prétexte qu'il pouvait survenir de la place, des ordres extraordinaires ; les théories enseignées aux troupes portaient sur le service en cas de guerre dans la capitale, sur la guerre des rues, des fenêtres, des caves, etc. ; les officiers supérieurs, assistés des adjudants-majors, avaient reçu l'ordre d'aller, en habits bourgeois, reconnaître leur poste de bataille et les maisons dont l'occupation pouvait servir de point d'appui. L'armée n'attendait plus que le signal.

Le général Magnan venait de succéder au général Baraguey-d'Hilliers dans le commandement de l'armée de Paris. Magnan s'était battu en Espagne et à Waterloo ; capitaine dans la garde impériale et dans la garde royale, colonel à la prise d'Alger, général au service belge en 1831, sur le point de passer au service sarde en 1846, maréchal de camp en France entre ces deux dates, son nom cependant n'était guère connu du public, lorsque le procès de Boulogne lui donna une certaine célébrité. Magnan, signalé à M. Louis Bonaparte comme un homme capable de céder à l'entraînement de ses souvenirs napoléoniens et d'une grosse somme d'argent, se défendit devant la Chambre des pairs de pareils soupçons, et il protesta de sa fidélité à la monarchie avec une vivacité qui ne fit illusion à personne. Perdu de dettes et de réputation, sa présence à la tête de l'armée de Paris et celle de Saint-Arnaud à la tête du ministère de la guerre étaient des signes certains que l'heure décisive allait sonner. Les généraux placés sous ses ordres s'en aperçurent bien mieux au langage qu'il leur tint un mois plus tard. « Messieurs, leur dit-il, il peut se faire que d'ici
« à peu de temps votre général en chef juge à propos de s'associer à une
« détermination de la plus haute importance. Vous obéirez passivement à
« ses ordres. Toute votre vie, vous avez compris et pratiqué le devoir
« militaire de cette façon-là. Du reste, si quelqu'un de vous hésite à me
« suivre dans cette voie, qu'il le dise ; nous nous séparerons et ne cesse-
« rons pas de nous estimer. Vous comprenez ce dont il s'agit ; les cir-
« constances sont d'une immense gravité. Nous devons sauver la France,
« elle compte sur nous. Mais, quoi qu'il arrive, ma responsabilité vous
« couvrira. Vous ne recevrez pas un ordre qui ne soit écrit et signé de
« moi. Par conséquent, en cas d'insuccès, quel que soit le gouverne-
« ment qui vous demande compte de vos actes, vous n'aurez qu'à mon-
« trer pour vous garantir ces ordres que vous aurez reçus. Seul respon-

« sable, c'est moi, messieurs, qui porterai, s'il y a lieu, ma tête à l'écha-
« faud, ou ma poitrine à la plaine de Grenelle [1]. »

Le narrateur du coup d'État qui met cette allocution dans la bouche de Magnan, prête également au doyen des généraux présents, Reybell, la réponse suivante :

« Personne ne m'a chargé de parler, général, pourtant je le fais au
« nom de tous. Vous pouvez compter que nous vous suivrons, et que nous
« voulons engager notre responsabilité à côté de la vôtre. » L'écrivain que nous avons déjà cité [2] ajoute :

« Une chaleureuse acclamation couvrit les paroles du général Reybell.
« Toutes les mains se cherchèrent, et, dès ce moment, on peut dire avec
« certitude que la France allait sortir de l'abîme. »

Les officiers nouvellement arrivés à Paris firent le 9 novembre leur visite officielle au Président de la République. Il s'était empressé de profiter de l'occasion pour leur adresser une allocution dont l'allusion suivante aux révolutions passées forme la péroraison : « J'espère que
« ces épreuves ne reviendront pas ; mais, si la gravité des circonstances
« les ramenait et m'obligeait à faire appel à votre dévouement, il ne
« me faillirait pas, j'en suis sûr, parce que, vous le savez, je ne vous
« demanderai rien qui ne soit d'accord avec mon droit, *reconnu par*
« *la Constitution* [3], avec l'honneur militaire, avec les intérêts de la
« patrie ; parce que, si jamais le jour du danger arrivait, je ne ferais
« pas comme les gouvernements qui m'ont précédé, et je ne vous dirais
« pas : « Marchez, je vous suis ; » mais je vous dirais : « Je marche,
« suivez-moi ! »

Le général Bonaparte marcha, en effet, au 18 brumaire, quoique sans beaucoup d'entrain ; mais en 1815 il se tint prudemment renfermé dans ce palais de l'Élysée, qui venait d'entendre la belliqueuse déclaration de son neveu. Le duc d'Angoulême, fort brave sur le pont de Livron, ne quitta pas le château de Saint-Cloud pendant les trois journées. Louis-Philippe n'hésita point à se mettre à la tête des troupes et de la garde nationale pour étouffer l'insurrection de 1832, cependant le 24 février

1. Les commandants de chaque division tinrent le même langage à leurs subordonnés. Un seul de ces généraux, le commandant de la division de Bordeaux, répondit aux ouvertures à lui faites qu'il prêterait son concours pour le maintien de l'ordre ; quant à son adhésion au coup d'État, il la réservait. Le général de Bourjolly reçut l'ordre de partir sur-le-champ pour le remplacer.
2. Belouino, *Histoire d'un coup d'État*.
3. Le Président ne prononça pas ces quatre mots, que le ministère fit ajouter par un scrupule que tout le monde comprit. Il y avait encore une Constitution.

1848 il abdiqua sans résistance. Les hommes placés à la tête des gouvernements ressemblent aux autres hommes; tant qu'ils sont jeunes, ils jouissent de tous les avantages de la jeunesse : force, santé, décision; l'opinion publique leur tient compte de ces qualités, lors même qu'elle n'approuve pas complètement l'usage qu'ils en font; mais les années s'accumulent sur leur tête, ils changent sans s'en apercevoir et sans se

Fig. 68. — Le 1er décembre 1851, M. de Morny, étant à l'Opéra-Comique, se rend dans la loge de Mme Liadières, qui lui dit : « On assure qu'on va balayer la Chambre. — Madame, s'il y a un coup de balai, je tâcherai de me mettre du côté du manche » (p. 279).

douter que tout change en même temps autour d'eux. Au moment du danger, ils ne retrouvent plus leur énergie ni celle des autres; auraient-ils encore la force de crier : Suivez-moi! personne ne les suivrait; il ne leur reste qu'à se taire et à se résigner. Ce ne sont pas les hommes qui soutiennent les gouvernements, c'est l'opinion publique.

Tous ces symptômes, en attendant, décelaient l'approche du coup d'État. Il était fixé en effet au 30 novembre, mais une question grave le retarda de trois jours.

Un des rôles les plus importants et les plus difficiles parmi ceux des exécuteurs du coup d'Etat était celui qui consistait à s'emparer du local de l'Assemblée législative et d'empêcher les représentants de s'y réunir; le colonel Espinasse, du 42ᵉ de ligne, consentit à s'en charger, à condition qu'on lui donnerait trois jours pour étudier le terrain et pour prendre ses dispositions. Espinasse avait connu en Afrique le général Le Flô, l'un des questeurs de l'Assemblée : il alla le soir au Palais-Bourbon et lui demanda de le lui faire visiter, ainsi que la salle, bâtie dans une des cours. Le général Le Flô se fit lui-même le cicerone d'Espinasse et lui montra tout, jusqu'à un passage souterrain débouchant par une petite porte donnant sur l'esplanade des Invalides. « C'est par là que je compte m'échapper, dit-il en riant à son visiteur, si le président m'oblige à mettre ma personne en sûreté. » Espinasse promit de l'y aider. Son régiment était à l'Ecole militaire. En cas d'alerte, il enverrait ses sapeurs attendre le général Le Flô à la petite porte des Invalides. Ils s'y trouvèrent en effet.

Espinasse, le jour même de cette visite, prévint Saint-Arnaud qu'il était prêt. C'était le 1ᵉʳ décembre.

CHAPITRE XIV

LA NUIT DU 1ᵉʳ AU 2 DÉCEMBRE

La soirée du 1ᵉʳ décembre 1851 à l'Élysée. — Arrivée de Vieyra. — Morny à l'Opéra-Comique. — Les conjurés réunis à l'Elysée. — L'Imprimerie nationale. — Les commissaires de police convoqués à la préfecture. — Ils reçoivent les dernières instructions de Maupas. — Arrestation du général Cavaignac. — Arrestation du général Changarnier. — Arrestation du général Lamoricière. — Arrestation du général Bedeau. — Arrestation du colonel Charras. — Arrestation de M. Thiers. — Arrestation de M. Greppo. — Arrestation de M. Roger (du Nord). — Persigny à l'École militaire. — Espinasse marche sur le palais Bourbon. — Noble menace du lieutenant-colonel Niol à Espinasse. — Arrestation du général Le Flô. — Arrestation de M. Baze. — Morny prend possession du ministère de l'intérieur. — Dépêche de Maupas à Louis-Napoléon.

Le temps n'était plus où Mme Salvage, l'ancienne amie de la reine Hortense, faisait les honneurs de la résidence présidentielle à quelques habits noirs perdus dans deux salons à peine meublés; l'attente d'événements prochains rendait les réceptions de l'Elysée plus suivies. Celle du 1ᵉʳ décembre semblait cependant moins animée que de coutume; les traits du Président de la République trahissaient par leur pâleur une fatigue attribuée à une légère indisposition. Les invités se retiraient peu à peu par discrétion. Il restait à peine quatre ou cinq personnes autour du Président, debout devant la cheminée, comme pour congédier ces visiteurs obstinés. Un homme de bourse nommé Vieyra entra en uniforme de colonel de la garde nationale. Vieyra s'était fait une espèce de nom en dévastant l'imprimerie Boulé après la journée du 13 juin.

Le Président de la République, craignant que la garde nationale ne devînt un obstacle à ses projets, en avait confié le commandement au général de Lavœstine [1], filleul de Madame Adélaïde, nommé successivement par le roi Louis-Philippe maréchal de camp et lieutenant général, inscrit chaque année sur la liste des inspecteurs généraux, membre du Comité de cavalerie, comblé de toutes les faveurs dont le ministère de la guerre pouvait disposer. M. de Lavœstine, bon officier de cavalerie, mais d'une intelligence très bornée, avait besoin d'un tuteur dans un poste politique; on lui donna Vieyra.

Ce dernier s'approchait du Président pour le saluer ; mais le prince, le devançant, lui dit à demi-voix en l'arrêtant au milieu du salon :

« Colonel, êtes-vous assez fort pour ne rien laisser apercevoir d'une vive émotion sur votre visage?

— Mon prince, je le crois.

— Eh bien, c'est pour cette nuit!... Vous couchez à l'état-major de la garde nationale aux Tuileries?

— Prince, mon prédécesseur y étant encore installé, je loge chez moi.

— Il faut que vous couchiez ce soir à l'état-major.

— Si l'on me voit passer la nuit dans un fauteuil à l'état-major, cela ne paraîtra-t-il pas extraordinaire?

— Vous avez raison.... A six heures du matin, je vous enverrai chercher dans le cas où je jugerais bon de convoquer quelques légions dévouées. En attendant, qu'on ne batte pas le rappel, et qu'aucun garde national ne sorte en uniforme. Allez... non, pas encore ; vous auriez l'air de sortir pour remplir quelque ordre pressé. »

Ce rapide entretien entre le Président de la République et le chef de l'état-major Vieyra, qu'on savait prêt à tout, n'avait cependant point éveillé l'attention ; l'absence de MM. de Morny, de Persigny, Fleury et de la plupart de ceux que l'opinion publique désignait comme les futurs exécuteurs du coup d'État, disposait d'ailleurs les hôtes du prince à croire à son ajournement.

Le public, de son côté, dut se sentir plus rassuré dans cette soirée, en voyant M. de Morny assister à l'Opéra-Comique, en même temps que les généraux Cavaignac et Lamoricière, à la première représentation d'une pièce nouvelle [2]. M. de Morny, avec son front chauve et sa physionomie

---

[1]. Le colonel de Lavœstine avait figuré parmi les principaux acteurs de scènes dont le café Tortoni devint le théâtre après le premier retour des Bourbons, scènes burlesques dans lesquelles des officiers de l'armée impériale, costumés en marquis de l'ancien régime, provoquaient les officiers émigrés qui se promenaient sur le boulevard avec leur brette, leur tricorne et leur uniforme démodé.

[2]. *La Fée aux roses* d'Halévy.

Fig. 69. — Pendant la nuit du 1ᵉʳ décembre, les ouvriers de l'Imprimerie nationale sont forcés de composer les proclamations du Président. Des soldats entourent chaque ouvrier, les manuscrits sont donnés par fragments, toute conversation est impossible, ordre est donné de faire feu sur tout ouvrier qui essayerait de sortir ou qui s'approcherait d'une fenêtre (p. 280).

blafarde, mettait une certaine affectation à multiplier ses visites dans les loges [1]. Le spectacle terminé, M. de Morny se rendit à l'Élysée.

MM. Mocquard, de Persigny, de Maupas, préfet de police, le lieutenant-colonel de Béville, officier d'ordonnance du Président de la République, de Saint-Arnaud, ministre de la guerre, l'attendaient dans le cabinet de M. Louis Bonaparte. M. Fleury surveillait une mesure délicate, la mise en mouvement du corps de troupes destiné à exécuter la première opération du plan des conjurés, l'occupation de l'Imprimerie nationale.

Louis Bonaparte entre. « Personne, dit-il, ne se doute de rien. » Et, ouvrant le tiroir secret de son secrétaire avec la petite clef qu'il portait ordinairement attachée à la chaîne de sa montre, il en tire un paquet cacheté formé par M. Mocquard de tous les papiers relatifs à l'exécution du coup d'État. M. Louis Bonaparte prend dans ce dossier, sur lequel est inscrit le mot *Rubicon* [2], un décret qu'il remet à M. de Morny et qui nomme ce dernier ministre de l'intérieur [3]. M. de Béville reçoit, pour les porter à l'Imprimerie nationale, les décrets et proclamations qui doivent être affichés le lendemain matin. M. de Persigny remplira les fonctions de commissaire spécial auprès du colonel Espinasse, chargé de s'emparer du palais législatif. La nuit s'avance; les conjurés se retirent. M. Louis Bonaparte, dit un de ses historiens, reste avec M. Mocquard « à se promener de long en large dans son cabinet, en riant de la figure que feraient le lendemain les deux plus petits hommes de l'Assemblée législative, M. Thiers et M. Baze, lorsqu'ils se verraient prisonniers et en chemise. »

Saint-Arnaud, en rentrant au ministère de la guerre, écrivit à Magnan :

« Mon cher général, il n'y a plus à prendre des précautions pour cacher les mesures nécessaires au rétablissement de l'ordre.

« Prenez donc des ordres pour que les munitions soient prêtes et les réserves en bon état. Que l'artillerie ne néglige aucun détail. Que les intendants soient prévenus, et que

---

1. La dernière où il parut était occupée par Mme Liadières, femme d'un ancien officier d'ordonnance de Louis-Philippe. « On assure, lui dit-elle avec quelque ironie, qu'on va balayer la Chambre : de quel côté vous mettrez-vous? — Madame, s'il y a un coup de balai, je tâcherai de me mettre du côté du manche. »
2. Le docteur Véron, *Mémoires d'un bourgeois de Paris*.
3. M. de Persigny, d'abord désigné pour remplir ces fonctions, avait déjà rédigé sa circulaire. Au dernier moment, on craignit que la présence de l'ex-sous-officier fondateur de l'*Occident français* ne donnât une couleur périlleuse à l'acte qui se préparait. « Il parut plus politique de choisir un homme dont les affinités avec les classes moyennes et les relations amicales avec les représentants de tous les partis étaient de nature à rassurer les intérêts effrayés, en maintenant à la mesure le caractère exclusivement social qui la justifiait. » (Joseph Delaroc, *Le duc de Persigny et les doctrines de l'Empire*.)

les distributions soient assurées partout. Les troupes se battent mal quand les vivres leur manquent. Chaque soldat doit avoir dans son sac quatre jours de vivres de campagne.

« J'appelle aussi votre attention sur la cavalerie. Vous pouvez en avoir sept régiments dans Paris. Il ne faut pas que les chevaux manquent un instant de leur ration.

« C'est dans les moments difficiles que les hommes de cœur et d'intelligence prennent leur place. Vous servirez de modèle à cette armée si fière de vous avoir pour chef, vous lui ferez comprendre la grandeur de sa mission, et votre première récompense sera d'avoir contribué à sauver la France de l'anarchie et du désordre. »

Saint-Arnaud dut sourire en écrivant ce dernier passage, et Magnan aussi en le lisant. La lettre surprit cependant un peu le commandant en chef de l'armée de Paris. Il ne se croyait pas si près du Rubicon ; il se résigna, lui aussi, à le passer. Une partie de l'armée occupa ses positions de combat. L'autre fut consignée dans les casernes, où lecture de la proclamation du Président fut donnée aux compagnies formées en cercle. Un général écrit à Magnan que cette lecture produit un effet considérable. « Les soldats sentent, comme nous, la grandeur de leur mission. »

M. de Saint-Georges, directeur de l'Imprimerie nationale, initié au complot depuis longtemps, et invité à se trouver à onze heures à son poste, attendait avec impatience dans la cour de l'Imprimerie, déjà occupée par une compagnie de gendarmes mobiles, l'arrivée du messager de l'Élysée. Un fiacre passe sous la porte cochère. M. de Béville en descend et remet à M. de Saint-Georges les papiers qu'il doit livrer à l'impression. Les ouvriers, consignés sous prétexte d'un travail d'urgence, refusent d'abord de se mettre au travail ; M. de Béville fait alors demander si parmi les gardes municipaux il n'y aurait pas quelques anciens ouvriers typographes ; trois ou quatre se présentent. Les ouvriers de l'Imprimerie nationale finissent par céder aux prières et aux menaces de leurs chefs. M. de Béville fait charger les armes et placer des sentinelles aux portes et aux fenêtres : la consigne est de faire feu sur tout ouvrier qui essayerait de sortir ou qui s'approcherait d'une fenêtre ; les manuscrits, livrés par fragments aux typographes, échappent à toute tentative pour en deviner le sens. Trois soldats postés autour de chaque ouvrier rendent toute conversation impossible.

Toutes les pièces sont imprimées à trois heures et demie. Le fiacre qui a conduit M. de Béville à l'Imprimerie nationale le transporte, ainsi que M. de Saint-Georges, à la préfecture de police : ils remettent eux-mêmes à M. de Maupas les exemplaires encore humides des proclamations que ce dernier est chargé de faire afficher. Ces proclamations ont

Fig. 70. — Le commissaire de police Hubault aîné pénètre dans la chambre de M. Thiers et l'avertit qu'il est chargé de l'arrêter. M. Thiers engage avec lui une conversation sur l'illégalité de cette arrestation et est bientôt forcé de suivre les agents du coup d'État (p. 287).

été lues aux soldats qui se trouvent à l'Imprimerie nationale et couvertes par eux d'acclamations.

Les agents de police, consignés la veille dès onze heures du soir dans les bureaux de quartier, avaient reçu l'ordre d'y attendre l'arrivée d'un commissaire de police ou d'un officier de paix chargé de leur donner des instructions. Les autres agents et les huit cents sergents de ville s'y trouvaient rassemblés depuis minuit... l'arrivée prétendue des principaux réfugiés de Londres servait de prétexte à ces convocations.

Carlier, en se livrant aux études préliminaires de son plan de coup d'État, n'avait point négligé le choix des commissaires de police. Ces magistrats, complices de tous les actes réactionnaires du gouvernement, n'envisageaient pas sans terreur le maintien de la République ; le triomphe du bonapartisme ouvrait, au contraire, devant eux une agréable perspective de récompenses et d'avancement ; le coup d'État pouvait donc compter sur le concours des quarante commissaires de police, qui déjà, sous la direction de M. Carlier, avaient soigneusement étudié et approfondi les parties du coup d'État, dont l'exécution devait leur être confiée ; convoqués à domicile à trois heures et demie du matin, ainsi que les officiers de paix, ils étaient réunis tous, une heure après, à la préfecture de police, et cachés par petits groupes dans des appartements séparés, pour éviter les questions. Ils attendent que le préfet de police les fasse appeler. M. de Maupas, à cinq heures du matin, les reçoit l'un après l'autre dans son cabinet, où ils reçoivent de sa bouche les indications et les ordres nécessaires à l'exécution de leur mandat.

Les commissaires trouvent dans les cours de la préfecture des voitures prêtes à les emporter sur le théâtre de l'action ; d'autres voitures sont destinées aux agents et aux sergents de ville chargés de les seconder ; ils doivent s'arrêter en passant devant les postes de police pour y prendre les hommes consignés. Les mandats dont ils sont porteurs sont décernés sous prévention de complot contre la sûreté de l'État.

Parmi les représentants sur lesquels la police avait l'ordre de mettre la main figuraient les généraux Cavaignac, Lamoricière, Changarnier, Bedeau, Le Flô, le lieutenant-colonel Charras, M. Thiers, etc.

Le général Cavaignac, descendu du pouvoir sans autre fortune que sa retraite de général de division, occupait un modeste appartement à l'entresol de la maison n° 12 de la rue du Helder. Le concierge est réveillé à six heures cinq minutes par le commissaire de police Colin, qui monte directement à l'appartement de l'ancien chef du pouvoir exécutif.

La gouvernante du général, depuis longtemps attachée à sa famille, se lève au premier coup de sonnette; elle répond, à la sommation d'ouvrir au nom de la loi, que le général va être averti. Ce dernier, s'attendant à une arrestation prochaine, n'ouvrait sa porte qu'à des gens dont son concierge lui attestait l'identité. Le concierge ayant certifié que la personne qui se présente sous ce nom est bien réellement le commissaire de police, le général Cavaignac, qui s'est habillé pendant ces pourparlers, introduit chez lui l'agent du coup d'État. — « Vous venez m'arrêter, lui dit-il ; je suis prêt à vous suivre. M'autorisez-vous, en attendant, à écrire deux lettres? » — Le général, sur la réponse affirmative du commissaire, entre dans son cabinet, dont la porte reste ouverte.

Le général Cavaignac touchait au moment de se marier; les deux lettres qu'il écrit sont adressées, la première, à sa future belle-mère; la seconde, à sa fiancée : l'honneur, dans la position où les événements viennent de le placer, lui commande, dit-il, de rendre à l'une et à l'autre la parole qu'il en a reçue. Ce pénible devoir accompli, il se lève et déclare qu'il est prêt à marcher.

Un individu de haute taille, la main droite passée dans l'ouverture de sa redingote boutonnée, n'a pas un seul instant perdu de vue le général ; cet individu silencieux, toujours à côté du prisonnier, le suit pas à pas jusqu'à la porte, descend avec lui l'escalier, monte dans son fiacre et s'assoit en face de lui, la main toujours à la même place, où elle semble serrer une arme. Le général Cavaignac jette un regard calme sur cet homme. « Je devine, lui dit-il, quelle est votre mission ; mais je ne vous fournirai pas de prétexte pour la remplir. »

Il ne prononça pas d'autres paroles jusqu'à la prison de Mazas [1].

Le commissaire de police Lerat [2] et le capitaine de la garde municipale Baudinet, chargés d'opérer l'arrestation du général Changarnier, commandent un véritable corps d'armée composé, outre les sergents de ville et les agents en nombre ordinaire, de quinze agents d'élite et de quarante-cinq gardes municipaux. L'expédition est dirigée sur la maison n° 3 de la rue Saint-Honoré, dans laquelle le général Changarnier occupe un petit logement à l'entresol. Des agents de police se sont emparés d'avance de la boutique d'un marchand de vin située en face du n° 3 ; plusieurs membres du parti bonapartiste, parmi lesquels on cite le

---

1. *Récit recueilli de la bouche du général Cavaignac.*
2. Plus tard receveur de finances à Bordeaux, pensionné sur la cassette de l'Empereur, et chevalier de la Légion d'honneur.

général Flahaut, attendent dans cette boutique le résultat de l'expédition.

Le général Changarnier dormait tranquillement, lorsque tout à coup le bruit de la sonnette, qui de la loge du concierge communique à sa chambre, le réveille; c'est le signal d'alarme depuis longtemps convenu. Le général se lève et cherche ses armes. Le concierge fait tous ses efforts pour retenir le commissaire de police et ses agents à la porte de la

Fig. 71. — Le commandant Meunier, commandant le bataillon de garde au palais Bourbon, rencontre le colonel Espinasse à la tête de ses soldats prenant possession de l'hôtel de la Présidence. « Que venez-vous faire? dit-il d'une voix émue. — Exécuter les ordres du Prince, répond Espinasse. — Vous me déshonorez! » Le commandant Meunier brise son épée, arrache ses épaulettes et les jette aux pieds d'Espinasse (p. 288).

maison. L'un de ces derniers découvre un passage qui, de la boutique d'un épicier qui vient de s'ouvrir, conduit dans la cour; Lerat l'y suit. Il se trouve au premier étage, en présence d'un domestique tenant à la main la clef de l'appartement du général; les agents s'en emparent; la porte est ouverte, ils se précipitent dans la chambre à coucher. Le général s'avance, un pistolet à la main; Lerat, homme très vigoureux, le saisit par les deux bras; toute résistance est inutile. Le général déclare qu'il est prêt à marcher ; il achève de s'habiller, et bientôt il monte dans une voiture qui prend le chemin de Mazas, entre une double haie de gardes municipaux à cheval lancés au grand trot, sabre en main.

Le commissaire de police Blanchet, chargé de l'arrestation du général Lamoricière, moins heureux que ses collègues, n'avait pu se procurer un plan des lieux ; il savait seulement que le général Lamoricière habitait, rue Las-Cases, la maison n° 11 ; mais il ignorait à quel étage ; le courageux concierge refusait de lui donner les indications nécessaires et même de la lumière pour pénétrer dans la maison. Blanchet et ses agents montent cependant, et, parvenus au premier étage, ils se trouvent en présence du domestique du général Lamoricière, qui souffle rapidement sur la lampe dont il est porteur et se jette dans l'escalier de service en criant : « Au voleur ! » Les sergents de ville l'arrêtent à la porte de la maison ; il se débat et reçoit dans la bagarre un coup d'épée à la cuisse. Menacé par les agents, il finit par les conduire à l'appartement de son maître. Le général se laisse emmener sans résistance ; mais, à peine dans le fiacre qui le conduit à Mazas, et en passant devant les soldats qui occupent le poste de la Légion d'honneur, il met la tête à la portière de son fiacre, se nomme et fait appel à leur patriotisme. Blanchet ramène violemment le prisonnier en arrière. « S'il ne se tait pas, il a, dit-il, un moyen infaillible pour le réduire au silence. « Il sort en même temps de sa poche un mécanisme d'une forme étrange. Toutes les précautions étaient prises. Parmi les *instruments* distribués aux commissaires, il y avait des bâillons.

Le commissaire de police Hubault jeune, à qui est confiée la tâche d'arrêter le général Bedeau, est d'abord singulièrement favorisé par le hasard. Il sonne à la porte du vice-président de l'Assemblée, qui demeurait rue de l'Université, n° 70. Le domestique, en lui ouvrant, le prend pour M. Valette, secrétaire de la présidence de l'Assemblée, et se dirige vers la chambre à coucher pour l'annoncer. Le général Bedeau, au lieu du secrétaire de la présidence, trouve devant lui un commissaire de police qui le déclare en état d'arrestation. Le général proteste contre cette violation de la Constitution ; il menace Hubault jeune d'une mise hors la loi. L'agent de M. de Maupas force le général Bedeau à se lever. Celui-ci s'habille lentement ; au moment de partir, il s'adosse contre la cheminée et déclare qu'il ne sortira pas, à moins qu'on ne l'arrache de chez lui comme un malfaiteur. Hubault jeune lui met la main au collet ; ses agents le saisissent par les bras et par les jambes, et l'emportent dans la voiture qui l'attend à la porte. Les cris : « A la trahison ! aux armes ! » poussés par le général Bedeau, se font entendre jusqu'à l'entrée de la rue du Bac ; là, des centaines de sergents de ville, l'épée à la main, entourent la voiture ; d'autres dispersent les petits groupes formés à l'appel du prisonnier. Les chevaux prennent le galop au tournant du pont Royal. Le général Bedeau, en arrivant à Mazas, retrouva encore assez d'énergie pour haranguer les soldats chargés de la garde de cette prison ; ils l'écoutèrent, mais il est évident qu'ils ne comprenaient rien à ce qu'il leur disait.

Le commissaire de police Courteille put s'emparer sans coup férir du lieutenant-colonel Charras [1].

M. Thiers dormait profondément lorsque le commissaire de police Hubault aîné pénétra dans son hôtel, ouvrit sa chambre à coucher, écarta les rideaux et le réveilla en lui signifiant sa qualité et son mandat. Une conversation s'engagea ensuite entre M. Thiers et Hubault aîné, sur la légalité constitutionnelle de la mission que ce dernier était en train de remplir. Cette conversation témoigne de la parfaite liberté d'esprit dans laquelle se trouvait M. Thiers au moment où la police armée l'arrachait à son foyer et où il ignorait quelle destinée lui était réservée [2]. Une perquisition faite dans le cabinet de M. Thiers n'amena la découverte d'aucune correspondance politique [3].

Le représentant Greppo entretenait de nombreuses correspondances avec les démocrates des départements et tenait les fils d'une organisation destinée à s'opposer au coup d'État : M. de Maupas attachait la plus grande importance à son arrestation. M. Greppo dormait lorsque, vers quatre heures du matin, le commissaire de police et les agents, munis de lanternes, se ruèrent dans son logement ; l'un de ces derniers brandissait un merlin. M. Greppo protesta contre cette invasion, en invoquant son titre de membre de l'Assemblée nationale. Le commissaire de police lui répondit que cette Assemblée elle-même venait, dans une séance de nuit, d'ordonner son arrestation. M. Greppo avait dans la poche de son paletot un paquet de lettres destinées à partir le jour même pour les départements ; feignant d'être pressé par un besoin, et ayant obtenu à grand'peine l'autorisation de passer dans un cabinet voisin, il se débarrassa de ses

---

[1]. La double arrestation du capitaine d'artillerie Cholat et du lieutenant de chasseurs Valentin compléta la série des arrestations militaires. La trahison d'un domestique permit aux agents du commissaire Dourlens d'envahir brusquement la chambre à coucher du lieutenant Valentin et de le prendre au moment où il sautait à bas de son lit.
[2]. Il fut conduit à Kehl, à la frontière allemande.
[3]. Granier de Cassagnac.

lettres ; il lui en restait deux ou trois, il parvint à les cacher dans les manches de sa femme, que les agents ne purent empêcher de monter en fiacre avec lui. Le commissaire de police se retira en emportant deux pistolets, un petit poignard, une hache marine et un de ces longs bonnets rouges que portent les pêcheurs catalans, saisis dans les tiroirs de la bibliothèque.

M. de Morny avait tenu à ce qu'on arrêtât l'un de ses plus intimes amis, M. Roger (du Nord), dont il connaissait la fermeté et le courage : « Il lui eût été pénible d'avoir à sévir plus sévèrement contre lui [1]. »

L'arrestation des deux questeurs de l'Assemblée, le général Le Flô et M. Baze, forme un épisode qui se rattache à l'occupation du palais législatif par la force armée.

M. de Persigny, chargé de surveiller la prise de possession du palais législatif, était arrivé à quatre heures du matin à l'École militaire et avait remis les ordres du ministre de la guerre au général Renault, chargé de toutes les opérations sur la rive gauche de la Seine.

Les troupes sont sur pied à cinq heures ; quatre compagnies d'élite du 42ᵉ, précédées des sapeurs et formant l'avant-garde de deux bataillons de ce régiment, se mettent silencieusement en marche, sous les ordres du colonel Espinasse, et se dirigent le long des quais vers l'esplanade des Invalides, à quelques pas d'une petite porte. Espinasse fait faire halte et s'avance, suivi de près par ses sapeurs. « Je vais frapper à cette porte, leur dit-il à voix basse ; si on l'ouvre, vous entrerez derrière moi ; si on ne l'ouvre pas, vous l'enfoncerez. »

Inutile recommandation, car les officiers du bataillon de garde à l'Assemblée, mandés individuellement pendant la nuit au quartier général de l'École militaire, étaient dans le complot. L'adjudant-major ouvre la porte ; les grenadiers accourent à la voix des sapeurs ; le palais législatif est envahi.

Le chef de bataillon de garde, Meunier, sortant de chez le lieutenant-colonel Niol, rencontre le colonel Espinasse qui, à la tête de ses soldats, se dirige à grands pas vers l'hôtel de la présidence.

« Que venez-vous faire ici ? lui dit-il d'une voix émue.

— Exécuter les ordres du prince, répond Espinasse.

— Vous me déshonorez ! »

Le commandant Meunier brise son épée, arrache en même temps ses épaulettes et les jette aux pieds d'Espinasse [2].

1. Le docteur Véron, *Mémoires d'un bourgeois de Paris*.
2. Le lendemain, ce loyal et brave officier donnait sa démission.

Les agents de police attachés à l'Assemblée avaient tout de suite passé à l'ennemi. Espinasse, guidé par l'un d'eux, se porte rapidement sur le logement du commandant militaire du palais. Le lieutenant-colonel Niol achevait de s'habiller; Espinasse saute sur son épée. « Prenez-la, vous faites bien, lui dit cet officier, car je vous l'aurais passée au travers du corps. »

Pendant qu'on met le lieutenant-colonel Niol en état d'arrestation, les deux bataillons du 42°, partis de l'École militaire une demi-heure après l'avant-garde, arrivent devant le palais Bourbon, relèvent les postes et s'emparent de toutes les issues. M. de Persigny quitte son piquet d'infanterie et porte à l'Élysée la nouvelle de l'heureux coup de main auquel il vient de prendre part. Le palais Bourbon est aux mains des conjurés; mais les questeurs ne sont pas encore pris. Les commissaires de police Bertoglio et Primorin avaient pénétré dans le palais en même temps qu'Espinasse : l'un devait procéder à l'arrestation du général Le Flô, l'autre à celle de M. Baze. Le général Le Flô ne se couchait pas depuis quelque temps sans avoir passé une revue des postes et des factionnaires; rentré chez lui à minuit, après son inspection ordinaire, rien ne lui avait paru suspect; cependant le chef de bataillon Meunier, apprenant que l'adjudant-major avait été mandé à l'École militaire sous un prétexte futile, attacha plus d'importance à certains indices qui l'avaient frappé; mais, faute de connaître l'endroit où était situé le logement du commandant du palais, il ne put lui faire tout de suite part de ses observations. Le commandant Meunier et le lieutenant-colonel Niol ne se rejoignirent que vers six heures du matin; il était trop tard.

Bertoglio, suivi de ses agents, s'était introduit déjà dans l'appartement du général Le Flô, dont le fils, âgé de sept ou huit ans, réveillé par le bruit, se met à crier. Bertoglio parvient à le calmer en l'assurant qu'il s'agit seulement d'un important message à remettre au général; l'enfant, sans méfiance, le guide vers la chambre de son père. Le général Le Flô, au bruit des pas, saute à bas de son lit; Bertoglio et ses hommes se précipitent sur lui; il résiste; une lutte s'engage. Le général s'adresse aux soldats entrés en même temps que les agents, invoque en vain l'appui de ceux qu'il appelle ses compagnons d'armes; les cris de Mme Le Flô, enceinte de cinq mois, les pleurs, le désespoir de son fils, qui se reproche d'avoir, en quelque sorte, livré son père, triomphent de sa résistance; il consent à suivre Bertoglio.

Espinasse surveille l'arrestation au bas de l'escalier; le général Le Flô, en descendant, se trouve face à face avec lui et le traite de lâche. Les soldats reçoivent l'ordre de croiser la baïonnette sur le général ; ils le poussent ainsi jusqu'au fiacre ; sa voix ne cesse de protester, jusqu'au moment où les chevaux, fouettés par une main vigoureuse, l'emportent vers la prison de Mazas.

La résistance de M. Baze ne fut pas moins énergique. Le commissaire Primorin, accompagné d'agents nombreux, soutenu par une compagnie du 42°, le surprit au moment où, réveillé en sursaut, il passait une robe de chambre. Les hommes de la police se jettent sur lui ; Mme Baze, à demi vêtue, court à la fenêtre et appelle au secours. Primorin essaye de l'arracher de là ; elle se cramponne à l'espagnolette, pendant que M. Baze, vaincu dans la lutte inégale qu'il soutient, est traîné jusqu'au poste de la rue de Bourgogne.

Les arrestations terminées, le palais législatif occupé, M. de Morny se rendit au ministère de l'intérieur, accompagné du général de Flahaut, son conseiller intime, de M. Léopold Lehon et de M. Achille Boucher, homme de bourse, ses deux secrétaires. M. de Thorigny, ministre de l'intérieur, brusquement réveillé, apprit qu'il avait un successeur. M. de Morny s'assoit en face de la machine qui fait mouvoir les fils du télégraphe : le coup d'État a la main sur la France.

Le général Magnan avait de son côté exécuté les ordres du ministre de la guerre. La brigade Ripert occupait le palais législatif, et la brigade Forey le quai d'Orsay ; la brigade Dulac était massée dans le jardin des Tuileries ; la brigade de Cotte, sur la place de la Concorde ; la brigade Canrobert entourait l'Élysée ; la brigade de lanciers du général Reybell et la division de cuirassiers du général Korte tenaient les Champs-Élysées. Ces troupes, infanterie, cavalerie, artillerie, formaient un corps de plus de trente mille hommes, qui pouvait, dans cette position, soutenir les opérations du coup d'État et au besoin protéger ses auteurs dans leur fuite.

Rien jusqu'ici ne présageait un tel dénouement. Tout au contraire marchait au gré des conspirateurs. Leur chef avait reçu à six heures du matin, du préfet de police, une dépêche qui dans sa forme triviale résumait la situation : « Nous triomphons sur toute la ligne. »

CHAPITRE XV

LE 2 DÉCEMBRE

La population parisienne apprend le coup d'État par la lecture des proclamations et des décrets. — Proclamation à l'armée. — Action des associations catholiques en faveur du coup d'État. — Le peuple n'a aucun moyen de s'éclairer sur la situation, par suite de la suppression des journaux. — Réunion des représentants chez M. Yvan et chez M. Odilon Barrot. — Le Président est déclaré déchu et la haute Cour convoquée. — Appel aux conseils généraux. — Faiblesse du président Dupin. — Réunion chez M. Daru. — Arrestation de représentants sur la place de Bourgogne et chez M. Crémieux. — Le matin à l'Élysée, premières appréhensions. — Louis Bonaparte se montre à la population.

Une pluie fine et froide tombait sur les rares passants arrêtés pour lire, aux lueurs douteuses de la matinée du 2 décembre, les proclamations suivantes :

PROCLAMATION DU PRÉSIDENT DE LA RÉPUBLIQUE

Appel au peuple.

« Français !

« La situation actuelle ne peut durer plus longtemps. Chaque jour qui s'écoule aggrave les dangers du pays. L'Assemblée qui devait être le plus ferme appui de l'ordre est devenue un foyer de complots ; le patriotisme de trois cents de ses membres n'a pu arrêter ses fatales tendances : au lieu de faire des lois dans l'intérêt général, elle forge des armes pour la guerre civile ; elle attente au pouvoir que je tiens directement du peuple ; elle encourage toutes les mauvaises passions ; elle compromet le repos de la France. Je l'ai dissoute, et je rends le peuple entier juge entre elle et moi.

« La Constitution avait été faite, vous le savez, dans le but d'affaiblir d'avance le pouvoir que vous alliez me confier. Six millions de suffrages furent une éclatante protestation contre elle, et cependant je l'ai fidèlement observée. Les provocations, les calomnies, les outrages, m'ont trouvé impassible. Mais aujourd'hui que le pacte fondamental n'est plus respecté de ceux-là mêmes qui l'invoquent sans cesse, et que les hommes qui ont perdu déjà deux monarchies veulent me lier les mains afin de renverser la République, mon devoir est de déjouer leurs perfides projets, de maintenir la République et de sauver le pays en invoquant le jugement solennel du seul souverain que je connaisse en France, le peuple.

« Je fais donc un appel à la nation tout entière, et je vous dis : Si vous voulez continuer cet état de malaise qui nous dégrade et compromet notre avenir, choisissez un autre à ma place, car je ne veux plus d'un pouvoir qui est impuissant à faire le bien, me rend responsable d'actes que je ne puis empêcher et m'enchaine au gouvernail quand je vois le vaisseau courir vers l'abîme.

« Si, au contraire, vous avez confiance en moi, donnez-moi les moyens d'accomplir la grande mission que je tiens de vous.

« Cette mission consiste à fermer l'ère des révolutions en satisfaisant les besoins légitimes du peuple et en le protégeant contre les passions subversives ; elle consiste surtout à créer des institutions qui survivent aux hommes et qui soient enfin des fondations sur lesquelles on puisse asseoir quelque chose de durable.

« Persuadé que l'instabilité du pouvoir, que la prépondérance d'une seule assemblée sont des causes permanentes de trouble et de discorde, je soumets à vos suffrages les bases suivantes d'une constitution que les Assemblées développeront plus tard :

« 1° Un chef responsable nommé pour dix ans ;

« 2° Des ministres dépendant du pouvoir exécutif seul ;

« 3° Un Conseil d'État formé par les hommes les plus distingués, préparant les lois et en soutenant la discussion devant le Corps législatif ;

« 4° Un Corps législatif discutant et votant des lois, nommé par le suffrage universel sans scrutin de liste, qui fausse l'élection ;

« 5° Une seconde Assemblée formée de toutes les illustrations du pays, pouvoir pondérateur, gardien du pacte fondamental et des libertés publiques.

« Ce système, créé par le premier Consul au commencement du siècle, a déjà donné à la France le repos et la prospérité ; il les lui garantirait encore.

« Telle est ma conviction profonde. Si vous la partagez, déclarez-le par vos suffrages ; si, au contraire, vous préférez un gouvernement sans force, monarchique ou républicain, emprunté à je ne sais quel passé ou à quel avenir chimérique, répondez négativement.

« Ainsi donc, pour la première fois depuis 1804, vous voterez en connaissance de cause, en sachant pour qui et pour quoi.

« Si je n'obtiens pas la majorité de vos suffrages, alors je provoquerai la réunion d'une nouvelle Assemblée, et je lui remettrai le mandat que j'ai reçu de vous.

« Mais si vous croyez que la cause dont mon nom est le symbole, c'est-à-dire la France régénérée par la révolution de 89 et organisée par l'Empereur, est toujours la vôtre, proclamez-le en consacrant les pouvoirs que je vous demande.

« Alors la France et l'Europe seront préservées de l'anarchie, les obstacles s'aplaniront, les difficultés auront disparu, car tous respecteront, dans l'arrêt du peuple, le décret de la Providence. »

M. Louis Bonaparte s'adressait en même temps à l'armée :

« Soldats,

« Soyez fiers de votre mission, vous sauverez la patrie, car je compte sur vous, non pour violer les lois, mais pour faire respecter la première loi du pays, la souveraineté nationale, dont je suis le légitime représentant.

« Depuis longtemps, vous souffriez comme moi des obstacles qui s'opposaient au bien que je voulais vous faire et aux démonstrations de votre sympathie en ma faveur.

Fig. 72. — Le général Le Flô, conduit par des agents de police et descendant l'escalier du palais Bourbon, se trouve face à face avec Espinasse, le traître de Mahon. Les soldats reçoivent l'ordre de croiser la baïonnette sur lui; il résiste et est emmené de force jusqu'à la voiture qui devait le conduire à Mazas (p. 290).

« Ces obstacles sont brisés ; l'Assemblée a essayé d'attenter à l'autorité que je tiens de la nation, elle a cessé d'exister.

« Je fais un loyal appel au peuple et à l'armée, et je lui dis : Ou donnez-moi les moyens d'assurer votre prospérité ou choisissez un autre à ma place.

« En 1830 comme en 1848, on vous a traités en vaincus. Après avoir flétri votre désintéressement héroïque, on a dédaigné de consulter vos sympathies et vos vœux, et cependant vous êtes l'élite de la nation. Aujourd'hui, en ce moment solennel, je veux que l'armée fasse entendre sa voix.

« Votez donc librement comme citoyens ; mais, comme soldats, n'oubliez pas que l'obéissance passive aux ordres du gouvernement est le devoir rigoureux de l'armée depuis le général jusqu'au soldat. C'est à moi, responsable de mes actions devant la postérité, de prendre les mesures qui me semblent indispensables pour le bien public.

« Quant à vous, restez inébranlables dans les règles de la discipline et de l'honneur, aidez par votre attitude imposante le pays à manifester sa volonté dans le calme et dans la réflexion, soyez prêts à réprimer toute tentative contre le libre exercice de la volonté du peuple.

« Soldats, je ne vous parle pas des souvenirs que mon nom rappelle, ils sont gravés dans vos cœurs. Nous sommes unis par des liens indissolubles. Votre histoire est la mienne. Il y a entre nous, dans le passé, communauté de gloire et de malheur ; il y aura dans l'avenir communauté de sentiments et de résolutions pour le repos et la grandeur de la France.

« LOUIS-NAPOLÉON BONAPARTE. »

Le général Bonaparte, dans sa proclamation du 10 brumaire, ne craignit pas, au moment même où la République venait d'être sauvée à Zurich par Masséna, de montrer « l'ennemi passant les frontières, les arsenaux vides, les ressources de l'État épuisées, les soldats livrés sans défense.... » Son neveu imitait sa tactique en parlant des *malheurs* de l'armée française, de cette armée que Paris tout entier avait couverte de fleurs et d'applaudissements à sa rentrée après les journées de Février, qu'il saluait comme sa libératrice après les journées de Juin. Quel oubli du passé, quelle ingratitude dans cette insistance à rappeler, comme des outrages pour le soldat, les trois journées de 1830, accueillies avec tant d'enthousiasme par les membres de la famille Bonaparte, qu'elles vengeaient des Bourbons, et celles de Février, qui leur ouvraient la patrie !

On pouvait lire aussi sur tous les murs le décret suivant :

AU NOM DU PEUPLE FRANÇAIS

Le Président de la République décrète :

Art. 1er. — L'Assemblée nationale est dissoute.

Art. 2. — Le suffrage universel est rétabli. La loi du 31 mai est abrogée.

Art. 3. — Le peuple français est convoqué dans ses comices à partir du 14 décembre jusqu'au 21 décembre suivant.

Art. 4. — L'état de siège est décrété dans l'étendue de la 1re division militaire.

Art. 5. — Le Conseil d'État est dissous.

Art. 6. — Le ministre de l'intérieur est chargé de l'exécution du présent décret...

Les proclamations de l'auteur du coup d'État étaient ainsi conçues, d'ailleurs, de façon à ne point jeter une trop vive alarme dans la masse de la population. Louis Bonaparte protestait de sa ferme intention de maintenir la République; Maupas lui-même déclarait aux Parisiens que les mesures nocturnes dont il avait été l'exécuteur étaient accomplies « au nom du peuple, dans son intérêt, et pour le maintien de la République ».

Fig. 73. — M. de Morny vient dans la nuit du 2 décembre au ministère de l'intérieur et prévient M. de Thorigny qu'il est nommé son successeur (p. 290).

L'Assemblée était très impopulaire auprès des ouvriers, excités contre elle par les propos des agents soudoyés et par les suggestions des chefs des sociétés de Saint-Vincent de Paul, de Saint-Régis, et des nombreuses associations catholiques dévouées au coup d'État. Le peuple aurait eu besoin, dans ces premiers moments, pour s'éclairer sur la portée réelle de l'acte de M. Louis Bonaparte, de lire les journaux; mais les scellés étaient mis sur les presses du *National*, de la *République*, de la *Révolution* et de l'*Avènement du peuple;* l'*Union*, l'*Ordre*, l'*Assemblée*

Fig. 74. — Le représentant du peuple général Leydet, vieillard de soixante-quinze ans, refuse de quitter le palais Bourbon ; il est appréhendé au col par les soldats et conduit de force hors de la salle des séances (p. 300).

nationale, l'*Opinion publique*, le *Messager*, le *Corsaire*, le *Siècle*, le *Charivari*, avaient d'eux-mêmes interrompu leur publication ; un bureau de censure, institué au ministère de l'intérieur, veillait sur les journaux autorisés à paraître, la *Presse*, le *Constitutionnel*, la *Patrie*, le *Journal des Débats*.

Ces diverses mesures excitaient en général plus de colère que de surprise. Tout le monde s'attendait plus ou moins à ce dénouement. Aussi les représentants du peuple restés libres, en apprenant à leur réveil l'arrestation de leurs collègues, avaient cherché tout de suite à se concerter et à opposer une résistance commune au coup d'État. MM. Michel (de Bourges), Pierre Lefranc, Versigny, Dupont (de Bussac), Théodore Bac, etc., se réunissaient chez M. Yvan, l'un des secrétaires de l'Assemblée.

Une trentaine de représentants de toutes les nuances, rassemblés chez M. Odilon Barrot, y signaient cette protestation :

« Vu l'article 68 de la Constitution, considérant que, violant ses serments et la Constitution, Louis-Napoléon Bonaparte a dissous l'Assemblée et employé la force publique pour consommer cet attentat ;

« Les membres de l'Assemblée soussignés, après avoir constaté la violence qui est apportée par les ordres du Président à la réunion légale de l'Assemblée et l'arrestation de son bureau et de plusieurs de ses membres ;

« Déclare que l'article 68 de la Constitution trace à chaque citoyen le devoir qu'il a à remplir.

« En conséquence, le Président est déclaré déchu de ses fonctions.

« La haute Cour de justice est convoquée. Défense est faite à tout citoyen d'obéir aux ordres du pouvoir déchu, sous peine de complicité.

« Les conseils généraux sont convoqués et se réuniront immédiatement ; ils nommeront une commission dans leur sein, chargée de pourvoir à l'administration du département et de correspondre avec l'Assemblée dans le lieu qu'elle aura choisi pour se réunir.

« Tout receveur général, ou percepteur, ou détenteur quelconque des deniers publics qui se dessaisirait des fonds qui sont dans ses caisses sur un autre ordre que celui émané du pouvoir régulier constitué par l'Assemblée, sera responsable sur sa propre fortune, et, au besoin, puni des peines de la complicité.

« Fait et arrêté le 2 décembre 1851.

« *Signé* : ODILON BARROT, CHOMBOLLE, DE TOCQUEVILLE, GUSTAVE DE BEAUMONT, DUFAURE, ÉTIENNE, MISPOULET, OSCAR LAFAYETTE, LANJUINAIS, HIPPOLYTE PASSY, PISCATORY, DE BROGLIE, DUVERGIER DE HAURANNE, DE CORCELLES, D'HESPEL, DE LUPPÉ, DE SÈZE, GUILLIER DE LA TOUCHE, VAUDORÉ, CHAPER, SAINTE-BEUVE, BOCHER, DE LABOULIE, VITET, DE MONTIGNY, DE MONTEBELLO, THURIOT DE LA ROSIÈRE, MATHIEU DE LA REDORTE, VICTOR LEFRANC, BENJAMIN DELESSERT, etc. »

Plusieurs représentants, au premier bruit des arrestations, s'étaient rendus au Palais-Bourbon ; là, une porte secrète qu'on a oublié de fermer à clef leur livre passage. Cette porte, réservée à l'usage particulier du président de l'Assemblée, mène aux appartements de M. Dupin. Les représentants Canet et Favreau vont le chercher.

M. de Morny, informé immédiatement de cette reprise de possession du local de ses séances par une partie de l'Assemblée, ordonne au colonel Espinasse d'expulser sans retard les représentants : le commandant de la gendarmerie mobile Saucerotte pénètre dans la salle, suivi de ses soldats. M. Monet l'avertit vainement du crime qu'il commet ; il lui lit l'article 18 de la Constitution [1] ; le commandant Saucerotte déclare qu'il n'obéit qu'aux ordres de ses chefs. Les gendarmes mobiles marchent la baïonnette en avant ; les représentants reculent en criant : *Vive la République! Vive la Constitution!* Le général Leydet, vieillard de soixante-quinze ans, pris au collet, lutte contre les soldats avec l'énergie de son vieux dévouement à la liberté. Le président Dupin, au lieu de venir à son aide, le rappelle au respect dû à la discipline, surtout par un ancien militaire. La consigne! voilà le premier mot que prononce M. Dupin en entrant dans la salle Casimir Périer, où MM. Canet et Favreau sont parvenus à le pousser de vive force ; il se débat contre M. Desmousseaux de Givré, qui réussit enfin à lui passer son écharpe. M. Dupin, comme un homme qui brûle d'en finir avec un devoir imposé, balbutie quelques mots à la troupe, et, en montrant les gendarmes à ses collègues, il ajoute : « Nous avons le droit, c'est évident ; mais ces messieurs ont la force, partons [2]! » Il part, en effet.

Les représentants chassés de la salle se réfugièrent dans le cabinet du président et y rédigèrent une protestation transcrite sur les registres de la présidence.

Une réunion assez nombreuse avait lieu pendant ce temps-là chez M. Daru, l'un des vice-présidents de l'Assemblée. La réunion finie, les membres se dirigèrent vers le Palais-Bourbon. Arrivés au coin de la rue de Lille et de la rue de Bourgogne, en face de la porte latérale du palais

---

1. Voici cet article :
« Toute mesure par laquelle le Président de la République dissout l'Assemblée nationale, la proroge ou met obstacle à l'exercice de son mandat, est un crime de haute trahison.

« Par ce seul fait, le Président est déchu de ses fonctions ; les citoyens sont tenus de lui refuser obéissance ; le pouvoir exécutif passe de plein droit à l'Assemblée nationale. Les juges de la haute Cour de justice se réunissent immédiatement, à peine de forfaiture : ils convoquent les jurés dans le lieu qu'ils désignent pour procéder au jugement du Président et de ses complices ; ils nomment eux-mêmes les magistrats chargés de remplir les fonctions du ministère public. »

2. On cite une autre version : « Ces messieurs ont la force, *filons!* »

de l'Assemblée, le vice-président et d'autres membres du bureau qui l'entouraient firent sommation aux troupes de se retirer et de laisser les représentants vaquer librement à leur mandat. Qu'attendre de soldats revenus la veille d'Afrique, ayant reçu chacun le matin une ample ration d'eau-de-vie et une somme d'argent? Les troupes n'ayant point obéi, plusieurs représentants s'avancèrent devant les rangs et, ayant pénétré jusqu'à la porte, la poussèrent avec force et parvinrent à l'ouvrir. Mais dans le vestibule se trouvaient des chasseurs de Vincennes, qui reçurent les représentants la baïonnette en avant. Un de ces soldats lança rudement son arme sur M. de Kerdrel, qui se présentait le premier, et, sans la présence d'esprit de l'amiral Lainé, qui détourna le péril, M. de Kerdrel recevait la baïonnette en pleine poitrine. M. Chegaray, M. Moulin, M. Grimaut faillirent aussi être atteints. M. de Thalhouët eut la manche de son paletot traversée par une baïonnette, et M. Etienne reçut à l'épaule une blessure qu'il fallut faire immédiatement panser à la caserne de la rue de Lille. Cependant les pelotons placés en dehors de la porte avaient reçu l'ordre de charger leurs armes. Cet ordre fut exécuté. Plusieurs représentants, entre autres M. Dahirel, persistaient à protester à haute voix devant le front des troupes; mais la violence matérielle étant suffisamment constatée, ils finirent, sur l'invitation de leurs collègues, par se retirer avec eux. Rentrés chez M. Daru, tous les représentants qui venaient de faire cette tentative se mirent à rédiger une protestation qui constatait l'attentat commis sur leurs personnes et la violation de leur droit le plus sacré. Pendant qu'ils achevaient de la signer, la force armée, ayant envahi la maison, força les assistants à en sortir. M. Daru se disposait à suivre ses collègues; mais l'officier lui signifia qu'il avait ordre de le retenir chez lui. M. Daru dut se rendre à cette injonction, et sa maison fut aussitôt gardée militairement.

Espinasse n'ayant point reçu l'ordre d'arrêter les représentants expulsées de la salle des séances, ceux-ci, se partageant en divers groupes, s'étaient rendus, les uns chez M. Crémieux, les autres vers la place de Bourgogne, où ils avaient trouvé plusieurs de leurs collègues entre les mains des soldats qu'ils cherchaient vainement à ramener au respect de la Constitution. Le colonel du 6ᵉ de ligne, Gardarens de Boisse, les fait arrêter et conduire au ministère des affaires étrangères, où d'autres représentants prisonniers ne tardent pas à les rejoindre. Les représentants réunis chez M. Crémieux éprouvent bientôt le même sort; arrêtés par un détachement d'agents de police et de troupes, conduits à la Conciergerie entre deux rangs de baïonnettes, ils sont entourés à la hauteur du pont Neuf par des groupes qui ont reconnu M. Crémieux. Le représentant Malardier (de la Nièvre), qui se trouve par hasard sur le passage des prisonniers, met son écharpe et excite le peuple à leur délivrance ; l'attitude énergique du chef d'escorte contient la foule désarmée [1].

Que s'était-il passé depuis le matin à l'Elysée ?

A la joie causée par la dépêche de la préfecture de police : « Nous triomphons sur toute la ligne, » succédèrent quelques appréhensions. L'emplacement que la cavalerie de Saint-Germain et de Versailles devait occuper à l'entrée de l'avenue conduisant à l'Elysée restait vide. Ses états-majors n'avaient été prévenus qu'à sept heures et demie du matin. Les dragons de Saint-Germain parurent à neuf heures, mais les carabiniers et les cuirassiers de Versailles à midi seulement.

Les rares visiteurs étaient reçus dans la salle des aides de camp. On y voyait Persigny, Maupas, le général Narvaëz, vieux faiseur de pronunciamentos qui, ayant avancé un demi-million à Bonaparte, était là comme amateur et comme créancier.

On remarquait avec étonnement l'absence des membres de la famille du Président, qui avaient tant de motifs de se ranger autour de sa personne. Le roi Jérôme était depuis quelque temps en froid avec son neveu Louis, à cause de l'ordre donné à son fils Napoléon de quitter l'appartement qu'il occupait à l'hôtel de Paris et où, paraît-il, ses amis de la Montagne tenaient les propos les plus irrespectueux et les plus violents contre le Président. Le représentant Napoléon Bonaparte avait donc transféré son domicile rue d'Alger. C'est là qu'il apprit le coup d'État, en se réveillant. Il s'habilla et partit pour organiser la résistance, expression que tant de gens devaient répéter pendant les quatre jours suivants. Le roi-maréchal, en apprenant à son tour le coup d'État à son lever, se plaignit comme d'un manque d'égards de n'en avoir pas été informé par son neveu. Le dépit n'était pas le seul sentiment qui l'animât. Si l'Assemblée allait avoir le dessus, si son neveu était conduit à Vincennes ? Il fallait pourtant prendre un parti. Le frère de l'Empereur envoya un de ses aides de camp à l'Élysée pour savoir ce qui s'y passait. L'aide de camp se fit annoncer comme chargé, au nom de Jérôme, de venir prendre les ordres du Président. « Dites au roi, répondit l'aide de camp du Président, que le prince l'attend pour monter à cheval, si sa santé le lui permet. » Le roi, au

---

[1]. Eugène Ténot, *Paris en décembre* 1851.

retour de son aide de camp, lui reprocha d'avoir outrepassé ses instructions et se plaignit d'être compromis. Jérôme redoutait beaucoup son fils, qui parfois le traitait assez mal [1]. Que dirait Napoléon si son père se rendait à l'Élysée, pendant que lui exposait sa vie pour soulever les populations contre le violateur de la Constitution? Mais sa tranquillité et son bien-être dépendaient du succès du coup d'État. Louis-Napoléon à Vincennes, il ne restait plus à Jérôme qu'à reprendre le chemin de l'exil et à se résigner à la pauvreté. Cette réflexion le décida à se rendre avec son état-major à l'Élysée, où il arriva vers dix heures du matin, au moment où les amis du Président venaient de décider qu'il était indispensable que Louis Bonaparte se montrât à la population. La scène de l'orangerie de Saint-Cloud, dans laquelle le général Bonaparte avait fait une si triste figure, attestait le danger de l'intervention personnelle de l'organisateur d'un coup d'État sur le théâtre de l'action; mais il était habile de l'y montrer dans les entr'actes pour encourager les acteurs. M. Louis Bonaparte, un peu inquiet, mais docile aux conseils, sortit à cheval de l'Élysée par la grille du jardin, suivi d'un cortège nombreux, ayant le maréchal Jérôme Bonaparte à sa droite, le maréchal Narvaëz, en uniforme couvert de broderies d'or, à sa gauche; derrière eux s'avançaient le maréchal Exelmans, les généraux Saint-Arnaud, Magnan, de Flahaut, Roguet, Wast-Vimeux, Dumas, Lawœstine, Le Pays de Bourjolly, le colonel Murat, les officiers d'ordonnance Fleury, de Béville, Edgar Ney et Lepic, au milieu desquels se trouvait M. Edouard Thayer, directeur des postes.

Le cortège se dirige vers la place de la Concorde. Les troupes de la brigade de Cotte forment la haie. Les hommes de la Société du 10 décembre le suivent sur le trottoir en criant : Vive l'Empereur! cri auquel répond celui de : Vive la République! Au moment où le prince débouche sur la place de la Concorde, le général de Cotte l'accueille au cri de : Vive l'Empereur! Le bataillon de gendarmerie mobile rompt les rangs et entoure le prince. Les soldats crient : Vive l'Empereur! et : Aux Tuileries! Les grilles du côté du pont Tournant s'ouvrent; le cortège pénètre au trot dans le jardin; avant de s'engager dans la grande allée, il s'arrête près du grand bassin. Jérôme s'approche de son neveu et cause pendant quel-

---

[1]. J'avais eu avec lui et son père des rapports assez intimes avant 1848, et ils me faisaient l'honneur de venir assez habituellement passer le dimanche à ma campagne. Je ne me sentais pas cependant attiré vers lui; son esprit me paraissait faux, et son cœur naturellement porté au mal; ses manques d'égards, pour ne pas dire plus, pour son père, m'avaient même souvent révolté et avaient beaucoup contribué à refroidir nos relations. (*Mémoires* d'Odilon Barrot.)

ques instants avec lui. Le cortège, après cet entretien, se remet en marche au pas, laisse le pavillon de Flore sur la gauche, et pénètre par la grille du Pont-Royal sur la place du Carrousel, où il trouve le marquis de Lawestine et Vieyra, qu'il complimente sur l'absence de la garde nationale [1]. Il passe devant le front des troupes de la brigade de Bourgon, traverse le pont Royal, longe le quai d'Orsay et rentre vers midi à l'Élysée, après s'être porté un moment sur la place du Palais-Bourbon. Le ministre de l'intérieur Morny attendait Louis-Napoléon. Ils s'embrassèrent, en se revoyant pour la première fois depuis la veille.

1. On sait que Vieyra avait fait crever tous ses tambours.

CHAPITRE XVI

LA RÉSISTANCE LÉGALE

Les députés se réunissent à la mairie du Xe arrondissement. — Ils prononcent la déchéance de Louis-Napoléon. — Ils exhortent les soldats au respect de la Constitution et les somment de la défendre. — Ceux-ci déclarent ne reconnaître que l'obéissance passive à leurs chefs. — Allocution de M. Berryer à la foule. — Deux commissaires de police somment l'assemblée de se disperser. — Magnan ordonne d'occuper la mairie. — Les députés sont arrêtés et conduits à la caserne du quai d'Orsay. — Les députés en voiture cellulaire. — L'assemblée du Xe arrondissement a fait son devoir. — La Haute Cour obligée de se convoquer elle-même. — Efforts de quelques représentants pour soulever le peuple. — Tentatives pour organiser la résistance. — Appel au peuple par Victor Hugo. — Michel (de Bourges) au balcon du restaurant Bonvalet.

Les représentants, en se retirant devant la force de la maison de M. Daru,

Fig. 75. — M. Dupin, mis en demeure de résister aux soldats qui violent la loi, se contente de répondre : « Nous avons le droit, c'est évident ; mais ces messieurs ont la force, partons ! » (Page 300.)

s'étaient donné rendez-vous à la mairie du Xe arrondissement, située rue de Grenelle-Saint-Germain, près du carrefour de la Croix-Rouge. Le général Lauriston, représentant du peuple, était colonel de la légion de la garde nationale de cet arrondissement. Les représentants réunis chez M. Odilon-Barrot, une partie de ceux qui avaient été chassés à dix heures de la salle des séances, et tous ceux qui avaient été avertis de bouche en bouche du rendez-vous pris, étaient accourus et attendaient dans la cour de la mairie qu'on leur ouvrît les salles du premier étage. Le poste de la garde nationale, bien que favorable à l'Assemblée, n'était pas une force suffisante pour la défendre. Les soldats du coup d'État ne pouvaient tarder à venir, il fallait se hâter. Le maire, sommé d'ouvrir les salles, obéit. MM. Benoît d'Azy et Vitet, les seuls vice-présidents en liberté, et trois des secrétaires, MM. Chapot, Moulin et Grimont, occupèrent le bureau, et la séance commença.

M. Berryer fit tout de suite voter, aux termes de l'article 68 de la Constitution, et vu les obstacles mis à l'exécution du mandat de l'Assemblée par le Président, la déchéance de Louis-Napoléon Bonaparte de la présidence de la République. Les citoyens, ajoutait le décret, sont tenus de lui refuser obéissance.

Ce décret, adopté à l'unanimité, porte les signatures suivantes :

« Signé : Benoist d'Azy, *président*, Vitet, *vice-président*, Moulin, Grimaut et Chapot, *secrétaires*. Albert de Luynes, d'Audigné, de La Chasse, Antony Thouret, Audren de Kerdrel (Ille-et-Vilaine), Arène, Audren de Kerdren (du Morbihan), de Balzac, Barrillon, Odilon Barrot, Barth, Saint-Hilaire, Bauchard, Gustave de Beaumont, Béchard, Béhagel, de Belvèze, Bernardy, Berryer, de Berset, Besser, Betting de Lancastel, Blavoyer, Bocher, Boissié, Botmiliau, Bouvatier, de Broglie, de Brotomie, de La Broise, de Bras, Buffet, Caillet du Tertre, Callet, Camus de La Guibourgère, Canet, Castillon, Cazalès, Cécile (l'amiral), Chambolle, Chamiot, Champanhet, Chaper, Chapot, de Charencey, Chassaigne, Chauvin, Chazaud, Chazelles, Chegaray, Coislin, Colfavru, Colas de La Motte, Coquerel, de Corcelles, Cordier, Corne, Creton, Daguilhon, Dahirel, Dambray, de Dampierre, de Fontaine, de Fontenay, de Sèze, Desmars, de La Devansaye, Didier, Dieuleveult, Druet-Desvaux, Amable Dubois, Dufaure, Dufougerais, Dufour, Dufournel, Marc Dufraisse, Pascal Duprat, Duvergier de Hauranne, Étienne, de Falloux, de Faultrier, Faure (du Rhône), Favreau, Ferré, des Ferris, de Flavigny, de Foblant, Frichon, Gain, Gasselin, Germonière, de Gicqueau, de Goulard, Gozet de Bignon, de Goyon, de Granville, de Grasset, Grelier, Dufourgeroux, Grévy, Grillon, Gros, Guillier de La Touche, Hascouet de Saint-Georges, d'Avrincourt, Hennecart, Hennequin, d'Hespel, Houel, Hovyn-Tranchère, Huot, Joret, Jouannet, de Keranflech, de Kératry, de Keradec, de Kermarec, de Kersauson, Léo Delaborde, Laboulie, Lacaze, Oscar de Lafayette, de Lafosse, Lagarde, Lagrenée, Laine, Lanjuinais, Larabit, de Larcy, Jules de Lasteyrie, Latrade, Laureau, Laurenceau, de Lauriston (général), de Laussat, Lefebvre de Grosriez, Legrand, Legros-Desvaux, Lemaire, Émile Leroux, Lespérut, de l'Espinay, Leret, Lherbette, de Luppé, Maréchal, Martin de Villers, Maze-Launay, Méze, de Melun (Ille-et-Vilaine), de Melun (du Nord), Mérentie, Michaut, Mispoulet, Monet, de Montebello, de Montigny, Murat-Sistrières, Nettement, d'Olivier, Oudinot de Reggio (général), Paillet, Duparc, Passy, Émile Péan, Pécoul, Casimir Périer, Pidoux, Pigeon, Pioger, Piscatory, Poujoulat, Proa, Prudhomme, Querhoent, Randoing, Raudot, Raulin, de Ravinel, de Rémusat, Renaud, Rességuier, de Riancey, Rigal, de La Rochette, Rodat, de Rocquefeuil, des Rotours de Chaulieu, Rouget-Lafosse, Rouillé, Roux-Carbonnel, Sainte-Beuve, Hervé de Saint-Germain, de Saint-Priest (général), Salmon (de la Meuse), Sauvaire Barthélemy, de Serre, de Sesmaisons, Simonot, de Staplande, de Surville, de Talhouëet, Talon, Tamisier, Thuriot de La Rosière, de Tinguy, de Tocqueville, de La Tourette, de Treveneuc, de Vatismil, de Vaujuas, Vaudrey, Vavin, de Vendœuvre, Vernhette (de l'Hérault), Vernhette (de l'Aveyron), Vezin, Vitet, de Vogué. »

Le pouvoir exécutif fut déclaré de plein droit entre les mains de l'Assemblée. Trois autres décrets furent également votés à l'unanimité, l'un portant réquisition à tous les officiers et commandants de la force publique de ne plus obéir qu'à l'Assemblée, le second nommant le général Oudinot commandant des forces chargées de veiller à la sûreté de l'Assemblée [1], le troisième enjoignant à tous les directeurs et gardiens des prisons et des forteresses de mettre les représentants en liberté.

Plusieurs représentants ne purent pénétrer à la mairie, comme le prouve la lettre suivante, adressée au rédacteur de l'*Union* :

« Monsieur et ancien Collègue,

« En donnant dans l'*Union* la liste des représentants du peuple qui se rendaient le 2 décembre à la mairie du Xe arrondissement, vous invitez ceux qui auraient été oubliés à se faire connaître.

1. Cette nomination ne se fit pas sans soulever quelques objections de la part de la gauche :
M. Tamisier. — Sans doute, le général Oudinot, comme tous nos collègues, fera son devoir; mais vous devez vous rappeler l'expédition romaine, qu'il a commandée. (Vives rumeurs. — Réclamations nombreuses.)
M. de Rességuier. — Vous désarmez une seconde fois.
M. de Dampierre. — Taisez-vous, vous nous tuez !
M. Tamisier. — Laissez-moi achever, vous ne me comprenez pas.
M. le président Benoist d'Azy. — S'il y a des divisions parmi nous, nous sommes tous perdus.
M. Tamisier. — Ce n'est pas une division; mais quelle autorité aura-t-il sur le peuple ?
Le général est nommé cependant à l'unanimité ; il s'empresse d'offrir au capitaine Tamisier de lui servir de chef d'état-major ; l'offre est acceptée, au milieu des bravos enthousiastes ; il désigne en même temps M. Mathieu de La Redorte comme chef d'état-major de la garde nationale.

« A chacun sa part en cette journée !

« Je ne me suis pas trouvé, prévenu trop tard, dans la salle de la mairie du Xe arrondissement, dans laquelle mes collègues délibéraient ; mais je suis allé à cette mairie le 2 décembre, à une heure, pour me réunir à eux.

« Je venais du palais de l'Assemblée, où j'avais écrit mon nom à côté de celui de l'honorable M. Creton et de quinze autres représentants, et très énergiquement protesté contre le coup d'État, en la personne d'un lieutenant-colonel d'infanterie et de plusieurs officiers qui, indécis, jusqu'à l'arrivée d'un capitaine d'état-major, m'en interdisaient l'entrée tout en repoussant toute responsabilité.

« En arrivant à la partie de la rue des Saints-Pères joignant la rue Taranne, je la trouvai remplie par une foule immense. Un ancien sergent de la garde royale, aujourd'hui gérant du journal *la France centrale*, M. Blazy, que je connaissais depuis longtemps et qui se trouvait là, m'apprit que la mairie et les membres de l'Assemblée législative étaient cernés par la troupe de ligne.

« Il m'engagea à ne pas avancer.... Je continuai ma route cependant vers la mairie... A trente pas de là, et comme j'allais essayer d'y entrer, M. Janne, papetier, passage Choiseul, me signala tout à la fois l'impossibilité où j'étais de me réunir à mes collègues et l'inutilité de cette démarche, tout en me proposant de les délivrer afin qu'ils pussent agir efficacement en se mettant à la tête du peuple.

« Je compris l'importance de cette proposition, je fis appel à la foule qui m'entourait et au milieu de laquelle se trouvaient beaucoup d'autres représentants. Cet appel fut accueilli avec enthousiasme aux cris de : *Vive la Constitution ! Liberté aux représentants !*...

« On allait se ruer sur les soldats qui avaient envahi la mairie, lorsqu'une cinquantaine de personnes, habillées en gardes nationaux et en armes, semblant faire patrouille, arrivèrent près de nous... Je réclamai leur concours ; en silence, ils firent demi-tour et s'éloignèrent.

« A ce refus tacite d'agir, toute la foule cria : Aux armes ! Aux armes ! et chacun s'éloigna pour en aller chercher.

« A quelques instants de là, lorsque je revins, j'appris que tous mes collègues avaient été enlevés de la mairie et conduits à la caserne du quai d'Orsay. Je m'y rendis avec deux autres représentants. Là, il n'y avait aucun moyen d'agir.

« Agréez, monsieur et cher Collègue, l'assurance de mes meilleurs sentiments.

« A. BOUHIER DE L'ÉCLUSE,
« Ancien représentant de la Vendée. »

« Château d'Unvoire, 26 novembre 1868. »

(*L'Union* du 29 novembre 1868.)

Bien que tous ces décrets eussent été pris, comme le premier, à l'unanimité, cet accord n'existait malheureusement qu'à la surface. Au fond, dans cette représentation de l'Assemblée régnaient les mêmes dissidences que dans l'Assemblée elle-même. Ce n'était pas le tout que de promulguer des décrets, il fallait en assurer l'exécution. Là commençait le dissentiment. Les uns voulaient se maintenir dans la légalité, les autres jugeaient indispensable de soulever le peuple :

M. Benoist d'Azy. — Soyez calmes, messieurs. Notre devoir est de rester en séance et d'attendre.

M. Pascal Duprat. — Vous ne vous défendrez que par la révolution.

Fig. 76. — Napoléon Bonaparte sort de l'Élysée le 2 décembre 1850 suivi des hommes de la société du 10 décembre qui crient autour de lui : Vive l'Empereur ! Aux Tuileries ! (page 303.)

M. VITET SOMME LES SOLDATS D'OBÉIR A LA CONSTITUTION

M. Berryer. — Nous nous défendrons par le droit.
Voix diverses. — Et la loi, la loi ; pas de révolution !
M. Pascal Duprat. — Il faut envoyer dans toutes les parties de Paris, et principalement dans les faubourgs, et dire à la population que l'Assemblée nationale est debout, que l'Assemblée a dans la main toute la puissance du droit, et qu'au nom du droit, elle fait un appel au peuple. C'est votre seul moyen de salut. (Agitations et rumeurs.)

M. Pascal Duprat avait raison ; la loi, le droit sont de faibles moyens à opposer à la force immédiate. Le sergent qui monte, suivi d'une escouade de chasseurs de Vincennes, comprendra-t-il les raisons tirées du droit qui, selon MM. Vitet et Chapot, lesquels s'avancent au-devant de lui, doivent l'empêcher de franchir le seuil de la salle où les représentants sont réunis ? Cela n'est guère probable. Cependant les membres du bureau marchent au-devant de la troupe, suivis de MM. Grévy, de Charencey, de plusieurs autres de leurs collègues, et de quelques personnes étrangères à la réunion, entre autres M. Beslay, ancien membre de l'Assemblée constituante. La conversation s'engage entre les représentants et les soldats :

M. le président Vitet (s'adressant au sergent). — Que voulez-vous ? Nous sommes réunis en vertu de la Constitution.
Le sergent. — J'exécute les ordres que j'ai reçus.
M. le président Vitet. — Allez parler à votre chef.
M. Chapot. — Dites à votre chef de bataillon de monter ici.
Au bout d'un instant, un capitaine faisant les fonctions de chef de bataillon se présente au haut de l'escalier.
M. le président (s'adressant à cet officier). — L'Assemblée nationale est ici réunie. C'est au nom de la loi, au nom de la Constitution que nous vous sommons de vous retirer.
Le commandant. — J'ai des ordres.
M. Vitet. — Un décret vient d'être rendu par l'Assemblée, qui déclare qu'en vertu de l'article 68 de la Constitution, attendu que le Président de la République porte obstacle à l'exercice du droit de l'Assemblée, le Président est déchu de ses fonctions, que tous les fonctionnaires et dépositaires de la force et de l'autorité publique sont tenus d'obéir à l'Assemblée nationale. Je vous somme de vous retirer.
Le commandant. — Je ne puis pas me retirer.
M. Chapot. — A peine de forfaiture et de trahison à la loi, vous êtes tenu d'obéir sous votre responsabilité personnelle.
Le commandant. — Vous connaissez ce que c'est qu'un instrument ; j'obéis. Du reste, je vais rendre compte immédiatement.
M. Grévy. — N'oubliez pas que vous devez obéissance à la Constitution et à l'article 68.
Le commandant. — L'article 68 n'est pas fait pour moi.
M. Beslay. — Il est fait pour tout le monde ; vous devez lui obéir.
(M. le président Vitet et M. Chapot rentrent dans la salle. M. Vitet rend compte à l'Assemblée de ce qui vient de se passer entre lui et le chef de bataillon.)
M. Berryer. — Je demande que ce ne soit pas seulement par un acte du bureau, mais par un décret de l'Assemblée, qu'il soit immédiatement déclaré que l'armée de Paris est chargée de veiller à la défense de l'Assemblée nationale, et qu'il soit enjoint au général Magnan, sous peine de forfaiture, de mettre des troupes à la disposition de l'Assemblée. (Très-bien !)

Un officier du 6ᵉ bataillon de chasseurs d'Afrique, muni de nouvelles instructions, est annoncé. Le général Oudinot et le capitaine Tamisier, son chef d'état-major, s'avancent au-devant de lui. Le capitaine Tamisier lit à l'officier de chasseurs le décret qui investit le général Oudinot du commandement en chef de l'armée de Paris et des gardes nationales de la Seine.

Le général Oudinot, à l'officier. — Nous sommes ici en vertu de la Constitution. Vous voyez que l'Assemblée vient de me nommer commandant en chef. Je suis le général Oudinot, vous devez reconnaître mon autorité ; si vous résistiez à mes ordres, vous encourriez les punitions les plus rigoureuses ; immédiatement vous seriez traduit devant les tribunaux. Je vous somme de vous retirer.

L'officier (un sous-lieutenant du 6ᵉ chasseurs de Vincennes). — Mon général, vous savez notre position ; j'ai reçu des ordres.

(Deux sergents qui sont à côté de l'officier prononcent quelques mots et semblent l'encourager à la résistance).

Le général Oudinot. — Taisez-vous ! laissez parler votre chef ; vous n'avez pas le droit de parler !

L'un des sergents. — Si, j'en ai le droit [1].

Le général Oudinot. — Taisez-vous ! laisez parler votre chef.

Le sous-lieutenant. — Je ne suis que le commandant en second. Si vous voulez, faites monter le commandant en premier.

Le général Oudinot. — Ainsi, vous résistez !

L'officier, après un moment d'hésitation. — Formellement.

Le général Oudinot. — Il va vous être donné un ordre écrit. Si vous y désobéissez, vous en subirez les conséquences. (Un certain mouvement a lieu parmi les soldats.)

Le général Oudinot. — Chasseurs, vous avez un chef, vous lui devez respect et obéissance. Laissez-le parler.

Un sergent. — Nous le connaissons, c'est un brave.

Le général Oudinot. — Je lui ai dit qui j'étais ; je lui demande son nom.

Un autre sous-officier veut parler.

Le général Oudinot. — Taisez-vous ! ou vous seriez de mauvais soldats.

L'officier. — Je m'appelle Charles Guédon, sous-lieutenant au 6ᵉ bataillon de chasseurs.

Le général Oudinot, à l'officier. — Vous déclarez donc que vous avez reçu des ordres et que vous attendez les instructions du chef qui vous a donné la consigne ?

Le sous-lieutenant. — Oui, mon général.

Le général Oudinot. — C'est la seule chose que vous ayez à faire.

(M. le général Oudinot et M. Tamisier rentrent dans la salle ; il est une heure un quart.)

L'intervention des sous-officiers dans ce débat, leur ton arrogant, font voir à quel point de relâchement en est la discipline dans l'armée ; les inférieurs imposent à leurs supérieurs les passions allumées en eux ; l'obéissance des soldats est au prix de celle des chefs.

---

1. Il se nommait Gros, natif de Valence (Drôme). Retraité peu de temps après avec le grade d'adjudant sous-officier, la médaille militaire et la croix d'honneur.

ALLOCUTION DE M. BERRYER A LA FOULE

M. Berryer, pendant ce colloque, ouvrant une des fenêtres de la salle voisine, informe les citoyens groupés devant la mairie que l'Assemblée, réunie en nombre plus que suffisant pour la validité de ses décrets, a prononcé la déchéance du Président de la République et nommé le général Oudinot commandant de l'armée et de la garde nationale. Quelques applaudissements et quelques cris : Vive la République! Vive la loi! lui répondent. Il revient annoncer ces bonnes nouvelles à l'Assemblée. M. Guilbot, chef du 3ᵉ bataillon de la 10ᵉ légion de la garde nationale, se présente au même instant en uniforme à la porte de la salle et déclare au général Oudinot qu'il vient se mettre à la disposition de l'Assemblée; M. Balot, chef de bataillon de la même légion, fait une déclaration semblable. Le général Oudinot les félicite de leur patriotique conduite. Pendant ce temps-là, deux commissaires de police entrent et s'avancent près du bureau; Lemoine-Bécherel prend la parole : « Nous avons l'ordre de faire évacuer les salles de la mairie; êtes-vous disposés à y obtempérer? » Le président, M. Benoist d'Azy, en réponse à cette question, fait lire aux commissaires l'article 68 de la Constitution et le décret de déchéance du Président de la République; il ordonne en même temps qu'il leur en soit remis une copie.

« Mon collègue Marlet et moi, répond Lemoine-Bécherel, nous remplissons une mission officieuse; l'autorité militaire donne seule des ordres; un détachement considérable de chasseurs de Vincennes, ajoute-t-il, est en marche pour les faire exécuter. » Le président, M. Benoist d'Azy, répond que les représentants ne céderont qu'à la force. Marlet, montrant l'ordre dont il est porteur, s'écrie : « Que ce soit à tort ou à raison, nous vous sommons de vous disperser sur-le-champ! » Des murmures violents accueillent cette sommation. Un officier arrive. « Je reçois, dit-il, du général en chef Magnan, l'ordre suivant : « Commandant, en conséquence « des ordres du ministre de la guerre, faites occuper immédiatement la « mairie du Xᵉ arrondissement, et faites arrêter les représentants qui « n'obéissent pas à l'injonction de se disperser. » Je suis militaire, je reçois un ordre, je l'exécuterai. »

Les murmures de l'Assemblée redoublent au nom de Magnan. Un nouvel ordre arrive de l'état-major : « Le général en chef prescrit de laisser sortir de la mairie du Xᵉ arrondissement tous les représentants qui s'y trouvent et qui n'opposeraient aucune résistance. Quant à ceux qui ne voudraient pas obtempérer à cette injonction, ils seront arrêtés immédiatement et conduits avec tous les égards possibles à la prison de Mazas. »

Tous à Mazas ! de toutes parts, le même cri se fait entendre. M. Émile Leroux propose que l'Assemblée s'y rende à pied. Le président Benoist d'Azy et M. de Larcy font appel au patriotisme des officiers. Le général Oudinot, en ordonnant à ce dernier de faire évacuer la mairie, ajoute : « Allez-vous obéir ? »

L'officier. — Non, j'ai reçu de mes chefs des ordres, et je les exécute.
De toutes parts. — A Mazas ! à Mazas !
L'officier. — Au nom du pouvoir exécutif, nous vous sommons de vous dissoudre à l'instant même.
Voix diverses. — Non ! non ! il n'y a pas de pouvoir exécutif, faites-nous sortir de force, employez la force !

La salle est envahie par des soldats et par des agents de police ; Lemoine-Bécherel et Marlet mettent la main sur les membres du bureau, sur le général Oudinot et sur le capitaine Tamisier ; le palier est encombré de représentants, gardés par les soldats qui garnissent l'escalier ; leurs rangs s'ouvrent pour livrer passage aux derniers représentants arrêtés.

Le général Forey attend dans la cour l'évacuation complète de la salle ; le général Oudinot échange quelques paroles avec lui, puis, se tournant vers ses collègues, qui semblent espérer quelque chose de ce colloque, il leur transmet les paroles de son interlocuteur : « Nous sommes militaires, nous ne connaissons que nos ordres, et nous ne devons obéissance qu'au pouvoir exécutif. »

La porte de la cour de la mairie s'ouvre enfin ; les agents ordonnent aux membres de l'Assemblée de se mettre en marche. Les présidents Benoist d'Azy et Vitet déclarent qu'ils n'obéiront qu'à la force ; les agents de police les prennent par le bras ; les secrétaires, le général Oudinot, le capitaine Tamisier, sont amenés de la même façon dans la rue. L'Assemblée se met en marche entre deux haies de soldats et est conduite au quai d'Orsay ; un agent de police tient M. Vitet au collet.

Quelques gardes nationaux, réunis dans la cour de la mairie, saluent le départ des représentants du cri de : « Vive la République ! Vive la Constitution ! Vive l'Assemblée ! » Les mêmes cris retentissent de temps en temps sur le passage de la colonne, précédée par le général Forey à cheval ; elle suit les rues de Grenelle, Saint-Guillaume, Neuve-de-l'Université, de l'Université, de Beaune, le quai Voltaire et le quai d'Orsay jusqu'à la caserne de cavalerie, en face du Pont-Royal. Les prisonniers entrent dans cette caserne, dont la porte se referme sur eux. Il est trois heures vingt minutes .

Les membres de l'Assemblée du X° arrondissement avaient constaté par un dernier appel nominal, en arrivant à la caserne du quai d'Orsay, la présence de 218 représentants ; vingt représentants, qui s'étaient fait arrêter volontairement, vinrent rejoindre leurs collègues ; MM. Bixio, Victor Lefranc et Valette figuraient parmi ces prisonniers volontaires : le dernier avait un double titre à être emprisonné ce jour-là : il était représentant et professeur de droit [2]. M. Molé, n'ayant pu pénétrer dans la salle de la mairie, s'associa, par une lettre adressée au *Journal des Débats* [3], à la conduite de ses collègues.

Les représentants, arrêtés à deux heures, restèrent jusqu'à cinq heures dans la cour de la caserne, exposés au froid et à l'humidité. Des salles furent enfin ouvertes. Ce ne fut qu'à neuf heures que les pièces des étages supérieurs de la caserne, rapidement transformées en cellules, grâce à un lit de camp et à une chaise de paille, servirent de logement provisoire aux représentants qu'il était impossible de transférer le soir même à Mazas ou au Mont-Valérien ; plusieurs de ces représentants, faute de lit, passèrent la nuit étendus sur les planches et presque sans nourriture [4]. Les voitures cellulaires rangées dans la cour emportèrent cinquante-deux représentants au Mont-Valérien. Un second convoi emporta le même nombre à la prison Mazas. Douze ministres, dont neuf ayant servi M. Louis Bonaparte, et huit membres de l'Institut, prirent place dans ces voitures. « Le gendre du maréchal Bugeaud met dans la voiture des voleurs le petit-fils du maréchal Lannes, » dit M. de Montebello en reconnaissant le colonel Feray, qui présidait en personne aux préparatifs du départ. Un troisième convoi de cent douze représentants partit vers six heures pour Vincennes [5].

1. Le Conseil d'État n'avait aucune action directe sur les événements ; il s'associa néanmoins à la résistance légale par une protestation signée des conseillers d'État : Bethmont, de Cormenin, Vivien, Bureaux de Puzy, Édouard Charton, Cuvier, de Renneville, Horace Say, Boulatignier, Gautier de Rumilly, de Jouvencel, Dunoyer, Carteret de Fresne, Boucherie-Lefer, Rivet, Boudet, Pons (de l'Hérault).
2. La remarque est de M. Valette lui-même.
3. Le *Journal des Débats* ne fut pas autorisé à publier cette lettre.
4. Lettre de M. de Tocqueville.
5. Le jour venu tout à fait, on n'osa pas faire un quatrième convoi. Quelques prisonniers restèrent donc à la caserne, M. Dufaure entre autres, dont la femme était accouchée la veille et qu'il obtint à grand'peine d'aller voir, en donnant sa parole de revenir à la prison le lendemain, ce qu'il ne manqua pas de faire.
Le mercredi 3 décembre, un commissaire de police apporta l'ordre au Mont-Valérien de ne garder que quatorze représentants et de transférer les autres, ce qui n'était qu'une mise en liberté déguisée à laquelle ils ne voulaient pas consentir. Retenus pour le même motif, ils ne sortiraient que tous ensemble. Il fallut recourir à la force pour les faire obéir.

Les représentants réunis à la mairie du X⁰ arrondissement s'étaient conduits en gens corrects, qui font strictement leur devoir, jusqu'au point où le devoir se confond avec le sacrifice. Ils étaient restés sur leur chaise curule pour y attendre la main d'un commissaire de police ; leur résistance, emprisonnée dans les formes de la légalité, devait se réduire en définitive aux proportions d'une simple procédure : que serait-il arrivé cependant si, obéissant aux conseils de M. Pascal Duprat, ils s'étaient décidés à faire un appel au peuple et à descendre dans la rue? Le peuple de Paris voyait sans doute avec un certain plaisir la défaite d'une majorité constamment hostile à ses instincts, à ses sentiments, à ses aspirations ; mais il a de surprenants et prompts retours ; il aime les grands noms, les grandes scènes, les grands effets ; le drame l'émeut ; la véritable tribune du moment, c'était la borne. M. Berryer, parlant aux masses du haut de ce piédestal, les aurait tirées de leur apathie. Ces généraux, ces amiraux, ces ministres, ces académiciens, ces orateurs, ces écrivains qui formaient la réunion du X⁰ arrondissement, se mêlant au peuple en plein jour, ne se seraient point adressés vainement à ses instincts généreux ; la voix de tant d'hommes illustres, réveillant les classes élevées de la société, aurait pu consommer entre le peuple et la bourgeoisie cette alliance devant laquelle l'armée cède toujours et qui a jusqu'ici amené tous les grands changements qui ont eu lieu en France. Malheureusement, les membres de la réunion du X⁰ arrondissement n'étaient en réalité que les membres de l'ancienne majorité qui croyait à la nécessité de mesures de salut public pour défendre la société menacée ; englobés dans ces mesures exécutées par un autre, ils avaient agi sinon tout à fait en citoyens, du moins en gens d'honneur. L'honneur sauf, n'est-il pas permis de croire que plusieurs d'entre eux se sentirent soulagés d'un grand poids. « Je l'avoue tout bas à cause de mes collègues, dit un représentant à M. de Persigny, mais au fond je pense que vous avez bien fait. »

Tandis que l'Assemblée se réunissait à la mairie du X⁰ arrondissement, la haute Cour délibérait au palais de justice.

L'auteur du coup d'État, en suspendant l'action des pouvoirs politiques, en brisant tous les rouages de la machine du gouvernement, avait oublié un de ses ressorts, celui de la justice ; il ne s'était pas donné la peine de relire les dispositions de l'article 68 de la Constitution :

« Le Président de la République, les ministres, les agents et dépositaires de l'autorité publique, sont responsables, chacun en ce qui le concerne, de tous les actes du gouvernement et de l'administration.

Fig. 77. — M. Vitet, s'adressant aux soldats qui envahissent la mairie du Xe arrondissement, leur dit du haut de l'escalier : « Le Président est déchu de ses fonctions, tous les fonctionnaires et dépositaires de la force et de l'autorité publique sont tenus d'obéir à l'Assemblée nationale. Je vous somme de vous retirer » (page 311).

« Toute mesure par laquelle le Président de la République dissout l'Assemblée nationale, la proroge ou met obstacle à l'exercice de son mandat, est un crime de haute trahison.

« Par ce seul fait, le Président est déchu de ses fonctions ; les citoyens sont tenus de lui refuser obéissance ; le pouvoir exécutif passe de plein droit à l'Assemblée nationale. Les juges de la haute Cour de justice se réunissent immédiatement, à peine de forfaiture ; ils convoquent les jurés dans le lieu qu'ils désignent pour procéder au jugement du Président et de ses complices ; ils nomment eux-mêmes les magistrats chargés de remplir les fonctions du ministère public.

« Une loi déterminera les autres cas de responsabilité, ainsi que les formes et les conditions de la poursuite. »

Les préoccupations si nombreuses du coup d'État avaient fait négliger le mode de procéder édicté par la Constitution, dans le chapitre VIII, qui traite du *Pouvoir judiciaire*.

« Art. 91. — Une haute Cour de justice juge, sans appel ni recours en cassation, les accusations portées par l'Assemblée nationale contre le Président de la République ou les ministres.

« Elle juge également toutes personnes prévenues de crimes, attentats ou complots contre la sûreté intérieure ou extérieure de l'État, que l'Assemblée nationale aura renvoyées devant elle.

« Sauf le cas prévu par l'article 68, elle ne peut être saisie qu'en vertu d'un décret de l'Assemblée nationale qui désigne la ville où la Cour tiendra ses séances. »

La procédure, aux termes de ces deux articles 68 et 91, était très explicite, très impérieuse, et ne pouvait permettre aucune équivoque.

« Par le seul fait du « crime de haute trahison » commis par le Président de la République (art. 68), « les juges de la haute Cour de justice se réunissent immédiatement à peine de forfaiture ; ils convoquent les jurés dans le lieu qu'ils désignent, pour procéder au jugement du Président et de ses complices ; ils nomment eux-mêmes les magistrats chargés de remplir les fonctions du ministère public... »

La violation de Constitution était flagrante, le pouvoir exécutif passait donc de plein droit à l'Assemblée nationale, et les citoyens étaient tenus de refuser obéissance au Président.

La haute Cour de justice devait non seulement, dans la personne des citoyens qui la composaient, se conformer à cette dernière condition ; mais elle était obligée de prendre l'initiative de la poursuite et de se réunir de son propre mouvement, sur la simple convocation de son président. Les juges de la haute Cour étaient saisis, *ipso jure*, par la Constitution elle-même, ils étaient liés par le serment d'obéissance qu'ils lui avaient prêté. Ses juges, nominativement désignés, faisaient partie de la Cour de cassation. Voici leurs noms : MM. Ardouin, président ; Pataille,

Delapalme, A. Moreau, Cauchy, Renouard, juges; Quenault, Grandet, Hardouin, Rocher, de Boissieu, Hello, juges suppléants; Bernard, greffier en chef.

Cruelle position pour ces magistrats, qui tous ou presque tous avaient voté pour la présidence de Louis-Napoléon Bonaparte, en haine de Cavaignac, du gouvernement provisoire et de la République; qui tous avaient peur du spectre rouge et qui n'étaient peut-être pas éloignés de penser que le Président, en devançant les éventualités de l'élection Présidentielle, sauvait à la fois la France et la société. Approuvant comme hommes les actes de M. Louis Bonaparte, comme juges ils étaient forcés par leur serment de s'y opposer.

La situation de ces juges, en mettant de côté le sentiment de la conscience et la voix du devoir, ne laissait pas que d'être assez embarrassante. La victoire du Président n'était rien moins que certaine; l'Assemblée s'agitait, prenait des délibérations, promulguait des décrets comme un pouvoir constitué. Si le coup d'État avortait, la haute Cour s'exposait à être poursuivie comme n'ayant pas obéi à la Constitution, et, si la victoire était douteuse, un arrêt rendu contre le Président de la République pouvait arrêter l'effusion du sang.

Triste position! Leur arrestation aurait mis fin à l'embarras de leur position; leur mission entravée *manu militari*, ils n'encouraient plus aucune responsabilité; malheureusement, on n'avait pas songé à eux: ils étaient obligés d'agir et de se réunir immédiatement, à peine de forfaiture. Ils se réunirent donc et prirent la délibération suivante:

« La haute Cour : — Vu les placards imprimés et affichés sur les murs de la capitale, et notamment celui portant : Le président de la République, etc. L'Assemblée nationale est dissoute, etc. — Lesdits placards signés : Louis-Napoléon Bonaparte, et plus bas : Le ministre de l'intérieur, signé Morny. — Attendu que ces faits et l'emploi de la force militaire dont ils sont appuyés, réaliseraient le cas prévu en l'article 68 de la Constitution.

« Déclare : — Qu'elle se constitue; dit qu'il y a lieu de procéder en exécution dudit article 68; nomme pour son procureur général M. Renouard, conseiller à la Cour de cassation, et s'ajourne à demain midi pour la continuation de ses opérations.

« Ont signé au registre : — Ardouin, président; Pataille, Delapalme, A. Moreau, Cauchy, juges. Présents : les deux suppléants, Quénault et Grandet; Bernard, greffier en chef. »

Le Palais-Royal avait été le forum de Paris pendant la révolution. Le boulevard des Italiens le remplaçait pendant ces tristes journées. Le

1. Ces opérations ne pouvaient pas être longues, puisqu'il s'agissait de constater un flagrant délit.

Fig. 78. — Les vice-présidents Benoist d'Azy et Vitet déclarent qu'ils n'obéiront qu'à la force ; les députés sont tous arrêtés ; l'Assemblée se met en marche entre deux haies de soldats et est conduite à la caserne du quai d'Orsay ; un agent de police tient M. Vitet au collet (page 314).

nouveau forum, léger, bruyant, un peu sceptique, semblait pourtant vouloir lancer, lui aussi, sa protestation contre le coup d'État, protestation du bon mot, de la plaisanterie, du sarcasme, conspiration du ridicule organisée en plein vent. Le perron de Tortoni, tribune de ce forum, ne voyait pas s'agiter devant lui la foule des prolétaires ; peu de vestes, encore moins de blouses devant les rostres. Les orateurs en habit noir montent sur le perron pour y apprendre aux auditeurs les nouvelles qui circulent, ou pour y lire le décret de déchéance prononcé par l'Assemblée du X⁰ arrondissement, l'arrêt de formation de la Cour de justice, qu'on décorait du nom d'arrêt de mise en accusation de M. Louis Bonaparte [1]. Tous les bruits de la ville venaient aboutir à cet endroit ; gens du monde, bourgeois, écrivains, artistes, transportant dans la rue l'opposition des salons, faisaient des plaisanteries et des bons mots contre Louis Bonaparte et criaient : « Vive la Constitution! Vive la Liberté! » et surtout : « A bas Soulouque! » Les troupes qui circulaient sur le boulevard entendaient ce dernier cri retentir sans cesse à leur oreille et malheureusement ne le comprenaient pas.

Quelques représentants, reconnus dans la foule, sont pourtant suivis par une centaine de personnes. Le représentant Alphonse Esquiros leur adresse deux ou trois fois la parole ; mais ce groupe, quoique fort animé, ne semble pas disposé à l'action ; il attend, dit-il, une proclamation de l'Assemblée. Les représentants dont nous parlons, continuant leur marche le long des boulevards, s'étaient aventurés dans la rue Saint-Martin ; un petit rassemblement, auquel se mêlaient des gamins, les suivait. Des sergents de ville, l'épée nue, s'élancent sur eux et renversent deux personnes ; les autres se dispersent. Les ouvriers se promènent de long en large, d'un air indifférent, au carré Saint-Martin ; quelques-uns parlent d'élever des barricades, mais ils ne reçoivent pas de réponse ; il est aisé de voir que la plus grande défiance règne parmi eux.

Cependant la majorité de la gauche républicaine, n'attendant rien que de la résistance les armes à la main, cherchait les moyens de l'organiser. M. Victor Hugo, dans une réunion tenue le 2, à midi, rue Blanche, proposa de donner immédiatement le signal du combat. C'était trop tôt : la signification du coup d'État échappait aux masses ; elles n'y voyaient que

---

1. Ces pièces ont été imprimées par M. Émile de Girardin, à l'imprimerie de la *Presse*, au nombre d'un millier d'exemplaires : une partie de ces exemplaires existe encore. Les documents révolutionnaires remis par les représentants eux-mêmes entre les mains de compositeurs d'autres imprimeries furent portés à la préfecture de police par ceux-là mêmes qui avaient promis de les imprimer.

le rétablissement du suffrage universel et le châtiment des réactionnaires ; il fallait les éclairer. M. Victor Hugo rédigea donc cet appel au peuple :

« Louis-Napoléon est un traître
« Il a violé la Constitution !
« Il s'est lui-même mis hors la loi !
« Les représentants républicains rappellent au peuple et à l'armée les articles 68 et 110 de la Constitution, ainsi conçus :
« Art. 68. — Toute mesure par laquelle le Président de la République dissout l'Assem-
« blée, la proroge ou met obstacle à l'exercice de son mandat, est un crime de haute
« trahison. Par ce seul fait, le Président est déchu de ses fonctions, les citoyens sont
« tenus de lui refuser obéissance.
« Art. 110. — L'Assemblée constituante confie la défense de la présente Constitution,
« et les droits qu'elle consacre, à la garde nationale et au patriotisme de tous les Fran-
« çais. »
« Le peuple désormais est à jamais en possession du suffrage universel ; le peuple, qui n'a besoin d'aucun prince pour le lui rendre, saura châtier le rebelle.
« Que le peuple fasse son devoir, les représentants marchent à sa tête.
« Vive la République ! Vive la Constitution ! Aux armes !

« *Signé* : Michel (de Bourges), Schœlcher, général Leydet, Mathieu (de la Drôme), Lasteyras, Brives, Breymand, Joigneaux, Chauffour, Cassal, Gilland, Jules Favre, Victor Hugo, Emmanuel Arago, Madier de Montjau, Mathé, Signard, Ronat (de l'Isère), Viguier, Eugène Sue, de Flotte [1]. »

M. Michel (de Bourges), suivi de plusieurs membres de la réunion Coppens, se rendit sur les boulevards et harangua la foule réunie sur le boulevard du Temple, du haut du balcon de la maison du restaurateur Bonvallet ; la police envahit cet établissement sans pouvoir mettre la main sur aucun des représentants. M. Beslay, ancien constituant, qu'on a déjà vu dans la matinée à la séance du X⁰ arrondissement, ouvrit sa maison aux membres d'une nombreuse réunion, présidée par le représentant Joly ; M. Forestier, colonel de la 6ᵉ légion de la garde nationale, y assistait. La demeure du représentant Lafond (du Lot), quai Jemmapes, devint vers le soir le siège de la réunion dans laquelle le comité de résistance fut nommé ; il se composait de MM. Victor Hugo, Carnot, Jules Favre, Michel (de Bourges), Madier de Montjau, Schœlcher, de Flotte.

L'armée n'avait manifesté aucune hésitation à obéir aux ordres des généraux du coup d'État. Un seul chef de corps, le colonel de Margadel, du 14ᵉ de ligne, et un seul officier supérieur, le commandant Castagny, du 6ᵉ bataillon de chasseurs à pied, avaient inspiré quelques

[1]. P. Mayer, *Histoire du 2 décembre*.

doutes sur leurs dispositions [1]. On reprochait à ce dernier de s'être fait remplacer dans le commandement de son bataillon. Un ordre du jour du général commandant en chef porta la destitution de ces officiers et les noms de leurs remplaçants à la connaissance des troupes.

La police passa la nuit à traquer les représentants [2]; mais la journée était bonne pour l'auteur du coup d'État : l'Assemblée n'existait plus, la haute Cour ne lui inspirait pas de bien vives inquiétudes ; il avait eu raison de la résistance légale ; l'armée obéissait, la résistance révolutionnaire devenait beaucoup moins redoutable. La bourgeoisie et le peuple montraient pris en masse une grande indifférence en présence du coup d'État. Louis Bonaparte pouvait espérer de voir sa tentative réussir.

[1]. Le commandant Castagny ayant voulu, quoique malade, monter le matin à cheval, était tombé. Il avait fallu le rapporter chez lui. L'injustice du reproche qu'on lui adressait ne tarda pas à être reconnue. Le commandant Castagny devint général de division.

Un fait analogue se produisit le même jour à Vincennes. Vingt-cinq représentants refusèrent la liberté qu'on leur offrait à condition qu'ils cesseraient de s'occuper de politique. M. de Tocqueville, pour lequel un ordre spécial d'élargissement était parvenu, déclara qu'il ne sortirait qu'avec ses collègues. On fit croire aux détenus qu'il s'agissait d'une mise en liberté générale. Il n'en était rien. MM. de Rémusat, Jules de Lasteyrie, Duvergier de Hauranne, Chambolle restèrent enfermés à Mazas.

Maupas ayant donné l'ordre au général Courtiges, commandant à Vincennes, d'y préparer des logements pour cent prisonniers, le général fit disposer les anciens appartements démeublés du duc de Montpensier, sans autre jour que celui des fenêtres donnant sur la cour principale, et mettant les prisonniers en contact avec la troupe et les ouvriers civils employés par l'artillerie, « rapprochement, dit le général, que je trouve impolitique et même dangereux. » Le général Courtiges finit par loger ses prisonniers, dont on le débarrassa fort vite. Le 3 au matin cependant, il lui en restait encore quelques-uns : « Il doit me rester encore quinze ou dix-huit de ces messieurs, et parmi eux des rouges *foncés*, ce qui me contrarie fort, attendu que, réunis aux hommes de bonne compagnie qui sont ici, ils n'ont pas osé lever la langue, et que, n'ayant aucun moyen de les isoler de la garnison, une fois seuls, *je redoute leurs menées démagogiques.* » Il termine ainsi : « Je ne lui demande (au préfet de police) que de me délivrer des montagnards que j'ai ici et que *je ne puis considérer qu'avec une sorte d'horreur.* »

[2]. Échapper à la police n'est point chose aisée dans un temps où la police a pour auxiliaire la terreur. Plus d'un représentant en fit l'épreuve. L'un d'eux, sortant de sa chambre par une porte au moment où les agents de police y pénétraient de l'autre, monta à l'étage supérieur, sonna et entra dans l'appartement. C'était celui du Père Ventura. Le représentant lui demanda un asile que le prêtre lui refusa, en ajoutant que, s'il ne s'éloignait pas tout de suite, il appellerait la police. (*Les proscrits français en Belgique*, par Amédée de Saint-Ferréol, représentant du peuple à l'Assemblée législative.)

Fig. 79. — Les ministres du 2 décembre.

CHAPITRE XVII

LA JOURNÉE DU 3 DÉCEMBRE

La nuit du 2 au 3 décembre. — Victor Hugo fait un appel au peuple au nom de la Montagne. — Le mur de la rue Notre-Dame-de-Lorette. — La Commission consultative. — Convocation du peuple dans ses comices. — Formation du nouveau cabinet. — Les représentants refusent de se laisser délivrer. — Les représentants montagnards au faubourg Saint-Antoine. — Ils appellent le peuple aux armes. — Une barricade est formée. — Imminence d'une collision. — Mort de Baudin. — Nouvel et inutile appel aux armes. — Bruits défavorables au coup d'État. — Seconde audience de la Haute Cour. — Un commissaire de police la somme de se séparer. — Le quartier du Temple se couvre de barricades. — La population parisienne commence à s'émouvoir. — Proclamation de Saint-Arnaud. — Réunion chez M. Marie. — Réunion chez Landrin. — Guet-apens du colonel Rochefort. — Charge des lanciers dans les rues Taitbout et de la Chaussée-d'Antin. — Inquiétude des bonapartistes.

La nuit du 2 au 3 décembre fut tranquille. Saint-Arnaud reçut vers sept heures et demie une lettre de Maupas contenant ces passages :

« Plusieurs hommes importants de la Montagne sont partis cette nuit pour la province [1], les uns par peur, les autres pour y faire de la propagande.

« Nos 218 [2] sont à quelques-uns près écoulés sur le Mont-Valérien, Mazas et Vincennes. J'en ai mis quelques-uns en liberté. Avez-vous songé

---

1. C'était faux.
2. Il veut parler des représentants arrêtés.

à constituer un conseil de guerre? est-ce qu'il y a déjà dislocation dans le ministère? Il faudrait des actes qui révélassent son existence. »

Toutes les dépêches de Maupas trahissent comme celle-ci une médiocre intelligence de la situation, et parfois des appréhensions singulières.

Maupas n'était pas doué d'une intelligence bien propre à sentir la vérité politique et se trouvait dans un milieu où il n'est pas toujours facile de la deviner.

L'imagination des hommes de police est fertile en inventions. Comment Maupas n'aurait-il pas cédé à l'influence des rapports de ses agents, dont les circonstances surexcitaient encore le penchant à l'exagération? Dédaigné de Morny, Saint-Arnaud et Magnan, tenu par eux dans l'ignorance de leur plan qui consistait à pousser sur tous les points à l'organisation de la résistance afin de mieux la frapper, il ne comprit pas que son seul rôle était d'opérer les arrestations et de s'en rapporter pour le reste aux généraux commandant les cinquante mille hommes dévoués et prêts à tout faire, alors réunis dans Paris.

Le même jour, à dix heures, il écrit à Magnan que Mazas est menacé et qu'il lui faut des troupes et du canon. Il est plus rassuré à onze heures et demie : « Le faubourg Saint-Antoine est à peu près dégagé. J'apprends que déjà les meneurs tâchent de rallier leurs troupes. Ménilmontant semble être le point de ralliement. Nous avons opéré plusieurs arrestations importantes, celles entre autres de Crocé-Spinelli, qui embauchait des soldats. » A midi dix minutes, il mande au quartier général : « Des commissaires revenant du faubourg du Temple affirment que, si j'avais eu une demi-heure de retard dans les mesures prises, ce faubourg eût été au pouvoir de l'émeute.... On m'annonce que des proclamations s'impriment au *Siècle* et vont se répandre dans Paris. J'ai envoyé un commissaire pour supprimer les presses et saisir tout ce qui sera trouvé. »

La journée du 3 décembre s'annonçait encore plus froide et plus brumeuse que celle de la veille; les marchands du boulevard, quelques passants déchiffraient au milieu d'un brouillard glacé une sorte de placard écrit à la main et fixé par quatre pains à cacheter sur le tronc mince d'un des arbres nouvellement plantés devant le passage Jouffroy :

« AU PEUPLE

« Art. 3. — La Constitution est confiée à la garde et au patriotisme de tous les Français.

« Louis-Napoléon est mis hors la loi.

« L'état de siège est aboli.
« Le suffrage universel est rétabli.
« Vive la république !
« Aux armes !
  « Pour la Montagne réunie,

            « *Le délégué :* Victor Hugo ».

Le faubourg Montmartre et la rue des Martyrs jusqu'à Montmartre étaient tranquilles ; de loin en loin, de petits cercles se formaient devant des affiches semblables à celles qu'on vient de lire. D'autres placards annonçaient au peuple le soulèvement de Lyon et de Strasbourg. Les ouvriers lisaient rapidement et s'éloignaient sans échanger la moindre réflexion entre eux, et sans même attendre la sommation des sergents de ville.

Il y avait alors à l'angle de la rue Olivier et de la place de l'église Notre-Dame-de-Lorette un pan de mur sur lequel, depuis le 24 février, avaient été apposés tous les arrêts, décrets et proclamations du Gouvernement provisoire, de la Commission exécutive, et de la présidence de la République, jusqu'à l'époque du 13 juin. Ce mur, oublié par les agents de police, ne portait aucun des documents relatifs aux actes du 2 décembre, si abondants sur tous les points de Paris ; mais la pluie, la neige, les enfants, en faisant disparaître les couches successives de papier collé, avaient ramené à la clarté du jour le numéro du *Moniteur* renfermant le compte rendu de la séance dans laquelle M. Louis Bonaparte avait pris possession de la présidence de la République ; la page, maculée, noircie, déchirée en plusieurs endroits, ne conservait plus de lisible que le titre du discours prononcé à cette occasion par le chef de l'État, et dans ce discours le passage suivant écrit en grosses lettres :

« Les suffrages de la nation et le serment que je viens de prêter commandent ma conduite future. Mon devoir est tracé, je le remplirai en homme d'honneur.
« Je verrai des ennemis de la patrie dans tous ceux qui essayeraient de changer par des voies illégales ce que la France entière a établi. »

Un rassemblement formé devant ce débris d'affiche refluait sur la place. Les sergents de ville accoururent pour le dissiper. Ces affiches et placards, arrachés par la police, avaient disparu avant neuf heures. En ce moment, on entendit les tambours de la brigade du général Marulaz, qui suivait le boulevard pour se rendre à la place de la Bastille ; quelques voix criaient : Vive la Constitution ! Vive la ligne !

LA COMMISSION CONSULTATIVE

Le *Moniteur*, distribué de bonne heure, contenait deux décrets, l'un relatif à la formation d'une *commission consultative*, composée de :

MM. Abbatucci, d'Argout (gouverneur de la Banque), le général Achard, le général de Bar, le général Baraguey-d'Hilliers, Barbaroux, Baroche, Barthe (premier président de la Cour des comptes), Ferdinand Barrot, de Beaumont, Benoît-Champy, Bérard, Bineau, Boinvilliers, J. Boulay (de la Meurthe), de Cambacérès, de Casabianca, l'amiral Cécile, Chadenet, Chassaigne, Goyon, Chasseloup-Laubat, Charlemagne, Colas, Darriste, Denjoy, Desjobert, Drouyn de Lhuys, Théodore Ducos, Dumas (de l'Institut), Maurice Duval, le maréchal Exelmans, le général d'Hautpoul, Léon Faucher, le général de Flahaut, Achille Fould, H. Fortoul, Fremy, de Gaslonde, de Greslan, de Lagrange, de Lagrené, Garnier, Augustin Giraud, Charles Giraud (de l'Institut), Godelle, de Goulard, de Heeckeren, Lacaze, Ladoucette, Lacrosse, de Lariboissière, Lebœuf, Lefebvre-Duruflé, Lemarrois, Leverrier, Magne, Maynard (président de chambre à la Cour de cassation), de Mérode, de Montalembert, de Morny, de Mortemart, de Mouchy, de Moustier, Lucien Murat, le général d'Ornano, Pepin Lehalleur, Joseph Périer (régent de la Banque), de Persigny, le général Randon, Rouher, le général de Saint-Arnaud, Ségur d'Aguesseau, Seydoux, Suchet d'Albufera, de Turgot, de Thorigny, Troplong (premier président de la Cour d'appel), Viellard, Vuillefroy, de Wagram [1].

L'organe officiel contenait un décret bien plus important, dont voici les principales dispositions :

« Le peuple français est solennellement convoqué dans ses comices le 14 décembre, présent mois, pour accepter ou rejeter le plébiscite suivant : « Le peuple français veut « le maintien de l'autorité de Louis-Napoléon Bonaparte et lui délègue les pouvoirs néces- « saires pour établir une Constitution sur les bases proposées dans sa proclamation du 2 « décembre... » A la réception du présent décret, les maires de chaque commune ouvriront des registres sur papier libre, l'un d'acceptation, l'autre de non-acceptation du plébiscite. Dans les quarante-huit heures de l'acceptation du présent décret, les juges de paix se transporteront dans les communes de leur canton pour surveiller et assurer l'ouverture et l'établissement de ces registres... Les citoyens consigneront ou feront consigner, dans le cas où ils ne sauraient pas écrire, leur vote sur l'un de ces registres, avec mention de leurs noms et prénoms... Le recensement des votes exprimés par le peuple français aura lieu à Paris, au sein d'une commission qui sera instituée par un décret ultérieur. Le résultat sera promulgué par le pouvoir exécutif. »

Ce décret produisit la plus triste impression ; il changeait la nature du suffrage universel, au moment même où M. Louis Bonaparte se vantait de l'avoir rétabli dans toute sa pureté. Le suffrage universel, ainsi organisé, joignait, à l'inconvénient d'être public, celui de n'être ni libre ni sincère.

La liste du nouveau ministère ne se trouvait pas dans le journal officiel ;

---

1. MM. Léon Faucher, de Goulard, Joseph Périer repoussèrent l'honneur qu'on leur offrait. Il y eut du reste quatre listes successives publiées *officiellement* et toutes différentes.

mais un placard officiel apprenait au public que le cabinet était ainsi composé : MM. *de Morny*, ministre de l'intérieur ; *Fould*, ministre des finances ; *Rouher*, ministre de la justice ; *Magne*, ministre des travaux publics ; *Lacrosse*, ministre de la marine ; *de Casabianca*, ministre du commerce ; *de Saint-Arnaud*, ministre de la guerre ; *Fortoul*, ministre de l'instruction publique ; *Turgot*, ministre des affaires étrangères. Persigny, désigné d'abord pour le ministère des travaux publics, en fut écarté, comme il l'avait été du ministère de l'intérieur [1].

Nous venons de parcourir le boulevard des Italiens et le quartier environnant jusqu'à sept heures du matin. Remontons maintenant au faubourg Saint-Antoine.

Le général Magnan avait donné l'ordre, la veille, de débarrasser le plus tôt possible la caserne du quai d'Orsay des membres de la réunion du Xe arrondissement. Des omnibus, escortés par un escadron de lanciers du colonel Feray, suivaient à l'aube la rue Saint-Antoine au trot assez peu rapide de leurs chevaux d'attelage, lorsque tout à coup des voix s'écrient : « Ce sont des représentants du peuple. Sauvons-les ! » Le premier omnibus est arrêté au même instant ; des mains vigoureuses tiennent ses chevaux en bride ; la portière s'ouvre ; mais les prisonniers, au lieu de descendre, supplient leurs libérateurs étonnés de ne pas les arracher à la prison qui les attend. Les ouvriers rient, ils semblent vouloir garder ce rôle de spectateurs dans les scènes dont la présence, dans le faubourg à cette heure matinale, de MM. Schœlcher, Madier de Montjau, Esquiros, de Flotte, Baudin, et de plusieurs représentants, qu'ils aiment et qu'ils estiment, leur révèle la gravité. Les ouvriers ont lu plus d'une fois les écrits de M. Victor Schœlcher, le publiciste populaire de la *Revue républicaine*, de la *Revue du progrès*, de la *Revue indépendante* et de la *Réforme*, l'administrateur hardi et éclairé qui, en qualité de sous-secrétaire d'État de la marine en 1848, et de président de la commission formée pour préparer l'affranchissement des noirs, a eu l'honneur d'attacher son nom à cette grande mesure. M. Madier de Montjau ne s'était-il pas formé sous leurs yeux au rôle d'orateur politique ? M. Alphonse Esquiros ne figurait-il pas au premier rang parmi les écrivains les plus aimés du peuple ? Les ouvriers savaient depuis juin 1848

---

1. Aucun des noms que la bourgeoisie était habituée à respecter ne figurait dans les conseils de M. Louis Bonaparte ; M. Fould seul lui inspirait une certaine confiance, fondée sur le bruit répandu depuis longtemps que ce banquier était en avance de sommes considérables avec Louis Bonaparte, et qu'il n'était entré au pouvoir que pour surveiller ses propres affaires en même temps que celles de l'État.

quel courage, quelle fermeté calme et froide animaient l'âme de de Flotte. Le docteur Baudin, président du club l'*Avenir*, était plus connu des ouvriers et des pauvres du faubourg Poissonnière que de ceux du faubourg Saint-Antoine ; il exerçait une grande influence sur la population des environs de la place du Caire, où l'*Avenir* tenait ses séances, quartier plein de typographes, de lithographes, de cartonniers. Ces ouvriers raisonneurs et éclairés aimaient la parole de Baudin, parce qu'elle ne manquait pas d'éloquence et parce qu'elle était honnête.

MM. Charamaule, vieux lutteur des Chambres de la monarchie de Juillet, Bourzat, Brillier, Bruckner, Maigne, Dulac, Malardier, s'étaient joints aux représentants que nous venons de citer ; il y avait là aussi des membres de la Constituante : M. Alphonse Brives, M. Jules Bastide, ancien ministre des affaires étrangères de la République, Xavier Durrieu. De toutes ces nobles poitrines sortit le cri : « Aux armes ! aux barricades ! Vive la République ! » Quelques ouvriers à peine le répétèrent, et vinrent se joindre à la phalange républicaine, en tête de laquelle marchaient des représentants du peuple, quelques journalistes et écrivains [1].

Tous les endroits étaient bons pour construire une barricade ; il ne s'agissait pas de stratégie, mais de morale et de droit. Les représentants s'arrêtèrent au coin de rue que forment les rues Cotte et Sainte-Marguerite : une charrette, deux voitures, un omnibus qui passent sont renversés ; la barricade est faite. Où sont les fusils ? Deux petits postes, l'un dans la rue Montreuil, l'autre au Marché-Noir, désarmés par les républicains, en fournissent quelques-uns. Maintenant, il s'agit de barrer le faubourg Saint-Antoine, afin de n'être pas pris à revers par les troupes qui occupent l'avenue de Vincennes ; les représentants Madier de Montjau et Alphonse Esquiros vont remplir cette mission. Les ouvriers sont toujours là qui regardent élever la barricade ; le représentant Baudin tend un fusil à l'un d'eux, qui lui répond durement :

« Plus souvent que nous nous ferons tuer pour vous conserver vos 25 francs !

— Citoyen, tu vas voir comment on meurt pour 25 francs ! »

Baudin vient à peine de prononcer ces paroles, que trois compagnies du 19ᵉ régiment de ligne se montrent à l'entrée du faubourg. Les ouvriers, les curieux, les passants, se retirent ; il ne reste plus sur la barricade que les huit représentants : Baudin, Brillier, Bruckner, Dulac,

---

[1]. MM. Xavier Durrieu, Frédéric Cournet, Kesler, Lejeune, Aimable Lemaître, Maillard, Ruin, Léon Watripon.

de Flotte, Maigne, Malardier, Schœlcher, et derrière la barricade une dizaine de citoyens armés de fusils; il est convenu entre eux qu'on laissera les soldats tirer les premiers.

Les trois compagnies qui s'avancent sont commandées par un chef de bataillon [1]. Le capitaine qui marche à la tête de la première compagnie [2] répond par un refus au signe de s'arrêter que lui fait le représentant Schœlcher; les représentants Baudin, Brillier, Bruckner, de Flotte, Dulac, Maigne et Malardier descendent de la barricade et s'avancent de front vers les soldats; ceux-ci s'arrêtent instinctivement : « Au nom de la Constitution, s'écrie M. Schœlcher du haut de la barricade, écoutez notre appel. Venez avec nous défendre la loi, ce sera votre gloire! — Retirez-vous, répond le capitaine; j'ai des ordres, je vais faire tirer! — Vive la République! Vive la Constitution! » Le commandement : Apprêtez armes! répond à ces cris. Les représentants agitent leur chapeau au-dessus de leur tête; mais l'ordre de faire feu n'est point donné, les soldats franchissent la barricade par rangs successifs; les représentants sont respectés. Un sergent fourrier, après avoir couché en joue M. Bruckner, décharge son arme en l'air; un soldat dirige sur M. Schœlcher la pointe de sa baïonnette, plutôt pour l'écarter que pour le blesser. Malheureusement, un républicain a vu ce geste; croyant M. Schœlcher menacé, il a fait feu : un soldat est mortellement blessé; la tête de la colonne, qui n'est plus qu'à trois ou quatre pas de la barricade, répond par une décharge générale. Le représentant Baudin tombe foudroyé, le crâne brisé par trois balles. Quoiqu'il eût paru fort découragé à la réunion tenue la veille place de la Bastille chez M. Lefort, représentant du Lot, il se rendit le matin à six heures au Marché-Noir, où les représentants s'étaient donné rendez-vous pour soulever le faubourg. Vainement le représentant Gindriez [3] le suppliait-il, pendant qu'il offrait sa poitrine aux balles, de ne pas se faire assassiner inutilement. Il tenait encore Baudin par le pan de sa redingote lorsque la troupe fit feu; un ouvrier de dix-huit ans est atteint à ses côtés : heureusement il respire encore; le citoyen Ruin, l'un des combattants de la barricade, le sauve [4].

1. M. Pujol.
2. M. Petit.
3. C'est lui qui alla chercher le corps de Baudin, déposé à l'hôpital Sainte-Marguerite et qui le ramena à son domicile rue de Clichy.
4. M. Auguste Barbier, l'auteur des *Iambes*, a écrit l'histoire idéale de ce jeune martyr de la liberté dans la dernière nouvelle de son livre intitulé : *Trois passions*.

La barricade prise, les représentants, divisés en deux groupes, se dispersent et parcourent le faubourg en appelant de nouveau le peuple aux armes; vaine tentative! « On nous saluait des portes et des fenêtres, on agitait les casquettes et les chapeaux, on répétait avec nous : Vive la République! mais rien de plus. Il fallut bien nous avouer que le peuple ne voulait pas remuer; son parti était pris [1]. »

Le général Levasseur, commandant la division à laquelle appartient

Fig. 80. — Maupas et les mouchards de la Préfecture de police dans la matinée du 3 décembre (page 327).

la brigade Marulaz, après avoir rapporté ce fait au commandant en chef, ajoute : « Tout porte à croire que la mort du représentant Baudin produira un excellent effet. Tout est calme pour le moment au faubourg. Les curieux abondent, mais les combattants sont rares. Les groupes du reste se dispersent avec la plus grande facilité. » Le général ajoute : « Les rapports sur la situation des diverses barrières de Paris, qui viennent d'arriver à la préfecture de la Seine, constatent que les entrées

1. Victor Schœlcher.

et les sorties ont lieu dans les proportions ordinaires. Les ouvriers vaquent à leurs travaux, et on ne remarque ni affluence ni agitation dans les cabarets. »

La mort héroïque de Baudin ne fut connue dans Paris que vers deux heures. La bourgeoisie l'apprit avec froideur. Mourir sur une barricade, cela avait quelque chose de suspect à ses yeux. Il fallait d'autres moyens pour l'émouvoir. La classe moyenne en France est plus habituée à respecter la magistrature que le parlement : la délibération prise la veille par la haute Cour donnait une sorte de sanction à la résistance ; le coup d'État condamné par la haute Cour semblait plus coupable que le coup d'État condamné par l'Assemblée seulement. Aussi la foule était-elle plus nombreuse et plus animée au forum bourgeois de Tortoni ; elle criait moins : A bas Soulouque ! et un peu plus : Vive la liberté ! Vive la République ! Des escouades de sergents de ville, l'épée à la main, des bandes d'agents de police en bourgeois précédées de mouchards faisaient le moulinet avec un bâton ou un casse-tête, essayaient de disperser les rassemblements sans oser cependant pénétrer au centre tumultueux de l'agitation ; la cavalerie seule s'y hasardait : la foule s'ouvrait, laissait passer les chevaux, et se reformait derrière eux en criant : Vive la République !

Les nouvelles favorables à la résistance affluaient de tous les points de la ville au boulevard : Jules Bastide et Madier de Montjau soulèvent, disait-on, le peuple aux Batignolles ; de Flotte construit des barricades dans le faubourg Saint-Marceau. Les employés n'étaient pas tous tellement dévoués au coup d'Etat qu'ils ne laissassent transpirer quelque chose des nouvelles reçues à la préfecture de police. Les rapports des agents secrets de Maupas lui annonçaient que les sections s'étaient donné rendez-vous au faubourg Saint-Antoine ; que Ledru-Rollin et Mazzini étaient attendus à Paris, et que le prince de Joinville allait débarquer à Cherbourg, pendant que ses frères chercheraient à s'introduire en France par la frontière de terre. Chose plus sérieuse : les mêmes rapports constataient que le coup d'Etat perdait d'heure en heure les sympathies populaires, qu'il ne rencontrait partout que des approbateurs tièdes et des adversaires acharnés : « La troupe seule, chefs et soldats, paraît décidée à agir avec intrépidité ; elle l'a prouvé ce matin. C'est là qu'est notre force et notre salut [1]. »

---

[1]. Rapports et dépêches publiés par le docteur Véron dans les *Mémoires d'un bourgeois de Paris*

La haute Cour était désormais le seul pouvoir public dont l'intervention pût donner de la force à la résistance. La fermeté de ce grand tribunal aurait certainement réveillé les consciences endormies. La haute Cour avait ouvert le matin du 3 sa seconde audience; M. Renouard allait commencer son réquisitoire, un huissier entre dans la salle.

Fig. 81. — Le général Magnan.

« Que venez-vous faire ici? lui dit le président; vous n'avez point été appelé. Retirez-vous. »

L'huissier répond :

« Monsieur le président, un commissaire de police demande à être introduit.

— Retirez-vous, la Cour va en délibérer. »

L'huissier se retire; puis, après une courte délibération, il est rappelé, et la Cour déclare que le commissaire de police peut être introduit.

« Monsieur le président, messieurs de la haute Cour, dit respectueusement le commissaire de police, je suis chargé de vous prier de vous séparer.

— Au nom de quelle autorité vous présentez-vous? demande le président avec majesté.

— J'exécute l'ordre de mes chefs.

— Lesquels?

— M. le préfet de police.

— Le préfet de police n'a pas autorité sur la haute Cour. Ne troublez pas ses délibérations; elle agit en vertu des pouvoirs que lui donne la Constitution.

— Je suis obligé d'insister, monsieur le président, répond le commissaire avec l'humilité convenable; j'ai mission d'exécuter les ordres que j'ai reçus, fût-ce par la force. »

Le président, par un geste solennel, ordonne au commissaire de s'éloigner, puis, le rappelant pour se faire remettre l'ordre écrit, il ajoute, après avoir délibéré pendant quelques instants avec ses collègues :

« La Cour est décidée à accomplir son mandat et ne se séparera que si elle est contrainte par la force.

— J'en demande pardon à la Cour, mais je vais exécuter les ordres que j'ai reçus. »

Le commissaire de police sort et rentre avec un piquet de soldats, à la tête desquels est M. Montour, aide de camp du ministre de la marine. Le président de la haute Cour se lève, fait signe à la force armée de s'arrêter, et, suivi de tous ses collègues, il abandonne le sanctuaire de la justice.

La résistance ne pouvait plus désormais prendre conseil que d'elle-même, les corps constitués l'abandonnaient.

Cette résistance, où était son centre?

La rue du Temple et la rue Montmartre forment les deux côtés d'un carré dont les boulevards et les quais représentent les deux autres côtés. Les émeutes et les insurrections du temps de Louis-Philippe naissaient et se réfugiaient dans ce quadrilatère de rues étroites, de ruelles, de passages bordés de maisons noires habitées par des ouvriers. L'appel aux armes de Victor Hugo, le récit de la mort de Baudin, affichés dans ce quartier, y avaient excité une assez vive émotion; des

Fig. 82. — Mort de Baudin, représentant du peuple, sur la barricade du faubourg Saint-Antoine (page 332).

barricades s'élevaient dans les rues Rambuteau, du Temple, Beaubourg, etc. Le général Herbillon, parti de l'Hôtel-de-Ville à la tête d'une forte colonne, n'eut pas de peine à les enlever. Le préfet de police avait mandé au quartier général, que Madier de Montjau, loin d'être tué, allait prendre le commandement d'un rassemblement qui du carré Saint-Martin devait marcher sur l'Elysée. « Le bruit court de la mort de Charras et de Bedeau. On prétend aussi que les patriotes rouennais arrivent, et que Ledru-Rollin est dans les faubourgs. » Des comités de résistance se formaient dans quelques quartiers ; les petits bourgeois étaient indécis entre la haine du coup d'Etat et la peur du socialisme, les ouvriers typographes, qui donnent ordinairement le signal de la bataille aux autres ouvriers, et qui s'étaient tenus jusqu'ici à l'écart, montraient des dispositions hostiles. Une crise grave semblait se produire après la mort de Baudin et après la lecture plus attentive du décret sur le prétendu rétablissement du suffrage universel, véritable confiscation de ce suffrage.

Le préfet de police fit afficher à trois heures de l'après-midi que tout rassemblement serait immédiatement dispersé par la force ; tout cri séditieux, toute lecture en public, tout affichage d'écrit politique n'émanant pas d'une autorité régulièrement constituée, furent interdits en même temps. Le ministre de la guerre, à la même heure, publia ce *bando* :

« Habitants de Paris,

« Les ennemis de l'ordre et de la société ont engagé la lutte. Ce n'est pas contre le gouvernement, contre l'élu de la nation qu'ils combattent, mais ils veulent le pillage et la destruction.

« Que les bons citoyens s'unissent au nom de la société et des familles menacées.

« Restez calmes, habitants de Paris ! pas de curieux inutiles dans les rues : ils gênent les mouvements des braves soldats qui vous protègent de leurs baïonnettes.

« Pour moi, vous me trouverez toujours inébranlable dans la volonté de défendre et de maintenir l'ordre.

« Le ministre de la guerre,
« Vu la loi sur l'état de siège,
« Décrète :
« Tout individu pris construisant ou défendant une barricade, ou les armes à la main, sera fusillé.

« *Le général de division, ministre de la guerre,*
« DE SAINT-ARNAUD. »

Les réunions secrètes de représentants, les comités de résistance [1] augmentaient d'heure en heure. La plus importante des réunions républi-

---

1. L'un de ces comités, constitué en gouvernement provisoire, convoqua même les électeurs pour nommer une nouvelle assemblée, et décerna les honneurs du Panthéon à Baudin.

caines eut lieu chez M. Marie ; les représentants de la Montagne y signèrent la déclaration suivante :

DÉCLARATION

Les représentants du peuple restés libres,
Vu l'article 68 de la Constitution, ainsi conçu :
« Toute mesure par laquelle le président de la République dissout l'Assemblée nationale est un crime de haute trahison.
« Par ce seul fait, le président est déchu de ses fonctions; les citoyens sont tenus de lui refuser obéissance; le pouvoir exécutif passe de plein droit à l'Assemblée nationale; les juges de la haute Cour de justice se réunissent immédiatement, à peine de forfaiture; ils convoquent les jurés dans le lieu qu'ils désignent pour procéder au jugement du Président et de ses complices. »
Décrètent :

1° Louis Bonaparte est déchu de ses fonctions de président de la République.

2° Tous citoyens et fonctionnaires publics sont tenus de lui refuser obéissance, sous peine de complicité.

3° L'arrêt rendu le 2 décembre par la haute Cour de justice et qui déclare Louis Bonaparte prévenu de crime de haute trahison sera publié et exécuté.

En conséquence, les autorités civiles et militaires sont requises, sous peine de forfaiture, de prêter main-forte à l'exécution dudit arrêt.

Fait en séance de permanence, le 3 décembre 1851.

Anglade, Bancel, Bard (Antoine), Brives, Bruys (Amédée), Charamaule, Combier, Delavallade, Detours, Duputz, Dussoubs (Gaston), Faure (Rhône), Gambon, Gindriez, Girardin (Emile de), Greppo, Joigneaux, Joly, Laboulaye, Laclaudure, Lafon, Leydet (le général), Lamarque, Lamennais, Madier-Montjau aîné, Malardier, Martin (Alexandre), Maté (Félix), Michel (de Bourges), Michot-Boutet, Miot, Muhlenbeck, Perdiguier, Pierre Leroux, Racouchot, Rey (le général), Reymond, Richardet, Rochut, Rouet, Saint-Ferréol, Arago (Emmanuel), Arnaud (Ariège), Arnaud (Var), Aubry (Nord), Auguste Mie, Bac (Théodore), Bajard, Bandsept, Barrault (Emile), Barthélemy (Eure-et-Loir), Belin, Benoit (Rhône), Bertholon, Besse, Bourzat, Bravard-Verrieyres, Brehier, Breymaud, Brillier, Bruckner, Burgard, Canet, Carboneau, Carnot, Cassal, Ceyras, Chabert, Chaix, Chamiot, Chanay, Charassin, Chauffour (Victor), Chavassieu, Chouvy, Chovelon, Clavier, Constans-Tournier, Crépu, Crestin (Léon), Curnier, Dain, Delbetz, Delbrel, Delebecque, Denayrouse, Derriey, Didier (Henri), Doutre, Duché, Ducoux, Dufraisse, Dulac, Dupont (de Bussac), Duprat (Pascal), Durand-Savoyat, Durieu (Paulin), Eunery, d'Étchegoyen, Eugène Sue, Farconnet, Favand, Favre (Jules), Fawtier, Fayolle (Creuse), de Flotte, Fond, Forel, Frichon aîné, Gastier, Gavarret, Guilgot, Guiter, Hennequin, Hochstuhl, Huguenin, Jehl, Jolivet, Juery, Jusseraud, Kestner, Labrousse, Lagarde, Lasteyras, Latrade, Laurent (Ardèche), Lavergne, Lefranc (Pierre), Leroux (Jules), Loiret, Madesclaire, Madet (Charles), Maigne (Francisque), Mathieu, Millotte, Montagut, Moreau (Creuse), Morrellet, Noël Parfait, Pelletier, Penières, Perrinon, Pons-Tande, Pradié, Quinet (Edgar), Rantian, Raspail (Rhône), Renaud, Repellin, Rey (Drôme), Richard (Cantal), Rigal, Rollinat, Ronat, Rouaix, Roussel (Lozère), Roussel (Yonne), Sage, Sain, Saint-Marc, Rigaudie, Saint-Romme, Salvat, Sartin, Sautayra, Savatier-Laroche, Savoye, Schœlcher, Signard, Sommier, Soubies, le général Subervie, Testelin, Vacheresse, Vendois, Versigny, Victor Hugo, Vidal, Vignes, Viguier, Westercamp, Yvan.

Le même jour, vers cinq heures, une autre réunion avait lieu chez M. Landrin, procureur de la République à Paris, et destitué par le gouvernement de la présidence. La séance venait de commencer, lorsque tout à coup M. Émile de Girardin ouvrit la porte. Ses collègues l'accueillirent, sinon avec une cordialité fraternelle, du moins avec l'empressement naturel qu'excite la présence de tout homme qui s'offre à vous, dans un moment de péril.

Mme Landrin, noble et énergique femme, partageant les opinions politiques de son mari, avait jugé prudent d'éloigner les domestiques; elle ouvrait elle-même la porte de son appartement aux représentants. Un individu se donnant pour tel, mais qu'elle ne reconnaît pas, se présente. Elle lui refuse l'entrée.

« Madame, dit le nouvel arrivant, ces messieurs sont ici, je le sais, je suis convoqué par eux...

— Il se peut, répondit Mme Landrin avec fermeté, que quelques amis soient réunis en ce moment chez moi, mais je ne puis pas vous recevoir.

— Et moi, je veux entrer ! »

L'inconnu, repoussant Mme Landrin avec assez de force pour la jeter sur une chaise, ouvre lui-même la porte du salon, et les membres de la réunion reconnaissent leur collègue le prince Napoléon, qui est accueilli par eux avec un étonnement mêlé de froideur et de méfiance.

M. Émile de Girardin parlait en ce moment avec chaleur contre la résistance armée : faire le vide autour du coup d'Etat, voilà son système, contre lequel M. Napoléon Bonaparte s'éleva non moins énergiquement que M. Michel (de Bourges). Mme Landrin, rentrée dans son salon et assise sur son canapé, prêtait l'oreille à la discussion.

« Quelle est cette femme ? demande M. Napoléon Bonaparte avec son lorgnon dans l'œil.

— C'est la mienne, monsieur, » répondit M. Landrin.

Un silence glacial suivit ces paroles. M. Napoléon Bonaparte partit avant la fin de la réunion.

Une nouvelle escarmouche eut lieu le soir. Le colonel du 3e de ligne [1] parcourut de nouveau ces quartiers et passa par les armes tous les gens qui lui parurent suspects ; le colonel de Rochefort, du 1er lanciers, maintenait la circulation sur les boulevards, depuis la rue de la Paix

---

1. Le capitaine Mauduit, *Révolution militaire du 2 décembre* 1851.

jusqu'à la rue du Temple. Les lanciers venaient de la Madeleine à la Bastille, suivis sur les trottoirs d'un foule considérable criant : Vive la République ! Comme il lui avait été interdit de repousser d'autres individus que ceux criant : Vive la République démocratique et sociale, et, comme il voulait tomber sur quelqu'un, il eut recours à ce stratagème : « Ayant reçu l'ordre de charger tous les groupes qu'il rencontrerait sur la chaussée, il se servit d'une ruse de guerre pour châtier tous ces vociférateurs *en paletots*. Il masqua ses escadrons pendant quelques instants dans un pli de terrain, près du Château-d'Eau, pour laisser croire qu'il était occupé du côté de la Bastille ; mais, faisant brusquement un demi-tour sans être aperçu, et prescrivant aux trompettes de l'avant-garde de rentrer dans les rangs, il se remit en marche jusqu'au moment où il se trouva à l'endroit le plus épais de cette foule compacte avec l'intention de piquer tout ce qui s'opposerait à son passage. Les plus audacieux, croyant à une démonstration pacifique de ces deux escadrons, se placèrent en avant du colonel et firent entendre les cris de : Vive l'Assemblée ! à bas les traîtres ! Reconnaissant à ce cri une provocation, le colonel de Rochefort s'élance comme un lion furieux au milieu du groupe d'où elle était partie, en frappant d'estoc, de taille et de lance. Il resta sur le carreau plusieurs cadavres [1]. »

L'écrivain militaire à qui ce récit est emprunté, et qui appelle ce guet-apens une ruse de guerre, constate que « dans ces groupes ne se trouvaient que peu d'individus en blouse » ; il ne s'en trouvait pas davantage dans les groupes rassemblés devant Tortoni, sur lesquels M. de Rochefort, en ramenant ses escadrons du Château-d'Eau à la rue de la Paix, lança ses cavaliers, qui se mirent à poursuivre la foule dans les rues Taitbout et de la Chaussée-d'Antin ; les fuyards, par un mouvement instinctif, se jettent à plat ventre ; les chevaux les foulent aux pieds, pendant que les lanciers s'amusent à mettre la lance sous le nez des passants et à faire voler en éclats les vitres des boutiques. Ce carrousel fini, on put ramasser les blessés et les transporter chez eux ou dans les pharmacies voisines.

Le général Herbillon avait, comme on l'a vu, balayé les barricades dans le quartier des Halles ; dans le quartier du Temple et dans les rues Transnonain, Beaubourg, Greneta, etc., ces barricades étaient réoccupées, d'après les dépêches de Maupas, par les sociétés secrètes ; mais les

---

[1]. Le capitaine Mauduit, *Révolution militaire du 2 décembre* 1851.

confidences de son prédécesseur Carlier ont révélé au public comment se recrutait depuis quelque temps le personnel des sociétés secrètes. Le colonel du 3ᵉ de ligne [1] parcourut de nouveau ces quartiers, enleva les barricades ébauchées et fit des centaines de prisonniers. Combien d'individus, parmi ceux qui se trouvaient sur ces barricades suspectes du 3 décembre, auraient-ils pu dire où ils avaient pris le fusil qu'ils tenaient à la main ? Des nombreux prisonniers faits dans ces quartiers, les soldats en passèrent quatre-vingts par les armes : c'était les vrais combattants ; les autres purent rentrer chez eux et attendre des ordres pour les barricades du lendemain.

Le 3ᵉ de ligne à peine rentré, Maupas écrivit au général en chef : « De « plusieurs points, et avec égal cachet de vraisemblance, je suis informé « d'un complot contre la vie du président. Les précautions doivent être « extrêmes ; l'avenir du pays repose sur une seule tête. » Il ajoutait que les derniers rapports des points les plus agités, étaient au calme ; mais, une demi-heure plus tard, ses nouvelles changent : « Les barricades recommencent avec *intensité* : les feux de peloton sont nourris vers la rue Bourg-l'Abbé. » A neuf heures un quart, il se plaint à Morny de n'avoir pu empêcher la proclamation de la Montagne de se répandre : « Je donne des ordres pour arrêter la Montagne tout entière. »

Magnan reçut encore, à la dernière heure, une dépêche de Maupas annonçant que les groupes étaient menaçants dans le faubourg Saint-Antoine, qu'une barricade où se trouvaient trois représentants venait d'être enlevée et que d'autres représentants paraissaient vouloir établir leur quartier général rue Sainte-Marie. Il ajoutait : « Je désirerais beaucoup avoir ici quatre canons, deux escadrons de cavalerie et un bataillon d'infanterie. »

La journée n'avait pas été des meilleures pour le coup d'Etat, en ce sens que c'était un jour de retard, et que chaque retard créait des dangers. Les bonapartistes, accourus pour chercher des nouvelles au ministère de l'intérieur, se montraient inquiets. Les ministres, réunis avec les généraux en conseil de guerre, avaient agité la question de transporter la résidence de M. Louis Bonaparte aux Invalides. Les fanfarons qui, la veille, demandaient des barricades, trouvaient moins de leur goût cette réponse faite par M. de Morny aux alarmés et aux alarmistes : « Vous vouliez hier des barricades, *on vous en fait*, et vous vous plaignez. »

1. M. Chapuis.

Une réflexion aurait dû rassurer les bonapartistes. Les révolutions ne se font en France que par l'accord de la bourgeoisie et du peuple. Le coup d'Etat n'avait point à redouter cette alliance entre le peuple et la bourgeoisie : jamais les divisions entre ces deux classes ne s'étaient plus nettement accusées. Le peuple et la bourgeoisie, en haine l'un de l'autre, approuvaient même le coup d'Etat : le peuple, parce qu'il semblait devoir porter un coup sensible à l'influence de la bourgeoisie ; la bourgeoisie, parce qu'il la rassurait contre les excès de la domination populaire. Le peuple craignait, en s'opposant au coup d'Etat, de relever les affaires de la bourgeoisie ; la bourgeoisie, d'assurer le triomphe de la révolution. De là la neutralité assurée de l'immense majorité de la population. Mais cette neutralité n'était pas sans avoir de graves inconvénients. Si le coup d'Etat n'avait personne contre lui, il n'avait personne pour lui. Or, sans insurrection de la veille comment justifier la dictature du lendemain? N'avoir reçu hier que des marques d'indifférence de la société et se présenter aujourd'hui, comme son sauveur, il y avait là une contradiction des plus choquantes. Le coup d'Etat, si la population ne s'y associait pas, n'était plus qu'un coup de main. Là était pour lui le danger. Il ne pouvait pas y rester plus longtemps exposé. Les conseillers de Bonaparte le comprirent, et il fut décidé entre eux d'en finir le lendemain en frappant un de ces coups de force qui, à défaut d'une autre adhésion, donnaient au coup d'Etat celle de la terreur.

Magnan écrivit dans la soirée à Saint-Arnaud : « Demain, les troupes
« seront partout à leur poste de combat. Partout en même temps, les
« rassemblements seront dispersés, les perturbateurs punis ou mis dans
« l'impossibilité de mal faire. La population retrouvera confiance et
« sécurité. Beaucoup de boutiques ont été fermées aujourd'hui ; demain,
« aucune ne le sera. Il faut en finir. Il ne faut pas que l'anxiété dure
« plus longtemps. »

Paris, en attendant, semblait tranquille ; on n'entendait à minuit dans les rues que les pas de quelques patrouilles. Les généraux Bedeau, Cavaignac, Changarnier, Lamoricière, Le Flô, MM. Baze, Charras et Roger (du Nord), montaient à cette heure dans un convoi cellulaire dirigé sur la forteresse de Ham [1]. M. Léopold Lehon, secrétaire de Morny,

---

1. Saint-Arnaud, le lendemain même du jour où la proposition des questeurs fut déposée, fit préparer immédiatement le château de Ham. Un fort détachement du 48e de ligne, commandé par un capitaine, y fut envoyé. Un officier d'état-major lui porta ses

Fig. 83. — Le colonel de Rochefort, à la tête d'un régiment de lanciers, charge la foule sur les boulevards (page 342).

commandait le convoi ; ses ordres portaient qu'en cas de tentative d'enlèvement ou d'évasion, les prisonniers seraient fusillés.

De nouvelles arrestations avaient été opérées dans cette journée ; quelques personnes arrêtées, parmi lesquelles M. Ducoux, ancien préfet de police, furent cependant remises en liberté. La série des dépêches adressées ce jour-là par Morny au préfet de police contient celle-ci :

« Le ministre a de graves raisons pour qu'on n'inquiète pas Emile de Girardin. »

instructions, en le prévenant qu'il n'y avait pas de réponse à faire. Le capitaine en jugea autrement, et il écrivit à Saint-Arnaud :

« Monsieur le ministre, lorsque j'eus l'honneur de recevoir votre lettre le 4 novembre, le capitaine aide de camp qui me la remit de votre part me dit qu'elle n'exigeait pas de réponse.

« Cependant les circonstances graves où nous nous trouvons, et avec la responsabilité si grande que vous avez bien voulu nous confier, j'ai désiré vous exprimer le dévouement que nous tous, officiers et soldats, apporterons à l'entier accomplissement de la haute mission dont vous nous avez honorés.

« Le 48e a toujours montré un entier dévouement à la cause de l'ordre, et la bonne discipline qui anime le détachement mis sous mes ordres me permet de me rendre garant de son dévouement envers le chef de l'Etat.

« J'ai l'honneur, etc.

« BROYELLE. »

Fig. 84. — Les bivouacs, le soir du 4 décembre 1851.

CHAPITRE XVIII

LES FUSILLADES DU 4 DÉCEMBRE

Les barricades du 4 décembre. — Inquiétudes de M. de Maupas. — Démonstration sur la mairie du IIe arrondissement. — La barricade du boulevard Poissonnière. — Occupation du boulevard par les troupes. — Fusillades sur les boulevards. — Invasion de la maison Frascati. — Les premières victimes de la journée. — Irruption des troupes dans le cercle du Commerce. — Les barricades de la porte Saint-Denis. — La batterie du boulevard Bonne-Nouvelle fait feu. — La fusillade éclate du faubourg Poissonnière à la Chaussée-d'Antin. — Actes de sauvagerie des soldats. — Fusillades sur la rive gauche.

« La proclamation du ministère de la guerre jette une terreur si pro-
« fonde parmi les émeutiers, écrivait M. de Maupas le 4, à huit heures
« du matin, qu'ils désertent les barricades qu'ils se préparaient à défendre.
« La vigueur de cette mesure me fait augurer la paix pour ce matin. » Le
général Levasseur à la même heure mande de l'hôtel-de-ville à Magnan :
« Les agents de police que j'ai envoyés parcourir les rues Saint-Denis,
Saint-Martin, Rambuteau, Baubourg n'ont trouvé à mon grand étonnement ni rassemblement ni barricade. » Le directeur du *Moniteur*,
installé sur la rive gauche, au centre d'un quartier populaire, mandait
également de grand matin, que l'attitude des ouvriers était excellente.
Magnan lui-même écrit à Saint-Arnaud : « Nous en avons fini de l'émeute
« et de l'insurrection ; aucun convoi de vivres n'a été pillé, comme on
« l'a dit au Président. Le poste de la rue Cadet n'a pas été non plus

« insulté. La nouvelle de M. le colonel de Béville n'est pas plus exacte.
« Au lieu de dix mille hommes sur les boulevards, on n'en a pas trouvé
« cent. Un guide est venu seul de la Bastille aux Tuileries par les bou-
« levards. »

Magnan a prétendu plus tard [1] qu'il « avait appris dès quatre heures du matin que les barricades devenaient formidables, et que les insurgés s'y retranchaient. » Mais c'est là un mensonge imposé par les circonstances. La résistance armée était vaincue, ou plutôt elle n'avait jamais réussi à s'organiser; mais ce triomphe ne suffisait pas au Président. Le succès de ses projets exigeait qu'il prît la dictature. Pouvait-elle, pour durer, être autre chose que le prix d'une victoire remportée sur les ennemis de la société. Le gouvernement de Louis-Napoléon ne pouvait compter sur un lendemain, si le coup d'État se terminait sans effusion de sang. Engendré par la terreur, la terreur lui fournirait les moyens de prolonger son existence. On verra bientôt comment il s'y prit pour organiser la terreur [2].

Le plan stratégique du général Magnan laissait une singulière liberté aux faiseurs de barricades, car les rues comprises entre les boulevards, les quais, la rue Montmartre et la rue du Temple, et le faubourg Saint-Martin jusqu'aux approches du canal en étaient couverts. Les gens qui n'étaient pas au courant s'en étonnaient [3]. La plus considérable de ces barricades s'élevait à l'entrée de la rue Saint-Denis, du côté du boulevard. Une autre vint bientôt lui faire face. Ce peuple, qui avait vu d'un œil indifférent la mort de Baudin, avait-il donc changé en une nuit? Cela n'est guère probable. La physionomie des boulevards, de la Madeleine à la Bastille, n'avait pas changé depuis la veille : la circulation était libre; çà et là des groupes, et dans ces groupes des redingotes principalement, très peu de blouses; de l'étonnement sur les figures, partout les

1. Dans son rapport à Saint-Arnaud sur ses opérations pendant les journées de décembre.
2. C'est le mot de Magnan lui-même quand il a été mis au courant de la situation. « Il faut montrer la force partout, dit-il, en donnant l'ordre à la brigade de cavalerie de balayer le boulevard, et *imprimer la terreur*. »
3. « Mon général, la partie du boulevard comprise entre la rue Laffitte et la rue Montmartre est devenue un foyer d'agitation. Les imprimés les plus anarchiques s'y distribuent et s'y glissent à haute voix, et des orateurs y prêchent l'assassinat du Président, mis hors la loi par l'Assemblée. Les patrouilles qui sillonnent cette partie de la ville n'ont eu d'autre effet que de dégager la chaussée. La foule refluée sur les bas-côtés et prodigue à nos soldats les épithètes les plus injurieuses. Les sergents de ville reconnaissent leur impuissance, et ils évitent de se montrer, comprenant, comme tout le monde, que le désordre ne saurait être combattu par l'action simultanée de la police et de la force armée... » (*Rapport du lieutenant-colonel d'état-major de la garde nationale Beauval au général Lawœstine*).

événements tournés en dérision, et la pensée que le coup d'État allait finir dans les huées ; d'ailleurs, point de fort rassemblement, ni de grande animation. Quelques individus, vers dix ou onze heures, firent une démonstration sur la mairie du II° arrondissement, rue Grange-Batelière : les gardiens fermèrent la porte ; les assaillants se retirèrent sans autre résultat qu'un certain brouhaha. — Un officier d'ordonnance de la garde nationale, arrivant au galop du bas de la rue Richelieu, et voulant tourner bride à la hauteur du café Cardinal, heurta du poitrail de son cheval le brancard d'une charrette ; le cheval et l'homme tombèrent : l'officier, entouré par la bande revenant de la mairie, fut relevé par deux citoyens bien connus dans le quartier [1].

Le boulevard se couvrit peu à peu d'une foule bruyante, gouailleuse comme celle de la veille, et surtout très intriguée de savoir ce que signifiait une grande barricade élevée pendant la nuit, en travers du boulevard Poissonnière, et dont aucune personne armée ne s'était approchée : chacun cherchait à deviner l'énigme. — Ébahissement, gorges chaudes, mais nulle part la moindre apparence de résistance et de lutte ; cela dura jusqu'à une heure, où les roulements de tambour se firent entendre du côté de la Madeleine. Les promeneurs s'apprêtaient à faire la haie comme d'habitude sur le passage des troupes ; mais les soldats balayèrent le boulevard et obligèrent la foule à refluer et à se jeter dans les rues voisines.

Il y avait alors dans la maison Frascati un cercle ayant ouverture sur le boulevard par une seule fenêtre d'entre-sol. Les membres du *cercle Frascati* regardaient les régiments défiler, puis prendre position sur les deux allées du boulevard, lorsque les cris : « Fermez !..... fermez !..... » poussés par les soldats avec des gestes menaçants, et par les officiers en brandissant leurs sabres, les obligèrent à se retirer, non sans avoir vu les gendarmes rangés en bataille en face de la fenêtre de l'entre-sol du cercle, sur l'allée gauche du boulevard (côté de la rue Grange-Batelière) ; l'infanterie de ligne, sous la fenêtre même, sur l'allée droite du boulevard (côté de la rue Richelieu) [2].

1. MM. Lireux et F. Ducuing.
2. La division Carrelet, composée des brigades des généraux de Bourgon, de Cotte et Canrobert, suivies de quinze canons et de deux régiments de lanciers de la brigade de cavalerie du général Reybell, formait la colonne destinée à opérer sur les boulevards. Le général Dulac, avec une brigade de cette division, appuyée par une batterie d'artillerie, prenait position à la pointe Saint-Eustache. Les brigades Herbillon et Marulaz, formées en colonnes par le général de division Levasseur, gardaient les débouchés des rues du Temple, Saint-Martin et Saint-Denis. La brigade Courtigis s'avançait de la barrière du Trône sur le faubourg Saint-Antoine. Le général Renault occupait avec sa division le

INVASION DE LA MAISON FRASCATI

Les soldats jusqu'à deux heures restèrent immobiles devant le cercle Frascati. Les membres du cercle se demandaient ce que voulait dire cette nouvelle mise en scène. Tout à coup, un grand brouhaha vint de la partie haute du boulevard, du côté du faubourg Poissonnière : les soldats reprennent précipitamment leur alignement ; des coups de fusil, puis une fusillade générale, des feux de peloton, des coups de canon, éclatent à l'endroit d'où le tumulte est parti. Tout s'allume alors comme une traînée de poudre : les soldats et les gendarmes tirent sur les maisons qui leur font face. Cette *petite guerre*, selon l'expression d'une des personnes présentes, se prolonge pendant un quart d'heure environ. Les membres du cercle, par excès de prudence (ils le croyaient du moins), quittent la petite pièce d'entre-sol donnant sur le boulevard et rentrent dans les salons intérieurs, en se demandant à quoi bon cette pétarade du Cirque, bien convaincus du reste que les soldats ont tiré à poudre ; ils étaient seuls sur les boulevards ; dans les maisons, closes, muettes, personne ne donnait signe de vie. Un seul des membres du cercle [1] secouait la tête et par intuition ne voulait pas admettre l'innocence des coups de fusil.

Les membres du cercle restèrent jusqu'à trois heures et demie sans rien apprendre de ce qui se passait dehors. La porte de la maison Frascati s'ouvrit à ce moment ; des soldats de la ligne, commandés par un lieutenant et par un sergent-major, firent brusquement irruption dans les salons du cercle pour visiter la maison et trouver les *insurgés*. Ces hommes étaient fort animés par la boisson. Le sergent-major ébranlait le parquet à coups de crosse, au point que le lieutenant, sur lequel l'étonnement des assistants avait produit un effet calmant, essaya de s'interposer. Le sergent le repoussa brusquement en lui disant : « *Cela ne vous regarde pas !...* »

Un des assistants [2] réussit cependant à se faire entendre et à s'offrir à la troupe pour lui servir de guide : les soldats parcoururent du haut en bas la maison et visitèrent tout, sans oublier les caves. Ne trouvant rien

---

Luxembourg, la place Saint-Sulpice, l'Odéon, le Panthéon, la place Maubert, et maintenait le quartier des Écoles et le faubourg Saint-Marceau. Des forces imposantes gardaient la préfecture de police. Trente mille hommes dans de fortes positions, contre un millier d'individus disséminés sur des barricades menacées par un mouvement convergent des troupes, telle était la situation stratégique à Paris, le 4 décembre, à deux heures de l'après-midi.

1. M. Ponsard, de l'Académie française.
2. M. Latour Saint-Ybars, auteur dramatique.

de suspect, ils se retirèrent, et la porte de la maison Frascati se referma hermétiquement.

Les autres parties du boulevard avaient été pendant ce temps-là le théâtre d'événements qu'il faut raconter.

Des négociants, des artistes, des journalistes, des femmes tenant leurs enfants par la main, formaient un groupe sur le trottoir du boulevard, à l'entrée de la rue Taitbout; les hommes criaient : Vive la République! Vive la Constitution! Le colonel de Rochefort, suivi de ses lanciers, se rue au milieu du groupe. « Bon nombre d'entre eux restèrent sur la place; ce fut l'affaire d'un instant [1]. » Le colonel de Rochefort prétendit avoir parfaitement entendu, au milieu du bruit des pas de cinq cents chevaux au grand trot, la détonation d'un pistolet tiré du coin de la rue Taitbout. « A la suite de la cavalerie, la troupe de ligne s'élance, fouille « les maisons suspectes, et fusille ceux qu'elle arrête les armes à la main « ou qu'elle suppose avoir pris part à l'action. Là se passèrent des scènes « regrettables, là eurent lieu de sanglantes méprises [2]. »

Les lanciers du capitaine La Rochefoucauld et des soldats de ligne s'étaient précipités, de leur côté, dans les appartements du Cercle du commerce, situé au premier étage de la maison formant l'angle de la rue Lepelletier et du boulevard; les membres de ce cercle, gens paisibles, formant peut-être des vœux pour le succès du coup d'État, se virent empoignés par les soldats et menacés d'être passés par les armes. Un général [3] se trouvait heureusement dans un des salons du cercle; il parvint avec la plus grande peine à se faire reconnaître des officiers et des soldats, et à sauver la vie aux malheureux négociants tremblants et consternés.

Le boulevard, de midi à une heure, était resté, comme on l'a vu, libre de la Madeleine au faubourg Poissonnière; des barricades interceptaient le passage entre le théâtre du Gymnase et le théâtre de la Porte-Saint-Martin. La porte Saint-Denis formait le centre d'un quadrilatère de barricades dont la plus considérable, faite d'omnibus, de voitures de déménagement, du pavillon de bois de l'inspecteur des fiacres, de

---

1. Le capitaine Mauduit, *Révolution militaire du 2 décembre* 1851.
2. Lesur, *Annuaire historique universel*.
Ce recueil est le seul qui parle d'une action engagée et d'individus pris les armes à la main sur le boulevard; mais l'*Annuaire*, rédigé dans un sens entièrement favorable au coup d'État, n'est pas suspect quand il raconte que des citoyens ont été fusillés par la troupe.
3. Le général Lafontaine.

Fig. 85. — Les soldats entrent dans le cercle du Commerce, et, sous prétexte de chercher des insurgés, ils bousculent tous les meubles, se jettent sur les membres du cercle, bourgeois inoffensifs, tremblants et consternés (page 352).

colonnes vespasiennes démolies, fermait à peine le boulevard du côté de la rue Mazagran ; un jeune homme ayant coupé les cordes qui retenaient l'échafaudage suspendu à une maison en construction, toute issue se trouva fermée. Une trentaine d'individus, parmi lesquels un vieillard à cheveux blancs et deux femmes avec des sabres au côté, se tenaient sur cette barricade et lisaient l'appel au peuple de Victor Hugo. Quelques individus, après avoir pénétré vers la même heure dans le magasin d'*accessoires* du Gymnase, en étaient sortis avec des armes et un tambour empruntés à cet arsenal ; ces individus avaient construit une espèce de barricade en face du poste Bonne-Nouvelle et s'y étaient installés avec des fusils, mais sans munitions. Aucune lutte sérieuse n'était sur le point de s'engager nulle part ; cependant on voyait à chaque instant des civières portées par des infirmiers précédés de soldats tenant à la main un bâton surmonté de cet écriteau : *Service des hôpitaux militaires*.

La charge du colonel Rochefort avait eu lieu vers deux heures ; deux obusiers furent braqués à quelques pas de la petite barricade du poste Bonne-Nouvelle ; une demi-heure après, la batterie ouvrait le feu sur un ennemi imaginaire : son premier boulet, passant par-dessus les barricades, alla tuer un enfant qui s'amusait sur le bord du bassin du Château-d'Eau. Les boutiques et les fenêtres s'étaient fermées partout, sauf au cinquième étage de la maison à l'angle de la rue du Sentier. Les récits du coup d'État écrits sur les renseignements de la préfecture de police prétendent qu'un coup de fusil a été tiré, soit de cette maison, faisant le coin de la rue Notre-Dame-de-Recouvrance et de la rue Poissonnière, soit de la maison formant la pointe de l'hôtel Mazagran ; c'est à ce prétendu coup de pistolet tiré d'un toit voisin que le général Canrobert répond à coups de canon.

Nous avons parlé de ses longues hésitations. Il en faisait part à la femme du général Le Flô, en lui demandant conseil. Celle-ci, désespérée, ignorant le sort de son mari, lui répondait : « Êtes-vous un homme ou un enfant? Prenez parti pour la loi, pour vos amis, pour vos anciens chefs ; là est le devoir, là est l'honneur. » Le bruit courut un moment, dans l'après-midi du 3 décembre, que le général Canrobert avait suivi ce conseil et qu'il se prononçait en faveur de l'Assemblée ; c'en était fait du coup d'État ! Le comte de Paris n'avait plus qu'à franchir la Manche ; le général Canrobert tenait le pavois tout prêt pour le hisser, lorsque les orléanistes apprirent de la bouche même du nouveau Monck qu'il fallait avant tout comprimer l'émeute qui n'existait pas et sauver la société. Cela fait, le général Canrobert sommerait le dictateur de céder sa place à l'héritier légitime du trône, et, s'il refusait, il lui enverrait sa démission. En attendant, il déclara qu'il obéirait aux ordres signés du ministre de la guerre. Le colonel Edgard Ney les lui remit. Sa brigade et la brigade d'infanterie du général Reybell reçurent l'ordre de faire feu sur les promeneurs du boulevard et de joncher le sol de cadavres. Les généraux Canrobert et Reybell avaient mérité que Morny dît en parlant de leur conduite, dans cette journée : « Ils ont gagné la partie. » Le peuple se réfugie dans les rues adjacentes, en criant : « Sauve qui peut ! » Les boutiques se ferment ; tout à coup une fusillade des mieux nourries et dirigée sur les rangs serrés de la foule éclate du boulevard Poissonnière à la Chaussée-d'Antin. La régularité et la vivacité du feu auraient pu faire croire à des salves pour célébrer la prise de quelque barricade, si l'explosion sèche et stridente de la cartouche n'eût révélé la présence de la balle. Un capitaine de l'armée anglaise [1], se trouvant avec sa femme sur le balcon d'une maison garnie, tâche de découvrir l'ennemi contre lequel un feu si vif était dirigé ; un conscrit l'ajuste ; il entraîne sa femme, qui se jette sur le parquet. Il était temps : vingt balles percent les volets, s'aplatissent sur le balcon et brisent le miroir et la pendule placés au-dessus de la cheminée.

Les trottoirs sont jonchés de morts et de mourants : hommes, vieillards, jeunes filles, mères tenant leurs enfants à la main, tombent foudroyés ; les soldats tirent jusque dans les soupiraux des caves. Le bazar Montmartre est troué d'obus et de boulets ; Canrobert, mettant fin à ses hésitations, avait eu recours à l'artillerie contre les inoffensives barricades du boulevard Poissonnière ; encore un coup de canon, et l'hôtel Sallandrouze va s'effondrer et écraser les maisons voisines [2]. Le restaurant de la Maison d'Or, le café Tortoni sont pris d'assaut par les soldats, qui font sauter le goulot des bouteilles de liqueur et de vin de Champagne [3].

La Bourse était ouverte ce jour-là, comme de coutume. Les boursiers,

---

1. Le capitaine Jesse, qui, dans sa lettre publiée dans le *Times* le 6 décembre 1851, et reproduite dans l'*Annual Register* de la même année, a fourni à l'Europe les premiers renseignements sur les évènements du 4 décembre.
2. On fut obligé d'étançonner au moyen de puissants madriers cet hôtel, qui trois mois après laissait encore voir les trous et les lézardes dont il était criblé.
3. Cette espèce de mise à sac du boulevard dura pendant près de vingt minutes et fut suivie de cruautés atroces. Un libraire, à côté de la maison Sallandrouze, fermait sa devanture ; des fuyards cherchent un asile dans sa boutique ; les soldats s'y ruent, préten-

en se retirant à l'heure habituelle (environ trois heures), se précipitent vers le passage de l'Opéra, lorsqu'au débouché de la rue Vivienne et du boulevard ils aperçoivent des soldats qui les couchent en joue ; ceux qui n'ont pas le temps ou la présence d'esprit de se jeter à plat ventre ou de se dissimuler dans l'embrasure des portes sont atteints par les balles. Un de ces marchands de coco qui ont presque entièrement disparu de Paris depuis cette époque, brave homme bien connu de tous les ouvriers typographes du quartier Montmartre, faisait entendre le tintement habituel de son gobelet ; les soldats prennent le pauvre homme pour cible : il tombe sous une vingtaine de coups de feu.

L'ivresse seule peut expliquer de tels accès de sauvagerie, l'argent y est bien aussi pour quelque chose [1]. Aussi le bruit courut-il, dans la soirée même, que M. Louis Bonaparte avait fait enlever 20 millions à la Banque de France pour les distribuer aux chefs de l'armée et aux soldats.

Les troupes de la rive gauche avaient reçu la même consigne que celles de la rive droite. La fusillade commença sur les quais en même temps que sur les boulevards, et elle se répercuta dans tous les quartiers occupés ; à deux heures et demie, les soldats adossés contre les maisons de la place du Panthéon tiraient encore à droite et à gauche sur les passants inoffensifs.

Le coup d'État, nous l'avons dit, avait besoin d'en finir. Le vaste assassinat qui venait de se commettre était un dénouement.

A défaut de l'insurrection qu'il espérait, il en inventa une, et, transformant des promeneurs et des curieux de tout âge et de tout sexe en combattants, il joncha les rues de leurs cadavres. La fusillade du boulevard voulait dire : J'ai la force, et je suis décidé à l'employer contre tous ceux qui soutiendront que la société ne vient pas d'être sauvée par

---

dant qu'on a tiré sur eux. L'honnête libraire essaye de défendre ses hôtes inconnus ; les soldats l'arrachent à sa femme et à sa fille et le tuent sur le seuil de sa demeure. Un libraire voisin subit le même sort.

La boutique du marchand de vin à côté du bazar de l'Industrie renfermait une cinquantaine de fuyards, parmi lesquels des femmes et des enfants ; trois blessés étaient étendus sur le sol : l'un d'eux râlait.

1. « Lorsque le prince se décida, le 1er décembre au soir, à sauver la société par une mesure décisive, il lui restait de toute sa fortune personnelle, de tout son patrimoine, une somme de 50 000 francs. Il savait qu'en certaines circonstances mémorables les troupes avaient faibli devant l'émeute, faute de vivres, et plus affamées que vaincues. Il prit donc jusqu'au dernier écu tout ce qui lui restait, et il chargea M. le colonel Fleury d'aller de brigade en brigade, et homme par homme, de distribuer cette dernière obole aux soldats vainqueurs de la démagogie. » (Granier de Cassagnac, *Histoire de la chute de Louis-Philippe.*)

moi. Le moment est venu de le croire ou de faire semblant de le croire. Silence et obéissance. La France, la baïonnette sur la poitrine, se tut et obéit [1].

[1]. La journée s'était passée sans inquiétude à l'Élysée, où le nombre des visiteurs augmentait à chaque instant. Aux Invalides, les rapports des aides de camp de Jérôme constataient le succès du coup d'État. Le prince Napoléon se trouvait à l'hôtel, ainsi que le prince de Canino. On prétend que ces deux derniers songèrent à former un triumvirat dans lequel ils auraient admis le vice-président de la République, Boulay (de la Meurthe). Jérôme, moins chimérique, envoya vers la fin de la soirée son premier aide de camp à l'Élysée, pour prendre des nouvelles de son neveu et lui remettre cette lettre :

« Mon cher neveu, le sang français coule ! arrêtez-le par un appel sérieux au peuple ! vos sentiments sont mal compris. La seconde proclamation où vous parlez du plébiscite est mal reçue par le peuple, qui n'y voit pas le rétablissement de son droit de suffrage. La liberté est sans garantie, si une assemblée ne concoure pas à la constitution de la république.

« L'armée a le dessus ; c'est le moment de compléter une victoire matérielle par une victoire morale. Ce que le pouvoir ne peut faire quand il est battu, il doit souvent le faire quand il est le plus fort.

« Après avoir frappé les anciens partis, relevez le peuple ; proclamez que le suffrage universel, sincère, sans entraves, agissant avec la liberté la plus grande, nommera une assemblée constituante pour sauver le président et établir la république.

« C'est au nom de la mémoire de mon frère, partageant son horreur pour la guerre civile, que je vous écris ! Croyez-en ma vieille expérience ; pensez que la France, l'Europe et la postérité vous jugeront.

« Votre dévoué et affectionné oncle,
« JÉROME-NAPOLÉON BONAPARTE.

« Paris, le 4 décembre 1851, à dix heures du soir. »

Cette proposition n'avait aucune chance d'être adoptée. Jérôme le savait bien ; peut-être voulait-il se réserver un moyen de prouver plus tard que dans ce moment de crise il avait songé à sauver le régime parlementaire et la République.

CHAPITRE XIX

LA NUIT DU 4 AU 5 DÉCEMBRE

Terreur générale de la population parisienne. — M. Lirieux est livré aux gendarmes, qui s'apprêtent à le fusiller. — Il est sauvé par un hasard heureux. — Exécutions nocturnes. — Cruels traitements infligés aux prétendus insurgés. — Arrestations au Divan de la rue Lepelletier. — Le mouchard Delahode désigne les journalistes qu'il faut arrêter. — Festins nocturnes des soldats sur les boulevards. — Exécutions secrètes.

La nuit vient vite en décembre. Au moment où elle descendait, Gaston Dussoubs, neveu du représentant de ce nom, tombait frappé de vingt balles sur une barricade de la rue Montorgueil, du haut de laquelle il haranguait les soldats. Pendant ce temps-là, les habitants du boulevard et des rues adjacentes profitaient de l'obscurité pour ouvrir timidement les portes de leurs maisons et de leurs boutiques et ramasser les blessés que personne n'avait osé secourir jusqu'alors. Les scènes terribles de l'après-midi, commençaient à produire sur l'imagination ébranlée de quelques-uns de ceux qui en avaient été les témoins une impression de terreur, voisine de l'hallucination ; ils finissaient non seulement par croire à la réalité d'une insurrection attestée par une si sanglante répression, mais encore par voir surgir à chaque pas des insurgés devant eux. Un écrivain fort connu à cette époque [1] rentrait chez lui entre six et sept heures du soir, boulevard Montmartre, 19. Un des locataires était mort frappé par une balle dans son lit, où il était malade; les projectiles avaient brisé des fenêtres, criblé les murs et les toitures,

---

1. Feu Auguste Lirieux.

faussé les barreaux du balcon au cinquième étage et troué la corniche : les habitants de la maison se trouvaient encore sous le coup de l'épouvante. Un d'eux, fou de peur, en voyant l'écrivain dont nous parlons, ouvre la porte, court aux chasseurs de Vincennes qui défilaient encore sur le boulevard, rentre avec quatre ou cinq d'entre eux et leur désigne son locataire en criant : « Prenez-le! prenez-le!... » Celui-ci, sans autre explication, est empoigné et mis au milieu des rangs.

S'expliquer? impossible! les soldats sont ivres... quelques-uns tiennent encore à la main des bouteilles de vin de Champagne qu'ils boivent à la *régalade*... Ils n'ont pas le vin méchant : « Deux heures plus tôt, dit un caporal au prisonnier, nous vous aurions fusillé sur place. Marchez... si vous bougez, gare les baïonnettes. » Un officier demande d'un air indifférent : « Qu'est-ce? » On lui répond : « Un homme qui a tiré sur la troupe. — Bon, marchez!... »

Le prisonnier suit les soldats, dont l'ivresse augmente à chaque instant. Qui sait si tout à l'heure il ne leur prendra pas fantaisie de tourner leurs carabines sur sa poitrine? Inutile de songer à se faire entendre des chasseurs avinés : Marche! c'est leur réponse. Le prisonnier marche, en effet, songeant à sa famille, à ses amis, car un miracle seul peut le soustraire à son sort : c'est l'agonie au pas accéléré.

Le détachement qui l'entraîne est parvenu à l'hôtel du ministère des affaires étrangères, situé alors sur le boulevard des Capucines; le commandant dit à un caporal, en montrant Lirieux : « Donnez-le aux gendarmes du poste, ils en feront leur affaire. » Trois hommes conduisent le prisonnier au poste des affaires étrangères, l'y laissent avec un petit papier, un chiffon sale, sur lequel il est écrit : « Arrêté pour avoir tiré. » Tiré, avec quoi? sur qui? où? Le brigadier, commandant du poste, un gendarme alsacien, sans s'embarrasser des réclamations du prisonnier, se contente de dire à ses gendarmes : « Allumez le falot! »

L'un d'eux prend la lanterne, les autres s'approchent du râtelier d'armes; le brigadier ouvre une petite porte qui donne sur la cour de l'hôtel. Le prisonnier proteste de toutes ses forces contre l'assassinat dont il est menacé. Ses cris sont heureusement entendus par un homme de lettres, secrétaire de M. Turgot, ministre des affaires étrangères, installé depuis le matin seulement, il accourt au poste, reconnaît son confrère, et court chercher les ordres nécessaires à sa délivrance; malheureusement le brigadier, voulant se débarrasser de la responsabilité, donne l'ordre à trois de ses hommes de conduire le prisonnier à la caserne de

Fig. 86. — 4 décembre 1851 (page 356).

gendarmerie du Luxembourg : « Tirez dessus s'il crie, ou s'il veut s'échapper. — Bon, bon! » répondent les gendarmes.

Il n'y avait qu'à marcher sans rien dire; d'ailleurs pas une âme dans les rues. Le prisonnier, arrivé à la caserne, est déposé entre les mains d'un maréchal des logis, qui en donne reçu ainsi que du petit papier remis par le détachement de chasseurs.

Le maréchal des logis lit le papier : « Arrêté pour avoir tiré, » et le communique à ses camarades, qui chuchotent entre eux; le prisonnier recommence ses explications, que personne n'écoute. Cette fois, il se croit perdu, lorsqu'un chef de bataillon de la gendarmerie mobile entre dans le poste. Il trouve enfin un homme en état de l'écouter : il lui raconte sa journée; il lui indique des témoins. Le secrétaire de M. Turgot survient, porteur d'un ordre pour remettre son confrère partout en liberté où on le trouvera, *s'il est encore en vie*[1].

Un tel épisode suffit à donner une idée des dangers que l'on courait en ce moment dans Paris, livré à la soldatesque, à laquelle ses chefs donnaient l'exemple de la cruauté. Le général Herbillon faisait donner le fouet aux prisonniers, âgés de moins de vingt ans, qu'on lui amenait comme insurgés. Les simples officiers rendaient la justice : des soldats découvrent un enfant caché dans le caisson d'un omnibus qui a servi à la construction d'une barricade à la pointe Saint-Eustache; un capitaine condamne cet enfant à passer la nuit dans une morgue improvisée où trois cadavres sont enfermés. D'autres prisonniers durent se mettre à genoux et demander pardon à des cadavres qu'ils étaient censés avoir tués [2].

Les perquisitions et les arrestations redoublèrent. Des fouilles pratiquées chez tous les marchands de vin amenèrent la capture de quelques centaines d'ouvriers. Ils avaient les mains noires par suite de leurs travaux. Les soldats déclarèrent qu'elles étaient noires de poudre, et ces malheureux furent fusillés.

La police faisait la chasse aux journalistes républicains. Le Divan, situé à l'entrée de la rue Lepelletier, à côté des bureaux du *National*, servait de lieu de réunion à un certain nombre de gens de lettres et de journalistes. La révolution de Février les dispersa; plusieurs d'entre

1. M. Lirieux n'en fut pas quitte pour cela; arrêté un mois plus tard, jeté en prison, condamné sans être entendu, par un conseil de guerre, à la déportation, il ne fut remis en liberté, que grâce aux démarches d'amis puissants, et de la société des gens de lettres. (Le capitaine Mauduit, *Révolution militaire du 2 décembre*.)
2. Le capitaine Mauduit, *Révolution militaire du 2 décembre 1851*.

eux, cependant, fidèles à ce lieu de rendez-vous, s'y trouvaient le 4 décembre dans la soirée, remplis d'anxiété et d'impatience de connaître le sort de leurs amis et les résultats de la journée. La porte du Divan s'ouvre tout à coup; deux hommes y pénètrent, suivis par une escouade de chasseurs de Vincennes, la baïonnette en avant. Le premier ouvre son habit et laisse voir une écharpe de commissaire de police; le second n'a aucun insigne, mais on le reconnaît bien vite quoiqu'il cherche à cacher ses traits : c'est Delahode, le célèbre mouchard du dernier préfet de police de Louis-Philippe [1]. Delahode avait servi comme caporal; mis en prison par son colonel comme auteur de chansons patriotiques, plusieurs journalistes s'étaient intéressés en sa faveur; il put, grâce à eux, insérer quelques chansons et quelques articles dans les journaux de l'opposition radicale. Il connaissait la plupart des écrivains du parti démocratique; M. de Maupas lui confia le soin de les désigner au commissaire de police, qui parcourait les salles du Divan, sa feuille à la main, pendant que Delahode lui indiquait du doigt ceux qui s'y trouvaient portés, et qui, conduits dans le petit jardin du Divan, gardé par une compagnie de chasseurs de Vincennes, formèrent un convoi conduit au fort d'Ivry par les chasseurs de Vincennes. L'escorte suivit les boulevards; les soldats faisaient ripaille. Les tables étaient dressées depuis la Chaussée-d'Antin jusqu'à la Bastille : les habitants, convaincus par la fusillade de l'après-midi, n'hésitaient plus à se déclarer bien et dûment sauvés de l'anarchie; ils témoignaient leur reconnaissance à leurs sauveurs par l'envoi de provisions de bouche, de vins et de liqueurs. La flamme des punchs se mêlait aux feux des bivouacs.

La nuit du 4 au 5 décembre a enseveli dans ses ténèbres bien des crimes et bien des faiblesses. Le devoir de l'historien n'est pas de les signaler minutieusement; il sait ce qu'on doit d'indulgence à la nature humaine dans ces crises qui la soumettent à de si rudes épreuves. La peur est une maladie qui jette l'homme dans une fièvre d'égoïsme

1. Delahode, qui s'était introduit dans les sociétés secrètes, fut nommé secrétaire de la préfecture de police après la révolution de 1848; profitant de la confusion du moment et de la position qu'il occupait, il cherchait à s'introduire sous divers prétextes dans la salle de la préfecture de police où sont enfermés les dossiers; ces tentatives réitérées excitèrent la méfiance; Caussidière fit ouvrir le dossier de Delahode en sa présence et en présence de plusieurs personnes convoquées exprès; il était plein des preuves de son infamie. Un pistolet chargé fut mis entre les mains du traître; il le repoussa et partit. Il vécut de quelques pamphlets misérables contre les républicains, jusqu'au moment où la police bonapartiste l'employa.

capable de faire commettre les plus grandes lâchetés à ceux-là même qui sont hommes de dévouement par état. C'est ainsi qu'on vit, dans cette nuit terrible, des prêtres refuser à des malheureux traqués par la police l'asile qu'ils leur demandaient [1]. Que de méprises terribles, que d'agonies! « Allumez le fallot ! » A l'oreille de combien de victimes innocentes ces mots n'ont-ils pas dû retentir pendant cette nuit? Des exécutions en masses ont eu lieu dans les prisons, à la préfecture de police et au Champ de Mars? On n'en saura jamais le chiffre. Le *Moniteur* du 30 août 1852 accuse un chiffre de 380 personnes tuées. Le relevé des morts enterrés dans les divers cimetières de Paris dans la journée du 5 pourrait seul nous apprendre si ce chiffre est exact. Le conservateur du cimetière Montmartre a raconté qu'il avait reçu le 5 décembre plus de 350 cadavres avec ordre de les enterrer immédiatement, sans même les laisser reconnaître; mais, par intérêt pour les familles, il n'hésita point à enfreindre cet ordre. Les vêtements, soigneusement explorés, afin de mettre de côté les objets qui pourraient servir à les désigner, ne contenaient ni bourse, ni montre, ni bijou; toutes les poches avaient été retournées par les soldats. Un peu de terre et de paille recouvrit les corps ; les parents écartaient cette paille pour voir leurs traits : tous furent reconnus.

Le général Magnan parle dans son rapport d'une centaine d'individus fusillés par les soldats. Est-ce le chiffre exact? C'est le secret des généraux qui ont inscrit sur leurs états de service : *Campagne de Paris.*

---

[1]. « Sortant par une porte au moment où les agents entraient par l'autre, je courus à l'étage supérieur, et j'entrai dans une pièce que je trouvais ouverte. C'était le salon du Père Ventura, le célèbre prédicateur. Je lui demandai un asile pour quelques instants. Le Père Ventura, pâle et tremblant, me déclara nettement qu'il fallait vider les lieux, si je ne voulais pas qu'il appelât la police à son aide. » (*Les proscrits français en Belgique*, par Amédée Saint-Ferréol, représentant du peuple à l'Assemblée législative.)

CHAPITRE XX

L'INSURRECTION DANS LES DÉPARTEMENTS

Sociétés secrètes dans les départements. — Marseille ne se soulève pas à la nouvelle du coup d'Etat. — Prises d'armes dans le département du Var. — Exécutions sommaires. — Martin Bidouré est fusillé deux fois. — Exécutions à Lorgues. — Le département des Basses-Alpes. — Soulèvements dans l'arrondissement d'Apt, département de Vaucluse. — Le canton de Crest. — Résistance dans le département de l'Hérault. — Affaire de Bédarieux. — Résistance de Marmande. — La résistance dans l'Est et dans le Centre. — Le département de la Nièvre. — Clamecy.

La France ne mérite pas en 1851 le reproche qu'on lui adresse souvent de recevoir tout faits les gouvernements que Paris lui envoie. Les départements tentèrent de repousser celui du coup d'Etat ; c'est dans le Midi que ces tentatives furent les plus sérieuses, car la haine du bonapartisme y datait de loin, et l'exaltation des esprits y était plus grande. Les affiliés aux sociétés secrètes y étaient malheureusement très nombreux, car ces sociétés, formées dans une intention menaçante et mystérieuse qui ne devait être dévoilée qu'en 1852, effrayèrent la bourgeoisie, donnèrent aux insurrections un caractère autre que celui d'une pure résistance à la violation de la loi, et empêchèrent bien des gens de s'y mêler.

Tous les regards dans le Midi, au moment du coup d'Etat, se portèrent sur Marseille. Cette ville, munie de ressources considérables et point stratégique important, pouvait servir de lieu de ralliement aux insurgés du Var, des Basses-Alpes, de Vaucluse, du Gard et de la Drôme. Marseille protesta contre le coup d'Etat par les cris de : Vive la République! A bas Soulouque! mais ne prit pas les armes. L'autorité militaire put diriger des forces contre les défenseurs de la Constitution soulevés dans les départements voisins de celui des Bouches-du-Rhône, qui fut à peine troublé.

Les sociétés secrètes comptaient des membres aussi nombreux dans le département du Var que dans celui des Bouches-du-Rhône. Toulon en était plein ; mais, contenus par les forces qui occupent notre grand port militaire, ils étaient réduits à l'impuissance. Il n'en fut pas de même dans le reste du département, quoique des navires de l'Etat, en surveillant ses côtes, eussent bientôt fait rentrer sous l'autorité du préfet plusieurs communes du littoral déjà soulevées, entre autres celle d'Hyères. Le soulèvement gagnait cependant du terrain dans l'intérieur des terres. Cuers, Le Luc, Lagarde-Freynet, Vidauban, centres agricoles et industriels, grâce à la fabrication des bouchons de liège, qui occupe un grand nombre d'ouvriers, se prononcèrent en faveur de la Constitution et entraînèrent les villages. La gendarmerie est partout désarmée; une commission insurrectionnelle se forme à Vidauban, et fait arrêter un certain nombre de particuliers connus par leur adhésion au coup d'Etat ainsi que par leurs opinions légitimistes.

Les républicains de Brignolles, chef-lieu de l'arrondissement, attendaient des renseignements avant de se joindre à leurs compatriotes déjà en campagne, lorsque le rédacteur en chef du journal le *Peuple* de Marseille, Camille Duteil, décida le mouvement de résistance et se mit à sa tête. Le chef-lieu du département, Draguignan, et Grasse, chef-lieu de l'arrondissement de ce nom, ne bougeaient pas. Deux colonnes, parties l'une de Vidauban, l'autre de Saint-Tropez, marchèrent sur Draguignan. Cette dernière avait pour chef un chirurgien de la marine de l'Etat et un citoyen du pays accompagné de sa femme costumée en déesse de la Liberté. Les forces dirigées sur Draguignan pouvaient se composer environ de trois ou quatre mille hommes mal armés et sans organisation. Camille Duteil en prit le commandement supérieur. La colonne, en traversant la ville de Lorgues, où les légitimistes sont en majorité, désarme la garde nationale, se livre à quelques réquisitions de pain et de vin, et ajoute un certain nombre de prisonniers à ceux qu'elle traîne déjà à sa suite. Ni désordre ni pillage d'ailleurs ; respect strict à la propriété. C'est ainsi que la colonne arrive à Salernes, où elle est accueillie avec enthousiasme.

Le département du Var, pendant ce temps-là, était mis en état de siège. Le colonel de Sercey y arrivait de Marseille et entrait tout de suite en campagne avec de la cavalerie, de l'infanterie et des canons. La petite armée anti-dictatoriale, mal commandée et déjà démoralisée à demi par les récits des journaux confirmant la nouvelle du succès du coup d'Etat, se laissa surprendre à Aups par la colonne bonapartiste, qui lui tua cinquante hommes, lui en blessa cent et lui fit quatre-vingts prisonniers. Le reste se dispersa ou chercha un refuge dans les Basses-Alpes.

La troupe, évidemment surexcitée par des moyens factices, montra dans le Var, comme à Paris et ailleurs, une barbarie qui ne pouvait pas être réellement au fond de son cœur. Confondant les prisonniers que la colonne de Duteil traînait à sa suite, avec l'ennemi, elle les cribla de balles, malgré leurs signes et leurs protestations. Il y eut un tué et plusieurs blessés. Les exécutions des républicains vinrent ensuite. Un paysan de Barjols, Martin Bidouré, avait été pris et trouvé porteur d'une dépêche de Duteil. L'ordre du ministre de la guerre était formel : « fusiller tout individu pris les armes à la main. » Bidouré fut donc exécuté et laissé pour mort sur la place. Ses blessures n'étaient pas mortelles ; il se traîne chez un fermier, qui le recueille d'abord, mais qui bientôt, prenant peur, le dénonce au maire. Celui-ci s'empresse, informe M. Pastoureau, préfet du Var, que le fusillé Bidouré est vivant. Pastoureau fait conduire ce malheureux, dont la mort pour ainsi dire n'avait pas voulu, à l'hôpital d'Aups ; on lui donne des soins ; huit jours après, le dimanche 14 décembre, il peut se tenir pendant quelques minutes sur ses jambes. Qu'il marche donc au lieu du supplice! Pastoureau l'ordonne ; Bidouré appela un prêtre et mourut bravement.

La colonne de Duteil emmena, comme on l'a vu, un certain nombre de prisonniers traités avec une certaine douceur et dont la vie en tout cas ne fut jamais en danger. Les citoyens du Var prisonniers de la troupe subirent des traitements plus cruels. Deux d'entre eux, désignés pour servir d'exemple, avaient été déposés à la mairie de Salernes ; extraits de leur prison et conduits par les gendarmes derrière une petite chapelle, ils y apprirent qu'ils devaient s'apprêter à mourir. Un prêtre était là. L'officier commandant le détachement, obéissant à un sentiment difficile à expliquer, chargea un seul gendarme de procéder à l'exécution. Celui-ci connaissait un des prisonniers. « Je suis soldat, lui dit-il, j'obéis, pardonnez-moi. — Je ne t'en veux pas, répondit le patient ; mais que je ne souffre pas longtemps! » Ils s'embrassèrent. Le canon du pistolet posé sur l'oreille du prisonnier partit, et l'homme tomba. Nouveau coup de

Fig. 87. — A Salernes (Var), un gendarme reçoit l'ordre de procéder à l'exécution de deux prisonniers. On leur attache les mains derrière le dos et il décharge à bout portant son pistolet contre la tête de chacun d'eux (page 368).

pistolet : l'autre prisonnier tomba à son tour ; mais, par un hasard étrange, les deux victimes laissées pour mortes survécurent à leurs blessures, comme Bidouré ; le préfet Pastoureau ne s'en douta pas.

Quatre prisonniers furent moins heureux à Lorgues. Un gendarme réclama le privilège de les exécuter lui-même. Il crut reconnaître en eux les gens qui l'avaient blessé pendant l'insurrection. Le 10 décembre, on peut dire que toute résistance était éteinte dans le Var.

Le mouvement fut plus long dans les Basses-Alpes; toutes les classes de la société y prirent part. Un curé sonna lui-même le tocsin dans sa paroisse. Les adversaires du coup d'Etat marchèrent directement sur Digne, chef-lieu du département, abandonné par les autorités supérieures. Huit à neuf mille paysans l'occupèrent sans commettre d'autres excès que d'abolir l'impôt sur le sel et de brûler les registres des droits réunis. Un comité central de résistance s'était constitué. Un bataillon et quarante gendarmes laissés à Digne avaient en quelque sorte capitulé. La résistance s'étendait et se fortifiait; mais le coup d'Etat avait réussi. Une forte colonne s'avançait de Marseille sur le département des Basses-Alpes. Le comité central résolut de l'attendre aux Mées, bonne position entre la Durance et les collines. Les combattants des Basses-Alpes la défendirent d'abord avec succès contre les troupes bonapartistes ; mais la prolongation de la lutte devenait impossible, en présence des renforts qui arrivaient sans cesse aux défenseurs du coup d'Etat. Il fallut se disperser, malheureusement, en laissant des prisonniers aux mains du vainqueur. Cinq de ces malheureux furent fusillés en route, et bientôt l'état de siège, la mise sous séquestre des biens des fugitifs qui ne se rendraient pas dans le délai de dix jours, l'occupation, en attendant, de leurs maisons par des garnisaires nourris à leurs frais, la transportation, l'exil, jetèrent la terreur dans tout le département.

Le département de Vaucluse ne pouvait rester indifférent, en présence de la violation du pacte constitutionnel par le président de la République. L'arrondissement d'Apt, limitrophe aux Basses-Alpes, donna le signal de la protestation armée.

Une petite bande venue de Forcalquier entra dans Apt, souleva les villages voisins et marcha sur Avignon ; il fallait, pour atteindre cette ville, traverser le département dans toute sa longueur. Les républicains se mirent en marche, et, grossis par les hommes de Luberon [1], ils forcèrent

---

1. Petite chaîne de montagnes parallèle à la Durance.

une colonne de troupes à se replier, entrèrent dans Lisle et désarmèrent la garde nationale; mais les nouvelles arrivaient de plus en plus mauvaises de Marseille et de Paris; la colonne d'Apt quitta Lisle; les troupes bonapartistes y rentrèrent et, n'y trouvant personne, marchèrent sur Cavaillon. Trois Vauclusiens, faits prisonniers en route, furent fusillés.

La durée du mouvement dépendait de l'attitude d'Avignon; mais cette ville, fortement occupée par une garnison, était à même de recevoir des renforts de tous les côtés et se trouvait dans l'impossibilité de prendre part au mouvement; aucune résistance sérieuse n'était donc possible dans le reste du département.

La levée en masse du Midi aurait pu compromettre le succès du coup d'Etat; mais, pour la déterminer, il était indispensable d'interrompre toutes les communications entre Paris et Marseille; il fallait, pour cela, déployer plus de résolution et d'intelligence que le parti républicain n'en montra dès le commencement de la lutte.

Le département de la Drôme, mis en état de siège après le complot de Lyon [1], comptait trente mille affiliés aux sociétés secrètes, divisés en sections. Ce fractionnement, utile pour échapper aux recherches de la police, devient un danger lorsqu'il s'agit d'engager une action. L'unité d'action est la grande loi de la guerre; l'énergie la plus soutenue était nécessaire pour l'établir entre tant de petits centres et coordonner leurs efforts vers un but commun. Loin qu'il en fût ainsi, une divergence d'opinion éclata, dès l'origine, entre les chefs de section et le chef suprême. Les chefs de section parlaient d'enlever la préfecture et le télégraphe; le chef suprême ne voulait agir que sous l'impulsion de Paris et de Lyon. Mais l'autorité, restée maîtresse des routes de Valence et de Montélimart, trouvait dans les dépêches, qu'elle recevait et qu'elle transmettait à chaque instant, des encouragements et un surcroît de force morale. Les cantons ruraux de la Drôme étaient cependant sur le point de se lever; la dépêche annonçant la répression des troubles à Paris leur fit donner un contre-ordre qui ne parvint pas dans le canton de Crest ni dans celui de Saillans.

La petite ville de Crest, point stratégique important parce qu'il était le lieu de jonction forcée de toutes les forces marchant sur le chef-lieu, était occupée. Une bande de trois cents paysans forma le projet de l'enlever par les hauteurs. Repoussée avec perte, elle fit néanmoins bonne conte-

1. Où Gent fut condamné.

nance et campa sur le plateau. On crut en avoir facilement raison le lendemain ; mais la *Marseillaise*, retentissant sur l'autre rive de la Drôme, annonça l'arrivée du contingent des deux plus fortes communes du canton de Crest (Sud). Si cette nouvelle troupe montrait autant de bravoure que les combattants de la veille, Crest courait risque d'être emporté. L'hiver avait supprimé heureusement les gués de la rivière, et le pont, défendu par une forte barricade, présentait un obstacle sérieux. Le contingent traînait avec lui des ôtages, parmi lesquels des prêtres. Après avoir conçu l'ignoble pensée de les placer à leur tête et de marcher ainsi sur la barricade du pont, ils ne surent pas même l'exécuter. Exposés pêle-mêle avec les ôtages, ils se débandèrent au premier feu de file. Ce fut le seul acte qui démentit le caractère de courage et de modération dont les citoyens de la Drôme firent constamment preuve pendant la lutte.

Les occupants du plateau en furent chassés, mais ils purent regagner les montagnes. Crest continuait cependant à être menacé. Les habitants des cantons de Bordeaux et de Dieu-le-Fit, au delà de la Drôme, venaient de se lever en masse. Ils n'étaient plus, le 7 décembre, à deux heures de l'après-midi, qu'à quelques kilomètres de Crest. Ce n'était pas une armée, mais une réunion de communes, leur maire en tête, venant fraterniser avec le reste du département et bientôt avec le reste de la France ; croyant trouver les portes de Crest ouvertes, ils avançaient sans ordre et sans cohésion ; c'est à peine si, parvenus au bas de la côte, ils essayèrent de s'organiser un peu. « Voilà l'artillerie ; vous êtes perdus ! » leur cria pendant qu'ils se massaient une voix du haut de la colline. « Vive l'artillerie ! vivent nos frères ! vive la République ! » répondent-ils à ce signal d'alarme. Ils continuent leur marche. Un coup de canon les arrête court, mais ce n'est pas pour longtemps ; la première surprise passée, ils courent sur les canonniers, qui, pour ne pas être enveloppés, se retirent sur une redoute construite à l'entrée du pont. L'affaire s'engageait d'une façon sérieuse. Un ouvrier de Crest, traversant la Drôme au péril de sa vie, vient avertir les paysans de l'état de la ville, du département et de la France ; ils se précipitent sur la barricade, où la mitraille les enlève par pelotons et les fait reculer. Vainement leurs chefs essayèrent-ils de les lancer une seconde fois sur la barricade. Ils continuèrent néanmoins le combat sur d'autres points ; mais, vers le soir, ils renoncèrent à la lutte. Il était temps ; la troupe n'avait plus de munitions.

Les communes de la Drôme situées sur les bords du Rhône se lèvent pendant ce temps-là et marchent sur Loriol, dont elles s'emparent. Des escarmouches ont lieu dans les environs de Montélimart, où les troupes bonapartistes n'ont pas l'avantage ; mais la défaite des républicains au pont de Crest et l'arrivée d'un nouveau régiment à Valence permettent de livrer le département aux colonnes mobiles et d'assurer le triomphe du coup d'Etat.

L'Ardèche était, comme la Drôme, en état de siège, lorsque le Président commit son attentat contre la Constitution. L'arrondissement de Privas y répondit par un soulèvement : le chef-lieu fut un moment menacé, Largentière également ; mais les républicains ne tardèrent pas à être repoussés. Quelques chefs essayèrent de prolonger la lutte ; mais, le 10, il n'y avait plus d'illusion à se faire sur le succès, et toute résistance cessa dans l'Ardèche.

Le département des Pyrénées-Orientales ne s'arma point contre le coup d'Etat. Le conseil municipal d'Estagel seul se hâta de protester contre cet acte. Les habitants chantèrent la *Marseillaise* dans les rues. Le préfet Pongeard-Dulimberg se porta aussitôt avec plusieurs escadrons sur Estagel à la tête de hussards et de quatre compagnies de la ligne. Des arrestations ayant eu lieu, les prisonniers, liés sur la charrette, suivaient la route de Perpignan, lorsque des cris hostiles retentirent ; un coup de feu partit sans qu'on ait jamais su d'où il partait ; la troupe riposte, deux individus sont tués, d'autres blessés, et la colonne, au lieu de continuer sa marche, rentre en ville avec les prisonniers, comme si elle craignait d'être attaquée. Pongeard-Dulimberg fait fermer toutes les fenêtres, avec menace de fusiller quiconque paraîtrait, armé ou non. Cette échauffourée passa pour une insurrection, et Pongeard-Dulimberg reçut une épée d'honneur qui lui fut décernée par souscription, au nom des partisans du coup d'Etat. Pongeard-Dulimberg, pour justifier ce don, crut devoir se livrer à une répression des plus cruelles.

Le département de l'Aube montra, sur quelques points, une certaine agitation ; mais il n'y eut aucune prise d'armes. Le département de l'Hérault se montra moins calme. C'était un de ceux où les sociétés secrètes avaient étendu le plus loin leurs ramifications. Une garnison nombreuse, l'arrestation des chefs de la bourgeoisie républicaine tinrent en respect Montpellier, ville assurément fort peu bonapartiste [1], comme presque toutes celles du département ; mais, les mêmes précautions n'ayant pu

---

1. Le vote du 20 décembre y donna un résultat négatif.

être prises à Béziers, la dépêche annonçant la dissolution de l'Assemblée suffit pour y décider la prise d'armes. Aucune des autorités, sous-préfet, maire, commissaire de police, chef de la garnison, composée d'un bataillon d'infanterie, d'un escadron de hussards et de deux pièces de canon, n'en fut prévenue, et le 3, au point du jour, plus de trois mille hommes de la ville et des environs étaient réunis au vieux cimetière. On nomme des délégués chargés de déposer le sous-préfet ; quant à préparer un plan de défense, personne n'y songe. A quoi bon d'ailleurs? Tous les braves gens là présents sont sûrs d'avance que la troupe fera cause commune avec eux. Le sous-préfet refuse cependant de remettre ses pouvoirs, et, pendant que les délégués vont faire part de ce refus aux citoyens rassemblés au cimetière vieux, cent hommes, commandés par un capitaine, arrivent sur la place de la sous-préfecture ; aussitôt les républicains de crier : Vive la ligne ! Vivent nos frères ! Vive la République ! Les soldats répondront-ils à cet appel et se rangeront-ils du côté du peuple? Ce dernier, qui paraît n'en pas douter, est bientôt détrompé par une décharge qui couche près de soixante-dix hommes sur le sol. La foule prend la fuite. Les plus intrépides se rallient, reviennent à la charge et engagent une vive fusillade avec la troupe. D'autres essayent de construire des barricades; mais, pris en flanc par la cavalerie, ils sont obligés de se disperser.

Un triste événement contribue à mettre un terme à la lutte plus promptement qu'on ne s'y serait attendu. Les gendarmes avaient fait feu sur un avocat républicain qui allait chercher son fils au collège et sur son beau-frère, sans aucune raison, si ce n'est celle de frapper des bourgeois, des propriétaires. L'horreur de ce crime éteignit l'ardeur des combattants dans Béziers, mais non dans les environs, où il n'était point inconnu. Pezenas, Capestang[1] se lèvent. Dans cette ville, des coups de fusil sont échangés entre le peuple et la gendarmerie. Le brigadier et un gendarme sont blessés. Les républicains restent pendant six jours maîtres de la ville, sans qu'aucun désordre tant soit peu grave y soit commis. Capestang fut repris le 10, à la faveur d'un épais brouillard. La troupe tua un homme et en blessa deux autres qui fuyaient.

La lutte fut plus longue et plus vive à Bédarieux, ville manufacturière de dix mille habitants, où la force publique n'était représentée, le 2 décembre, que par six gendarmes, commandés par un maréchal des logis.

1. Un barbier de cette ville avait fait graver en légende autour de son plat à barbe : Citoyens, préparez-vous pour 1852.

Les ateliers se fermèrent à Bédarieux, et les ouvriers ne prirent les armes que le 4 décembre, sur un signal parti de Béziers. Le maire, sommé de donner sa démission, répond qu'il ne cédera qu'à la force. La mairie va être envahie, les gendarmes qui en défendent l'entrée arment leurs carabines. Les envahisseurs courent chercher des armes. Le maire, satisfait de cette démonstration, donne l'ordre aux gendarmes de rentrer dans leur caserne, ce qu'ils font tout de suite. Le peuple revient pendant ce temps-là, et, comme il n'y a d'autre force armée à Bédarieux que les gendarmes, il prend possession de la mairie. Tout cela s'était passé sans coup férir, et rien ne faisait prévoir un conflit entre les gendarmes et la population, lorsqu'un de ces militaires, sorti de la caserne pour exécuter un ordre du maréchal des logis, remonte en criant qu'un insurgé l'a couché en joue. Le maréchal des logis, pris tout à coup d'une colère fébrile, descend avec le gendarme sur la route ; un jeune homme y passait en ce moment : le gendarme décharge sur lui son pistolet ; le maréchal des logis en fait autant sur un individu qui se présente : on a prétendu qu'il portait un fusil. Qu'importe, puisqu'il ne menaçait personne ?

Le bruit de ces meurtres se répand. Cinq ou six cents personnes accourent à la caserne de gendarmerie et essayent d'en enfoncer la porte ; une fusillade s'engage entre les gendarmes et les assaillants ; c'est un véritable assaut. La porte résiste ; on y met le feu. L'incendie gagne ; les munitions des gendarmes s'épuisent ; ils offrent de se rendre, mais la foule ne veut faire grâce qu'à leurs femmes et à leurs enfants ; un citoyen courageux qui se jette entre les soldats et le peuple tombe frappé d'une balle au cœur. Les gendarmes parviennent cependant à se dérober au milieu de la fumée et à se réfugier chez de braves artisans, où malheureusement ils sont bientôt découverts et ramenés à la caserne ; ils se trouvent cette fois en présence d'ennemis personnels, braconniers récidivistes, anciens conscrits réfractaires, parents de gens tués ou blessés. Qu'attendre de ces furieux ? Les gendarmes périrent presque tous dans cette funeste nuit. Il n'y eut pas d'autre sang versé jusqu'au 10, date de l'entrée du général Rostolan à Bédarieux. La moitié des ouvriers s'était réfugiée dans les Cévennes. Il y eut plus de trois mille arrestations dans le département.

Le département du Gard eut aussi ses troubles. Quelques communes de la Vaunage et de la Gardonenque marchèrent sur Nîmes dans la nuit du 4 ; mais la ville était bien gardée, et la tentative échoua ; il en fut de même d'une autre tentative sur Uzès ; l'arrondissement d'Alais fut le théâtre

Fig. 88. — A Bédarieux, les gendarmes tirent sur les passants inoffensifs ; bientôt quelques centaines de personnes se précipitent devant la gendarmerie, veulent en faire l'assaut et, ne pouvant y parvenir, mettent le feu au bâtiment (page 376).

d'un mouvement plus considérable, mais non moins facilement réprimé.

La vaste région du sud-ouest comprise entre l'Auvergne, les Cévennes, les Pyrénées, l'Océan et la Charente, a pour capitales Toulouse et Bordeaux. Une insurrection victorieuse dans ces deux villes aurait pu avoir des conséquences très graves. Toulouse renfermait une garnison considérable en cavalerie et deux régiments d'infanterie. Bordeaux au contraire comptait à peine quinze ou dix-huit cents hommes dans ses murs. Le parti républicain à Toulouse signa une protestation contre le coup d'Etat. Il y eut des cris sur la place du Capitole; mais on était en présence de forces trop considérables pour résister sérieusement. Des rassemblements nombreux et bruyants se formèrent à Bordeaux; mais la garnison suffit à les maintenir. Les départements du Sud-Ouest, privés de l'appui de ces deux villes, ne bougèrent pas; une certaine agitation se montre dans la Dordogne, surtout à Bergerac, et dans les Pyrénées-Orientales; le conseil municipal de Bayonne tenta un semblant de résistance : il y eut un peu de bruit devant la préfecture à Pau; les Landes, les Hautes-Pyrénées, l'Ariège, le Tarn, le Tarn-et-Garonne [1], le Lot furent aisément contenus par les troupes.

Le mouvement le plus sérieux de cette région fut celui qui éclata dans le Lot-et-Garonne. Une colonne considérable, formée à Nérac, se dirigea sur Agen, défendue par un bataillon de la ligne, par la garde nationale et par deux canons braqués sur le pont de la Garonne. La colonne de Nérac comptait qu'à sa vue, Agen se soulèverait; il n'en fut rien. Villeneuve-sur-Lot, par contre, se prononça contre le coup d'État à l'approche des paysans, et resta pendant près de cinq jours au pouvoir d'une commission révolutionnaire qui ne sut pas agir.

Marmande fut le théâtre d'un véritable soulèvement : le conseil municipal de cette ville, à la réception des premières dépêches de Paris, déclara, vu l'article 68 de la Constitution, le Président de la République déchu de ses fonctions et lui refusa l'obéissance. Le maire et le sous-préfet destitués sont remplacés par un comité de trois membres. Le triumvirat nomme commandant en chef des gardes nationales de l'arrondissement, un ancien militaire, d'opinion républicaine très modérée, qui se livre à de grands préparatifs belliqueux dans Marmande, tandis qu'il n'y a de sérieux

---

1. M. Pardeilhan-Mézin, préfet de ce département, offrit l'unique exemple d'un préfet refusant d'adhérer au coup d'Etat. « Un grand événement vous est annoncé. Les circons- « tances vous demandent plus que jamais l'ordre et la paix. Cependant la conscience a « des appréciations souveraines et des lois inflexibles. J'ai demandé un successeur... » Voilà dans quels termes M. Pardeilhan-Mézin fit part de sa démission à ses administrés.

comme opération militaire à tenter qu'une marche sur Bordeaux ou sur Agen. Le nouveau général en chef ne paraît pas même y songer ; non content de ne pas bouger, il congédie les paysans venus de tous les points de l'arrondissement. Bordeaux peut donc détacher de sa garnison un bataillon d'infanterie, un escadron de cavalerie, deux canons et les diriger sur Marmande. Cacher cette nouvelle au peuple, voilà dès lors la préoccupation unique du chef de l'insurrection, mais de tels secrets sont difficiles à garder. La marche des troupes sur Marmande, tout de suite connue, amène une explosion de colère ; le peuple accourt à la sous-préfecture, où sont installés les triumvirs de Marmande, et les somme de le conduire au combat ; vainement veulent-ils faire comprendre l'inutilité de la résistance, on les force à marcher le pistolet sur la poitrine. Une colonne de huit cents hommes prend la route de Bordeaux en chantant la *Marseillaise ;* un hasard fâcheux la met en présence du sous-préfet, qui ramène huit ou dix brigades de gendarmerie de La Réole. Une collision s'engage ; sept à huit gendarmes sont blessés ; l'infanterie, annoncée de Bordeaux, arrive une heure après et se porte sur la ville, qu'elle croit disposée à une longue résistance et qu'elle trouve abandonnée ; la colonne, qui s'est battue un moment avec les gendarmes, s'est dispersée après cette rencontre. Le coup d'État restait maître du champ de bataille. Des colonnes mobiles parcoururent le pays et le fouillèrent dans tous les sens. Le décret déclarant que les individus qui donneraient asile aux fugitifs seraient considérés comme leurs complices et traités comme tels, fut exécuté partout avec la plus impitoyable rigueur.

Le département du Gers, à part le chef-lieu de préfecture, Auch, qui compte une douzaine de mille âmes, ne comprend que des centres de population fort peu considérables. Le parti républicain dominait dans le Gers, quoique scindé en deux fractions, l'une comprenant la bourgeoisie et ayant pour organe le *Démocrate*, l'autre soumise à l'influence d'un journal intitulé *l'Ami du peuple* et représentant les masses. Les autorités firent afficher, le 3, la dépêche télégraphique, qui fut très mal accueillie. Le journal réactionnaire lui-même, l'*Opinion* accueillit froidement la nouvelle du coup d'État. L'autorité ne disposait que de quatre escadrons de hussards, ressource bien faible, dans une ville bâtie sur une hauteur, n'ayant que des rues étroites, tortueuses, à pente très rapide.

Le lendemain 4, pendant que les républicains modérés signaient une protestation dans les bureaux du *Démocrate*, les républicains de l'autre nuance rédigeaient un appel à l'insurrection dans les bureaux de l'*Ami du peuple*. L'agitation grandissait sur la place de l'hôtel-de-ville, devenue le quartier général de l'autorité. La population, plus bruyante que résolue, semblait peu disposée à pousser les choses à l'extrême, lorsqu'on apprit que les paysans insurgés étaient aux portes de la ville au nombre de plusieurs milliers. Le colonel des hussards prend les mesures nécessaires ; rien n'indiquait une collision imminente ou prochaine, car on parlementait ; une espèce d'armistice fut conclu jusqu'au lendemain ; malheureusement l'inobservation probablement involontaire de quelques conditions de la suspension d'armes amena une charge des hussards qui força les paysans à se rejeter sur les talus de la route, d'où ils ouvrirent une fusillade meurtrière sur les hussards ; ceux-ci laissèrent vingt-quatre morts sur le champ de bataille, dont ils demeurèrent cependant maîtres. La colonne républicaine n'essaya plus de résister après ce combat, et ceux qui en faisaient partie se dispersèrent.

Lectoure, Mirande furent dans la journée du 4 le théâtre d'événements analogues à ceux que nous venons de raconter. Mirande resta pendant trois jours au pouvoir des insurgés, sans que le moindre excès fut commis contre les personnes et contre les propriétés ; le sous-préfet seul fut obligé de se cacher. L'arrivée de renforts à l'autorité militaire, les nouvelles de Paris et d'Auch découragèrent la résistance au coup d'État. Le département, mis en état de siège, subit tous les excès de ce régime sans faiblir ; pas un des fugitifs ne fut livré, « malgré l'intimidation que la force armée exerce sur les populations, » dit un journal de l'ordre [1], qui voit dans ce fait un « fond de perversité chez les habitants des campagnes ».

Nous allons voir bientôt ce département, où l'on ne comptait pas peut-être mille bonapartistes avant le coup d'État et qui s'était insurgé presque tout entier contre cet acte, le sanctionner par plus de soixante mille suffrages, singulier abandon de soi-même, triste palinodie devant le succès, dont nous verrons bientôt que le département du Gers ne donna pas seul l'exemple.

Le département de l'Aveyron n'accepta pas non plus sans protestation le coup d'État. Des tentatives de soulèvement eurent lieu à Rhodez ; à Saint-Affrique et à Milhau, des comités de résistance se formèrent, mais ils furent bientôt réduits à l'impuissance.

---

1. *Mémorial des Pyrénées* du 21 décembre 1851.

Telle est en résumé l'histoire de la résistance au coup d'État dans le Midi et dans le Sud-Ouest ; il reste maintenant à la suivre dans l'Est et dans le Centre.

Les contrées dont nous venons de parler sont celles où les passions politiques empruntent au climat une vivacité particulière. Jusqu'ici cependant, rien ne justifie les accusations que le parti bonapartiste a fait peser sur la conduite du parti de la loi. Nulle part on ne trouve les traces de cette fameuse Jacquerie, sur le compte de laquelle les journaux de Louis Bonaparte mettaient tous les matins des excès nouveaux. Si quelques actes condamnables se produisent, ils restent isolés, et bien loin de promener dans les départements le meurtre, le viol, l'incendie et le pillage, pour employer le langage de la presse bonapartiste, les chefs de la résistance au coup d'État s'efforcent de maintenir partout l'ordre et la tranquillité. Voyons si la lutte changera de caractère dans l'Est et dans le Centre.

La résistance fut vite comprimée à Lille, à Cambrai, à Reims, à Strasbourg, à Dijon, à Châtillon-sur-Seine, à Clermont-Ferrand, à Limoges, grâce à l'emprisonnement des chefs et à la présence des troupes. Le département de la Creuse ne bougea pas ; dans celui du Cher, placé sous le régime de l'état de siège, la ville de Saint-Amand seule fut le théâtre d'une courte lutte, dans laquelle un commissaire de police fit feu sur plusieurs citoyens et les tua.

Le coup d'État ne rencontra pas d'obstacle dans les départements de l'Ouest, où le parti républicain était en minorité, excepté dans les villes, comme Nantes, Angers, etc. La Suze, petite ville manufacturière du département de la Sarthe, protesta seule contre l'attentat du 2 décembre. La Suze, barricadée, resta pendant trois jours au pouvoir de la population, qui, après avoir respecté scrupuleusement les personnes et les propriétés, ouvrit sans combat ses portes aux troupes.

Le département du Loiret et son chef-lieu Orléans furent témoins d'événements plus graves. Deux représentants du peuple, l'ancien préfet du Loiret, un journaliste, un avocat, suivis d'un rassemblement considérable, ayant pénétré dans la mairie d'Orléans, le général commandant la subdivision disperse le rassemblement, s'empare de l'hôtel-de-ville, met la main sur les chefs du mouvement et les fait emprisonner. La lutte fut plus vive le 6 à Montargis ; toutes les brigades de gendarmerie de l'arrondissement ont été concentrées dans cette ville ; les nouvelles de Paris conseillent en outre d'abandonner un projet de manifestation formé la veille. Il s'agit de se rendre devant un hôtel où les gendarmes sont logés pour protester en faveur de la Constitution. Le rassemblement, sommé de s'arrêter, répond par des cris confus à cette sommation ; un gendarme couche en joue le citoyen désarmé qui marche en tête des habitants ; celui-ci saisit la baïonnette pour écarter le coup ; le gendarme tire, et la balle va frapper le porte-drapeau. Une lutte s'engage entre le peuple et les gendarmes, qui restent vainqueurs, en laissant un des leurs sur le champ de bataille, précisément celui qui a fait feu le premier.

Un autre combat entre le peuple et les gendarmes eut lieu dans le même département, le 7, à Bonny-sur-Loire, gros bourg près de Gien. Un gendarme fut tué par accident, un autre désarmé. Les habitants de Bonny, après avoir en vain essayé de soulever Gien et Briare, se rendirent aux troupes envoyées contre eux.

La résistance aurait été très vive dans le département de l'Allier, si l'autorité n'avait pris la précaution de faire arrêter les chefs du parti républicain. Quelques tentatives isolées eurent lieu cependant, notamment au Donjon, chef-lieu de canton de l'arrondissement de La Palisse. Les deux partis y étaient très animés l'un contre l'autre. Mais les républicains, montrant plus d'audace et de décision que leurs ennemis, ne se contentent pas de s'emparer des représentants de l'autorité : ils marchent à deux heures du matin sur La Palisse, chef-lieu de l'arrondissement. Le sous-préfet, qui s'est mis en campagne à la tête d'une soixantaine de gardes nationaux, rencontre les Donjonnais, qui s'élancent sur sa troupe, celle-ci lâche pied immédiatement ; le sous-préfet, obligé d'en faire autant, est poursuivi jusque dans La Palisse et pris dans son hôtel ; il s'échappe et court à Moulins chercher du secours. La population de La Palisse revient pendant ce temps-là de la surprise où l'a plongée l'irruption de ses voisins. Le lieutenant de gendarmerie, ses gendarmes et quelques gardes nationaux ralliés par lui, marchent sur les Donjonnais qui, du haut du perron et de l'église accueillent l'ennemi par une fusillade terrible. Le lieutenant est blessé ; deux gendarmes sont tués ; deux autres gendarmes et trois gardes nationaux reçoivent des blessures graves ; mais les renforts de Moulins arrivent ; les braves Donjonnais, obligés de rentrer chez eux, essayent vainement de soulever les environs. Il faut céder ; le Donjon est occupé le 5 par une colonne mobile, et le général commandant l'état de siège dans l'Allier prend tout simplement un arrêté pour mettre sous le séquestre les biens de vingt individus désignés par lui comme les « chefs des pillards du Donjon et des assassins de La Palisse ». Cet arrêté est le premier de ce genre rendu en France depuis 1815 [1].

Le département de Saône-et-Loire n'avait envoyé que des socialistes à l'Assemblée législative. Une levée en masse de la population eût coupé les communications entre Lyon et Paris ; mais, si quelque agitation se produisit à Châlon-sur-Saône, à Chagny et à Tournus, elle se calma bientôt. Une bande de cinq à six cents hommes marcha cependant sur Mâcon et fut dispersée par la gendarmerie, après avoir eu quelques hommes tués ou blessés. La population de Mâcon resta tranquille.

Le département du Jura fut troublé sur un seul point, à Poligny, chef-lieu d'arrondissement, où tout se borna néanmoins à la nomination d'un maire et d'un sous-préfet provisoires. Poligny se rendit le 5 à une assez faible colonne de troupes. La frontière suisse étant voisine, les chefs des républicains la franchirent aisément. Les journaux réactionnaires, furieux probablement de cette fuite, remplirent leurs colonnes du récit des excès de toutes sortes commis par les républicains, surtout au presbytère. Une lettre du curé de Poligny dément ces accusations [2].

Dans le département de l'Ain, tout se borna à quelques mouvements sans importance et à une tentative d'entrée de réfugiés politiques sur le territoire français ; mais le département de la Nièvre va nous arrêter plus longtemps. C'est la contrée où la lutte contre le coup d'Etat a été la plus sanglante et la plus perfidement travestie par les feuilles bonapartistes.

Les sociétés secrètes n'étaient nulle part plus nombreuses que dans le département de la Nièvre et nulle part elles n'avaient exercé une influence plus fâcheuse sur l'esprit de la bourgeoisie. La frayeur qu'elle en éprouvait allait jusqu'à une espèce de démoralisation. L'état de siège auquel ce département était soumis, ne la rassurait que fort peu. Des arrestations opérées à Nevers et à Cosne avaient rétabli dans ces deux arrondissements une tranquillité relative, tout à fait inconnue dans celui de Clamecy. Rien de plus injuste et en même temps de plus imprudent que l'accusation perpétuellement dirigée par les conservateurs contre les républicains de vouloir le désordre et le pillage. Des misérables retiennent cette accusation, qu'ils croient vraie, et ne se joignent aux républicains que pour la justifier. La bourgeoisie de Clamecy, en parlant des

---

1. *La Province en décembre* 1851, par Eugène Ténot.
2. *Union franc-comtoise* du 11 décembre 1851.

Fig. 89. — A Saint-Amand (Cher), la lutte fut de courte durée, les soldats en nombre dispersèrent tous les attroupements; un commissaire de police fit feu lui-même sur plusieurs citoyens qu'il tua sur le coup (page 382).

démocrates, n'avait pas d'autres épithètes à la bouche que celles de pillards et de voleurs; ceux-ci, de leur côté, traitaient non moins prudemment les bourgeois d'avares et d'égoïstes. L'exaspération était donc à son comble entre les deux partis, lorsque le coup d'État vint à éclater, à la grande satisfaction d'une partie de la population de Clamecy et à la grande colère de l'autre.

Le parti démocratique, bien que la ville fût en proie à une agitation sourde, ne bougea pas jusqu'au jeudi soir 4 décembre. Les autorités, comprenant ce que cache ce calme, cherchent à organiser la défense. Le sous-préfet, le procureur de la République et quelques autres fonctionnaires s'installent à la caserne de gendarmerie, pendant que le maire, suivi d'un certain nombre de citoyens de bonne volonté auxquels on distribue des armes et des munitions, s'établit à l'hôtel-de-ville. Des secours sont en même temps demandés au préfet de la Nièvre, qui part pour Clamecy avec une petite colonne de troupes.

La protestation armée du parti démocratique ne fut décidée que le vendredi. Pendant que les contingents des campagnes prennent le chemin de Clamecy, la population du faubourg de Bethléem, sur la rive droite de l'Yonne, se forme en colonne sur le pont et marche sur la mairie. Le maire s'avance vers les insurgés, qui réclament la mise en liberté des républicains emprisonnés la veille. La prison est voisine; la foule en force les portes et délivre les prisonniers; une patrouille de gendarmes, conduite par le maréchal des logis, se présente; les fusils partent des deux côtés; un républicain est tué, cinq sont blessés; deux gendarmes succombent, deux autres sont blessés. Les volontaires du parti de l'ordre, qui occupaient la mairie, s'enfuient; l'un d'eux, un instituteur, est mortellement atteint. La mairie est prise par les républicains.

Le lendemain samedi matin, le préfet, avec sa petite colonne, était à Premery où le maire de Clamecy vint le rejoindre. Soixante kilomètres les séparaient encore de cette dernière ville, où la veille, à la tombée de la nuit, s'étaient passés deux événements qui avaient jeté la consternation et le deuil dans toutes les âmes : un des citoyens les plus honorables de Clamecy [1], républicain de vieille date, était mort assassiné, et une tentative de meurtre avait eu lieu sur un jeune homme appartenant à

---

1. M. Mulou, avocat républicain, ancien commissaire du gouvernement provisoire. Un individu, se détachant d'un groupe, lui enfonce à la faveur de l'obscurité une bisaiguë de menuisier derrière le crâne. Le menuisier n'a jamais été découvert. On raconte cependant à Clamecy qu'un transporté d'Afrique aurait avoué à son lit de mort qu'il avait frappé M. Mulou, parce qu'il portait une redingote.

l'opinion républicaine modérée ¹. Ces victimes d'une lâcheté féroce ne furent malheureusement pas les seules. Le tocsin, dans la nuit du 5 au 6, réveilla les habitants des villages voisins de Clamecy. Ceux de Pousseaux prirent les armes ; mais, avant de partir, ils voulurent désarmer plusieurs propriétaires ; l'un d'eux, vieillard de soixante-seize ans ², refusa de rendre ses armes et soutint avec son fils un siège dans sa maison contre ses compatriotes. Une balle le frappa mortellement ³. Une scène non moins terrible se passait presque en même temps à Clamecy même, au faubourg de Bethléem, où un prêtre ⁴ n'échappa que par miracle à la rage de quelques misérables qui voulaient le forcer de se joindre à eux.

Le sous-préfet et le procureur de la République avaient quitté la ville le samedi matin, ne laissant dans la caserne de gendarmerie que dix gendarmes avec un lieutenant ; un maire, nommé par l'insurrection, avait bien vite renoncé à ses fonctions. Clamecy était livré aux bandes, qui fouillaient les maisons pour y trouver des armes ; des symptômes de découragement apparaissaient chez les chefs. Le courrier de Paris, intercepté par eux, leur avait fait connaître le succès complet du coup d'État. Quelques-uns parlent de cesser une résistance inutile. L'opinion contraire l'emporte. La foule se précipite vers la caserne de gendarmerie. Le lieutenant, voyant son impuissance, consent à se rendre à des conditions honorables. Les chefs s'efforcent en vain de les lui faire accorder. Des cris de mort leur répondent. Le lieutenant cède aux conseils de ceux qui l'engagent à faire démonter les carabines. Cela ne suffit pas aux furieux, qui cherchent à pénétrer dans la caserne, où il ne reste plus que le lieutenant et un vieux gendarme ; les autres sont parvenus à se réfugier dans une maison voisine. Un conscrit de l'année, condamné à un mois de prison pour voies de fait commises sur ce gendarme dans l'exercice de ses fonctions, couche en joue le vieux soldat, qui veut écarter le fusil. Des forcenés l'entraînent sur le perron et le massacrent ⁵.

Ce crime acheva de jeter le découragement dans l'âme des chefs du

1. M. Poulin. Un mauvais sujet de vingt ans lui demande l'heure, et, pendant qu'il tire sa montre, l'assassin lui tire un coup de pistolet à bout portant. M. Poulain survécut à sa blessure.
2. M. Bonneau.
3. Un des voisins de M. Bonneau, condamné à mort comme coupable d'avoir tiré le coup de fusil, fut exécuté à Clamecy.
4. M. Vernet, curé d'Arthal.
5. Les meurtriers, dénoncés par la clameur publique, furent traduits devant le conseil de guerre. L'un d'eux, condamné à mort, subit sa peine à Clamecy, en même temps que l'assassin de Bonneau.

mouvement. L'un d'eux propose néanmoins de se porter sur Auxerre avec les quatre mille hommes qui sont à Clamecy et de soulever le département de l'Yonne. En attendant, il fallait nourrir ces bandes. Le comité révolutionnaire se fit remettre 5000 francs par le receveur des finances. Cependant les nouvelles de Paris s'étaient peu à peu répandues parmi les paysans, qui découragés, à leur tour, commencèrent à rentrer chez eux. Le mouvement était bien près de sa fin, lorsque le dimanche à midi le préfet, avec sa colonne, arriva devant Clamecy, à la grande surprise des insurgés, qui, songeant encore à résister, se mettent à construire des barricades, pendant que cinq citoyens vont parlementer avec le préfet. Les parlementaires, enveloppés sans le savoir par les tirailleurs de la colonne, tombent fusillés au premier pas qu'ils font pour se rapprocher des deux cents hommes qui la composent. Ces soldats quittent la route et occupent les sommets de la hauteur, sur les côtés de laquelle Clamecy est bâti. Ils s'y retranchent en attendant des renforts. Clamecy est-il en mesure de résister aux forces qui s'avancent de tous les côtés ? Il n'est que trop certain que cela est impossible ; il ne reste plus aux occupants de la ville qu'à se rendre. La reddition est donc résolue ; il ne s'agit plus que de savoir quelles conditions on obtiendra du vainqueur. Le préfet reçoit cette fois autrement qu'à coups de fusil les délégués qu'on lui envoie ; il se contente de les faire jeter en prison ; il exigeait que la ville se rendît à discrétion. Il fallait se soumettre ; les paysans partent la nuit et se réfugient dans les bois ; 4760 francs, restant des 5,000 pris dans sa caisse, sont restitués au receveur [1]. Les troupes n'ont plus qu'à entrer dans la ville, qu'elles occupent le lundi 8. M. Carlier, conseiller d'Etat, ancien préfet de police, arrive le même jour à Clamecy, chargé d'une mission extraordinaire de la part de Louis-Napoléon ; son premier acte est l'envoi aux maires d'une circulaire qui se terminait ainsi : « Vous ferez immédiatement connaître que toute « personne qui donnerait sciemment asile à un insurgé serait réputée « comme complice et traitée comme tel. » Sinistre disposition, bientôt copiée par tous les proconsuls de Bonaparte.

L'arrondissement de Cosne eut aussi ses troubles ; le bourg de Neuvy-sur-Loire en donna le signal : le maire et le percepteur de la commune furent maltraités. Des misérables se saisirent du curé, et, au moment où il allait s'arracher à leurs mains, un cabaretier lui déchargea son pistolet

---

1. Les 240 francs manquant avaient servis à payer le pain fourni par les boulangers.

à bout portant sur la poitrine. Les troupes accoururent, Neuvy essaya vainement de se défendre; la troupe s'empara du village et fusilla trois habitants qui avaient fait feu sur elle. Le cabaretier qui avait tiré sur le curé, fut dénoncé et immédiatement passé par les armes.

Ce court récit de tant de tentatives de résistance sur tant de points du territoire prouve combien ceux qui s'y sont associés ont été calomniés par les défenseurs du coup d'État; à peine si, parmi ces milliers d'hommes armés, mis en mouvement par une cause politique, on peut signaler çà et là quelques individus cédant à leurs instincts criminels et pervers; encore convient-il d'ajouter que ces misérables obéissent à une espèce de fanatisme plutôt qu'à la cupidité. Ce grand mouvement en faveur du respect de la loi méritait de réussir, et il eût réussi peut-être sans les divisions du parti républicain, sans la fausse politique de la fraction de ce parti qui se prétend la plus avancée et qui, au lieu de chercher à rassurer la bourgeoisie sur ses intentions, s'efforçait de justifier ses craintes. Les menaces du parti ultra-démocratique ne s'adressaient pas en effet seulement au bonapartisme. La bourgeoisie était prévenue d'avoir à considérer la date de 1852 comme une sorte d'échéance fatale où devait lui être présentée la note de ses vieilles dettes et des sacrifices nouveaux que le peuple exigeait d'elle. Les sociétés secrètes, de leur côté, diminuaient l'importance morale du mouvement, en lui donnant le caractère d'une conspiration, et il est étrange de voir cette conspiration recruter son armée parmi ces paysans, qui ne tarderont pas à donner une si éclatante adhésion au coup d'État qu'ils ont combattu et qui les traque avec la plus impitoyable rigueur. Quelles cordes les sociétés secrètes ont-elles essayé de faire vibrer en eux, par quelles promesses les ont-elles séduits, à quel côté de leurs instincts se sont-elles adressées pour se faire écouter d'eux? Cela est difficile à dire; mais il est évident que le bon sens étroit et égoïste des paysans devait bientôt triompher des passions ou des appétits excités en eux. Les populations des villes, bien plus ouvertes que les populations des campagnes aux idées et aux sentiments politiques, sont aussi bien plus propres à improviser, à diriger, à faire durer une insurrection. L'attitude prise par le peuple à Paris et dans toutes les grandes villes en face du coup d'État ne laissait aucun doute sur sa volonté de ne pas prendre part à la querelle entre l'Assemblée et le Président de la République, et révélait d'avance le sort réservé à la revendication armée par tant de départements des droits de la Constitution.

CHAPITRE XXI

LA PROSCRIPTION

Décret du 5 décembre 1851. — Proclamation du 8 décembre. — Contradiction qu'elle contient. — Formation des commissions militaires. — Mise en état de siège de trente-deux départements. — Arrestations et expulsions. — Les prisonniers entassés dans les casemates. — Ils sont assimilés aux voleurs. — Procédure prévôtale. — Les trois catégories. — L'arbitraire confond tous les pouvoirs. — Les grandes routes se couvrent de chaînes. — Mauvais traitements infligés aux prisonniers. — Décret du 7 janvier 1852. — Les représentants déportés, ou expulsés, ou éloignés momentanément. — Départ du premier convoi le 9 janvier. — Les détenus à bord du *Canada*. — Leurs souffrances. — Horribles maladies à bord. — Situation du parti républicain. — Arrestations sous les plus futiles prétextes. — Les commissions mixtes. — Interdiction des associations. — Situation des proscrits en Belgique. — Les proscrits en Suisse. — Les proscrits en Italie. — Les proscrits en Espagne, en Amérique.

Le 5 décembre, Louis Bonaparte, sur un rapport du ministre de la guerre, décrète que, « afin de récompenser les services rendus à l'inté-
« rieur, comme ceux rendus par les armées au dehors, lorsqu'une troupe
« organisée aura contribué par des combats à rétablir l'ordre sur un
« point quelconque du territoire, ce service sera compté comme service
« de campagne. »

Le même jour, le préfet de police Maupas, cherchant un prétexte pour traquer les républicains, déclare, dans une proclamation aux Parisiens, que les ex-représentants, mettant à profit les derniers restes de leur ancien prestige, cherchent à entraîner le peuple à leur suite dans une folle résistance.

Ce jour-là, sur le boulevard Poissonnière, on voyait encore, sur les marches du grand dépôt de tapis d'Aubusson, une mare de sang qu'on eût bien dû faire disparaître en enlevant les vingt-cinq ou trente cadavres qu'on y avait rangés et laissés exposés pendant vingt-quatre heures aux regards d'un public consterné. Des couches de sable jaune s'étendaient de distance en distance dans les rues voisines du boulevard ; le sang avait disparu en se mêlant à la boue. Les charges du 1ᵉʳ régiment de lanciers formaient encore le sujet des entretiens sur les boulevards :

« La population habituelle de ce séjour de la flânerie en conservera longtemps le souvenir et saura que, s'il y a du courage à se battre sur une barricade, *on ne tire pas toujours impunément du fond d'un salon brillant, et même masqué par la poitrine d'une jolie femme, contre une troupe armée uniquement de lances et de pistolets.*

« Plus d'un brave de cette espèce a payé cher ses *injures* et sa *fusillade à la Jarnac...*; plus d'une amazone du boulevard a payé cher également son imprudente complicité à ce *nouveau genre de barricade...* Puissent-elles en profiter pour l'avenir[1] ! »

Louis Bonaparte avait récompensé les braves. Morny se chargea de punir les gens sans cœur. « Dans plusieurs quartiers de Paris, écrit-il au général Lawœstine, plusieurs propriétaires ont eu *l'impudence*[2] de mettre sur leur porte : « Armes données. » On concevrait qu'un garde national écrivît : « Armes arrachées de force, » afin de mettre à couvert sa responsabilité vis-à-vis de l'État et son honneur vis-à-vis de ses concitoyens, mais inscrire sa *honte* sur le front de sa propre maison révolte le caractère français. » Morny, pour éviter cette honte, se serait sans doute fait tuer en 1848, plutôt que de livrer sa panoplie. Le rigide ministre du coup d'État ajouta : « J'ai donné l'ordre au préfet de police
« de faire effacer ces inscriptions, et je vous prie de me désigner les
« légions où ces faits se sont produits, afin que je propose à M. le pré-
« sident de la République de décréter leur dissolution. »

Louis-Napoléon Bonaparte lança le 8 décembre une proclamation au peuple français, dans laquelle il déclare qu'il se conformera toujours à son arrêt, et qu'en attendant il ne reculera devant aucun sacrifice pour déjouer les projets des factieux. Dévouement inutile, puisque, d'après la proclamation, « la capitale a montré partout une attitude calme », puisque, « dans ces quartiers populeux, où naguère l'insurrection se recrutait si vite, l'anarchie, cette fois, n'a pu rencontrer qu'une répugnance pro-

---

1. Le capitaine Mauduit, *Révolution militaire du 2 décembre* 1851.
2. Lettre de M. Morny au commandant en chef de la garde nationale. Paris, 7 décembre.

Fig. 90. — A Clamecy, quelques citoyens vont en parlementaires au-devant des troupes à la tête desquelles se trouvait le Préfet ; ils ne tardent pas à tomber fusillés par les soldats (page 389).

fonde pour ses détestables excitations, » et puisqu'enfin « l'appel à la nation pour terminer la lutte des partis ne faisait courir aucun danger sérieux à la tranquillité publique ».

Un décret de la veille, malgré ces paroles rassurantes, déférait à la juridiction militaire la connaissance de tous les faits se rattachant à ce que le gouvernement appelle l'insurrection du 3 décembre et jours suivants, et le jugement des affaires des individus poursuivis à raison de ces faits ; quatre commissions militaires, composées chacune de trois membres, présidées par un officier supérieur, se livreront aux opérations de l'instruction sous la direction du général Bertrand, qui a déjà présidé aux transportations de juin. Le 8 décembre, un autre décret porte que tout individu qui aura fait partie d'une société secrète ou qui, placé sous la surveillance de la haute police, rompra son ban, pourra être transporté, par mesure de sûreté générale, dans une colonie pénitentiaire, à Cayenne ou en Algérie. Le renvoi sous la surveillance de la haute police donnera dorénavant au gouvernement le droit de déterminer le lieu où le condamné devra résider à l'expiration de sa peine ; le séjour de Paris et de la banlieue est interdit à tous les individus placés sous la surveillance de la police. En cas de contravention, ils pourront être transportés à Cayenne et en Algérie. Ce décret rétroactif menaçait des milliers de Français.

Trente-deux départements sont mis en état de siège ; les arrestations atteignent presque au chiffre de cent mille. Loin de cesser à Paris, elles augmentent chaque jour [1]. Les représentants Chauffour et Kestner sont arrêtés le 7. David, le statuaire, va rejoindre, deux jours après, dans un cabanon de la préfecture, Buchez, l'ex-président de l'Assemblée nationale. Seize personnes, imprimeurs, compositeurs, employés, sont jetées en prison pour avoir appartenu au *National*. M. Hetzel, éditeur, ancien secrétaire du pouvoir exécutif, reçoit « l'ordre de quitter la France, et de n'y plus rentrer ».

La préfecture de police reçut d'abord les prisonniers. Les souffrances de ceux qui y passèrent égalent celles des malheureux détenus plus tard sur les pontons. Le dépôt contint un millier de personnes entassées le jour et la nuit, dans une salle sans air, serrées au point de ne pouvoir ni marcher ni s'asseoir, et obligées de s'engrener pour ainsi dire les unes dans les autres, afin de dormir un moment. Le même encombrement règne dans toutes les prisons de Paris ; un représentant dut s'estimer heu-

---

[1]. Le chiffre des arrestations, à Paris seulement, dépasse 26 000, d'après M. Granier de Cassagnac.

reux d'occuper une cellule de correction à Mazas. Les prévenus de délits passibles de la police correctionnelle et de vagabondage furent mis en liberté pour faire place aux citoyens suspects de haine contre la tyrannie. Les prisonniers de Paris, au bout de deux ou trois jours, étaient transférés, entre minuit et une heure du matin ; les soldats composant l'escorte ont le fusil chargé et l'ordre de fusiller quiconque tenterait de s'échapper. Chaque casemate reçoit un nombre réglementaire, mais souvent dépassé de cinquante prisonniers ; le jour ne pénètre sous ces voûtes humides que par deux meurtrières qu'il faut boucher pour intercepter le vent glacial de décembre ; une couverture, de la paille, quelquefois un matelas, forment le mobilier de chaque prisonnier. Une casemate longue de 20 mètres, large de 6, contient souvent cent personnes. Promenade d'un quart d'heure par jour dans un étroit préau ; défense absolue de sortir sous aucun prétexte, voilà le règlement des casemates. Les détenus se plaignent vainement ; les directeurs de ces geôles leur répondent qu'ils ne sont pas jugés, et que par conséquent, ne sachant point s'ils ont réellement affaire à des détenus politiques, ils les mettent au régime et à l'ordinaire des voleurs [1].

Le pouvoir jusqu'à ce jour a, selon l'expression consacrée, agi *administrativement ;* le moment de procéder *judiciairement* est arrivé. Les juges d'instruction se présentent donc dans les forts et soumettent les détenus à l'interrogatoire suivant : « Vous avez pris part aux événements? — Vous faites partie d'une société secrète? — Comment avez-vous passé votre temps dans les journées des 2, 3 et 4 décembre? » Le prisonnier répond quelques mots, et le juge prononce! Pas de témoins à charge ou à décharge, pas de confrontation. Des détenus en grand nombre ne sont pas interrogés. Les membres des commissions militaires consultent sur chaque personne amenée devant eux les dossiers de la préfecture de police, et l'opinion du juge d'instruction sèchement formulée à la suite du dossier. Le prisonnier, après cet examen, se trouve classé dans l'une de ces trois catégories : 1° individus pris les armes à la main ou contre lesquels il existe des charges graves ; 2° individus contre lesquels il existe des charges moins graves, mais de nature pourtant à motiver un

[1]. Le règlement des prisons renferme des prescriptions qui, appliquées à certains détenus, deviennent des actes de véritable barbarie. M. Deville, docteur en médecine, enfermé dans la prison des conseils de guerre, rue du Cherche-Midi, demande, pour apprendre l'anglais, le *Vicaire de Wakefield*, roman de Goldsmith ; l'aumônier s'oppose à son introduction. Les prisonniers de casemates, soumis à la fois à l'administration militaire et à l'administration civile, relevaient du commandant du fort et d'un directeur : double contrainte.

jugement; 3° individus *dangereux*. Les conseils de guerre, jugeant sommairement, attendent les premiers ; les seconds comparaîtront devant divers tribunaux ; la déportation est réservée aux derniers.

Le chiffre des condamnations s'élève à plus de 10 000. Le Var, sur 2900 accusés, donne 718 condamnés à l'Algérie, les Basses-Alpes 953 sur 1994 plus 41 déportés à Cayenne : les bras dans ces deux départements manquèrent à l'agriculture, la cueillette des olives n'eut pas lieu ; les prisons de la Drôme renfermaient le 14 décembre 500 chefs de famille : « Plus de 500 prévenus actuellement sous la main de la justice rendront bientôt compte de leur conduite et des *détestables projets qu'ils voulaient réaliser* [1]. L'arrondissement de Béziers comptait, à lui seul, 1500 détenus ; le département du Gers, près de 800 ; celui de Lot-et-Garonne, au moins 700 ; celui des Pyrénées-Orientales, 900 ; Vaucluse, le Gard, les Bouches-du-Rhône figurent aussi pour un chiffre considérable sur les tables de proscription, ainsi que les départements de Saône-et-Loire, de l'Allier, de la Garonne, de la Haute-Saône ; le chiffre des détenus dans la Nièvre dépassait 1300. « On peut « calculer, dit le *Journal de la Nièvre* du 24 février 1852, que notre « département fournira à la transportation un millier d'individus au « moins, soit à Cayenne, soit en Afrique. Ce chiffre énorme est destiné « encore à s'accroître par suite des arrestations journalières de la « justice. »

Le dictateur s'est épargné le soin de réunir les éléments d'une statistique susceptible de se transformer plus tard en acte d'accusation contre lui. Le but des vainqueurs du 2 décembre étant simplement d'ailleurs de propager et de surexciter la terreur pour justifier leur victoire, les emprisonnements s'opéraient en masse par les ordres des préfets, des sous-préfets, des maires, des généraux, des chefs de parquets, des agents les plus inférieurs. Tout ce qui portait une épaulette, une écharpe, une carte d'agent de police, se croyait en droit d'ordonner des incarcérations. Nulle différence entre les départements soumis à l'état de siège et les autres départements ; partout l'arbitraire, tempéré uniquement par le caractère et par l'humeur des fonctionnaires. Le commandant militaire dans les Basses-Alpes installa des garnisaires chez les fugitifs et fit placer leurs biens sous le séquestre. Tout individu convaincu d'avoir donné des secours en vivres et en argent à un citoyen qualifié d'insurgé,

---

[1]. Rapport du général Lapène (*Moniteur* du 20 décembre 1851).

et de lui avoir accordé un asile, était considéré par lui comme complice de l'insurrection et traité avec toute la rigueur des lois militaires.

Chaque département fournit à la déportation son contingent, qui varia selon le zèle des préfets, trop bien servi par les jalousies, les rancunes, les haines de petite ville et par les dénonciations arrachées aux paysans effrayés. Des convois de prisonniers sillonnaient toutes les routes, sans compter ceux que les voitures cellulaires dérobaient aux regards. Les républicains, attachés comme des voleurs, traversaient les villes, les villages, les campagnes, suivis de leurs femmes, de leurs filles, de leurs sœurs en pleurs, et défilaient devant leur maison abandonnée; plusieurs furent traînés en prison par une corde à nœud coulant serrée autour du cou; des milliers de paysans, d'ouvriers, d'artisans, passaient de la lumière et de l'air libre aux ténèbres des tours féodales et des entre-ponts des navires de guerre; plus malheureux peut-être encore étaient ceux qui avaient réussi à passer la frontière, le sabotier du Morvan perdu dans les rues de Bruxelles, ou le portefaix du Midi errant dans les brouillards de Londres.

Le château d'If, le fort Saint-Nicolas à Marseille, le château des Papes à Avignon, la vieille tour de Nevers, les casemates de Paris, vieux donjons et citadelles neuves, servaient de prison à des milliers de citoyens. Les prisonniers de Nevers étaient renfermés au nombre de dix ou douze dans une chambre avec un baquet non bouché qu'ils vidaient chacun à leur tour : un quart d'heure de promenade sur le préau, défense d'introduire ni tabac ni cigare dans la prison, obligation de faire maigre le vendredi.

Le sort réservé par le dictateur aux représentants ne fut connu que le 7 janvier 1852. Le *Moniteur* publia, ce jour-là, un décret qui fermait les portes de la patrie aux citoyens « dont la présence en France pourrait empêcher le calme de se rétablir »; un autre décret du lendemain partagea ces hommes en trois catégories. La première comprenait les déportés à la Guyane ou à Alger : Marc Dufraisse, Greppo, Miot, Maltié et Richardet; la seconde, les citoyens expulsés : Édouard Valentin, Paul Racouchot, Agricol Perdiguier, Eugène Cholat, Louis Latrade, Michel Renaud, Joseph Benoît (du Rhône), Joseph Bayard, Jean Colfavru, Joseph Doutre (du Rhône), Pierre-Charles Gambon, Charles Lagrange, Martin Nadaud, Barthélemy Perrier, Victor Hugo, Cassal, Signard, Viguier, Charrassin, Bandsept, Savage, Joly, Cambier, Boisset, Duché, Ennery, Guilgot, Hochstuhl, Michot-Boutet, Baune, Bertholon, Schœlcher, de Flotte, Joigneaux, Laboulaye, Bruys, Esquiros, Madier de

Montjau, Noël Parfait, Emile Pean, Pelletier, Raspail fils, Théodore Bac, Bancel, Belin (de la Drôme), Besse, Bourzat, Brives, Chavoix, Dulac, Dupont (de Boussac), Gaston Dussoubs, Guitter, Lafon, Lamarque, Pierre Lefranc, Jules Leroux, Francisque Maigne, Malardier, Mathieu (de la Drôme), Millotte, Roselli-Mollet, Charras, Saint-Ferréol, Pommier, Testelin (du Nord). La troisième catégorie se composait de MM. Duvergier de Hauranne, Créton, Baze, Thiers, Chambolle, de Rémusat, Jules de Lasteyrie, Emile de Girardin, général Laydet, Pascal Duprat, Quinet, A. Thouret, Victor Chauffour, Versigny, les généraux Lamoricière, Changarnier, Le Flo, Bedeau, Leydet; ils étaient momentanément éloignés comme « s'étant fait remarquer par leur violente hostilité au gouvernement ».

Le premier convoi de transportés partit le 9 janvier même de Bicêtre. Les prisonniers de ce fort entendent les geôliers crier, à neuf heures du soir, dans les couloirs des casemates : « Faites vos paquets, préparez-vous à partir. » Quatre cent vingt détenus se trouvent bientôt réunis dans une seule casemate. L'appel nominal fait à minuit, les prisonniers sortent par couples, les mains attachées par des menottes, et à la fin par des ficelles, les menottes manquant : malheur à ceux qui se permettent de témoigner la moindre indignation d'un pareil traitement; les geôliers serrent plus fort à la plus légère plainte. Cette opération terminée, les soldats chargent leurs armes; les détenus sont prévenus que toute tentative de fuite sera réprimée par des coups de fusil. « Vous voyez, dit le « commandant de l'escorte, que les fusils ne sont pas chargés à blanc. « Tenez-vous donc pour avertis que la moindre velléité d'évasion sera « punie de la façon la plus rigoureuse. »

Les transportés, placés au centre d'une escorte formidable, entrent dans Paris par le pont d'Austerlitz; ils saluent, en passant, du regard, la colonne de la Bastille, et suivent les boulevards. Beaucoup d'entre eux, chaussés de sabots et peu habitués à cette chaussure, ont de la peine à suivre la marche des soldats; ceux qui perdent leurs sabots sont obligés d'achever la route à pieds nus; des vieillards, des malades, des enfants de treize à quatorze ans, chétifs, malingres, fatiguent en vain leurs jambes à emboîter le pas militaire. Le convoi débouche sur la place du Havre à minuit : les infortunés n'en peuvent plus douter, Cayenne les attend [1].

---

1. Les bourgeois de Paris, pendant les nuits de ce mois de janvier consacré aux plaisirs du carnaval, entendirent plus d'une fois le bruit lugubre et confus de ces longs convois passant sous leurs fenêtres. Les journaux officieux avaient, dans un but facile à com-

Le sifflement de la locomotive donne le signal du départ à trois heures du matin. Des wagons dont les quatre coins sont occupés par des gendarmes mobiles reçoivent les condamnés, tourmentés, après une si longue marche, par la faim et surtout par la soif; défense absolue de leur laisser rien prendre sur la route. Les gendarmes, touchés de compassion, approchent cependant un morceau de pain et leur gourde des lèvres des malheureux près de s'évanouir. Le convoi entre en gare du Havre à midi. Les transportés, détenus au nombre de 420, étaient embarqués une demi-heure après à bord de la frégate à vapeur le *Canada*.

Le premier convoi de transportés partit, entassés, 180 dans la batterie, 240 par moitié dans les deux loges du faux pont, et 80 en deux parts dans les deux cabines du gaillard d'avant; défense aux premiers d'ouvrir les sabords, malgré la chaleur étouffante produite par l'agglomération des prisonniers et par la machine installée à côté d'eux. Les seconds, enfermés au nombre de 120 dans un espace de 14 mètres de long sur 4 m. 40 de large et environ 1 m. 80 de haut, recevaient à peine la quantité d'air nécessaire à la respiration; l'air et la lumière n'arrivaient aux troisièmes que par une lucarne d'un pied carré; les prisonniers de la batterie pouvaient du moins guetter la lame et ouvrir les sabords malgré la défense; mais ceux du faux pont restaient privés de cette ressource, sous peine d'être noyés par les vagues qui longeaient la frégate. La manche à vent, énorme sac pareil à celui d'une trémie, mais plus long, fixé au milieu du mât par un triangle de toile et présentant la bouche du tube à l'air qui s'y engouffre, leur faisait parvenir pendant deux heures sur vingt-quatre un peu de fraîcheur. Les émanations d'un grand baquet placé au centre de chaque loge et destiné à l'usage commun, corrompaient le peu d'air respirable qui restait aux déportés; le commandant aurait pu leur éviter cette torture en leur permettant de monter aux quatre poulaines voisines, il s'y refusa.

Journées terribles, nuits plus affreuses encore! le roulis, le mal de mer, l'obscurité, une couverture de cheval pour lit! Encore si chaque prisonnier avait pu s'étendre; mais faute d'espace, la moitié des condamnés restait debout, attendant que l'autre moitié vînt prendre sa place [1];

---

prendre, averti le public à diverses reprises que le gouvernement supprimait les bagnes et qu'il envoyait tous les forçats à Cayenne; les Parisiens répétaient donc, prêtant l'oreille aux pas des transportés : « Ce sont des forçats qui partent! » et ils se remettaient à la danse et au jeu.

1. La difficulté de boire était une des plus grandes souffrances des prisonniers : approchant leurs lèvres brûlantes des caisses à eau attachées aux murailles de la frégate, ils

pour toute nourriture, celle des forçats : débris de biscuits, baquet de bouillon maigre sur lequel nageaient de gros pois secs pleins de charençons, légumes assaisonnés de quelques gouttes d'huile puante et pleine de vers. Chaque déporté reçut d'abord une ration de onze centilitres de vin; M. Ducos, ministre de la marine, interdit cette distribution, sous prétexte que les règlements de la marine française défendaient d'accorder du vin aux prisonniers de guerre, — les républicains du *Canada* étaient considérés comme tels; — impossible de se procurer des provisions pour de l'argent; le commandant, pendant une relâche forcée de quatre jours dans la rade de Cherbourg, ne voulut autoriser aucun achat en ville.

La tempête joignit ses souffrances aux rigueurs de cette discipline de bagne : les transportés du *Canada*, roulant les uns sur les autres, dans un enfer de chaleur et de puanteur, restèrent pendant quatre jours les écoutilles fermées; la frégate arriva enfin en rade de Brest. Le gouvernement avait, dit-on, fait croire au commandant du *Canada* que les hommes qu'il transportait sur son navire étaient des repris de justice. Cette erreur, difficile à comprendre [1], peut seule expliquer cependant sa dureté. Les

tétaient l'eau, car c'est l'expression véritable, par les siphons; les hommes valides parvenaient à calmer un peu leur soif; mais comment mettre fin à la torture endurée par les malheureux que la maladie empêchait de se lever? « Un des prisonniers, après avoir pris de l'eau dans sa bouche, la versait dans un gobelet et l'apportait en rampant à celui de ses compagnons d'infortune dont le mal de mer anéantissait les forces ; quand les gobelets manquaient, il fallait reverser l'eau de sa bouche, comme font les pigeons pour leurs petits, dans la bouche du malade dévoré de soif. » (Récit de M. Cahaigne reproduit dans le livre de M. Victor Schœlcher : *Le gouvernement du 2 décembre*.)

Les prisonniers de la batterie, privés de cette triste ressource, allaient, aux heures des repas, chercher dans les bidons une certaine quantité d'eau potable, bientôt épuisée; impossible de la renouveler la nuit, c'est-à-dire au moment de la plus suffocante température.

1. La marine, ce corps composé d'officiers si distingués, si intelligents, fit preuve parfois dans ces circonstances d'une singulière inintelligence de la situation politique. Qu'on lise plutôt ces curieux fragments de la lettre d'un officier de marine publiée dans l'*Assemblée nationale* du 3 avril 1852.

« ..... Le 11 mars (1852), l'*Asmodée* était à son poste, attendant le triste chargement qu'elle devait si vite jeter de France en Afrique. Bientôt un fort détachement de troupes, infanterie et cavalerie, nous amène 300 de ces malheureux qui ont voulu *mettre à sac la société tout entière*. Il y avait parmi eux des figures sinistres, indiquant de ces natures profondément perverties, capables de tous les crimes. Mais ce qu'il y a de plus triste à dire, c'est que dans les rangs de ces nouveaux *Jacques* se trouvaient aussi des hommes tout jeunes encore et qui occupaient naguère dans le monde un rang honorable... C'était, par exemple, un certain Lafontaine, ex-capitaine de cavalerie, que son âge, que son expérience des hommes et des choses auraient dû préserver de semblables erreurs; puis un M. Pontic, beau jeune homme à l'air distingué, puis un professeur à la figure bonne et intelligente ; puis encore plusieurs propriétaires aisés, riches même, laissant derrière eux, privés de leur appui, des femmes et de nombreux enfants.

« Nous avons gardé ces malheureux à bord dans le port de Port-Vendres, pendant trois longues journées; et, comme notre frégate n'était éloignée du quai que de quelques

matelots de l'équipage cependant ne s'y trompèrent point ; ils se montrèrent humains et compatissants pour les transportés [1].

Le *Duguesclin* attendait dans le port de Brest les transportés du *Canada* pour les conduire à Cayenne : le transbordement de ces infortunés s'opéra le 17 janvier, devant quatre pièces de canon et deux équipages armés jusqu'aux dents ; les transportés descendirent dans la batterie basse fermée de chaque côté par des corps de garde en planches cuirassées de plaques de fer. Les gendarmes, carabine chargée au bras, occupaient ces corps de garde, d'où leur regard pouvait plonger dans la batterie ; quatre caronnades à l'arrière et deux à l'avant, avec les artilleurs aux pièces, menaçaient les transportés toutes les fois qu'ils seraient autorisés à monter sur le pont pour respirer.

Le commandant et le commandant en second du *Duguesclin* ne furent guère plus humains pour les transportés que le commandant du *Canada* : même régime, même traitement. Le directeur de la prison d'Ivry avait fait distribuer aux transportés une cuiller par homme ; heureux ceux qui n'oublièrent pas ce précieux ustensile ; M. Deville, en quittant le *Canada*, laissa la sienne ; ses compagnons se la disputèrent comme un trésor : sur le *Canada*, ils avaient du moins une cuiller par

mètres, tous les abords sont restés couverts de pauvres femmes qui poussaient des cris à fendre les cœurs les plus durs. C'étaient des mères, des sœurs, des épouses désolées qui cherchaient à entrevoir ceux qu'elles aimaient, ceux qu'elles allaient perdre pour toujours peut-être... et puis, quand elles croyaient les avoir aperçus à travers les ouvertures des sabords, c'étaient des sanglots plus douloureux encore, auxquels venaient se joindre les gestes les plus passionnés. »

L'auteur de cette lettre est, d'ailleurs, peu suspect de partialité pour ces malheureux dont le sort émut cependant sa pitié : il semble ignorer que le seul crime de la plupart d'entre eux est d'avoir tenté de défendre les lois, en s'opposant à l'usurpation de M. Louis Bonaparte, et il n'hésite pas à appeler, en style officiel, les 300 infortunés qu'il va conduire en Afrique *une bande de démons*.

1. MM. Michot-Boutet, Alexandre Martin, représentants du peuple pour le département du Loiret, M. Pereira, ancien commissaire de la République et préfet de ce département, le colonel Mouton, vieux soldat de Waterloo, le fabuliste Lachambaudie, le docteur Deville, les journalistes Cahaigne, Xavier Durrieu et Magen.

MM. Pereira, Alexandre Martin, Michot-Boutet avaient tenté d'organiser à Orléans la résistance légale contre la violation de la Constitution. Voilà pourquoi ils étaient sur la route de Cayenne. M. Abbatucci, revêtu du titre de ministre de la justice, avait été l'ami du premier et le collègue des deux autres, il demanda leur grâce sans pouvoir d'abord l'obtenir. Heureusement le *Canada*, chassé par la tempête, fut obligé de se réfugier à Cherbourg. M. Abbatucci put recommencer ses démarches qui, cette fois, furent couronnées de succès. M. Deville père, ancien constituant, était emprisonné à Belle-Isle pendant que son fils, médecin, attaché aux travaux anatomiques de la Faculté, roulait dans la cale d'un vaisseau de l'État. La Faculté s'adressa, pour le sauver, à M. Fortoul, ministre de l'instruction publique, qui renvoya les solliciteurs au ministre de la guerre ; ce dernier répondit : « Il est trop tard, le navire qui porte M. Deville vient de partir. » Il se trompait : MM. Martin, Michot, Pereira et Deville furent débarqués à Brest et enfermés dans le château de cette ville.

dix hommes; sur le *Duguesclin*, ils étaient obligés de manger avec leurs doigts. Le poète Lachambaudie était, comme on l'a vu, au nombre des prisonniers. L'aile blanche d'un goéland qui rasait l'étroit sabord de sa prison lui inspira des vers touchants [1] qui circulèrent dans Brest et ouvrirent les cœurs à la pitié; les dames de cette ville s'émurent au récit des souffrances des républicains; elles cherchèrent à les adoucir; une souscription fut ouverte : les prisonniers, entre autres objets précieux, reçurent trois cents cuillers et du savon !

La privation d'air et d'exercice, la détention prolongée dans un espace insuffisant, les émanations pestilentielles de l'espèce de fosse commune où les transportés étaient entassés, le chagrin, l'incertitude de l'avenir, la nostalgie, ne tardèrent pas à produire leur effet ordinaire : une affreuse maladie pédiculaire se déclara parmi eux, gale d'un genre particulier dont les plaies envenimées par la vermine causaient d'intolérables souffrances; l'infirmerie fut bientôt encombrée de malades pour lesquels les médecins demandèrent une ration de vin. La réponse des bureaux fut un refus. L'infirmerie du bord n'étant plus assez vaste pour contenir les malades, il fallut les transporter à l'hôpital de Brest.

Le gouvernement, n'osant pas réaliser ses projets de transportation générale à Cayenne, quelques-uns des prisonniers du *Duguesclin* furent mis en liberté; les autres figurèrent dans trois catégories : expulsés, internés, transportés à Cayenne et en Algérie. Le *Mogador* emporta les transportés en Afrique vers le lieu de leur exil; ils chantèrent la *Marseillaise* jusqu'au moment où les côtes de France disparurent à l'horizon. Le 12 mars, il ne restait plus à bord du *Duguesclin* que trois malheureux condamnés à être transportés à Cayenne.

La persécution pendant ce temps-là ne se ralentissait pas en France.

---

[1]. LES GOÉLANDS.

J'ai vu les goélands sur la mer écumante
Dormir insoucieux au sein de la tourmente.
Si l'un d'eux quelquefois poussait des cris plaintifs,
C'était pour son doux nid perché sur des récifs.
 Ainsi de nous, pauvres captifs!
 Sur la paille des casemates
 Et sur les humides sabords
 De la plus vieille des frégates,
Nos âmes reposaient calmes et sans remords.
Si des pleurs se mêlaient à nos voix gémissantes,
C'est que nous regrettions nos familles absentes.
Mais du moins les oiseaux retournaient à leurs nids!
 Et nous, les malheureux bannis,
Hélas! reviendrons-nous vers nos foyers bénis?

Les conseils de guerre ayant relâché des suspects, faute de preuves et même de témoignages, le gouvernement en conçut un vif mécontentement, et la police redoubla de violence et de sévérité. « M. de Maupas, dit un journal belge, en parlant des détenus dans les prisons de la capitale, fait *bluter* de nouveau tous leurs antécédents ; ils quitteront Paris non comme insurgés, mais comme *pirates*. » Des hommes, démoralisés sans doute par la peur, ne craignaient pas de venir en aide à la police et d'applaudir à ses exécutions. Des habitants du département de l'Allier firent des battues pour s'emparer des républicains fugitifs ; les membres d'un cercle à Moulins se mirent à la fenêtre pendant qu'un convoi de ces malheureux passait et le poursuivirent de leurs ignobles railleries. Un journal légitimiste, l'*Union*, appelait les républicains traqués de tous côtés, ou entassés dans les prisons, les geôles, les casemates, les cales de navires, « le parti du crime ». Le conseiller d'État Quentin-Bauchart, envoyé en mission avec Canrobert et Espinasse, dit dans son rapport qu'il ne voit d'hésitation pour la clémence « que parmi les hommes connus pour appartenir aux anciens partis ».

La *Patrie* portait le chiffre des expulsions seulement à 6000 ; l'*Indépendance belge* du 16 avril 1852 compte 3200 expulsés, internés, transportés, rien que dans l'Hérault, au moment de la dissolution de la commission mixte de ce département. Les commissaires maintinrent 9144 condamnations, après les révisions et les grâces, dans les vingt-huit départements visités par eux.

Les républicains semblaient mis hors la loi : le Prince-président s'approchait-il d'une ville, on les enfermait comme suspects. « Hier et avant-
« hier, dit un journal de Nîmes [1], quelques arrestations ont été faites
« dans notre ville. Un certain nombre de personnes placées sous la sur-
« veillance de la police, avant l'acte sauveur du 2 décembre, à cause de
« leur exaltation politique, ont été l'objet de cette mesure toute de pré-
« voyance. Nous croyons savoir que leur relaxation aura lieu aussitôt
« après le départ du Prince. » Des mesures semblables furent prises à Moulins, Clamecy, Lyon, Saint-Étienne, etc. Malheur aux républicains qui se mêlent encore de politique ! MM. Mezaisse et Josse (de Caen), à l'époque des élections pour le Corps législatif, écrivent à leurs amis : « Le parti a résolu de s'abstenir. » Leur écriture est reconnue, ils sont arrêtés sous la prévention « de manœuvres électorales frauduleuses ».

---

1. *Courrier du Gard*, 4 octobre 1852.

Ces deux citoyens, mis au secret pendant trois jours, détenus préventivement pendant trois semaines, enfin acquittés par le tribunal, restèrent en prison trois semaines de plus par la seule volonté du préfet du Calvados, M. Pierre Leroy, qui leur fit signifier verbalement un beau matin qu'ils avaient quatre jours pour quitter la France.

La police signalait le moindre acte d'opposition, et les tribunaux le

Fig. 91. — Les transportés placés au centre d'une escorte formidable sont dirigés vers la place du Hâvre ; chaussés de sabots ils ont peine à suivre la marche des soldats, ceux qui perdent leurs sabots sont obligés d'achever la route pieds nus (page 399).

punissaient avec sévérité : M. Selles, ancien conseiller à la cour d'appel de la Martinique, et M. Coqueray, directeur d'assurances à Versailles, furent condamnés à la prison pour résistance aux agents qui voulaient les forcer à saluer le Prince-président.

Les arrestations sous les plus futiles prétextes continuent; M. Leman, médecin de Phalsbourg, est emprisonné et banni, au bout de quarante-huit jours de détention, comme colporteur de journaux sans autorisation; des habitants de Brest, coupables de garder chez eux un buste de Ledru-Rollin, subissent la même peine du bannissement. Tout devient prétexte à incarcération. Le gouvernement célèbre-t-il quelque fête, la police arrête « les hommes que leurs antécédents politiques rendent dangereux ». De nouveaux emprisonnements ont encore lieu, le 29 mai 1852, à Orléans, par suite d'un nouvel examen des dossiers. Les agents les plus infimes de l'autorité s'attribuent les pouvoirs judiciaires les plus étendus. Un citoyen, à Bordeaux, s'avise de crier : *Vive la République !* sur le passage d'un convoi de prisonniers ; les gendarmes s'en emparent et le forcent à y prendre place. Les conseils de guerre fonctionnent partout avec le même zèle, et la plupart de leurs présidents entravent à chaque instant la défense et dictent en quelque sorte leurs plaidoyers aux avocats. Le défenseur du commandant Degromi reçoit du président du conseil de guerre de la Gironde l'ordre de ne pas parler dans sa plaidoirie de la violation de la Constitution, et ce même président s'appuie sur cette même Constitution pour appliquer la peine.

Le gouvernement allait trop loin, il le comprit : Persigny, ministre de l'intérieur, adressa, le 23 janvier 1852, une circulaire aux membres des commissions militaires « pour rendre à leurs familles tous les détenus qu'ils jugeraient n'avoir été qu'égarés ». Les commissions mixtes furent instituées pour donner aux excès de l'arbitraire le plus dur l'apparence d'une espèce de légalité par une ordonnance portant la signature de MM. de Persigny, ministre de l'intérieur, Abbatucci, ministre de la justice, et Saint-Arnaud, ministre de la guerre. Ces commissions, composées du préfet, du procureur général et du général commandant la division militaire, étaient investies d'un pouvoir discrétionnaire : elles pouvaient ordonner le renvoi des prévenus devant les conseils de guerre, la transportation à Cayenne et en Algérie, l'expulsion, l'éloignement momentané, l'internement, la comparution devant la police correctionnelle, la mise sous la surveillance, et la plus extrême rigueur présidait au traitement des personnes soumises à l'une de ces peines, même à la moins dure, l'internement tantôt dans une résidence autre que la résidence habituelle, tantôt sur place, c'est-à-dire dans la ville que le prévenu habitait au moment du coup d'État.

Trois mille quatre cent dix-sept chefs de famille étaient transportés en Algérie ; deux cents travaillaient aux routes sous les ordres de sergents habitués à conduire les ateliers de boulet. L'un d'eux avait commis le crime de cacher chez lui le docteur Lachamp (de Thiers) ; M. Miot, représentant du peuple, en route pour Cayenne, fut tout à coup, sans connaître la cause de ce changement, dirigé sur l'Algérie. D'autres condamnés, parmi lesquels M. Souesme (du Loiret), partirent pour la Guyane avec les forçats [1].

Les généraux Changarnier, Lamoricière, Bedeau, Le Flô, le colonel Charras, et M. Baze, furent libres de quitter la prison de Ham, à condition de s'engager à partir pour l'Angleterre; ils finirent cependant par obtenir l'autorisation de se rendre sur le continent. Le général Le Flô fut conduit par des agents de police jusqu'à Douvres. Le général Changarnier et le colonel Charras choisirent comme retraite la Belgique. Le général Lamoricière et M. Baze, se rendant l'un à Aix-la-Chapelle, l'autre à Cologne, ne firent que traverser Bruxelles, escortés, de même que le général Le Flô, par des agents. Le général Changarnier et le colonel Charras, arrivés le matin dans cette ville, en repartirent le lendemain pour Liège et pour Louvain. Le général Bedeau arriva le dernier à Bruxelles.

Le général Cavaignac recouvra sa liberté le 17 décembre 1851 [2].

Le coup d'État du 2 décembre 1851 fut aussi fatal à la liberté d'association qu'à la liberté individuelle; les sociétés ouvrières disparurent presques toutes; la police parisienne fit enlever les emblèmes de fraternité qu'on voyait à la porte de leurs magasins et arrêta la plupart des gérants. Les membres de la commission exécutive de la *Société des ménages*, qui comptait à Paris et dans la banlieue plusieurs établis-

---

1. Le gouvernement, dans toute la ferveur de sa récente alliance avec le clergé, poursuivait les délits religieux avec la même rigueur que les délits politiques. Sur une liste donnée par la *Patrie* figurait un citoyen transporté à Cayenne pour outrage à la religion.

2. M. de Morny apprit sa délivrance à madame Odier par ce billet :

« Madame,

« Connaissant les opinions de votre famille et désirant lui donner la preuve de l'intérêt amical qu'il lui porte, le Président me charge de vous dire qu'il verrait avec peine la cérémonie du mariage de votre fille avec l'honorable général Cavaignac attristée par les murailles d'une prison, et de vous envoyer un ordre pour qu'il soit mis en liberté. »

Le général Cavaignac écrivit aussitôt à M. de Morny :

« Si le gouverneur de Ham avait reçu l'ordre pur et simple de m'ouvrir les portes de cette prison, j'aurais aussi purement et simplement repris ma liberté, qui m'a été illégalement ravie. Mais l'ordre qui m'élargit est accompagné d'une lettre que vous n'avez pu considérer comme confidentielle et qui m'a été naturellement communiquée.

« Les commentaires qui s'y trouvent et les motifs qu'elle attribue au pouvoir, au nom duquel vous agissez, ne sont pas de nature à être acceptés par moi. Assurément, personne n'a plus souffert et ne souffre plus que moi des tristes retards de mon union avec mademoiselle Odier, mais je ne crains pas qu'elle y voie elle-même un motif d'accepter ma mise en liberté.

« Je ne dois pas quitter ce lieu, monsieur le ministre; je n'ai rien fait pour y être amené. Je n'ai point le désir de rester ici prisonnier malgré ceux qui m'ont illégalement arrêté, mais je ne veux pas, et mon honneur y est intéressé, accepter aucune transaction contraire à ce que je me dois à moi-même. »

sements, furent également emprisonnés. La société des *Travailleurs-unis* à Lyon possédait seize magasins dont une boulangerie avec trois fours, un entrepôt de vins et de charbons. Elle avait mis en circulation des bons d'échange de 1 franc acceptés par les ouvriers dans leurs transactions journalières et fondé un établissement des invalides du travail. Le 4 décembre 1851, des soldats et des agents de police envahirent ses magasins et dispersèrent ou arrêtèrent ses associés ; des caisses particulières furent brisées et leur contenu enlevé. Un gardien ou séquestre, imposé à la Société et payé des deniers de celle-ci, prit résidence au dépôt central. Ce gardien, accusé plus tard de malversations fort graves, fut acquitté faute de preuves suffisantes. Le gérant et divers sociétaires furent incarcérés, plusieurs étaient en fuite, les autres se tenaient à l'écart, redoutant le sort de leurs camarades. A peine quelques-uns osèrent-ils se présenter pour faire valoir leurs droits et réclamer leur part de l'actif social, qui s'élevait à 45 000 francs. Le capital social avait été deux fois décuplé en trois ans [1].

Un jugement du tribunal de commerce de Lyon, en date du 9 janvier 1852, constate avec regret « que les associations dites fraternelles sont liquidées immédiatement par un commissaire de police sans formalité de justice ». Cette mesure illégale fut appliquée dans toute sa rigueur à la société dite des *Castors*, dont le matériel dut être vendu dans les cinq jours sur la place publique.

Un arrêté signé de Castellane, et daté du quartier général de Lyon, 31 décembre 1851, déclara dissoute l'*Association fraternelle des travailleurs unis de la ville de Vienne*. Les intéressés essayèrent vainement de représenter que leur entreprise était de nature commerciale, que grâce à elle les économies de l'ouvrier, au lieu d'être dépensées au cabaret, entreraient désormais dans la caisse sociale et que l'aisance deviendrait plus grande dans les familles de travailleurs ; les juges du quartier général n'écoutèrent rien : l'entreprise sombra. Les naufragés partagèrent entre eux les épaves ; chacun reçut DIX FOIS sa mise, et un reliquat de 1800 francs fut remis au bureau de bienfaisance par ces hommes traités avec tant de rigueur. Au moment du coup d'État, 299 sociétés existaient dans toute la France ; quinze seulement survécurent.

Quant aux représentants expulsés par le décret du 9 janvier, ils retrou-

---

1. L'*Association* du 29 avril 1866.

Fig. 92. — Le gouvernement célèbre-t-il quelque fête, la police arrête les hommes que « leurs antécédents politiques rendent dangereux » (page 406).

vèrent à Bruxelles leurs collègues de la Constituante, fugitifs après le 15 mai et le 13 juin.

Victor Hugo débarqua en Belgique sous la blouse et avec le livret d'un ouvrier ; M. Schœlcher déguisé en prêtre ; le représentant Ferrier sauva son beau-frère, condamné à mort, en l'habillant en femme et le faisant passer pour sa fille. Schœlcher abandonna bientôt Bruxelles, où il lui était impossible de publier son *Histoire du coup d'État ;* Nadeau et Malardier, ses collègues, le suivirent en Angleterre ; Pascal Duprat s'y rendit pour publier ses *Tables de proscription.*

Les proscrits arrivés en Belgique sans papiers légalisés par l'ambassade belge à Paris, ou ne justifiant pas de leurs moyens d'existence, furent expulsés ; les autres restèrent soumis à la surveillance de la police, qui leur imposait les plus dures conditions de séjour : ne rien écrire, ni faire, ni dire, qui pût porter ombrage au gouvernement français ; ne pas exercer leur profession s'ils étaient médecins, avocats ou professeurs ; enfin accepter l'internement dans les villes de l'intérieur. La misère était grande parmi eux. Le gouvernement leur refusait les moyens de gagner leur vie. M. Labrousse, ancien sous-directeur de l'École polytechnique en France, eut l'idée de reconstituer à Bruxelles l'école centrale du commerce et de l'industrie qu'il y avait fondée lors de son premier exil : MM. Deschanel et Challemel-Lacour, anciens élèves de l'Ecole normale ; Chauffour, professeur de droit à la Faculté de Strasbourg ; Ennery, professeur de l'Université ; Baune, ancien directeur de l'École municipale de Lyon ; Servient et Deluc, répétiteurs à l'École polytechnique ; Rambert, professeur de chimie à l'École de Saint-Cyr, devaient occuper des chaires dans l'établissement de M. Labrousse : le colonel Charras avait consenti à se charger du cours d'histoire militaire, Bancel du cours d'éloquence, Laussedat du cours d'anatomie, Versigny du cours de philosophie du droit, Pascal Duprat du cours d'économie politique, Marc Dufraisse du cours de la législation comparée. Le gouvernement belge n'accorda pas l'autorisation de fonder cette école. MM. Joly, Dupont (de Bussac), Madier de Montjau, avocats distingués, ne purent obtenir leur inscription sur aucun tableau d'avocats en Belgique. Les docteurs Laussedat et Testelin, après plusieurs demandes infructueuses, renoncèrent à solliciter l'autorisation d'exercer la médecine [1]. La permission d'ouvrir des conférences fut refusée à MM. Versigny, Challemel-Lacour et Madier de Mont-

---

1. Le premier finit par obtenir cette autorisation.

jau. Il n'y avait pas de cabinet de lecture à Bruxelles, un réfugié eut l'idée d'en fonder un; le gouvernement s'y opposa. Greppo, chargé d'installer des métiers à la Jacquard à Deynze, fut obligé de rompre son traité, parce qu'on voulait le séparer de son collègue Benoît, menacé d'être chassé de Belgique. Il partit pour Londres. Le docteur Gambon soignait gratuitement à Termonde les malheureux atteints de la fièvre des marais; les médecins du pays le dénoncèrent comme exerçant illégalement la médecine et le firent condamner à l'amende. A. Morel, ancien rédacteur du *National*, et Geniller, professeur de mathématiques, parvinrent cependant à se créer peu à peu une position des plus honorables en donnant des leçons et des conférences à Liège. M. Challemel-Lacour put enfin parler à Anvers, ce qui lui était interdit à Bruxelles.

M. Étienne Arago et le colonel Charras furent expulsés : M. Edgar Quinet n'obtint la permission de prendre les bains de mer à Blankenberghe que par une délibération du conseil des ministres. La surveillance incessante à laquelle il était soumis l'engagea bientôt à se rendre en Suisse.

La situation des proscrits belges s'améliora pourtant à la longue, grâce à l'influence de MM. Charles de Brouckère, Tielemans et Gendebien. Le fabuliste Lachambaudie eut la permission de faire des lectures, M. Bancel d'ouvrir des conférences à l'Université, M. Deschanel au Cercle artistique et littéraire, et M. Madier de Montjau à la Société philharmonique. M. Erdan exposa ses théories sur la création d'une langue universelle; les médecins devinrent libres d'exercer leur profession, mais les avocats, M. Baze excepté, ne parvinrent jamais à se faire inscrire au tableau. Le moderne barreau belge se montrait moins hospitalier que l'ancien, qui avait ouvert ses rangs aux proscrits de la Restauration.

Les proscrits comptaient parmi eux un grand nombre d'écrivains dont la plume ne demeura pas oisive et qui firent à l'Empire une guerre acharnée. Le représentant Callet, qui avec le rédacteur de la *Gironde*, Campan, représentait la proscription orléaniste, se distingua dans cette guerre de pamphlets par la vigueur de ses attaques. La *Nation* ouvrit courageusement ses colonnes aux proscrits, jusqu'au jour où elle cessa de paraître.

La police belge ne permit le séjour de la Belgique qu'aux proscrits qui justifiaient de leurs moyens d'existence. Six mille républicains français traversèrent la Belgique en décembre 1851 et janvier 1852; quatre cents environ y restèrent. L'union demeura toujours assez grande parmi eux.

La *Société d'assistance fraternelle,* formée pour recueillir les souscriptions, distribuer les secours et défendre les exilés devant la police, pouvait, sur la demande des intéressés, se changer en tribunal de famille ; cela ne lui est arrivé que trois fois pendant la longue durée de la proscription. Nous allons trouver plus de discordes en Angleterre.

Ferdinand Flocon, l'ancien membre du gouvernement provisoire, et les républicains de la Drôme, du Rhône, du Gard, de l'Ardèche, du Doubs, du Jura, gagnèrent aussi en grande partie la Suisse après le coup d'État. Ils n'y trouvèrent pas d'abord une hospitalité bien sûre. La sévérité du conseil fédéral redoubla naturellement lorsque la dictature de Bonaparte s'affirma davantage en France. Il ordonna l'expulsion de M. Thiers et menaça la duchesse d'Orléans, qui séjournait dans le canton d'Argovie, d'une semblable mesure. Le Conseil fédéral finit cependant par s'adoucir. Les républicains français trouvèrent enfin un asile assuré dans les cantons, qui se montrèrent fiers par la suite de leur offrir l'hospitalité.

Les proscrits des Bouches-du-Rhône, des départements du Var, des Basses-Alpes et de Vaucluse cherchèrent presque tous un refuge dans les États sardes et particulièrement à Nice. Le nombre des proscrits dans cette ville, au mois de janvier 1852, était évalué à cinq ou six cents. Ils furent disséminés plus tard sous différents prétextes dans les villes des États sardes. Le gouvernement français s'effrayait de voir tant de républicains réunis dans une ville frontière.

Les proscrits en Italie se comportèrent en honnêtes gens et en bons citoyens. Les uns créèrent à Nice et dans les environs des établissements de commerce et d'industrie ; les autres exercèrent des professions libérales dans les limites qu'autorisaient les lois ; d'autres enfin vécurent du travail manuel ; les ouvriers se firent remarquer par leur intelligence et par leur assiduité au travail. L'un d'eux tint une auberge [1], un autre

1. Il se nommait Giraudet, avait été, au moment du coup d'État, l'un des héros d'une terrible histoire : Giraud et un autre insurgé ayant été surpris par une bande de gendarmes, le capitaine de cette troupe décide qu'ils seront fusillés. Deux cavaliers emmènent les prisonniers au fond d'une vieille chapelle et tirent à chacun d'eux un coup de pistolet derrière l'oreille. Le trot des chevaux avait fait descendre la charge des pistolets de façon à lui enlever la plus grande partie de sa force. Le coup les étourdit seulement. Les gendarmes les croient morts et s'éloignent. Giraud sort bientôt de son engourdissement et secoue son camarade, qui donne signe de vie à son tour. Ils se cachent dans un bois, attendant la nuit, puis ils se séparent et chacun regagne son gîte. Giraud avait confié à l'un des gendarmes sa montre et sa bourse pour qu'il les remit à sa femme. Il arrive pendant la nuit et se cache chez lui. Sa femme reçoit bientôt après la visite du gendarme, qui, sans parler de la bourse, lui raconte la mort de son mari ; elle fond en larmes et joue admirablement son rôle. Le lendemain, elle prend le deuil, pendant que, grâce à des amis dévoués et intelligents, son mari franchit la frontière.

fonda un atelier de mécanicien, une fabrique de noir animal; un autre découvrit un procédé nouveau pour la fabrication de l'alcool; d'autres enfin établirent des ateliers d'ébénisterie, de serrurerie, etc. M. Elzéar Pin, ancien constituant, qui avait dirigé le mouvement dans le département de Vaucluse pour la défense de la Constitution et des lois, propagea des procédés nouveaux d'agriculture et obtint une médaille au concours agricole de Nice.

Les proscrits qui demandèrent au gouvernement l'autorisation de rentrer en France, avant l'amnistie, étaient généralement des ouvriers sans travail et séparés de leur famille. Ceux qui possédaient quelques ressources ou qui pouvaient s'en créer par leur industrie n'ont regagné leurs foyers qu'après l'amnistie générale. Le gouvernement sarde se montra toujours bienveillant pour les républicains français, qui n'eurent qu'à se louer de tous ses fonctionnaires et particulièrement de M. de La Marmora, frère du général, alors intendant à Nice [1].

L'Allemagne ne pouvait guère, à cause des difficultés de sa langue, attirer les proscrits. L'Espagne, au contraire, ouvrit ses villes à la plupart des exilés de l'Aude, des Pyrénées, de la Garonne; Richardet, Salmon, Duputz, Raynal, Hippolyte Magen, Xavier Durieu, vinrent s'y établir à des époques différentes.

La capitale du Brésil garde les cendres de Ribeyrolles, mort à Rio-de-Janeiro; Montévideo, celles d'Amédée Jacques; Charles Quentin et Antide Martin attendirent dans cette ville la fin de leur exil. Quelques proscrits pénétrèrent jusqu'en Australie et en Chine. Miot, moins heureux que ses collègues frappés par le décret de janvier ou par les commissions mixtes, fut seul, parmi les représentants, soumis à la transportation.

La politique conseillait cependant un peu de clémence au dictateur. Tout proscrit, sauf des exceptions malheureusement trop nombreuses, fut libre de rentrer dans ses foyers en en faisant la demande au gouvernement et en s'engageant à renoncer à la politique et à reconnaître les faits accomplis. Les ouvriers, les paysans, les individus désignés au

---

1. Le gouvernement français réclamait impérieusement l'extradition de deux réfugiés, Cote et Jourdan, du département des Hautes-Alpes, pour crime de droit commun. C'est ainsi qu'il qualifiait les actes de ceux qui avaient combattu pour le droit et la loi. L'intendant de Nice refusait de livrer ces deux citoyens; mais bientôt, les ordres de Turin devenant pressants et formels, il fallut obéir. Rassurez-vous, dit l'intendant aux amis des deux proscrits, *nous sommes petits*, nous ne pouvons rompre en visière, mais nous savons tourner les difficultés. Bientôt après, des passeports furent remis aux deux proscrits, et sous un déguisement ils purent gagner la Suisse.

hasard par les commissions mixtes, profitèrent en assez grand nombre de cette faculté. Les geôliers, les gendarmes, les gardes-chiourmes ne se contentaient pas d'exhorter les transportés et les prisonniers à recourir à la clémence du gouvernement, qui avait un grand intérêt en effet à paraître clément; les plus durs travaux, les plus cruels châtiments attendaient ceux qui refusaient de se courber devant le dictateur.

Une première amnistie eut lieu à l'occasion du mariage de l'Empereur; elle comprenait les représentants à la Constituante ou à la Législative : Huguenin (de Saône-et-Loire), Astouin, Pégot-Ogier et Mulé (de la Haute-Garonne); huit rédacteurs de journaux des départements : Ousby, du journal l'*Aveyron républicain ;* Desolme, du *Journal de Périgueux ;* Lami-Serret, du *Républicain de Lot-et-Garonne*, et MM. Naclens, de Condom; Amouroux, de Châteauroux; Vinchot, de Dijon; Duportal, de Toulouse; Jolibois, de Colmar, etc. Une nouvelle liste de 150 amnistiés parut le 24 février 1853 [1].

Le *Moniteur*, en annonçant qu'à l'occasion du mariage de l'Empereur plus de trois mille grâces avaient été accordées à des personnes ayant pris part aux troubles de décembre 1851, ajouta qu'à la suite de cette mesure de clémence il resterait encore environ douze cents personnes soumises soit à l'expulsion, soit à la transportation. Le gouvernement, dans son hypocrisie, crut devoir s'excuser de sa générosité et insister sur les restrictions qu'il y mettait pour se donner l'air de rassurer le pays, qui était censé prendre ombrage et s'effrayer de sa trop facile clémence.

Le 1er janvier 1853, le nombre des soumissions, c'est-à-dire des citoyens rentrés après avoir pris l'engagement de « se soumettre à la volonté nationale si clairement manifestée dans le scrutin et de ne rien faire

1. Quelques grâces individuelles furent demandées par des tiers. Le docteur Véron, dans ses *Mémoires d'un bourgeois de Paris*, sollicita la rentrée d'Eugène Sue, qui se hâta de lui adresser la lettre suivante :

« Annecy-le-Vieux, 17 octobre 1853.

« On m'écrit, monsieur, que dans le premier volume de vos *Mémoires* vous dites en parlant de moi : « Puissent ces renseignements vrais sur cet écrivain faire cesser pour lui « les tristesses de l'exil! » Sans apprécier autrement le sentiment qui a dicté ces lignes, vous trouverez bon, monsieur, qu'au nom de ma dignité je déclare publiquement que jamais je n'ai, directement ou indirectement, autorisé personne à intervenir dans la position qui m'est faite et que j'accepte.

« Agréez, etc. »

Le poëte languedocien Jasmin, dînant à Saint-Cloud à la table de l'Empereur, comme il avait dîné autrefois dans le même lieu à la table de Louis-Philippe, se piqua d'émulation et demanda en vers patois à l'Impératrice la cessation de l'exil de son compatriote M. Baze. Ce dernier apprit bientôt qu'il pouvait rentrer sans conditions; il refusa, mais le décret n'en parut pas moins au *Moniteur*.

désormais contre le gouvernement de l'élu du pays », dépasse à peine le chiffre de 1200, gens sans opinion pour la plupart, arrêtés par hasard, victimes de la faim. Les soumis n'ont d'ailleurs qu'à se bien tenir. Si le préfet juge qu'ils violent leur engagement, que leur présence redevient un danger, ou « qu'ils se montrent indignes de leur pardon », ce fonctionnaire peut les replacer dans la situation où ils se trouvaient auparavant en France : M. Morlac, interné gracié, s'étant mis sur les rangs comme conseiller municipal à Verneuil, « M. le préfet de l'Eure a dû le rappeler « à la loi de la parole violée et lui a expédié des gendarmes qui l'ont « conduit dans la prison d'Évreux, où il va séjourner jusqu'à ce que l'au- « torité dont il a affronté la sévérité le fasse réintégrer dans le lieu où il « devait rester interné [1]. »

Jamais proscription ne fut plus cruelle et plus longue. Au sang versé d'abord en abondance, elle fit succéder les tortures des cachots, de la déportation et de l'exil ; elle ne respecte ni l'âge ni le sexe [2]; elle s'en prit à la vie et à la fortune des citoyens ; elle procéda par le vol, par le pillage, par la confiscation, par la violation du principe tutélaire de l'inamovibilité de la magistrature. Elle sévit sur toutes les classes de la société, elle rendit le monde témoin de crimes et d'excès qu'il n'avait pas connus depuis l'antiquité et dont on croyait le retour impossible depuis l'avènement du christianisme.

1. *Courrier de l'Eure*, 29 juillet 1852.
2. Plusieurs femmes furent transportées, entre autres Mme Pauline Roland, auteur d'écrits éloquents, mère de trois enfants auxquels on l'enleva pour la transporter en Algérie. Mme Pauline Roland et ses compagnes de captivité, couchant sur la paille, soumises à la ration militaire, sans vin ni café, occupaient, au nombre de quinze, une pièce des plus étroites de la Casbah d'Oran, n'ayant pour se promener deux fois par jour qu'un préau aussi étroit que leur dortoir, sans un seul arbre pour les abriter du soleil d'Afrique. Mme Roland, transportée d'Oran à Sétif et de Sétif à Bone par les ordres du général Randon, qui voulait la punir d'avoir refusé de demander sa grâce, fut enfin autorisée à rentrer à Paris; elle mourut en route, à Lyon, épuisée de fatigue, sans avoir revu ses enfants.

Fig. 93. — Deux insurgés dans le Var ayant été surpris par une bande de gendarmes, le capitaine décide qu'ils seront fusillés. On les emmène au fond d'une chapelle et les gendarmes tirent à chacun un coup de pistolet derrière l'oreille (page 413).

CHAPITRE XXII

LES DÉCRETS DU 22 JANVIER

Absence de liberté pendant le vote du plébiscite. — Résultat du vote. — Allocution de M. Baroche. — Réponse du Prince-président. — L'archevêque de Paris lui adresse quelques mots. — Rétablissement des aigles sur les drapeaux. — Promulgation de la Constitution. — Loi organique de la presse. — L'Empire est rétabli indirectement. — Emotion causée par les décrets du 22 janvier. — Emploi des revenus des biens de la famille d'Orléans. — M. Dupin donne sa démission de procureur général. — M. de Montalembert se retire de la commission consultative. — MM. de Gasparin et de Rambuteau refusent d'entrer au Sénat. — L'administration des domaines prend possession par la force de Neuilly et de Monceaux. — La question est portée devant le Conseil d'Etat. — M. Baroche entrave la liberté de ce corps. — Il fait enlever le dossier à M. Reverchon. — Le gouvernement l'emporte à la majorité d'une voix. — Punition infligée à ceux qui ont voté contre lui. — Fin de la période dictatoriale.

Le mode d'organisation du suffrage universel emprunté à la législation du Consulat et de l'Empire avait été remplacé le 5 décembre par le mode employé en 1848. La justice eût voulu que la question formulée dans le plébiscite fût autrement posée au pays, et qu'il ne se trouvât pas réduit à répondre par *oui* ou par *non* sur des faits accomplis, ni à ratifier le coup d'État sous peine de tomber dans l'anarchie ; n'eût-il pas été à souhaiter également que le peuple pût demander des conseils sur son vote aux journaux et aux réunions publiques? Mais les journaux étaient supprimés, et les préfets assimilaient les réunions politiques aux sociétés secrètes. Le général d'Alphonse fit placarder dans le département du Cher que « tout individu cherchant à troubler le vote, ou en critiquant le résultat, serait immédiatement traduit devant un conseil de guerre. » Le préfet du Bas-Rhin arrête que « la distribution de bulletins de vote ou d'écrits est formellement interdite ». Le préfet de Toulouse fera poursuivre « tout distributeur ou colporteur d'écrits ou de bulletins imprimés ou manuscrits, s'il n'est muni d'une autorisation spéciale du maire ou du juge de paix. » La gendarmerie arrête des gens sous la prévention d'avoir excité des citoyens à voter contre le président de la République, d'autres pour avoir influencé l'élection ou distribué simplement des bulletins négatifs.

La commission consultative chargée de dépouiller les votes du scrutin des 20 et 21 décembre en présenta, quelques jours après, le résultat au Prince-président, titre que tous les fonctionnaires donnaient maintenant au chef de l'État. Le chiffre officiel des bulletins portant *oui* était de 7,439,216 ; celui des bulletins portant *non*, de 646,737 ; celui des bulletins nuls, de 36,880 seulement. M. Baroche, organe de la commission consultative, prononça les paroles suivantes : « Prenez posses-
« sion, Prince, du pouvoir qui vous est si glorieusement déféré ; servez-
« vous-en pour développer, par de sages institutions, les bases fondamen-
« tales que le peuple lui-même a consacrées par ses votes. Rétablissez en
« France le principe d'autorité trop ébranlé depuis cinquante ans par
« nos continuelles agitations ; combattez sans relâche ces passions anar-
« chiques qui attaquent la société jusque dans ses fondements. Ce ne
« sont plus seulement des théories odieuses que vous avez à poursuivre
« et à réprimer, elles se sont traduites en faits et en horribles attentats.
« Que la France soit enfin délivrée de ces hommes toujours prêts pour le
« meurtre et le pillage, de ces hommes qui, au xixe siècle, font hor-
« reur à la civilisation et semblent, en réveillant les plus tristes souve-
« nirs, nous reporter à deux cents ans en arrière. »

Le Prince-président lui répondit : « Je comprends toute la grandeur
« de ma mission nouvelle, je ne m'abuse pas sur ses graves difficultés ;
« mais avec un cœur droit, avec le concours de tous les hommes de bien

« qui, ainsi que vous, m'éclaireront de leurs lumières et me soutiendront
« de leur patriotisme, avec le dévouement éprouvé de notre vaillante
« armée, enfin avec cette protection que demain je prierai solennelle-
« ment le Ciel de m'accorder encore, j'espère me rendre digne de la con-
« fiance que le peuple continue de mettre en moi. J'espère assurer les
« destinées de la France en fondant des institutions qui répondent à la fois
« aux instincts démocratiques de la nation et au désir exprimé universel-
« lement d'avoir désormais un pouvoir fort et respecté. En effet, donner
« satisfaction aux exigences du moment en créant un système qui recons-
« titue l'autorité sans blesser l'égalité, sans fermer aucune voie d'amélio-
« ration, c'est jeter les véritables bases du seul édifice capable de sup-
« porter plus tard une liberté sage et bienfaisante. »

Le corps diplomatique et le clergé de Paris, à la suite de la commission consultative, offrirent leurs félicitations au Prince-président. Le nonce, en lui présentant ses collègues, garda le silence ; l'archevêque de Paris lui dit : « Nous prierons Dieu avec ferveur pour le succès de la « haute mission qui vous est confiée, pour la paix et la prospérité de la « République, pour l'union et pour la concorde de tous les citoyens. »

Le lendemain 1er janvier 1852, le chœur à Notre-Dame, après le *Te Deum*, entonna le *Domine, salvam fac Rempublicam,* et *salvum fac Ludovicum Napoleonem.* Le Prince Jérôme et son fils assistaient à la cérémonie ; tous les regards se portaient sur le prince Napoléon Bonaparte, assis dans un fauteuil sur l'estrade, non loin du dais du dictateur, derrière lequel le prince Murat étalait le grand cordon de l'ordre de Naples.

Le *Moniteur*, sous prétexte que, avec la forme nouvelle de gouvernement sanctionnée par le peuple, la France peut adopter sans ombrage les souvenirs de l'Empire et les symboles qui rappellent sa gloire, publiait le matin même un décret remplaçant sur le drapeau français le coq gaulois par l'aigle romaine ; un autre décret apprenait au pays que le palais des Tuileries redevenait la résidence du chef de l'État.

La nouvelle Constitution fut promulguée le 14 janvier. Elle reconnaissait, cela va sans dire, confirmait et garantissait par son article 1er « les grands principes proclamés en 1789 et qui sont la base du droit public français ». L'application de ces principes, qui sont la liberté individuelle, l'inviolabilité du domicile, le secret des correspondances, la liberté des cultes, l'égalité civile, le droit de réunion, la liberté de la presse, étonnerait beaucoup les législateurs de la première Assemblée de la révolution de 89 ; ils se demanderaient si les mots de liberté individuelle, d'inviolabilité du domicile, de secret des correspondances, ont la même signification en 1852 qu'en 1789. « Vous parlez, diraient-ils au législateur de 1852, d'égalité civile, et vous créez des nobles ; de liberté des cultes, et il faut une autorisation de l'État pour établir une chapelle ou un oratoire ; du droit de réunion, et il n'existe même pas pendant les vingt jours qui précèdent les élections au Corps législatif ! »

La nouvelle Constitution remettait tous les pouvoirs entre les mains du président de la République, nommé pour dix ans. Le chef de l'État commandait les forces de terre et de mer ; il faisait les traités de paix, d'alliance et de commerce, et les règlements nécessaires pour l'exécution des lois, dont il avait seul l'initiative, la sanction et la promulgation ; la justice se rendait en son nom ; il avait seul le droit de faire grâce ; les fonctionnaires lui prêtaient serment ; il pouvait ouvrir par simple décret des crédits extraordinaires en dehors du budget voté par le pouvoir législatif.

Le pouvoir législatif était déchu du droit d'initiative et du droit d'interpellation ; le Corps législatif ne devait discuter que les questions qu'il plairait au pouvoir exécutif de lui soumettre. La Constitution stipulait même qu'aucun amendement ne pourrait être soumis à la discussion, s'il n'était préalablement adopté par le Conseil d'État. Le Corps législatif devait voter le budget par ministère, et non plus par chapitres et par articles. Le Sénat, sur la proposition du président de la République, se trouvait chargé de pourvoir par des mesures d'urgence à tout ce qui est nécessaire à la marche du gouvernement, en cas de dissolution du Corps législatif, et jusqu'à sa convocation.

La Constitution, il est vrai, pour contre-balancer l'immense pouvoir du chef de l'État, lui imposait la responsabilité par son article 5 : « Le président de la République est responsable devant le peuple français. » Mais, pour que cette responsabilité fût mise en jeu, il aurait fallu que le Président soumît lui-même au peuple les actes sur lesquels il appelait son jugement. Le peuple, pour manifester son opinion sur les affaires de l'État, n'avait pas d'autre moyen que d'attendre le renouvellement du Corps législatif tous les six ans ; encore le pouvoir exécutif se réservait-il de désigner des candidats au suffrage universel et de les faire soutenir par ses préfets, par ses maires, par ses conseils municipaux, qu'il peut dissoudre et remplacer par des commissions, par ses juges de paix, par ses commissaires de police, par ses directeurs, procureurs généraux, ingénieurs, recteurs, inspecteurs, contrôleurs, vérificateurs, percepteurs, conducteurs, gendarmes, gardes champêtres.

La nouvelle Constitution remettait l'armée, l'administration, la magistrature et le clergé entre les mains du pouvoir exécutif le plus concentré, le plus étendu qu'il y ait eu jamais, puisqu'il se continuait après la mort du titulaire. L'article 17 disait en effet : Le chef de l'État a le droit, par un

Fig. 94. — M. Morlac, interné gracié, s'étant porté candidat au conseil municipal de Verneuil, est arrêté par ordre du Préfet de l'Eure et conduit à la prison d'Evreux (page 416).

« acte secret, de désigner au peuple le nom du citoyen qu'il recommande, « dans l'intérêt de la France, à la confiance du peuple et à ses suffrages. »

La liberté de la presse aurait pu seule servir de contre-poids à l'omnipotence du pouvoir exécutif ; mais ce dernier tenait entre ses mains les journaux comme toutes les autres forces du pays. La loi organique de la presse, promulguée le 17 du mois de février, n'était que la consécration du régime dictatorial auquel le journalisme se trouvait soumis depuis le 2 décembre ; le bon plaisir de l'administration pouvait s'adjoindre désormais aux rigueurs de la police correctionnelle.

Le préambule de la Constitution cherchait à la rattacher aux institutions politiques du Consulat et de l'Empire : « Puisque nous reprenons les sym-

« boles de l'Empire, pourquoi n'adopterions-nous pas aussi les institu-
« tions politiques de cette époque créées par la même pensée? ajoutait
« l'auteur de la Constitution. Elles doivent porter en elles le même carac-
« tère de nationalité et d'utilité publique. En effet, ainsi que je l'ai rappelé
« dans ma proclamation, notre société actuelle, il est essentiel de le cons-
« tater, n'est pas autre chose que la France régénérée par 89 et orga-
« nisée par l'Empereur. »

Le système administratif de l'Empire avait en effet survécu à l'Empire. La France, sous la Restauration et sous la monarchie de Juillet, se croyait libre, mais elle ne comprenait pas les conditions de la liberté elle-même. Le maintien des institutions administratives de l'Empire préparait le retour de ses institutions politiques. Il venait de s'accomplir, car la Constitution de 1852 établissait indirectement l'Empire. La Constitution de l'an VIII, à laquelle on essayait de la comparer, n'accordait au premier consul ni le titre de chef de l'État, ni le droit de déclarer la guerre et de signer des traités de paix sans la sanction législative : le premier consul ne nommait ni les juges de cassation ni les juges de paix ; il ne pouvait révoquer les magistrats civils ou criminels, dont la nomination lui était cependant conférée ; privé du droit de faire grâce et de sanctionner les lois, il lui était impossible d'en arrêter l'application ; la mise en état de siège d'une partie du territoire ne pouvait résulter que d'une loi, ou, en l'absence du Corps législatif, d'un décret provisoire fixant dans l'un de ses articles la date de la convocation de cette Assemblée, que le premier consul n'avait pas le pouvoir de dissoudre ou de proroger. La Constitution de 1852, attribuant tous ces droits au chef de l'État, avait donc fait non un président de la République, mais un Empereur. La Constitution ne devant entrer en vigueur que le jour où les corps qu'elle constitue seraient organisés, la dictature continuait. Elle fit, le 22 janvier, un nouvel emprunt à l'organisation impériale, en ressuscitant le ministère d'État et le ministère de la police. M. de Casabianca, ministre des finances pendant le coup d'État, obtint le premier de ces deux ministères ; le second échut à M. de Maupas.

Le *Moniteur* du 22 janvier publiait en même temps des décrets qui produisirent une très vive impression sur l'opinion publique.

Le premier était conçu dans ces termes :

« Le Président de la République,

« Considérant que tous les gouvernements qui se sont succédé ont jugé indispensable d'obliger la famille qui cessait de régner à vendre les biens meubles et immeubles qu'elle possédait en France ;

« Qu'ainsi, le 12 janvier 1816, Louis XVIII contraignit les membres de la famille de l'empereur Napoléon de vendre leurs biens personnels dans le délai de six mois, et que, le 10 avril 1832, Louis-Philippe en agit de même à l'égard des princes de la famille ainée des Bourbons ;

« Considérant que de pareilles mesures sont toujours d'ordre et d'intérêt publics;

« Qu'aujourd'hui plus que jamais de hautes considérations politiques commandent impérieusement de diminuer l'influence que donne à la famille d'Orléans la possession de près de 300 millions d'immeubles en France ;

« Décrète :

« Art. 1er. Les membres de la famille d'Orléans, leurs époux, épouses et descendants ne pourront posséder aucuns meubles et immeubles en France : ils seront tenus de vendre, d'une manière définitive, tous les biens qui leur appartiennent dans l'étendue du territoire de la République.

« Art. 2. Cette vente sera effectuée dans le délai d'un an, à partir, pour les biens libres, du jour de la promulgation du présent décret, et, pour les biens susceptibles de liquidation ou discussion, de l'époque à laquelle la propriété en aura été irrévocablement fixée sur leur tête.

« Art. 3. Faute d'avoir effectué la vente dans les délais ci-dessus, il y sera procédé à la diligence de l'administration des domaines dans la forme prescrite par la loi du 10 avril 1832.

« Le prix des ventes sera remis aux propriétaires ou à tous autres ayants droit.

« Fait au palais des Tuileries, le 22 janvier 1852.

« Louis-Napoléon.

« Par le Président,
« *Le ministre d'État :* X. de Casabianca. »

Le second décret était précédé de très longs considérants sur l'ancien droit public de la France, dans lesquels on cherchait à établir qu'en vertu de ce droit les biens appartenant aux princes à leur avénement au trône étaient à l'instant même et de plein droit réunis au domaine de la couronne. L'auteur des considérants soutenait en outre que la donation universelle sous réserve d'usufruit, consentie par Louis-Philippe au profit de ses enfants à l'exclusion de l'aîné de ses fils, avait eu pour but d'empêcher la réunion au domaine de l'État des biens considérables possédés par lui, et que, si l'annulation de cette donation ne fut pas prononcée, c'est qu'il n'y avait pas, comme sous l'ancienne monarchie, une autorité compétente pour réprimer la violation des principes de droit public dont la garde était anciennement confiée aux parlements.

M. Louis Bonaparte ajoutait que, « sans vouloir porter atteinte au droit de propriété dans la personne des princes de la famille d'Orléans, il ne justifierait pas la confiance du peuple français s'il permettait que des biens appartenant à la nation soient soustraits au domaine de l'État. » Ainsi donc, les membres de la famille d'Orléans, de même que leurs femmes et leurs descendants, étaient privés non seulement du droit de posséder aucuns meubles et immeubles en France, et obligés de vendre d'une manière définitive tous les biens qui leur appartenaient dans l'étendue du territoire de la République, mais encore ils perdaient là le droit de garder les biens de la famille faisant retour à l'État. Le second décret les répartissait de la façon suivante : dix millions aux sociétés de secours mutuels, dix millions pour améliorer les logements des ouvriers, dix millions à l'établissement d'institutions de crédit foncier, cinq millions pour une caisse de retraite au profit des desservants pauvres ; le surplus, réuni à la dotation de la Légion d'honneur, devait servir à payer divers traitements aux officiers et soldats de terre et de mer, promus aux divers grades de la Légion d'honneur, et 100 francs de rente viagère aux porteurs de la médaille militaire qui venait d'être créée [1].

Le premier de ces décrets pouvait à la rigueur être considéré comme ne dépassant pas les pouvoirs du législateur ; de nombreux précédents le justifiaient. Il n'en était pas de même du second, offrant le caractère d'une confiscation pure et simple.

M. Jules Favre avait soumis le 5 juillet 1848 à l'Assemblée nationale une proposition ainsi conçue :

« Les biens meubles et immeubles de l'ex-roi Louis-Philippe sont déclarés acquis à l'État. Les princes de la maison d'Orléans propriétaires d'immeubles sur le territoire de la République seront tenus d'en opérer la vente dans le délai de six mois. »

La Constituante rejeta cette proposition. Le bruit se répandit dans les premiers jours de janvier que le dictateur songeait à la convertir en décret. M. Baroche, interrogé à ce sujet, répondit : « Allons donc ! il n'y a que les ennemis du gouvernement qui puissent répandre de pareils bruits. »

Deux jours après, le *Moniteur* du 23 janvier publiait les deux décrets en question [2].

1. Le château de Saverne, restauré et achevé, était destiné à servir d'asiles aux veuves des hauts fonctionnaires, civils et militaires, morts au service de l'Etat, et un château national de maison d'éducation aux filles ou orphelines indigentes des familles dont les chefs auraient obtenu la médaille militaire.

2. La rédaction en a été attribuée à M. Baroche et à M. Troplong. L'un ne les connaissait pas la veille ; l'autre prétend en avoir témoigné son indignation. L'ex-ministre Teste s'est plaint de l'accusation qu'on faisait peser sur lui à ce sujet, comme d'une aggravation de peine.

Bien des efforts furent faits pour empêcher le dictateur de prendre cette mesure. Le duc Pasquier, qui avait jugé le coup d'État nécessaire et qui l'avait approuvé, eut le 19 janvier, avec Louis Bonaparte, une longue entrevue dans laquelle il essaya vainement de le dissuader de son projet.

Fig. 95. — Les journaux sont supprimés, toutes les imprimeries sont occupées par la force publique (p. 121).

Le second décret était sans doute un acte fait pour exciter la réprobation de tous les honnêtes gens. Il est fâcheux qu'elle ne se soit pas étendue à tous les délits du même genre commis par la dictature. Deux cents officiers ministériels environ, notaires, avoués, huissiers, avaient été obligés, à la suite d'un arrêt de révocation ou sur une simple injonction administrative, de se défaire de leurs charges immédiatement. Une vente dans de telles conditions équivalait, pour tant de familles, à la ruine complète. Ces attentats à la propriété commis sur de simples particuliers républicains avaient passé presque inaperçus; les décrets ordonnant la vente des biens de la famille d'Orléans soulevèrent des plaintes énergiques dans la haute bourgeoisie et une assez vive opposition au sein même du conseil des ministres.

Morny tint à prouver qu'il se souvenait de ses relations avec la famille d'Orléans, et quitta le ministère avec MM. Magne, ministre des travaux publics, Fould, ministre des finances, et Rouher, garde des sceaux. Les instances du chef de l'État réussirent seules à empêcher le général Saint-Arnaud, ministre de la guerre, de suivre l'exemple de ses collègues [1].

M. Dupin, comme président de l'Assemblée législative, avait fait contre le coup d'État une protestation de pure forme; comme procureur général à la cour de cassation, il avait gardé sa place. On fut donc quelque peu surpris de la semonce assez verte contenue dans la lettre adressée au chef du gouvernement en lui envoyant sa démission, et de la sévérité beaucoup plus grande qu'il déploya dans ses conversations contre les décrets du 22 janvier, à la fois contraires au droit et témoignant de l'ingratitude de leur auteur à l'égard de la famille de Louis-Philippe. « C'est, dit-il, le premier vol de l'aigle [2]. »

M. de Montalembert avait énergiquement soutenu le président de l'Assemblée législative; son nom figurait sur la liste des membres de la

---

1. Un parasite disait, en parlant de son amphitryon habituel dont il avait à se plaindre : « Je ne dinerai pas chez lui de huit jours. » Les ministres démissionnaires en disaient autant du gouvernement: « Je me brouille avec vous pendant huit jours. » Les ministres démissionnaires ne tardèrent pas à rentrer dans les fonctions publiques par la porte du Sénat ou du Conseil d'État.

M. de Persigny put enfin utiliser la circulaire préparée par lui au moment du coup d'État ; il remplaça Morny au ministère de l'intérieur. M. Abbatucci, Corse d'origine mélangé de Parisien, ancien député de la gauche, président de chambre à la Cour d'Orléans, conseiller à la Cour de cassation, reçut les sceaux, abandonnés par M. Rouher. M. Bineau, proposé par M. Fould, devint ministre des finances, et M. Lefèvre-Durufflé ministre des travaux publics.

2. Ce mot, dont M. Dupin n'a jamais repoussé la paternité, ne l'empêcha pas bientôt après d'oublier le vol de l'aigle et l'ingratitude du Prince, et de reprendre sa place à la tête du parquet de la Cour de cassation.

commission consultative formée après le 2 décembre. Les décrets du 22 janvier le décidèrent à se séparer d'un pouvoir avec lequel l'exil même de ses collègues n'avait pu l'amener à rompre. « Mon nom, dit-il, est une enseigne; je ne le laisserai pas plus longtemps sur une boutique dans laquelle on commet de pareilles infamies. » Il envoya donc sa démission, mais sa lettre ne put être publiée qu'à l'étranger.

M. de Gasparin, ancien ministre de l'intérieur, membre de l'Académie des sciences, M. de Rambuteau, ancien préfet de la Seine, avaient accepté la proposition d'entrer au Sénat : ils retirèrent leur consentement. M. Jaubert, ancien ministre des travaux publics, consentait à prendre au Conseil d'État la présidence de la section du commerce et des travaux publics; M. Legrand, ancien directeur général des forêts et des contributions indirectes, devait également entrer dans ce corps. Ils refusèrent d'y siéger. Dix-huit conseillers d'État sur quarante avaient protesté contre le coup d'État. La plupart de ceux qui n'avaient pas protesté, et parmi ceux-ci MM. Paravey, Perignon et Hely d'Oissel, ainsi que M. Prosper Hochet, secrétaire général du Conseil, devaient en faire partie. Ils firent rayer leurs noms de la liste préparée.

Ces sacrifices sont certainement très honorables, et il faut louer ceux qui les ont faits sans esprit de retour. Après avoir commis la faute d'accepter le coup d'État, ils refusaient de le suivre plus loin et d'accorder leur adhésion à l'acte du 22 janvier. C'est un mérite sans doute que de s'arrêter quand on est dans une mauvaise voie, mais on ne peut s'empêcher de reconnaître que la logique des événements en diminuait quelque peu l'importance et l'effet. Les décrets du 22 janvier ouvraient dans le droit de propriété une brèche menaçante. Ce n'était pas la seule que le coup d'État y eût faite. Les hommes qui protestaient contre ces décrets ne s'en étaient point aperçus. Après avoir sacrifié le droit universel à ce qu'ils appelaient le salut de la société, comment pouvaient-ils justifier leur refus de lui sacrifier les droits particuliers de la famille d'Orléans?

MM. Laplagne-Baris, de Montmorency, de Montalivet, Scribe, exécuteurs testamentaires de Louis-Philippe, protestèrent contre les décrets du 22 janvier [1].

[1]. Les princes d'Orléans leur adressèrent cette lettre :

« Messieurs, nous avons reçu la protestation que vous avez rédigée contre les décrets de confiscation rendus contre nous, et nous vous remercions bien sincèrement de vos efforts pour résister à l'injustice et à la violence.

« Nous avons trouvé tout simple que vous vous soyez occupés spécialement de droit,

Le dictateur, après avoir fait défendre ses décrets dans une brochure rédigée dans les bureaux du ministère de l'intérieur, chercha de tous côtés un homme qui consentît à devenir son avocat. Le bureau de l'esprit public organisé au ministère de l'intérieur sous Louis-Philippe était une sorte de salle d'armes où le gouvernement entretenait des maîtres et des prévôts d'escrime, toujours prêts à ferrailler contre l'opposition. La caisse des fonds secrets fournissait la haute paye de ces employés. M. Granier de Cassagnac, l'un de ces ferrailleurs politiques, se trouva, le lendemain du 24 février, sur le pavé avec sa brette et son plumet; le docteur Véron le recueillit au *Constitutionnel* et fit cadeau de cette recrue au bonapartisme. Le gouvernement offrit au *Constitutionnel* et à M. Granier de Cassagnac de se charger de plaider en faveur de la confiscation des biens de la famille d'Orléans; ils ne reculèrent ni l'un ni l'autre devant cette tâche. Les articles de M. Granier de Cassagnac soulevèrent de vives répliques. Une partie des classes élevées prêta une attention suivie à ce débat; la majeure partie y resta étrangère ou indifférente. Elle avait pris son parti du coup d'État, elle s'y était habituée en quelque sorte, et elle n'entendait pas qu'on vînt la troubler dans ses habitudes.

Les membres de la famille d'Orléans essayèrent de résister judiciairement au coup qui les frappait. Un nouveau décret du 27 mars 1852 ordonnait la mise en vente des domaines de Neuilly et de Monceaux, compris dans les biens confisqués. L'administration des domaines en prit possession par la force quinze jours après. Les propriétaires expulsés assignèrent cette administration devant le tribunal civil de la Seine. Le

---

sans faire ressortir ce que les considérants de ces décrets ont d'injurieux pour la mémoire du roi notre père.

« Un moment, nous avons songé à sortir de cette réserve que l'exil nous impose, et à repousser nous-mêmes les attaques si indignement dirigées contre le meilleur des pères...

« Mais, en y pensant plus mûrement, il nous a paru qu'à de semblables imputations le silence du dédain était la meilleure réponse.

« Nous ne nous abaisserons donc pas à relever ce que ces calomnies ont de plus particulièrement odieux à être reproduites par celui qui a pu deux fois apprécier la magnanimité du roi Louis-Philippe et dont la famille n'a reçu de lui que des bienfaits.

« Nous laissons à l'opinion publique le soin de faire justice des paroles aussi bien que de l'acte qu'elles accompagnent.

« Nous sommes heureux de constater que ces honteux décrets, et leurs considérants plus honteux encore, n'ont osé se produire que sous l'état de siège et après la suppression de toutes les garanties protectrices des libertés de la nation.

« Signé : Louis d'Orléans, duc de Nemours.
François d'Orléans, prince de Joinville.
Henri d'Orléans, duc d'Aumale. »

préfet de la Seine déclina sa compétence. Débouté dans sa demande, il porta la question devant le Conseil d'État au lieu de la porter devant la Cour d'appel. M. Maillard, président de la section du contentieux, désigna M. Cornudet, conseiller d'État, comme rapporteur, et chargea M. Reverchon, maître des requêtes, de remplir les fonctions du ministère public.

M. Baroche, vice-président [1] du conseil d'État, proclamait bien haut que ce corps aurait toute sa liberté dans ce procès, déclaration qui rassurait médiocrement ses membres. L'affaire venait au rôle le 12 juin. M. Baroche, cinq jours auparavant, manda M. Reverchon et lui dit nettement qu'il s'agissait de bien autre chose que d'une question de compétence, que la question était entièrement politique, et qu'il fallait à tout prix empêcher que le Conseil d'État, en annulant le conflit, livrât l'affaire aux libres et publiques discussions des tribunaux. M. Baroche ne pouvant s'entendre sur ce point avec M. Reverchon, l'invita à remettre son dossier à un de ses collègues. M. Reverchon répondit que, chargé de ce dossier par M. Maillard, il ne pouvait en être déchargé que par lui, et qu'il attendrait sa décision à ce sujet, pour s'y soumettre: « Prenez garde, votre conduite pourrait bien être prise pour un acte d'agression. » M. Baroche termina sur ces mots l'entretien et écrivit à M. Maillard, qui le lendemain commit un maître des requêtes pour remplacer M. Reverchon [2].

L'affaire fut appelée le 15 juin; M. Paul Fabre [3] plaida pour la famille d'Orléans. Le conflit fut approuvé à la majorité d'une seule voix. C'était un succès trop voisin d'un échec pour que la dictature s'exposât à en remporter d'autres du même genre. Il fallait rappeler le Conseil d'État à l'obéissance. Le garde des sceaux Abbatucci parlait de destituer non seulement le maître des requêtes récalcitrant, mais encore les huit conseillers d'État qui avaient formé la minorité. Il se contenta de frapper, outre M. Reverchon, le conseiller-rapporteur M. Cornudet. Le président de la section, M. Maillard, fut prié de donner sa démission et averti que, faute de se rendre à cette prière, il serait purement et simplement révoqué. M. Maillard se résigna; il savait que c'était le seul moyen de

---

1. Le titre de président ne lui fut donné qu'après le rétablissement de l'Empire par le décret du 30 décembre 1852.
2. L'assemblée du Conseil d'État au contentieux était alors composée : 1° des six conseillers d'État formant la section du contentieux, MM. Maillard, président, Marchand, Boulatignier, Boudet, Bouchart et Cornudet ; 2° de MM. le général Allard, Boulay de la Meurthe, Charlemagne, Charles Giraud, Suin, Tourangin, Waïsse, Villemain, Villefroy et Wuitry, et M. Baroche, vice-président. Dix-sept membres du Conseil d'État en tout.
3. Depuis procureur général près la Cour de cassation.

sauver les autres membres de la section. Le maître des requêtes qui avait remplacé M. Reverchon comme chargé du ministère public passa d'emblée conseiller d'État, quoique sa capacité fût loin de justifier un pareil avancement.

M. Achille Fould, qui venait d'être nommé ministre d'État, inaugura son ministère en contre-signant la destitution de deux honnêtes gens punis pour avoir désapprouvé les décrets du 22 février, à cause desquels M. Fould six mois auparavant avait cru devoir donner sa démission comme ministre des finances.

Le décret rétablissant les titres de noblesse avait paru deux jours après le décret de confiscation des biens de la famille d'Orléans. Le décret organique pour l'élection des députés fut publié le 2 février, le décret sur la presse le 17, et le 28 celui sur le Crédit foncier. Le mois de mars fut marqué par le traité entre l'État et la Banque de France, la conversion de la rente en 4 et demi pour cent, le décret pour l'achèvement du Louvre, et par la fin de la dictature. Elle avait bien mis le temps à profit : garde nationale, université, magistrature, finances, presse, tout était remanié par elle. Une loi enlevait aux citoyens le droit de nommer leurs officiers, droit reconnu par l'ancien régime aux gardes bourgeoises ; les professeurs de l'Université privés de l'inamovibilité dont ils jouissaient et livrés à l'arbitraire ministériel ; l'inamovibilité de la magistrature menacée par la limite d'âge pour la retraite ; les attributions des préfets augmentées sous prétexte de décentralisation ; la presse placée sous la main du pouvoir, par la nécessité d'obtenir l'autorisation et de se conformer aux décisions de l'arbitraire administratif ; la rente de 5 pour 100 convertie en 4 1/2 pour 100 ; le Crédit foncier et le Crédit mobilier fondés ; le budget de 1852, que l'Assemblée législative n'a pu discuter, réglé par un décret : la dictature avait fini sa tâche. Le dictateur abdiqua en levant partout l'état de siège, dans tous les départements où il était en vigueur, le 28 mars 1852, veille du jour où les corps constitués devaient se réunir pour la première fois.

CHAPITRE XXIII

AVE CESAR

Distribution des aigles à l'armée du 10 mai 1852. — Allocution du Prince-président. — 7 juillet 1852, élections des conseillers municipaux et généraux. — 17 juillet, inauguration du chemin de fer de Strasbourg. — Le Prince part pour le Midi. — 9 octobre, discours de Bordeaux : « L'Empire, c'est la paix ». — Rentrée du Prince à Paris. — Réception royale qu'on lui fait. — Louis Bonaparte et Morny s'embrassent devant la foule. — Le curé de la Madeleine l'attend à la tête de son clergé pour l'encenser à la porte de l'église. — Salut à l'Empereur. — Le rétablissement de l'Empire est décidé. — Convocation du Sénat. — Plébiscite du 21 novembre 1852. — Réunion des grands corps de l'Etat au château de Saint-Cloud. — Discours de M. Billault. — Réponse du prince Louis Bonaparte. — La République seul moyen de sauver la liberté. — Fautes du parti républicain.

L'Empire existait de fait, on n'attendait plus que la proclamation de l'Empereur ; le bruit se répandit qu'elle aurait lieu le 10 mai, à la suite de la distribution des aigles à l'armée. Une estrade était dressée pour cette ceremonie au milieu du Champ de Mars ; le Prince-président y monta, entouré de son état-major. Le clergé bénit l'aigle latine, comme il avait déjà béni le coq gaulois et le bonnet phrygien. Le chef de l'État, ayant à ses côtés le maréchal Jérôme Bonaparte, son oncle, descendit quelques marches pour prononcer la harangue suivante :

« Soldats,

« L'histoire des peuples est en grande partie l'histoire des armées ; de leurs succès ou de leurs revers dépend le sort de la civilisation et de la patrie : vaincues, c'est l'invasion ou l'anarchie ; victorieuses, c'est la gloire et l'ordre.

« Aussi les nations, comme les armées, portent-elles une vénération religieuse à ces emblèmes de l'honneur militaire qui résument pour elles tout un passé de gloire et de triomphe.

« L'aigle romaine adoptée par l'empereur Napoléon au commencement de ce siècle fut la signification la plus éclatante de la régénération et de la grandeur de la France. Elle disparut dans nos malheurs. Elle devait revenir lorsque la France, relevée de ses défaites, maîtresse d'elle-même, ne semblerait plus répudier ses propres gloires.

« Soldats, reprenez donc ces aigles, non comme une menace contre les étrangers, mais comme le symbole de notre indépendance, comme le souvenir d'une époque héroïque, comme le signe de noblesse de chaque régiment.

« Reprenez ces aigles qui ont si souvent conduit nos pères à la victoire, et jurez de mourir pour les défendre. »

Fig. 96. — Le gouvernement prend possession par la force des domaines de Neuilly et de Monceaux (p. 429).

Cette philosophie de l'histoire, si fausse mais si bien appropriée à l'auditoire, ce chauvinisme suranné, mais encore vivace au cœur des soldats, excitèrent leurs acclamations. Le Prince-président quitta cependant le Champ de Mars sans être empereur; l'acclamation prétorienne ne vaut pas le suffrage civil, et Louis Bonaparte savait bien que désormais ce suffrage n'avait plus rien à lui refuser.

La nomination des maires par le gouvernement et des conseils municipaux et généraux eut lieu le mois suivant. La liberté du vote, on l'a vu par les exemples déjà cités de persécution locale, n'exista que de nom. Le gouvernement désigna les conseillers municipaux et les conseillers généraux, comme il avait désigné les députés.

Le Prince-président se rendit à Strasbourg à l'occasion de l'inauguration du chemin de fer, et son retour fut marqué par une modification ministérielle qui fit entrer MM. Drouyn de Lhuys, Fould et Magne dans le cabinet. La fête de Napoléon Ier est célébrée le 15 août, et le Prince-président part pour le Midi.

L'esprit courtisanesque avait eu le temps de pénétrer dans les départements et d'y faire des progrès. Sur un arc de triomphe placé à l'entrée de la première ville où il se présentait on lisait : « La ville de Roanne se donne à Louis-Napoléon, 17 septembre 1852. » — Sur un autre : « A Louis-Napoléon le cœur de la ville de Roanne. » — « Prince, nos vœux et nos cœurs vous accompagnent. » Une inscription surmontant la porte de Saint-Étienne le salue empereur : *Ave, Cesar imperator*. A Lyon, il préside à l'inauguration d'une statue équestre de son oncle; à Marseille, la police découvre une machine infernale et une de ces conspirations complaisantes qui surgissent toujours à la veille des grandes usurpations.

La flotte l'attend à Toulon pour le saluer. Son voyage jusqu'à Bordeaux n'est qu'une marche triomphale.

Lorsque Napoléon Ier monta sur le trône, la France sortait d'une révolution qui avait armé la société tout entière : comme garde national, sectionnaire, réquisitionnaire, volontaire, insurgé, émigré, tout Français avait porté le fusil; des provinces levaient des armées; des villes soutenaient des sièges : partout la guerre civile. La nation, sans commerce, sans industrie, était toute préparée à la guerre; elle la fit avec d'autant plus de bonheur qu'elle ne tarda pas à placer à sa tête un des plus grands guerriers de tous les temps. La bourgeoisie de 1852, cherchant dans le despotisme un refuge contre les orages de la liberté, ne lui demandait plus la gloire, mais la paix; le Prince la lui promit sur tous les tons dans sa visite aux principales villes de l'Alsace, du Centre et du Midi. Les discours de Lyon, de Saint-Étienne et de Marseille furent autant d'assurances données à la bourgeoisie, et d'étapes vers l'Empire. Le voyage se termina par le discours de Bordeaux : « L'Empire, c'est la paix [1] ! » Cette phrase relevait une dynastie.

Le Prince-président fit sa rentrée à Paris. Lors de son départ, les officiers de l'armée de Paris avaient tenu à honneur d'entourer la voiture et de galoper à sa portière; d'autres honneurs accueillirent son retour. Le

---

1. C'était un mot de M. Haussmann, préfet de la Gironde. Le Prince-Président le lui emprunta.

Sénat, le Corps législatif, le Conseil d'État, le corps diplomatique français, la maison militaire et civile du Prince, les cours, les tribunaux, les états-majors de l'armée, l'attendaient au chemin de fer d'Orléans dans la salle des voyageurs transformée en salle du trône. Les grands corps de l'État occupaient la place que M. Feuillet de Conches, maître des cérémonies, leur avait marquée ; les Ecoles d'état-major, des mines, de Saint-Cyr, polytechnique, l'archevêque de Paris et son clergé, les consistoires protestant et israélite, les juges de paix, rien ne manquait à ce champ de mai dans une gare, depuis l'Institut jusqu'à la Chambre des notaires et des avoués, depuis le Syndicat des agents de change jusqu'à celui des commissaires priseurs. Le canon, les musiques militaires, les cloches saluaient à la fois le Prince-président à sa descente de wagon. Le prince Jérôme, précédé de M. Feuillet de Conches et suivi d'un brillant cortège, se rendit au-devant de son neveu, qui l'embrassa ; à leur entrée, les grands corps de l'État poussent le cri de : Vive l'Empereur! Le Prince-président, arrivé devant les membres du Corps législatif, s'arrêta, comme pour chercher quelqu'un dans la foule des députés : c'était Morny. Non content de lui tendre la main, il l'attire dans ses bras. Les acclamations officielles au moment où le Prince-président monta sur le trône furent si éclatantes qu'elles empêchèrent d'entendre la cantate chantée par les chœurs du Conservatoire.

Pendant que cette espèce de sacre administratif a lieu, la foule circule au dehors sous des arcs de triomphe qui forment presque voûte, du jardin des plantes à la Madeleine. Le premier est dressé devant le pont d'Austerlitz ; là sont réunis le président du conseil municipal, M. Delangle, et le doyen des maires de Paris, M. Monnin-Japy, ayant à leur tête le préfet de la Seine, M. Berger, ancien héros de Février [1], qui s'adresse ainsi au Prince-président. « Cédez, Monseigneur, aux vœux d'un peuple tout « entier ; la Providence emprunte sa voix pour vous dire de terminer la « mission qu'elle vous a confiée, en reprenant la couronne de l'immortel « fondateur de votre dynastie. Ce n'est qu'avec le titre d'Empereur que « vous pouvez accomplir les promesses du magnifique programme que, « de Bordeaux, vous venez d'adresser à l'Europe attentive. » M. Delangle

---

1. Une colonne formée des compatriotes du préfet de la Seine, Auvergnats, marchands de charbon et forts de la Halle, armés de fusils, descendant le 24 février, à dix heures du matin, de la place de la Bastille au pas accéléré, tambours en tête, serrée, résolue, marchait sur les Tuileries. M. Berger, notaire, député, maire des barricades, battait avec sa grosse tête la mesure à la *Marseillaise*, au milieu des bourgeois formant le premier rang de cette colonne ; l'ancien conquérant des Tuileries offrait trois ans après la couronne à Louis-Napoléon.

et M. Monnin-Japy adressent les mêmes supplications au Prince-président. Le futur Empereur semble accueillir favorablement ces demandes. Au moment où il passe sous l'arc de triomphe, le directeur des arènes impériales lance un ballon en forme d'aigle aux ailes éployées et tenant la couronne dans ses serres.

L'architecture des fêtes publiques, art ancien et routinier, s'était rajeunie et renouvelée depuis l'avènement de M. Louis Bonaparte à la présidence de la République; les architectes à la détrempe, avec de la toile, du carton et quelques châssis, improvisaient de vrais monuments : d'honorables maisons de commerce fournissaient à l'instant le principal et les accessoires de toute cérémonie royale ou princière, à Paris et dans les départements, dais, trônes, sceptres, couronnes, clefs de ville, etc.; le Prince-président, à cheval en avant de son cortège, s'avançait lentement entre deux haies de troupes et de corporations ouvrières avec bannières et guidons; il traversa plusieurs arrondissements et passa devant les théâtres; arrondissements et théâtres, tous avaient leur arc de triomphe. Celui de l'Ambigu-Comique portait au fronton ces vers de Virgile :

> Di patrii indigetes, tu Romule Vestaque mater,
> Quæ Tuscum Tiberim et Romana palatia servas
> Hunc saltem everso juvenem succurrere sæclo
> Ne prohibete.....

L'arc de triomphe de la Porte-Saint-Martin n'avait point d'inscriptions, non plus que celui du Gymnase; le triomphateur, à partir de ce dernier théâtre, dut se contenter des simples faisceaux de drapeaux des cafetiers et des restaurateurs jusqu'à l'entrée de la rue Lepelletier, où s'élevait sous un *velum* le monument dressé en commun à la gloire du futur Empereur par les directeurs de l'Opéra et de l'Opéra-Comique. Parti à midi de l'embarcadère du chemin de fer d'Orléans, à trois heures seulement il arrive devant l'église de la Madeleine : le curé, revêtu de ses plus riches habits sacerdotaux, debout sur les marches de l'ancien temple de la Gloire, s'incline devant le triomphateur pendant que les lévites font fumer l'encens en son honneur. Sur la place de la Concorde, au milieu d'une forêt de mâts à banderoles, s'élève un dernier arc de triomphe : « *A Napoléon III, sauveur de la civilisation moderne.* » Quelques pas séparent à peine le Prince-président des Tuileries, où l'attendent les princesses de sa famille; va-t-il enfin, après un dernier salut aux troupes qui viennent de défiler, se reposer de ses fatigues? Non; les traditions monarchiques, réveillées comme par enchantement, l'obligent à prêter l'oreille au discours d'une jeune commère chargée, au nom des dames de la Halle, de demander le rétablissement de l'Empire.

La journée est finie : les troupes regagnent leurs casernes, où les tables du festin sont dressées; les sons de la musique militaire se perdent dans le lointain; les bannières des orphéons et des corporations disparaissent

Fig. 97. — Manifestation sur la place de la Bourse à l'occasion de la conversion de la rente (p. 431).

dans la brume; les ouvriers regagnent lentement leurs faubourgs en causant entre eux à voix basse, préoccupés et fatigués; pas de gaieté, pas de chants, pas d'éclats de rire dans la foule. Il n'y a de l'animation que dans cette longue suite de cafés et de restaurants qui se succèdent sans interruption d'un bout du boulevard à l'autre et qui indiquent qu'une ère nouvelle a commencé et qu'on ne songe qu'au plaisir. Quelques philosophes perdus dans leurs réflexions suivent mélancoliquement le peuple qui s'écoule avec lenteur sur ces trottoirs d'où ils virent passer les cercueils du général Foy, de Lafayette, et la pompe funèbre des morts de juillet 1830 et de février 1848. Ils remontent dans leur pensée jusqu'à ces premières années de la Restauration où l'on créait la légende impériale, croyant qu'elle n'aurait de vertu magique que contre l'ancien régime, et reconnaissent leur erreur. La nuit cependant est faite : le gaz officiel s'allume au fronton des monuments, les lanternes vénitiennes aux fenêtres des maisons, les transparents à la façade des théâtres et de tous les établissements publics : magasins, boutiques, échoppes, tout est illuminé. On lit ces deux mots de l'inscription de Saint-Étienne qui résument la situation et qui font un singulier effet sur le transparent d'un coiffeur de la rue Montmartre :

AVE, CÆSAR!

Le *Moniteur*, le lendemain, contenait la note suivante : « La manifes- « tation éclatante qui se produit dans toute la France en faveur du réta- « blissement de l'Empire impose le devoir au Président de consulter à ce « sujet le Sénat. »

Un décret publié à la suite de cette note convoquait donc cette Assemblée pour le 4 novembre : s'il résultait de ses délibérations un changement dans la forme du gouvernement, le sénatus-consulte adopté à ce sujet serait soumis à l'approbation du peuple français. Le même décret appelait le Corps législatif à constater la régularité des votes, à en faire le recensement et à en déclarer le résultat. Le Sénat et le peuple avaient seuls, il est vrai, le droit de modifier la Constitution ; mais le « Prince entend que « le Corps politique issu, comme lui, du suffrage universel, vienne attester « au monde la spontanéité du mouvement national qui le porte à l'Em- « pire, et qu'en constatant la liberté du vote et le nombre des suffrages, « il fasse sortir de sa déclaration toute la légitimité de son pouvoir. »

Le *Moniteur* a parlé d'efforts considérables, de manœuvres de toutes sortes, employés par les partis pour entraver le vote de l'Empire ; le journal officiel s'était donné un démenti à lui-même en publiant la protestation du comte de Chambord et les manifestes de quelques exilés de Londres ; c'est à cela que s'étaient bornés les efforts et les manœuvres des partis. La terreur régnait encore ; d'ailleurs, sans liberté de la presse et sans liberté de réunion, toute opposition est impossible : l'élection du 21 novembre se fit sans discussion, avec le concours de toutes les forces d'un État puissant et centralisé. Le recensement général des suffrages donna 7 839 532 bulletins portant le mot *oui*, 253 149 portant le mot *non*, 63 609 bulletins nuls, 2 062 798 abstentions.

Les procès-verbaux de quelques localités éloignées manquaient encore ;

mais le Corps législatif se crut autorisé, par l'immense majorité acquise au plébiscite, à déclarer sans délai que le peuple français réuni dans ses comices avait accepté le plébiscite suivant [1] : « Le peuple français veut le « rétablissement de la dignité impériale dans la personne de Louis-Napo-« léon Bonaparte, avec hérédité dans sa descendance directe légitime ou « adoptive, et lui donne le droit de régler l'ordre de succession, ainsi « qu'il est dit dans le sénatus-consulte du 7 novembre 1852. »

Le 1ᵉʳ décembre 1852, deux cents voitures éclairées par des porteurs de torches à cheval traversaient le bois de Boulogne à huit heures du soir, au milieu d'un brouillard épais, et portaient à Saint-Cloud les membres du Sénat, conduits par MM. Mesnard, Troplong, le général Baraguay d'Hilliers, vice-présidents, et le général d'Hautpoul, grand référendaire de cette assemblée. Les sénateurs venaient remettre au Prince-président le sénatus-consulte qui le nommait Empereur. Le Sénat prit place sur les bancs préparés dans la galerie d'Apollon, à la droite du trône, qui en occupait le fond; en face du Sénat, le Corps législatif; le Conseil d'État entra le dernier, précédé par ses présidents de section, MM. Rouher, de Parieu, Bonjean, Boudet, le général Allard et le vice-amiral Leblanc. M. Baroche, vice-président, siégeait au banc des ministres. M. Delangle, procureur général à la Cour de cassation, et M. de Royer, procureur général, avaient voulu figurer parmi leurs collègues du Conseil d'État.

M. Bacciocchi, un des futurs dignitaires de la future cour, dont le nom encore inconnu était destiné à une célébrité peu enviable, assistait M. Feuillet de Conches dans les fonctions de maître des cérémonies. Les grands corps de l'État, réunis à neuf heures, n'attendaient plus que le Prince-président, resté dans son appartement avec les ministres. M. Bacciocchi, l'ayant averti, revint bientôt, précédant le cortège, qui s'avançait dans l'ordre suivant : Le maître des cérémonies, M. Bacciocchi; le sous-maître des cérémonies, M. Feuillet de Conches; les officiers d'ordonnance; le secrétaire des commandements, M. Mocquard; le bibliothécaire, M. Lefèvre-Deumier; l'intendant général de la maison du Prince, M. Charles Bure. Venaient ensuite le Prince-président et sa famille. Louis Bonaparte portait l'uniforme de général de division, le prince Jérôme celui de maréchal de France, le prince Napoléon son

---

[1]. M. Chapuis-Montlaville, préfet de la Haute-Garonne, avait déjà donné l'ordre de le graver sur le bronze au chef-lieu du département; le simple marbre devait suffire à constater le vote de chaque commune.

fils un habit noir. La galerie retentit d'acclamations au moment où le Prince-président prend place sur le trône, préparé pour lui. M. Billault, président du Corps législatif, en remettant à Louis-Bonaparte la déclaration adoptée dans la séance du jour, le salue le premier du titre impérial : « Sire. » Il ajoute : « Abritant dans un immense souvenir
« de gloire ce qu'elle a de plus précieux, son honneur au dehors, sa sécu-
« rité au dedans, et ses immortels principes de 89, bases désormais iné-
« branlables de la nouvelle société française si puissamment organisée
« par votre oncle, notre nation relève avec un orgueilleux amour cette
« dynastie des Bonaparte, sortie de son sein et qui ne fut point renversée
« par les mains françaises. »

M. Mesnard prend la parole à son tour au nom du Sénat, dont il était le premier vice-président : « En rétablissant la dignité impériale dans la
« famille de Votre Majesté, en vous donnant la couronne qu'elle avait
« placée, il y a un demi-siècle, sur la tête du vainqueur de Marengo, la
« France dit assez haut quels sont ses vœux et comment, rattachant le
« présent au passé, elle confond ses espérances avec ses souvenirs. »

Le Prince répondit : « Lorsqu'il y a quarante-huit ans, dans ce même
« palais, dans cette même salle et dans des circonstances analogues, le Sé-
« nat vint offrir la couronne au chef de ma famille, l'Empereur répondit :
« Mon esprit ne serait plus avec ma postérité le jour où elle cesserait de
« mériter l'amour de la grande nation. » Eh bien! aujourd'hui, ce qui tou-
« che le plus mon cœur, c'est de penser que l'esprit de l'Empereur est
« avec moi, que sa pensée me guide, que son ombre me protège, puis-
« que par une démarche solennelle vous venez au nom du peuple français
« me prouver que j'ai mérité la confiance du pays. Je n'ai pas besoin
« de vous dire que ma préoccupation la plus constante sera de travailler
« avec vous à la grandeur et à la prospérité de la France. »

Les cris de : Vive l'Empereur! saluent la fin de cette allocution. Sénateurs, députés, conseillers d'État, ministres unissent leurs voix pour saluer Napoléon III[1]. Il quitte la galerie avec son cortège. Les sénateurs, les

---

1. L'histoire doit constater que, dès le mois de septembre, M. Mesnager, maire de Sèvres, avait pris l'initiative de l'acte que venaient d'accomplir les grands corps de l'État, en faisant placarder l'affiche suivante sur les murs de la ville de Sèvres :

« La ville de Sèvres, obéissant à la puissance de ses souvenirs d'affection et de reconnaissance pour le prince Louis-Napoléon, l'envoyé de Dieu, l'élu de la France, son sauveur, le proclame Empereur des Français sous le nom de Napoléon III et lui confère et à ses descendants l'hérédité.

« Fait à Sèvres l'an de grâce et de résurrection 1852, le 7 septembre. »
Suit la signature de M. Mesnager.

Fig. 98. — Distribution des aigles à l'armée (p. 432).

députés et les conseillers d'État reviennent à Paris, les torches se rallument dans la cour du palais, les voitures défilent lentement sur le pont de Saint-Cloud ; les lueurs des lanternes et des flambeaux s'éteignent peu à peu dans la Seine, et bientôt le bourg et le château reprennent leur tranquillité.

L'Empire avait débuté dans ce château de Saint-Cloud, le 18 brumaire. La liberté est périlleuse à fonder et plus difficile à conserver ; il faut sans cesse veiller sur ce trésor si menacé. Culte, presse, organisation des communes et des départements, représentation électorale, délégation du pouvoir, la Constitution de l'an III réglait tous ces points d'une façon satisfaisante pour ceux qui ne séparent pas la révolution de la liberté. Il s'agissait de la maintenir et de la consolider. Malheureusement la bourgeoisie avait perdu sa foi aux Constitutions, et sa confiance dans la liberté faisait place chez elle à la confiance dans les hommes. La société lui paraissait menacée ; elle cherchait un sauveur, elle trouva un maître. La bourgeoisie aima mieux se débarrasser de son trésor que de le défendre ; les théoriciens de la liberté la trahirent.

Les auteurs et les complices du 18 brumaire n'invoquaient pour leur défense que la loi suprême du salut public : plagiaires des Jacobins, ils se flattaient de ne pas leur ressembler, parce qu'ils n'avaient, disaient-ils, décrété la terreur que contre les idées ; mais celle-ci ne va pas sans la terreur contre les personnes. La terreur du Consulat paraît moins terrible que celle du comité de Salut public, parce que la France fut plus docile ; elle accepta tout d'un pouvoir régulier en apparence et se crut tranquille et libre parce qu'elle était obéissante. La bourgeoisie avait fait le 18 brumaire avec l'armée ; quand elle s'aperçut des conséquences du régime militaire qui venait de s'établir, on lui dit qu'il était trop tard pour protester : que la gloire remplace la liberté, et elle fit semblant de le croire ; il lui fallut pourtant bien un jour convenir que, malgré l'éclat qu'ils jetaient sur elle, les succès de Napoléon Ier mettaient en péril la fortune de la nation. Mais, privée de toute énergie, elle ne put qu'assister en silence à sa ruine et attendre du hasard et des événements la fin d'une tyrannie dont elle était à la fois la complice et la victime.

La chute de l'Empire eut lieu. Wellington et Blücher donnèrent des fêtes dans ce château où Napoléon Ier avait fixé sa cour et où l'on venait encore aujourd'hui offrir l'Empire à Napoléon III. La Restauration eut lieu, et les Bourbons, sans aimer la liberté, donnèrent cependant un gouvernement relativement libre à la France ; mais qui donne la liberté se croit toujours maître de la reprendre. Aussi la Restauration, menaçant sans cesse le pays de lui retirer la liberté comme une simple concession à lui faite, ne fut-elle en réalité qu'une lutte entre l'ancien régime et le nouveau ; républicains, bonapartistes, constitutionnels, doctrinaires, réunis par le danger commun, conclurent entre eux une alliance dont le succès devait être aussi fatal à la Restauration qu'à la liberté.

La moitié de la génération de 1830 subissait l'influence de ce grand dissolvant qui s'appelait le romantisme. Le culte du moyen âge lui avait inspiré une ferveur religieuse maladive, et la théorie de l'art pour l'art l'avait jetée dans un mysticisme littéraire non moins énervant que le mysticisme religieux, d'où découlaient l'indifférence et le scepticisme en matière politique. Une autre moitié s'occupait au contraire beaucoup de politique, mais d'une façon vague et confuse ; habituée aux avantages de la tribune et de la presse, instruite des conditions d'existence d'un gouvernement libre, elle n'aimait pas l'Empire, et pourtant elle savait par cœur les chansons de Béranger et les odes de Victor Hugo en l'honneur de l'Empereur, et elle se laissait aller à confondre dans son admiration les souvenirs de l'Empire et ceux de la Révolution ; elle n'aimait pas l'Empire et semblait attachée à la monarchie constitutionnelle. Une faible portion de génération s'en était éloignée pour aller à la République. Malheureusement la République, au lieu d'être un parti, ne fut qu'une mêlée. Après la chute des Bourbons, les débris de cette dernière époque épargnés par l'exil reparurent ; les anciens partis de la Convention se trouvèrent encore en présence : ils s'attaquèrent avec la même passion et la même éloquence qu'autrefois. Le parti républicain, au lieu de chercher une leçon dans cette lutte, ne fit que lui emprunter les erreurs et les préjugés de ceux qui la soutenaient. On vit surgir de nouveaux Jacobins, de nouveaux Girondins, de nouveaux Hébertistes, etc. Les écoles divisaient le parti républicain, et il y avait même des sectes. L'une d'elles n'enseignait-elle pas que le catholicisme avait toujours été le grand ressort du mouvement démocratique en France ? On avait déjà vu poindre les socialistes, et en tête les saint-simoniens, proclamant la théorie du progrès de l'humanité par les hommes providentiels, fondaient l'Empire sur le sacerdoce, et le sacerdoce sur le génie ; le saint-simonisme, faisant dépendre la réforme sociale de la réforme industrielle, tendait à remplacer les hommes d'État par les hommes d'affaires, la politique par la bourse. Les fouriéristes venaient ensuite, rêvant de réformer le monde en faisant du plaisir la loi universelle ; des disciples de Babœuf qui avaient connu le maître prêchaient ouvertement sa doctrine communiste : les journaux se moquaient de ces doctrines et amusaient la bourgeoisie à leurs dépens. Les sectes, en attendant, pullulaient et semblaient seules douées de quelque vie. Quant aux partis, ils paraissaient morts. Les journaux de l'opposition et ceux du gouvernement continuaient bien à se disputer tous les matins; la gauche et la droite faisaient assaut d'éloquence et de récriminations à la tribune ; des alliances, des coalitions se nouaient et se dénouaient dans les couloirs de la Chambre des députés; mais la masse du pays restait à peu près étrangère à ces agitations. Le gouvernement, profitant de cette indifférence, avait érigé l'immobilité en système et en devoir pour lui. Louis-Philippe crut que ne pas agir, c'était conserver sa force. La révolution de Février vint brusquement le tirer de son erreur.

La seconde République fit de généreux efforts pour conduire la France au port d'un gouvernement libre, mais elle naviguait sur un fond vaseux, où l'ancre ne pouvait tenir. Les matelots manquaient d'ailleurs à l'équipage. La bourgeoisie n'en avait pas à lui fournir. Enrichie par trente ans de paix, déshabituée pendant le dernier règne de la politique, lorsque la monarchie se fut écroulée au milieu de la mêlée confuse d'opinions, d'idées, de sentiments, qu'on vient essayer de décrire, elle se déroba avec encore plus d'empressement qu'à l'époque du coup d'État de brumaire à la tâche laborieuse de défendre la liberté. Le suffrage universel avait grandi deux choses, le socialisme et l'Eglise. La bourgeoisie, frappée de la force que le suffrage universel donnait à l'Eglise pour combattre le socialisme, acheva de perdre toute confiance dans la forme constitutionnelle et ne vit plus de salut que dans une étroite alliance entre l'État et l'Église; elle se tint prête dès lors à se rallier à tout gouvernement décidé à contracter cette alliance.

Les hommes politiques qui siégeaient à l'Assemblée nationale ne pouvaient se faire illusion sur les dispositions d'esprit dans lesquelles se trouvaient les classes de la société qu'ils étaient habitués à diriger, et tout prouve qu'ils les connaissaient; mais les uns approuvaient intérieurement le rapprochement entre l'Église et l'État, et ne répugnaient pas à l'idée de voir la prépondérance de l'Église assurée par un coup d'État; les autres se sentaient fatigués, et, pourvu qu'ils fussent vaincus ensemble, tous se consolaient d'avance de leur défaite. L'instinct politique le plus ordinaire les eût avertis, sans cela, que la meilleure garantie qu'ils pussent trouver contre un coup d'État, c'était le maintien de la République, puisqu'ils ne pouvaient pas s'entendre sur la monarchie appelée à la remplacer. Sans doute, c'était exiger beaucoup de la sagesse humaine que de demander à des royalistes de travailler à la consolidation d'un gouvernement détesté par eux et sorti d'un coup de force populaire victorieux inopinément du gouvernement de leur choix ; mais les hommes dont nous parlons étaient les plus éclairés de la nation, ils lui devaient l'exemple. Il s'agissait du salut de la liberté ; puisqu'il n'y avait plus à choisir qu'entre la République et le coup d'État, cela aurait dû leur donner la force de surmonter leur répugnance, et la volonté de constituer la République en la gouvernant.

La chute trop récente de la monarchie ne permettait peut-être pas d'attendre une telle conduite de la part des royalistes. Pour qu'une pareille politique fût possible, il aurait fallu que vingt ans se fussent écoulés depuis la ruine de la monarchie et que la République eût succédé à une monarchie autre que celle dont les royalistes ralliés à la République auraient été les représentants.

Le parti républicain ne pouvait rien pour empêcher le coup d'État, sinon se taire et faire le mort, mais c'était aussi une chose prématurée que de lui demander une prudence semblable en un pareil moment, c'est-à-dire au lendemain d'une révolution [1]. Jamais il ne fut plus bruyant, plus vantard, plus menaçant, plus sûr de son triomphe qu'à la veille du jour où il devait subir une défaite si éclatante.

Voilà les causes qui ont fait réussir le coup d'État et créé l'Empire. Ces causes tiennent en partie au caractère national, au passé historique de la France, et par là on peut dire que la France a pris une part importante mais indirecte au coup d'État : mais, en l'acceptant, elle ne s'y est point mêlée, et, en se faisant sa complice par intérêt, elle en a toujours été honteuse. Quant à l'influence que le coup d'État lui-même a exercée sur la France, elle a été désastreuse. La nation à laquelle l'auteur du coup d'État, couvert du sang des victimes du boulevard, a osé dire qu'il lui donnait pour la première fois un gouvernement exempt de surprise et de violence, la nation qui a vu se renouveler chez elle en plein christianisme les excès de la tyrannie païenne, l'exil, la spoliation, la confiscation, le meurtre, la nation qui a oublié le 2 décembre et qui a supporté l'Empire pendant vingt ans, n'est pas dans un état mental qui puisse laisser les gens prévoyants et honnêtes sans inquiétude sur son avenir. Quand nos livres et nos journaux parlent de la régénération de la France, c'est

---

1. Ce qui a fait la force du parti républicain en 1870 et depuis, c'est qu'il n'a pas renversé l'Empire, qui s'est écroulé lui-même sans émeute et sans révolution.

sa régénération militaire qu'ils ont le plus souvent en vue. Ce qui a le plus besoin d'être régénéré dans ce pays, ce n'est pas l'esprit militaire, mais le sens moral.

Ce qu'on appelle l'idée napoléonienne avait en attendant triomphé de tous les obstacles. Qu'est-ce donc que cette idée? Elle se compose de deux éléments : le bonapartisme et l'impérialisme : l'un, représentant la dictature exercée au profit du peuple ; l'autre, l'ensemble des institutions civiles et politiques fondées par l'empereur Napoléon Ier. Le bonapartisme n'a jamais existé qu'à l'état d'aspiration chez les classes ignorantes : aspiration étrange! Bonaparte n'a rien fait pour le peuple ; le peuple l'effrayait quand il ne portait pas l'uniforme : toutes les lois industrielles de l'Empire sont des armes données au patron contre l'ouvrier. La Révolution avait aboli le remplacement militaire, les offices de la chicane, les droits scolaires, la gabelle ; Bonaparte les rétablit, sous d'autres noms ; la Révolution s'était faite contre une monarchie avide et prodigue, contre une noblesse corrompue, contre un clergé intolérant, contre la censure, les lettres de cachet, la corvée, l'ignorance, la misère ; Bonaparte restaura tout cela. Le peuple croyait que Bonaparte avait détruit réellement les institutions de l'ancien régime, tandis qu'il n'en avait changé que le nom ; il ignorait que la Révolution était précédée dans l'histoire par la Renaissance, par la Réforme, par le xviiie siècle ; les noms des auteurs de la Révolution elle-même s'effaçaient peu à peu de son esprit, sous l'effort habile et persévérant d'une réaction qui appelait à la fois à son aide le silence et la calomnie. Le peuple ne savait, en définitive, de la Révolution que ce qu'il en apprenait dans les écoles et dans les camps, ces vraies écoles de l'Empire : il croyait en Napoléon, rédempteur de la France et du peuple, crucifié par les rois sur le calvaire de Saint-Hélène. L'histoire, la poésie, la peinture, complices de cette légende, l'avaient profondément gravée au fond de son cœur.

L'impérialisme ne s'était jamais complètement éteint dans la haute bourgeoisie. Quelques âmes fières protestaient sous Napoléon Ier contre le despotisme et souffraient du mal de la liberté perdue ; mais les classes riches en général ne reprochaient au gouvernement impérial que ses guerres trop prolongées : ce gouvernement était pour elles la garantie de la tranquille possession des biens nationaux. Le blocus continental n'avait pas eu trop de conséquences fâcheuses pour leurs intérêts ; au contraire, des fabriques nombreuses, de nouvelles industries s'étaient créées et prospéraient. La haute bourgeoisie ne se plaignit que lorsqu'elle ne trouva plus de remplaçants pour ses fils ; le mot de liberté reparut alors sur ses lèvres, invoqué non comme un besoin, mais comme un remède.

Napoléon Ier, malgré les effroyables désastres de la fin de son règne, garda sa popularité dans les masses et dans les classes moyennes, parce qu'il était tombé enveloppé du drapeau tricolore, parce qu'en présence de l'étranger on faisait acte de patriotisme en vantant sa grandeur et son génie. La Restauration, mal conseillée par l'esprit de vengeance, frappa tant de victimes illustres et obscures parmi les partisans de Napoléon, qu'elle ressuscita le bonapartisme par la pitié ; la presse et la littérature lui rendirent sa gloire. Ce n'était pas en réalité une idée qui venait de triompher, mais un sentiment destiné à décroître et à s'user de jour en jour sous les fautes de celui qui en était le représentant.

Fig. 99. — Le Prince-président accompagné du Prince Jérôme, du Prince Napoléon et des principaux dignitaires de sa maison, se rend dans la galerie d'Apollon à Saint-Cloud où le Sénat, le Corps législatif, et les autres grands corps de l'Etat vont lui remettre le résultat du plébiscite qui le nomme empereur (p. 439).

EMPIRE

CHAPITRE PREMIER

L'EMPIRE ET L'EUROPE

Proclamation de l'Empire à Saint-Cloud. — L'Empereur aux Tuileries. — Proclamation de l'Empire à l'Hôtel-de-Ville. — La famille impériale. — L'Empire devant l'Europe. — Le droit nouveau. — Hostilité de la presse anglaise contre l'Empereur. — Hostilité de l'empereur Nicolas. — La question des lieux saints. — La dévotion française et la dévotion russe. — La czar se décide à reconnaître Napoléon III. — Disposition de l'Autriche. — Dispositions de la Prusse. — Mission de M. de Persigny en Prusse. — La Saxe et la Bavière.

Les paysans endimanchés, les jeunes filles de Saint-Cloud vêtues de blanc et grelottant dans la brume de la matinée du 2 décembre 1852, attendaient l'Empereur à la grille du parc pour lui présenter des pétitions et des violettes. Le cortège, après une courte halte, reprit la route de Boulogne, qu'il traversa sous un immense arc de triomphe surmonté d'un aigle tenant une foudre dans ses serres. M. de Persigny, ministre de l'intérieur, chevauchait à droite de l'Empereur, et à gauche le ministre de la guerre Saint-Arnaud, qu'un décret venait de créer maréchal de France en même temps que les généraux de division Magnan et de Castellane. Ce décret était motivé par leurs « titres exceptionnels à la reconnaissance publique pour services rendus en décembre 1851 ».

Le cortège, traversant le bois de Boulogne au trot, franchit la porte Maillot et suit l'avenue de Neuilly, bordée d'un côté par la garde nationale, de l'autre par la troupe de ligne. L'Empereur, au pied de l'arc de triomphe, reçoit le salut des autorités ; il descend ensuite les Champs-Élysées, pour se rendre à la place Vendôme dont il fait le tour, en passant devant le front des troupes ; puis il entre dans le jardin des Tuileries. M. Ségur d'Aguesseau s'était écrié dans la dernière réunion de la Commission consultative : « La voix de Dieu vient de se faire « entendre, la France a prononcé ; le grand acte du 2 décembre, cet « admirable coup de vigueur contre l'anarchie, contre l'un des foyers les « plus ardents de la démagogie européenne, est désormais ratifié, con- « sacré, glorifié par le peuple français. » L'orateur, déplorant ensuite « la situation abaissée faite depuis trois ans au chef de l'État », avait demandé, « pour faire cesser ce scandale », que « le Président ne fût plus relégué dans un coin de la capitale et logeât dans l'antique palais des rois héréditaires, seule résidence digne de lui ». Le docteur Véron, serviteur non moins dévoué du Prince, conjurait au contraire Louis-Napoléon d'éviter cette demeure, où l'on est exposé, disait-il, à prendre le vertige. Les princes et les princesses de la famille impériale y attendaient en ce moment l'Empereur. Le burnous blanc d'Abd-el-Kader, auquel le Prince-président, en passant à Amboise, avait rendu la liberté, se détachait au milieu du grand salon, étincelant d'uniformes et d'habits dorés. De riches tentures de velours cramoisi recouvraient les grands balcons du pavillon de l'Horloge, sur les deux façades du jardin et de la place du Carrousel. Un coup de canon retentit, et le drapeau tricolore se déploie sur le faîte du palais, dans lequel le souverain fait son entrée. Napoléon III se montre au balcon donnant sur la cour, où sont massés 10 000 hommes ; les tambours battent, les trompettes sonnent, les soldats présentent les armes. Le ministre de la guerre lit le plébiscite qui rétablit l'Empire.

La même cérémonie s'était accomplie quelques heures auparavant sur la place de l'Hôtel-de-Ville, pavoisée de drapeaux et de faisceaux ornant un écusson aux armes de l'Empereur ; des tentures de velours rouge pendaient aux croisées du premier étage ; des bannières surmontaient le beffroi ; des guirlandes de feuilles retenues par des aigles d'or reliaient ces décors ; un énorme transparent, dominé par un aigle masquant l'horloge, complétait la décoration. Le préfet de la Seine, entouré de ses sous-préfets, des membres du conseil municipal, des maires de Paris et du département, avait lu la déclaration du Corps législatif, les discours de MM. Billault et Mesnard, la réponse de l'Empereur et le décret de promulgation du sénatus-consulte du 7 septembre, devant trois bataillons de la garde nationale, un bataillon de la ligne et la cohorte des débris de la garde impériale. Le cortège des invités officiels, après avoir parcouru, sous la conduite de M. Berger, les superbes appartements de l'Hôtel de Ville, prit place à la table d'un banquet, terminé par un toast dans lequel l'ex-maire des barricades déclara que « le temps des surprises politiques est à tout jamais passé ».

La fête de la proclamation de l'Empire ressemblait beaucoup à celle du retour du Prince-président : mêmes bannières, mêmes uniformes, même personnel, mêmes décors ; aussi la foule était-elle moins considérable dans les rues. Comme le sénatus-consulte divisait la famille de l'Empereur en deux catégories : 1° la famille impériale proprement dite, composée de personnes éventuellement appelées à l'hérédité et de leurs descendants des deux sexes ; 2° les autres membres de la famille, formant la famille civile ; comme la descendance de ces princes pouvait être appelée à gouverner la France et formait déjà une famille placée au-dessus de toutes les familles françaises, les noms si longtemps oubliés des frères et des sœurs de Napoléon Ier étaient le sujet de bien des conversations dans les groupes, où l'on cherchait à se reconnaître au milieu des branches innombrables des Bonaparte [1].

Ces noms ne rappelaient rien à la génération présente. La restauration des Bonaparte n'avait point, comme celle des Bourbons, le prestige du malheur supporté avec une fermeté et une constance que rien ne lasse. Les Bourbons avaient couru les mêmes dangers pour la monarchie, offert la même résistance à ce qu'ils appelaient l'usurpation. Le prince Jérôme Bonaparte, son fils le prince Napoléon, sa fille la princesse Mathilde, si richement dotés, qu'avaient-ils fait pour l'Empire ? Jérôme Bonaparte, tour à tour marin, général, roi, pair de France, gouverneur des Invalides, maréchal de France, sénateur, et pour le moment héritier

---

[1]. Joseph, frère aîné de Napoléon, n'ayant pas laissé d'enfant mâle, la faculté d'adoption se trouvait concentrée sur les deux fils des mariages autorisés de Lucien et de Jérôme : Charles et ses enfants, au nombre de trois ; Pierre et Antoine Bonaparte, nés de Lucien, second frère de l'Empereur ; Napoléon-Jérôme, né de Jérôme, dernier frère de l'Empereur. Les fils de Charles Bonaparte, prince de Canino : Joseph-Lucien, prince de Musignano, Lucien-Louis, Napoléon-Jacques, complétaient la partie masculine de la famille Bonaparte. La partie féminine était formée des princesses : Zénaïde-Charlotte, fille aînée de Joseph-Bonaparte, femme du prince Canino ; Mathilde, fille de Jérôme Bonaparte, mariée à M. Demidoff. Les trois filles de Lucien Bonaparte : Lætitia, mariée à M. Thomas Wyse, membre catholique du parlement anglais ; Alexandrine, femme du comte Vincent Canino ; Constance, religieuse du Sacré-Cœur à Rome ; Jeanne, marquise Onorati, auxquelles il faut ajouter les cinq filles du prince Canino ; en tout vingt et une personnes, dont le sort était réglé par un sénatus-consulte, et qui ne pouvaient se marier sans le consentement de l'Empereur. On comptait dans la famille civile : la princesse Bacciocchi, fille d'Élisa Bonaparte et du prince Bacciocchi, mariée au comte Camerata ; Lucien Murat, fils de Caroline Bonaparte et de Murat, et son fils Achille Murat ; Lætitia Murat, comtesse Pepoli ; Louise-Caroline Murat, comtesse Rasponi. Un million par an devait être réparti par l'Empereur entre les membres de la famille qui ne recevraient pas une dotation de l'État.

présomptif de la couronne, ne se doutait pas, lorsqu'il sollicitait en 1847 l'honneur de s'asseoir sur les bancs du Luxembourg, entre M. Viennet et M. de Boissy, qu'il prendrait place dans quelques années sur les marches du trône. Le prince Napoléon, son fils, grand-croix de la Légion d'honneur, général de division, de par le coup d'Etat qu'il avait combattu, croyait protester contre ces distinctions en se montrant en simple habit noir dans toutes les solennités : cet habit noir trahissait son embarras plutôt que son dédain des grandeurs monarchiques. La princesse Mathilde, sa sœur, mariée à l'un des plus riches habitants de la Russie et de l'Europe, semblait une de ces étrangères qui viennent à Paris jouir de la vie de luxe et d'élégance plutôt qu'une Française véritable. Quant à ces innombrables Murat, à ces Canino, qui est-ce qui les connaissait ? On savait d'ailleurs que tous ces Bonaparte se jalousaient les uns les autres et se détestaient. Le roi Jérôme parlait du fils d'Hortense en termes haineux et méprisants ; son fils imitait son langage. L'Empereur n'aimait pas plus son oncle et son cousin que ceux-ci ne l'aimaient ; le caractère de Napoléon lui inspirait une méfiance qui n'était point uniquement celle qu'un souverain éprouve instinctivement pour son héritier et qui datait de son séjour à Londres.

Une partie de la société française allait désormais borner ses occupations à voir défiler devant elle des événements et des hommes. Le *Moniteur* lui permit de passer en revue la maison de l'Empereur qui venait d'être formée. [1].

Le gouvernement nouveau, comme don de joyeux avènement, fit remise de l'emprisonnement et de l'amende aux condamnés pour délits et contraventions de presse et de librairie ; les avertissements donnés aux

---

1. L'Empereur avait un grand aumônier, M. Menjaud, évêque de Nancy ; un grand maréchal du palais, le maréchal Vaillant ; un grand écuyer, le maréchal Saint-Arnaud ; un grand veneur, le maréchal Magnan ; un grand chambellan, le duc de Bassano ; un grand maître des cérémonies, le duc de Cambacérès. Grandes charges, gros traitements : M. Saint-Arnaud touchait 100 000 francs comme grand écuyer, lesquels, joints à ses traitements de 130 000 francs comme ministre, de 40 000 francs comme maréchal, de 30 000 francs comme sénateur, formaient un total de 300 000 francs inscrits en son nom au budget ; le maréchal Magnan n'émargeait que pour 200 000 francs.

Le premier préfet du palais, le colonel de Béville, le premier écuyer, le colonel Fleury ; le premier veneur, le colonel Edgar Ney, non moins richement dotés que les grands titulaires, touchaient, le premier 12 000 francs comme colonel du génie, 15 000 francs comme aide de camp, 60 000 francs comme préfet du palais, soit 75 000 francs ; le second 95 000 francs. M. Menjaud recevait 100 000 francs comme premier aumônier et 25 000 francs comme évêque. Le premier chambellan ne pouvait être couché sur la feuille d'émargement pour une somme moindre que le premier écuyer. 12 000 francs avaient paru suffisants pour les simples chambellans, titre cher au premier Empire, que le second n'avait pas manqué de ressusciter. Que de noms de la veille et du jour, du présent et du passé,

journaux furent considérés comme nuls et non avenus. Point d'amnistie ; les exilés pouvaient rentrer « en reconnaissant la volonté nationale », c'est-à-dire en demandant leur grâce. La clémence absente et la monotonie des mêmes décorations, des mêmes bannières, des mêmes arcs, des mêmes transparents, rendirent la journée triste. Paris avait hâte de sortir de la mise en scène et d'entrer dans la réalité. Un banquet de soixante couverts et une simple réception firent les frais de la soirée chez le souverain. A minuit, un nouvel hôte s'endormait aux Tuileries.

Louis-Napoléon Bonaparte traduit devant la Cour des pairs pour l'attentat de Boulogne, avait dit à ses juges : « Je représente devant vous un principe, une cause, une défaite. Le principe, c'est la souveraineté du peuple : la cause, celle de l'Empire ; la défaite, Waterloo. — Le principe vous l'avez reconnu ; — la cause, vous l'avez servie ; — la défaite, vous voulez la venger. » L'Europe, malgré cette déclaration, ne croyait pas le nouvel empereur des Français très empressé de prendre sa revanche de Waterloo. L'Europe avait si souvent reconnu le principe de la souveraineté du peuple depuis la fin du dernier siècle, qu'elle ne pouvait plus le repousser ; elle ne voyait cependant point sans une certaine méfiance la résurrection d'un gouvernement qui l'avait autrefois réunie tout entière contre lui ; elle sentait tout ce que la suppression de la liberté en France créait pour elle de périls.

Dans quels sentiments allait vivre désormais cette nation ardente et mobile ? Par quoi remplacerait-elle la liberté perdue ? La nécessité de maintenir à l'armée la prépondérance qu'elle venait de conquérir était-elle compatible avec la déclaration de Bordeaux : « L'Empire, c'est la paix » ? Voilà les questions qui préoccupaient les puissances. Quant à

---

prêtant tous plus ou moins au propos et à l'anecdote ! Le général Vaillant, élève de l'École polytechnique, officier d'artillerie sous l'Empire et d'état-major sous la Restauration, bon soldat, vieux soldat, homme heureux par-dessus tout, commandait les opérations du siège de Rome sous le général Oudinot ; il sembla d'abord trouver mauvais que la République française s'avisât de vouloir supprimer la République romaine. Le 13 juin il fit changer d'avis. Les opérations du siège furent, à partir de ce moment, singulièrement activées. Le général Oudinot, lors du coup d'Etat, s'étant mis du côté de l'Assemblée, M. Vaillant fut fait maréchal par le président de la République, à la place de son chef, par un décret précédé de considérants blessants pour ce dernier, et contre lesquels en loyal soldat il aurait dû protester ; comte par le Pape, grand maréchal du palais par l'Empereur, il devait bientôt ajouter à ses émoluments et titres divers celui de membre de l'Institut. Le nom du comte Bacciocchi, premier chambellan, inconnu en France jusqu'à l'élection du 20 décembre, commençait à s'entourer d'une certaine auréole. Les lecteurs se souviennent sans doute du rôle joué par MM. Fleury et de Béville avant et pendant le coup d'État. Quant au duc de Bassano, grand chambellan, et au duc de Cambacérès, grand maître des cérémonies, ils continuaient dans la haute domesticité les services que leurs parents avaient rendus à la famille Bonaparte dans d'autres fonctions.

ce qu'on appelait le droit nouveau, elles l'avaient trop souvent reconnu pour protester contre l'application qui venait d'en être faite en France. L'Europe comprenait qu'on ne pouvait plus invoquer le vieux droit ; elle se demandait seulement si Napoléon III comprendrait le droit nouveau comme Napoléon Ier, qui croyait, parce qu'il était l'élu d'un peuple, qu'il pouvait disposer de tous les autres.

La presse anglaise s'était d'abord montrée très violente contre l'Empire. Le *Times* du 2 janvier 1853, après avoir montré par quels échelons Bonaparte s'était élevé à l'Empire, ajoutait : « Un sénat plus
« lâche que celui de Tibère a donné à l'Empereur le plus exorbitant
« pouvoir et tué d'un seul coup toutes les garanties qui restaient à la
« nation ; des favoris gorgés d'honneurs, des fonctionnaires sans con-
« science, des exactions inouïes, des crimes, tel est le gouvernement.
« Mais le châtiment se prépare, l'Europe est déjà sur le qui-vive, et
« l'année ne se passera pas sans que quelque chose de terrible éclate. »

Le *Morning chronicle* du 1er janvier disait : « Le bonapartisme sans
« gloire militaire et sans agrandissement territorial est un non-sens... De
« tous côtés règne une profonde défiance à l'égard de Louis-Napoléon ;
« sentiment qu'il faut attribuer partie à son caractère, partie à ses actes,
« mais surtout au souvenir de l'Empire... L'usurpateur, conseillé par
« une bande d'aventuriers, s'est mis à réorganiser le gouvernement
« impérial... »

Le *Morning advertiser* du 7 janvier se montrait encore plus violent : « Sur la surface du globe, il n'y a rien qu'on puisse comparer au
« despotisme qui pèse sur la France et à la dégradation où elle est
« plongée ; les libertés de ce pays sont placées sous le talon des bottes
« de Napoléon, qui n'est pas autre chose que le plus grand tyran, le par-
« jure le plus criminel qui ait foulé la terre. L'art d'écrire chez nos voi-
« sins sera bientôt abandonné. C'est un crime d'exercer ses talents litté-
« raires. Les intelligences sont mises aux fers. Personne n'ose ouvrir la
« bouche dans la rue, dans le monde... »

Le remplacement sur le trône de France des d'Orléans par les Bonaparte devait attrister la reine Victoria, des liaisons étroites d'amitié unissant la famille royale d'Angleterre à celle de France ; mais le gouvernement anglais n'a pas l'habitude de perdre son temps à pleurer les causes perdues. Lord Palmerston adressa dès le 5 décembre à lord Normanby, ambassadeur d'Angleterre en France, une dépêche qui se terminait ainsi : « J'ai ordre de Sa Majesté de vous dire qu'il ne faut rien

Fig. 100. — Le maréchal Castellane (p. 451).

« changer à vos relations avec le gouvernement français. Le désir de Sa
« Majesté est que son ambassadeur à Paris ne fasse rien qui ait l'apparence
« de la moindre intervention dans les affaires intérieures de la France. »
L'attitude recommandée à lord Normanby devait d'autant plus plaire à
lord Palmerston qu'il avait au lendemain même du coup d'État marqué
son approbation d'un acte que « l'antagonisme entre le Président et
« l'Assemblée rendait inévitable, et dont le succès est une garantie pour le
« maintien de l'ordre social. La victoire de l'Assemblée sur le Président
« amènerait la plus terrible guerre civile. » Une approbation ainsi formulée sortait évidemment des limites de la neutralité imposée par le gouvernement anglais à ses agents. Le langage de lord Palmerston transmis
au gouvernement français par M. Walewski devait faire taxer de froideur
celui de lord Normanby et même d'inexactitude dans sa traduction des
idées de son gouvernement. L'ambassadeur se plaignit à lord Russell
de la position fausse dans laquelle cela le plaçait. Lord Russell demanda
des explications à lord Palmerston, qui prétendit avoir parlé comme
homme et non comme ministre, distinction trop subtile pour être admise.
La reine s'en expliqua fort nettement, et lord Palmerston fut invité
par lord Russell à remettre sa démission entre les mains de Sa Majesté.
On se tromperait fort en attribuant la cause de cette rupture à un dissentiment entre le chef du cabinet et le ministre des affaires étrangères
sur la façon d'envisager le coup d'État, car, un mois après cet incident,
lord John Russell s'exprimait devant la Chambre des communes dans des
termes peu différents de ceux dont s'était servi lord Palmerston en causant
avec M. Walewski le 3 décembre. La chute de lord Palmerston avait une
autre cause. La reine le tenait pour suspect d'hostilité contre le prince
Albert et de peu de respect pour sa prérogative; elle avait été obligée
de lui adresser à ce sujet un mémorandum. La reine se crut de nouveau bravée par l'allure indépendante prise par le ministre des affaires
étrangères dans la question du coup d'État. Elle se plaignit à lord Russell, qui sacrifia son collègue en restant parfaitement de son avis relativement aux événements qui venaient de se passer en France [1]. Lorsque,
en février 1852, au cabinet wigh eut succédé un cabinet tory, lord Mal-
mesbury à la Chambre des lords et M. Disraéli à la Chambre des communes annoncèrent la reconnaissance de Napoléon III par l'Angleterre
sans autre commentaire que quelques remarques au sujet du chiffre III, sur

---

1. *Dix ans de l'histoire d'Allemagne*, par M. Saint-René Tallandier.

lequel l'Empereur des Français avait donné des explications satisfaisantes.

Le czar, gardien sévère des principes conservateurs, dompteur des révolutions, affectant de les traiter publiquement avec arrogance, savait très bien les respecter quand cela devenait nécessaire. Ce double rôle avait fort diminué son prestige de représentant du droit divin ; il le sentait, le renversement de la République ne pouvait que lui être agréable, et il en aurait témoigné sa satisfaction, sans la mauvaise humeur que lui causait la politique bonapartiste en Occident, mauvaise humeur encore accrue par ce qui se passait en Orient. Une discussion très vive s'était élevée à Jérusalem entre les Grecs et les Latins : ceux-ci, pour arriver à la grotte en traversant l'église du Saint-Sépulcre, auraient-ils la clef de la porte de Bethléem et l'une des clefs des deux portes de la Crèche ? Devait-on leur reconnaître le droit de placer dans le sanctuaire de la Nativité une croix d'argent aux armes de France, de prier une fois par an dans l'église de Gethsemani, de construire une armoire, et enfin d'allumer une lampe dans le tombeau de la Vierge ? — Oui, disaient les Latins, en invoquant les capitulations de 1740. — Non, répondaient les Grecs, au nom de leurs privilèges. Peut-être auraient-ils cédé sur la croix d'argent, sur l'armoire et même sur la lampe ; mais, sur la clef, jamais. Quand le gouvernement français éleva ses premières réclamations en faveur des Latins, on n'y fit pas grande attention en France, quelque importance qu'eussent prise d'ailleurs les questions religieuses depuis l'élévation du prince Louis-Napoléon à la présidence de la République. L'opinion publique, malgré les lettres autographes du pape, exhortant les souverains catholiques à seconder les efforts de la France pour délivrer le Saint-Sépulcre, se préoccupait faiblement de ces querelles de moines, par lesquelles deux grands empires préludaient à une des plus terribles guerres de ce siècle.

Deux ambassadeurs s'étaient succédé à Constantinople depuis le 2 décembre : le général Aupick et M. de Lavalette. Deux hommes avec lesquels on pouvait facilement négocier, Haali-Pacha et Fuad-Pacha, occupaient alors, l'un le vizirat, l'autre le ministère des affaires étrangères ; malheureusement, une de ces disgrâces si fréquentes en Turquie, et dont il est difficile de bien connaître la cause, les fit rentrer dans la vie privée. M. de Lavalette avait obtenu d'eux une note favorable aux Latins, dont l'ambassadeur russe se montra très contrarié ; celui-ci sollicita du nouveau ministère un firman en faveur des Grecs et l'obtint ; de là, nouvelles réclamations de notre représentant à Constantinople.

En France, on est dévot sur place, les intérêts lointains de la religion intéressent médiocrement le public; on aurait peu goûté l'idée de faire la guerre pour une armoire et pour une clef; la race des pèlerins français à Jérusalem serait perdue sans quelques voyageurs riches qui s'y rendent chaque année en train de plaisir. Il n'en est pas de même en Russie : de nombreux fidèles appartenant à toutes les classes de la société font le saint pèlerinage. De tous les points de la Russie, ils affluent au lieu où Jésus fut crucifié, payant au prix des plus grandes fatigues, des plus dures privations, quelquefois même de la mort, le bonheur de prier un moment sur sa tombe. Les yeux sans cesse fixés sur Jérusalem, boyards, serfs, moujiks, soldats, prennent part de loin avec passion aux antiques querelles entre les prêtres grecs et les prêtres latins; habitués à confondre le patriotisme avec la religion, ils ressentent chaque concession faite aux Latins comme une atteinte portée à leur dignité nationale. Le czar Nicolas attachait donc une grande importance aux moindres détails de cette affaire des Lieux saints; il se sentait d'ailleurs, depuis l'avènement du prince Louis-Napoléon, en présence d'une résistance qui empruntait un caractère particulier à l'influence accordée aux intérêts religieux en France; aussi fit-il quelque difficulté pour reconnaître le nouvel empereur. Napoléon II, disait-il pour justifier son opposition, a beau avoir été proclamé en France, aucune puissance ne l'a reconnu. La théorie développée par M. Troplong dans son rapport, et tendant à démontrer que l'Empire repose sur une sorte d'hérédité en arrière, permet au gouvernement actuel de tenir pour nul tout ce que les gouvernements intercalés ont fait et de se soustraire à leurs engagements. M. Drouin de Lhuys répondait qu'à ce compte l'Empereur, au lieu du chiffre de Napoléon III, aurait dû prendre celui de Napoléon IV, à cause de Louis son père: pourquoi, d'ailleurs, ces scrupules d'arithmétique? L'Empereur n'a-t-il pas solennellement déclaré au Sénat qu'il était solidaire de tous les gouvernements précédents?

Il fallait faire la guerre ou se laisser convaincre; le czar prit enfin ce dernier parti. Satisfait, en donnant à l'Empereur le titre de « bon ami » au lieu de celui de « cousin et frère », d'avoir marqué la distance qu'il convient de mettre entre les autocrates de droit divin et un simple autocrate de par le suffrage universel, il reconnut enfin Napoléon III, moyennant quelques réserves sur le plébiscite du 20 décembre et sur le sénatus-consulte qui l'avait suivi.

Le prince Schwartzenberg, homme d'esprit, grand semeur de bons mots et de phrases piquantes, trop disposé, comme tous les hommes d'esprit, à prendre ses mots et ses phrases pour des réalités, était premier ministre à Vienne.

Pendant que le véritable Napoléon, façonné par Metternich à l'usage des puissances signataires du traité de 1815, dormait dans le caveau de l'église des Capucins à Vienne, l'Autriche voyait tout à coup sur le trône de France un autre Napoléon qu'elle avait trouvé derrière plus d'une conjuration tramée contre sa domination en Italie : il y avait là de quoi lui donner à réfléchir ; telle était du moins l'opinion de la cour et le Prince Schwartzenberg, esprit fort, aventureux d'ailleurs, voyait dans le rétablissement de l'Empire en France une occasion favorable aux grands changements qu'il méditait en Allemagne. Il fit donc proposer dès le commencement de décembre au cabinet de Berlin une démarche commune par laquelle la Prusse, la Russie et l'Autriche reconnaîtraient les nouveaux pouvoirs de Louis Bonaparte.

Le roi de Prusse, irrésolu, changeant, tiraillé sans cesse entre ses préjugés légitimistes et ses caprices libéraux, était dans une position difficile. La Prusse, produit d'une révolte religieuse, chef-d'œuvre d'un roi philosophe, compromise par les fautes des successeurs de Frédéric le Grand, sauvée, rajeunie par sa mise au régime des idées de la Révolution, n'en était pas moins encore un ardent foyer d'absolutisme : le parti des hobereaux y maintenait dans toute leur pureté les traditions de l'ancien régime germanique et le culte du droit divin. Enchanté du succès du coup d'État qui en France avait tué la République, ce parti déplorait néanmoins l'établissement dans ce pays d'une monarchie par le suffrage universel. Quant au roi, la reconnaissance de Napoléon avec le chiffre III lui paraissait une impossibilité pour les gouvernements légitimes. D'autres raisons rendaient encore son opposition encore plus vive. Au moment de la réunion du parlement d'Erfurth, le monde politique avait été surpris de voir un des conseillers les plus intimes du Président de la République quitter Paris pour se rendre à Berlin. M. de Persigny était chargé d'une mission qui pouvait modifier complètement la situation de l'Europe : la France, en échange d'une rectification de frontière sur le Rhin, offrait à la Prusse son alliance contre l'Autriche ; la Prusse refusa pour ne point paraître, aux yeux du parti féodal, s'allier avec la Révolution. La question du Rhin n'allait-elle pas reparaître plus menaçante avec l'Empire lui-même ? Le souvenir seul des confidences et des propositions de l'agent de Louis Bonaparte avait de quoi l'alarmer. D'un autre côté, la Prusse, humiliée, froissée depuis Olmütz, détournait ses regards du roi et les reportait sur le prince de Prusse, qui vivait renfermé dans cette idée : réformer l'armée, en faire l'instrument dont la Prusse avait besoin pour refaire sa prépondérance. Frédéric-Guillaume IV sentait son impopularité et désirait fort la faire cesser par quelque acte mémorable qui relevât la Prusse aux yeux de l'Europe et à ses propres yeux. Trompé par le renvoi de lord Palmerston, et par l'avènement du ministère Derby, par son zèle à faire adopter le nouveau bill sur l'organisation des milices, Frédéric-Guillaume ne douta pas pendant quelque temps de l'intention de l'Angleterre de s'opposer au rétablissement de l'Empire. Il eut l'idée d'une quadruple alliance entre l'Angleterre, l'Autriche, la Russie et la Prusse. Si l'Autriche refuse d'y entrer, il lui suffira que l'Angleterre et la Russie lui garantissent ses possessions territoriales, qu'elles s'engagent à considérer toute agression contre l'une des trois puissances alliées comme dirigée contre toutes les trois, et il marchera en avant. Frédéric-Guillaume s'attacha à cette idée avec une ardeur dont témoigne sa correspondance avec son ambassadeur à Londres. Bientôt désabusé de l'illusion d'organiser une nouvelle coalition contre la France, il suivit, en reconnaissant enfin Napoléon III, l'exemple de l'Autriche, de la Confédération germanique et de la Russie.

M. de Beust et M. de Pfordten dirigeaient les affaires de la Bavière et de la Saxe. M. de Pfordten, ancien *privat-docent* à Wurtzburg, professeur de droit romain à Leipsick, siégeait à côté de Robert Blum dans les clubs de 1848 ; le roi de Saxe vint l'y chercher pour faire de lui un ministre de l'instruction publique. En 1849, il quitta le service de la Saxe pour devenir ministre des affaires étrangères dans la Bavière, son pays; le pouvoir en Saxe resta entre les mains de M. de Beust, alors le principal représentant et l'homme du parti qui voulait effacer toutes les conquêtes de 1848 et englober les libéraux dans la ruine des démagogues. M. de Beust, champion ardent du fédéralisme contre l'Autriche et contre la Prusse, sentait bien pourtant qu'il ne pouvait prendre une décision sans elles ni contre elles dans la question de la reconnaissance de l'Empire français.

M. de Pfordten se trouvait dans la même situation; non moins fédéraliste que M. de Beust, il se flattait de relever la dynastie des Wittelsbach en Bavière, comme le prince Schwartzenberg avait relevé celle des Habsbourg en Autriche; MM. de Beust et de Pfordten parlaient du groupe des petits États comme s'ils formaient une puissance véritablement unie. La Bavière et la Saxe, sous de pareils ministres, ne pouvaient pas vouloir autre chose que la Russie, l'Autriche et la Prusse. Le roi de Wurtemberg seul avait pris les devants en faisant parvenir ses félicitations, après le coup d'État, au résident français près de sa cour.

Le ministre de Hollande était avisé de l'envoi prochain de ses lettres de créance.

La Belgique était fort inquiète non seulement pour ses institutions, exposées au contre-coup des modifications subies par les institutions françaises, mais encore pour son indépendance.

On savait à Bruxelles qu'un décret d'annexion de la Belgique à la France avait été signé par Louis-Napoléon au lendemain du 2 décembre. Cent mille hommes devaient franchir la frontière belge et occuper le pays, pendant que le peuple sanctionnerait l'annexion par un plébiscite. Les représentants des intérêts conservateurs, ralliés au nouveau régime, se liguèrent contre ce projet. M. Fould porta leurs plaintes au Prince Président et parvint, non sans peine, à les faire écouter. Le décret fut déchiré, mais Léopold avait trop d'intérêt à ménager son puissant voisin pour ne pas mettre le plus grand empressement à le reconnaître.

Le Piémont, poussé par une sorte de pressentiment, ne tarda pas à saluer l'avènement de Napoléon III ; mais celui de tous les souverains de l'Italie qui le reconnut le premier fut un prince de la maison de Bourbon, Ferdinand II, roi de Naples. Le chef de cette maison, souverain sans couronne, fut le seul qui protesta contre la restauration de l'Empire dans un manifeste qui se terminait par ces mots solennels : « Quels que « soient sur vous (Français) et sur moi les desseins de Dieu, resté seul de « l'antique race de vos rois, héritier de cette longue suite de monarques « qui, durant tant de siècles, ont accru et fait respecter la puissance et la « fortune de la France, je me dois, je dois à ma famille et à ma patrie de « protester hautement contre des combinaisons mensongères et pleines de « dangers. Je maintiens donc mon droit, qui est le plus sûr garant des « vôtres, et, prenant Dieu à témoin, je déclare à la France et au monde « que, fidèle aux lois du royaume et aux traditions de mes aïeux, je con- « serverai religieusement jusqu'à mon dernier soupir le dernier dépôt de « la monarchie héréditaire, dont la Providence m'a confié la garde et qui « est l'unique port de salut où, après tant d'orages, cette France, objet « de tout notre amour, pourra retrouver enfin le repos et le bonheur. »

Fig. 101. — L'Empereur prit un grand aumônier (125 000 fr.), un grand veneur (200 000 fr.), un premier écuyer (95 000 fr.), (page 454).

CHAPITRE II

LE MARIAGE DE L'EMPEREUR

Le prince Jérôme conseille à son neveu de se marier. — Le mariage royal et le mariage national. — Mlle de Montijo. — Elle est la reine des fêtes de la présidence. — Le *Moniteur* annonce le mariage de l'Empereur avec Mlle de Montijo. — Manifeste nuptial de l'Empereur. — Représentant d'un principe nouveau, il doit conserver ce caractère en se mariant. — La presse officieuse et la fiancée impériale. — Le père de Mlle de Montijo. — Cérémonial du mariage civil. — Signature du contrat dans la salle des maréchaux. — Célébration du mariage religieux à Notre-Dame. — Présentation aux Tuileries. — Portrait de l'impératrice par M. de La Guéronnière. — Tâche difficile de l'Impératrice. — Elle y est mal préparée par son éducation. — La réception du 1er janvier.

Le second Empire français reconnu par l'Europe, ses soutiens naturels se demandèrent si l'Empereur ne devait pas pour lui-même aussi bien que pour eux consolider sa dynastie par un mariage. Le prince Jérôme, son oncle, ne fut pas le dernier à lui donner le conseil de s'assurer les avantages qu'une alliance avec une princesse appartenant à une famille régnante pouvait donner au fondateur d'une dynastie; d'autres lui vantaient un mariage national comme propre à cimenter l'union entre l'Empereur et la France. Le bruit se répandit même que Napoléon III allait faire asseoir à côté de lui, sur le trône, la petite-fille du prince de Wagram.

Napoléon III se rangea d'abord aux conseils de son oncle Jérôme; il chercha une femme dans les familles royales de l'Europe; mais, soit par suite des craintes inspirées par sa mauvaise réputation au point de vue des mœurs, soit que son trône parût trop chancelant et que les souverains craignissent d'exposer leurs filles aux dangers qui les attendaient dans un pays aussi exposé que la France aux révolutions, Napoléon III échoua dans toutes ses négociations matrimoniales. C'est alors que, par dépit ou entraînement des sens, il fit un choix qui surprit la France.

Les journaux qui donnaient avec beaucoup d'exactitude la liste des personnes invitées aux fêtes du Président de la République, avaient souvent inscrit les noms de la comtesse de Montijo et de sa fille Eugénie, et vanté les grâces de cette dernière, lorsqu'en costume du xviiie siècle elle entraînait à sa suite les chasseurs et les chasseresses de Compiègne et de Fontainebleau. Cette jeune Espagnole, devenue la reine des fêtes du Président de la République, était le sujet de toutes les conversations; les courtisans, observateurs attentifs par intérêt, de tout ce qui se passe dans le cœur et dans l'esprit du maître, cherchaient à deviner quelle place y tenait réellement Mlle de Montijo, et ils crurent d'abord qu'il s'agissait tout au plus d'un mariage morganatique entre elle et le Président de la République. La haute société du moment, plus curieuse et plus désœuvrée que jamais, ne s'occupait que d'elle; elle excitait une telle curiosité dans la bourgeoisie et dans le public, que des attroupements se formaient devant la porte des magasins où sa présence était signalée. Son entrée dans sa loge à l'Opéra après le lever du rideau, forçait presque le chanteur à s'interrompre au milieu de l'air commencé. Les spectateurs oubliaient la musique et n'avaient d'attention que pour la charmante Espagnole. D'innombrables portraits, en nous familiarisant avec les traits de Mlle de Montijo, ont pu, depuis ce moment, nous faire perdre quelque chose de notre admiration pour sa beauté; mais alors, son visage relevé par d'abondants cheveux blonds, ses épaules d'une blancheur dorée, sa taille élégante charmaient les regards et faisaient oublier la petitesse de ses yeux enfoncés sous un front un peu dépourvu d'intelligence.

Quoique l'on parlât beaucoup depuis quelque temps dans le monde officiel de son mariage avec l'Empereur, la note suivante du *Moniteur* surprit beaucoup le public :

« Un événement heureux, destiné à consolider le gouvernement de Sa Majesté impériale et à assurer l'avenir de la dynastie, est sur le point de s'accomplir. L'Empereur épouse Mlle de Montijo, comtesse de Téba. Ce mariage doit être annoncé officiellement aux grands corps de l'État samedi prochain, 22. La célébration aura lieu le samedi suivant, 29. Mlle de Montijo, d'une très grande famille d'Espagne, est sœur de la duchesse d'Albe. Elle est aussi distinguée par la supériorité de son esprit que par les charmes d'une beauté accomplie. »

Le manifeste suivant, adressé à la France, lui apprit les motifs du choix de l'Empereur :

« Je me rends au vœu si souvent manifesté par le pays en venant vous annoncer mon mariage.

« L'union que je contracte n'est pas d'accord avec les traditions de l'ancienne politique ; c'est là son avantage.

« La France, par ses révolutions successives, s'est toujours brusquement séparée du reste de l'Europe ; tout gouvernement sensé doit chercher à la faire rentrer dans le giron des vieilles monarchies ; mais ce résultat sera bien plus sûrement atteint par une politique droite et franche, par la loyauté des transactions, que par des alliances royales qui créent de fausses sécurités et substituent souvent l'intérêt de famille à l'intérêt national. D'ailleurs les exemples du passé ont laissé dans l'esprit du peuple des croyances superstitieuses ; il n'a pas oublié que depuis soixante-dix ans les princesses étrangères n'ont monté les degrés du trône que pour voir leur race dispersée et proscrite par la guerre ou par la révolution. Une seule femme a semblé porter bonheur et vivre plus que les autres dans le souvenir du peuple, et cette femme, épouse modeste et bonne du général Bonaparte, n'était pas issue d'un sang royal.

« Il faut cependant le reconnaître, en 1810, le mariage de Napoléon Ier avec Marie-Louise fut un grand événement ; c'était un gage pour l'avenir, une véritable satisfaction pour l'orgueil national, puisqu'on voyait l'antique et illustre maison d'Autriche, qui nous avait si longtemps fait la guerre, briguer l'alliance du chef élu d'un nouvel Empire. Sous le dernier règne, au contraire, l'amour propre du pays n'a-t-il pas eu à souffrir, lorsque l'héritier de la couronne sollicitait infructueusement, pendant plusieurs années, l'alliance d'une maison souveraine, et obtenait enfin une princesse accomplie sans doute, mais seulement dans des rangs secondaires et dans une autre religion ?

« Quand en face de la vieille Europe on est porté par la force d'un nouveau principe à la hauteur des anciennes dynasties, ce n'est pas en vieillissant son blason et en cherchant à s'introduire à tout prix dans la famille des rois qu'on se fait accepter : c'est bien plutôt en se souvenant toujours de son origine, en conservant son caractère propre et en prenant franchement vis-à-vis de l'Europe la position de parvenu, titre glorieux lorsqu'on parvient par le libre suffrage d'un grand peuple.

« Ainsi, obligé de s'écarter des précédents suivis jusqu'à ce jour, mon mariage n'était plus qu'une affaire privée ; il restait seulement le choix de la personne. Celle qui est devenue l'objet de ma préférence est d'une naissance élevée. Française par le cœur, par l'éducation, par le souvenir du sang que versa son père pour la cause de l'Empire, elle a, comme Espagnole, l'avantage de ne pas avoir en France de famille à laquelle il faille donner honneurs et dignités. Douée de toutes les qualités de l'âme, elle sera l'ornement du trône, comme au jour du danger elle deviendrait un de ses courageux appuis. Catholique et pieuse, elle adressera au Ciel les mêmes prières que moi pour le bonheur de la France. Gracieuse et bonne, elle fera revivre dans la même position, j'en ai le ferme espoir, les vertus de l'impératrice Joséphine.

« Je viens donc, messieurs, dire à la France : J'ai préféré une femme que j'aime et que je respecte à une femme inconnue dont l'alliance eût eu des avantages mêlés de sacrifices. Sans témoigner de dédain pour personne, je cède à mon penchant, mais après avoir consulté ma raison et mes convictions. Enfin, en plaçant l'indépendance, les qualités du cœur, le bonheur de famille au-dessus des préjugés dynastiques et des calculs de l'ambition, je ne serai pas moins fort, puisque je serai plus libre.

« Bientôt, en me rendant à Notre-Dame, je présenterai l'Impératrice au peuple et à l'armée ; la confiance qu'ils ont en moi assure leur sympathie à celle que j'ai choisie ; et vous, messieurs, en apprenant à la connaître, vous serez convaincus que cette fois encore j'ai été inspiré par la Providence. »

Mlle de Montijo, à défaut de famille à caser, avait une mère à laquelle il fallait beaucoup d'argent [1], et qui en reçut beaucoup. Il y avait une certaine témérité à rappeler ici les *vertus* de Joséphine, mais ce qui choqua le plus les conservateurs, ce fut le soin que prenait l'Empereur de marquer la différence qui existait entre l'empire et la monarchie telle qu'on l'avait connue en France et ailleurs, son insistance à se vanter de son origine ; or son origine, d'après eux, c'était la Révolution. Le manifeste, par une contradiction qu'explique seul le besoin de faire partager à d'autres les mécomptes éprouvés, se parait de l'alliance de Napoléon Ier avec Marie-Louise, *briguée* soi-disant par l'Autriche, en montrant en même temps les inconvénients des unions royales. « Sous « le dernier règne, disait l'Empereur, l'amour-propre du pays n'eut-il pas « à souffrir lorsque l'héritier de la couronne sollicitait infructueusement « pendant plusieurs années l'alliance d'une maison souveraine, et obtenait « enfin une princesse accomplie sans doute, mais dans les rangs secon- « daires et dans une autre religion. » Ceux qui connaissaient les refus opposés par le prince Wasa et par le prince de Hohenzollern, aux ouvertures matrimoniales de la diplomatie française faites par ordre de Napoléon III, sourirent à ces mots de *rangs secondaires*. Cette allusion au nom d'une mère, d'une veuve, d'une femme proscrite, parut une inconvenance à ceux qui se souvenaient avec respect et sympathie de la duchesse d'Orléans, de cette Allemande, Française depuis son enfance, par ses études, par son goût pour nos grands écrivains. Elle n'avait laissé en France que des souvenirs de respect ; en y arrivant, elle était déjà Française par ses tendances et par ses études ; les grands écrivains du xviie et du xviiie siècle avaient trouvé en elle une élève capable de les comprendre ; les hommes d'intelligence se sentaient à leur aise avec cet esprit distingué, sérieux, honnête ; sa religion même la rendait populaire. Le pays avait vu dans le mariage de l'héritier du trône avec une princesse protestante un gage donné par Louis-Philippe à la liberté de conscience ; en était-il de même du mariage de Napoléon III avec une Espagnole ?

Un Empereur après tout a, comme un simple citoyen, le droit d'épouser

---

1. Voir aux *Papiers des Tuileries* le chiffre des avances faites par la liste civile au mari de la sœur de l'Impératrice. Une note sans date trouvée dans les mêmes papiers constate que sa mère a reçu :

1° Le 4 février, 600 000 francs ;
2° Le 9 avril, 89 739 ;
3° Le 27 mai, 668 421.

Tout cela dans une seule année, qui est très probablement la première du mariage de sa fille avec l'Empereur.

la femme qui lui plaît. Les membres de la famille impériale n'auraient pas été de cet avis, à en croire les bruits répandus sur la résistance opposée par eux à l'union de Napoléon III avec Mlle de Montijo ; on parlait même de scènes violentes dans lesquelles la princesse Mathilde serait allée jusqu'à se jeter aux pieds de son cousin pour le supplier, au nom des intérêts les plus chers de la famille, de ne point contracter cette alliance. Ces répugnances, s'il est vrai qu'elles aient existé, s'effacèrent bientôt ; la future Impératrice ne tarda pas à devenir, aux yeux de ses parents, une personne accomplie. Si les sœurs de Napoléon Ier refusèrent de porter la queue de l'impératrice Joséphine dans les solennités du sacre, la princesse Mathilde se montra plus docile et se prêta de bonne grâce à remplir le rôle que lui assignait le cérémonial du mariage impérial.

Les journaux officieux, en attendant ces fêtes, ne tarissaient pas de détails généalogiques sur la future Impératrice, en s'indignant contre les feuilles étrangères qui puisaient, disaient-ils, leurs informations, » on ne sait dans quelles antichambres ». Ils leur recommandaient d'ouvrir tout simplement *la Guia de forestieros*, où ils trouveraient des renseignements authentiques sur la famille de Montijo : Mlle Eugénie de Montijo, née à Grenade d'une mère également andalouse, mais issue des Kirkpatrik de Closburn, Écossais exilés pour la cause des Stuarts, sœur de la duchesse de Berwick et d'Albe, était fille de feu Montijo, duc de Penaranda, un des meilleurs officiers espagnols. Dévoué à la cause française, qu'il servit comme colonel d'artillerie dans la Péninsule et en 1814 sur les buttes Chaumont, où il tira le dernier coup de canon sur les alliés ; membre influent du Sénat espagnol, s'occupant, dans les loisirs que lui laissait la politique, d'entreprises patriotiques, d'améliorations rurales, d'associations utiles, le comte de Montijo était mort en 1839. Les journaux officieux ajoutaient qu'on gardait au musée d'artillerie de Madrid ses armes et son uniforme comme des reliques nationales. Les mêmes journaux faisaient remarquer que la comtesse de Montijo avait rempli la charge de camerera mayor de la reine Isabelle pendant le ministère Narvaez. Les femmes, en Espagne, héritent des titres nobiliaires ; Mlle de Montijo réunissait sur sa tête trois grandesses de première classe : Teba, Mora, Banos, sans compter les titres de Guzman, Fernandès, Cordova, Leiva et Lacuna. L'Empereur des Français, devenu grand d'Espagne, se trouvait donc obligé, par les statuts de cette noblesse exceptionnelle, de faire une déclaration en règle au duc de Montpensier, chef de la grandesse espagnole.

A ces détails généalogiques succédaient d'autres détails techniques sur le trousseau de la mariée et sur les artistes de l'un et de l'autre sexe qui y avaient mis la main ; une certaine robe de dentelle était surtout l'objet de l'admiration des journalistes de la cour ; ils regrettaient ensuite amèrement que le temps eût manqué pour modifier la forme un peu classique des diamants de la couronne. Ces diamants, depuis la nuit du 23 au 24 février 1848, étaient déposés au ministère des finances ; le ministre les remit au ministre d'État avec une certaine pompe. Ces diamants paraissant sans doute insuffisants au conseil municipal de la ville de Paris, il vota la somme de 600 000 francs, pour offrir un collier à l'Impératrice ; elle écrivit au préfet pour le prier de consacrer cette somme à de bonnes œuvres.

Le mariage civil de l'Empereur eut lieu le 29 janvier aux Tuileries. Le grand maître des cérémonies était allé avec deux voitures de la cour chercher la fiancée impériale. Le grand chambellan, le grand écuyer, le premier écuyer, deux chambellans de service et les officiers d'ordonnance de service, l'attendaient au bas de l'escalier du pavillon de Flore, pour la conduire au salon de famille, où se trouvait l'Empereur, entouré du prince Jérôme, des princes de sa famille désignés pour assister à la cérémonie, des cardinaux, des maréchaux, des amiraux, des ministres, des grands officiers de la maison civile et militaire, des ambassadeurs et des ministres plénipotentiaires français présents à Paris.

Le prince Napoléon et la princesse Mathilde vinrent au-devant de la future Impératrice jusqu'à l'entrée du premier salon. Le cortège s'étant mis en marche, le premier chambellan prit les devants pour annoncer à l'Empereur l'arrivée de sa fiancée. Napoléon III, en uniforme de général, portait le collier de la Légion d'honneur de Napoléon Ier, relique confiée par le prince Jérôme à son neveu, et le collier de la Toison d'or de Charles-Quint. Les diamants du collier commandé par la ville de Paris, et acheté par lui, brillaient au cou de sa fiancée ; les diamants et les saphirs de la ceinture de l'impératrice Marie-Louise serraient la fameuse robe de point d'Alençon, recouvrant une jupe de satin blanc.

Le grand maître des cérémonies ayant pris les ordres de l'Empereur, le cortège se dirigea vers la salle des maréchaux, où devaient s'accomplir les formalités du mariage civil.

Les fiancés, arrivés dans la salle des maréchaux, prirent place sur deux fauteuils au haut d'une estrade ; le registre de l'état civil de la famille impériale, retrouvé dans les archives de la secrétairie d'État, était

Fig. 102. — Eugénie de Montijo est remarquée parmi les dames qui suivent les chasses impériales en costume du XVIIIe siècle (page 468).

ouvert sur une table à gauche. Le ministre d'État, officier de l'état civil, assisté du président du Conseil d'État désigné *ad hoc*, ayant reçu les affirmations de l'Empereur et de Son Excellence Mlle Eugénie de Montijo, comtesse de Teba, les déclara unis en mariage. Le président du Conseil d'Etat, sur l'invitation du grand maître des cérémonies, présenta la plume à l'Empereur et ensuite à l'Impératrice, qui signèrent sans quitter leur place. La comtesse de Montijo, les princes et princesses, l'ambassadeur d'Espagne, reçurent la plume des mains du président du Conseil d'État et signèrent suivant leur rang. Les témoins désignés pour signer l'acte du mariage de l'Empereur et les témoins nommés pour signer l'acte du mariage civil s'acquittèrent de leur mission. Les premiers étaient le prince Jérôme Bonaparte, le prince Napoléon-Joseph Bonaparte, la princesse Mathilde Bonaparte-Demidoff, le prince Lucien Bonaparte, le prince Pierre-Napoléon Bonaparte, la princesse Élisa Bacciocchi, comtesse Camerata, le prince Lucien Murat, membres de la famille de l'Empereur ; les seconds : les cardinaux de Bonald, Dupont, Mathieu, Gousset, Donnet ; les maréchaux Reille, Harispe, Vaillant, Castellane, Saint-Arnaud, Magnan ; les amiraux Roussin, de Mackau ; les président, premier vice-président, vice-président, secrétaire et grand référendaire du Sénat, Troplong, Mesnard, Baraguey d'Hilliers, Regnault de Saint-Jean-d'Angely, Lacrosse, d'Hautpoul ; le grand maître des cérémonies, Cambacérès ; le président et les vice-présidents du Corps législatif, Billault, Reveil, Schneider ; le président et le vice-président du Conseil d'État, Baroche et Rouher ; les ministres : M. de Morny, etc.

Le cortège, les signatures terminées, se rendit, au son de la marche des *Filets de Vulcain*, dans la salle de spectacle, où les artistes de l'Opéra exécutèrent une cantate [1].

Les survivants de la génération qui avait assisté au sacre de Napoléon Ier, à son mariage avec Marie-Louise, et au baptême du Roi de Rome, purent reconnaître le lendemain, 30 janvier 1853, les voitures qui avaient servi dans ces cérémonies. L'Empereur et l'Impératrice, qui

---

1. Paroles de Méry, musique d'Auber. En voici la première strophe.

> Pour notre Impératrice, aux doux climats choisie,
> Chantez, avec des voix qui savent nous ravir,
> Les airs que redira l'écho d'Andalousie,
> Aux collines du Tage et du Guadalquivir.
>   Espagne bien-aimée,
>   Où le ciel est vermeil,
>   C'est toi qui l'as formée,
>   D'un rayon de soleil.

avaient entendu la messe et communié dans la chapelle de l'Élysée avant de se rendre à Notre-Dame, occupaient la première ; le prince Jérôme et le prince Napoléon, chargés de porter les honneurs, étaient dans la seconde.

Napoléon Ier, le matin de son mariage religieux, assistant à la toilette de Marie-Louise, avait dit, en fixant lui-même la couronne du sacre sur la tête de sa femme : « L'Impératrice portera cette couronne qui n'est pas belle, mais qui a un caractère particulier et que je veux rattacher à ma dynastie. » Cette même couronne parait le front de la nouvelle Impératrice. Elle prit place en face de l'autel, et l'archevêque de Paris, s'adressant aux conjoints, selon le cérémonial arrêté, leur dit : « Vous vous présentez ici pour contracter mariage en face de la sainte Église ? » Ils répondirent : « Oui, monsieur. » L'évêque de Nancy, premier aumônier, présenta sur un grand plateau de vermeil les pièces d'or et l'anneau à l'archevêque, qui les bénit. M. Sibour, après les demandes et les réponses d'usage en pareil cas, remit à l'Empereur les pièces d'or et l'anneau. L'Empereur présenta d'abord les pièces d'or à l'Impératrice, en disant : « Recevez le signe des conventions matrimoniales faites entre vous et moi. » Ensuite il plaça l'anneau à son doigt, en ajoutant : « Je vous donne cet anneau en signe du mariage que nous contractons. » L'archevêque, étendant la main sur les deux époux à genoux, prononça la formule sacramentelle ; les oraisons d'usage furent récitées. Les mariés remontèrent sur leur trône, et la messe commença. Le prince Napoléon présenta les cierges de l'offrande à l'Empereur, et la princesse Mathilde à l'Impératrice ; l'évêque de Nancy et l'évêque de Versailles tenaient le poêle. L'archevêque de Paris, accompagné du curé de Saint-Germain-l'Auxerrois, paroisse des Tuileries, soumit, pendant le *Te Deum*, à la signature de l'Empereur et de l'Impératrice le registre où était consigné l'acte du mariage religieux. Les témoins étaient, pour le marié : le prince Jérôme-Napoléon et le prince Napoléon ; pour la mariée : le marquis de Valdegamas, ambassadeur d'Espagne, le duc d'Ossuna, le marquis de Bedmar, grands d'Espagne, le comte de Galve et le général Alvarez Toledo.

On remarqua que l'Impératrice, en se levant, à l'évangile, fit avec son pouce, à l'espagnole, de nombreux signes de croix sur son front, ses lèvres et son cœur. Les invités à la cérémonie purent admirer les richesses qui la couvraient comme une madone : sa robe ruisselait de diamants ; son cou, ses bras, sa tête, sa ceinture, en étaient chargés ; au milieu de tous ces feux, on distinguait cependant celui du Régent, placé sur sa poitrine. Le duc de Brunswick, debout contre un pilier, faisait concurrence à la mariée par la quantité de diamants dont il était couvert.

La cour, les ministres, les grands corps de l'État, les fonctionnaires, la magistrature, l'armée, remplissaient l'Église ; dehors fourmillait le personnel désormais immuable de toutes les fêtes impériales; les communes avec le maire et le curé en tête, les associations ouvrières comprenant tous les corps d'états, depuis les charpentiers jusqu'aux allumeurs de réverbères, les jeunes filles en longues files blanches : de Notre-Dame aux Tuileries, c'était une procession sans fin. Les chemins de fer avaient versé plus de deux cent mille individus dans Paris, foule curieuse et indifférente. Quelques vivats se firent entendre lorsque les deux époux, de retour de la cérémonie, parurent au grand balcon des Tuileries. Le soir, le repas de famille terminé, la poésie et la musique [1] précédèrent la présentation des grands corps de l'État et des dames de la cour, qui mit fin à cette longue soirée.

Le mariage de l'Empereur avait été accueilli en France et en Europe comme un gage de paix. L'Empereur, pour prouver que la paix était bien en effet la base de sa politique, décréta le 8 mars qu'une exposition universelle des produits agricoles et industriels, à laquelle toutes les nations seraient admises, s'ouvrirait le 1ᵉʳ mai 1855 à Paris. Une députation du haut commerce de la Cité de Londres présenta une adresse à l'Empereur, signée de quatre mille négociants notables, exprimant l'espoir que la paix serait maintenue entre les deux grandes nations, et par conséquent dans le monde; l'Empereur, dans sa réponse, attesta sa ferme intention de tenir compte de ce vœu. Le prince Louis Bonaparte avait publié autrefois un travail sur le canal de Nicaragua; la Compagnie anglaise pour la jonction des deux Océans, en sollicitant la protection de l'Empereur des Français, avait émis les mêmes vœux que les négociants anglais et reçu les mêmes assurances pacifiques.

---

1. Une nouvelle cantate figurait sur le programme. Elle était de Mme Mélanie Waldor :

> Célestes concerts,
> Douce harmonie,
> Glissez dans les airs,
> Chantez la grâce unie
>   Au génie,
> Chantez Eugénie,
> Et les amours,
> Durant toujours.

Les artistes chargés d'exécuter ce morceau avaient revêtu par ordre le costume espagnol du *Mariage de Figaro*.

Le commerce et l'industrie, comptant sur la paix, reprenaient leur essor ; le décret déclarant d'utilité publique l'achèvement de la rue de Rivoli avait ouvert l'ère des grands travaux de la ville de Paris ; la Bourse rappelait les beaux temps de Law et du Mississipi. L'ancienne société faisait place à une société improvisée, par conséquent très mêlée et très exubérante, ayant besoin d'être dirigée et contenue ; ce rôle de pouvoir modérateur revenait en France, comme dans tous les pays monarchiques, à la royauté. L'Impératrice était-elle à la hauteur de ce gouvernement difficile ? Les disciples de Lavater, qui lisent le caractère sur les traits du visage, pouvaient seuls encore répondre à cette question.

M. de La Guéronnière avait déjà publié le résultat de ses observations ; mais le public se méfiait un peu de ce physiognomoniste de cour, en admiration, tantôt devant Louis-Napoléon, « figure douce et calme qui n'est que la marque d'une vie intérieure forte et puissante » ; tantôt devant le comte de Chambord, « l'une des plus belles têtes de l'Europe ; la beauté physique n'est sur ses traits que le reflet de la beauté morale ; » tantôt enfin devant le prince de Joinville, « qui a toute la beauté de sa race ».

M. de La Guéronnière, qui, dans une lettre imprimée, s'indignait à la pensée qu'on pût croire son frère capable d'accepter une sous-préfecture des mains de l'auteur du coup d'État, s'était d'ailleurs trop récemment converti pour qu'on crût à la fidélité scrupuleuse du portrait qu'il venait de tracer de l'Impératrice ; la finesse du crayon, le modelé, le jour, manquaient à cette étude : « A la femme, le monde ne demande que les
« attraits qui charment son regard et son esprit, et la famille que les
« vertus modestes qui assurent son repos et son bonheur ; à la reine, le
« peuple demande le patriotisme de cœur, qui n'est autre chose que le
« dévouement sans limite, l'amour sans préférence, l'abnégation sans
« calcul, et l'héroïsme de tous les sentiments nobles et généreux. » M. de La Guéronnière, nuageux dans tous les détails du portrait, le terminait par une maladresse : « Nous n'hésitons pas à le dire, l'Empereur
« Napoléon III n'aurait réussi à épouser une princesse des familles sou-
« veraines de l'Europe que par deux moyens également impossibles et
« déplorables : une grande guerre ou une humiliation. Attaquer l'Europe
« ou humilier l'Empire et la France, voilà la double alternative qui se
« présentait pour arriver à l'honneur d'une alliance dynastique. »

Mlle de Montijo avait fait l'ornement et le charme des fêtes de Compiègne et de Fontainebleau ; l'Impératrice connaissait donc d'avance sa cour. C'était un grand avantage. Il lui aurait fallu bien d'autres qualités pour remplir son rôle. Une impératrice jeune, belle, élégante, dans un pays où la mode règne en despote, est imitée, copiée aveuglément ; diriger les modes, c'est régler le luxe, c'est exercer par conséquent une grande influence sur la fortune et sur les mœurs de la société. Les reines sous les Valois et sous les Bourbons, jusqu'à Louis XVI, laissèrent cette dangereuse influence aux maîtresses. Marie-Antoinette la prit, sans le vouloir peut-être ; elle devint comme la gravure de mode de la France et de l'Europe ; tant de toiles, de pastels, de dessins, d'ivoires, d'émaux où elle est représentée dans des toilettes et des attitudes où respire la grâce affectée et voluptueuse du temps, en embellissant la femme, nuisaient à la reine. Lorsque Joséphine monta sur le trône, la France sortait à peine de la République ; la mode n'avait pas eu le temps de s'organiser en gouvernement. Plusieurs femmes dont on cite encore les noms partageaient avec Joséphine la royauté de la mode. Marie-Louise ne fit que passer sur le trône pendant les années calamiteuses de l'Empire. La duchesse de Berry, sous la Restauration, essaya de porter le sceptre de la mode. La reine Marie-Amélie, et Madame Adélaïde, sa belle-sœur, princesses qui avaient vu la fin de la société la plus élégante et la plus polie du monde, ne pouvaient par leur âge prétendre à ce genre d'influence. La France n'aperçut qu'un moment les filles de Louis-Philippe dans le modeste éclat de leur gracieuse jeunesse. La duchesse d'Orléans, veuve, et d'ailleurs d'un esprit grave, ne se montrait guère sous un aspect mondain ; elle recevait néanmoins les poètes, les historiens, les hommes de lettres illustres ; mais la tâche de mettre en communication la cour et la société paraissait plus spécialement dévolue aux fils du roi, princes jeunes, aimables et lettrés.

L'impératrice Eugénie allait être chargée de cette tâche délicate : soutenir sans trouble comme sans hauteur des milliers de regards qui vous examinent sans cesse ; prendre, sans en avoir l'air, sa part de responsabilité dans le gouvernement, et la plus dangereuse peut-être ; se montrer à la fois sérieuse et frivole, femme d'intérieur et femme du monde ; avoir de la religion plus que de la dévotion ; s'occuper de modes sans affectation, de littérature sans pédanterie, de politique sans embarras ; lire ce qu'il faut qu'une femme instruite ait lu, dire tout ce qu'une femme d'esprit peut dire ; savoir parler aux femmes et aux hommes, aux jeunes gens et aux vieillards ; être, en un mot, toujours en scène, c'est le rôle d'une reine. Celle qui allait le remplir savait tout ce qu'on peut apprendre au couvent du Sacré-Cœur de Londres et de Paris. Sa mère, aimant la vie des eaux, des bains de mer, changeait souvent de résidence; elle recherchait la foule autant que le monde, et les gens amusants plus que les hommes d'esprit. Mme de Montijo, passant quelquefois l'hiver à Paris, avait un salon qui s'ouvrait après l'Opéra, où l'on parlait de tout, mais où l'on ne causait sur rien. Mme de Montijo recevait tout le monde et ne voyait personne; sa fille, habituée à l'aimable liberté de la vie de voyage, n'avait point fait dans la grande société, qui sait mettre l'intelligence et le talent au même rang que la fortune, l'apprentissage de sa nouvelle existence : régner et avoir pris naissance loin du trône, être reine improvisée au milieu de courtisans d'hier, difficile épreuve ! Louis XIV avait pu vivre soixante ans à Versailles sans s'ennuyer, au milieu d'une société qui, elle aussi, ne connaissait guère autre chose que Versailles. Mais Marie-Antoinette, élevée dans la simplicité familière de la cour d'Autriche, ne put jamais entièrement se ployer à l'étiquette de la nôtre; ses tentatives pour la violer au lieu de la faire paraître plus aimable aux yeux de la nation, la rendirent suspecte. Nous vivons dans un temps où les reines sont plus en vue que jamais, où elles ne mettent pas une robe sans que cinquante journaux en disent la forme et la couleur; vingt articles racontent chaque jour leurs fêtes, leurs plaisirs, leurs parures, leurs coiffures. Cette publicité nuit aux reines, on ne les voit plus que par leurs côtés futiles.

La femme de Napoléon III, jeune et belle, aurait dû s'attendre à l'appui bienveillant et cordial des amis et des partisans de l'Empire, de ceux qui lui devaient tout; il n'en fut rien : couplets risqués, mots à double entente, quatrains, distiques, madrigaux croustillants, cette littérature, renouvelée du temps de Marie-Antoinette, prit l'impératrice Eugénie pour point de mire. A ces médisances rimées de boudoir et d'alcôve, on sentit bientôt qu'il y avait une cour. On s'en aperçut également au luxe qui envahissait toutes les classes de la société. « Madame la maréchale, votre manteau est superbe; voilà déjà plusieurs fois que je le vois. » Voilà de quelle aimable façon Napoléon Ier relevait les dames de sa cour du péché d'économie. Un des meilleurs lieutenants de l'Empereur reçut un jour une voiture à deux chevaux de sa part; il se confondait en remerciements de ce nouvel acte de munificence impériale, lorsque le lendemain le carrossier lui en remit la facture. Sa Majesté avait voulu tout simplement donner une leçon assez chère à un général, qui s'était permis de se rendre aux Tuileries en fiacre. L'impératrice Eugénie imposait moins durement

Fig. 103. — L'Empereur plaçant l'anneau au doigt de l'impératrice lui dit : « Je vous donne cet anneau en signe du mariage que nous contractons » (page 476).

la consigne du luxe ; elle se contentait de donner l'exemple des fêtes et des amusements. Les possesseurs des grandes fortunes territoriales et industrielles le suivaient ; malheureusement les grandes fortunes ne sont pas seules susceptibles d'entraînement ; les petites fortunes les imitent volontiers, et, dans toutes les classes de la société, c'est bientôt une émulation de dépenses qui la corrompt en attendant qu'elle la ruine. Le luxe inspire de la méfiance ; quand les fonctionnaires font des dépenses considérables, on se demande d'où viennent leurs ressources. Deux mois après le mariage de l'Empereur, le *Moniteur* était déjà obligé de démentir « comme une infâme calomnie, les bruits répandus à la Bourse sur des « opérations financières qu'auraient faites des fonctionnaires d'un ordre « élevé ». Le *Moniteur* ne parlait que de fonctionnaires, mais ce n'était pas sur eux seulement que se portaient les soupçons.

La cour existait ; il fallait en régler le cérémonial et l'étiquette. La grave question du costume exigeait la première, une solution : serait-on admis en frac noir aux réunions des Tuileries ou en habit habillé, avec culotte courte ? Ce dernier l'emporta. L'étiquette avait fait en deux mois de tels progrès, que M. Sandfort, chargé d'affaires des États-Unis, avant de se présenter en habit noir dans un bal des Tuileries, crut nécessaire de faire pressentir M. Drouyn de Lhuys, ministre des affaires étrangères, sur ce point délicat. Les journaux étrangers, l'œil fixé sur les fêtes de la cour, citaient comme ayant donné l'exemple de porter la culotte courte, les maréchaux Magnan et Saint-Arnaud, le général de Lawœstine, commandant la garde nationale, et M. de Nieuwerkerke. Un homme hardi essaya de la poudre, l'histoire n'a pas conservé son nom : on n'était pas encore mûr pour cette restauration. M. de Maupas, ministre de la police, fit cependant accepter une importation anglaise, celle de poudrer les cochers ; les journaux officieux le louent de cet acte d'initiative hardie. L'habit de fantaisie essaya d'entrer en lutte avec l'habit officiel ; traité d'abord en séditieux, il finit par être toléré. Après la question des habits, surgit celle des ordres étrangers de chevalerie. Quelques-uns de ces ordres donnaient le droit de porter l'épaulette et l'uniforme : Parme, Naples, Modène, Malte, peuplaient les bals officiels de colonels et de chevaliers apocryphes. Des décrets réglèrent le port des ordres étrangers ; le *Moniteur* en rappelle, plus d'une fois, les sévères prescriptions. Dans la société française replacée sur ses véritables fondements, comme disaient les journaux officieux, les questions d'étiquette devaient reconquérir l'importance qu'elles ne perdent jamais, à en croire les mêmes journaux, sans danger pour l'ordre public : une commission, dans laquelle figuraient M. Troplong, président du Sénat, et M. Abbatucci, garde des sceaux, régla les détails des préséances. Le *Moniteur*, lors de l'apparition de l'*Almanach impérial*, publia un *erratum* pour restituer à MM. Billaut, Baroche et Troplong le titre d'*Excellence*, omis devant leur nom ; le *Constitutionnel*, qui par contre avait donné du *Monseigneur* au grand chambellan et au grand maître des cérémonies, fut obligé de revenir sur cet excès de zèle.

Les titres de noblesse, abolis par le gouvernement provisoire, avaient été rétablis par le Prince-Président après le coup d'État. L'Empire à peine rétabli, les noms les plus bourgeois cherchent à se rehausser par la particule ; même à ceux qui peuvent invoquer une autre illustration, on tient à donner une origine nobiliaire. Lorsque Mme Achille Murat revint de la Floride en France, la *Patrie* fit remarquer qu'elle descendait des Plantagenets. L'Impératrice aimait à être entourée de gens titrés. Elle poussa son mari qui d'ailleurs partageait sa manie nobiliaire, à créer des nobles. L'Empereur joignait quelquefois aux titres qu'il leur accordait, des dons magnifiques qui n'étaient pas toujours du goût de l'impératrice. Le château de Beauregard acheté par l'Empereur fut donné par lui à miss Howard devenue comtesse de Beauregard.

Les ministres s'étaient rendus à la réception du 1er janvier dans des voitures escortées d'un piquet de cavalerie sabre nu en main. Les journaux officieux célébrèrent la magnificence des livrées, des dignitaires et des fonctionnaires. Les grandes et petites charges de l'ancienne cour impériales avaient été rétablies, mais les restaurations ne sont jamais complètes. Les mousquetaires disparurent à la seconde rentrée des Bourbons ; le second Empire ne jugea pas opportun de rétablir les pages ; il se contenta de chambellans. L'importance que ces charges allaient prendre dans l'État peut se mesurer à l'influence que le gouvernement attribuait au cérémonial sur les destinées de la société. Le *Moniteur* s'explique à ce sujet en rendant compte de la réception du 1er janvier :

« L'empressement à se rendre à cette solennité a été si grand, que tous
« les corps étaient plus nombreux qu'on ne les a vus, depuis bien des
« années. Chacun a été frappé de voir la hiérarchie, l'ordre, le respect mis
« si rapidement à la place de la confusion, de l'oubli de toutes les règles
« et de tous les rangs. Ce changement est dû à l'influence de l'acte éner-
« gique qui a sauvé la France, et rétabli la société sur des bases solides
« parce qu'elles sont vraies. L'ordonnance de cette réception est due

« à M. le comte Bacciocchi, qui y a présidé, assisté de M. Feuillet de
« Conches. »

L'importance de l'étiquette ne fit que s'accroître depuis le mariage de
l'Empereur. L'Impératrice tint la main à ce que ses règles fussent respectées. Les fêtes des Tuileries mirent le plaisir et le luxe à la mode
dans tous les rangs de la société.

Sous l'ancien régime, si les nobles et les financiers se ruinaient à l'envi,
les bourgeois restaient économes; les employés, moins nombreux et
mieux payés, supportaient plus aisément le fardeau des dépenses que leur
imposait une place : il n'y avait pas dans ce temps-là un monde d'employés et de fonctionnaires. La cour donne un bal aujourd'hui ; demain
c'est le ministre, après-demain le directeur général, la semaine prochaine
le chef de bureau. Le luxe sévit d'un degré à l'autre de l'échelle des
familles comme une épidémie. Ce fléau moral épuise la nation : dépenser
plus qu'on ne gagne, voilà l'économie politique du luxe; tous les moyens
sont bons pour gagner de l'argent, telle est sa morale. Cette morale, sans
doute, avait recruté de nombreux adeptes parmi les gens qui, sous le
régime précédent, avaient suivi le fameux mot d'ordre de M. Guizot :
« Enrichissez-vous ! » Mais le nouveau régime ne pouvait manquer d'en
accroître le nombre.

CHAPITRE III

COMMENCEMENT DE LA GUERRE DE CRIMÉE

La question d'Orient. — Mémorandum de M. de Nesselrode. — Ouvertures de Nicolas à sir Hamilton Seymour huit ans après. — L'homme malade. — La Russie refuse de s'entendre avec la France. — Mission du prince Menchikoff. — Aali-Pacha et Fuad-Pacha. — Le prince Menchikoff modifie ses exigences. — Dispositions des puissances. — Passage du Pruth par les Russes le 22 mai 1853. — Conférence de Vienne. — Nicolas Ier et François-Joseph. — L'Autriche se sépare de la Russie. — Mission du comte Orloff à Vienne. — Il vient demander la neutralité de l'Autriche. — Refus de l'Autriche. Le roi de Prusse et ses dispositions. — La flotte russe sort de Sébastopol. — Bataille de Sinope. — Envoi de troupes anglaises à Malte. — Signature du traité entre la France et l'Angleterre le 10 avril 1854. — Débarquement des alliés au Pirée le 25 mai 1854. — Le programme des quatre garanties. — Opérations des alliés dans la Baltique. — Prise de Bomarsund.

La politique jouait un rôle aussi important que la religion dans la question des lieux saints que nous avons vu surgir au chapitre précédent. Le czar croyait ou feignait de croire depuis longtemps à l'imminence de la chute de la Turquie : les premières ouvertures faites par lui à l'Angleterre pour créer entre elle et la Russie une entente sur les éventualités que pouvait faire naître cet événement datent du voyage de Nicolas Ier en Angleterre en 1844. Un *memorandum* de M. de Nesselrode en précisa même le sens. Les deux puissances, en contribuant avec autant d'énergie que par le passé au maintien de l'empire ottoman, devaient, dans le cas où il s'écroulerait malgré elles, prévenir les périls de sa chute par un accord particulier auquel l'assentiment de l'Autriche était assuré d'avance.

Les choses n'allèrent pas plus loin à cette époque, et l'Angleterre eut le temps d'oublier le mémorandum de M. de Nesselrode, lorsque dix-sept ans après, en 1853, au moment du voyage du prince Menchikoff à Constantinople, c'est-à-dire entre le commencement de janvier et la fin d'avril, le czar, au milieu d'un bal donné par la grande-duchesse Hélène, entama brusquement la conversation avec sir Hamilton Seymour, ministre d'Angleterre, sur la question d'Orient. Nicolas Ier, dans un langage familier, mais sentant la préparation, fit part au diplomate anglais des inquiétudes que lui causait la situation de la Turquie. « Elles seraient moins vives, « ajouta-t-il, si j'étais sûr d'être avec l'Angleterre dans une entente « dont les circonstances font plus que jamais une nécessité. Nous avons « sur les bras un homme malade; ce serait un grand malheur si un de « ces jours il succombait avant que toutes les précautions fussent prises. » Sir Hamilton Seymour répondit : « N'est-ce pas à nous ses médecins à chercher à le sauver? » Le czar laissa tomber la conversation, en manifestant l'intention de la reprendre. Le chancelier, M. de Nesselrode, prévint en effet l'ambassadeur d'Angleterre que Nicolas Ier le recevrait le 14 janvier.

Sir Hamilton Seymour se rendit au palais; le czar, dans l'entretien qui eut lieu, commença par répudier les « visions » de Catherine II. Il ne songeait nullement à s'agrandir; son ambition se bornait à remplir efficacement son rôle de protecteur de plusieurs millions de chrétiens, rendu plus difficile par la décrépitude de l'empire ottoman. « Que le malade « vive, nul ne le désire plus que moi; mais, s'il meurt, ne vaut-il pas « mieux régler d'avance les questions relatives à sa succession, que de se « trouver brusquement en présence de difficultés inextricables? — Le « gouvernement anglais, répondit sir Hamilton Seymour, répugne en « général à prendre des engagements en vue d'une éventualité, surtout « lorsque cette éventualité est la succession d'un ancien ami et allié. — « Sage principe, mais c'en est un non moins sage aussi que de ne pas se « laisser surprendre par les événements. Je vous parle en toute franchise, « en ami, en gentleman. Je ne permettrais à aucune nation de s'établir « à Constantinople, et je m'engage à ne pas m'y établir moi-même, en « propriétaire s'entend, car, si on laisse les choses aller au hasard, qui « me répond que je ne serais pas obligé d'occuper cette ville ? »

Lord John Russell, instruit de ces confidences par sir Hamilton Seymour, le chargea de répondre que, loin d'avoir la moindre envie de prendre des engagements en vue de la chute de l'empire ottoman, il en prendrait plutôt pour l'empêcher. Le czar se plaignit que le gouvernement anglais n'eût pas compris sa pensée. « Dix minutes de conversation,

« dit-il, avec lord Aberdeen, nous mettraient tout de suite d'accord. Je
« ne demande ni traité ni protocole; une entente générale suffit entre
« gens d'honneur. » Tout cela était assez obscur. Le czar formula plus
nettement ses vues dans un nouvel entretien. Ce qu'il demandait à
l'Angleterre, c'était tout simplement une déclaration officieuse et même
une simple opinion non pas tant sur ce qu'on ferait, que sur ce qu'on
empêcherait de faire dans le cas où le malade viendrait à mourir. Cela
nécessitait des éclaircissements. Le czar reprit après quelque hésitation :
« L'occupation de Constantinople, soit par les Anglais, soit par les Fran-
« çais, c'est la reconstruction d'un empire byzantin, l'agrandissement de
« la Grèce, le partage de la Turquie en petites républiques, ouvertes à
« tous les révolutionnaires de l'Europe ; voilà ce que je ne permettrai pas
« tant qu'il me restera un homme et un fusil. »

Le czar manifesta clairement l'intention d'isoler le gouvernement français, qu'il affectait de traiter avec un grand dédain, en l'accusant de chercher à brouiller les puissances en Orient. Quant à l'Autriche, ce qui convient à la Russie devait lui convenir, les intérêts des deux nations étant les mêmes dans la question d'Orient. « D'ailleurs, ajouta-t-il, rien de plus
« facile que d'arriver à des arrangements territoriaux satisfaisants pour
« tous. Les principautés restant comme elles sont, un Etat indépendant
« sous mon protectorat, pourquoi ne donnerait-on pas la même forme de
« gouvernement à la Bulgarie et à la Servie ? L'Egypte est un territoire
« dont la possession importe à l'Angleterre. Je ne vois nul inconvénient à
« ce qu'elle le prenne, et j'en dis autant de l'île de Candie. »

La conversation dans laquelle le czar faisait à l'Angleterre des offres si tentantes avait lieu le 21 février. M. de Nesselrode remit le 9 mars à sir Hamilton Seymour un mémorandum où se trouvaient reproduites en style diplomatique, c'est-à-dire atténuées, les idées qui avaient fait le fonds de l'entretien récent. Le mémorandum ne dissimulait pas que la guerre pouvait éclater si les menaces de la France, continuant à peser sur la Porte dans la question des lieux saints, l'obligeaient à refuser toute satisfaction à la Russie, et si le sentiment religieux des Grecs orthodoxes outragé par les concessions faites aux Latins poussait la majeure partie des sujets du Sultan à s'insurger contre lui. Le mémorandum finissait ainsi :

« La Russie ne saurait permettre l'établissement à Constantinople
« d'aucune puissance assez forte pour l'inquiéter ; mais elle n'a ni le désir
« ni l'intention d'occuper Constantinople. Ce qu'elle demande à l'An-

Fig. 104. — Mme de Montijo et sa fille Eugénie avaient parcouru les stations de bains, recherchant la foule autant que le monde et les gens amusants plus que les hommes d'esprit (page 480).

« gleterre, c'est de ne prendre aucun arrangement dont la chute de
« l'empire ottoman serait l'objet sans s'être concertée avec la Russie, qui
« s'engage à en faire autant. Le czar, sûr de l'Autriche, envisagerait
« alors avec moins de crainte la catastrophe qu'il désire vivement éloigner
« ou conjurer. »

Lord Clarendon répondit le 23 mars d'une façon assez évasive à ce mémorandum. Le czar, comprenant que le cabinet anglais ne tenait pas à prolonger la correspondance sur cette question, mit fin à la correspondance par une note datée du 15 avril. C'était en réalité le partage de la Turquie que la Russie proposait à l'Angleterre. Pitt l'eût peut-être accepté, mais on n'était plus à l'époque de Pitt, et le gouvernement anglais, ne pouvant se dissimuler qu'un tel partage ne pouvait s'accomplir sans amener une terrible guerre, ne se souciait pas de l'engager, dût cette guerre lui donner l'Egypte. L'Angleterre, d'ailleurs, puissance protestante, n'ayant pas grand'chose à voir dans la question des Lieux saints, se tint dans l'expectative, tant qu'elle put croire que cette question seule était engagée ; elle restait neutre et mécontente ; sa flotte ne bougea pas de Malte, tandis que la flotte française se dirigeait sur Salamine.

L'Autriche était précisément alors en conflit avec la Porte au sujet de l'affaire du Monténégro. Le comte de Linange, au moment même où se posait la question des Lieux saints, avait été envoyé à Constantinople pour y présenter les réclamations du cabinet de Vienne ; il ne pouvait trouver mauvais que la Russie en fît autant au sujet des Lieux saints. L'Autriche resta donc indifférente à l'envoi du prince Menchikoff à Constantinople, tant que sa mission parut se borner à procurer à son gouvernement un avantage religieux ; sans vouloir disputer à la France son protectorat sur les Latins, non sujets du Sultan, elle n'avait aucune raison de contribuer à l'étendre et à le fortifier. Invoquant ses propres traités avec la Porte, elle négociait isolément. Quant aux Etats secondaires, Espagne, Piémont, Naples, Sicile, ils s'étaient rangés derrière la France dès le début du conflit.

Quelles en étaient au juste les causes ? Lord Stratford-Canning, ambassadeur d'Angleterre en Turquie, les expliquait ainsi à lord Palmerston, au mois de mai 1850 : « Il s'agit du droit de possession de
« certaines parties de l'église du Saint-Sépulcre à Jérusalem; les Latins
« accusent les Grecs d'avoir usurpé des propriétés leur appartenant et
« laissé tomber en ruines les chapelles et les tombeaux de Godefroy de

« Bouillon et de Guy de Lusignan. Et la légation française, au nom de
« l'article 33 des capitulations de 1740, revendique les droits de l'Église
« latine. »

La Porte s'étant empressée de répondre à ces réclamations et de
répudier toute intention de porter atteinte aux capitulations, M. Drouyn
de Luys, ministre des affaires étrangères, se déclara prêt à s'entendre
avec la Russie, protectrice des Grecs, pour mettre un terme au différend.
La Russie, malgré les conseils de l'Angleterre, n'y paraissait guère
disposée. Les concessions demandées par la France n'étaient que de
légères satisfactions données à la piété de quelques touristes catholiques.
Les prétentions de la Russie auraient transformé complètement les rapports existant entre elle et la Sublime Porte ; elle les appuyait sur ces
deux articles du traité de Kainardji : « La Porte promet de protéger
la religion chrétienne et les églises, et il sera libre aux ministres de Russie
de faire des représentations en faveur de la nouvelle Église dont il est parlé
dans l'article 15. » Et : « Il est permis à la cour de Russie, outre la
chapelle bâtie dans la maison du ministre, de construire dans un quartier
de Galata, dans la rue nommée Bey-Oglou, une église publique du rite
grec, qui sera toujours sous la protection du ministre russe et à l'abri
de toute gêne et avarie. »

Transformer la chapelle de la rue Bey-Oglou en église des Lieux-Saints, et le droit d'ériger cette paroisse en protectorat général sur tous
les Grecs de l'Empire : tel était le double but auquel tendait la Russie.
Comment l'atteindre ? On se souvint qu'Omer Pacha dirigeait vers ce
temps-là une expédition contre les chrétiens du Monténégro, que l'Autriche, inquiétée de cette lutte sur ses frontières, avait envoyé, comme
nous l'avons dit, le comte de Linange à Constantinople pour sommer la
Porte de retirer ses troupes de la montagne Noire, et que le sultan
avait obéi à cette sommation. Pourquoi la Russie n'emploierait-elle pas
un moyen qui avait si bien réussi à l'Autriche ? Le czar résolut du moins
de le tenter, et il confia l'exécution de l'entreprise à Son Altesse sérénissime le prince Menchikoff, grand amiral de la flotte, gouverneur de la
province de Finlande, général d'armée, homme d'esprit, d'ailleurs
fécond en saillies piquantes, en aperçus humoristiques, anti-Allemand,
profondément Slave. Le czar hésita quelque temps entre lui et le comte
Orloff ; il finit par choisir le prince Menchikoff, parce qu'il était plus
soldat que diplomate.

Cette mission n'était pas sans inquiéter quelque peu l'Angleterre.

L'ambassadeur d'Angleterre à Saint-Pétersbourg, sir Hamilton Seymour, ayant demandé à M. de Nesselrode si elle se bornait aux Lieux-Saints, et si le prince Menchikoff n'avait pas d'autre réclamation à présenter à la Porte, le chancelier répondit qu'il ne lui en connaissait pas d'autres, si ce n'est peut-être quelques réclamations privées. Le cabinet anglais, tout en partageant la vive satisfaction de M. Hamilton Seymour pour cette réponse, jugea cependant que le congé de son ambassadeur à Constantinople avait assez duré, et lord Stratford-Canning reçut l'ordre de retourner à son poste. Les fêtes de l'hiver étaient finies à Paris, et, pendant que chacun se demandait ce qui allait désormais occuper l'attention publique, le prince Menchikoff voguait vers le Bosphore. L'ambassadeur russe s'était fait précéder par une brillante troupe d'officiers d'état-major; Constantinople apprit en même temps la nouvelle de son arrivée au palais de l'ambassade russe, celle de l'entrée de l'avant-garde de Dannenberg en Moldavie, et la concentration de la flotte russe à Sébastopol.

Les deux hommes placés à la tête des affaires de la Turquie au moment de l'arrivée du prince Menchikoff, Aali-pacha, grand vizir, et Fuad-pacha, ministre des affaires étrangères, étaient les deux plus grands poètes de leur pays. Le jeune Aali, pendant que son père ouvrait aux passants la barrière du Capoudji-bachi, une des portes de Constantinople, composait des vers que le grand vizir Rechid-pacha trouvait charmants et qui le faisaient admettre au bureau de traduction, sorte d'école d'administration et de diplomatie. Aali-pacha, secrétaire d'ambassade à Vienne, à Londres, à Paris, ambassadeur en Angleterre, ministre des affaires étrangères en Turquie, était devenu grand vizir en 1852; parlant et écrivant le français avec une facilité et une justesse étonnantes, très civilisé et très Turc en même temps, discutant librement sur toutes les matières religieuses, et ne prenant pas une résolution sans consulter un astrologue, Aali-pacha avait trouvé un ami et un collaborateur dévoué dans Fuad, poète comme lui et de plus médecin. Admis comme Aali au bureau de traduction, à cause de son talent poétique, il avait passé par l'Ecole de médecine de Galata-Seraï et par l'emploi de chirurgien de marine. Fin, enjoué, spirituel, auteur d'une brochure en français sur la question des Lieux-Saints, il s'était montré déjà hostile à la Russie, à l'époque de sa mission dans les Principautés. Fuad-pacha ne croyait nullement à la maladie de son pays, il lui trouvait une constitution robuste; « la gale seulement, disait-il quelquefois, et pas de soufre pour la guérir. »

Ce ministre, convaincu de la santé de la Turquie, la croyant éternelle, parce qu'elle est nécessaire, était aux yeux de la Russie un homme à écarter avant tout des conseils de la Porte. Aussi ne fut-on pas surpris d'apprendre que, en sortant de son audience de réception chez le grand vizir, le prince Menchikoff avait passé fièrement, sans y entrer, devant l'appartement du ministre des affaires étrangères. L'envoyé de Russie, par cette impolitesse volontaire, signifiait à Fuad-pacha et au divan qu'il voulait un autre intermédiaire entre la Sublime Porte et lui. Fuad-pacha donna sa démission; le prince Menchikoff le prit sur un ton si haut avec le grand vizir, qu'Aali ne dissimula pas au chargé d'affaires d'Angleterre l'extrême satisfaction avec laquelle il verrait la flotte britannique se rapprocher des Dardanelles. Le colonel Rose, chargé d'affaires d'Angleterre, invita donc l'amiral Dundas à opérer ce mouvement; l'amiral ne crut pas devoir bouger. Heureusement, l'escadre française d'évolutions s'était rendue dans les eaux de Salamine, et lord Stratford-Canning était attendu à Constantinople.

L'ambassadeur d'Angleterre, cousin du grand ministre Canning, entré presque adolescent dans la diplomatie, déjà homme, comme la plupart des aristocrates anglais, à l'âge où les nobles du continent ont encore un précepteur pour guide, avait, à peine âgé de vingt ans, négocié le traité de Bucharest, qui permit au czar Alexandre Ier de retirer du Sud les troupes commandées par Tchitchagoff, et de les lancer contre la grande armée de Napoléon. Son caractère, d'une fermeté voisine de la raideur, ne nuisait pas à son influence : le divan se sentait à la fois dominé et rassuré par lui; le czar Nicolas, qui avait refusé de le recevoir comme ambassadeur à Saint-Pétersbourg, allait avoir en lui un redoutable adversaire à Constantinople.

Lord Stratford, dans sa première entrevue avec les ministres turcs, leur arracha par lambeaux, quelques confidences confuses, d'où il semblait résulter que le czar proposait de s'unir au sultan par un traité secret et de mettre à la disposition de ce dernier, dans le cas où il serait attaqué, une flotte et une armée; le czar demandait, en échange, qu'une sorte de protection universelle des Grecs lui fût dévolue dans l'empire turc.

Le prince Menchikoff, voyant le grand vizir décidé à quitter le pouvoir plutôt que d'accepter ces propositions, se rabattit sur l'adjonction d'une convention au traité de Kainardji, qui donnerait aux patriarches grecs, dorénavant nommés à vie, les garanties dont ils ont besoin pour remplir leurs fonctions; la Russie se contenterait d'un protectorat, purement religieux, sur les sujets grecs, grande concession, selon l'envoyé russe; il fallait l'accepter dans les vingt-quatre heures, sinon il partait pour Odessa.

Le grand vizir ayant repoussé nettement ce projet de convention, le prince Menchikoff daigne, par amour de la paix, se contenter d'une garantie obligatoire sous forme de *sened;* mais qu'on se hâte de la donner, car le vaisseau qui doit l'emporter est près de lever l'ancre. Prévoyant un nouveau refus des ministres, il passe par-dessus eux et force le sultan à lui accorder une audience, et le grand vizir Aali se crut obligé à la retraite. Le nouveau vizir passait pour plus favorable aux prétentions de la Russie. Cependant les ministres et les principaux fonctionnaires de l'empire réunis en conseil, repoussèrent à l'unanimité la proposition de régler la question du protectorat par une simple note. Le vote du conseil était unanime. Le lendemain, les habitants de Constantinople virent s'éloigner le navire du prince Menchikoff. Quelques jours plus tard, la Porte recevait un ultimatum de la Russie, et les troupes russes entraient dans les Principautés.

A Paris, à Vienne, à Berlin, à Londres, partout on s'imaginait que le règlement de la question des Lieux-Saints était l'unique mission du prince Menchikof; en le voyant tout à coup, montrer de si hautaines exigences, on se dit que le fougueux diplomate avait certainement dépassé ses instructions. Plus d'illusion maintenant : le gouvernement anglais était très mécontent; le gouvernement français soit qu'il eût une arrière-pensée, soit qu'il eût éprouvé moins de confiance, se montrait moins désappointé; à Berlin, on se contenta de déclarer que la conduite du gouvernement russe était formellement désapprouvée par l'opinion publique; à Vienne, on se mit en mesure de prévenir une rupture et de concilier le différend. Il n'y avait pas là de quoi faire reculer Nicolas; il ne demandait pas autre chose, disait-il, que ce que l'Autriche avait obtenu par la mission du prince de Linange.

Le czar, dans ses conversations intimes avec sir Hamilton Seymour, avait souvent exprimé la conviction que l'Angleterre, vouée désormais aux principes de l'école de Manchester, était tout à fait incapable de tenter la moindre aventure politique; quant à la France, il répondait à ceux qui lui parlaient de la possibilité d'une alliance entre elle et l'Angleterre : « Les vaincus de Waterloo ne feront jamais campagne avec leurs vainqueurs. » M. de Kisseleff, son ambassadeur à Paris, homme d'esprit, mais observateur superficiel, ne s'apercevant pas du changement que trente ans de paix avaient apporté aux relations entre la France et l'Angleterre, l'entretenait dans cette illusion. Le gouvernement créé par le coup d'État du 2 décembre cherchait de tous côtés une alliance en Europe, surtout avec un gouvernement libre, moins pour sa sûreté que pour sa considération ; il devait donc désirer l'alliance avec l'Angleterre. M. de Kisseleff ne le comprenant pas, il confirma son maître dans ses idées et devint la cause de sa perte.

Menchikoff quitta Constantinople le 21 mai 1853 ; la Porte reçut un mois plus tard l'ultimatum de M. de Nesselrode, et les Russes franchirent le Pruth. Deux mois avant, le 22 mai, l'escadre française avait fait voile pour Salamine. La flotte anglaise ne se rapprocha de Constantinople que plus tard ; elle se trouvait dans la baie de Besika vers la fin de juin 1853 : les deux amiraux qui les commandaient reçurent l'ordre de combiner leurs mouvements. L'Angleterre cependant, loin de perdre l'espoir de maintenir la paix, tenait à peu près ce langage à l'Autriche :
« Le czar s'est mis dans une position fâcheuse ; nous avons intérêt à l'en
« tirer, vous surtout, car, s'il continue à surexciter les populations chré-
« tiennes soumises à la Turquie, elles se soulèveront. Prenez garde dans
« ce cas à vos provinces danubiennes : l'étincelle partie de là pourrait bien
« s'étendre à la Hongrie et à l'Italie ; il faut empêcher la conflagration.
« L'Autriche et la Russie ont toutes deux des empereurs pour chefs ; ces
« empereurs sont unis par les liens d'une étroite amitié ; que l'empereur
« d'Autriche intervienne donc et propose une médiation. Le traité de 1841
« place les droits du sultan sous la garantie des cinq puissances ; réunis-
« sons-nous donc et conférons sur les moyens de ramener la paix. »

Les cinq puissances s'étaient donc formées en conférence à Vienne. La France avait fourni le modèle d'une note, l'Autriche se l'était approprié. Cette note, signée par la Prusse, avait été envoyée à la Russie, qui l'acceptait. Voilà donc la conférence terminée quelques jours après s'être réunie et la paix conclue ; on s'en flattait du moins. Mais la Turquie repoussa la note. L'Angleterre et l'Autriche surtout en témoignèrent une grande colère ; la France semblait plus calme. La conférence de Vienne s'obstinait, malgré le refus de la Porte, à maintenir la note de l'Autriche : elle la faisait sienne en quelque sorte en la transmettant officiellement à Saint-Pétersbourg et à Constantinople. La Russie se garda bien de ne pas l'accepter ; la Turquie soutint son refus, à moins de modifications formulées dans un conseil tenu à Constantinople. Les

Fig. 105. — Nicolas, au milieu d'un bal, s'adresse à l'ambassadeur d'Angleterre : « J'ai de grandes inquiétudes « sur le sort de la Turquie ; elles seraient moins vives si j'étais sûr d'être avec l'Angleterre dans une entente « dont les circonstances font une nécessité. Nous avons sur les bras un homme malade ; ce serait un grand malheur « si un jour il succombait avant que toutes les précautions fussent prises » (p. 487).

puissances réunies pour protéger la Turquie allaient-elles donner le spectacle inattendu de leur intervention armée pour la forcer à se rendre aux exigences contre lesquelles il s'agissait de la protéger ? Fort heureusement, la Russie justifia la résistance de la Porte par ses imprudents commentaires sur la note de Vienne, d'où elle prétendait tirer le droit d'un protectorat immédiat sur les sujets du sultan et d'une immixtion permanente dans les affaires intérieures de la Turquie.

Le comte Nesselrode et M. de Buol avaient rédigé un nouveau projet d'arrangement. Les quatre puissances maintenaient la note de Vienne en adressant à la Porte une déclaration signée par elles, en faveur de l'intégrité de l'empire ottoman; ce projet laissait debout les prétentions de la Russie; la Turquie brusqua le dénouement en déclarant la guerre, et les deux flottes anglaise et française, après bien des ordres et des contre-ordres, franchirent les Dardanelles dans les premiers jours d'octobre : elles étaient mouillées sous les murs de Constantinople, tandis que sur le bas Danube Omer-Pacha organisait l'armée.

Napoléon III, avant cette rupture, avait écrit à Nicolas Ier pour lui proposer de négocier directement avec la Turquie une convention sanctionnée ensuite par les puissances. Nicolas avait refusé. Il ne restait donc plus qu'à se battre. M. de Castelbajac, ambassadeur français, quitta Saint-Pétersbourg dans les derniers jours de janvier 1854, et M. de Kisseleff prit ses passeports le 4 février. L'article 5 du traité du 10 avril entre l'Angleterre et la France invitait les autres puissances à coopérer à la guerre. Qu'allaient-elles répondre ?

Le jeune empereur d'Autriche avait dans Nicolas Ier un tuteur et presque un père. La statuette de son pupille ornait le cabinet du czar, qui l'emportait avec lui dans ses voyages. Aux manœuvres d'Olmütz, on avait vu Nicolas prendre des mains du général Schlick le commandement de son régiment de lanciers autrichiens, dont il portait l'uniforme, et défiler devant François-Joseph, entouré de onze archiducs et de douze princes souverains. Le czar, après le défilé, où figuraient quarante régiments, avait pressé François-Joseph dans ses bras, pendant que les généraux et les officiers agitaient leurs épées et que les soldats poussaient des hourrahs. Il mettait, depuis la guerre de Hongrie, grand soin à entretenir la fraternité d'armes entre l'Autriche et la Russie ; il comblait les généraux autrichiens de croix et de présents, et, toutes les fois qu'il arrivait à Vienne, il leur faisait des visites comme à des camarades.

Les officiers autrichiens, sensibles à ces avances, en étaient venus à considérer pour ainsi dire le czar, comme leur second empereur. Tirer l'épée contre lui leur semblait un manque de loyauté. François-Joseph ne devait-il pas d'ailleurs à Nicolas, la conservation de sa couronne et la vengeance tirée des chefs de l'insurrection hongroise? Les potences d'Arad ne s'étaient-elles pas dressées sous la protection des baïonnettes russes? Le jeune souverain de l'Autriche oublierait-il ces services, pour s'allier à l'Angleterre qui servait d'asile à Kossuth et dont la capitale venait d'assister à l'humiliant spectacle du général autrichien Haynau fuyant devant les fouets des ouvriers anglais? S'unirait-il avec la France, c'est-à-dire avec l'inconnu?

Les conseillers de François-Joseph s'étaient leurrés de l'espoir que la Russie désavouerait Menchikoff, qu'elle ne franchirait pas le Danube, et qu'on se maintiendrait dans un *statu quo* qui permettrait de préparer les éléments d'un arrangement. M. de Buol, qui dirigeait les affaires de l'Autriche depuis la mort du prince Schwartzenberg, pressé par l'Angleterre et la France d'entrer dans une action commune, jugeait inutile de donner un caractère européen à un débat qui, d'après lui, pouvait parfaitement se vider entre les Turcs et les Russes. François-Joseph écrivit à ce sujet une lettre dans ce sens à son puissant ami : l'ordre donné aux généraux russes de franchir le Danube, et la publication d'un manifeste religieux aussi dangereux pour l'Autriche qu'un manifeste politique, fut la réponse de Nicolas.

L'occupation des provinces danubiennes, l'agitation des populations slaves, qui en était la suite, modifièrent la politique de l'Autriche et lui firent comprendre la nécessité de se rapprocher de la France et de l'Angleterre. Une conférence s'ouvrit à Londres, à laquelle furent conviées les cinq puissances signataires du traité de 1841. Elle délibéra d'abord sur un projet de note que Napoléon III avait fait remettre secrètement et directement au czar, et qui avait paru à Saint-Pétersbourg et à Vienne pouvoir donner lieu à l'ouverture d'une négociation. L'Angleterre, au nom de l'intérêt turc, demanda quelques modifications à cette note ; le divan y apporta des changements sur trois points. Le czar refusa d'admettre la note sous sa nouvelle forme. La Turquie refusant de revenir sur ces changements, M. de Buol présenta la contre-proposition d'Olmütz, rédigée par les hommes d'État qui avaient suivi François-Joseph et Nicolas Ier dans cette ville. La contre-proposition consistait en ceci que la Porte accepterait sans condition la note de Vienne, et que les grandes puissances lui adresseraient une note collective l'assurant que la souveraineté du sultan n'était nullement menacée par cette note. L'Angleterre et la France repoussèrent cet expédient, mais la conférence ne fut point pour cela dissoute; le résultat de ses délibérations fut constaté dans des protocoles, et, le 5 décembre 1853, les quatre puissances, au bruit des premiers coups de fusil annonçant l'ouverture de la campagne par la Russie, fixèrent dans une note explicative la pensée qui devait présider à leur réunion.

Le czar, bien qu'un peu inquiet de son isolement, n'admettait pas que la froideur de l'Autriche pût aller jusqu'à l'hostilité; mais, pour en avoir le cœur net, il chargea le comte Orloff de s'assurer des dispositions de cette puissance. Le comte Orloff arriva le 29 janvier 1854, à Vienne. La saison des bals était ouverte : on dansait à la cour le jour même de l'arrivée du comte Orloff; impossible de parler d'affaires. M. de Buol et l'empereur ne pourront le recevoir que le lundi : le diplomate russe se prétend indisposé et ne veut voir personne le dimanche. Est-ce la paix ou la guerre qu'il apporte? Nul ne le sait. Lord Westmoreland, ambassadeur d'Angleterre, ne lui demande cependant que de murmurer un mot, un seul mot consolant à son oreille; il s'empressera de le transmettre à lord Clarendon, qui le glissera dans un paragraphe du discours que la reine est à la veille de prononcer à l'ouverture du parlement. Le comte Orloff reste impénétrable. On apprend enfin qu'il est venu demander à l'Autriche une déclaration de neutralité non-seulement entre la Russie et la Turquie, mais encore entre la Russie et les puissances maritimes. Si du moins la Russie prenait l'engagement de respecter l'intégrité de l'empire ottoman et d'abandonner les provinces danubiennes? Mais, à cette demande de l'empereur François-Joseph, l'envoyé russe répond par le silence. Il ne restait plus à l'Autriche qu'à concentrer un corps d'armée sur le Danube. Le comte Orloff put en voir défiler l'avant-garde du haut de son balcon. Il partit en disant à M. de Buol : « Puisque vous nous rendez la guerre impossible, autant vaut nous la déclarer. »

Le comte Orloff, après le fâcheux résultat de sa mission, crut prudent de se donner une légère maladie et de s'arrêter en route; il redoutait la première explosion de la colère de Nicolas. Le czar lut pourtant sa dépêche avec assez de calme ; mais les aides de camp de service entendirent le bruit d'un objet projeté avec violence contre le mur du cabinet impérial. C'était Nicolas qui venait de briser la statuette de François-Joseph.

M. de Buol, après avoir fait adopter un projet de sommation à la Russie d'évacuer les principautés danubiennes, demanda que le traité dont il était question entre les quatre puissances coupât court à toute pensée de retour au *statu quo*, traité qui ne put aboutir par suite du refus de la Prusse ; il avait en outre repoussé les dernières propositions formulées par la Russie qui ne faisaient que renouveler des exigences déjà rejetées. L'Autriche, déjà si fort rapprochée de la France et de l'Angleterre, s'unit encore plus étroitement à elles par le protocole du 9 avril 1854, où les puissances s'engageaient à n'entrer dans aucun engagement avec la Russie ou avec toute autre puissance qui tendrait à porter atteinte à l'intégrité de l'empire ottoman. La Prusse, en imitant cette conduite, aurait empêché une guerre qu'elle redoutait, au lieu de la rendre inévitable en suivant la marche contraire.

Le roi de Prusse, déçu dans les espérances qu'avait fait naître en lui le renvoi de lord Palmerston, et le remplacement du cabinet wigh par un cabinet tory, avait eu le chagrin de voir lord Palmerston et lord Russell réconciliés, reprendre place à côté de lord Clarendon dans un cabinet formé par lord Aberdeen, et il était à la veille d'assister à la signature d'un traité d'alliance entre l'Angleterre et la France, alliance dirigée contre son parent et ami Nicolas.

« A toi, mon cher Fritz, passe le gouvernement de l'État, tout le poids
« de la responsabilité ; ne néglige pas, autant qu'il sera en ton pouvoir,
« la paix entre les puissances de l'Europe, mais avant tout, tâche de main-
« tenir la bonne intelligence entre la Prusse, la Russie et l'Autriche. Leur
« union est comme la pierre fondamentale de l'alliance européenne. » Le roi de Prusse se souvenait de cette recommandation suprême de son père qui aurait eu cependant d'assez bonnes raisons de se montrer beaucoup moins dévoué à la Russie. La Prusse aujourd'hui s'est refaite à sa guise ; mais ne devait-elle pas son ancienne carte aux géographes du congrès de Vienne approuvés par la Russie ? La guerre qui se préparait pouvait lui fournir une bonne occasion de prendre une revanche et de se faire une part dans les changements futurs. Le roi de Prusse était un ardent ennemi de la France ; l'alliance de l'Angleterre avec notre pays lui apparaissait comme une sorte de crime ; il la qualifiait d' « inceste » de la part de l'Angleterre. Autour de lui, chambellans, aides de camp, généraux, ministres eux-mêmes, tout était russe. Si M. de Manteuffel inclinait vers l'alliance occidentale, c'était d'une façon bien peu sensible ; les généraux prussiens formaient la société intime de l'envoyé militaire russe ; le vieux maréchal

Johna allait répétant partout qu'il était entré deux fois à Paris et qu'il espérait bien y entrer une troisième. Le parti féodal ne demandait qu'à river la Prusse à l'alliance russe.

Le roi de Prusse ne put se soustraire cependant à l'impression pénible causée dans toute l'Europe par les impérieuses exigences du prince Menchikoff. Maintien de l'empire ottoman, protection efficace aux chrétiens : tels furent les premiers mots de sa politique. Profitant même de l'offre de la Turquie de donner à toutes les puissances ce qu'elle est obligée de refuser à la Russie seule, c'est-à-dire des garanties spéciales au profit des chrétiens, le roi de Prusse proposa de préparer avec la Turquie un traité que devaient signer l'Angleterre, la France, la Prusse, la Russie. La reine d'Angleterre, lord Aberdeen et lord Clarendon approuvaient ce traité, fortement combattu par lord Palmerston. La politique de ce dernier finit par l'emporter. Le passage du Pruth par l'armée russe rend tout accommodement impossible. On presse vainement le roi de Prusse d'agir, il se renferme dans la politique du silence. Tiraillé entre ses sentiments et ses intérêts, il ne sait plus à quel parti s'arrêter : quelle douleur pour un fils si respectueux, pour un si fervent chrétien, de se sentir, de jour en jour, plus infidèle aux recommandations d'un père mourant, et plus menacé de devenir l'ennemi de son beau-frère, juste au moment où le czar tirait le glaive en faveur de ces malheureux chrétiens dont les souffrances lui arrachaient des larmes! La voix paternelle retentissait à son oreille, l'écho des gémissements de sa sœur chérie, assise sur le trône russe, troublait son sommeil. Il passe pendant la durée des négociations par toutes les alternatives de la crainte et de l'espérance; si le czar défend à ses officiers de porter les décorations prussiennes, il est dans le désespoir; s'il apprend au contraire que Nicolas, entouré de ses fils, a bien voulu assister aux funérailles du ministre de Prusse et que la czarine s'est montrée, à cette cérémonie, escortée par le régiment qui porte son nom, il renait à la joie et à l'espérance.

Le czar, avec des hommes comme l'empereur d'Autriche et le roi de Prusse, dut se croire plus d'une fois à la veille de rattacher les fils rompus de l'alliance du Nord; c'est dans cette espérance qu'on l'avait vu accourir, le 24 septembre 1853, à Olmütz dans le camp retranché où François-Joseph passait alors en revue cette armée dont les derniers débris devaient s'y concentrer dix ans plus tard. Nicolas Ier comptait bien alors ressaisir son ascendant sur le jeune empereur et sur le roi de Prusse invité à s'y rendre; Frédéric-Guillaume se méfiant de sa faiblesse à l'égard de son beau-frère feint de ne pouvoir aller à Olmütz. Nicolas lui assigne un nouveau rendez-vous à Varsovie ; il s'y rend après bien des hésitations, mais sans son ministre, et avec deux officiers d'ordonnance seulement, comme pour indiquer que son voyage n'avait pas de but politique. Le bruit courut néanmoins que François-Joseph et Frédéric-Guillaume avaient cédé à l'influence irrésistible du czar. Les journaux féodaux de Berlin proclamèrent la solidarité entre les intérêts de la Prusse et ceux de la Russie ; on parlait de la retraite de M. de Manteuffel, mais aucun de ces bruits ne se vérifia.

Il y avait un parlement à Berlin et des chambres de commerce dans les principales villes prussiennes ; parlement et chambres de commerce étaient d'accord en faveur de l'alliance occidentale. Pendant que l'opinion publique se prononce avec tant de force contre la Russie, l'Autriche presse la Prusse de fixer ses relations avec elle et avec la Confédération germanique ; le baron Hess avait été envoyé de Vienne à Berlin pour discuter une convention militaire en vertu de laquelle un corps d'armée prussien garantirait l'Autriche du côté de la Gallicie. Le roi résista sur le cas de guerre, sur le chiffre des soldats, sur tout ; si bien que le baron Hess, impatienté, lui dit un jour : « Sire, faites-moi tout de suite discuter avec Paskewitch. » Enfin, la convention fut signée le 20 avril 1854 : la Prusse, dans le cas d'une occupation indéfinie des Principautés par la Russie et d'une tentative quelconque de cette puissance pour franchir les Balkans, devait concentrer cent mille hommes dans les provinces orientales, et deux cent mille hommes si cela devenait nécessaire. L'Autriche et la Prusse se garantissaient en même temps réciproquement leurs possessions, allemandes ou non allemandes.

Les petits États, ameutés à Bamberg par M. de Beust et par M. de Pforten, avaient imaginé de livrer bataille aux deux grandes puissances allemandes sur le terrain de cette convention. Les confédérés ne refusaient pas d'adhérer au traité, mais ils voulaient donner leur vote en séance diétale, attendu que la diète avait droit d'examiner les obligations imposées à la Confédération ; ils demandaient aussi qu'on veillât non-seulement à la liberté des eaux menant à la mer Noire, mais encore à la protection des sujets chrétiens de la Turquie et à la durée inviolable du royaume de Grèce, « dont la dynastie allemande avait de légitimes droits à la sympathie de l'Allemagne ». Le roi de Prusse et l'empereur d'Autriche, réunis à Teschen, répondirent aux confédérés qu'ils comptaient sur leur adhésion pure et simple au traité, sinon qu'ils se passeraient d'eux.

Fig. 106. — Aux manœuvres d'Olmütz Nicolas, après le défilé, presse François-Joseph dans ses bras pendant que les généraux et les officiers agitent leurs épées et que les soldats poussent des hourrahs (p. 499).

MM. de Beust et de Pfordten se le tinrent pour dit. Les représentants des petits États quittèrent Bamberg; tous les États secondaires adhérèrent à la convention, le Wurtemberg un peu tardivement, à cause de ses relations de famille avec la Russie. Le Mecklenbourg seul résista et se maintint dans l'isolement.

Le czar quitte Olmütz le 28 septembre, deux jours après que le conseil national de la Turquie a décidé que le moment de recourir aux armes est venu, et il se rend à Varsovie, où le roi de Prusse et l'empereur d'Autriche sont depuis le 20 octobre. Le czar n'obtint rien de son beau-frère dans cette entrevue, qui ne servit qu'à attiser l'impatience des alliés. Nicolas Ier espéra être plus heureux à Berlin, où la politesse l'obligeait à rendre sa visite au roi de Prusse. Les perplexités de Frédéric-Guillaume étaient grandes. Affectueux pour la reine Victoria, qui l'avait prié d'être le parrain de son premier fils, ami du prince Albert, dont il appréciait les sentiments germaniques, plein d'affection et en même temps d'admiration pour son beau-frère, dans lequel il voyait « le plus saint des hommes », persuadé de la nécessité de maintenir l'indépendance de la Russie, il vivait dans une incertitude dont la presse anglaise se vengeait cruellement [1]. Le gouvernement anglais se montrait, il est vrai, moins guerrier que la nation. L'escadre anglaise mouillait à côté de la flotte française, dans la baie de Besika, mais uniquement pour protéger la Turquie contre un danger immédiat; les croiseurs de la flotte russe, sortis triomphalement de Sébastopol, capturaient des navires turcs et abordaient les vaisseaux neutres pour leur demander des nouvelles des escadres alliées.

Au mois de novembre, au moment où les escadres alliées jetaient l'ancre dans le Bosphore, sept navires russes à voiles et un vaisseau à vapeur croisaient devant Sinope et évoluaient autour de l'escadre turque, qui, poussée par un vent du nord-est, se dirigeait vers ce port; on sonne le branle-bas de combat à bord des navires turcs; mais, après quelques manœuvres, l'ennemi porte au large et se met sous le vent. Le lendemain, les mêmes forces reparaissent; le commandant turc fait part aux amiraux français et anglais des appréhensions que lui causent les manœuvres russes, il ne reçoit aucune réponse. Le 29 novembre, une

---

1. Le *Punch* et les autres feuilles humoristiques contenaient tous les jours des caricatures représentant le roi Clicot, *King Clicot*, c'est-à-dire Frédéric-Guillaume, tenant une bouteille de vin de Champagne à la main, chancelant, débraillé, hébété par l'ébriété sous laquelle son intelligence avait fini par succomber.

dernière dépêche arrive à lord Stratford. Les flottes alliées avaient le temps d'accourir; elles ne lèvent l'ancre que le 30 novembre. Ce jour-là précisément, l'amiral Nachimoff, avec six vaisseaux de ligne, attaquait la flotte turque à l'ancre. Les Turcs se battirent avec intrépidité, mais sans espoir; quelques commandants ayant enfin amené leur pavillon, l'amiral russe feignit de ne pas les voir, pour les écraser. Hormis un bateau à vapeur, tous les navires turcs furent détruits, et quatre mille matelots périrent.

L'affaire de Sinope avait été ressentie comme une défaite nationale par l'Angleterre. Le peuple le plus sage du monde finit par se livrer à des folies à force de s'entendre dire qu'il est incapable d'en faire. Lord Aberdeen, l'ami du czar, M. Gladstone, lord Clarendon n'étaient pas très pressés de faire la guerre. Lord Palmerston seul, quoique relégué à l'intérieur, exerçait par la menace seule de sa démission une grande influence sur la politique de son pays et le poussait à une alliance intime avec l'empire français.

La bataille de Sinope produisit sur toutes les puissances une émotion que la Prusse ne put s'empêcher de partager. Frédéric-Guillaume sentit le besoin de se rapprocher de l'Angleterre : M. de Pourtalès se rendit à Londres dans le mois de décembre 1853 avec la mission de sonder le gouvernement anglais sur le prix qu'il était disposé à mettre à l'alliance de la Prusse. Quant à cette puissance, elle demandait deux choses : être garantie contre l'Autriche et la Russie, et rester maîtresse d'organiser comme elle l'entendrait la Confédération germanique. L'Allemagne en outre devait être garantie contre la France [1]. Bien plus : les puissances lui feront restituer la principauté de Neuchâtel. On comprend quel accueil le cabinet devait faire à de pareilles ouvertures. La neutralité, c'était à ce parti que le roi de Prusse devait s'arrêter définitivement. Signerait-il au moins la convention de la conférence de Vienne, à laquelle son ambassadeur M. d'Arnim assistait depuis six mois? On le crut un moment. Mais Frédéric-Guillaume, feignant de voir dans une dépêche du Foreing-Office une injonction menaçante, refusa de signer. Le 23 mars, lord Clarendon n'a-t-il pas parlé d'ailleurs de « rogner les griffes du czar »? C'est donc d'un démembrement de la Russie qu'il s'agit. Frédéric-Guillaume n'y consentira jamais.

Lord Aberdeen, toujours hésitant, même après Sinope, pensait que les instructions données aux amiraux anglais suffisaient pour empêcher

---

1. *Dix ans de l'histoire d'Allemagne*, par M. Saint-René Tallandier.

le renouvellement d'un pareil désastre. Le gouvernement français voulait qu'on prît du moins des précautions pour le prévenir ; il demandait que tout navire russe en croisière dans la mer Noire fût contraint de rentrer dans Sébastopol, et que toute attaque contre le pavillon ottoman fût repoussée par la force. Lord Palmerston ayant parlé de démission si l'on n'adoptait pas ce plan, lord Aberdeen s'y soumit.

Le colonel Ardant et le général sir John Burgoyne reçurent des deux gouvernements de France et d'Angleterre la mission d'arrêter un plan de défense de l'empire ottoman ; un petit corps anglais fut envoyé à Malte. Cela paraissait suffisant à lord Aberdeen et à ses collègues, sauf au duc de Newcastle, qui conseillait un envoi de troupes moins insignifiant. Mais la guerre était déjà commencée, et lord Aberdeen continuait à la croire impossible ; il s'imaginait que l'annonce de l'alliance anglo-française suffirait pour l'empêcher. Nicolas doutait toujours de la réalité d'une entente, décidée d'avance par l'opinion publique dans les deux pays. Quelques vieux tories avaient beau prétendre qu'une alliance séparée avec la France était inutile, qu'aucune divergence de vues entre l'Angleterre et les puissances allemandes ne la justifiait; le public anglais n'en entendit pas moins avec plaisir la reine attester devant le parlement qu'elle continuait à agir dans une coopération cordiale avec l'Empereur des Français. La guerre était populaire non seulement dans le pays, mais encore dans l'armée. A l'avènement de l'Empire français, il y eut comme un choc électrique dans toutes les armées européennes ; les moustaches se retroussèrent, les plumets semblèrent plus hauts, et les sabres plus traînants sur le pavé. L'armée anglaise avait, comme toutes les autres armées de l'Europe, ressenti cette commotion belliqueuse ; il y avait dans l'idée de marcher à côté des Français après les avoir vus longtemps en face, et de remplacer par l'émulation de l'héroïsme, l'ardeur des haines passées, de quoi agir sur l'imagination et remuer le cœur des soldats anglais.

Le 10 avril 1854, la vieille Angleterre apprit avec joie qu'un traité en règle venait d'être signé entre la reine Victoria et l'empereur Napoléon III.

Le czar ne s'était pas beaucoup effrayé de l'envoi de quelques régiments à Malte ; quant aux puissances allemandes, pouvait-il croire à leur réelle hostilité en voyant les ambassadeurs d'Autriche et de Prusse assister au *Te Deum* chanté à Saint-Pétersbourg pour célébrer la victoire de Sinope?

Nicolas Ier, autocrate et pape de toutes les Russies, croyait d'ailleurs à sa papauté ; les blessures faites au pape faisaient souffrir le souverain, et le souverain saignait des blessures du pape ; il avait l'esprit religieux et mystique de son père. La Russie, avertie qu'il faisait la guerre pour une question religieuse, avait senti son fanatisme s'enflammer : il n'était plus permis au czar de reculer ; personne, d'ailleurs, dans son entourage, ne lui conseillait de céder. M. de Nesselrode, trop habile pour ne pas voir où pouvait mener la guerre, mais désireux de mourir dans son fauteuil de grand chancelier, gardait ses observations pour lui et pour ses amis intimes.

L'intelligence de Nicolas manquait d'étendue et de finesse ; mais il se faisait une grande idée de la majesté souveraine en général, et en particulier du rôle qu'il était appelé à jouer dans le monde : il se considérait comme le pilier de la monarchie légitime ; tous les monarques de son temps avaient été obligés de s'incliner devant la révolution, seul il était resté debout ; il avait marché sur le corps d'une conspiration pour arriver au trône, et plus tard il avait comprimé deux insurrections, l'une en Pologne, l'autre en Hongrie ; la présence d'une armée russe sur la frontière du duché de Posen ne contribua pas peu à rassurer le roi de Prusse en 1848. L'Europe conservatrice pouvait à chaque instant avoir besoin de lui ; irait-elle jusqu'à le sacrifier à l'ennemi commun ? La fière et prévoyante Angleterre préférerait-elle longtemps à son alliance celle d'un parvenu qu'il n'avait pas cru devoir honorer du titre de frère ? Nicolas Ier se refusa longtemps à le croire ; quand les événements le détrompèrent, il se précipita dans la guerre en aveugle et en furieux. Ses premières mesures militaires furent mal prises : faire la guerre à des centaines de lieues du centre de l'empire, défendre une ligne d'occupation qui, de Bucharest, en suivant la rive nord du Danube, s'étendait jusqu'au Banat, en s'engageant d'avance à ne point franchir le fleuve, tel fut son premier plan. Les désastreux résultats en sont connus. Paskewitch se chargea d'en exécuter un autre ; il mit le siège devant les murs de Silistrie, où les armées russes devaient subir un premier et mémorable échec.

Quelle amertume dans le cœur du czar, lorsqu'il reçut une lettre autographe de son « bon ami », lui proposant un armistice qui laisserait la voie ouverte aux négociations. Napoléon III, satisfait d'avoir mis l'Angleterre à sa suite et de poser en arbitre de l'Europe, cédait-il à la tentation de jouir de son triomphe et d'offrir la paix à l'ennemi, sachant bien qu'il ne l'accepterait pas ? Dans ce dernier cas, il ne se trompa point dans son calcul ; le czar répondit non seulement par un refus, mais

encore par des allusions blessantes aux désastres de 1812 : « La Russie
« ne lutte pas pour les biens de ce monde, mais pour la foi. L'Angle-
« terre et la France se sont rangées du côté des ennemis du christianisme
« contre la Russie ; mais la Russie ne déviera pas de sa mission divine,
« et, si les ennemis viennent à attaquer ses frontières, nous irons à leur
« rencontre avec la fermeté que nos ancêtres nous ont léguée. Ne
« sommes-nous pas la nation russe, de la valeur de laquelle les événe-
« ments mémorables de 1812 ont rendu témoignage? Que le Tout-Puis-
« sant nous aide à le prouver par nos actes. »

Quel effet ce fier langage produisit-il sur la France? Elle assistait aux préliminaires d'une grande guerre, avec la curiosité insouciante qui, pendant bien des années encore, devait être le seul de ses sentiments. La France, comme désintéressée d'elle-même, semblait résignée à se laisser conduire où voudrait la mener son gouvernement ; la guerre n'excitait d'intérêt qu'au point de vue des affaires ; la Bourse commentait seule les dépêches et suivait avec anxiété les phases diverses des négociations ; les intérêts étaient attentifs, les esprits indifférents, les cœurs froids. La France ne pouvait que lentement se relever de la terrible opération qu'elle venait de subir le 2 décembre ; il lui en restait une langueur morale, difficile à guérir. La vue du drapeau anglais flottant à côté du nôtre rassurait d'ailleurs les intérêts ; la victoire dans une lutte entre la France et l'Angleterre d'un côté et la Russie de l'autre ne semblait pas douteuse ; le public n'avait des craintes que pour les suites de la victoire. Les amis de la liberté se méfiaient de la guerre par principe et par crainte de voir les dernières traces des idées libérales s'effacer sous la main de la victoire. Les conservateurs de toutes les nuances déploraient la guerre engagée contre l'athlète de l'ordre européen ; la défaite de Nicolas leur apparaissait dans le lointain comme le triomphe de la révolution : c'est ce qui la faisait accepter par beaucoup de révolutionnaires. Une lettre publiée par Barbès à cette époque explique bien les sentiments de la démocratie populaire à cet égard. La France, selon lui, ne pouvait être abaissée dans une guerre contre la Russie sans que la démocratie en souffrît ; l'affaiblissement de l'esprit militaire ou plutôt de l'esprit guerrier créait une perte sans compensation dans le présent et un grand danger dans l'avenir. L'armée, c'était le peuple ; que deviendrait ce peuple s'il n'était même plus bon à mâcher la cartouche ? Voilà ce que pensaient Barbès et ses amis : convaincus des périls que la guerre faisait courir à la liberté, ils s'y résignaient en la voyant nécessaire ; eux-mêmes, s'ils avaient été au pouvoir, n'auraient pas laissé la Russie mettre tranquillement la main sur Constantinople. La révolution espérait, d'ailleurs, que l'intervention des puissances allemandes dans la lutte rendrait bientôt l'intérêt de la partie plus grand et lui permettrait d'en tirer profit. Telles étaient les dispositions générales de la nation. Quant à l'armée, outre que son intérêt permanent la porte à souhaiter la guerre, elle la désirait d'autant plus ardemment que le remords de sa conduite pesait sur elle, qu'elle avait hâte d'être autre chose que l'armée du 2 décembre, dont les exploits consistaient à avoir porté la main sur ses chefs les plus illustres et fusillé des femmes, des enfants et des vieillards sur le boulevard.

Les alliés débarquèrent au Pirée. Les choses allaient déjà mal pour la Russie. Son armée se retirait des Principautés ; la Prusse avait beaucoup de peine à empêcher les Etats secondaires de conclure un traité d'alliance avec les puissances occidentales ; l'Autriche s'apprêtait à soumettre à la Russie le programme des garanties moyennant lesquelles les bonnes relations entre la Turquie et la Russie pourraient être rétablies. Voici ce programme :

« 1° Le protectorat exercé jusqu'à présent par la cour impériale de Russie sur les principautés de Moldavie et de Valachie et de Serbie cessera à l'avenir; les privilèges accordés par le sultan à ces provinces dépendantes de son empire seront placés sous la garantie des puissances, en vertu d'un arrangement à conclure avec la Sublime Porte, et dont les dispositions règleront en même temps toutes les questions de détail.

« 2° La navigation du Danube à ses embouchures sera délivrée de toute entrave et soumise à l'application des principes consacrés par les actes du congrès.

« 3° Le traité du 13 juillet 1841 sera révisé de concert par les hautes parties contractantes dans un intérêt d'équilibre européen.

« 4° La Russie cessera de revendiquer le droit d'exercer un protectorat officiel sur les sujets de la Sublime Porte, à quelque rite qu'ils appartiennent; la France, l'Autriche, la Grande-Bretagne, la Prusse et la Russie se prêteront leur mutuel concours pour obtenir de l'initiative du gouvernement ottoman la consécration et l'observation des privilèges religieux des diverses communautés chrétiennes et mettre à profit, dans l'intérêt commun de leurs coreligionnaires, les généreuses intentions manifestées par Sa Majesté le Sultan, sans qu'il en résulte aucune atteinte pour sa dignité et l'indépendance de sa couronne. »

Les trois puissances se réservaient de mettre au rétablissement de la paix les conditions qu'elles jugeraient utiles et qui devraient résulter de la marche des événements ou de la position et des intérêts spéciaux de chacune des puissances. L'Autriche, dans une note très fortement motivée, soumit, le 8 août 1854, ces conditions à la Russie. La Prusse et la diète les approuvèrent, mais en s'appropriant seulement celles qui

Fig. 107. — Le czar, après avoir lu la dépêche du comte Orloff lui apprenant la non-réussite de sa mission à Vienne, entre dans une vive colère et brise la statuette de François-Joseph qui se trouvait dans son cabinet (p. 501).

les intéressaient directement. L'Autriche n'avait pas fait du refus des quatre garanties un *casus belli*; cependant, devant le refus de la Russie, la France et l'Angleterre ne pouvaient hésiter à tirer l'épée.

La flotte française s'était réunie à la flotte anglaise dans la Baltique depuis le mois de mai 1854. Le jour même où la note de Vienne partait pour Saint-Pétersbourg, les deux flottes attaquaient Bomarsund du côté de la tour occidentale. Le combat durait depuis quatre heures du matin, lorsqu'à quatre heures du soir les alliés virent flotter un pavillon blanc à l'une des embrasures de la tour. Le commandant demandait un armistice de deux heures, qu'on lui accorda; il recommença le feu avant l'expiration de ce délai. Les batteries françaises renversaient les meurtrières, pendant que les chasseurs de Vincennes, dispersés en tirailleurs, abattaient les canonniers. La résistance cessa vers la nuit, la tour se rendit à trois heures du matin; un officier et trente hommes y furent faits prisonniers. Le lundi, on ne répondit pas aux provocations de la forteresse, on se préparait pour le lendemain. Le 15 août au matin, les Anglais attaquent la tour du nord; en six heures, trois de leurs gros canons suffisent pour entamer le granit et pour pratiquer une brèche de trente pieds. La tour du nord ne tarde pas à se rendre. Quatre vaisseaux anglais et deux français dirigent leur feu sur la grande forteresse; un pavillon blanc est hissé sur le rempart du côté de la mer; deux officiers de la flotte porteurs d'une proposition de reddition sont détachés auprès du gouverneur, qui leur répond : « Je me rends à la marine. » Cet officier n'avait que quelques morts et soixante-dix blessés; mais la fumée remplissant les casemates mal construites, les bombes éclatant au milieu de la forteresse, sans compter la carabine des tirailleurs français, rendaient une plus longue résistance inutile. Les Français comptaient quarante morts ou blessés; les Anglais quatre morts et douze blessés. Le capitaine Terch, défenseur de la tour occidentale, et le capitaine Jacquelin, commandant la garnison de Portoë, l'un Suédois, l'autre Français d'origine, avaient seuls montré un vrai désir de se défendre; le régiment finnois rendit ses armes après les avoir brisées.

Les habitants de Stockholm illuminèrent et organisèrent des trains de plaisir pour visiter le lieu du combat; mais il n'était pas question d'alliance entre la Suède et les alliés. Le canon des Invalides se fit entendre à Paris, et le général Baraguey-d'Hilliers fut nommé maréchal de France pour la prise de ce Trocadéro de la Baltique.

C'était le troisième maréchal fait depuis deux ans.

CHAPITRE IV

LA BATAILLE DE L'ALMA

Lord Raglan et le maréchal Saint-Arnaud. — Premier envoi de troupes. — Point de débarquement fixé à Gallipoli. — Les chefs de l'expédition n'ont pas de plan. — Première apparition du choléra. — Inaction et impatience de l'armée. — L'expédition de la Dobroutscha. — L'expédition est obligée de rétrograder. — Les remèdes et les moyens de transport manquent pour les malades. — Retraite désastreuse sur Varna. — Recrudescence du choléra. — L'expédition perd plus de la moitié de son effectif. — Bombardement d'Odessa. — Le siège de Sébastopol est résolu. — Proclamation à l'armée. — Conseil de guerre tenu à bord de *La ville de Paris*. — Occupation d'Eupatoria. — Le maréchal Saint-Arnaud veut attaquer le fort Constantin. — Inaction du prince Menchikoff. — Menchikoff prend une position défensive sur les hauteurs de l'Alma. — Marche et plan de bataille des alliés. — La lenteur des Anglais retarde leur premier mouvement. — Mouvement tournant du général Bosquet. — Les Français se montrent sur la gauche des Russes. — La victoire est complète pour les alliés. — La nouvelle de la prise de Sébastopol se répand à Constantinople et de là à Paris. — Désappointement général. — Mort du maréchal Saint-Arnaud.

L'armée anglaise reparaissait pour la première fois sur le continent, depuis les guerres de l'Empire. Lord Raglan, son commandant en chef, né en 1788, s'appelait Fitzroy Somerset, lorsqu'il entra dans l'armée en 1804. Sir Arthur Wellesley, le futur duc de Wellington, attacha le futur lord Raglan à son état-major et le prit pour aide de camp jusqu'à la fin de la guerre. Blessé au bras à Waterloo, il subit l'amputation. Le capitaine Fitzroy Somerset avait reçu la forte et brillante éducation de l'aristocratie anglaise ; il put remplir avec distinction, pendant la première Restauration, les fonctions de secrétaire d'ambassade à Paris. Le retour de l'île d'Elbe le rendit à sa première profession. Parvenu, à force d'énergie et d'application, à écrire couramment de la main gauche, il put reprendre son poste à l'ambassade, à Paris ; il l'occupa jusqu'en 1819.

Rappelé en Angleterre pour y remplir les fonctions de secrétaire du grand maître de l'artillerie (*master general of ordnance*), il suivit Wellington dans son ambassade en Russie, lors du sacre de Nicolas Ier, et, jusqu'à la mort du duc en 1852, il resta sous ses ordres comme secrétaire militaire du commandant en chef. Lord Raglan devint ensuite grand maître de l'artillerie, général en titre, qui est le grade le plus élevé de l'armée après celui de feld-maréchal, conseiller privé et pair d'Angleterre. L'ami de Wellington, le mutilé de la Haie-Sainte, remontait à cheval pour soutenir à la fois l'honneur des armes de son pays et la renommée de l'homme de guerre dont il fut l'ami. Il avait soixante-six ans, l'air encore jeune et vigoureux, la taille haute, le port droit, la physionomie noble et distinguée; il était difficile, dans la vie privée, de reconnaître en lui le plus illustre soldat de l'Angleterre. C'est lui qui présenta en 1847 le prince Louis Bonaparte, réfugié à Londres, au duc de Wellington. Qui lui eût dit que six ans plus tard, dans une expédition entreprise contre un des plus anciens alliés de son pays, il commanderait un jour les forces anglaises réunies à celles de la France gouvernée par son protégé?

Lord Raglan et le maréchal Saint-Arnaud, ces deux hommes si dissemblables de physionomie et d'esprit, s'étaient rencontrés pour la première fois dans une réunion convoquée aux Tuileries pour chercher les moyens d'éviter les collisions qu'on pouvait redouter entre l'armée française et l'armée anglaise, ces rivales d'autrefois, appelées tout à coup à combattre à côté l'une de l'autre. Cette réunion, présidée par l'Empereur, se composait, outre les deux généraux en chef, du prince Jérôme, du duc de Cambridge, du maréchal Vaillant[1] et de lord de Ross. Des pré-

---

1. Le maréchal Vaillant avait reçu ce titre après l'entrée des Français dans Rome, facile exploit, qui ne semblait pas mériter une si grande récompense. Le général Oudinot, à qui elle revenait, la perdit en prenant parti contre le prince Louis Bonaparte en faveur du parlement. Le comte de Chambord le dédommagea par la lettre suivante :

« *Au duc de Reggio.*

« 15 septembre 1849.

« Mon cousin, comme Français, comme fils aîné de l'Eglise, je ne pouvais rester étranger au grand fait d'armes que vous venez d'accomplir. Rome rendue à son souverain légitime, la ville des apôtres ramenée sous l'obéissance de celui qui a hérité de leur mission divine, ce sont là d'illustres souvenirs qui demeureront attachés aux armes françaises. J'ai éprouvé un vif sentiment de joie en voyant nos soldats ajouter cette gloire nouvelle à tant d'autres gloires qui sont notre patrimoine à tous. Je ne suis pas moins heureux de penser que c'est vous qui avez rempli cette haute et belle mission; que c'est à vous qu'en appartient l'honneur et en est due la reconnaissance. Votre épée a été digne de celle de votre noble père, du guerrier de Zurich, de Friedland et de Wagram. Quoique les portes de la patrie

cautions étaient bonnes à prendre en pareille circonstance ; mais, à part quelques dissentiments personnels, quelques paroles un peu vives échangées entre des hommes de race différente, les armées alliées vécurent en bonne intelligence; il en fut de même de leurs chefs.

L'Angleterre ne voulait d'abord envoyer en Orient que 10 000 hommes et la France 20 000, chiffres tout à fait disproportionnés avec le but qu'elles se proposaient d'atteindre; les deux puissances doublèrent leur effectif. Les troupes partirent après le rapport du général anglais Burgoyne et du colonel français Ardant qui, envoyés pour choisir le point de débarquement le plus favorable à l'expédition, désignèrent Gallipoli.

Des minarets se découpant sur le bleu du ciel, des maisons aux terrasses blanches ou aux toits rouges, des jardins verdoyants, de loin le plus riant tableau, de près des taudis, des masures, des monceaux d'immondices, des flaques de sang devant les bouchers, des charognes que dévorent les vautours, un bourbier, un cloaque : voilà Gallipoli, le lieu de réunion des armées alliées. Les Français, en débarquant, prennent la pioche, la pelle et le balai : nettoyer, terrasser, remuer des terres pour creuser un fossé de défense, tout cela ne se fait pas sans appeler la fièvre; un malade sur dix hommes, tel est le résultat de ces travaux. L'armée cependant, en s'embarquant pour Varna au bruit du canon de Silistrie, se trouvait en assez bon état, mais Varna est un cloaque comme Gallipoli, seulement plus vaste. Il fallait se hâter d'en sortir; mais où irait-on? La plus complète ignorance régnait au quartier général sur le plan de campagne à suivre. Napoléon, dans une lettre datée de Saint-Cloud le 23 juin 1854, reproche au maréchal Saint-Arnaud de n'avoir pas profité de la levée du siège de Silistrie par les Russes pour les jeter dans le Danube et pour « frapper un grand coup » sur Anapa ou sur la Crimée, sans cependant lui donner des ordres positifs pour agir sur un point déterminé. Le maréchal Vaillant, ministre de la guerre, se borne le 1er juillet à lui mander de rester à Varna, en laissant les troupes à portée de la flotte. Lord Raglan avait reçu des instructions plus précises; le gouvernement anglais, plus soucieux de porter à la marine russe un coup dont elle ne pût se relever, que de seconder les vues de l'Autriche sur les

---

ne soient fermées encore, et que ma position me prive du bonheur de distribuer les récompenses nationales justement acquises à la valeur et aux services rendus, je sens cependant le besoin de vous donner ici ce témoignage de ma satisfaction personnelle, auquel je sais que vous attachez du prix.

« Je vous renouvelle, mon cousin, l'assurance de toute mon estime et de ma sincère et constante affection. »

principautés, avait invité lord Raglan à ne pas poursuivre les Russes au delà du Danube et à se concerter avec le commandant en chef français pour entreprendre le siège de Sébastopol. L'Autriche, dans son désir ardent d'expulser les Russes de la Valachie, proposait un autre plan consistant à s'emparer d'Anapa et de Soukoum-Kalé, les seules positions encore occupées par les Russes en Circassie, pendant qu'un corps ottoman, se joignant aux montagnards du Caucase et aux forces de Schamyl, marcherait sur Tiflis, que l'armée turque d'Asie menacerait de son côté. Ceci se passait à la veille de l'entrée des Autrichiens en Valachie. Napoléon III inclinait fort à suivre le plan de l'Autriche, dont il souhaitait le concours; mais l'Angleterre tenait à son plan, et le ministre de la guerre perdait son temps à chercher les moyens d'accorder aux Autrichiens le concours qu'ils demandaient. Le plan autrichien venait donc se joindre au plan anglais, et le maréchal Vaillant cherchait une conciliation impossible entre deux projets combinés d'après des vues politiques très différentes. Pendant ce temps-là le quartier général à Varna, encombré de chefs tcherkesses, d'officiers autrichiens et turcs, offrait, comme l'écrivait lord Raglan au secrétaire d'État de la guerre, le spectacle de « quatre armées indépendantes l'une de l'autre, marchant « vers un but politique probablement différent, incapables de suivre un « plan militaire commun, et n'ayant en tout cas pour tenter une entre- « prise que deux mois tout au plus de beau temps. »

Lord Raglan et le maréchal Saint-Arnaud, après avoir exposé à leur gouvernement les difficultés de ces trois plans et les moyens nécessaires, pour les mettre à exécution, attendaient sa réponse avec une impatience facile à comprendre. Lord Raglan reçut le 17 juillet une dépêche contenant l'ordre d'attaquer Sébastopol, mais non pas encore d'une façon assez claire et assez positive pour que cet ordre ne donnât pas lieu à doute et à interprétation; le lendemain de la réception de la dépêche, eut lieu chez le maréchal Saint-Arnaud, encore laissé sans instructions, une réunion formée du général en chef anglais, des vice-amiraux Hamelin et Bruat, du vice-amiral Dundas et du contre-amiral sir Edmund Lyons, à l'effet de décider s'il fallait y voir l'injonction formelle d'attaquer Sébastopol. Le maréchal Saint-Arnaud, lord Raglan, le vice-amiral Bruat et le contre-amiral sir Edmund Lyons opinèrent pour l'affirmative. Le vice-amiral Hamelin et le vice-amiral Dundas hésitaient. La majorité décida l'attaque, et il ne fut plus dès lors question que de la préparer. Le général Canrobert, les colonels Trochu et Lebœuf, le commandant de génie Sabatier, et un nombre égal d'officiers anglais s'embarquèrent le 10 à bord du *Caradoc* en apparence dans l'intention de reconnaître les bouches du Danube, et en réalité dans celle d'étudier les approches de Sébastopol. Napoléon III, persuadé que le maréchal Saint-Arnaud renonçait à l'attaque de Sébastopol, avait envoyé les ordres nécessaires pour entreprendre celle d'Anapa, lorsqu'il apprit à Biarritz la réunion du 19 à Varna et la résolution d'attaquer Sébastopol. Napoléon III l'approuva, comme il avait approuvé la précédente, qui était toute contraire.

Le choléra, résultat des fruits verts mangés par les soldats, des émanations d'un lac desséché par le soleil, de l'infection de Varna, étendait d'heure en heure ses ravages; après avoir enlevé dix ou quinze malades par jour, puis vingt, trente, cinquante, on en était venu à compter ses victimes par centaines; l'armée s'impatientait. Le maréchal Saint-Arnaud cherchait un moyen de tromper son impatience et en même temps celle de l'Empereur, qui, à défaut d'un grand coup, se serait contenté d'un coup brillant. Il crut l'avoir trouvé dans une expédition dans la Dobroutscha. « Il doit y avoir encore des Russes dans la Dobroutscha, ré-
« pondit-il à un rapport du général Canrobert sur l'état d'excitation des
« troupes. Donnez-leur la chasse, et remportez un avantage quelconque
« dont nous puissions faire une victoire à présenter à l'Empereur pour le
« 15 août. Espinasse serait peut-être le général le plus propre à ce coup
« de main. »

La Dobroutscha, désert marécageux, limité au nord et à l'ouest par le Danube, au sud par les fossés de Trajan, inondé par les crues du Danube, est un pays mortel aux étrangers : la première année de séjour, une armée y compte les malades dans les proportions de 6 à 10 pour 100, et la seconde dans une proportion de 60 à 90. Les Russes en avaient fait l'expérience en 1827 et en 1828. Ils venaient de la renouveler dans leur récente campagne du bas Danube; on évaluait leurs pertes à 70 000 hommes; c'était leur arrière-garde décimée par le choléra qu'on allait chercher dans cette dangereuse contrée; l'armée turque ne l'avait habitée que l'hiver : un tiers de son effectif cependant était atteint de la fièvre et du scorbut.

Les Baschi-Bouzoucks, pompeusement décorés du nom de spahis d'Orient, formaient un corps de 3000 hommes, sous le commandement du général Jusuf. C'est ce corps que le maréchal Saint-Arnaud chargeait d'opérer dans la Dobroutscha une reconnaissance appuyée par les trois

Fig. 108. — Bombardement de Domarsund dans la Baltique (p. 515).

premières divisions de l'armée moins le régiment de zouaves, qui se mirent successivement en marche du 21 au 23. Elle fut rejointe le lendemain par les spahis. Le général de brigade faisait fonction de divisionnaire en l'absence de Canrobert, et le colonel Bourbaki remplaçait Espinasse à la tête de la 1re brigade. Le 1er zouaves et les vivres devaient être transportés par mer à Kustendje, rendez-vous de la première division. La deuxième devait s'appuyer de Bazardjik sur Mangalia et la troisième de Kostoudsche sur Bazardjick.

Les deux divisions françaises croyaient aller au-devant de l'ennemi. Un beau pays bien boisé facilitait leur marche; les soldats ne se plaignaient que des retards qu'ils éprouvaient, à cause des encombrements occasionnés dans ces sentiers étroits par les lourdes voitures des Bulgares. Au premier bivouac de Kapsaski, sur le bord d'un ravin où coule une belle fontaine, sauf quelques traînards et deux malades restés à l'ambulance, tout le monde répond à l'appel. La nuit, la température baisse; des hommes ont des crampes et des refroidissements, le choléra s'annonce. On évacue les premiers malades sur Varna. Les plateaux que l'armée vient de quitter versent leurs eaux au milieu d'une vallée où se cache le charmant village de Tekké; malheureusement, le terrain n'est pas propice à un campement régulier; il faut chercher un bivouac plus loin et se contenter, en attendant, d'une simple halte à la hauteur de Baltchik. Le pays change subitement. Avant d'arriver à Tchatal-Tchesme, le soldat chemine au milieu d'herbes à demi desséchées; devant lui s'étend un horizon à perte de vue, pas d'arbres; une eau saumâtre dans de rares puits, des herbes pourries sur place infectent l'air; quelques choux et quelques concombres végètent autour des masures d'où sortent des spectres en haillons; un troupeau de moutons et quelquefois de chevaux sauvages s'aperçoit de temps en temps dans le lointain : c'est la steppe. L'hiver, l'inondation couvre en partie ces plaines que l'été transforme en marécages pestilentiels. Au milieu de ces boues s'élevaient autrefois des villes florissantes, Mangalia, Tomi, où vécut Ovide; les soldats saluent les ruines de la muraille de Trajan et s'endorment, exténués de fatigue, sur quelque tumulus où dort peut-être un Dace tué par un légionnaire romain.

De Varna à Tchabtar, rien que des puits d'une eau détestable. A Tchabtar, des eaux, des arbres, des jardins, des créatures animées, des poules et des coqs qui chantent. Après Tchabtar, la vraie Dobroutscha, c'est-à-dire le marais : la route est tracée au fond des marécages; pas un habitant, pas une hutte debout; tout a fui, tout a été brûlé, pillé par les Cosaques et les Bachi-bouzouks; aucune eau n'est potable, si ce n'est celle des petites sources produites par des filtrations. Le soldat marche, mange, dort, sur un sol humide, au milieu des hautes herbes dont la puanteur infecte l'air. A Orgkoukoï, il en est réduit à boire l'eau d'un marais plein d'herbes qui rouissent et dont les bords sont couverts de cadavres dévorés par des vautours. A Kustendji, les chevaux sauvages hennissent à l'entrée des villages brûlés; en quittant Airdoulou, une chaleur torride, d'énormes nuages présagent un orage terrible, qui verse sur les soldats la pluie après laquelle ils soupirent depuis si longtemps. Cette pluie, qu'ils croient bienfaisante, c'est la mort. Plus d'un qui s'endort ce soir-là dans sa capote raidie ne se relèvera pas le lendemain [1].

L'armée, moins un bataillon laissé à la garde du camp, se dirige par une marche de nuit sur Karqualak, toujours le long des marais, sur d'étroits espaces où le soldat défile lentement, s'irrite et s'impatiente. Le 30 juillet, époque où l'air de la Dobroustcha commence à n'épargner personne, l'expédition est obligée de reprendre le chemin de Kustendji. C'est là que le général Canrobert, de retour de son voyage d'exploration devant Sébastopol, retrouve le 31 juillet, sa division en proie au choléra. L'état sanitaire du 1er zouaves débarqué le 25 juillet à Kustendji était excellent. Le 28, ce régiment comptait 50 malades. Ce jour-là même, il se portait en avant à l'appui des spahis d'Orient, engagés avec quelques Cosaques irréguliers laissés par les Russes pour avoir des nouvelles. Ces spahis se conduisirent en vrais Bachi-bouzouks, c'est-à-dire en gens peu braves, pillards, coupant des têtes et se livrant à tous les excès. Les Bachi-bouzouks ouvrent la marche, portant chacun un malade en croupe; les zouaves détachés rentrent dans la division; tous les régiments sont infectés. L'ambulance est dressée; mais les remèdes manquent, ainsi que les moyens de transport pour les malades; les soldats sacrifient leur tente-abri, et avec des bâtons ils font des brancards. Il s'agit maintenant de marcher sans s'arrêter, même pour creuser des fosses; mais les chariots sont souvent forcés de stationner : pour une place vide, vingt malades se présentent. Brancards et chariots atteignent enfin le camp. Les médecins espéraient pouvoir à Kustendji traiter les cholériques laissés par les zouaves et par le reste de la division, mais les Bachi-bouzouks occupent les maisons. Il y a heureusement dans le port

---

1. *Souvenirs historiques, militaires et médicaux de l'armée d'Orient*, par M. F. Quesnoy, médecin-major au 4e régiment de voltigeurs de la garde.

de Kustendji un vapeur à l'ancre ; on y met les hommes fatigués qui pourraient servir d'aliment à l'épidémie. En marche, chaque bivouac est un hôpital ; les soldats qui ne sont pas malades se font médecins : ils ont appris sur les traits les uns des autres à reconnaître les symptômes de la maladie. Quand ils croient que l'un d'eux est sur le point d'être saisi par le fléau, ils l'entraînent et ils le forcent à courir pour amener une réaction ; si le malade a besoin d'être frictionné, ils s'y escriment. L'armée reçoit le 31 l'ordre de retourner à Varna ; les vapeurs viendront prendre l'ambulance et les zouaves. On part, mais quelle nuit ! A chaque instant, de nouveaux malades se présentent aux voitures ; le soldat se couche pour toujours dans les hautes herbes, où il croit trouver un moment de repos en attendant l'arrière-garde : le fléau poursuit ses victimes. Plus de moyens de transport ; les chevaux de main, les chevaux des généraux et des officiers, les bêtes de somme portent des malades ; les infirmiers d'ambulance morts, les auxiliaires volontaires morts, chaque régiment envoie une secouade de bonne volonté qui soigne les malades. Une étape de plus est devenue impossible ; on est obligé d'attendre les navires sur un point voisin du littoral où la veille les Bachi-bouzouks ont établi leur camp et où ils ont comblé les puits de leurs morts : le choléra redouble. Les malheureux, déposés sur la plage en attendant l'embarquement, se lèvent pour éteindre le feu qui les brûle, en se jetant dans la mer dont ils entendent le bruit. Le personnel médical de la division est réduit à trois médecins. Jusqu'au 6, les journées sont terribles, tous les régiments sont atteints ; les officiers, épargnés jusque-là, succombent : tel qui creuse la fosse d'un camarade y tombe une heure après [1]. Enfin, voici les navires portant du vin, du tabac, de l'eau-de-vie : on fait du vin chaud et du punch ; on embarque les malades, qui, trempés par la pluie tombant par torrents, meurent sur les chalands avant d'aborder.

Le corps expéditionnaire, fort de 10 500 hommes, parti le 21 juillet, ne comptait plus, le 11 août, époque de son retour, que 4500 hommes. Le reste était mort sur la route ou encombrait les hôpitaux. L'armée n'avait aperçu que quelques Cosaques fuyant à l'horizon. Ainsi s'était terminée cette fatale expédition, entreprise pour orner d'un fait d'armes le programme officiel de la fête de l'Empereur, et qualifiée par le maréchal Saint-Arnaud dans une lettre au ministre de la guerre de « promenade militaire » dont il attend « les plus heureux effets ».

1. *Souvenirs historiques, militaires et médicaux de l'armée d'Orient*, par M. F. Quesnoy, médecin-major au 4ᵉ régiment des voltigeurs de la garde.

Le choléra redoublait de violence à Varna, et les moyens manquaient pour le combattre et même pour abriter les cholériques. Les gens en bonne santé redoublent d'efforts, et les malades de résignation, ce qui fait dire au maréchal Saint-Arnaud qu'il « trouve partout la *grande nation*, un moral de fer, un dévouement au-dessus de l'admiration [1]. » Tout à l'heure, à propos de l'expédition de Crimée, il parlera de lancer « un coup de tonnerre », expression bien mal appliquée à un siège qui va durer deux ans.

L'Autriche, sortant enfin de ses incertitudes et décidée à chasser les Russes des principautés, demande brusquement le 12 août que les généraux alliés secondent la tentative qu'elle se prépare à faire sur le flanc droit des russes en les attaquant sur le flanc gauche. Il aurait fallu pour cela abandonner l'attaque de Sébastopol, et ni lord Raglan ni le maréchal Saint-Arnaud n'étaient d'humeur à y renoncer. L'Angleterre se souciait médiocrement d'assurer la possession des principautés à l'Autriche. Son but était la destruction de la marine russe. Napoléon III n'aurait pas été fâché d'unir ses armes à celles de l'Autriche ; mais d'obscurs combats sur le Danube ne promettaient pas à ses généraux une moisson bien éclatante de lauriers, et en revanche une campagne sur les bords de ce fleuve exposait l'armée à être décimée par les maladies. Le secret de l'expédition de Crimée était d'ailleurs connu par les indiscrétions des journaux anglais ; ce projet avait vivement frappé l'imagination des deux armées ; on ne pouvait y renoncer sans péril, ni même en retarder l'exécution, car les circonstances la rendaient à chaque instant plus difficile ; une raison empêchait d'ailleurs de porter l'armée sur le Danube : c'est qu'il n'y avait plus d'armée. Le choléra avait presque abîmé la première division ; la cinquième, déjà faible s'affaiblissait de plus en plus ; les deuxième, troisième et quatrième semblaient moins atteintes. Le fléau n'épargnait ni l'artillerie ni la cavalerie. Les jeunes soldats arrivés pour remplir les vides opérés dans les rangs par l'épidémie fondaient à vue d'œil ; les autres étaient incapables de longues marches. Conduire une pareille armée au Danube et surtout l'en ramener, c'était une entreprise difficile ; entreprendre une expédition maritime semblait une idée plus conforme à l'état sanitaire de l'armée. Le siège de Sébastopol ne devait pas d'ailleurs entraîner de bien longs délais. Le maréchal Saint-Arnaud comptait s'en emparer avant le 11 septembre, fermer

---

[1]. Lettre de Trochu au ministre de la guerre.

ensuite la route de Pérékop aux Russes et les forcer à mettre bas les armes.

Le maréchal Saint-Arnaud faisait ainsi part de ses espérances au ministre de la guerre dans une lettre datée de Varna, 9 août. Le lendemain, un vaste incendie consumait les approvisionnements des deux armées rassemblés dans cette ville; il fallait les renouveler avant de se mettre en route pour la Crimée, retard fâcheux à ce moment de l'année, mais qui permit du moins au maréchal Saint-Arnaud de recevoir la plus grande partie de son parc de siège. C'est le 2 septembre 1854 que le commandant en chef de l'expédition prit place à bord du vaisseau amiral *La ville de Paris*. La flotte n'appareilla que le 5, pour attendre les Anglais qui devaient la rejoindre; le 6 au soir, aucun navire britannique n'était en vue. On donne l'ordre d'attendre, car il importait de marcher de concert; les flottes, réunies le 7, voguaient vers la Crimée.

A quel ennemi allait-on avoir affaire? Personne ne le savait au juste.

Le chiffre des forces russes en Crimée, d'après les renseignements fournis par le *Foreign-Office*, s'élevait à 45 000 hommes, y compris les 17 000 marins de la flotte. Ces renseignements étaient-ils bien authentiques? On pouvait en douter, mais on n'en avait pas de plus positifs. Quelques officiers parlaient comme d'une rumeur vague de 70 000 hommes, les autres allaient jusqu'à 170 000 hommes; au fond, personne ne le savait [1]. Cependant une dépêche secrète ordonnait aux généraux en chef de débarquer en Crimée et de mettre le siège devant Sébastopol.

La Crimée, la Chersonèse Taurique des anciens, la Taurique de Catherine II, forme une presqu'île baignée par la mer d'Azof et par la mer Noire. L'isthme de Pérékop, que les alliés songèrent un moment à couper, la rattache au continent, auquel la flèche d'Arabas la rattache également; le sud en est montagneux; la steppe s'étend d'une mer à l'autre; au sud et au nord, des escarpements surmontés de plateaux protègent les côtes. La région des plateaux est arrosée par le Salghir,

1. Un des plus récents historiens de la guerre de Crimée, M. Camille Rousset, porte ce chiffre à 51 000 hommes de troupes de terre réparties sous deux commandements distincts, 12 000 hommes placés à Théodoric et à Kertch sous les ordres du général Khomoutof chargé de défendre la partie orientale de la presqu'île et le bassin de la mer d'Azof. Le reste des forces russes, commandé par le prince Menchikof composé de 35,000 hommes d'infanterie, de 200 chevaux de cavalerie régulière, de 1200 Cosaques et de 1700 artilleurs avec 88 pièces de campagne, était préposé à la défense de Sébastopol et logeait dans la place ou aux environs; un petit corps était détaché entre la Katcha et l'Alma. La défense pouvait compter en outre sur le concours de près de 20,000 marins, fusiliers et canonniers des équipages de la flotte.

la Tchernaïa, le Belbeck, la Katcha, l'Alma et le Boulganak. Un seul de ces cours d'eau, le Salghir, est un peu considérable. La Crimée méridionale renferme trois villes dans l'intérieur : Simferopol, Baktchisaraï et Karasoubazar. Les villes maritimes sont, à l'ouest Eupatoria, sur la baie de Kalamita, Sébastopol et Balaklava au sud-ouest, Kalta, Kertch, Ienikale au sud-est. L'idée du siège de Sébastopol ne fut d'abord pas plus goûtée de lord Raglan que du prince de Cambridge, du prince Napoléon et des amiraux des deux flottes. Le maréchal Saint-Arnaud, après avoir hésité un moment, s'y rallia; lord Raglan, entraîné par une partie de son état-major, finit par s'y résigner et par écrire à lord Clarendon qu'il obéirait. Le maréchal Saint-Arnaud crut devoir, par une proclamation, faire connaître à l'armée française, et par conséquent aux Russes, la résolution qui venait d'être prise.

Il n'y avait plus qu'à songer aux préparatifs du débarquement; la construction de bateaux plats demandait un délai de dix jours; on le mit à profit pour reconnaître la côte. Pendant qu'une partie de la flotte croise devant Sébastopol, le général Canrobert, le colonel Trochu, le général sir George Brown, le colonel d'artillerie Loke et quelques autres officiers de chaque nation, s'embarquent sur le *Fury*, commandé par sir Edmund Lyons, ancien ministre d'Angleterre en Grèce, où il avait lutté contre les diplomates de la Russie avant d'affronter ses soldats. La vallée de la Katcha, après un examen attentif des lieux, parut offrir un bon point de débarquement, surtout en s'appuyant d'un faux mouvement sur Odessa et sur la Bessarabie.

Les deux chefs de l'expédition voguent, pendant ce temps-là, l'un sur la *Ville-de-Paris* et l'autre sur le *Caradoc*, incertains de la destinée qui les attend sur cette plage inconnue vers laquelle le vent les pousse; le maréchal Saint-Arnaud fait demander à lord Raglan de le rejoindre. La mer Noire était couverte de brouillards sombres et agitée par un vent perpétuel; lord Raglan, avec un seul bras, n'aurait pu grimper, par une mer si mauvaise, l'échelle d'un vaisseau à trois ponts. Le colonel Steele, secrétaire militaire de lord Raglan, le général Rose et l'amiral Dundas se rendirent seuls à la conférence. Le maréchal Saint-Arnaud, déjà fort malade, présidait la séance dans son lit, autour duquel le colonel Trochu, les amiraux Hamelin, Bruat et Brouet-Villaumez avaient pris place. On lut une note rédigée par des généraux et un grand nombre d'officiers du génie et d'artillerie de l'armée française, destinée à démontrer la nécessité de revenir sur le choix déjà fait d'un point de débarque-

Fig. 109. — Des officiers français et anglais s'embarquant à bord du *Caradoc*, en apparence dans l'intention de reconnaître les bouches du Danube, et en réalité dans celle d'étudier les approches de Sébastopol (p. 520).

ment. L'Empereur avait rédigé un plan d'après lequel les alliés, débarquant à Théodorie, auraient rabattu sur Sébastopol après avoir occupé Kertch et Ienikalé. C'était se lancer dans l'inconnu. Les deux généraux du génie Bizot et sir John Burgoyne proposaient d'attaquer Sébastopol au sud en s'emparant de la position dominante, bordant la Tchernaïa depuis Inkermann jusqu'à la pointe de Khersonèse; le maréchal Saint-Arnaud était pour un débarquement à la Katcha. Les Anglais n'étaient pas d'avis de tenter en présence des Russes, déjà sur leurs gardes, une opération fort difficile par elle-même en un pareil lieu. Une visite fort attentive de la côte leur révéla un point favorable nommé Old-fort et situé entre Eupatoria et l'Alma. La plage leur parut excellente pour un débarquement. Le projet des Anglais fut adopté dans un conseil de guerre auquel le maréchal Saint-Arnaud malade n'assistait pas.

Les flottes remirent le cap sur la côte nord de Sébastopol. Le dimanche suivant, deux navires alliés, le *Primauguet* et le *Caradoc*, passaient assez près de cette ville pour entendre ses cloches et voir briller les coupoles dorées de ses églises. Les généraux Canrobert, Martimprey, Tierry, Bizot, le contre-amiral Bouet-Villaumez, les colonels Trochu et Lebœuf, les généraux Raglan, Brown, Burgoyne les suivaient, avec le contre-amiral Lyons, sur un autre navire, et exploraient une dernière fois le littoral.

Rien n'est changé sur toute la côte : la situation du port de Sébastopol et des vaisseaux russes est la même, mais des camps et des postes nouveaux protègent les principales positions de la Chersonèse et des rivières la Katcha et l'Alma. Les armées alliées vont débarquer à l'embouchure de cette dernière, sur une longue bande de terrain située à l'endroit dit le *Vieux Fort*, non loin d'un village assez considérable, entouré de beaux pâturages et possédant un lazaret bien clos, assez vaste pour servir de réduit aux troupes débarquées. L'occupation d'Eupatoria résolue, le colonel Trochu et le colonel Steele, suivis d'un interprète et de quelques soldats, s'avancèrent vers le village, où ils ne trouvèrent d'autre résistance que celle du gardien du lazaret. Ce fonctionnaire, fidèle à sa consigne, ne consent à ouvrir la lettre de sommation des généraux alliés qu'après l'avoir désinfectée; il ajoute que les débarqués ne seront admis en libre pratique qu'après s'être soumis aux précautions d'usage. Dans la nuit du 12 au 13, une forte bourrasque du nord-est retarde la marche de plusieurs bâtiments de convoi attachés aux vapeurs; l'amiral Hamelin jette à midi l'ancre à l'ouverture de la baie d'Eupatoria et envoie des vapeurs pour remorquer et pour rallier les bâtiments retardataires : il comptait partir le soir et se trouver le lendemain à l'endroit du débarquement. Une exploration minutieuse des abords d'Old-Fort permit de marquer par des bouées les lignes le long desquelles devaient se ranger les divisions de la flotte. Le signal d'appareillage fut donné le 14, à deux heures du matin, par un temps magnifique. Les lignes étaient formées à huit heures du matin devant la plage ; les chaloupes furent mises à la mer au coup de canon parti de la *Ville-de-Paris*. Les Anglais débarquèrent les derniers.

Les Anglais se sont plaints qu'une bouée mal placée les ait mis dans la nécessité de chercher un autre point pour débarquer. L'opération ne fut entièrement terminée que le 17. Un orage violent donna aux alliés un avant-goût des fatigues de la campagne. Nos soldats, sans bois et sans eau, bivouaquaient sur un terrain aride. Les Tartares apportèrent au bivouac quelques provisions qu'on leur paya généreusement. Le maréchal Saint-Arnaud comptait, après avoir traversé l'Alma, la Katcha et le Balbeck, se porter rapidement sur la rive gauche de cette rivière, y établir un camp retranché à son embouchure, et commencer le siège du fort Constantin, qui domine le port et la ville de Sébastopol. Sa proclamation à l'armée lui promettait une campagne courte, mais difficile ; il rappelait aux soldats qu'ils étaient « l'espoir de la France, en attendant d'en être l'orgueil ». Les alliés se mirent en marche le 19.

Le prince Menchikoff, posté à quelques lieues des alliés, ne fit rien pour s'opposer à leur débarquement. Il avait beaucoup plus craint jusqu'alors pour Odessa que pour Sébastopol, et les alliés, croyait-il, ne seraient pas en mesure de rien tenter en Crimée avant 1855. Le Cosaque qui accourut ventre à terre du cap Loukoul pour lui signaler l'approche des flottes lui causa une vive surprise. Ne pouvant rien faire pour s'opposer au débarquement des alliés, il fallait songer à les repousser.

Le drapeau français flottait pour la seconde fois sur le sol russe ; la fortune lui réservait-elle une revanche des désastres de 1812 ? Une bataille prochaine allait en décider. Le prince Menchikoff avait écrit à son maître que, reconnaissant l'impossibilité d'attaquer l'ennemi sur une plage commandée par le feu d'une grande flotte, il concentrait la majeure partie de ses troupes dans une position avantageuse, où il se préparait à recevoir les assaillants ; il ajoutait que, enflammées de zèle et de dévouement au trône, les troupes placées sous ses ordres attendaient l'ennemi avec l'impatience de soldats prêts à vaincre ou à mourir.

LES RUSSES SE FORTIFIENT SUR LES HAUTEURS

Quant aux alliés, la prompte chute de Sébastopol leur semblait certaine; le plan d'attaque était prêt; il n'y avait qu'à le mettre à exécution. Il fallait seulement connaître les lieux et ne pas confondre le fort du nord, sur le plateau de Balbeck, avec le fort Constantin, situé à l'entrée de la passe. Le maréchal Saint-Arnaud parlait de grand coup à frapper, de grand effet moral à produire ; les amiraux lui répondaient en langage précis qu'une lutte de flotte à flotte qu'ils appelaient de tous leurs vœux ne ressemblait pas à une lutte entre des forteresses et des vaisseaux. L'amiral anglais d'ailleurs avait l'ordre de tenir des vaisseaux en état de ramener les troupes. Le prince Menchikoff, avec les renforts reçus de Komoutof et toutes les troupes qu'il a pu tirer de Sébastopol, prend une bonne position défensive sur les hauteurs que l'Alma borde comme d'un fossé. Plusieurs villages, Tarkhandar en amont, Bourliouk un peu plus bas, Almatamak à l'embouchure, sont situés sur cette rivière, dont de nombreux vergers, des maisons, des jardins garnissent les bords. La route d'Eupatoria à Sébastopol, après avoir franchi Bourliouk, s'engage par un pont de bois entre les berges d'un ravin dépendant, à l'est d'une montagne élevée commandant l'espace compris entre Bourliouk et Tarkhandar, et à l'ouest d'une large terrasse allant jusqu'à la mer. Le ravin de la route d'Eupatoria, près de Bourliouk, était le point faible de la position de Menchikoff. Il le fortifie par un épaulement construit sur la pente de la montagne et armé de douze pièces de 32; il installe un second ouvrage derrière cet épaulement, en face du pont; des batteries couvraient en outre le terrain au pied et de l'autre côté de la rivière; les forces placées derrière ces batteries forment la droite de l'armée commandée par le prince Gortschakof. Le centre, sous le même commandement, est au-dessus de la berge gauche du ravin; la gauche occupe, sous les ordres de Kiriakof, la terrasse; l'extrême droite est au-dessus d'Almatamak, et l'extrême gauche au-dessus de Tarkhandar. Aucune force ne s'étend vers la mer; le prince Menchikof se croyait suffisamment protégé de ce côté par l'escarpement des falaises. L'effectif des troupes russes pouvait s'évaluer de 35 à 40 000 hommes.

Les alliés devaient se mettre en marche le 20 septembre, à sept heures du matin, pour déborder les flancs de l'armée russe et l'attaquer ensuite de front. La 2ᵉ division, commandée par le général Bosquet, et une division turque, protégées par le brouillard, s'avancent à l'heure dite sur la gauche des Russes. Mais la lenteur de l'armée anglaise à se mettre en marche, retarde le mouvement général jusqu'à onze heures et demie. La division Bosquet ouvre la marche, suivie de la division turque; ces deux divisions forment la droite de l'armée française en avant du corps de bataille. La 1ʳᵉ division de Canrobert et la 3ᵉ division du prince Napoléon sont au centre, la 3ᵉ division un peu à gauche et donnant la main à l'armée anglaise. Le maréchal Saint-Arnaud était au milieu de ces troupes ; la 4ᵉ division se tient derrière en réserve.

L'armée anglaise avait en tête la 2ᵉ division (Lacy-Evans), à gauche de la 3ᵉ division française, et la division légère (George Brown), ayant derrière elle la 1ʳᵉ division (Cambridge) ; la 3ᵉ division (England) emboîtait le pas à la 2ᵉ. La 4ᵉ division (Cathcarts) formait la réserve en arrière-garde, couverte par la cavalerie.

Le général Bosquet, poursuivant sa marche, avait constaté, à la suite d'une reconnaissance, que l'Alma était guéable au-dessous d'Almatamark. Une chaloupe du *Roland* découvrit aussi qu'elle était rendue guéable par une barre de sable fermée à l'embouchure. Après l'avoir traversée on pouvait, en tournant la hauteur, parvenir jusqu'au sommet de la falaise.

Les bâtiments légers des deux flottes, embossés à l'embouchure de l'Alma, envoyaient des projectiles qui atteignaient les sentinelles et les postes russes. Le général Bosquet, aidé par ce feu, avait dirigé la brigade d'Autemarre sur le gué d'Almatamak, et la brigade Bouat avec la division turque sur celui de la Barre. La rivière franchie, des zouaves découvrirent un sentier gravissant l'escarpement, difficile à reconnaître, quoique portant çà et là l'empreinte demi effacée des Arabes tartares ; on parvint après les plus grands efforts à y faire passer l'artillerie. L'infanterie ne tarde pas à suivre et à se former sur le plateau, sous le feu d'un bataillon du régiment de Minsk, qui, se voyant isolé, regagna bientôt le gros de l'armée, au moment où la brigade Bouat arrivait après avoir franchi, non sans peine, elle aussi, le gué de la Barre.

Kiriakoff et Menchikof, qui refusaient de croire à l'apparition des Français sur leur gauche, durent bientôt se rendre à l'évidence. Les forces déployées dans la plaine menaçant la terrasse et ne permettant pas de la dégarnir, le général en chef russe fut obligé de mettre en avant sa réserve. Un combat d'artillerie s'engagea entre les Russes et les Français. Le sort de la bataille va se décider sur ce point : ou Bosquet pénétrera dans le flanc des Russes, ou il sera jeté à la mer. Il s'agit donc pour lui de tenir le plus longtemps possible sur le plateau contre la moitié de la réserve russe, pendant que les premières divisions françaises franchissent la plaine pour le rejoindre. En attendant, la réserve ennemie s'avance. La mitraille et le feu roulant des bataillons déployés l'arrêtent. L'attaque des Russes est repoussée, et les obus de la flotte les dispersèrent dès qu'ils parurent au-dessous du cap Lackoul.

Les 1ᵣₑ et 3ᵉ divisions françaises, en se portant entre Almatamak et Bourliouk, avaient découvert deux nouveaux gués, praticables pour l'artillerie comme pour les autres troupes, qui se mettent à la traverser. L'artillerie russe du haut de la terrasse, les tirailleurs postés au milieu des broussailles couvrant les pentes de la rive gauche, essayent vainement de s'opposer au passage de l'Alma. Elle est franchie à deux heures. Les hommes, déposant leurs sacs, s'élancent sur les hauteurs, et, à mesure qu'ils les atteignent, les divisions se reforment, la 1ʳᵉ d'abord, la 3ᵉ ensuite, qui avait été forcée de ralentir sa marche, pour ne pas laisser un trop grand vide entre elle et la droite de l'armée anglaise.

« Les zouaves sont les premiers soldats du monde, » dira le maréchal Saint-Arnaud à la fin de la bataille, avec cette jactance naïve qui a distingué de tout temps nos généraux et surtout les généraux du second Empire; ce sont d'excellents soldats en effet. Mais, si le plus parfait mépris de la vie fait le principal mérite du soldat, il faut bien reconnaître que ces Anglais marchant comme à la parade, et avec tant de souci de leur alignement qu'ils faisaient halte de temps en temps pour le rectifier, méritaient par leur calme cet éloge que le maréchal Saint-Arnaud accordait à l'impétuosité des zouaves. Rien de plus absurde et en même temps de plus crâne, si l'on peut employer ce mot, que de voir les Anglais se présenter tranquillement sur le champ de bataille par grandes masses auxquelles les boulets russes enlevaient des files entières. Il fallut bien à la fin prendre les précautions ordinaires. Les divisions Brown et Lacy Evans donnèrent l'exemple.

Les Français ont couru, les Anglais ont marché, dit également le maréchal Saint-Arnaud dans son rapport officiel, sans songer que l'antithèse pouvait paraître blessante. A tout prendre cependant, on serait bien embarrassé, au point de vue de la bravoure, de savoir qui en mérite mieux la palme, dans certaines occasions, de celui qui marche ou de celui qui court, de celui qui s'élance intrépidement au-devant de la mort ou de celui qui l'attend stoïquement à son poste. Les Anglais de Codrinhton, contre qui les braves bataillons de Borodino défendaient le village de Bourliouk et les abords de l'Alma, ne manquaient pas d'ailleurs d'entrain, non plus que la division de Lacy Evans et la division du duc de Cambridge, lorsque, franchissant cette rivière à leur tour, ils se trouvèrent en face de la batterie de douze canons, construite sur la pente de la grande montagne. Heureusement pour elles, la terrible batterie interrompit son tir à mitraille pour laisser passer deux régiments du grand-duc Michel qui veulent les repousser à la baïonnette. L'active bravoure des Anglais se vit lorsque, talonnant les débris du grand-duc Michel, foudroyé à bout portant par le feu des *riflemen*, ils laissèrent à peine le temps aux canonniers russes d'atteler leurs pièces et de les enlever. Les Anglais prirent l'épaulement; mais deux bataillons de Wladimir tombent sur eux du sommet, les chassent et les refoulent sur les autres troupes, qu'ils entraînent dans leur mouvement de recul. La retraite fut arrêtée près de l'Alma par sir Georges Brown, qui reforma sa division et fit rouvrir le feu, en attendant que sir Lacy Evans d'un côté, et le duc de Cambridge de l'autre, l'aient rejoint pour combiner une attaque décisive.

Le maréchal Saint-Arnaud peut bien dire que les zouaves sont les premiers soldats du monde; il n'est pas moins certain que les Russes, comparés aux Anglais et aux Français comme bravoure, firent preuve de qualités non moins sérieuses que celles des vainqueurs. Ne vit-on pas en effet sur le plateau, le général Kiriakoff se jeter sur la divison Canrobert en avant du télégraphe, à la tête des régiments de Moscou et de Minsk, et lorsque l'arrivée des deux autres divisions françaises avec leur artillerie eut rendu les chances si inégales, ces mêmes troupes, intrépides sous la mitraille, privées de la moitié de leurs officiers mis hors de combat avec plus de quinze cents soldats, n'essayèrent-ils pas de prolonger la lutte? Mais la marche des Français ne pouvait plus être arrêtée. Leur drapeau flottait sur la tour du télégraphe [1]. Ne vit-on pas les Russes rester immobiles sous la mitraille, et leurs chefs mis hors de combat essayer encore de prolonger la lutte. Le prince Menchikoff fit sonner la retraite; ses troupes, en quittant le champ de bataille, se dirigèrent vers la route de Sébastopol.

Les Russes, battus sur le plateau, résistaient encore sur la grande montagne, de l'autre côté du ravin. Le grand épaulement n'a plus sa formidable artillerie; n'importe, ils le défendent encore contre la division du duc de Cambridge, la division de sir Georges Brown, et une brigade de sir Lacy Evans. Le prince Gortschakoff est à leur tête; son cheval est tué, son manteau troué de balles; ses soldats se ruent à la baïonnette sur l'ennemi, qui les attend et les reçoit par une décharge presque à bout

---

1. C'était celui du 39ᵉ régiment de ligne. Le sous-lieutenant Poitevin fut tué en le plantant.

Fig. 110. — Dans la Dobroutscha, le soldat marche, mange, dort sur un sol humide au milieu de hautes herbes dont la pourriture infecte l'air. A Cergkioïkoï, il en est réduit à boire l'eau d'un marais dont les bords sont couverts de cadavres dévorés par des vautours (p. 524).

portant, qui arrête leur élan. Presque au même moment, les batteries à cheval et les batteries de réserve de l'armée française couronnent la crête du ravin de la route. La résistance est impossible ; le général en chef donne une seconde fois le signal de la retraite. Il était quatre heures ; la retraite des vaincus ne fut pas inquiétée ; les vainqueurs étaient trop fatigués pour les poursuivre.

Les trois armées avaient montré la même bravoure et la même intrépidité, sinon la même instruction militaire. La tactique des Anglais et des Russes avait vieilli ; l'instruction individuelle du soldat était très arriérée, surtout chez les derniers. L'armement des Russes ne pouvait être comparé à celui des Français, non plus que leur manière de se mouvoir, leur lenteur dans toutes les opérations de la journée, surtout au moment du changement de front commandé par le général Kiriakof, avait permis au général Canrobert de prendre pied sur la terrasse. Il semble donc que le soldat qui, avec des chefs convaincus de leur infériorité tactique, avec un armement bien inférieur à celui de l'ennemi, avait en définitive balancé la victoire, fut, sinon le meilleur soldat, mais du moins le plus digne d'être comparé au meilleur.

Russes, Anglais, Français, tout le monde fit son devoir de soldat ; aucun des deux commandants en chef des armées alliées ne donna des preuves d'un grand génie militaire ; le mouvement du général Bosquet est la seule combinaison stratégique de la journée. Le maréchal Saint-Arnaud, dans son rapport, se montra prodigue d'éloges. Deux colonels furent comparés à Bayard ; il décerna les honneurs de la journée au général Canrobert. Ce général reçut une légère blessure ; les journaux dévoués au gouvernement publièrent qu'il avait été miraculeusement préservé par une médaille, don pieux de l'Impératrice.

Le général Thomas, débarqué à Péra pour y être soigné d'une blessure grave, avait parlé d'une seconde bataille livrée le 21 septembre, c'est-à-dire le lendemain de la victoire de l'Alma. Un bateau pavoisé et illuminé descendant le Bosphore, le samedi suivant, salue de vingt et un coups la frégate à l'ancre devant le palais ; celle-ci lui répond. Plus de doute, Sébastopol est pris ; le grand maître de l'artillerie l'affirme, les kavas répandent la nouvelle ; les maisons s'illuminent ; la foule passe la nuit à attendre le supplément du journal officiel. Tout Constantinople est en l'air et célèbre la grande nouvelle, qui bientôt arrive jusqu'à Paris.

Le 30 septembre, l'Empereur, passant une revue au camp de Boulogne, disait dans sa proclamation d'adieu aux troupes : « Sans doute, le séjour

« du camp sera rigoureux pendant l'hiver ; mais je compte sur les efforts
« de chacun pour le rendre profitable à tous. La patrie d'ailleurs réclame
« de chacun de nous un concours actif : les uns protègent la Grèce
« contre l'influence funeste de la Russie ; les autres maintiennent à
« Rome l'indépendance du Saint-Père ; les autres affermissent et étendent
« notre domination en Afrique ; d'autres enfin plantent peut-être aujour-
« d'hui même nos aigles sur les murs de Sébastopol. »

Le *Constitutionnel*, en reproduisant cette allocution, ajoutait que les prévisions de l'Empereur s'étaient réalisées, et qu'un courrier arrivé de Paris au moment où l'Empereur prononçait les paroles relatives à Sébastopol portait une dépêche, que l'Empereur avait immédiatement donnée à lire à l'Impératrice, et que cette dépêche annonçait la prise de cette ville.

Le même bruit s'était répandu à la bourse de Paris ; on disait qu'un Tartare avait porté à Silistrie les nouvelles suivantes : « Sébastopol est investi et dominé ; six vaisseaux ont été brûlés ; Menchikoff menace de faire sauter la ville ; six heures lui ont été données comme dernier délai pour faire ses réflexions ; il est question aussi d'une révolte de la garnison. » Le *Moniteur* publia ces dépêches en faisant ses réserves.

Le comte Buol communiquait, presque au même moment, au ministre de France à Vienne, une dépêche de l'agence impériale de Bucharest annonçant l'arrivée du Tartare : 18 000 Russes anéantis, 22 000 prisonniers, le fort Constantin détruit, les autres forts pris avec 2000 canons, tels étaient les trophées de la victoire célébrée à Constantinople par deux jours consécutifs d'illumination. L'illusion fut complète à l'étranger et à plus forte raison en France. Quand la vérité fut connue, chacun parut consterné comme après une défaite ; le public oublia l'Alma ; il semblait même que personne ne voulût accepter comme une compensation la série des mouvements heureux et des succès progressifs qui avait conduit les alliés presque en vue de Sébastopol.

Etait-il possible de s'en emparer par un coup de main ? Les généraux ayant cette croyance faisaient valoir en sa faveur l'impossibilité où Menchikoff, en se retirant vers Baktchisaraï, avait dû se trouver de laisser une bien forte garnison dans Sébastopol, et les facilités pour brusquer l'attaque offerte par une ville d'une immense étendue, entourée de fortifications de campagne d'un si faible relief. Les adversaires de cette opinion répondaient que les batteries russes s'élevaient déjà à 150, et que le chiffre de la garnison fût-il de 15 000 hommes, comme on le prétendait, pouvait être aisément porté au double par l'adjonction des équipages de la flotte, tandis que les alliés, manœuvrant sur un terrain difficile et inconnu, n'ayant de vivres et de munitions que la quantité que chaque homme peut porter avec lui, et dépourvus enfin de toute artillerie de siège, étaient perdus si l'assaut ne réussissait pas.

Il est difficile de se prononcer entre ces deux opinions, qui s'appuient sur des autorités considérables ; tout ce qu'on peut dire, c'est que le principal défenseur de Sébastopol, le général Todleben lui-même, se range parmi les défenseurs de la première.

Le maréchal Saint-Arnaud ne demandait du reste qu'un mois pour s'emparer de Sébastopol. « Je compte, écrit-il le 11 septembre, être le 25 sous Sébastopol; tout sera fini le 26 octobre, avec la protection de Dieu. » Dieu avait compté les jours du ministre de la guerre du 2 décembre. Saint-Armand, atteint du choléra le 24 septembre, mourut le 29 à bord du *Berthollet*. S'il ne fut plus question d'emporter d'un seul coup Sébastopol, le nouveau général en chef Canrobert ne s'en flatta pas moins de le prendre un mois après le débarquement du matériel de siège, sans procéder avec la lenteur méthodique d'un siège régulier, en lançant sur ses murs les colonnes d'assaut.

CHAPITRE V

BALAKLAVA ET INKERMANN

Les Russes après l'Alma. — Positions des alliés. — Le général Canrobert. — Marche des alliés sur Sébastopol. — Bataille de Balaclava. — Bataille d'Inkermann. — Le général Gortschakoff succède à Menchikoff comme général en chef de l'armée russe. — Recrudescence du choléra à l'entrée de l'hiver. — Apparition du scorbut.

Menchikoff, après la bataille de l'Alma, s'était retiré sur le plateau de Chersonèse, de là sur Backtchisaraï, où il ne craignait pas de voir ses communications avec Simféropol et la Russie méridionale menacées. A peine avait-il quitté le plateau, que les alliés cherchèrent à s'y établir, et les deux armées, se croisant dans une double marche de flanc inconnue l'une à l'autre, ne furent pas peu surprises quand, le 25, l'avant-garde anglaise se heurta près de Makensie à l'arrière-garde russe.

Les Anglais avaient pris possession de Balaklava le 26 septembre. L'armée française fut divisée le 1er octobre en deux corps : corps de siège, sous les ordres du général Forey, et formé de deux divisions postées à deux kilomètres de Balaklava ; corps d'observation, sous les ordres du général Bosquet, posté sur la route Voronzoff. Une partie de la cavalerie anglaise et de la division turque se tenait au sud du Col, et la brigade écossaise à Balaklava même ; l'état-major anglais s'était établi près du col portant le nom de cette ville, pendant que l'armée anglaise prenait ses campements entre le ravin du port militaire et la Tchernaïa. Les Français bivouaquèrent sur les monts Fédioukine, qui s'élèvent sur la rive gauche de la Tchernaïa, au-dessus du pont de Traktir et d'où l'on surveille le cours de cette rivière et la plaine de Balaklava, tandis qu'à l'ouest les monts Saponne élèvent une barrière d'accès difficile. Deux routes aboutissant à Sébastopol, l'une par le ravin central, l'autre par l'extrémité du port militaire, traversaient au sud le col de Balaklava. L'une portait le nom de route Voronzoff, et elle allait rejoindre au sommet du plateau la vieille route de poste. Une troisième route, dite des Sapeurs, longeait la rade au midi pour gagner le faubourg Karaschnaïa, en contournant le mamelon Malakoff.

Le plateau de Chersonèse avait été le 27 l'objet d'une forte reconnaissance de la part des alliés, qui des hauteurs aperçurent pour la première fois Sébastopol, dont la garnison se livrait à des remuements de terre considérables. Les Français se rapprochèrent le lendemain de Balaklava pour se ravitailler ; mais ce petit port déjà obstrué, ne permettait pas aux navires de mettre à terre une quantité de provisions suffisante ; que serait-ce quand, à cet encombrement, se joindrait celui du débarquement du matériel de siège ? Un capitaine de la marine marchande signala fort heureusement au vice-amiral Hamelin la baie de Kamiesch, comme offrant un mouillage sûr à la flotte et au convoi. Les préparatifs nécessaires à l'organisation et à l'outillage de ce port de mer improvisé avaient permis aux Anglais de prendre une certaine avance sur les Français, qui ne tardèrent pas à la regagner. Le 21, la 3ᵉ et la 4ᵉ division française s'installaient à côté des Anglais, sur le plateau de Chersonèse, dont le climat soumis aux plus violentes et aux plus brusques variations de la température, ne promettait pas aux alliés un séjour bien agréable ni bien sain.

Les Anglais et les Français contribuèrent, proportionnellement à leurs forces, à la formation du corps d'observation destiné à surveiller Menchikoff. Les deux divisions commandées par le général Bosquet s'installèrent le 30 septembre sur la route Voronzoff, dans un camp signalé par un télégraphe d'où la surveillance s'étendait sur une ligne de douze kilomètres. Pas un coup de fusil ne fut tiré jusqu'au 2 octobre, où les zouaves firent feu sur une escorte russe qui revenait de conduire des réfugiés à Backtchisaria.

Sébastopol, vu du plateau, présentait deux fronts de fortifications très éloignés l'un de l'autre, celui de la ville et celui de Karabeaïa, le premier comprenant les ouvrages qui devaient s'appeler plus tard le bastion de la Quarantaine, le bastion Central, le bastion du Mât ; l'autre le Grand-Redan ou redan des Anglais, le Petit-Redan, la batterie de la Pointe et la tour

Malakoff. L'accroissement de force des ouvrages russes était chaque jour plus sensible depuis le 26 septembre, et l'admiration des hommes du métier se partageait entre la solidité des batteries et la rapidité de l'armement. Ils y travaillaient jour et nuit, et, grâce à leurs efforts, le moment n'était pas éloigné où sur tous les points menacés l'artillerie ordinaire de siège allait faire place aux canons du plus fort calibre de la marine. Cerner Sébastopol était impossible; l'armée du dedans restait en communication perpétuelle avec celle du dehors : elles ne formaient en réalité qu'une seule armée.

Les alliés cependant ne pouvaient rester inactifs; le général Canrobert avait si souvent écrit à l'Empereur qu'il serait maître de la place avant un mois, et l'Empereur avait un tel besoin d'escompter leur victoire, qu'une plus longue attente semblait impossible ; l'impatience avait même gagné les Anglais. Un assaut fut résolu. Couvrir par les fortifications de campagne de l'armée d'observation, les approches de Balaklava et du mont Saponne, lancer les Anglais sur le Grand-Redan et les Français sur le bastion du Mât après avoir écrasé ces deux ouvrages sous les boulets et les obus, tel était le plan adopté. Les Anglais et les Français prirent leurs positions le 7 octobre, ce fut seulement dans la nuit du 9 au 10, à neuf heures du soir, que les Français donnèrent les premiers coups de pioche pour ouvrir la tranchée, qui dès six heures du matin fut prête, sur une longueur de mille mètres, à servir d'abri aux soldats.

Les Anglais travaillèrent avec non moins d'ardeur et de succès. Mais les alliés se trompaient en s'imaginant que la vue de leurs travaux allait exciter l'inquiétude des Russes. Ceux-ci, au contraire, chargés de la défense d'une ville à peu près désarmée, craignant d'être surpris dans leurs préparatifs de défense par quelque coup inattendu, saluèrent, dans les premiers travaux de l'armée anglo-française, la promesse d'un siège qui leur permettait de compter sur les événements, et ils redoublèrent d'ardeur pour assurer la défense de la ville : mise en batterie des canons du plus gros calibre empruntés au matériel de la flotte, augmentation des batteries ; ils se livrent sans relâche à ces travaux, sans que leur canonnade, dirigée depuis le 10 sur les tranchées que les Anglais et les Français s'efforcèrent d'ouvrir ou d'élargir, s'arrête un seul instant. Le roc vif se montrait à un demi-mètre et retardait les travaux des alliés. Les Français parvinrent cependant à élever en peu de jours cinq batteries. La marine en installa une au sommet de la falaise marquée par les débris d'un ancien fort génois.

Fig. 111. — Les bâtiments légers des deux flottes, embossés à l'embouchure de l'Alma, envoyaient des projectiles qui atteignaient les sentinelles et les postes russes (p. 534).

Le feu de la place, assez mal fourni d'abord, fit peu de mal aux assiégeants jusqu'au 14 octobre; à dater de ce jour, les boulets et les obus ne cessèrent de pleuvoir sur les Français [1]. C'était, disaient-ils, pour assurer leur tir que les assiégés se livraient à cette canonnade incessante. Nouvelle expérience deux jours après; cette fois, les Anglais leur servirent de point de mire aussi bien que les Français; l'artillerie russe endommagea les batteries de ces derniers.

L'inaction des flottes causait un assez grand étonnement aux officiers de l'armée de terre et de l'armée de mer. Les ordres donnés à l'amiral Hamelin portaient de tenir les vaisseaux prêts à rembarquer les troupes au besoin. C'était lui défendre de combattre. Il finit pourtant, à la suite d'un conseil tenu le 14 octobre, par consentir, ainsi que le vice-amiral Dundas, commandant la flotte anglaise, à participer à l'attaque, fixée par les alliés au 17.

La veille de ce jour, on eût été mal venu à soutenir dans les campements français que le drapeau tricolore ne flotterait pas le lendemain sur les bastions de Sébastopol. L'attaque commença à six heures du matin, sur quatre points à la fois. Les Russes ripostèrent avec une extrême vivacité aux Français et aux Anglais; trois cents canons tonnèrent à la fois jusqu'à huit heures du matin. Le feu se ralentit, pour laisser à la fumée le temps de se dissiper et de permettre de juger de l'effet du combat. Si du côté des Russes le bastion Central avait été fortement atteint, ainsi que la tour Malakoff, si beaucoup de leurs embrasures étaient détruites, les ouvrages des alliés n'avaient pas moins souffert. La canonnade, après ce moment de répit, reprit avec une nouvelle vigueur. Les Russes s'attendaient à voir s'élancer les colonnes d'assaut, lorsque leurs projectiles, mettant le feu à un magasin à poudre et à une caisse à gargousses, on jugea que les batteries françaises étaient trop exposées au feu de l'ennemi. La canonnade cessa vers dix heures.

L'attaque avait été moins favorable pour les Russes du côté de la Karabelnaïa. L'artillerie anglaise avait écrasé la tour Malakoff et fait du Grand-Redan un monceau de ruines. Les Anglais n'avaient qu'à déboucher du ravin des Docks, protégés par leur artillerie, pour s'emparer sinon de Karabelnaïa, du moins d'une forte position dans le faubourg

1. Tout ce qui par ricochet ou de pleine volée dépassait la crête du mont Rodolphe allait de bonds en bonds rouler ou éclater au fond du ravin de la Quarantaine, on ne le nomma plus dès lors que le ravin des Boulets; à la fin du siège, on n'aurait pas trouvé dans tout le monde une mine de fer aussi riche. (*Sébastopol, fragment d'une histoire de Crimée*, par Camille Rousset. Voir le *Correspondant*.)

de Bambor. Les Russes s'attendaient à ce mouvement ; mais, soit que lord Raglan jugeât que, avec des troupes diminuées et affaiblies par la maladie, il fût impossible de tenter l'aventure, soit qu'il trouvât imprudent d'agir sans le concours du général Canrobert, le général en chef anglais ne chercha point à enlever à l'ennemi une position dont la possession devait faire verser tant de sang pendant le siège.

Le combat entre les artilleries de terre restant sans résultat, c'eût été au canon des flottes à décider de la victoire ; mais la lutte entre les vaisseaux et les forts s'était terminée à l'avantage de ces derniers ; des milliers de projectiles lancés contre eux ne leur avaient causé que d'assez minces dégâts. Pas un navire de la flotte, au contraire, qui n'eût à réparer des avaries sérieuses. Neuf mille projectiles environ lancés du côté des Anglais et des Français, et vingt mille du côté des Russes, avaient mis hors de combat 144 Anglais, 200 Français et 400 Russes, parmi lesquels le vice-amiral Korpiloff dont un boulet de canon fracassa la jambe gauche, pendant que du sommet du mamelon Malakoff il examinait à cheval les effets du bombardement. Patriote ardent, marin intrépide, il hésita pendant deux jours à exécuter l'ordre que lui avait donné Menchikoff de couler la flotte russe à l'entrée du port de Sébastopol, heureuse et terrible inspiration qui permit à la ville assiégée de prolonger sa résistance au delà de ce qu'on pouvait prévoir. Le vice-amiral Nakhimoff fut blessé également ; mais, malgré tout, les alliés ne pouvaient se le dissimuler, l'avantage restait aux Russes. On n'entrerait point de sitôt dans Sébastopol.

L'artillerie française, réduite à se taire pendant deux jours, n'en chercha pas moins à imiter la rapidité des terrassiers russes, qui déjà le lendemain avaient réparé les dégâts de la veille et refait entièrement le Grand-Redan. Le 18, les Anglais seuls soutinrent le feu sans avantage marqué. Les Français se mirent le 19 de la partie ; mais ce jour-là, comme le 17, la supériorité resta encore aux Russes.

Il était bien difficile désormais de se faire illusion et de compter sur un coup de main pour s'emparer de Sébastopol. Il fallait se décider à faire régulièrement le siège d'une place non investie, pourvue d'un prodigieux matériel, défendue par une garnison sans cesse en communication avec les armées du dehors, et comptant dans ses rangs dix mille marins canonniers. Avant de s'y résigner, pourquoi ne pas tenter un assaut ? Cette proposition avait de nombreux partisans dans les deux états-majors ; les deux généraux en chef s'y montraient favorables ; mais il fallait des renforts pour l'exécuter. L'armée anglaise fondait à vue d'œil sous l'influence de causes que le patriotisme des Anglais, bien différent du nôtre en pareille occasion, ne craignait pas de divulguer : manque d'unité dans le commandement, confusion dans le service de l'intendance, séparation de l'officier et du soldat, impuissance de ce dernier à se servir, poussée au point de ne pas savoir faire cuire lui-même sa viande. Les soldats anglais dépérissaient, faute d'une nourriture rendue plus insuffisante par les travaux de terrassement. Impossible d'amener les provisions de Balaclava au camp anglais. La presse et la tribune britanniques retentissaient de ces plaintes. La faiblesse même de l'armée anglaise rendait plus urgent l'envoi de renforts à l'armée française. Le général Canrobert en pressait l'envoi par ses lettres au ministre de la guerre. L'armée russe au contraire s'augmentait des troupes que l'attitude des Autrichiens et des Turcs avait permis à Nicolas Ier de retirer de la rive gauche du Pruth. Menchikoff, confiant dans sa supériorité numérique et dans l'affaiblissement de plus en plus sensible des alliés, crut le moment bien choisi pour frapper un coup sur l'ennemi. Balaklava, dont les Anglais avaient fait un vaste camp retranché difficile à défendre, si ce n'est par des troupes très nombreuses, lui parut un point favorable à l'exécution de son projet.

Les Anglais, dans leur pénurie d'hommes, avaient été obligés de confier aux Turcs la garde de leurs postes avancés, comprenant cinq redoutes construites sur des mamelons séparant la plaine de Balaklava de la vallée de la Tchernaïa ; la seconde ligne de défense de Balaklava était formée par les batteries des tranchées, 1100 soldats de marine avec quelques centaines de Higklanders et 1400 hommes de cavalerie composaient la garnison de la ville.

Menchikoff avait fixé au 25 la surprise qu'il méditait sur Balaklava. Les forces russes, commandées par le général Liprandi, quittèrent à cinq heures du matin le village de Tchorgone sur la Tchernaïa, pour marcher sur Kamara, qu'elles occupèrent sans difficulté. Une colonne d'attaque se dirigea sur les redoutes anglaises. Les Turcs qui occupaient la première, résistèrent avec une opiniâtreté qui ne fut pas imitée malheureusement par les défenseurs des autres batteries, que les Russes trouvèrent abandonnées. Il était sept heures et demie lorsqu'ils y entrèrent sans coup férir.

Aux premiers coups de canon, la garnison, Higklanders et Turcs, avait pris les armes. La brigade des gardes était descendue du plateau, sur l'ordre de lord Raglan avec la division Cathcarts pendant que les Français occupaient les pentes méridionales et s'étendaient le long des crêtes. Les généraux Canrobert et lord Raglan, du bord même du plateau, embrassaient d'un coup d'œil la plaine de Balaklava et la vallée de la Tchernaïa.

La position des forces russes, massées au fond de la plaine, ne pouvait échapper à leur regard ; quelques instants après la prise des redoutes, ils virent tout à coup une masse de cavalerie ennemie s'élancer au galop dans la plaine et fondre sur la cavalerie et sur l'infanterie anglaises ; cette masse n'est plus qu'à trente pas de l'ennemi, les officiers anglais donnent l'ordre de croiser les armes ; ce mouvement s'exécute comme à l'exercice. Va-t-on assister à ce spectacle si rare à la guerre de deux troupes s'abordant corps à corps, ou bien, comme cela arrive le plus souvent, l'une des deux impressionnera-t-elle d'avance l'autre par sa résolution ? C'est cette dernière hypothèse qui se réalise. Les Russes font un mouvement en arrière ; leurs chevaux cabrés reculent les uns sur les autres, et ils opèrent leur retraite en désordre.

L'infanterie russe occupait toujours les redoutes prises sur les Turcs ; lord Raglan, à midi, crut voir un mouvement de retraite se dessiner chez les ennemis et des préparatifs se faire pour emporter les canons dont les redoutes restées en leur possession étaient armées. Ces canons appartenaient au Sultan, à qui les Anglais les avaient empruntés ; lord Raglan crut que l'honneur lui ordonnait de les reprendre ; il fallait pour cela commencer par quitter les excellentes positions qu'il occupait et d'où l'ennemi ne demandait pas mieux que de les faire descendre pour les attaquer en plaine. Lord Raglan n'était pas homme à commettre cette faute ; mais, poussé par le désir de reprendre les canons du Sultan, il lui vint à l'esprit de confier cette mission à sa seule cavalerie, en la portant rapidement sur son front. Le général Airey, quartier-maître de l'armée anglaise, écrivit sous sa dictée l'ordre à la division de cavalerie de se porter sur le front et d'empêcher l'ennemi d'enlever les canons. Le capitaine Nolan partit au galop, chargé de cet ordre pour lord Lucan.

L'infanterie russe, après la retraite de la cavalerie, s'était retirée à l'extrémité de la vallée, laissant des hommes dans trois des redoutes qu'elle venait de prendre et abandonnant la quatrième. Quelques canons étaient aussi disposés sur les hauteurs. Leur réserve s'était réunie à la cavalerie, formant six gros escadrons, en ligne oblique et barrant l'entrée de la vallée. Six bataillons d'infanterie étaient rangés par derrière, défendus par une trentaine de canons. Des masses d'infanterie étaient également rangées sur les collines, derrière les redoutes, sur notre droite.

La cavalerie anglaise se plaça sur la gauche, parce que, en face, le terrain était accidenté. Là, elle fit halte, suivant l'ordre reçu. Quand lord Lucan eut lu le billet que lui apportait le capitaine Nolan, il demanda : « De quel côté faut-il s'avancer ? » Le capitaine Nolan montra du doigt les lignes russes et répondit : « Voici l'ennemi, mylord, et voici les canons devant lui ; votre devoir est de vous en emparer. »

Le lieutenant général Lucan ne se crut pas le droit d'interpréter l'ordre de son chef, qui d'ailleurs était net et précis, et il accepta avec l'obéissance passive du soldat ; il fit dire à lord Cardigan d'avancer. « En avant le dernier des Cardigan! » s'écria-t-il en formant ses cavaliers en deux lignes et pressant leur allure à mesure qu'ils approchaient de l'ennemi, c'est-à-dire d'une mort certaine. Jamais spectacle aussi émouvant ne fut donné à deux armées ; à douze cents mètres de la ligne russe, celle-ci vomit par trente bouches à feu un flot de fumée et de flamme, à travers lequel sifflait le plomb. Cet ouragan passé, on put aussitôt apercevoir dans les lignes anglaises de longues files de cadavres d'hommes et de chevaux, couchés sur le sol.

La première ligne rompue fut immédiatement rejointe par la seconde ; leur élan ne faiblit pas un instant. Les rangs éclaircis par le feu d'une batterie de trente canons se jetaient dans cette fournaise en poussant des hurrahs de colère et de mort. Ils disparurent dans un tourbillon de fumée ; mais, à peine les eût-on perdus de vue un moment, que la plaine fut jonchée des cadavres de ces braves pris entre les feux obliques de deux mamelons et exposés à un feu direct de mousqueterie. A travers les nuages de fumée, on pouvait voir les débris de ces escadrons se ruer sur les canons ennemis et massacrer les canonniers sur leurs pièces, puis revenir sur leurs pas, écrasant une colonne d'infanterie et la hachant comme de la paille menue, tandis que les feux des batteries les foudroyaient à leur tour.

Retour affreux à travers une plaine semée de morts et de mourants où galopaient, en bonds insensés, des chevaux sans maîtres ou traînant après eux leurs cavaliers blessés mortellement, et venant, comme des troupeaux effarés, se mêler à la grosse cavalerie et se presser contre elle. Triste spectacle que de voir revenir amoindrie de plus de moitié cette belle brigade que ramenait tristement dans les lignes anglaises son vaillant général.

Au moment même où s'effectuait ce retour, une masse énorme de lanciers russes s'avança pour envelopper les cavaliers. Le colonel du 8ᵉ hussards lança sur eux les hommes dont il disposait ; ses pertes furent effroyables, mais il enfonça les rangs ennemis. Les autres régiments s'avancèrent : ils se frayèrent un chemin sanglant à travers les colonnes épaisses qui les enveloppaient.

Les Anglais prétendent qu'à ce moment les artilleurs russes, voyant leur cavalerie confondue avec la leur, envoyèrent une volée meurtrière de mitraille sur cette mêlée de combattants.

Ce fut tout au plus si la brigade de grosse cavalerie put couvrir la retraite des rares survivants de cette troupe héroïque.

Il ne restait plus, en face des canons moscovites, un seul soldat anglais, excepté les morts et les mourants.

Le capitaine Nolan fut tué par le premier coup de feu. Lord Lucan fut légèrement blessé. Lord Cardigan fut percé d'un coup de lance.

Officiers tués ou manquants, 13 ; hommes tués ou manquants, 156 ; total, 169. Officiers blessés, 21 ; hommes blessés, 197 ; total 218. Telles furent les pertes des Anglais, dans la plus héroïque et la plus inutile des folies.

L'œil fixe, le teint ardent, la respiration haletante, officiers et soldats français avaient suivi du regard lord Cardigan et ces braves franchissant les mamelons qui leur cachaient les Russes ; et une fois en face d'eux, sabrant tout ce qui s'opposait à leur passage, cavalerie et artillerie, ces corps rompus s'étaient bientôt reformés ; la brigade de lord Cardigan, assaillie sur le flanc gauche et obligée de battre en retraite, voyait son élan brisé par une batterie qui, placée sur les monts Fédioukone, faisait dans ses rangs les plus grands ravages. La brigade anglaise, à moins d'un secours inattendu, semblait perdue ; c'est alors que la cavalerie française, s'élançant sur les pentes, disperse les tirailleurs et sabre les canonniers russes sur leurs pièces. Le feu de deux bataillons russes se dirige sur eux ; mais leur tâche est remplie : les débris mutilés de la brigade légère ont pu tourner bride et trouver un refuge auprès de leurs compatriotes. Les deux tiers de la brigade ont péri. « Le dernier des Cardigan » n'a reçu qu'une légère blessure.

La charge du 25 est sans contredit un brillant fait d'armes à inscrire sur les fastes de la cavalerie anglaise ; mais la ville de Balaklava n'en était pas moins bloquée, et les Russes s'étaient non seulement relevés en quelque sorte de leur défaite de l'Alma, mais encore ils se croyaient à la veille d'en prendre une éclatante revanche. Il y avait

Fig. 112. — La lutte entre les vaisseaux et les forts s'était terminée à l'avantage de ces derniers. Il n'y avait pas un navire de la flotte qui n'eût des avaries sérieuses à réparer (p. 548).

alors en Crimée 40 000 Français, 20 000 Anglais et 65 000 Turcs, auxquels Menchikoff pouvait opposer 110 000 Russes, non compris les marins débarqués de la flotte ; l'avantage du nombre était de son côté. Il résolut d'en profiter, et il dressa ce plan de campagne : Le plateau d'Inkermann s'élève à l'est de Sébastopol, où il forme une espèce d'isthme ; plusieurs routes se croisent sur le plateau et vont rejoindre le pont d'Inkermann, qui n'était ni coupé ni gardé. Les Anglais, trop faibles pour s'étendre jusque-là, occupaient le sud du plateau, laissant libre devant eux un vaste espace couvert de buissons, de halliers, de bouquets de bois très favorables aux surprises. Menchikoff résolut de profiter des avantages de ce terrain pour attaquer les Anglais. Le général Bosquet n'était pas campé assez près pour leur prêter à temps un prompt secours. Une brigade française leur fut envoyée par précaution.

Le feu, à demi éteint devant Sébastopol depuis le 22 octobre, reprit le 1er novembre sur toute la ligne des attaques, beaucoup plus rapprochées de la place. Le bastion du Mât souffrit beaucoup ; le lendemain matin, tous ses dégâts étaient réparés. Comment réduire de tels assiégés, à moins d'emporter la place d'assaut ? Les deux généraux en chef caressaient depuis longtemps cette idée ; les généraux commandant l'artillerie et le génie des deux armées s'y rallièrent, et l'assaut fut fixé au 7 novembre dans un conseil de guerre. « Vous tenez le sort de l'Europe entre vos « mains, écrivait le maréchal Vaillant au général Canrobert ; soyez vain- « queur, et l'Autriche bien sûr et peut-être la Prusse viendront à nous ; « soyez vaincu, il nous faudra faire campagne sur le Rhin au printemps. » Il s'agissait donc en quelque sorte d'empêcher par le succès de l'assaut projeté pour le 7, une guerre européenne d'éclater ; mais, avant de s'élancer sur le bastion du Mât et sur le Grand-Redan, selon le plan convenu, les Anglais et les Français, les premiers surtout, allaient avoir à repousser une terrible attaque de l'ennemi.

« Quand nos bien-aimés grands-ducs seront ici, écrivait le 30 octobre « le prince Menchikoff au prince Paskévitch à Varsovie, je pourrai « leur rendre intact le dépôt précieux que la confiance de l'Empereur a » mis entre ses mains. Le Ciel protège visiblement la sainte Russie. » Les grands-ducs Nicolas et Michel étaient entrés le 3 octobre à Sébastopol, au milieu de l'enthousiasme des troupes. Menchikoff résolut d'en profiter, et il fixa au 5 l'exécution d'un plan qu'il caressait depuis longtemps et qui consistait à profiter de la position de la droite anglaise, si mal assise, comme on l'a vu, à l'extrémité méridionale du plateau d'Inkermann, à enlever le camp anglais, à tourner ses attaques, à menacer le corps d'observation de flanc et de dos, et à obliger lord Raglan et le général Bosquet à se retirer sur Balaklava. C'était le siège levé d'un côté et bientôt sans doute de l'autre.

Les soldats de tranchée dans la nuit du 4 au 5 entendirent du côté de Sébastopol des bruits de cloches mêlés à de lointains hurrahs ; de vagues lueurs d'illumination brillaient au-dessus de la ville assiégée. Ils ne se doutaient pas que ces bruits et ces clartés étaient causés par l'armée russe, qui se mettait en marche au bruit des cloches de toutes les églises et qui répondait par des acclamations patriotiques aux paroles enflammées de ses chefs, aux chants et aux prières des popes promenant processionnellement dans ses rangs les croix et les reliques des saints.

La droite anglaise, mal couverte, comme on l'a vu, à l'extrémité méridionale du plateau d'Inkermann, séparée des Russes par un isthme très étroit, était fort exposée à une surprise. On le savait à l'état-major de lord Raglan, mais on oubliait ou on dédaignait le danger. Menchikoff résolut de profiter de cette négligence et de combiner son attaque de front avec des opérations d'une moindre importance sur les ailes, telles qu'une diversion de gauche sur Balaklava, une diversion de droite par une sortie sur l'extrémité gauche des attaques françaises. Le prince Gortschakoff, chargé d'opérer la diversion de gauche, avait vingt-cinq mille hommes sous ses ordres ; le général Daunenberg, récemment arrivé des principautés danubiennes, dirigeait le corps principal, formant deux colonnes commandées l'une par Soïmoneff, l'autre par Pauloff, et chargé d'opérer deux diversions, l'une à gauche sur Balaklava, l'autre à droite sur les attaques françaises. Soïmoneff devait gravir les pentes et se déployer à dix heures du matin sur le plateau, tandis que Pauloff se formerait en ligne derrière Soïmoneff. Le général Daunenberg crut devoir modifier sensiblement ce plan. L'objectif seul n'y parut pas changé : c'était toujours le camp anglais.

Les troupes de la première colonne russe atteignirent le plateau à six heures du matin, au milieu des brouillards qui succédaient à une pluie torrentielle. Le général Codrington achevait sa tournée de ronde ; *all right*, avait-on répondu partout à ses demandes ; il rentrait dans sa tente lorsque les cris : Alerte ! alerte ! retentissent au milieu des coups de feu. L'éveil à peine donné à la deuxième division, les boulets et les obus russes lancés au jugé au milieu du brouillard viennent tuer des hommes et des chevaux dans ses rangs. Elle se porte en avant, et la division légère prend à la hâte position des deux côtés du ravin du Carénage. Les Russes, arrivés en force sur la position, refoulent les artilleurs anglais, enclouent des canons ; quatre pièces sont prises et reprises. La lueur des canons a de la peine à être aperçue dans le brouillard. Des ombres luttent avec des ombres ; mais les Russes, bien plus nombreux que les Anglais, les refoulent jusque sur une batterie dont ils enclouent les canons. Les tirailleurs russes étaient parvenus jusque dans les premières tentes. Du côté du ravin du Carénage, les Russes se trouvèrent tout à coup en présence de l'artillerie anglaise, qui eut à peine le temps d'emmener avec les attelages deux pièces sur six. Les quatre autres furent enclouées, prises et reprises. Les Anglais, reprenant l'offensive sur ce point, rejettent dans le ravin les Russes, jusque-là si heureux. Le général Villebois est déjà tombé ; une balle atteint mortellement le général Soïmoneff, un grand nombre d'officiers supérieurs tombent. Les Russes, dont les premiers succès avaient été si rapides, en sont réduits à la défensive et bientôt à une retraite qui s'opère dans un état voisin du désordre vers le plateau où la colonne Soïmoneff, par une distraction inexplicable du général Daunenberg, resta tout le jour oubliée avec la réserve.

La droite des Russes était annulée, et une partie de l'aile gauche risquait de l'être également. Le général Paulof, avec sa colonne, avait atteint le pont d'Inkermann à cinq heures du matin et avait forcé, là aussi, les Anglais à reculer d'abord devant le nombre. Mais ils s'étaient bientôt remis en ligne, et ils disputaient à l'ennemi la batterie dite des « Sacs à terre » dont il s'était emparé.

Que faisaient les Français pendant ce temps-là? Le corps d'observation du général Bosquet avait pris ses positions au premier coup de canon ; la division turque occupait les redoutes du col de Balaklava ; les Français, les crêtes. Le général Bosquet offrit dès sept heures et demie son appui aux Anglais, qui se crurent encore assez forts pour le refuser ; ils demandèrent seulement à être couverts sur leur droite.

Le général Gortschakoff, chargé de faire une diversion du côté du mont Saponne, ne pouvait que se briser contre cette fortification naturelle rendue plus formidable par les inventions de l'art. Les généraux anglais et français jugèrent qu'il ne pouvait être question de sa part que d'une démonstration de parade. Le général Canrobert alla rejoindre lord Raglan sur le champ de bataille, après avoir ordonné au général Forey de diriger immédiatement une des brigades du corps de siège sur le plateau d'Inkermann.

Le duc de Cambridge venait d'engager la brigade des gardes, la seule qui lui restât de sa division.

C'était surtout la batterie des « Sacs à terre », que les deux armées se disputaient. Les gardes s'élancent sur les Russes sans tirer, les mettent en fuite, puis les poursuivent du feu de leurs carabines. Deux brigades anglaises libres depuis la retraite du général Soïmoneff, viennent à l'aide des gardes et jettent dans la vallée de Tchernaïa une partie de la colonne du général Paulof, qui, à partir de ce moment, ne reparut plus sur le champ de bataille.

Un entr'acte rempli par un combat d'artillerie suivit l'appel fait à huit heures par lord Raglan à toute son infanterie. Il n'était que huit heures et déjà plus de vingt bataillons russes avaient fait retraite. L'armée anglaise s'était reformée ; le général Daunenberg, qui a pris le commandement de la colonne Paulof, débouche par la route des Sapeurs sur le plateau. Menchikoff et les grands-ducs se sont arrêtés au-dessus du ravin Saint-Georges. Daunenberg lance au combat son infanterie, protégée par l'artillerie, et attaque de nouveau la batterie des « Sacs à terre » ; une véritable lutte corps à corps à la baïonnette, au sabre, à la crosse de fusil s'engage cette fois. Les Anglais plient sous le nombre et se retirent, laissant 200 cadavres dans la batterie, pour rejoindre deux bataillons des gardes. Une division anglaise arrive et veut reconquérir la batterie des Sacs ; elle y réussit un moment, mais de nouveaux renforts permettent aux Russes de la reprendre. Des masses russes se jettent sur cette troupe d'Anglais. Un de ses généraux est tué, sept sont blessés. Les Anglais se dégagent pourtant, en laissant 500 hommes sur le terrain. Un officier avait été tué à côté du général Canrobert, blessé lui-même légèrement d'un obus au bras droit. Les Anglais étaient épuisés ; les Russes allaient faire irruption sur le plateau d'Inkermann. Lord Raglan se décida enfin à réclamer le secours de l'armée française.

Le général Bosquet donne aussitôt des ordres. Deux bataillons marchent au pas de course vers les Anglais, qu'ils ne peuvent pas voir, mais dont ils entendent la voix. Serrez les rangs ! ces mots témoignent des vides que la mort y fait. Les officiers n'en prononcent pas d'autres. Les Français débouchent enfin ; les Anglais mêlent leurs hurrahs au son des clairons des zouaves. Les Russes, croyant d'abord avoir affaire à l'armée française tout entière, commencent à s'ébranler ; mais bientôt ils reprennent courage et écrasent sous leurs feux les deux bataillons, qui faiblissent à leur tour et qui, ramenés au combat et rangés sur la droite des Anglais, attendent les Russes, qui, au lieu d'avancer, se contentent de réoccuper la batterie des « Sacs à terre ». Encore cinq ou six cents mètres en avant, et ils gagnaient la bataille [1]. Cependant la diversion préparée par Menchikoff sur l'extrême gauche des troupes françaises était exécutée par le général Timofeif, qui, sorti de Sébastopol à neuf heures et demie, arrivait, grâce au brouillard de la mer, sans être aperçu sur le mont Rodolphe, pénétrait dans les batteries et enclouait quinze pièces de canon; mais des renforts reçus par les Français ne lui permettent pas d'aller plus loin; une des brigades du général Forey envoyée à Inkermann sur l'ordre du général en chef, arrivait en ce moment. Le tumulte du côté des batteries engagea ce dernier à y envoyer les brigades de Lourmel et d'Aurelle. Le corps entier prend les armes. Timofeif, obligé de battre en retraite, reçoit à son tour des renforts d'infanterie et d'artillerie qui sortent de Sébastopol pour le protéger. Le général de Lourmel, croyant l'avoir belle pour se jeter dans Sébastopol à la suite de Timofeif, court vers les parapets en entraînant ses hommes, qui sont bientôt jetés en désordre dans le ravin. C'en était fait d'eux sans le secours de la brigade La Motterouge et de la brigade d'Aurelle. Elles ne peuvent sauver le général de Lourmel. Si Timofeif, comme cela est certain, avait voulu occuper le corps de siège loin d'Inkermann, il avait réussi; mais on n'en pouvait dire autant des autres généraux russes. Le prince Gortschakoff avait manqué son coup, ainsi que le général Daunemberg, qui avait perdu un temps précieux au centre de la bataille.

Tout espoir de succès n'était cependant pas encore perdu pour les Russes. Le général Bosquet attendait des renforts; les Anglais, dépourvus de cartouches et de provisions, n'avaient rien mangé depuis la veille. Les Français partagèrent leurs munitions et leur pain avec eux. Les renforts qui vers dix heures arrivent aux Français leur permettent de se précipiter sur la batterie des « Sacs à terre », prix d'une lutte si terrible et si prolongée. Des engagements très vifs ont lieu jusqu'à onze heures; la bataille, à cette heure, était perdue pour les Russes. Ils ne combattirent plus dès lors que pour assurer leur retraite.

Le matin, environ 36 000 Russes avaient gravi le plateau d'Inkermann; près de 3000 hommes avec un général, y étaient restés, 6000 hommes

---

1. Cette faute s'expliquerait par l'obéissance scrupuleuse de Menchikoff et du général Daunenberg aux injonctions du czar de rétablir l'*ordre ouvert* toutes les fois qu'il serait détruit. C'est ce qui amena un arrêt dans la bataille après neuf heures et demie. (*Fragments d'une histoire de la guerre de Crimée*, par Camille Rousset.)

dont cinq généraux étaient blessés, 1500 disparus. En joignant à ces chiffres celui des pertes de Timofeif, on peut évaluer à plus de 12 000 hommes la perte totale des Russes ; celle des Anglais à 2600, perte énorme si l'on songe à leur effectif si restreint ; celle des Français, à 1743. Si les alliés n'avaient pas été jetés dans la mer, comme les généraux russes s'en flattaient, la surprise d'Inkermann, opération bien conçue, mais faiblement conduite, ne leur avait pas moins fait courir de grands dangers. Qui peut dire ce qui serait arrivé si le général Daunemberg, se gardant bien de rien changer au plan primitif, s'était borné à en suivre les indications, ou bien si, après l'avoir modifié, il avait mieux marqué ces changements et donné des instructions plus claires à ses subordonnés? Le tort des généraux russes fut, en outre, de s'obstiner à exécuter sur le champ de bataille des mouvements inventés par le czar Nicolas Ier et dont le grand inconvénient consistait à forcer l'infanterie russe, brave, mais un peu lourde, à changer ses habitudes sur le champ de bataille.

L'assaut projeté pour le 7 fut ajourné indéfiniment. Les alliés devaient se résigner à passer l'hiver dans les boues des tranchées, au milieu des lenteurs d'une guerre de surprises et d'embûches, sans espoir de tenter quelque chose de sérieux jusqu'à l'arrivée de puissants renforts. L'ambition des alliés devait se borner pour le moment à fortifier les positions acquises et surtout celle dont la faiblesse avait failli causer la perte de l'armée ; c'était une perspective des moins agréables.

C'était l'avis du général Jérôme Napoléon commandant la troisième division d'infanterie. L'Empereur, pour le récompenser de sa belle conduite à l'Alma, lui avait conféré la médaille militaire. Cette récompense d'un genre spécial était-elle bien méritée? Beaucoup de gens en doutaient dans l'armée ; son service ne l'avait pas appelé sur le champ de bataille d'Inkermann. Nul doute, s'il s'y était montré, que son attitude fût restée digne. Le prince Napoléon n'était probablement pas moins brave qu'un autre ; mais il était visible qu'il aimait médiocrement la guerre et qu'il ne ferait jamais un grand général. Sa réputation militaire le touchait si peu que, depuis le 4, il ne craignait pas de solliciter la permission de se rendre, comme malade, sur un des batiments de l'escadre. L'assaut fixé pour le 7 ne le retenait pas. Le général Canrobert finit par lui accorder la permission tant souhaitée. Le cousin de l'Empereur, avec de l'esprit, peu de bienveillance et un penchant très vif pour la critique, n'était ni un subordonné très commode pour ses supérieurs, ni un camarade bien aimable avec ses égaux. Un certain sentiment de soulagement,

Fig. 113. — Les Russes restèrent maîtres de la batterie des « Sacs à terre » (page 558).

aiguisé d'une petite pointe de plaisanteries au sujet de sa santé, dont il se plaignait sans cesse : voilà ce qu'éprouva l'armée à son départ. Le prince se flattait de l'espoir de ne faire qu'un court séjour à Constantinople ; mais l'Empereur pour le punir de ses critiques sans merci, lui imposa une sorte de pénitence publique en lui faisant faire une longue quarantaine dans la capitale de la Turquie.

Heureusement, le général en chef Gortschakoff, successeur de Menchikoff, soit confiance dans les négociations ouvertes à Vienne, soit crainte de faire succéder à la guerre locale une conflagration universelle, soit confiance dans le fameux général Hiver, permit aux alliés de prendre le repos dont ils avaient tant besoin.

Le choléra, depuis le débarquement, n'avait point quitté l'armée ; devenu moins violent, il ne s'attaquait plus qu'aux hommes affaiblis par de longues affections intestinales. L'hiver lui redonna des forces : mauvais vêtements, chaussures usées, sol défoncé par les pluies incessantes, grâce à ces diverses causes, les malades ne tardèrent pas à devenir plus nombreux. Un ouragan épouvantable éclata le 14 novembre ; pas d'autre abri que les tentes de campagne petites et usées ; pas d'autre protection qu'une demi-couverture en lambeaux. L'intendance attendait tous les jours de grandes tentes, des vêtements d'hiver, des sabots, des chaussons de laine ; ils n'arrivèrent presque qu'à la fin de l'hiver. Les hommes de tranchée ont de la peine à remuer un sol détrempé ; la terre s'attache à leurs pieds et à leurs outils ; ils dépensent le double de force ; les fièvres, les diarrhées augmentent. Chaque nouveau régiment qui arrive sur le plateau de Chersonèse paye son tribut d'acclimatation au choléra. Pour quinze à vingt blessés, il y a des centaines de soldats atteints d'affections internes, diarrhées, dysenteries, fièvres intermittentes, affections de poitrine. Bientôt des hommes se présentent à la visite du médecin avec des douleurs vagues dans les membres, de la pâleur à la peau, du gonflement aux gencives : c'est le scorbut. D'autres, les pieds plongés tout le jour dans la neige fondue, voient leur sang perdre sa richesse et sa vitalité ; leur peau devient blanche et se ride ; ils ne se sentent plus marcher, la chaleur amène à leurs pieds des douleurs insupportables ; s'ils chaussent leurs souliers durcis par l'humidité, la gangrène naît sur chaque point comprimé. Les maladies augmentent avec les travaux et les fatigues de l'armée, et toute maladie prend un caractère grave : l'ambulance où l'on coupe les membres, où le sang coule, où l'on crie, n'est rien à côté de celle où, dans un milieu infect et sans air, les malades sont entassés, où la suppuration des gangrenés se mêle à la fétidité des haleines. Les malades sont évacués chaque jour sur Constantinople; chaque jour, ils sont remplacés par d'autres malades. Il y a des convois de 6000 malades. Le 21 janvier, malgré les évacuations fréquentes, l'encombrement des malades produit son effet accoutumé, le typhus; les infirmiers, les médecins sont frappés; l'épidémie se répand dans les camps; elle ne quittera plus l'armée qu'à son retour en France.

Les Russes accumulent de formidables ouvrages; les Français, de leur côté, mettent en batterie 350 pièces approvisionnées, les unes à 550, les autres à 900 coups; ils avaient un développement de 40 kilomètres de tranchées. L'état sanitaire s'était amélioré en mai; on échangeait des coups de canon, on enlevait de temps en temps une place d'armes, et l'on se remettait à tuer des hommes en détail par la mitraille.

CHAPITRE VI

FIN DE LA GUERRE DE CRIMÉE

Un corps d'armée piémontais rejoint les alliés en Crimée. — Mort de Nicolas Ier. — Les conférences de Vienne. — Faute commise par M. Drouyn de Lhuys. — Il est remplacé par M. Walewski au ministère des affaires étrangères. — Lenteur du siège de Sébastopol. — Impatience du public. — Le général Pélissier remplace le général Canrobert dans le commandement en chef de l'armée. — Insuccès du premier assaut. — Combat de la Tchernaïa. — Prise de Sébastopol. — Mission du général Canrobert en Suède. — Proclamation d'Alexandre II à son armée. — Discours de Napoléon III à la clôture de l'Exposition. — Le roi de Sardaigne et M. de Cavour à Paris. — Acceptation des quatre garanties par la Russie. — Dispositions peu pacifiques de l'Angleterre. — Langage menaçant de la presse anglaise. — Terreur panique à la Bourse. — La brochure sur le Congrès. — Propositions de l'Autriche à la Russie. — Contre-propositions de la Russie. — Isolement de cette puissance. — Alexandre II se décide à faire la paix.

L'hiver ne fut pas perdu pour les négociations. La Prusse, après le combat d'Inkermann, s'était engagée, par un acte additionnel au traité du 20 avril, à défendre l'Autriche dans le cas où elle serait attaquée par la Russie. L'Autriche rassurée, fit un pas en signant, le 2 décembre, un traité avec la France et l'Angleterre. Elle s'engageait à défendre les Principautés danubiennes contre les Russes, à n'accueillir aucune proposition ni ouverture tendant à la cessation des hostilités sans s'entendre avec les alliés, à délibérer sur les moyens d'avoir la paix, si elle n'était pas faite le 1er janvier 1855. Ce traité devait être soumis à la Prusse.

La Russie, quelques jours après la signature de ce traité, proposa d'entamer une négociation, dont le point de départ serait l'acceptation des quatre garanties; mais en même temps le prince Gortschakoff donnait à ces garanties une interprétation qui les rendait complètement illusoires : il demandait, au lieu de la suppression pure et simple du protectorat des provinces danubiennes, la garantie collective pour le maintien des privilèges dont elles jouissaient; pas un mot de la limitation de la puissance russe dans l'Euxin. A quoi pouvaient servir de pareilles propositions? Probablement, dans la pensée de la Russie, à donner le change aux puissances germaniques.

La guerre de Crimée, comme toute guerre pouvant amener de grands changements en Europe, était populaire en Italie. Au commencement des hostilités, un des parents de M. de Cavour lui demandait : « Pourquoi le Piémont n'enverrait-il pas dix mille hommes en Crimée? » Un sourire mystérieux passa sur les lèvres du ministre, mais il garda le silence. Quelques mois plus tard, à la question : « Eh bien! partons-nous pour la Crimée? » Cavour répondit : « Qui sait? » Il était bien difficile en effet de croire à la réalisation d'un projet combattu par le cabinet tout entier et par toutes les fractions du parlement. « Le Piémont est appauvri, disaient les membres de la droite; son sang fume encore à quelques lieues de Turin, et vous voulez le lancer dans une guerre lointaine; quelle force donneront deux ou trois régiments de plus à la France et à l'Angleterre? » La gauche se récriait contre une expédition qui, faisant du Piémont l'alliée de l'Autriche, jetait l'Italie désarmée, ruinée, aux pieds de l'étranger. M. de Cavour aurait pu répondre : « La France et l'Angleterre ont besoin de ménager l'Autriche, et le Piémont a le plus grand intérêt, au jour de la victoire, à se trouver à côté de l'Autriche pour la contre-balancer. » Mais, les bonnes raisons ne peuvent pas toujours se dire; heureusement le roi Victor-Emmanuel connaissait et comprenait celles de M. de Cavour. Aussi, malgré l'opposition, l'expédition placée sous le commandement du général La Marmora partit pour la Crimée, plutôt à la satisfaction de l'Angleterre, qui n'était pas fâchée de recruter vingt mille hommes, qu'à celle de la France.

Le départ du corps piémontais pour la Crimée fut accueilli à la Bourse de Paris comme le signe évident de la prolongation de la guerre. Les spéculateurs, qui commençaient à trouver les liquidations de la Bourse un peu trop orageuses, s'en alarmèrent. Il n'y avait plus désormais que l'abdication du czar qui, selon eux, pût mettre fin à cette interminable guerre. Le bruit de cette abdication courait pour la vingtième fois, lorsque le 3 mars, à six heures du soir, M. Billault, ministre de l'intérieur, demande instamment à être admis auprès de l'Impératrice. Impossible de le recevoir en ce moment, Sa Majesté s'habille pour le dîner. M. Billault insiste; il apporte, dit-il, une grande nouvelle. L'Impératrice se rend auprès du ministre. Il lui apprend que l'empereur de Russie est mort.

Le czar passait des revues, visitait les casernes, surveillait les armements, jouait son rôle d'homme de fer, mais sa constitution était minée. Des voix sorties du fond de ses prisons, de ses citadelles, de ses mines de

Fig. 114. — Francs-tireurs tirant sur les fortifications.

l'Oural et de la Sibérie, retentissaient dans sa conscience et troublaient sa vie. Les forces d'un autocrate ont beau s'user à soutenir le fardeau de l'empire, il lui est interdit de se reposer; s'il ne marche pas, tout s'arrête. Nicolas le savait; il luttait avec énergie contre la fatigue et contre le chagrin. Des fenêtres de Peterhoff, il avait suivi les évolutions de l'escadre anglaise; vaincu par la Turquie, sentant trembler les pieds d'argile du colosse russe, étalant son impuissance devant l'Europe, le czar se sentait frappé; ses joues pâlissaient, un jaune de cire s'étendait sur son visage; il voulut cependant passer une revue par un froid extraordinaire, même en Russie. Son médecin lui dit qu'il y avait péril à sortir, et, comme le czar ne tenait nul compte de l'avertissement, il retint son cheval par la bride, en ajoutant : « Sire, c'est plus que la mort; c'est un suicide. » Nicolas passa outre.

Le czar rentra bientôt et se coucha, frissonnant et fiévreux. La czarine, qui, malade elle-même dans son appartement, ne pouvait voir son mari, ne fut pas longtemps sans connaître le danger; elle en avertit ses parents de Berlin. Nicolas, lui-même, n'ignorait pas que la mort approchait. Il fit venir ses deux médecins, et il demanda au premier : « Quand serai-je paralysé? » Celui-ci ne répondant pas, il se tourna du côté de l'autre : « Quand étoufferai-je? » lui dit-il. La réponse fut qu'il avait le temps de recevoir les sacrements. L'impératrice s'était rendue auprès de lui; il l'avait chargée de rappeler au roi de Prusse, son frère, les paroles de leur père mourant. Il s'entretint plusieurs fois seul avec le czarewitch; il prit congé, après avoir communié, de sa femme et de ses enfants; il bénit séparément ces derniers, ainsi que ses petits-enfants; sa voix était forte et calme : un instant après, elle s'éteignit pour toujours.

Les armées de tous les souverains d'Allemagne prirent le deuil à la nouvelle de la mort de Nicolas, l'armée prussienne pour un mois, ainsi que l'armée autrichienne à laquelle François-Joseph adressa l'ordre du jour suivant :

« Pour laisser dans mon armée un monument durable de la glorieuse mémoire de feu S. M. Nicolas Ier, en souvenir de l'appui qu'il a prêté à moi et à mon empire avec un noble et amical empressement dans un temps de rudes épreuves, j'ordonne que le régiment des cuirassiers n° 5, qui porte le nom de l'auguste défunt, le conserve à perpétuité, et que, pendant les quatre semaines de deuil, ses étendards soient voilés d'un crêpe. »

Les fonds publics montèrent à toutes les bourses de l'Europe, excepté à Berlin; deux préfets français, plus pacifiques que chevaleresques, illuminèrent la façade de leur hôtel. Ces fonctionnaires, un peu trop pressés de célébrer la paix, n'avaient tort que dans la forme. Les alarmistes avaient beau dire que la czarine était femme à monter à cheval comme Catherine, que le parti de la guerre venait de triompher dans une émeute à la suite de laquelle le grand-duc Constantin avait été proclamé empereur; le véritable obstacle à la paix, l'obstacle personnel n'existait plus. Sans s'attendre à la cessation des opérations de guerre, il était permis de ne pas attacher une grande importance à ces paroles du manifeste du nouveau czar : « Fasse la Providence que, guidé et protégé par elle, nous « puissions affermir la Russie dans le plus haut degré de puissance et de

Fig. 115. — Le dégel dans la tranchée (p. 563).

« gloire ; que par nous s'accomplissent les vues et les désirs de nos illustres « prédécesseurs, Pierre, Catherine, Alexandre le bien-aimé et notre père « d'impérissable mémoire ! »

Alexandre II savait combien ces vues et ces désirs étaient dangereux, et combien son père avait mal pris son temps pour les accomplir.

Le nouveau czar ne pouvait se montrer moins conciliant que son père ; les conférences de Vienne s'ouvrirent donc. La Prusse n'y fut point admise ; le prince Gortschakof et M. de Tisof y représentaient la Russie ; MM. de Buol et de Prokesch, l'Autriche ; M. de Bourqueney, la France ; lord John Russell et le comte de Westmoreland, l'Angleterre. La Russie cherchait à ménager l'Allemagne, elle n'éleva point de difficultés sur les deux premières garanties ; restait la question de la mer Noire. La Russie ne voulait pas trop reculer sur la route de Constantinople ; disposée à renoncer au protectorat des Grecs, et ayant satisfait tout le monde sur ce point, elle se trouvait en face seulement des deux puissances les plus directement intéressées dans la question de la mer Noire : la France et l'Angleterre. Elle demanda que la quatrième garantie fût discutée avant la troisième.

M. Drouyn de Lhuys, ministre des affaires étrangères, s'était rendu à Vienne, où se trouvait déjà lord John Russell. La France proposait d'assurer la quatrième garantie, soit par la neutralisation de la mer Noire, soit par la limitation des forces navales que la Russie pourrait entretenir dans cette mer. L'Autriche, sans faire de sa non-acceptation un cas de guerre, appuyait la limitation en donnant aux alliés le droit d'avoir dans la mer Noire autant de forces que la Russie. Cette puissance repoussait la délimitation comme blessante pour sa dignité ; elle aurait voulu que la Porte accordât indistinctement à toutes les nations le passage à travers les détroits pour se rendre de la mer Noire dans la Méditerranée, et de la Méditerranée dans la mer Noire : c'était neutraliser le Bosphore au lieu de l'Euxin. Lord Russell et M. Drouyn de Lhuys, entraînés par l'espoir de conclure une alliance avec l'Autriche, poussèrent cette puissance à donner à sa proposition la forme d'un ultimatum, ce qui équivalait presque à l'acceptation ; mais ni le cabinet de Londres, ni celui de Paris n'approuvèrent la conduite de leurs plénipotentiaires. Lord John Russell et M. Drouyn de Lhuys donnèrent leur démission ; M. Walewski remplaça M. Drouyn de Lhuys au ministère des affaires étrangères.

L'Autriche mit alors en avant un nouveau système de limitation. La France et l'Angleterre refusant d'y souscrire, le prince Gortschakoff, pour laisser croire que la Russie souhaitait la paix, s'empressa de déclarer que la proposition lui paraissait de nature à être acceptée. La conférence se séparant, il fallait renoncer à l'espoir de voir l'Autriche tirer l'épée : la paix non seulement n'était pas rétablie vers le milieu de décembre, mais encore l'Autriche prétendait que, ayant différé d'opinion avec ses alliés sur la troisième garantie, elle devenait libre de ses engagements. La diète germanique, où dominait l'influence russe, se montrait peu disposée à mettre les troupes en état de préparation de guerre; il est évident que les Russes avaient raison de dire aux alliés : Avant de limiter nos forces, prenez au moins Sébastopol.

Il fallait le prendre.

Dans une époque si fière des progrès de l'art militaire, il était humiliant pour la France de s'éterniser au siège d'une place comme du temps de Louis XIV. Le public s'étonnait des lenteurs du siège de Sébastopol : les stratégistes trouvaient que ce n'était point là le point vulnérable de la Russie; le principe des nationalités comptait des partisans qui auraient voulu que l'armée alliée débarquât près de Revel et de Riga pour s'emparer de Riga et soulever la Pologne. S'avancer du Danube et du Pruth par la Bessarabie, repousser les Russes jusqu'au Dnieper et tendre la main aux Polonais, tel était leur nouveau plan. C'était la guerre révolutionnaire ; le parti conservateur frémissait rien qu'à cette idée. Prendre Sébastopol, faire provision de lauriers, se rembarquer, et venir prêter au régime de compression adopté par l'Empire le secours de la gloire conquise, il ne demandait pas autre chose. Le général Canrobert, son idole, commençait à baisser dans son estime; il lui reprochait de permettre, par ses lenteurs, à la question de la guerre révolutionnaire de se poser.

Rien n'indiquait la fin du siège, et cependant les officiers supérieurs du génie et de l'artillerie avaient déclaré au général Canrobert que leur tâche était finie. D'après le général Niel, envoyé pour s'entendre avec le général Bizot, le système suivi jusqu'à ce jour ne valait rien ; on sacrifiait en détail tout ce qu'on évitait de perdre en masse : il fallait, pour prendre Sébastopol, s'emparer d'abord de la tour Malakoff.

Le bombardement, recommencé le 9 avril, n'avait pas produit de meilleurs résultats qu'au mois d'octobre précédent : les assiégés relevaient les ouvrages détruits ; ils recevaient des renforts en hommes et en munitions, tandis que les assiégeants furent obligés, au bout de quinze jours, de diminuer leur feu. L'opinion publique, impatientée, demandait si l'on ne pouvait trouver dans l'armée un homme capable d'en finir. Le nom du général Pélissier [1] était prononcé par les militaires, mais il n'avait point pris part au coup d'État ; l'Empereur ne savait pas s'il pouvait compter sur lui. Le dernier échec du général Canrobert força en quelque sorte son choix.

Le *Moniteur*, contrairement à l'usage, parut le jour de l'Ascension pour annoncer la nomination du nouveau commandant en chef de

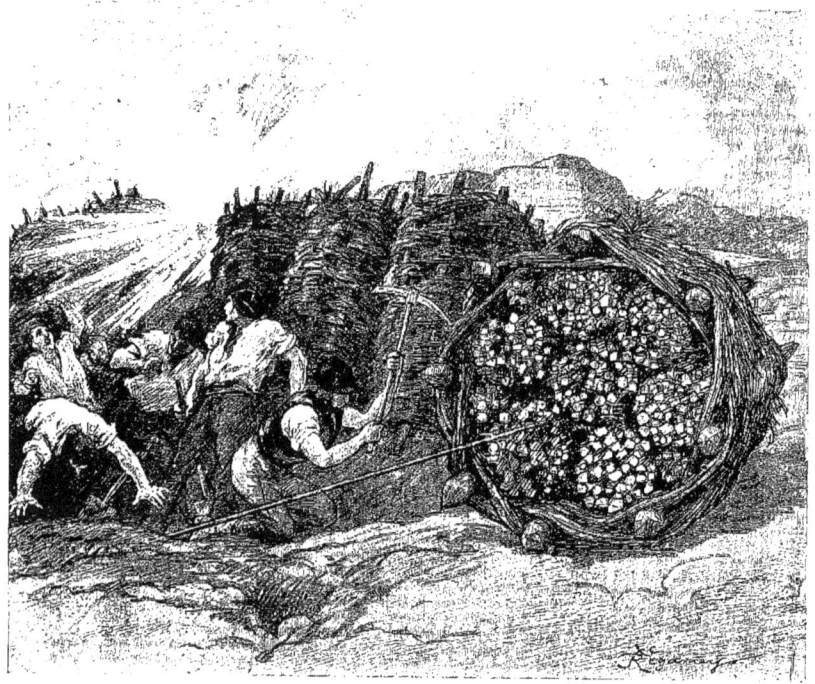

Fig. 116. — Sapeurs du génie surpris par un obus.

l'armée de Crimée. Le général Canrobert était censé se retirer pour raison de santé.

Le général Pélissier ne tarda pas à prouver qu'il savait faire parler le télégraphe : « Après de sanglants et glorieux combats, mande-t-il, nous « avons enlevé aux Russes une grande place d'armes, et de là nous les « avons rejetés dans l'intérieur de la forteresse. » Ce fut, après son arrivée, son premier bulletin ; le second n'était pas moins brillant : « Les

---

1. Le général Pélissier était gouverneur de l'Algérie. On lui demandait souvent son opinion sur le siège de Sébastopol ; il ne manquait jamais de répondre : « Il n'y a qu'un b..... capable de le prendre. — Et quel est ce b.....? — Un nommé Pélissier. »

« lignes de la Tchernaïa sont occupées; l'ennemi a été contraint de se
« replier à la hâte sur les montagnes ; nous avons pris les ouvrages, et
« nous nous y sommes solidement établis. Les Russes ont perdu six mille
« hommes en morts et en blessés. En conséquence, le 26 mai, il n'y a eu
« aucune démonstration. Le 27, notre succès a été complet aussi bien
« devant la place que devant la Tchernaïa. Kertch et Iénikalé ont été
« abandonnés par l'ennemi. Nous avons fait sauter les magasins, les
« batteries et les vapeurs qui s'y trouvaient ; nos flottes occupent la mer
« d'Azof. »

Paris allait illuminer comme le jour de la fameuse dépêche du Tartare. Le lendemain de la réception de ces brillantes nouvelles, il vit bien qu'il y avait beaucoup à en rabattre : la grande place d'armes n'était plus qu'une contre-approche commencée la veille ; la perte des Russes s'élevait à 2500 hommes et la nôtre à 3500 ; le feu croisé des Russes empêchait les Français de s'établir sur les ouvrages abandonnés : beaucoup de sang versé, voilà le vrai résultat des combats des 22 et 23 mai. Il faut reconnaître cependant que la possession de la rive gauche de la Tchernaïa et de la mer d'Azof, qui réduisait les Russes à la seule route de Pérékop pour renforcer et ravitailler leur armée, assurait un grand avantage aux alliés.

Les conseils, les plans et parfois les ordres de Paris se succédaient à chaque instant au quartier général. Le général Pélissier, impatienté, fit couper le fil du télégraphe. S'il l'avait fait parler, il savait aussi le faire taire.

Les efforts principaux des assiégeants s'étaient portés du côté de la Karabelnaïa ; les Russes avaient établi, sur les hauteurs de la grande baie, de nombreuses redoutes appelées *Ouvrages-Blancs*, et, au sud, un ouvrage plus fort sur le mamelon Vert, éloigné de 700 à 800 pas de Malakoff. Les Français, après un bombardement de deux jours, se jetèrent sur les Ouvrages-Blancs, pendant que les Anglais attaquaient les embuscades du Grand-Redan. La première colonne française arriva en six minutes des tranchées au haut de l'ouvrage russe ; mais, entraînés par leur ardeur, les assaillants poursuivent les fuyards russes jusqu'au pied de Malakoff. Les Russes reviennent à la charge ; les Français sont obligés d'abandonner le terrain conquis. Une seconde colonne d'assaut est lancée, et, pendant que le général Lavarande se fait tuer en enlevant les Ouvrages-Blancs, la seconde colonne occupe définitivement cette position avancée, clef de toutes les opérations contre Sébastopol.

Plusieurs officiers du génie conseillaient de partir du point occupé pour attaquer la ville au moyen des approches : le général Pélissier préféra l'assaut.

Le 17 juin, les canons des alliés tonnent à la fois ; l'armée sarde, l'armée turque et le corps réuni sur les monts Fedieukines se préparent à opérer un mouvement pour s'emparer des hauteurs de Mackensie. Le 18, à la pointe du jour, leurs divisions, à un signal donné, se portent en avant ; par une inexplicable fatalité, l'attaque droite précède les autres. La droite est écrasée par la mitraille des batteries et des navires embossés dans le fond de la baie du Carénage ; les deux autres divisions commencent leur attaque. Une courtine relie Malakoff au Grand-Redan : le général d'Autemarre la franchit et prend à revers la tour et les batteries ; mais, écrasé par les feux du fort et du Redan, contre lequel les alliés se sont lancés sans succès, il est obligé de battre en retraite ; le général Brunet a échoué de son côté : l'impossibilité de revenir à la charge avec de nouvelles troupes étant bien démontrée, on sonne la retraite après deux heures de lutte.

Le feu de l'ennemi faisait éprouver aux Français des pertes regrettables, mais bien inférieures à celles que leur causaient les maladies. Le choléra diminua heureusement en juillet, et les travaux d'approche, en face de Malakoff, furent poussés activement. Le général Gortschakoff opéra le 16 août, à quatre heures du matin, un mouvement offensif sur la Tchernaïa ; il essaya, avec des forces considérables, d'enlever les positions qu'occupaient l'armée sarde et deux divisions françaises sur cette rivière. Les Russes, à la faveur du brouillard, traversèrent le pont de Traktir et le canal ; mais, du haut du plateau, les troupes françaises et piémontaises fondirent sur eux à la baïonnette ; leurs têtes de colonnes, ébranlées, cédèrent peu à peu le terrain conquis par leur attaque imprévue.

Chaque combat amenait de grandes accumulations de blessés : toujours recrudescence des maladies produites par l'état sanitaire de l'hiver. La gangrène traumatique et la pourriture d'hôpital avaient surgi à l'état épidémique dans les ambulances de Constantinople ; le choléra décroissait, mais lentement ; cependant le moment était venu de frapper un grand coup. On évacue les malades sur Constantinople ; les ambulances du Clocheton, de Carabelnaïa, du Carénage, viennent d'être pourvues abondamment d'objets de pansement et du matériel nécessaire au transport des blessés ; les ambulances divisionnaires sont prêtes : on reconnaît à ces signes que l'assaut est prochain. Le général Pélissier a pris la résolution de le donner : seul il en connaît l'heure et le jour.

Enfin, le 8 septembre, à midi, les trois colonnes d'assaut sont formées. Le général Mac-Mahon se jettera sur Malakoff ; le général La Motte-Rouge sur la courtine reliant Malakoff au Petit-Redan ; le général Dulac attaquera ce dernier ouvrage. Le mouvement commence ; les premiers obstacles sont bientôt escaladés ; mais, à la courtine et au Petit-Redan, l'arrivée de nombreuses réserves et le feu des secondes lignes russes forcent les assaillants à se retirer ; Malakoff cependant est resté entre leurs mains. Cette formidable position le rend maître de Sébastopol.

La prise de cette place, qui avait défié jusque-là les efforts de quatre armées, ne mettait pas fin à la guerre. L'armée restait en proie aux maux que nous avons signalés ; si le danger des épidémies diminuait en Crimée, il devenait plus grand dans les hôpitaux sédentaires ; la pourriture d'hôpital y faisait d'affreux ravages ; les moindres délais y entraînaient la mort du blessé ; la plus légère blessure compromettait la vie ; les vésicatoires eux-mêmes se couvraient d'une couenne pulpeuse. L'automne amena un peu de fraîcheur, le choléra s'apaisa ; mais bientôt la pluie ramena le cortège des maux de l'hiver, le scorbut, les congélations, etc. Le froid n'était plus humide, mais sec et intense ; en un moment, la gangrène momifiait les parties frappées. 11 000 malades en décembre, 13 000 en janvier, préparaient par les émanations qu'ils dégageaient le retour du typhus [1].

Ainsi se termina cette première expédition de l'Empire, conçue, comme les autres expéditions qu'on lui vit plus tard entreprendre, dans un intérêt de dynastie, préparée, conduite et terminée au hasard. L'Angleterre s'y montra non moins imprévoyante que le gouvernement impérial. Le cabinet de Londres, aux premiers symptômes d'une rupture, au lieu de chercher à savoir si l'armée anglaise était en état d'intervenir, se demanda où et comment elle interviendrait. Le vieux général Burgoyne, ancien subordonné de Wellington, avait, dès janvier 1854, bâclé, on peut le dire, une espèce de plan de campagne conforme à l'idée que l'on se faisait alors de la faiblesse des Turcs et de la force des Russes. Burgoyne alla reconnaître sur le Bosphore un point qu'il proposait de fortifier. Napoléon III et le maréchal Vaillant, son ministre de la guerre, n'avaient jusque-là cru

---

[1]. *Souvenirs historiques, militaires et médicaux de l'armée d'Orient*, par M. F. Quesnoy, médecin-major au 4e régiment de voltigeurs de la garde.

Fig. 117. — Assaut de Malakoff (p. 576).

possible qu'une expédition maritime. Burgoyne les convertit à une expédition terrestre. L'armée devait n'être composée que de 25 000 hommes ; on sait ce qu'il fallait envoyer plus tard.

Le camp retranché des Dardanelles, imaginé par Burgoyne, pouvait fournir une excellente base d'opérations aux alliés ; mais était-il permis à ces derniers de rester sur la défensive, en attendant les Russes sur les rives du Bosphore? Non sans doute. On se portera donc sur Varna, d'où la flotte menacera la Géorgie ou la Crimée. Le nom de Sébastopol est vaguement prononcé, et on parle d'une attaque sur cette ville comme d'une entreprise téméraire à laquelle il ne faut pas songer.

Les Russes cependant, loin de franchir le Danube, avaient renoncé au siège de Silistrie. La Turquie était sauvée; allait-on ramener en Europe ces prodigieux armements, désormais inutiles, ou les ferait-on servir à consommer l'abaissement de la Russie et à détruire sa flotte dans la mer Noire ? L'Angleterre et la France prirent ce dernier parti ; c'était le seul que l'opinion publique leur permettait de prendre. La prise de Sébastopol devenait dès lors une nécessité. Or personne ne connaissait ses défenses du côté de la terre, et tout le monde avait la certitude que ses défenses de mer étaient inattaquables. On ignorait le chiffre des forces russes en Crimée. On prétendait à Paris, au ministère de la guerre, qu'il s'élevait à 50 000 hommes à peine ; mais sur quelles données ces calculs s'appuyaient-ils? Ce chiffre, d'ailleurs, ne pouvait-il pas s'accroître par le retour des troupes rappelées du Danube? L'Autriche menaçait bien, il est vrai, les flancs de l'armée russe tant que les principautés étaient l'enjeu et le champ de bataille ; mais il était fort à craindre qu'elle ne revînt à sa neutralité si la guerre se portait sur un autre terrain. Lord Raglan et le maréchal Saint-Arnaud répugnaient fort à une expédition dont, par suite de tant de raisons militaires, ils considéraient le succès comme impossible. On a vu comment, après tant de doutes et d'hésitations, ils durent obéir aux ordres formels de leurs gouvernements réduits à cette politique de l'*alea jacta est*, qui n'est qu'une forme de l'impuissance, un appel fait au destin par des hommes d'État vulgaires transformés en sorciers audacieux [1].

---

[1]. Burgoyne, qui a rejoint lord Raglan, écrit à sa femme au sujet du siège de Sébastopol : « Les généraux en chef prennent sans doute l'entière responsabilité de ce projet. Brown et Canrobert n'ont été consultés que sur les détails; ma qualité d'ingénieur m'a dispensé de donner un avis qu'on ne me demandait pas. Je m'en réjouis, car je me demande en vain quelles raisons on a pu faire valoir en faveur de l'entreprise la plus désespérée qu'on ait jamais conçue. »

Les alliés débarquent et gagnent la partie de l'Alma. Il fallait après cela prendre Sébastopol. Deux plans étaient en présence : attaquer les forts sur la rive droite de la Tchernaïa, ou contourner Sébastopol. La côte de Crimée, de Sébastopol à Eupatoria ne fournit aucun abri aux flottes, tandis que, le long du plateau de Chersonèse, elle leur offre Balaklava et Kamiesch. Telle est la raison qui fit changer la base d'opérations le 27 septembre. Ce fut une faute, car, nous l'avons dit, Todleben avait reconnu que la place n'était pas en état de supporter un assaut. Il fallut entamer un long siège, qui permit de juger l'état moral et matériel des trois armées que la guerre avait amenées sur le sol de l'antique Chersonèse.

L'armée anglaise n'avait pas changé depuis le temps où elle faisait la guerre en Espagne sous Wellington. Même intrépidité calme et froide, même régularité dans les mouvements. Les éléments militaires dont il s'était servi parurent à Wellington et à ses successeurs capables de suffire à l'occasion, si elle se présentait de les mettre en jeu. S'il changea d'avis dans sa vieillesse, l'énergie lui manqua pour réaliser les réformes qu'il jugeait nécessaires dans l'armée : armement, équipement, magasins, transports, tout était à refaire. On ne toucha absolument à rien, et l'on vit l'armée anglaise, faute de trains des équipages pour effectuer les transports entre Balaklava et le camp, manquer de tout sur le plateau de Chersonèse au moment où les citoyens de Londres s'imaginaient qu'elle nageait dans l'abondance de tous les biens. Les soldats anglais, ne voulant manier ni la pelle ni la pioche, manquant de sapeurs, ne sachant même pas préparer leur nourriture de leurs propres mains, étaient inférieurs aux Français et aux Russes. A ces inconvénients de l'armée anglaise, il fallait joindre ceux qui provenaient pour elle de la difficulté de se recruter. Son effectif n'était plus que de 12 000 en 1855. Elle ne comptait plus, on ne consultait son chef que pour la forme [1].

L'armée française offrait à tous les points de vue un spectacle en apparence beaucoup plus satisfaisant. Alerte, brave, industrieuse, elle était minée par un grand défaut, l'esprit de dénigrement. « L'expédition de Crimée est une bêtise; un échec compromettra la dynastie en France, tandis qu'en Angleterre on en sera quitte pour changer le ministère. » Le prince Napoléon n'était pas le seul à s'exprimer d'une

---

1. Cette armée eût été celle que les Anglais nous auraient opposée en 1840.

façon aussi sévère sur le siège de Sébastopol. Les lenteurs d'une opération de ce genre impatientaient évidemment les officiers, et l'on sait que l'impatience ressemble beaucoup au découragement. Les soldats paraissaient moins atteints de nostalgie que leurs chefs ; officiers et soldats retrouveraient sans doute leur énergie au moment décisif ; mais, d'ici là, on ne devait attendre des premiers que mouvements ironiques, plaisanteries fébriles, hâte de sortir d'une position qui devenait chaque jour plus intolérable à tous.

Si le meilleur soldat est celui qui à la bravoure et à la discipline unit les qualités les plus appropriées au rôle qu'il doit jouer, le soldat russe pouvait prétendre à ce titre. La défense consistait à manier de la terre ; les Russes firent voir qu'ils étaient les premiers terrassiers du monde, sans cesser de se montrer dans toutes les occasions aussi braves que les Anglais et les Français. Les généraux russes, sans parler de Todleben, qui montra une véritable originalité dans cet art si ancien de la défense des places, firent preuve à l'Alma, à Balaklava, à Inkermann, d'un esprit d'initiative militaire, d'une science et d'une hardiesse au moins égaux à ceux des généraux alliés. La bravoure dans les soldats et dans les officiers, le génie dans le commandement supérieur, l'armée russe eut tout cela ; aussi est-ce à elle qu'on est tenté de décerner le prix, et, si l'amour-propre national ne permet guère de le faire, il n'empêche pas, du moins, les gens de cœur, en songeant aux causes nombreuses qui rendaient la chute de Sébastopol inévitable, de s'incliner devant les braves qui l'ont si longtemps retardée.

A la nouvelle de la prise de Sébastopol, l'archevêque de Paris chante à Notre-Dame, un *Te Deum*, et la troupe de l'Opéra une cantate pour célébrer cette victoire ; le général Pélissier est nommé maréchal de France ; les restaurants et les cafés pavoisent et illuminent leur façade ; des fêtes se préparent pour les rois et les princes qu'on attend à Paris. Le duc et la duchesse de Brabant ouvrent la marche ; le roi de Sardaigne, Victor-Emmanuel, les suivra bientôt.

L'Empereur adressa, le 2 décembre 1855, sur la place de la Bastille, cette allocution aux troupes revenant de Crimée : « Je viens au-devant « de vous comme autrefois le Sénat romain allait, aux portes de Rome, « au-devant de ses légions victorieuses. Je viens vous dire que vous avez « bien mérité de la patrie. » L'émotion et les applaudissements du peuple sur le passage des vainqueurs de Sébastopol devaient plus les toucher que ces réminiscences romaines qui n'étaient plus de notre temps. Le général Canrobert s'avançait seul à quelque distance des troupes : « Allez, lui avait dit l'Empereur, vous mettre à la tête de cette armée que vous avez conservée à la France. » Cette explication, donnée par le *Moniteur* d'un honneur si extraordinaire, ne réussit pas à faire cesser l'étonnement du public.

Les troupes se mettent en marche après le discours de l'Empereur et suivent les boulevards : généraux, officiers et soldats mutilés, drapeaux en lambeaux de la garde et de la ligne se succèdent devant la foule émue ; les applaudissements semblent plus vifs à la vue des drapeaux de la ligne. L'Empereur assistait au défilé au pied de la colonne Vendôme ; l'Impératrice, du haut du balcon du ministère de la justice. Les troupes poussaient des acclamations en passant, l'École polytechnique gardait le silence ; un banquet dans leur caserne et des représentations gratuites dans les théâtres attendaient les soldats.

Quelques jours après la rentrée triomphale des troupes à Paris, le duc de Cambridge, le prince Jérôme, le prince Napoléon, lord Cowley, les amiraux sir Edmund Lyons et Dundas, le major général Airy, le maréchal Vaillant, les généraux Canrobert, Bosquet, Niel, Martimprey, les amiraux Hamelin, Jurien de La Gravière, Reynaud, se réunissaient en conseil. Il ne s'agissait point, selon le *Moniteur*, désireux de rassurer le public, « d'arrêter le plan de la prochaine campagne, ni de délibérer sur les considérations politiques qui pourraient faire préférer tel plan à tel autre, mais d'éclairer les gouvernements alliés sur les diverses combinaisons militaires de nature à être adoptées pour prévoir toutes les éventualités et en régler les exigences. » Au fond, malgré ce langage obscur, c'était bien un conseil de guerre qui s'était tenu. L'Angleterre voulait une nouvelle campagne ; le *Times*, au commencement de 1856, « espérait que l'année nouvelle serait plus fertile en succès, que les armées alliées auraient des généraux plus entreprenants, et que l'armée anglaise, trop bien nourrie et trop confortablement installée en Crimée, cesserait d'offrir à l'ennemi l'appât du siège d'un camp plus riche que toutes les villes russes. » Le *Times* exprimait en outre la conviction que la Russie n'accepterait pas les propositions des puissances. Cette opinion ne manquait pas de partisans à Paris ; le bruit même se répandit à la Bourse qu'une émeute venait d'éclater à Saint-Pétersbourg, que la troupe avait refusé de tirer, et que le parti de la guerre était vainqueur. Le *Siècle* et les *Débats* soutinrent l'un contre l'autre une polémique dans laquelle le premier de ces journaux exposa les raisons qui le portaient à douter de la paix ; le *Moniteur* sembla donner gain de cause au *Siècle* en reproduisant son article. La paix pourtant, à cette époque, était faite dans l'esprit du chef du gouvernement français. Le duc de Cambridge, chargé de remettre la médaille de la reine d'Angleterre aux troupes françaises, passait des revues et haranguait les soldats français à côté de l'Empereur ; lord Cowley, le grand collier au cou et le manteau de l'ordre sur les épaules, procédait, sous un dais aux armes d'Angleterre, à l'investiture des généraux de l'armée française comme chevaliers du Bain, et donnait des banquets où s'échangeaient les toasts les plus chaleureux ; les journaux officieux chantaient des dithyrambes en l'honneur de l'alliance avec l'Angleterre. Mais toutes ces démonstrations n'empêchaient pas le public de s'apercevoir que l'alliance anglaise perdait du terrain et que Napoléon III se tournait du côté de la Russie.

Les partisans de la paix reprenaient courage à la vue de ce revirement, et ils énuméraient avec complaisance les divers bruits favorables à un dénouement pacifique mis en circulation à la fin de l'année précédente. L'Autriche a soumis, disait-on, des propositions aux puissances sous forme d'ultimatum. Le 8 octobre, François-Joseph a adressé à Napoléon III une lettre autographe pour le complimenter sur la prise de Sébastopol : l'envoi tardif de cette lettre s'explique par l'éloignement de l'empereur d'Autriche et par le congé de M. de Buol ; François-Joseph a voulu d'ailleurs attendre et étudier les rapports officiels, pour ne pas s'en tenir aux banalités habituelles. Le gouvernement français ne démentait pas ces bruits ; quelle était sa pensée réelle sur la situation ? On la cherchait dans les journaux officieux ; mais le *Constitutionnel* disait blanc, la *Patrie* disait noir. La présence de M. de Prokesch à Paris donnait lieu à des interprétations opposées : les uns le croyaient chargé d'une mission pacifique, les autres soutenaient qu'il n'était chargé de rien ; le général Canrobert, au milieu de cette incertitude, reçut l'ordre de se rendre en Suède. Cette mission était faite pour rassurer l'opinion publique ; elle savait à quoi s'en tenir sur la valeur politique de ce général. S'il eût été question de quelque négociation épineuse, on ne la lui aurait pas confiée.

M. de La Pagerie, fonctionnaire de la cour de Napoléon III, attaché par des liens de parenté à la famille royale de Suède, avait été chargé déjà de faire au roi des ouvertures dans le sens d'une alliance intime avec la France. Oscar Ier y mettait pour condition la garantie de son territoire et un secours matériel. Cette proposition fut accueillie avec une certaine réserve, mais non repoussée; un Suédois que l'Empereur avait connu dans son exil, le comte Bark, partit pour la Suède pour suivre la négociation. Bientôt l'Empereur reçut du roi Oscar et de son fils des lettres autographes, un mémoire détaillé des forces de la Suède et de la Norvège et un projet d'alliance intime. Oscar Ier demandait, outre des subsides, un corps de 100 000 alliés, auxquels se joindraient 60 000 Suédois; la réunion de la Finlande à la Suède et sa participation aux conférences de la paix. Le voyage de l'Empereur à Londres, la résolution d'ajourner les opérations maritimes autres que celles sur la mer Noire, retardèrent la réponse à ces propositions. La prise de Sébastopol permettait de porter la guerre sur la Baltique. Le roi de Suède rouvrit les négociations; mais un premier insuccès lui commandait de prendre des précautions. Le directeur des musées lui avait fait demander son portrait pour la collection des Tuileries. Le baron Bonde, homme de confiance du roi, apporta le portrait et l'ordre des Séraphins, qu'il était chargé par son maître d'offrir à l'Empereur; il fut accueilli d'abord avec méfiance. M. Tascher de La Pagerie lui servit fort heureusement de garantie.

Napoléon III accepta le collier, et bientôt un amiral suédois porteur de ces insignes les remit à Napoléon III, qui, en échange, conféra l'ordre de la Légion d'honneur à son cousin de Suède. Il fallait choisir un officier pour porter le grand cordon à Oscar Ier; le général Canrobert allait remplir cette mission de bon augure.

Tous les ministres des divers États de l'Europe, M. Van de Pfordten, ministre de Bavière; M. de Beust, ministre de Saxe; le général Willisten, aide de camp du roi de Prusse; Vilain XIV, ministre des affaires étrangères de Belgique, accouraient à Paris. Que venaient-ils y faire? Il était permis de le demander, surtout à propos des promoteurs de la conférence de Bamberg, si hostile à l'Occident. Les journaux prussiens soutenaient que ces hommes d'État se rendaient à Paris tout simplement pour voir l'Exposition, et que la politique des États moyens de l'Allemagne restait toujours allemande, c'est-à-dire neutre comme celle de la Prusse; les partisans de la paix, sans nier les charmes de l'Exposition, ne pouvaient s'empêcher de se dire que M. de Beust et M. de Pfordten ne pouvaient cependant pas avoir fait le voyage de Paris uniquement pour admirer des machines. La Bavière et la Saxe agissaient néanmoins franchement dans le sens de la paix, et leur intervention n'était pas restée

Fig. 118. — Les Russes firent voir qu'ils étaient les premiers terrassiers du monde (page 581).

sans effet, s'il fallait en croire un bruit répandu de démarches de la Russie tendant à l'ouverture de nouvelles conférences, ce qui laissait supposer que le czar ne demandait pas mieux que de trouver un moyen de se tirer honorablement d'affaire, quoique le parti féodal à Vienne, comme à Berlin, prétendît qu'il ne ferait aucune concession. L'ordre du jour suivant du prince Gortschakoff à l'armée placée sous ses ordres en Crimée sembla lui donner raison :

« Sa Majesté impériale, notre maître, m'a chargé de remercier en son « nom, et au nom de la Russie, les vaillants guerriers qui ont défendu le « côté sud de Sébastopol avec tant d'abnégation, de courage et de persé- « vérance ; elle est persuadée que l'armée, ayant acquis la liberté de ses « opérations en campagne, continuera par tous les efforts possibles de « défendre le sol de la sainte Russie contre l'invasion de l'ennemi. Mais, « de même qu'il a plu à la sollicitude du père de la grande famille d'or- « donner, dans sa haute prévoyance, la construction du pont, afin d'épar- « gner, au dernier moment, le sang russe autant qu'il sera possible, l'em- « pereur m'a investi aussi de pleins pouvoirs pour continuer ou cesser la « défense de nos positions en Crimée, selon les circonstances.

« Vaillants guerriers! vous savez quel est notre devoir. Nous n'aban- « donnerons point volontairement ce pays, où saint Wladimir reçut l'eau « de la grâce après s'être converti au christianisme que nous défendons ; « mais il y a des conditions qui rendent quelquefois impraticables les plus « fermes résolutions et inutiles les plus grands sacrifices. L'empereur a « daigné me laisser seul juge du moment où nous devons changer notre « ligne de défense, si telle est la volonté de Dieu. C'est à nous de prouver « que nous savons justifier la confiance illimitée du czar, venu dans notre « voisinage pour y pourvoir à la défense de la patrie et aux besoins de son « armée. Ayez confiance en moi comme vous l'avez fait jusqu'à présent à « toutes les heures d'épreuve que la Providence nous a envoyées. »

Pendant que Gortschakoff lançait cette proclamation, Alexandre II s'apprêtait à se rendre en Crimée, et des pourparlers avaient lieu entre Berlin et Saint-Pétersbourg ; la France et l'Angleterre ne trouvaient aucun inconvénient à favoriser cette nouvelle tentative du roi de Prusse pour s'emparer de ce rôle d'intermédiaire et même de médiateur, qu'il s'était toujours flatté de jouer.

Le czar parcourait la Crimée, pleurait sur les ruines de Sébastopol, mais les propositions de paix n'arrivaient pas ; l'opinion publique s'inquiétait : conférence de généraux et de diplomates russes à Varsovie, congrès à Dresde, des bruits nouveaux circulaient à chaque instant. La clôture de l'Exposition pouvait fournir à l'Empereur l'occasion de calmer les appréhensions du pays ; son discours, attendu avec impatience, contenait ce passage :

« L'Exposition qui va finir offre au monde un grand spectacle ; c'est
« pendant une guerre sérieuse que, de tous les points de l'univers, sont
« accourus à Paris, pour y exposer leurs travaux, les hommes les plus
« distingués de la science, des arts et de l'industrie.

« Ce concours, dans des circonstances semblables, est dû, j'aime à le
« croire, à cette conviction générale que la guerre entreprise ne menaçait
« que ceux qui l'avaient provoquée, qu'elle était poursuivie dans l'intérêt
« de tous, et que l'Europe, loin d'y voir un danger pour l'avenir, y trou-
« vait plutôt un gage d'indépendance et de sécurité.

« Néanmoins, à la vue de tant de merveilles étalées à nos yeux, la
« première impression est un désir de paix ; la paix seule, en effet, peut
« développer ces remarquables produits de l'intelligence humaine : vous
« devez tous souhaiter comme moi que cette paix soit prompte et
« durable.

« Mais pour être durable, elle doit résoudre nettement la question qui
« a fait entreprendre la guerre. Pour être prompte, il faut que l'Europe
« se prononce ; car, sans la pression de l'opinion générale, les luttes entre
« grandes puissances menacent de se prolonger ; tandis qu'au contraire,
« si l'Europe se décide à déclarer qui a tort ou raison, ce sera un grand
« pas vers la solution.

« A l'époque de civilisation où nous sommes, les succès des armées,
« quelque brillants qu'ils soient, ne sont que passagers ; c'est en défini-
« tive l'opinion publique qui remporte toujours la dernière victoire.

« Vous tous donc qui pensez que les progrès de l'agriculture, de
« l'industrie, du commerce d'une nation, contribuent au bien-être de
« toutes les autres, et que plus les rapports réciproques se multiplient,
« plus les préjugés nationaux tendent à s'effacer, dites à vos concitoyens,
« en retournant dans votre patrie, que la France n'a de haine contre
« aucun peuple, qu'elle a de la sympathie pour tous ceux qui veulent
« comme elle le triomphe du droit et de la justice.

« Dites-leur que, s'ils désirent la paix, il faut qu'ouvertement ils
« fassent au moins des vœux pour ou contre nous : car, au milieu d'un
« grave conflit européen, l'indifférence est un mauvais calcul et le silence
« une erreur. »

Le corps diplomatique assistait à la solennité; il entendit cette sommation aux gouvernements, déguisée en appel à l'opinion publique; le discours impérial, commenté par une circulaire de M. Walewski aux agents français à l'étranger, eut son effet; les neutres comprirent que le temps de la neutralité était passé; le bureau du czar fut bientôt encombré de dépêches, d'autographes de souverains allemands l'engageant à faire la paix. On s'aperçut bientôt de l'effet de ces exhortations.

L'acceptation par la Russie des quatre points de garantie ne tarda pas à devenir certaine. Mais depuis huit mois les conditions de la paix avaient changé.

L'arrivée du roi de Sardaigne à Paris, le 23 novembre, fit un instant diversion aux préoccupations politiques. Une brillante réception officielle attendait Victor-Emmanuel; la garde impériale faisait le service d'honneur à la gare de Lyon, où le prince Napoléon reçut le voyageur. Le roi et le prince prirent place seuls dans une voiture de gala, qui longea la rue de Rivoli, escortée par les cent-gardes et les guides. Le marquis de Villamarina, ministre de Sardaigne à Paris, le comte de Cavour, le chevalier d'Azeglio, membres du cabinet de Turin, suivaient dans une autre voiture. Un temps froid et pluvieux n'empêcha pas les curieux de faire la haie sur le passage du cortège. La foule était grande, surtout sur la place du Carrousel. Victor-Emmanuel fit son entrée aux Tuileries à deux heures. L'Empereur l'attendait au bas du grand escalier.

Le séjour du roi de Sardaigne ne fut pas uniquement rempli par la présentation des grands corps de l'État, par des dîners, des chasses, des visites aux palais impériaux, au tombeau de Napoléon et à l'hôtel des Invalides, par le bal que M. Haussmann, préfet de la Seine, lui offrit comme une brillante inauguration des fêtes qu'il devait donner plus tard à presque tous les souverains de l'Europe. Victor-Emmanuel était accompagné de M. de Cavour, président du conseil, et de M. Maxime d'Azeglio. Ce dernier, gendre de Manzoni, poète, peintre, soldat, blessé grièvement à Vicence, attirait alors l'attention plus que Cavour.

Les chambres prussiennes s'ouvrirent quelques jours après le départ de Victor-Emmanuel pour Londres. Le discours du roi touchait à la grande question du moment, en constatant l'obligation où il était de maintenir ses armements tant que la guerre durerait.

« Notre patrie, en attendant, jouit encore de la paix; j'espère sauve-
« garder l'honneur et la puissance de la Prusse sans recourir à la guerre.
« Je sais qu'il n'est pas un peuple plus prompt que le peuple prussien à

« courir aux armes et à supporter des sacrifices pour défendre son hon-
« neur et ses intérêts. Cette certitude rassurante m'impose le devoir
« d'éviter des engagements dont on ne pourrait prévoir ni la portée poli-
« tique ni la portée militaire.

« La position prise par l'Autriche, la Confédération germanique et la
« Prusse, garantit une attitude indépendante, conciliante de tous côtés, et
« propre à préparer une paix équitable et durable, grâce à une apprécia-
« tion bienveillante et impartiale des situations. »

Ce dernier paragraphe faisait craindre que l'Autriche ne cherchât à se rapprocher de la Prusse et de l'Allemagne; cette crainte ne dura pas. Les bruits d'ouvertures pacifiques de la Russie, de congrès à Vienne, Dresde ou Bruxelles, circulèrent de nouveau, confirmés cette fois par les journaux de Londres. Le cabinet anglais, disait *the Press*, négocie depuis le 19 novembre sur des bases approuvées à Paris. Les petites puissances allemandes, ajoutait le *Morning Chronicle*, confèrent depuis quinze jours avec les ministres russes sur la question d'Orient. Le *Times* allait jusqu'à parler d'un ultimatum de l'Autriche à la Russie; ce qu'il y avait de certain, c'est que la Russie acceptait les quatre garanties comme bases des négociations, et consentait à se faire représenter dans des conférences pour y discuter les conditions de la paix.

Les journaux russes continuaient cependant à montrer les dispositions les plus belliqueuses; il n'était question dans leurs articles que de réunions de diplomates et de généraux russes à Saint-Pétersbourg, pour examiner les ressources de la Russie et discuter les futures opérations militaires. Le journal du gouvernement, *l'Abeille*, répétait chaque jour : « La guerre, maintenant, va devenir sérieuse. Sébastopol est détruit, on en rebâtira un plus considérable. » Vaines forfanteries : la Russie avait perdu 250 000 hommes dans la campagne; elle manquait d'argent; les banques avaient cessé de payer en espèces, et le public refusait le papier du gouvernement. Le mécontentement de la nation se trahissait à Saint-Pétersbourg par l'affectation qu'on mettait, dans les cercles et dans les lieux publics, à s'éloigner des militaires et à les traiter avec froideur, non sans doute à cause de leur défaite, mais parce qu'on les accusait de pousser le gouvernement à continuer la guerre. Les ressources de la France et de l'Angleterre n'étaient pas encore sérieusement entamées. L'Angleterre, peu satisfaite des coups frappés par elle, cherchait une occasion de montrer sa force; les journaux anglais manifestaient clairement ce désir, partagé par lord Palmerston, qui aurait voulu consulter la nation sur la continuation de la guerre. La reine se refusait à dissoudre le Parlement ; lord Palmerston offrit sa démission. Cependant, par l'intermédiaire de l'Autriche, des pourparlers étaient engagés sur les conditions de la paix, et l'Angleterre y prenait part sans empressement, mais sans mauvaise volonté. Les journaux officieux du gouvernement français insinuaient que les nécessités seules du régime parlementaire obligeaient lord Palmerston à se montrer exigeant, mais qu'en réalité le gouvernement anglais penchait du côté de la paix, et qu'il ne fallait pas s'en rapporter au langage de la presse anglaise.

La conclusion du traité avec la Suède semblait de nature à rassurer le public. Le gouvernement crut devoir retarder d'un jour la publication de ce document, pour ne pas donner matière à des spéculations sur les fonds publics ; mais les principales clauses du traité étaient connues, et, comme aucune d'elles n'avait trait à une alliance offensive et défensive entre la France et la Suède contre la Russie, les fonds publics, après une hausse rapide, baissèrent non moins rapidement. Ce fut une des journées les plus désastreuses de la guerre pour ceux qui, hommes d'État ou hommes de cour, exploitaient les nouvelles politiques à la Bourse.

Tout le monde au fond voulait la paix, même l'Angleterre. La moisson de lauriers récoltée en Crimée pouvait paraître un peu mince à la nation anglaise ; mais, à moins d'un grand et subit changement dans son caractère et dans son humeur, il n'était pas probable qu'elle se décidât à dépenser de nouveaux millions pour y ajouter quelques branches de plus ; quant à la Russie, la prise de Kars vint fort à propos lui donner la quantité de gloire sans laquelle elle se serait peut-être crue obligée de se faire écraser.

La France, depuis la suppression de la liberté de la presse, n'avait d'autres renseignements sur ses affaires que ceux qu'elle trouvait dans les journaux officieux et dans les brochures qui passaient pour inspirées par le gouvernement. Une de ces brochures intitulée : *De la nécessité d'un congrès européen pour pacifier l'Europe* [1], eut un retentissement immense : les traités de 1815 remis sur le tapis, l'Europe remaniée,

---

1. Charles Duveyrier, ancien poète de Dieu, disciple bien-aimé du père Enfantin, auteur dramatique, journaliste, industriel, avait touché à toute chose, et dans toute chose il avait apporté un grand désintéressement ; esprit original, rempli d'idées, il en faisait naître chez les autres : son intelligence s'intéressait à tout, comme celle de Voltaire, dont malheureusement elle n'avait pas la clarté. Duveyrier, qu'il s'agit de reconstituer la France ou l'Europe, apportait son plan toujours ingénieux, sinon toujours praticable. Sa brochure eut raison sur un point : le congrès se tint à Paris ; il ne fit pas tout ce que Duveyrier voulait, mais il fit quelque chose.

les fins politiques voyaient tout cela dans cet opuscule. Les uns l'attribuaient à l'Empereur, les autres au prince Napoléon. M. Charles Duveyrier aurait seul pu dire quel en était le véritable auteur.

Le texte de l'ultimatum porté à Saint-Pétersbourg par le comte Valentin Esterhazy était connu [1].

Il contenait les quatre points de garantie stipulés aux conférences de Vienne, interprétés plus rigoureusement. La Russie jusqu'ici s'était prononcée contre toute limitation de ses forces dans la mer Noire; que dirait-elle lorsque, à la suppression complète de sa marine dans l'Euxin, il lui faudrait joindre la perte des bouches du Danube?

Le comte Esterhazy remit son ultimatum le 27 décembre. Les habitants de Saint-Pétersbourg attendaient avec la plus profonde anxiété la réponse du czar : Alexandre II restait impénétrable. L'Allemagne et la Prusse doutaient du sérieux de l'ultimatum; la presse anglaise, de plus en plus belliqueuse, ne tarissait pas de détails sur les armements ordonnés par l'Amirauté. Personne, à Londres et à Bruxelles, ne croyait à l'acceptation de la Russie; le *Constitutionnel*, organe officieux du gouvernement, déclarait que la Russie ne se jugeait pas assez vaincue et qu'il fallait lui donner une leçon plus complète.

La Russie se décida enfin à répondre à l'ultimatum : un courrier, parti

---

1. « Principautés Danubiennes. — Protectorat russe. — La Russie n'exercera aucun droit particulier ou exclusif de protection ou d'ingérence dans les affaires intérieures des Principautés danubiennes.

« Les Principautés conserveront leurs privilèges et immunités sous la suzeraineté de la Porte, et le Sultan, de concert avec les puissances contractantes, accordera en outre à ces Principautés ou y confirmera une organisation intérieure conforme aux vœux et aux besoins des populations.

« En échange des places fortes et territoires occupés par les armées alliées, la Russie consent à une rectification de sa frontière avec la Turquie européenne.

« Danube. — La liberté du Danube et de ses embouchures sera efficacement assurée par des institutions européennes.

« Mer Noire. — La mer Noire sera neutralisée. Ouvertes à la marine marchande de toutes les nations, ses eaux resteront interdites aux marines militaires. Par conséquent, il n'y sera ni créé ni conservé d'arsenaux maritimes militaires. La protection des intérêts commerciaux et maritimes de toutes les nations sera assurée, dans les ports respectifs de la mer Noire, par l'établissement d'institutions conformes au droit international et aux usages consacrés dans la matière.

« Les deux puissances riveraines s'engageront mutuellement à n'y entretenir que le nombre de bâtiments légers, d'une force déterminée nécessaire au service de leurs côtes.

« Populations chrétiennes sujettes de la Porte. — Les immunités des sujets rajahs de la Porte seront consacrées, sans atteinte à l'indépendance et à la dignité de la couronne du Sultan. Des délibérations ayant lieu entre l'Autriche, la France, la Grande-Bretagne et la Sublime Porte, afin d'assurer aux sujets chrétiens leurs droits religieux et politiques, la Russie sera invitée, à la paix, à s'y associer.

« Les puissances belligérantes se réservent le droit qui leur appartient de produire, dans un intérêt européen, des conditions particulières en sus des quatre garanties.

Fig. 119. — Les membres du congrès, pendant les interruptions des séances, descendaient dans le jardin et continuaient la discussion en fumant un cigare (page 603).

le 9 janvier de Saint-Pétersbourg, porta sa réponse à Vienne; peut-être espérait-elle pouvoir encore biaiser et faire accepter des contre-propositions qu'elle adressait par le même courrier à l'Autriche? Cette puissance, en refusant de les discuter, consentait néanmoins à en prendre connaissance. Les négociations allaient-elles recommencer, ou bien la guerre continuerait-elle?...

L'Autriche rappelle son ambassadeur. Plus de doute, elle est avec les puissances occidentales. Mais de la rupture des relations à la guerre, il y a bien des étapes; l'Autriche les aura peut-être franchies au printemps; elle consent maintenant à discuter les contre-propositions. Celles-ci ne différaient pas essentiellement de l'ultimatum. La Russie adoptait la base des deuxième et quatrième points de garantie; au lieu d'une rectification de sa frontière par une cession de territoire, elle acceptait les frontières naturelles du Danube. Quant à la neutralisation de la mer Noire, elle l'admettait en principe, avec quelques modifications de rédaction qui n'altéraient pas, d'après elle, les conséquences légales de la troisième garantie. Elle offrait de rendre Kars à la Turquie, ainsi que le territoire conquis par elle en Asie dans la dernière campagne, en échange des territoires et des places fortes occupés par les alliés. Elle repoussait purement et simplement le quatrième point, relatif au droit que se réservaient les puissances belligérantes de produire des conditions particulières en dehors des quatre garanties.

Le moment était grave pour la Prusse : la guerre, c'était l'entrée des Autrichiens en Bohême, le passage du Rhin par la France, le blocus de Dantzig par l'Angleterre. Fritz, quel que fût son désir d'obéir aux dernières recommandations de son père, donna brusquement à son neveu le conseil de céder. Ni la Saxe et la Bavière, ni le ministre de Prusse à Paris, ne furent prévenus de ce changement, qui portait le coup de grâce à la Russie; il ne lui restait d'autre allié que le roi des Deux-Siciles.

Saint-Pétersbourg apprit subitement, le 16 janvier au soir, que le czar acceptait la paix; ni grand-duc, ni prince, ni ministre, pas même M. de Nesselrode ne fut mis dans la confidence de cette résolution; le czar ne prit conseil que de lui-même. Deux jours après, les relations entre le prince Gortschakoff, ambassadeur de Russie en Autriche, et les ambassadeurs des puissances occidentales, avaient repris à Vienne.

CHAPITRE VII

LE CONGRÈS DE PARIS

Le congrès se réunit à Paris, le 21 février 1856, sous la présidence de M. Walewski. — Il siège à l'hôtel du ministère des affaires étrangères. — Premières séances. — Difficultés d'étiquette. — La Prusse admise au congrès. — Propositions de M. Walewski. — Réponse des plénipotentiaires. — Le *Constitutionnel* déclare qu'il n'y aura pas de prorogation d'armistice. — Note du *Moniteur* relative aux affaires industrielles. — Séance du 8 avril. — M. Walewski appelle l'attention du congrès sur la situation de l'Italie. — Napoléon III reçoit les plénipotentiaires aux Tuileries. — L'Empire est à son apogée.

Le 24 février 1856, les curieux stationnaient, bien avant l'ouverture de la première séance, sur le pont de la Concorde et sur le quai d'Orsay, pour voir défiler les plénipotentiaires qui se rendaient à la première séance du congrès; un piquet de soldats et une escouade de sergents de ville maintenaient la circulation dans la foule. Les deux plénipotentiaires sardes parurent les premiers au bas de l'escalier qui conduit à l'entrée du salon d'honneur, comme s'ils eussent été impatients de prendre une place inespérée dans cette réunion, à laquelle la petite Sardaigne ne devait pas être appelée ; les deux plénipotentiaires turcs vinrent après eux ; ensuite les deux plénipotentiaires anglais, suivis des deux ministres de l'Autriche ; les plénipotentiaires russes arrivèrent les derniers. Le comte Orloff, malgré ses soixante-quinze ans, gravit avec une légèreté de jeune homme les marches de l'escalier.

Les plénipotentiaires se trouvèrent rassemblés à une heure et demie dans le salon des ambassadeurs. Ce salon prend son jour, par trois grandes fenêtres percées jusqu'au plafond, du côté de la Seine, et communique avec le salon de la rotonde, qui doit servir de fumoir aux membres du congrès ; le salon des attachés est à droite, et la salle de concert à gauche. Une grande table, recouverte d'un tapis vert et entourée de douze fauteuils dorés de satin cramoisi, occupe le milieu de la salle : papier, plumes, crayons, enveloppes, cire à cacheter, tous les objets nécessaires à la correspondance sont placés devant chaque membre du congrès. L'encrier dans lequel sera trempée la plume destinée à signer la paix est placé sur un petit bureau destiné aux plénipotentiaires qui voudront écrire en particulier. Cet encrier, vrai monument d'or massif, fait partie du mobilier du ministère des affaires étrangères depuis le premier Empire : il était destiné sans doute à figurer dans quelque cérémonie dont le souvenir s'est perdu ; désormais il aura une histoire. La table placée contre une des fenêtres est occupée par M. Benedetti, rédacteur des protocoles et secrétaire du congrès. Les plénipotentiaires prennent place, non plus selon l'ordre fixé par les règlements du congrès de Vienne, ni selon l'ordre de présentation des plénipotentiaires aux Tuileries, mais selon l'ordre alphabétique : Autriche, France, Grande-Bretagne, Russie, Sardaigne.

L'Étiquette, cette déesse pointilleuse et taquine, ne pouvait manquer d'essayer de troubler les débuts de cette assemblée. Un poète épique aurait pu l'apercevoir traversant les airs, son flambeau ou plutôt sa torche à la main, et descendant chez le grave et silencieux plénipotentiaire de l'Angleterre au moment où il vient de recevoir l'invitation de M. Walewski au dîner d'inauguration du congrès. « Que suis-je, se « demande lord Cowley, inspiré par la susceptible déesse ? Le représen- « tant direct de la reine d'Angleterre ; comme tel, le premier rang, la « première place me sont dus, même en présence de mon chef immédiat, « le ministre des affaires étrangères ; passer derrière lord Clarendon, c'est « passer également derrière M. de Buol, qui est aussi ministre des affaires « étrangères. Plutôt que d'accepter cette humiliation, je n'irai pas au « dîner. » L'Étiquette souffle au plénipotentiaire turc, Mehemmed-Djemil, les mêmes scrupules. Le bruit du double refus de l'ambassadeur d'Angleterre et de l'ambassadeur de Turquie se répand, et la chronique, toujours à l'affût des nouvelles, prétend qu'un grave conflit s'est élevé entre les membres du congrès. La *Patrie* dément ce bruit et apaise l'émotion publique.

Le congrès aurait pu fournir le sujet du premier chant d'un de ces petits poèmes héroï-comiques à la mode sous le premier Empire.

L'auteur, après une description du dîner dans le goût de Berchoux, aurait ouvert à deux battants les portes des salons du ministère des affaires étrangères pour faire, au milieu des roulades de Mario, de Mmes Frezzolini et Borghi-Mamo, le dénombrement de toutes les illustrations présentes au concert donné par M. Walewski en l'honneur des plénipotentiaires. La haute stature du comte Orloff, son front ombragé d'épais cheveux bouclés, son cordon bleu de Saint-André, la croix de brillants resplendissant sur sa poitrine, le médaillon d'émail renfermant les portraits du czar et de la czarine, les ordres innombrables dont il est couvert pouvaient fournir matière à un épisode. Les médaillons du comte Orloff produisirent un très grand effet : plus d'un secrétaire d'ambassade français sembla regretter que la diplomatie occidentale ne connût pas la récompense du portrait.

Le chant le plus amusant aurait pu être intitulé : *Le salon des ambassadeurs.* Le poète aurait décrit l'émotion des dames jetant, en passant, un regard timide sur ce lieu redoutable, s'arrêtant un moment sur le seuil, puis s'enhardissant à le franchir ; les dames, une fois dans le sanctuaire, reprennent peu à peu leur hardiesse ; elles osent mettre la main sur ces plumes, sur ces crayons presque augustes, et s'en servir pour tracer le mot *Paix* sur ce papier majestueux. Malheureusement, les femmes ne savent jamais s'arrêter à temps : les plus hardies s'emparent des plumes, des crayons, du papier, de la cire à cacheter, des couteaux de bois, des sabliers et mettent ces reliques dans leur poche.

Le *Moniteur* avait rendu compte en ces termes de la première réunion du congrès :

« La première réunion du congrès a eu lieu aujourd'hui, à l'hôtel du ministère des affaires étrangères, à une heure.
« La séance a duré jusqu'à quatre heures et demie.
« Il a été arrêté qu'il serait conclu entre les armées belligérantes, un armistice qui cessera de plein droit le 31 mars prochain. Cet armistice sera sans effet sur les blocus établis ou à établir. »

Le *Moniteur* ne mentionnait pas, à cause du secret que s'étaient juré les plénipotentiaires entre eux, la décision par laquelle le congrès avait attribué la valeur des préliminaires de paix à l'acte de Vienne du 1er février. L'armistice devait durer jusqu'au 1er avril ; le comte Orloff fit remarquer en riant cette date.

Le congrès devait, croyait-on, se réunir trois fois par semaine, les lundi, mercredi, vendredi; le mercredi arrive, pas de séance. La bourse et le public s'alarment; la *Patrie*, pour calmer leurs inquiétudes, s'empresse d'annoncer qu'il n'y a pas de jour fixé à l'avance pour la tenue des séances, que tout dépend du plus ou moins de travail exigé par la rédaction du procès-verbal, et que le temps écoulé depuis la première séance a été employé par les plénipotentiaires à rédiger l'armistice dans le cabinet du ministre.

Les amis de la paix se félicitaient de la prompte conclusion de l'armistice, comme de la preuve de la ferme volonté des plénipotentiaires de mener les choses rapidement et de mettre fin à tous les *casus belli*, lorsque malheureusement le *Constitutionnel* s'avisa d'annoncer que les alliés avaient déclaré aux plénipotentiaires russes qu'aucune prorogation d'armistice n'aurait lieu. D'où venait cette nouvelle? un membre avait-il trahi les secrets du congrès et manqué à la foi jurée? On s'attendait à voir le *Constitutionnel* frappé d'un avertissement; une mesure de ce genre aurait fait trop de bruit en ce moment; le gouvernement crut devoir se borner à des remontrances à huis clos.

La séance dans laquelle devait se discuter la question la plus importante des négociations, c'est-à-dire le cinquième point, relatif à la limitation des forces russes dans la mer Noire, eut lieu le 1er mars. Les plénipotentiaires russes montrèrent tant de modération, que M. Walewski ne put s'empêcher de les féliciter. Les journaux belges publièrent que l'Empereur annoncerait la signature des préliminaires de paix à l'ouverture de la session du Sénat et du Corps législatif; les journaux français gardaient le silence, mais la France était habituée à ne plus être instruite que par l'étranger de l'état de ses propres affaires.

La Prusse se résignait-elle à rester en dehors du congrès? ou bien la Russie et l'Autriche, dont elle avait si docilement suivi les impressions, l'oubliaient-elles? M. Walewski, en fixant la marche générale de la négociation, fit remarquer que, au moment de la discussion du paragraphe relatif au renouvellement de la convention des détroits, il y aurait lieu de s'enquérir des puissances destinées à y concourir. Le comte Orloff et le comte de Buol déclarèrent alors que la Prusse devait être appelée à prendre part à cette discussion; lord Clarendon y consentit, sous la réserve qu'elle ne serait invitée à la négociation qu'après la fixation des principales clauses du traité général. M. Walewski, au moment où le congrès, le 10 mars, allait arrêter les bases de la convention relative aux Principautés, émit l'avis qu'au point où les négociations étaient arrivées, il convenait d'inviter la Prusse à se faire représenter ; en conséquence, il proposa d'envoyer à Berlin cette résolution : « Le congrès, « considérant qu'il est d'un intérêt européen que la Prusse, signataire « de la convention de Londres du 13 juillet 1841, participe aux nou« veaux arrangements à prendre, décide qu'un extrait du protocole de « ce jour sera adressé à Berlin par les soins de M. le comte Walewski, « organe du congrès, pour inviter le gouvernement prussien à envoyer « des plénipotentiaires à Paris. »

Le cabinet de Berlin se hâta de faire partir pour Paris M. de Manteuffel et M. de Hatzfeld. Les plénipotentiaires prussiens arrivèrent le 17 ; lorsqu'ils se présentèrent à la porte de la salle des séances, le chef du cabinet de M. Walewski les pria d'attendre quelques instants. Ce retard inattendu était causé par les plénipotentiaires anglais, qui discutaient encore sur la nature et la portée de la participation de la Prusse aux travaux du congrès, et qui s'opposaient à ce qu'elle opinât sur une question autre que celle de la convention des détroits ; lord Clarendon s'échauffait et parlait de se retirer. M. Walewski se fit l'avocat de la Prusse ; M. de Manteuffel et de Hatzfeld, grâce à ses efforts, purent enfin entrer.

Le congrès, après une interruption du 18 au 22 mars, siégea tous les jours du 22 au 30 : les plénipotentiaires voulaient signer la paix avant la fin de l'armistice. La paix semblait donc assurée ; l'*Assemblée nationale* prétendit même que déjà lord Clarendon faisait ses visites pour quitter Paris. Les dîners et les bals se succédaient : bal au ministère des finances, bal au ministère de l'intérieur. Une grande revue était annoncée pour le 1er avril. Le congrès, d'après le *Constitutionnel*, tenait depuis le lundi de Pâques une séance de cinq à six heures consécutives chaque jour, au lieu de trois séances par semaine.

Le dénoûment semblait donc approcher, lorsque M. Walewski prit la parole dans la séance du 8 avril pour faire remarquer à ses collègues que, « bien que réunis pour régler spécialement la question d'Orient, « ils pourraient se reprocher de n'avoir pas profité de la circonstance « pour élucider certaines questions, poser certains principes, exprimer « des intentions dans le but d'assurer la paix du monde. »

Cette ouverture, bien que prévue, fit passer un nuage sur le front de plus d'un plénipotentiaire. Le talent du diplomate consiste à ne rien laisser paraître de ses impressions sur son visage. Les plénipotentiaires gardèrent-ils leur impassibilité à mesure que M. Walewski, en déroulant son programme de questions, les plaçait en quelque sorte sur la sellette ?

Fig. 120. — La veille de la signature de la paix, M. Feuillet de Conches, chef du protocole, suivi de deux secrétaires, se rendit au jardin des Plantes et se fit conduire devant la cage du grand aigle. Un garçon du jardin arracha à la queue de l'animal la plume qui devait servir à signer le traité (page 610).

L'ambassadeur ottoman ne laissa-t-il échapper aucun signe de mécontentement en entendant l'appel adressé par le président du congrès aux trois puissances garantes pour mettre un terme à l'état fâcheux dans lequel se trouvait la Grèce? M. de Buol a-t-il gardé tout son sang-froid sous les regards malicieux de M. de Cavour au moment où M. Walewski signalait à l'attention des puissances la situation du royaume de Naples, des États de l'Église, et les dangers de l'occupation de l'Italie par l'armée autrichienne? Le visage du comte Orloff n'a-t-il pas semblé lui dire : « Nous allons voir ce que vous aura coûté votre ingratitude? » Lord Clarendon a dû prendre un air plus sérieux, à cet avertissement de M. Walewski à la presse belge : « Nous regretterions d'être placés dans « l'obligation de faire comprendre nous-mêmes à la Belgique la néces- « sité rigoureuse de modifier une législation qui ne permet pas à son « gouvernement de remplir le premier des devoirs internationaux, celui « de ne pas tolérer chez soi des menaces ayant pour but avoué de porter « atteinte à la tranquillité des États voisins [1]. »

M. Walewski termina par cette proposition : « Maintenant, messieurs, « je propose au congrès de terminer son œuvre par une déclaration « qui constituerait un progrès notable dans le droit international et qui « serait accueillie par le monde entier avec un sentiment de vive recon- « naissance. Le congrès de Westphalie a consacré la liberté de cons- « cience, le congrès de Vienne l'abolition de la traite des noirs et la « liberté de la navigation des fleuves; il serait digne du congrès de Paris « de mettre fin à de trop longues dissidences en posant les bases d'un « droit maritime uniforme, en temps de guerre. Les quatre principes « suivants atteindraient complètement ce but : 1° Abolition de la course. « 2° Le pavillon neutre couvre la marchandise ennemie, excepté la contre- « bande de guerre. 3° La marchandise neutre, excepté la contrebande de « guerre, n'est pas saisissable même sous pavillon ennemi. 4° Les blocus « ne sont obligatoires qu'autant qu'ils sont effectifs. »

La séance fut interrompue un moment [2]. Lord Clarendon, en repre-

1. L'imagination seule peut se rendre compte de ce jeu muet des physionomies, car les plénipotentiaires avaient décidé par un commun accord qu'on effacerait du procès-verbal toute parole vive ou irritante échappée à l'improvisation. M. Benedetti, chargé de la rédaction de l'analyse des séances du congrès, s'est rigoureusement conformé à ce mot d'ordre.
2. Les membres du congrès, quand ils interrompaient la séance, avaient l'habitude de passer dans le salon dit de la Rotonde, où un *lunch* était en permanence; les diplomates descendaient ensuite dans le jardin et continuaient la discussion en fumant un cigare. Le comte Orloff aimait à déployer sa bonne humeur pendant ces heures de récréation; lord Clarendon était, après lui, le plus gai des plénipotentiaires; aucun cependant des collègues de M. de Cavour ne se montra plus joyeux que lui, pendant l'interruption de la séance du 8 avril.

nant sa place, appuya M. Walewski dans tout ce qui touchait à l'Italie ; mais il ajouta que, représentant d'un pays qui compte la presse parmi ses institutions fondamentales, il ne saurait s'associer à des mesures de coercition contre la presse d'un autre État. Quant à la question des neutres, il rappela que « l'Angleterre, comme la France, avait, au commencement de
« la guerre, cherché tous les moyens d'en atténuer les effets, et que
« dans ce but elle avait renoncé au profit des neutres à des principes
« qu'elle avait invariablement maintenus jusqu'ici. L'Angleterre, ajouta-
« t-il, est disposée à y renoncer définitivement, pourvu que la course soit
« également à tout jamais abolie. La course n'est autre chose qu'une
« piraterie autorisée et légale ; le corsaire représente un des plus grands
« fléaux de la guerre ; la civilisation et l'humanité exigent qu'on en finisse
« avec ces moyens qui ne sont plus de notre temps. Si le congrès tout
« entier se rallie à la proposition de M. le comte Walewski, il est bien
« entendu qu'elle n'engage qu'à l'égard des puissances qui y auront
« accédé et qu'elle ne pourra être invoquée par les autres. »

Le comte Orloff déclara que, ses pouvoirs ayant pour unique objet le rétablissement de la paix, il ne se croyait pas autorisé à prendre part à une discussion que ses instructions n'avaient pas pu prévoir.

Le comte de Buol se félicita de voir les gouvernements de France et d'Angleterre disposés à mettre fin aussi promptement que possible à l'occupation de la Grèce. La répression des excès de la presse était à ses yeux un besoin européen.

« J'espère, dit-il, que, dans tous les Etats continentaux où la presse
« offre les mêmes dangers qu'en Belgique, les gouvernements sauront
« trouver dans leur législation les moyens de la contenir dans de justes
« limites, et qu'ils parviendront ainsi à mettre la paix à l'abri de nou-
« velles complications internationales. En ce qui concerne les principes
« de droit maritime dont M. le premier plénipotentiaire de la France
« propose l'adoption, j'en apprécie l'esprit et la portée ; mais, n'étant
« pas autorisé par mes instructions à donner mon avis sur une matière
« aussi importante, je me borne à annoncer au congrès que je con-
« sulterai à ce sujet mon souverain. Mais là doit se borner ma tâche ; il
« me serait impossible en effet de m'entretenir de la situation intérieure
« d'États indépendants qui ne sont pas représentés au congrès. Nous
« avons reçu pour mission de nous occuper des affaires du Levant, et
« non d'adresser à des souverains indépendants des vœux relatifs à l'or-
« ganisation intérieure de leur pays. »

M. Walewski fit remarquer qu'il ne s'agissait ici ni d'arrêter des résolutions définitives, ni de prendre des engagements, encore moins de s'immiscer directement dans les affaires intérieures des gouvernements représentés ou non représentés au congrès, mais uniquement de consolider, de compléter l'œuvre de la paix en se préoccupant d'avance des nouvelles complications qui pourraient surgir, soit de la prolongation indéfinie et non justifiée de certaines occupations étrangères, soit d'un système de rigueurs inopportun et impolitique, soit d'une licence perturbatrice contraire aux intérêts internationaux.

Le plénipotentiaire prussien parlait rarement, et une curiosité d'autant plus vive s'attachait à ses paroles, que tous ses collègues savaient bien que la Prusse n'avait été admise au congrès qu'à la demande directe de la France. Une occasion s'offrait de lui en témoigner sa gratitude; la saisirait-elle?

M. le baron de Manteuffel dit qu'il connaissait assez les intentions du roi son auguste maître pour ne pas hésiter à exprimer son opinion, quoiqu'il n'eût point d'instructions sur les questions dont le congrès était saisi. Les principes maritimes que le congrès est invité à s'approprier ont toujours été professés par la Prusse, qui s'est constamment efforcée de les faire prévaloir; il se considérait donc comme autorisé à prendre part à la signature de tout acte ayant pour objet de les faire admettre définitivement dans le droit public européen. « Je ne méconnais nullement
« la haute importance des autres questions qui ont été débattues, mais
« je remarque qu'on a passé sous silence une affaire d'un intérêt majeur
« pour ma cour et pour l'Europe : je veux parler de la situation actuelle
« de la principauté de Neuchâtel, le seul point en Europe où, contraire-
« ment aux traités et à tout ce qui a été admis par les grandes puissances,
« domine un pouvoir révolutionnaire. Je demande que cette question soit
« comprise parmi celles qui seront examinées. Le roi mon souverain
« appuie de tous ses vœux la prospérité du royaume de Grèce; il désire
« ardemment la fin des causes qui ont amené l'occupation étrangère.
« Quant au royaume des Deux-Siciles, il est bon de se demander si des
« avis de la nature de ceux qui nous sont proposés ne susciteraient pas
« dans le pays des mouvements révolutionnaires. Je ne crois pas devoir
« entrer dans l'examen de la situation actuelle des États pontificaux; je
« me borne à exprimer le désir qu'il soit possible de placer ce gouverne-
« ment dans des conditions qui rendraient désormais superflue l'occupa-
« tion étrangère. J'ajouterai, en terminant, que le gouvernement prus-

« sien reconnaît parfaitement la funeste influence qu'exerce la presse
« subversive et les dangers qu'elle sème en prêchant le régicide et la
« révolte, et la Prusse participera volontiers à l'examen des mesures qu'on
« jugerait convenables pour mettre un terme à ces menées. »

La Prusse refusait donc d'appuyer la politique de Napoléon III à l'égard de l'Italie. Elle lui suscitait même des difficultés en soulevant la question de Neuchâtel.

Le plénipotentiaire piémontais écouta ce discours en s'agitant, selon son habitude, sur sa chaise, et en retournant dans ses doigts une plume dont il écrasait de temps en temps le bec sur le tapis de la table. Son tour de prendre la parole étant venu, M. de Cavour dit que, sans contester le droit qu'a tout plénipotentiaire de ne pas prendre part à la discussion d'une question qui n'est pas prévue par ses instructions, il croyait cependant nécessaire que l'opinion émise par certaines puissances sur l'occupation de Rome fût constatée au protocole. L'occupation des États romains par l'Autriche dure depuis sept ans sans qu'on puisse prévoir sa cessation ; l'état du pays ne s'est nullement amélioré ; il suffit, pour s'en convaincre, de remarquer que l'Autriche se croit dans la nécessité de maintenir dans toute sa rigueur l'état de siège à Bologne, où il date de l'occupation même. La présence des troupes autrichiennes dans les Légations et dans le duché de Parme détruit l'équilibre politique en Italie et constitue pour la Sardaigne un véritable danger ; notre devoir est de signaler à l'Europe un état de choses aussi anormal. Quant à Naples, il importe au plus haut degré de suggérer des tempéraments qui, en apaisant les passions, rendraient moins difficile la marche régulière des choses dans les autres États de la péninsule.

« M. le premier plénipotentiaire de la Sardaigne a parlé seulement de
« l'occupation autrichienne, fit remarquer M. de Hubner, et gardé le
« silence sur celle de la France ; les deux occupations cependant ont eu
« lieu à la même époque et dans le même but. On ne saurait admettre
« l'argument tiré de la permanence de l'état de siège à Bologne. Si un
« état exceptionnel est encore nécessaire dans cette ville, tandis qu'il a
« cessé depuis longtemps à Rome et à Ancône, cela semble tout au plus
« prouver que les dispositions des populations de Rome et d'Ancône sont
« plus satisfaisantes que celles de la ville de Bologne. Les États romains
« ne sont pas les seuls occupés en Italie. Les communes de Roquebrune
« et de Menton sont depuis huit ans occupées par la Sardaigne, et la
« seule différence qu'il y ait entre les deux occupations, c'est que les

« Autrichiens et les Français ont été appelés par le souverain du pays,
« tandis que les troupes sardes ont pénétré sur le territoire du prince de
« Monaco contrairement à ses vœux, et qu'elles s'y maintiennent malgré
« ses réclamations. »

M. de Cavour lui répondit : « Je désire voir cesser l'occupation fran-
« çaise aussi bien que l'occupation autrichienne, mais je ne puis m'em-
« pêcher de considérer l'une comme bien autrement dangereuse que
« l'autre pour les États indépendants de l'Italie : un faible corps d'armée
« à une grande distance de la France n'est menaçant pour personne,
« tandis qu'il est fort inquiétant de voir l'Autriche, appuyée sur Ferrare
« et sur Plaisance, dont elle étend les fortifications contrairement à l'es-
« prit, sinon à la lettre des traités de Vienne, s'étendre le long de l'Adria-
« tique jusqu'à Ancône. Quant à Monaco, la Sardaigne est prête à retirer
« les cinquante hommes qui occupent Menton, si le prince est en état de
« rentrer dans ce pays sans s'exposer aux plus graves dangers. »

M. le baron de Brunnow crut devoir signaler au congrès que l'occupation de la Grèce par les troupes alliées a eu lieu pendant la guerre, et que, les relations se trouvant heureusement rétablies entre les trois cours protectrices, le moment est venu de se concerter sur les moyens de revenir à une situation conforme à l'intérêt commun. Les plénipotentiaires de la Russie ont accueilli avec satisfaction, et ils transmettront avec empressement à leur gouvernement les dispositions manifestées par messieurs les plénipotentiaires de la France et de la Grande-Bretagne, et la Russie s'associera volontiers à toutes les mesures propres à réaliser l'objet qu'on s'est proposé en fondant le royaume hellénique. Ils prendront les ordres de leur cour sur la proposition soumise au congrès relativement au droit maritime.

M. Walewski se félicita, en clôturant la séance, d'avoir engagé les plénipotentiaires à échanger leurs idées. On aurait pu peut-être, selon lui, se prononcer d'une manière plus utile et plus complète sur quelques-uns des sujets qui ont attiré l'attention du congrès; mais, tel qu'il a eu lieu, l'échange peut avoir encore son utilité. Il en ressort en effet : 1° que personne ne conteste la nécessité d'améliorer la situation de la Grèce, et que les trois cours protectrices reconnaissent l'importance de s'entendre entre elles à cet égard ; 2° que les plénipotentiaires de l'Autriche se sont associés au vœu exprimé par les plénipotentiaires de la France de voir les États pontificaux évacués par les troupes françaises et autrichiennes aussitôt que faire se pourra sans inconvénient pour la tranquillité du pays et pour la consolidation de l'autorité du Saint-Siège ; 3° que les plénipotentiaires, et même ceux qui ont cru devoir réserver le principe de la liberté de la presse, n'ont pas hésité à flétrir hautement les excès auxquels les journaux belges se livrent impunément, et reconnaissent la nécessité de remédier aux inconvénients qui résultent de la licence effrénée dont il est fait si grand abus en Belgique ; 4° qu'enfin l'accueil fait par tous les plénipotentiaires à l'idée de clore leurs travaux par une déclaration de principes en matière de droit maritime fait espérer qu'à la prochaine séance ils auront reçu de leur gouvernement respectif l'autorisation d'adhérer à un acte qui, en couronnant l'œuvre du congrès de Paris, réaliserait un progrès digne de notre époque.

L'Angleterre, ne sachant pas trop si elle devait être contente ou mécontente de la paix, s'alarmait en outre des menaces contre la presse belge, qui s'adressaient au fond au gouvernement belge lui-même. L'Autriche, furieuse contre la presse piémontaise, n'était pas fâchée de tomber sur la presse belge ; mais la tristesse se mêlait à sa satisfaction en songeant à la gravité des questions soulevées par la France. La Prusse approuvait les menaces contre la presse, et redemandait Neuchâtel ; mais, pour l'obtenir de l'Europe, il aurait fallu avoir fait quelque chose pour elle.

Le Piémont seul avait quelque raison d'être satisfait. Son entrée au congrès ne pouvait pas être du goût de l'Autriche ; ses efforts pour l'en exclure furent tels, que le Piémont craignit un moment de n'y être point admis ; l'insistance de l'Angleterre, de la France et surtout de la Russie triompha des résistances de l'Autriche. M. de Cavour cependant n'avait pas mis grand empressement à se rendre à cette réunion. « A quoi bon aller là-haut, écrivait-il à un ami, pour être traité comme un enfant ! » Il craignait d'en être réduit au rôle de comparse par les puissances, qui croiraient avoir beaucoup fait pour le Piémont en lui ouvrant les portes du congrès. Surpris et un peu découragé par une paix qui le privait du concours de l'inconnu et de l'imprévu, M. de Cavour, en étudiant les séances, en assistant aux discussions, auxquelles il prenait la part modeste qui lui convenait en présence des grandes puissances, ne fut pas longtemps sans s'apercevoir que toutes ses espérances n'étaient pas perdues. Le congrès touchait à sa fin, les stipulations essentielles étaient réglées, lorsque M. Walewski, président du congrès et chargé, à ce titre, d'introduire les sujets de délibération, venait d'appeler tout d'un coup, comme on vient de le voir, l'attention des plénipotentiaires sur la situation de l'Italie. La question italienne était posée. M. de Cavour ne comptait pas beaucoup sur le congrès pour la résoudre.

Cette lettre, écrite par lui à M. Rattazzi, quatre jours après la séance dont le résumé est contenu dans les pages précédentes, montre à quel genre de moyens il était décidé à recourir afin de rendre l'indépendance à son pays :

« Cher collègue, j'envoie un courrier à Chambéry afin de pouvoir vous écrire sans réticences ; j'aborde maintenant le second sujet de ma lettre, et le plus important. Convaincu que l'impuissance de la diplomatie et du congrès aura de funestes effets en Italie et placera le Piémont dans des conditions difficiles et dangereuses, j'ai pensé qu'il convenait d'examiner s'il ne serait pas possible d'arriver à une solution complète par les moyens héroïques..... les armes. Dans ce but, j'eus hier matin la conversation suivante avec lord Clarendon : « Milord, ce qui s'est passé au congrès prouve deux choses : 1° que l'Autriche est décidée à persister dans son système d'oppression et de violence envers l'Italie ; 2° que les efforts de l'Italie sont impuissants à modifier son système. Il en résulte pour le Piémont des conséquences excessivement fâcheuses. En présence de l'irritation des partis d'un côté et de l'arrogance de l'Autriche de l'autre, il n'y a que deux partis à prendre : ou se réconcilier avec l'Autriche et le pape, ou se préparer à déclarer la guerre à l'Autriche dans un avenir peu éloigné. Si le premier parti était préférable, je devrais, à mon retour à Turin, conseiller au roi d'appeler au pouvoir des amis de l'Autriche et du pape. Si au contraire la seconde hypothèse est la meilleure, mes amis et moi nous ne craindrons pas de nous préparer à une guerre terrible, à une guerre à mort, *the war to the knife*, la guerre jusqu'avec les couteaux. » Ici, je m'arrêtai. Lord Clarendon, sans montrer ni étonnement ni désapprobation, dit alors : « Je crois que vous avez raison, votre position devient bien difficile ; je conçois qu'un éclat devienne inévitable, seulement le moment d'en parler tout haut n'est pas encore venu. » Je répliquai : « Je vous ai donné des preuves de ma modération et de ma prudence, je crois qu'en politique il faut être excessivement réservé en paroles, et excessivement décidé quant aux actions. Il y a des positions où il y a moins de dangers dans un parti audacieux que dans un excès de prudence. Avec La Marmora, je suis persuadé que nous sommes en état de commencer la guerre, et, pour peu qu'elle dure, vous serez bien forcés de nous aider. » Lord Clarendon répliqua avec une grande vivacité : « Oh ! certainement, si vous êtes dans l'embarras, vous pouvez compter sur nous, et vous verrez avec quelle énergie nous viendrons à votre aide. »

« Après quoi, je ne poussai pas plus loin et me bornai à quelques expressions d'amitié et de sympathie pour l'Angleterre et pour lord Clarendon. Vous pouvez juger vous-même de l'importance des paroles prononcées par un ministre qui a la réputation d'être prudent et réservé. L'Angleterre, que la paix afflige, verrait, j'en ai la certitude, naître avec plaisir l'opportunité d'une nouvelle guerre, et d'une guerre aussi populaire que l'affranchissement de l'Italie. Pourquoi donc ne pas profiter de la disposition, et tenter un effort pour accomplir les destinées de la maison de Savoie et de notre pays? Cependant, comme il s'agit d'une question de vie ou de mort, il nous faut procéder avec une grande circonspection ; c'est pour cela même que je crois qu'il est convenable que je me rende à Londres pour m'y entretenir avec lord Palmerston et les autres chefs du gouvernement. Si ceux-ci partagent la manière de voir de Clarendon, il faut se préparer secrètement, faire l'emprunt de trente millions, et, au retour de La Marmora, adresser à l'Autriche un ultimatum qu'elle ne pourra accepter, et commencer la guerre.

« L'Empereur ne saurait s'opposer à cette guerre ; en secret, il la désire. Il nous aidera certainement s'il voit l'Angleterre disposée à entrer en lice. Je tiendrai d'ailleurs, avant mon départ, à l'Empereur un discours analogue à celui que j'ai adressé à lord Clarendon. Les dernières conversations que j'ai eues avec lui et avec ses ministres étaient de nature à préparer la voie à une déclaration de guerre. L'unique obstacle à prévoir, c'est le pape. Qu'en faire dans le cas d'une guerre italienne?

« J'espère qu'après avoir lu cette lettre vous ne me croirez pas atteint d'une fièvre cérébrale ou tombé dans un état d'exaltation morale. Au contraire, ma santé intellectuelle est excellente ; jamais je ne me suis senti aussi calme ; je me suis fait une réputation de modération. Clarendon me l'a souvent dit, le prince Napoléon m'accuse de mollesse, et même Walewski me félicite de ma contenance. Mais, en vérité, je suis persuadé qu'on pourra, avec grande chance de succès, essayer de l'audace. Comme vous pouvez en être convaincu, je n'assumerai aucun engagement, ni prochain ni éloigné ; je recueillerai les faits, et, à mon retour, le roi et mes collègues décideront de ce qu'il y aura à faire.

« Aujourd'hui encore, il n'y a pas de conférence. Le procès-verbal de la séance orageuse de mardi n'a pas été préparé. Lord Clarendon est très disposé à ouvrir la lutte avec Buol; mais peut-être celui-ci cherchera-t-il à l'éviter, en ne faisant pas d'observation sur le protocole. Cependant Clarendon a envoyé Cowley auprès de Hubner pour lui dire que toute l'Angleterre serait indignée des paroles prononcées par le ministre autrichien quand elle en aurait connaissance. Aujourd'hui, diner monstre chez l'Empereur ; il me sera difficile de lui parler. Je lui demanderai de m'accorder une audience particulière. »

Lord Clarendon, dans une séance de la Chambre des lords, a protesté plus tard contre les assertions de cette lettre; mais il est évident que cette protestation ne lui était arrachée que par la nécessité de parer à une publicité intempestive : il y a loin de la personne elle-même parlant, agitant, gesticulant, au papier. M. de Cavour avait donc pu se faire illusion sur le sens que lord Clarendon intérieurement attachait à ses paroles, et en dépasser la portée; mais il ne se trompait pas en écrivant, dès le mois de mars, à l'un de ses amis : « Dans trois ans, nous aurons la guerre, la bonne. »

La veille de la signature de la paix, M. Feuillet de Conches, chef du protocole, suivi de deux secrétaires, se rendit chez le directeur du Jardin des plantes et se fit conduire devant la cage du grand aigle (*Aquila major*). Un garçon du Jardin, muni de ses instructions, arracha à la queue de l'animal la plume qui devait servir à signer le traité.

Les rédacteurs en chef des journaux de Paris, convoqués le 25 avril, à midi, au ministère de l'intérieur, au moment même où l'Imprimerie impériale mettait sous presse les proclamations destinées à faire connaître la grande nouvelle de la paix à la population parisienne, apprirent de la bouche du chef de division de la presse que la consigne du silence était levée et qu'ils pouvaient parler. Les passants attardés qui, pendant la nuit, longèrent le quai, virent briller les vitres du bureau du protocole, où dix employés travaillaient sans relâche à copier le traité. A cinq heures du matin, toutes les copies nécessaires étaient finies.

Les plénipotentiaires, en grand costume, entrèrent à midi dans la salle des délibérations, assistés de leurs secrétaires, et collationnèrent les instruments du traité présentés à leur signature par M. Feuillet de Conches. Le personnel tout entier du cabinet était sur pied, prêt à se rendre aux ordres du ministre. Les plénipotentiaires communiquaient de la salle du congrès dans le salon des attachés; toutes les portes furent fermées à une heure un quart; il ne resta plus dans le salon des attachés que M. de Billing, chef du cabinet, M. d'Heliand, secrétaire archiviste de la direction politique, et M. Gourdon, chef de section à la division de la presse au ministère de l'intérieur, chargé des rapports avec le ministre des affaires étrangères. La porte du grand salon s'entr'ouvrit au bout d'un quart d'heure; M. Walewski, radieux, fit un signe à son chef de cabinet et lui dit quelques mots à voix basse; ce fonctionnaire s'élança sur le chemin des Tuileries pour annoncer à l'Empereur que la première signature venait d'être apposée au traité.

Trois cent quatre-vingt-douze signatures, ni plus ni moins, devaient suivre la première : la plume d'aigle taillée par M. Feuillet de Conches n'eût pas suffi à cette besogne; chaque plénipotentiaire s'en servit une fois et eut recours ensuite à une simple plume d'oie. Sept exemplaires du traité de l'acte additionnel et de ses deux annexes formaient un total de vingt-huit pièces à signer; en une heure, tout fut terminé, et le congrès se rendit en corps aux Tuileries [1].

M. Walewski, en autorisant M. Gourdon à porter la nouvelle de la conclusion de la paix au ministre de l'intérieur, crut devoir ajouter quelques mots flatteurs pour la presse, dont « il avait été fort content pendant toute la durée du congrès ». Le préfet de police, averti à son tour de l'heureuse issue des négociations, fait couvrir Paris d'affiches; le canon des Invalides tonne, le *Moniteur* lance un supplément; la collection de drapeaux formée par les établissements publics depuis l'Empire se déploie aux fenêtres et au-dessus des enseignes, en attendant les illuminations du soir; le télégraphe s'agite, les courriers partent. La paix est signée, et cependant la Bourse ne monte pas !

---

[1]. Les garçons de bureau, qui espéraient en entrant les premiers dans la salle du congrès mettre la main sur quelque ustensile, plume, canif, couteau de bois, etc., ayant servi à l'un des plénipotentiaires, aubaine innocente qui leur revenait de droit, furent trompés dans leur attente. Les secrétaires et les attachés s'étaient partagé ces dépouilles diplomatiques.

Les membres du congrès, le corps diplomatique, l'archevêque de Paris, les ministres, les présidents des grands corps de l'État, prirent place, le lendemain, à la table d'un grand banquet donné par M. Walewski. Les fêtes finirent par une revue. Cette fête, dirent les journaux du gouvernement, prouvait à l'étranger que la France, outre ses 300 000 soldats encore en ligne, avait une armée à l'intérieur. L'étranger connaissait les ressources de la France, mais il connaissait aussi ses pertes.

L'Empire, victorieux cependant, était à l'apogée de sa puissance. Napoléon III, le jour où les plénipotentiaires du congrès vinrent en grand uniforme lui présenter le traité signé par eux, parut comme l'arbitre de l'Europe. Le gouvernement impérial saurait-il maintenir sa prépondérance actuelle? Cette prépondérance reposait-elle sur des bases solides? Cette double question laissait subsister bien des doutes dans les esprits. Une observation se présentait d'abord à l'esprit : Napoléon III n'avait point poussé son succès jusqu'au bout; il s'était contenté de triompher à moitié de son ennemi, conduite qu'il devait renouveler plus tard et dont on cherchait alors l'explication. La paix dictée par lui avait l'air en quelque sorte d'une paix bâclée. Pourquoi le nom de la Pologne n'avait-il pas été prononcé dans le congrès; cependant ce n'était un mystère pour personne que la proposition faite au mois de mars 1855 par le gouvernement impérial à l'Angleterre de s'unir pour obliger la Russie à se conformer aux conditions en vertu desquelles l'Europe lui avait accordé l'investiture du grand-duché de Varsovie. Ces mêmes propositions furent renouvelées au moment où Sébastopol était à la veille de tomber; on s'étonna de les voir repoussées par celle des deux puissances alliées qui poussait le plus vivement à la continuation de la guerre; mais on ignorait que Napoléon III demandait à l'Angleterre de s'associer à la fois à la pensée du rétablissement de l'ancien royaume de Pologne et à une revendication par la France de ses frontières du Rhin.

L'alliance intime entre la France et l'Angleterre, qui au début de la guerre avait fait la sécurité du parti conservateur dans les deux pays, n'existait plus. Par quelle autre alliance serait-elle remplacée? L'attitude de la France, si favorable à la Russie dans le congrès et dans les conférences chargées de résoudre les difficultés nées de l'exécution du traité de paix, indique de quel côté penchait Napoléon III. Rien de plus évident que sa tendance à se rapprocher de la Russie et de la Prusse, qui ne séparait pas sa cause de celle de cette puissance. Napoléon III avait probablement l'illusion de croire que la Russie et la Prusse se prêteraient mieux à cette revendication des frontières du Rhin, idée fixe de sa politique, nécessité de son règne. L'Angleterre voyant se former cette intimité, essaya de remettre la question polonaise sur le tapis; mais, soit qu'il fût trop tard, soit que la froideur de l'Autriche l'eût déconcerté, lord Clarendon ne poussa pas plus loin sa tentative. La lecture des procès-verbaux du congrès, malgré leur ton pacifique, présageait à qui savait les lire une nouvelle guerre et désignait clairement le terrain sur lequel elle s'engagerait. La menace faite à l'Autriche par l'appel du Piémont en Crimée ne devait pas tarder à se réaliser. Le concours de l'Angleterre dans une guerre contre l'Autriche ne pouvait guère être espéré. Napoléon III cherchait à obtenir celui de la Russie.

L'opinion publique en France sentait confusément que la paix n'était qu'un intermède; mais, pourvu que l'intermède durât quelques années, elle n'en demandait pas davantage. La guerre d'Italie n'eut lieu qu'en 1859. Mais, un an à peine après le départ des plénipotentiaires, la plume d'aigle dont ils s'étaient servis pour signer le traité et qui, placée sous verre, dans un cadre d'or, ornait le cabinet de l'Impératrice, était tout ce qui restait du congrès de 1856.

FIN DU PREMIER VOLUME

TABLE DES MATIÈRES

CHAPITRE PREMIER. — Le bonapartisme et la Restauration. — La famille Bonaparte ne croit pas à la durée du règne de l'Empereur. — Traité de Fontainebleau du 11 avril 1814- — Dispersion des frères de Napoléon. — La famille de l'Empereur pendant les Cent-Jours. — Nouvelle dispersion des frères de Napoléon après Waterloo. — Joseph en Amérique. — Lucien à Rome. — Jérôme en Allemagne. — Eugène de Beauharnais, duc de Leuchtenberg. — Le duc de Reichstadt. — Mme Lœtizia à Rome. —¶Les sœurs de l'Empereur. — Caroline. — Elisa. — Pauline. — La reine Hortense. — Ses démêlés avec son mari. — Sa conduite après Waterloo. — Début de l'alliance entre le bonapartisme et le parti républicain... 1

CHAPITRE II. — Le bonapartisme et la monarchie de Juillet. — La tentative de Strasbourg. — Le bonapartisme en 1830. — Les Bonaparte et les Orléans. — Danger pour le parti républicain d'une alliance avec le parti bonapartiste. — La Chambre des députés vote le maintien de la législation de 1816 contre les Bonaparte. — La reine Hortense et ses fils. — Les fils de la reine Hortense se mêlent à l'insurrection des Romagnes. — Mort de l'aîné des fils de la reine Hortense. — La reine Hortense est bien reçue par Louis-Philippe. — Manifestations bonapartistes devant la colonne Vendôme. — Louis-Napoléon proteste contre l'intention qui lui est prêtée de convoiter le trône de Belgique. — Son départ pour Arenenberg. — Publications diverses du prince Louis-Napoléon. — Fialin dit de Persigny. — Tentative de Strasbourg. — Louis-Napoléon est envoyé en Amérique... 20

CHAPITRE III. — Le bonapartisme et la monarchie de Juillet. — Tentative de Boulogne. — Opinion sévère de la famille Bonaparte sur la tentative de Strasbourg. — Le prince Jérôme sollicite sa rentrée en France. — M. Thiers lui transmet le refus de Louis-Philippe. — Le prince Louis-Napoléon Bonaparte en Suisse. — Le gouvernement français demande son expulsion. — Son arrivée en Angleterre. — Publication des *Idées napoléoniennes*. — La presse bonapartiste en 1839. — Le prince Louis-Napoléon Bonaparte obligé de vendre le château d'Arenenberg. — La propagande bonapartiste du prince de Crouy-Chanel. — Le club des culottes de peau et le club des cotillons. — Formation de la maison militaire de Louis-Napoléon Bonaparte. — M. de Rémusat annonce à la Chambre le retour des cendres de Napoléon Ier. — Tentative de Boulogne. — Jugement de la Cour des pairs. — Tentative de Barbès. — M. de Persigny se vante d'avoir tiré sur un officier. — La captivité de Ham. — Louis-Napoléon Bonaparte collaborateur de journaux républicains. — Les célébrités littéraires de l'époque entrent en relation avec le prisonnier. — Il écrit à Louis-Philippe pour lui demander l'autorisation d'aller voir son père malade. — Louis-Napoléon Bonaparte s'évade du château de Ham. — Le prince Jérôme écrit de nouveau à M. Thiers et est autorisé à séjourner en France pendant trois mois. — Mort de l'ex-roi de Hollande................................ 44

CHAPITRE IV. — Louis-Napoléon Bonaparte est-il fils du roi Louis ? — Louis-Napoléon est-il le fils du roi Louis ? — Louis épouse malgré lui Hortense de Beauharnais, que Duroc avait refusée malgré les instances du premier consul. — Sénatus-consulte sur l'hérédité de la couronne impériale. — Louis devient roi de Hollande. — Incompatibilité d'humeur persistante entre le roi Louis et sa femme. — La reine Hortense quitte la Hollande. — Le roi Louis plaide contre sa femme devant le tribunal de la Seine, après la chute de l'Empire, et obtient que l'aîné de ses fils lui soit confié. — Lettre de Louis au pape dans laquelle il témoigne ses regrets de la participation de son fils aîné à l'insurrection des Romagnes, et il désavoue la paternité du second. — Caractère timide et irrésolu de Louis-Napoléon. — Ressemblance frappante entre Morny et Louis-Napoléon. — Lettres de Louis dans lesquelles il témoigne une affection paternelle intermittente pour Louis-Napoléon. — Testament du roi Louis dans lequel celui-ci déclare que Louis-Napoléon est son fils.................................... 71

CHAPITRE V. — Le bonapartisme et la révolution de Février. — Le parti républicain, au commencement de 1848, hésite à s'allier avec le parti bonapartiste. — Arrivée de Louis Bonaparte à Paris. — Lettre de Louis Bonaparte au gouvernement provisoire. — Louis Bonaparte repart pour l'Angleterre. — Propagande bonapartiste. — Les bonapartistes de la première heure. — Manifestation des bonnets à poils. — Candidature de Louis-Napoléon. — Il est nommé dans quatre départements. — Agitation et troubles à propos de cette nomination. — Discussion à la Chambre sur la validation de l'élection de Louis-Napoléon. — Discours de Cavaignac, de Jules Favre, de Lamartine, de Buchez, de Viellard, de Ledru-Rollin. — Louis-Napoléon est validé. — Démission du représentant Louis-Napoléon. — Le bonapartisme sort fortifié de cet incident.... 89

CHAPITRE VI. — L'élection du «Président de la République. — Les ateliers nationaux. — Les bonapartistes y fomentent la révolte. — Attitude de M. Trélat, ministre des travaux publics. — Le gouvernement essaye de forcer les ouvriers à quitter Paris. — Tumulte sur la place du Panthéon. — M. de Falloux rapporteur. — La dissolution des ateliers nationaux est prononcée. — Insurrection de juin. — Caractère particulier de la guerre des rues. — La lutte traîne en longueur. — Le général Cavaignac est nommé chef du pouvoir exécutif. — L'Assemblée nationale commet la faute de ne pas se réserver le droit d'élire son président. — M. Grévy demande la suppression de la présidence de la République. — Discours de Lamartine. — Discours de M. Thiers. — Il se tourne décidément contre la République. — Le maréchal Bugeaud. — Le général Changarnier. — M. Dufaure. — Le prince Louis-Napoléon est élu président de la République. — Le président Louis-Napoléon jure fidélité à la République. — Le général Cavaignac et son gouvernement....................... 120

CHAPITRE VII. — Le bonapartisme et l'Assemblée constituante. — Formation du cabinet du 20 décembre. — Odilon-Barrot chef du cabinet. — M. Léon de Malleville. — M. Léon Faucher. — M. de Tracy. — M. Passy. — M. Drouyn de Lhuys. — M. de Falloux. — M. Bixio. — M. Boulay de la Meurthe, vice-président de la République. — Démission de MM. de Malleville et Bixio. — Journée du 29 janvier. — Attitude du général Changarnier. — Suicide de l'Assemblée constituante. — La question romaine. — Situation politique, militaire et économique de la République romaine. — Opposition de l'Assemblée à l'expédition de Rome. — Ledru-Rollin demande la mise en accusation du président de la République. — Le représentant Napoléon-Jérôme Bonaparte attaque la politique du président de la République. — Dernière séance de l'Assemblée constituante.................................... 149

CHAPITRE VIII. — Le Treize Juin. — L'Assemblée législative. — Propagande du comité de la rue de Poitiers. — Pamphlets légitimistes, bonapartistes, orléanistes. — Composition du nouveau ministère sous la présidence d'Odilon-Barrot. — Emotion produite par les nouvelles de Rome. — Protestations nombreuses. — Discours de M. Ledru-Rollin. — Il déclare qu'il défendra la Constitution même par les armes. — Journée du 13 juin. — Elle n'est qu'une simple échauffourée. — Paris est mis en état de siège. — Fautes de M. Ledru-Rollin et de ses amis............................. 167

CHAPITRE IX. — La révision de la Constitution. — Conséquences de la journée du 13 juin — Le discours de Ham. — Le message du 31 octobre. — Lettre à Edgar Ney. — Renvoi du ministère Odilon-Barrot. — M. Rouher ministre de la justice. — M. Fould, ministre des finances. — Loi sur la liberté de l'enseignement. — Alliance singulière entre M. Thiers et M. de Montalembert. — Proposition de M. Le Verrier pour transporter l'Ecole polytechnique à Meudon. — Elections partielles à Paris. — Effroi qu'elles causent. — Candidature d'Eugène Sue. — Loi du 31 mai. — Le Président de la République voyage dans les départements. — Message du 12 novembre....... 177

CHAPITRE X. — Conflits entre l'Assemblée et le Président de la République. — Publication des instructions données par le général Changarnier aux chefs de l'armée de

Paris. — Changement de ministère. — Destitution du général Changarnier. — Discours de M. Thiers. — *L'Empire est fait.* — Les hommes d'action manquent. — Ordre du jour de défiance contre le ministère. — Lettre de Louis Bonaparte à M. Dupin. — Le cabinet transitoire. — La droite menace le Président du refus d'une augmentation de traitement. — Discours de M. de Montalembert. — Lettre du comte de Chambord. — Loi sur la garde nationale. — Suspension du cours de Michelet. — Discours de Dijon 205

CHAPITRE XI. — La révision de la Constitution. — Cinq propositions de révision sont en présence. — Ouverture de la discussion le 14 juillet 1851. — Discours de MM. Baroche, de Falloux, Cavaignac, Michel (de Bourges), Berryer, Dufaure, Odilon-Barrot. — Rejet des propositions de révision. — Attitude imprudente et menaçante du parti révolutionnaire. — Discours de Louis-Napoléon à l'inauguration des halles. — Vacances de l'Assemblée. — Projet de coup d'Etat abandonné. — Rappel de la loi du 31 mai. — Formation d'un cabinet de dévouement. — Le général Leroy de Saint-Arnaud, ministre de la guerre. — Lecture d'un message présidentiel le 4 novembre 1851 à l'Assemblée. — Discours de Louis-Napoléon aux exposants français de l'exposition de Londres. — Dangereuses illusions du parti républicain 222

CHAPITRE XII. — La proposition des questeurs. — La proposition des questeurs. — Le ministre de la guerre, interrogé, se range d'abord à l'avis de la Commission, puis se rétracte. — Incertitude d'une partie de l'Assemblée. — Discussion de la proposition. — Amendement de Broglie, Daru, etc. — Le colonel Charras appuie la proposition. — Michel de Bourges la combat. — Déclaration hypocrite du ministre de la guerre. — La proposition est rejetée. — Les montagnards. — Les socialistes. — La droite. — Le pouvoir exécutif profite des fautes de l'Assemblée 235

CHAPITRE XIII. — La conspiration. — La conspiration bonapartiste. — Le Président proteste à chaque instant de son respect pour la légalité. — Il fait amende honorable de Strasbourg et de Boulogne. — Le programme bonapartiste. — Les discours du Président deviennent de véritables appels à sa réélection. — Gradation de ses attaques détournées. — Message du 4 janvier 1851. — Message du 4 novembre 1851. — L'Assemblée a-t-elle voulu renverser le Président? — Louis Bonaparte calomnie l'Assemblée. — Persigny chez Changarnier. — Captation de l'armée. — Mission du commandant Fleury en Algérie. — L'expédition de Kabylie résolue pour faire une popularité à Saint-Arnaud. — Hésitation du général Canrobert. — Changement des troupes de Paris. — Espinasse fait dire à Saint-Arnaud qu'il est prêt 251

CHAPITRE XIV. — La nuit du 1er au 2 décembre. — La soirée du 1er décembre 1851 à l'Élysée. — Arrivée de Vieyra. — Morny à l'Opéra-Comique. — Les conjurés réunis à l'Élysée. — L'Imprimerie nationale. — Les commissaires de police convoqués à la préfecture. — Ils reçoivent les dernières instructions de Maupas. — Arrestations du général Cavaignac. — Arrestation du général Changarnier. — Arrestation du général Lamoricière. — Arrestation du général Bedeau. — Arrestation du colonel Charras. — Arrestation de M. Thiers. — Arrestation de M. Greppo. — Arrestation de M. Roger (du Nord). — Persigny à l'Ecole militaire. — Espinasse marche sur le palais Bourbon. — Noble menace du lieutenant colonel Niol à Espinasse. — Arrestation du général Le Flô. — Arrestation de M. Baze. — Morny prend possession du ministère de l'intérieur. — Dépêche de Maupas à Louis-Napoléon 275

CHAPITRE XV. — Le 2 Décembre. — La population parisienne apprend le coup d'Etat par la lecture des proclamations et des décrets. — Proclamation à l'armée. — Action des associations catholiques en faveur du coup d'État. — Le peuple n'a aucun moyen de s'éclairer sur la situation, par suite de la suppression des journaux. — Réunion des représentants chez M. Yvan et chez M. Odilon-Barrot. — Le Président est déclaré déchu et la haute Cour convoquée. — Appel aux conseils généraux. — Faiblesse du président Dupin. — Réunion chez M. Daru. — Arrestation de représentants sur la place de Bourgogne et chez M. Crémieux. — Le matin, à l'Élysée, premières appréhensions. — Louis Bonaparte se montre à la population 291

CHAPITRE XVI. — La résistance légale. — Les députés se réunissent à la mairie du Xe arrondissement. — Ils prononcent la déchéance de Louis-Napoléon. — Ils exhortent les soldats au respect de la Constitution et les somment de la défendre. — Ceux-ci déclarent ne reconnaître que l'obéissance passive à leurs chefs. — Allocution de M. Berryer à la foule. — Deux commissaires de police somment l'assemblée de se disperser. — Magnan ordonne d'occuper la mairie. — Les députés sont arrêtés et conduits à la caserne du quai d'Orsay. — Les députés en voiture cellulaire. — L'assemblée du Xe arrondissement a fait son devoir. — La Haute Cour obligée de se convoquer elle-même. — Efforts de quelques représentants pour soulever le peuple. — Tentatives pour organiser la résistance. — Appel au peuple par Victor Hugo. — Michel (de Bourges) au balcon du restaurant Bonvalet.. 305

CHAPITRE XVII — LA JOURNÉE DU 3 DÉCEMBRE. — La nuit du 2 au 3 décembre. — Victor Hugo fait un appel au peuple au nom de la Montagne. — Le mur de la rue Notre-Dame-de-Lorette. — La Commission consultative. — Convocation du peuple dans ses comices. — Formation du nouveau cabinet. — Les représentants refusent de se laisser délivrer. — Les représentants montagnards au faubourg Saint-Antoine. — Ils appellent le peuple aux armes. — Une barricade est formée. — Imminence d'une collision. — Mort de Baudin. — Nouvel et inutile appel aux armes. — Bruits défavorables au coup d'Etat. — Seconde audience de la Haute Cour. — Un commissaire de police la somme de se séparer. — Le quartier du Temple se couvre de barricades. — La population parisienne commence à s'émouvoir. — Proclamation de Saint-Arnaud. — Réunion chez M. Marie. — Réunion chez Landrin. — Guet-apens du colonel Rochefort. — Charge des lanciers dans les rues Taitbout et de la Chaussée-d'Antin. — Inquiétude des bonapartistes 326

CHAPITRE XVIII. — LES FUSILLADES DU 4 DÉCEMBRE. — Les barricades du 4 décembre. — Inquiétudes de M. de Maupas. — Démonstration sur la mairie du IIe arrondissement. — La barricade du boulevard Poissonnière. — Occupation du boulevard par les troupes. — Fusillades sur les boulevards. — Invasion de la maison Frascati. — Les premières victimes de la journée. — Irruption des troupes dans le cercle du Commerce. — Les barricades de la porte Saint-Denis. — La batterie du boulevard Bonne-Nouvelle fait feu. — La fusillade éclate du faubourg Poissonnière à la Chaussée-d'Antin. — Actes de sauvagerie des soldats. — Fusillades sur la rive gauche....................... 348

CHAPITRE XIX. — LA NUIT DU 4 AU 5 DÉCEMBRE. — Terreur générale des Parisiens. — M. Lirieux est livré aux gendarmes, qui s'apprêtent à le fusiller. — Il est sauvé par un hasard heureux. — Exécutions nocturnes. — Cruels traitements infligés aux prétendus insurgés. — Arrestations au Divan de la rue Lepelletier. — Le mouchard Delahode désigne les journalistes qu'il faut arrêter. — Festins nocturnes des soldats sur les boulevards. — Exécutions secrètes.. 359

CHAPITRE XX. — L'INSURRECTION DANS LES DÉPARTEMENTS. — Sociétés secrètes dans les départements. — Marseille ne se soulève pas à la nouvelle du coup d'Etat. — Prises d'armes dans le département du Var. — Exécutions sommaires. — Martin Bidouré est fusillé deux fois. — Exécutions à Lorgues. — Le département des Basses-Alpes. — Soulèvements dans l'arrondissement d'Apt, département de Vaucluse. — Le canton de Crest. — Résistance dans le département de l'Hérault. — Affaire de Bédarieux. — Résistance de Marmande. — La résistance dans l'Est et dans le Centre. — Le département de la Nièvre. — Clamecy.. 366

CHAPITRE XXI. — LA PROSCRIPTION. — Décret du 5 décembre 1851. — Proclamation du 8 décembre. — Contradiction qu'elle contient. — Formation des commissions militaires. — Mise en état de siège de trente-deux départements. — Arrestations et expulsions. — Les prisonniers entassés dans les casemates. — Ils sont assimilés aux voleurs. — Procédure prévôtale. — Les trois catégories. — L'arbitraire confond tous les pouvoirs. — Les grandes routes se couvrent de chaînes. — Mauvais traitements infligés aux prisonniers. — Décret du 7 janvier 1852. — Les représentants déportés ou expulsés, ou éloignés momentanément. — Départ du premier convoi le 9 janvier. — Les détenus à bord du *Canada*. — Leurs souffrances. — Horribles maladies à bord. — Situation du parti républicain. — Arrestations sous les plus futiles prétextes. — Les commissions mixtes. — Interdiction des associations. — Situation des proscrits en Belgique. — Les proscrits en Suisse. — Les proscrits en Italie. — Les proscrits en Espagne, en Amérique... 391

TABLE DES MATIÈRES

CHAPITRE XXII. — Les décrets du 22 janvier. — Absence de liberté pendant le vote du plébiscite. — Résultat du vote. — Allocution de M. Baroche. — Réponse du Prince-président. — L'archevêque de Paris lui adresse quelques mots. — Rétablissement des aigles sur les drapeaux. — Promulgation de la Constitution. — Loi organique de la presse. — L'Empire est rétabli indirectement. — Émotion causée par les décrets du 22 janvier. — Emploi des revenus des biens de la famille d'Orléans. — M. Dupin donne sa démission de procureur général. — M. de Montalembert se retire de la commission consultative. — MM. de Gasparin et de Rambuteau refusent d'entrer au Sénat. — L'administration des domaines prend possession par la force de Neuilly et de Monceaux. — La question est portée devant le Conseil d'État. — M. Baroche entrave la liberté de ce corps. — Il fait enlever le dossier à M. Reverchon. — Le gouvernement l'emporte à la majorité d'une voix. — Punition infligée à ceux qui ont voté contre lui. — Fin de la période dictatoriale 417

CHAPITRE XXIII. — Ave Cesar. — Distribution des aigles à l'armée du 10 mai 1852. — Allocution du Prince-président. — 7 juillet 1852, élections des conseillers municipaux et généraux. — 17 juillet, inauguration du chemin de fer de Strasbourg. — Le Prince part pour le Midi. — 9 octobre, discours de Bordeaux : « L'Empire, c'est la paix ». — Rentrée du Prince à Paris. — Réception royale qu'on lui fait. — Louis Bonaparte et Morny s'embrassent devant la foule. — Le curé de la Madeleine l'attend à la tête de son clergé pour l'encenser à la porte de l'église. — Salut à l'Empereur. — Le rétablissement de l'Empire est décidé. — Convocation du Sénat. — Plébiscite du 21 novembre 1852. — Réunion des grands corps de l'État au château de Saint-Cloud. — Discours de M. Billault. — Réponse du prince Louis Bonaparte. — La République seul moyen de sauver la liberté. — Fautes du parti républicain.................... 432

EMPIRE

CHAPITRE PREMIER. — L'Empire et l'Europe. — Proclamation de l'Empire à Saint-Cloud. — L'Empereur aux Tuileries. — Proclamation de l'Empire à l'Hôtel-de-ville. — La famille impériale. — L'Empire devant l'Europe. — Le droit nouveau. — Hostilité de la presse anglaise contre l'Empereur. — Hostilité de l'empereur Nicolas. — La question des lieux saints. — La dévotion française et la dévotion russe. — Le czar se décide à reconnaître Napoléon III. — Dispositions de l'Autriche. — Dispositions de la Prusse. — Mission de M. de Persigny en Prusse. — La Saxe et la Bavière.............. 452

CHAPITRE II. — Le mariage de l'empereur. — Le prince Jérôme conseille à son neveu de se marier. — Le mariage royal et le mariage national. — Mlle de Montijo. — Elle est la reine des fêtes de la Présidence. — Le *Moniteur* annonce le mariage de l'Empereur avec Mlle de Montijo. — Manifeste nuptial de l'Empereur. — Représentant d'un principe nouveau, il doit conserver ce caractère en se mariant. — La presse officieuse et la fiancée impériale. — Le père de Mlle de Montijo. — Cérémonial du mariage civil. — Signature du contrat dans la salle des Maréchaux. — Célébration du mariage religieux à Notre-Dame — Présentation aux Tuileries. — Portrait de l'Impératrice par M. de La Guéronnière. — Tâche difficile de l'Impératrice. — Elle y est mal préparée par son éducation. — La réception du 1er janvier.. 467

CHAPITRE III. — Commencement de la guerre de Crimée. — La question d'Orient. — Mémorandum de M. de Nesselrode. — Ouvertures de Nicolas à sir Hamilton Seymour huit ans après. — L'homme malade. — La Russie refuse de s'entendre avec la France. — Mission du prince Menchikoff. — Aali-Pacha et Fuad-Pacha. — Le prince Menchikoff modifie ses exigences. — Dispositions des puissances. — Passage du Pruth par les Russes le 22 mai 1853. — Conférence de Vienne. — Nicolas Ier et François-Joseph. — L'Autriche se sépare de la Russie. — Mission du comte Orloff à Vienne. — Il vient demander la neutralité de l'Autriche. — Refus de l'Autriche. — Le roi de Prusse et ses dispositions. — La flotte russe sort de Sébastopol. — Bataille de Sinope. — Envoi de troupes anglaises à Malte. — Signature du traité entre la France et l'Angleterre le 10 avril 1854. — Débarquement des alliés au Pirée le 25 mai 1854. —

Le programme des quatre garanties. — Opérations des alliés dans la Baltique. — Prise de Bomarsund.. 486

CHAPITRE IV. — LA BATAILLE DE L'ALMA. — Lord Raglan et le maréchal Saint-Arnaud. — Premier envoi de troupes. — Point de débarquement fixé à Gallipoli. — Les chefs de l'expédition n'ont pas de plan. — Première apparition du choléra. — Inaction et impatience de l'armée. — L'expédition de la Dobroutscha. — L'expédition est obligée de rétrograder. — Les remèdes et les moyens de transport manquent pour les malades. — Retraite désastreuse sur Varna. — Recrudescence du choléra. — L'expédition perd plus de la moitié de son effectif. — Bombardement d'Odessa. — Le siège de Sébastopol est résolu. — Proclamation à l'armée. — Conseil de guerre tenu à bord de *La ville de Paris*. — Occupation d'Eupatoria. — Le maréchal Saint-Arnaud veut attaquer le fort Constantin. — Inaction du prince Menchikoff. — Menchikoff prend une position défensive sur les hauteurs de l'Alma. — Marche et plan de bataille des alliés. — La lenteur des Anglais retarde leur premier mouvement. — Mouvement tournant du général Bosquet. — Les Français se montrent sur la gauche des Russes. — La victoire est complète pour les alliés. — La nouvelle de la prise de Sébastopol se répand à Constantinople et de là à Paris. — Désappointement général. — Mort du maréchal Saint-Arnaud... 516

CHAPITRE V. — BALAKLAVA ET INKERMANN. — Les Russes après l'Ama. — Positions des alliés. — Le général Canrobert. — Marche des alliés sur Sébastopol. — Bataille de Balaklava. — Bataille d'Inkermann. — Le général Gortschakoff succède à Menchikoff comme général en chef de l'armée russe. — Recrudescence du choléra à l'entrée de l'hiver. — Apparition du scorbut.. 542

CHAPITRE VI. — FIN DE LA GUERRE DE CRIMÉE. — Un corps d'armée piémontais rejoint les alliés en Crimée. — Mort de Nicolas Ier. — Les conférences de Vienne. — Faute commise par M. Drouyn de Lhuys. — Il est remplacé par M. Walewski au ministère des affaires étrangères. — Lenteur du siège de Sébastopol. — Impatience du public. — Le général Pelissier remplace le général Canrobert dans le commandement en chef de l'armée. — Insuccès du premier assaut. — Combat de la Tchernaïa. — Prise de Sébastopol. — Mission du général Canrobert en Suède. — Proclamation d'Alexandre II à son armée. — Discours de Napoléon III à la clôture de l'Exposition. — Le roi de Sardaigne et M. de Cavour à Paris. — Acceptation des quatre garanties par la Russie. — Dispositions peu pacifiques de l'Angleterre. — Langage menaçant de la presse anglaise. — Terreur panique à la Bourse. — La brochure sur le Congrès. — Propositions de l'Autriche à la Russie. — Contre-propositions de la Russie. — Isolement de cette puissance. — Alexandre II se décide à faire la paix................... 565

CHAPITRE VII. — LE CONGRÈS DE PARIS. — Le congrès se réunit à Paris, le 21 février 1856, sous la présidence de M. Walewski. — Il siège à l'hôtel du ministère des affaires étrangères. — Premières séances. — Difficultés d'étiquette. — La Prusse admise au congrès. — Propositions de M. Walewski. — Réponse des plénipotentiaires. — Le *Constitutionnel* déclare qu'il n'y aura pas de prorogation d'armistice. — Note du *Moniteur* relative aux affaires industrielles. — Séance du 8 avril. — M. Walewski appelle l'attention du congrès sur la situation de l'Italie. — Napoléon III reçoit les plénipotentiaires aux Tuileries. — L'Empire est à son apogée.. 596

FIN DE LA TABLE DES MATIÈRES.

www.ingramcontent.com/pod-product-compliance
Lightning Source LLC
Chambersburg PA
CBHW051317230426
43668CB00010B/1057